LEBENSLINIEN 7/8

Unterrichtswerk für Katholische Religionslehre an Hauptschulen

Handreichung für Lehrer/innen

Erarbeitung und Redaktion:
Gabi Häußler, Dr. Hans Schuh

Ferner arbeiteten mit:
Hedwig Eggler, Kunigunde Hönes, Barbara Käshammer, Dr. Mathias Kotowski, Ursula Moll, Eva Neundorfer-Prade, Udo Löffler, Maria Rehm, Irene Schäffer, Erwin Wespel, Silvia Wölki

Theologische und religionspädagogische Beratung:
Prof. Dr. Lothar Kuld

Als Lernmittel für das Fach Katholische Religionslehre an Hauptschulen des Landes Baden-Württemberg zugelassen

Erarbeitet nach der neuen deutschen Rechtschreibung

ISBN 3-460-29172-9
Alle Rechte vorbehalten.
© 1999 Verlag Katholisches Bibelwerk GmbH, Stuttgart
Umschlagbild: Bildarchiv Okapia, Frankfurt
Druck: Wilhelm Röck, Weinsberg

LEBENSLINIEN 7/8

Unterrichtswerk für Katholische Religionslehre
an Hauptschulen in Baden-Württemberg
- Klassenstufen 7 und 8 -

Handreichung für Lehrer/innen

Herausgegeben vom Bistum Rottenburg-Stuttgart

Verlag Katholisches Bibelwerk GmbH, Stuttgart

Inhaltsverzeichnis

Inhaltsverzeichnis	4
Übersicht über das Schülermaterial	5
Zur Konzeption des Unterrichtswerkes	8
Text- und Bildnachweis	396

7. Schuljahr

Propheten und Prophetinnen ... 9
1. Dem Leben eine Stimme geben ... 11
2. Wegweiser Gottes ... 23
3. Amos ... 28
4. Debora ... 36

Wonach soll ich mich richten ... 40
1. Keiner lebt allein ... 43
2. Woran ich mich orientiere ... 46
3. Die Zehn Gebote - Worte, die den Weg weisen ... 49
4. An Jesus Maß nehmen ... 55

Nachgeben - sich durchsetzen ... 65
1. Immer Streit ... 67
2. Wozu Streiten gut - oder schlecht ist ... 74
3. Vom konstruktiven Umgang mit Konflikten ... 79

Die Juden - Brüder und Schwestern im Glauben ... 92
1. Juden bei uns ... 94
2. Als Jude und Jüdin leben ... 96
3. Jahwes Taten feiern ... 106
4. Geschichte des jüdischen Volkes ... 119
5. Juden und Christen ... 123

Die Botschaft vom Reich Gottes ... 126
1. Träume von einer heilen Welt ... 127
2. Jesus verkündet eine neue Welt - Gleichnisse ... 133
3. Jesus verkündet eine neue Welt - Zeichen und Wunder ... 142
4. Reich Gottes - mitbauen an einer neuen Welt ... 157

Unsere Vorfahren werden Christen ... 161
1. Leben und Religion der Germanen ... 168
2. Die Franken und Alemannen werden Christen ... 175
3. Der Christus der Germanen ... 180
4. Fremde Gesichter - die iroschottischen Mönche ... 183
5. Winfried - Bonifatius ... 188
6. Klöster ... 193

Die Reformation ... 199
1. Vom Leben und Glauben der Menschen vor 500 Jahren ... 201
2. Martin Luther ... 205
3. Die Reformation nimmt ihren Lauf ... 208
4. Ökumene - die Kirchen wachsen wieder zusammen ... 210

Reifwerden - Erwachsenwerden ... 219
1. Den Kinderschuhen entwachsen ... 222
2. Es ist gut, dass es dich gibt! ... 233
3. Alle reden von Liebe ... 239

8. Schuljahr

Lebenswege - Glaubenswege ... 248
1. Wegerfahrungen ... 250
2. Mehr als ein Weg - Wegbilder ... 254
3. Lebensweg - Glaubensweg ... 263
4. Wegweiser und Wegbegleiter ... 274

Der Mensch in Gottes Schöpfung ... 277
1. Wir sind ein Teil der Erde ... 278
2. Schöpfungsgeschichten ... 283
3. Geschaffen als Mann und Frau ... 290
4. Die Verantwortung des Menschen für die Schöpfung ... 295
5. Gefährdete Erde - gefährdetes Menschsein ... 306

Neu anfangen ... 313
1. Gut und Böse ... 315
2. Ich muss mich entscheiden ... 319
3. Das Gewissen ... 326
4. Ich denke über mich nach ... 336
5. Schuld und Sünde - Wege aus der Schuld ... 341

Leben in der Einen Welt ... 346
1. Armut und Reichtum in Deutschland ... 348
2. Armut (und Reichtum) in der „Dritten Welt" ... 360
3. Die Dritte Welt deckt uns den Tisch - Leben auf Kosten der Armen ... 379
4. Auf dem Weg zur Einen Welt ... 385

Übersicht über das Schülermaterial

7. Schuljahr

LPE 1	M1	Prophetenworte der Anklage
	M2	Prophetenworte des Trostes
	M3	Gegen den Strom
	M4	Masken
	M5	Prophetenbilder
	M6	Geschichte Israels und die Propheten
	M7	In Krisenzeiten treten Propheten auf
	M8	Das Land ist mein Land (Spielmaterial)
	M9	Zuordnungsspiel
LPE 2	M10	Thora-Freudenfest
	M11	Hast du schon gehört?
	M12	Die junge Generation
	M13	Swimmy
	M14	Wer ist der Nächste?
	M15	Zeugnistag
LPE 3	M16	Ein Mini-Drehbuch für einen Videofilm
	M17	Schnippelbogen: Wenn Erwachsene und Jugendliche streiten
	M18	Fortsetzung folgt...
	M19	Ein Leitfaden für die Streitschlichtung
	M20	Schlichtungsprotokolle
	M21	Faustrecht
	M22	Und so erzählt die Bibel
LPE 4	M23	Synagogen in Baden-Württemberg
	M24	Jüdische Friedhöfe in Baden-Württemberg
	M25	Lexikon hebräisch-jüdischer Begriffe
	M26	Die hebräische Schrift
	M27	Jüdische und christliche Symbole und Gegenstände
	M28	Sabbat- und Speisevorschriften
	M29	Vergleich: Vater unser und jüdische Gebete
	M30	Jüdische Feste im Jahresablauf
	M31	Rätsel: Die jüdischen Feste
	M32	Faltsynagoge
	M33	Der Sedertisch
	M34	Dominospiel zum Sederabend
	M35	Die Tora
	M36	aus Psalm 119
	M37	Schikanen und Terror gegen Juden
	M38	Die Jüdin: Anna-Laura, 15
	M39	Tandembogen - Judentum oder Christentum?
LPE 5	M40	Wortpuzzle
(LPE6)	M41	Situation der Menschen zur Zeit Jesu
	M42	Einsatz für mein Traumziel
	M43	Elzéard Bouffier verändert das Land
	M44	Wunder geschehn
	M45	Puzzle: Ausgrenzung
	M46	Die kleinen Wunder im Alltag
	M47	Viele kleine Schritte auf dem Weg zum Reich Gottes

LPE 7   Übersicht Freiarbeitsblätter: 1. Leben und Religion der Germanen
        Übersicht Freiarbeitsblätter: 2. Die Franken und Alemannen werden Christen
        Übersicht Freiarbeitsblätter: 3. Der Christus der Germanen
        Übersicht Freiarbeitsblätter: 4. Fremde Gesichter - die iroschottischen Mönche
        Übersicht Freiarbeitsblätter: 5. Winfried - Bonifatius
        Übersicht Freiarbeitsblätter: 6. Klöster

LPE 8   M48   Allgemeine Bekanntmachung (Steckbrief)
        M49   Kirchentrennungen
        M50   Die Biberacher Parität
        M51   Brief der Delegierten der Ökumenischen Versammlung an die Kinder
        M52   Was evangelische und katholische Christen eint

LPE 9   M53   Bildgeschichte „Fritz sagt"
        M54   Ich-Puzzle
        M55   Fragebogen: Erwachsenwerden
        M56   Kai-To, der Elefant, der sang
        M57   Ein ganz normaler Tag
        M58   Alles nur ein Spiel
        M59   Welcome Jan

8. Schuljahr

LPE 1	M60	Kopiervorlage: Viele Wege...
	M61	Das Labyrinth von Chartres (Kopiervorlage)
	M62	Labyrinth: eine einfachere Fassung
	M63	Irrgarten
	M64	Ein (Chaos-)Tag im Leben eines Punks
	M65	Hübsch, intelligent - und Analphabetin
	M66	Die große Wegkreuzung
	M67a, M67b, M67c, M67d, M67e, M67f	
	M68	Puzzle (Ausschneidebogen)
LPE 2	M69	Gen 1,1-2,4a
	M70	Die Schöpfungswerke
	M71	Zur Entstehungsgeschichte des Textes Gen 1
	M72	Mann und Frau
	M73	Tiere ausgesetzt
	M74	Was kann ich für die Bewahrung der Schöpfung tun?
	M75	Den Schulranzen packen
	M76	Karikatur von Moser
	M77a	Umrisszeichnung: Todesflut - Lebenshaus
	M77b	Ausschneidebogen
	M78	Was die zwei Vögel sich zu sagen haben
LPE 3	M79	Faltblatt
	M80	Fragebogen
	M81	Die Mutprobe
	M82	Von wem lasse ich mich beeinflussen?
	M83	Das Gewissen ist wie...
	M84a	Altersstufen der Gewissensentwicklung
	M84b	Ausschneidebogen
	M85	Alles Gewissen oder was?
	M86	Im Warenhaus
	M87	Filmstreifen: Ein Tag zieht an mir vorbei
	M88	Viele Formen der Sündenvergebung
	M89	Beichtgespräche
LPE 4	M90	Graphiken Sebastian Blei
	M91a	Gesichter der Armut - Arbeitslosigkeit
	M91b	Gesichter der Armut - niedriges oder gar kein Einkommen
	M91c	Gesichter der Armut - Vereinsamung und Diskriminierung
	M91d	Gesichter der Armut - Kinder und Jugendliche in Armut
	M92	Wocheneinkauf bei Familie B.
	M93	Armut und Reichtum in der Welt
	M94	Ich bin Alberto aus Cerrito in Bolivien
	M95	Die Bevölkerungsexplosion - Ursache oder Folge von Armut?
	M96	Die Verschuldung von Entwicklungsländern - Ursache für die Armut
	M97	„Armut ist weiblich"
	M98	Arbeitstag einer Afrikanerin - Arbeitstag einer deutschen Frau
	M99	Kinder - die Hauptleidtragenden der Armut
	M100	Warenströme
	M101	Die Geschichte von der großen Weltversammlung
	M102	Herkömmlicher Handel - fairer Handel
	M103	Der Deutsche Caritasverband

Zur Konzeption des Unterrichtswerkes

Religionslehrerinnen und Religionslehrer an Hauptschulen arbeiten heute mit einem breiten Methodenrepertoire. Das Schulbuch ist keineswegs das einzige Medium. Die Aufnahme ganzheitlicher Methoden und reformpädagogischer Arbeitsweisen verlangt nach einem Buch, das den Religionsunterricht ergänzt, nicht abdeckt. Unser Buch ist ein Versuch auf diesen Bedarf zu reagieren. Es ist nach Art eines Baukastensystems konzipiert:

Das *Schülerbuch* bietet zu den Themen des 7. und 8. Schuljahres Materialien, die weitestgehend die Inhalte des Lehrplans abdecken. Die Inhalte des Schülerbuchs sind bewusst knapp gehalten - im Blick auf eine Schülerschaft, die mit Texten ihre spezifischen Schwierigkeiten hat, und im Blick auf einen Unterricht, der das Schulbuch als Ergänzung und Material betrachtet, das die unterrichtliche Erschließung des Themas unterstützt.

Die *Lehrerhandreichung* bietet Erschließungshilfen für die Unterrichtsvorbereitung: Skizzen zur didaktischen Struktur, Sachinformationen, Methodenbeschreibungen und Anleitungen sowie weitere Materialien zur freien Gestaltung des Themas (Kopiervorlagen, Ausschneidebögen u.a.). Das Thema 7, 7. Schj., Wie unsere Vorfahren Christen wurde, wird als Freiarbeitsmaterial präsentiert, da es hierbei vorwiegend um Informationsvermittlung geht. Es erlaubt gleichzeitig auch andere übliche Unterrichtsformen. Die Materialien / Kopiervorlagen sind jeweils dem entsprechenden Teilthema angefügt. Eine Übersicht bieten die Seiten 4 - 6.
Viele Methoden- und Materialvorschläge können über die speziellen Themen der Klassen 7 und 8 hinaus auch in anderen Schuljahren bzw. in anderen religionspädagogischen Feldern wie Gemeindekatechese und Besinnungstagen zum Einsatz kommen.
Literatur- und Materialhinweise ermöglichen eine weitergehende Beschäftigung mit den Sachfragen und erschließen zusätzliche Impulse für den Unterricht.

Nicht alle Lehrplanaspekte werden in gleicher Ausführlichkeit behandelt. Wir gehen davon aus, dass die entsprechende Akzentuierung ohnehin von den Lehrenden aufgrund der individuellen Situation vor Ort vorgenommen wird. Inhalte, die im Buch oder im Lehrermaterial sehr umfangreich abgehandelt werden, erfahren vielleicht im konkreten Fall eine deutliche Kürzung. Andererseits erscheint eventuell dieser oder jener inhaltliche Gesichtspunkt einem Lehrer/einer Lehrerin zu knapp: Er/sie wird ihn nach den Erfordernissen seiner/ihrer Klasse ausbauen. Kein Lehrplan und kein Unterrichtswerk kann die individuelle Situation der Schüler/innen vor Ort im Einzelnen berücksichtigen bzw. in seinen Vorgaben treffgenau aufgreifen. Dennoch haben wir versucht möglichst nahe an die Schüler/innen heranzukommen.

PROPHETEN UND PROPHETINNEN
LPE 7-1

Zur Struktur der Einheit

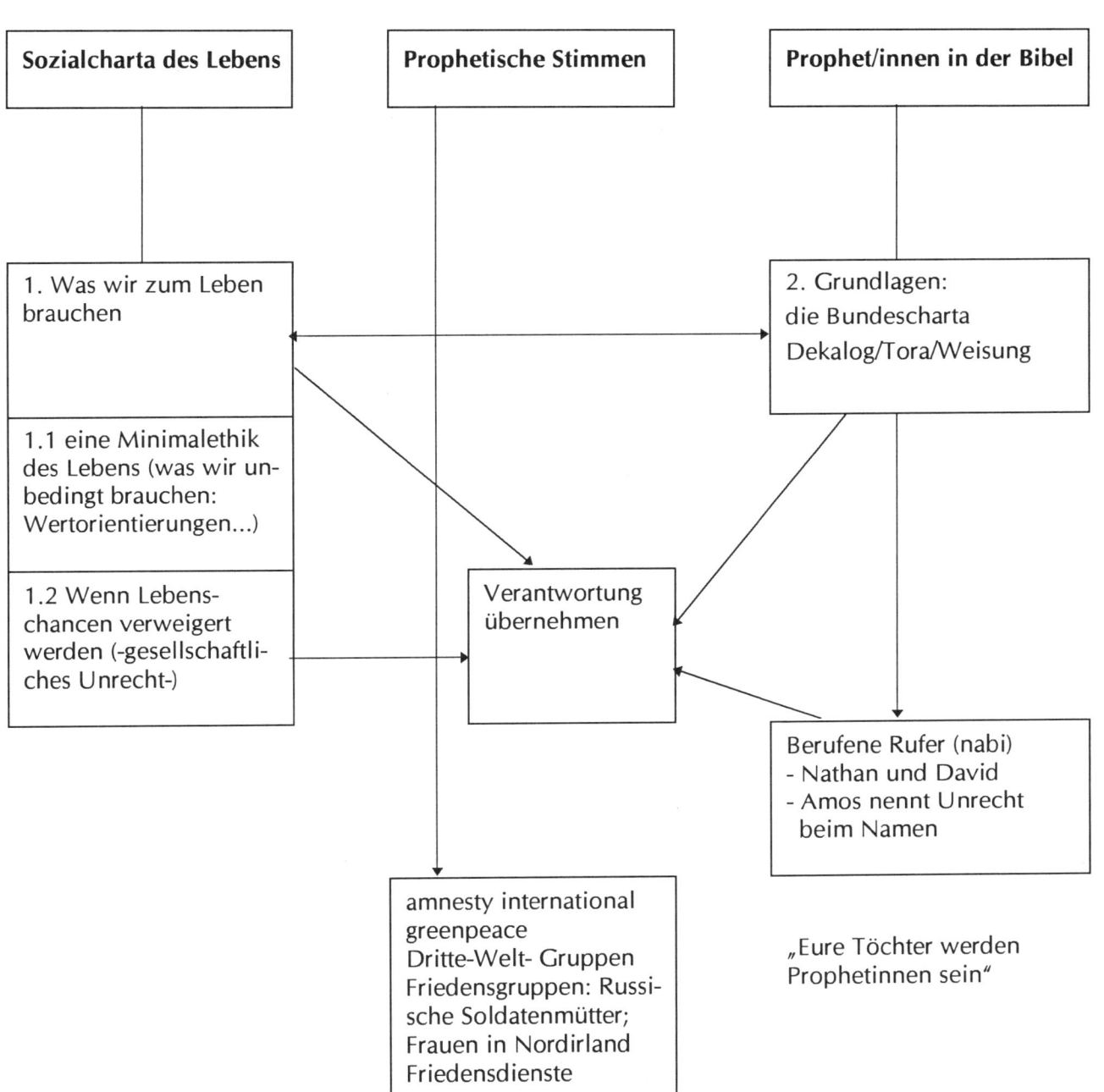

Das Thema der prophetischen Stimmen Israels ist die Tora. Sie ist Lebensanweisung und Lebensorientierung, und ihre Verletzung zerstört das Leben. An diesem Sachverhalt kann eine Didaktik alttestamentlicher Propheten und Prophetinnen anknüpfen. Eine Leitfrage kann sein: Was brauchen wir unbedingt zum Leben? Und was ist, wenn diese Voraussetzungen zum Leben missachtet werden? Wer hat die Verantwortung dafür? Diese Fragen verweisen auf das eigene und das soziale Leben und auf die Grundlage dieses Lebens in der Gottesbeziehung. Die Vielfalt dieser Perspektiven kann im Unterricht einer siebten Klasse nur nacheinander und begrenzt auf die soziale Perspektive, die die Schüler/innen selbst einnehmen, erarbeitet werden. Diese Perspektive ist im Jugendalter zunehmend der Blick der „bedeutungsvollen andern". Das Selbstbild und die Selbstwertschätzung hängen davon ab, was die andern mir spiegeln. Diese „Tyrannei der andern" (J.W. Fowler) bewirkt, dass es für einen Jugendlichen durchaus schwer ist, eine eigene Position gegen die Meinung der andern zu bekennen. Genau um solche mit ihrem Engagement menschlich betrachtet vielfach auf sich allein gestellte Menschen geht es bei der Thematisierung der Propheten. Prophetische Stimmen der Gegenwart, die sich für die Grundlagen unsres Lebens und das Leben künftiger Generationen einsetzen, verstehen sich vielfach nicht religiös und sollten deshalb auch nicht leichthin religiös vereinnahmt werden. Gleichwohl bleibt hier wie bei den Propheten das gleiche ethische Anliegen: Eine Welt und Sozialordnung einzuklagen, die im Sinne des konziliaren Prozesses Solidarität mit den Armen, Frieden und die Bewahrung der Schöpfung einübt. Die didaktische Strukturskizze hat aus diesen Überlegungen heraus drei Hauptlinien: 1. Eine Ethik des Lebens. 2. Prophetische Stimmen heute. 3. Prophet/innen in der Bibel. Man kann je nach Motivation und Kenntnisstand der Klasse auf einer dieser Linien in das Thema einsteigen, sollte dort dann den Schwerpunkt der Fragestellung entwickeln, also z.B. (Hauptlinie 2: Prophetische Stimmen): Was heißt Verantwortung übernehmen? Für wen? Wer übernimmt heute welche Verantwortung wofür? Von hier aus kann man dann biblische Parallelen einbeziehen, Texte (Dekalog, Tora), Gestalten (Nathan, Amos) oder/ und Skizzen einer Minimalethik des Lebens entwerfen, an der dann zu messen wäre, wo heute Stimmen zu finden sind, die sich für das gottgewollte Leben einsetzen und in dieser Hinsicht zu Recht prophetische Stimmen heißen.

Literaturhinweise

O. Wahl, Propheten - Mahner und Erneuerer des Bundes zwischen Jahwe und seinem Volk, in: M. Müller (Hrsg.), Senfkorn II/1, S. 191-214, Verl. Katholisches Bibelwerk, Stuttgart 1986

H. Halbfas, Religionsunterricht in Sekundarschulen, Lehrerhandbuch 7, Patmos, Düsseldorf 1994, Kap. Altes Testament: Die Propheten, S. 176-209

1. Dem Leben eine Stimme geben

a) Notizen zu Thema und Intention

Propheten und Schüler/innen heute - dazwischen liegen Welten. Um beide zu vermitteln, wählen wir als Einstieg nicht die historische Situation, sondern die Schüler/innen werden unmittelbar in die prophetische Situation (heute!) hineingestellt. Die Konfrontation mit Unrecht und Gewalt, mit Not und Angst, mit Anschlägen auf die Menschlichkeit holt die Schüler/innen mit ihren aktuellen Erfahrungen ab. Mit den Übungen „Ich rufe dich, geh und rede!" und „Meine Rede an die Menschheit" wird unmittelbar die Situation prophetischen Handelns bzw. Redens erlebt. Neben die Reden der Schüler/innen stellen wir exemplarisch die Worte eines Zeitgenossen: Petrus Ceelen, Wenn wir Menschen wären. In den Reden kommen die Probleme der Gegenwart und die gefährdeten Werte und die zu verteidigenden Normen (aus Sicht der Schüler/innen) zur Sprache. Die Bilder im Schülerbuch S. 6. repräsentieren optisch diesen Hintergrund.
Die Äußerungen der Schüler/innen werden in einer weiteren Übung unmittelbar in Bezug gesetzt zu biblischen Prophetenworten. Sie entdecken gleiche Anliegen, gleiche Anfragen und Bedrängnis - auch darin den Mund aufzumachen. Die Verantwortung des Gerufen- und Aufgerufenseins wird aufgegriffen und vertieft mit den Elementen der Seite 8. Mit der einfachen Frage „Wie kommt Jeremia in die Zisterne" wird die Brisanz des „ich schweige (nicht), wenn ich reden sollte" (Lied S. 9) thematisiert. Schülerworte, klassische Prophetenworte, prophetische Stimmen der Gegenwart werden in diesem Abschnitt nahtlos nebeneinander gestellt: Stimmen für das Leben. Aufgeweckt von ihrer eigenen Stimme sollen die Schüler/innen auf die Suche nach prophetischen Stimmen heute gehen. Die täglichen Nachrichten (Fernsehen, Zeitungen) werden hierbei aufmerksam verfolgt. Die Vorgaben des Buches deuten nur die Richtung an.
Diese Einstiegselemente machen von Anfang an deutlich, dass es beim Thema Propheten weniger um Bescheid wissen über die Zustände und Menschen aus alter Zeit geht sondern um einen aktuellen Anspruch an jeden heute - unabhängig davon, welche (christliche) Sozialisation er genossen hat.
Erst nach dieser „Ouvertüre" fassen wir in einem weiteren Abschnitt den biblisch-historischen Hintergrund in den Blick (Kapitel 2: Wegweiser Gottes).

b) Methodische Hinweise

- **Ich rufe dich, geh und rede!**
  Dieser Satz wird als stummer Impuls zum Beginn der Stunde an die Tafel geschrieben, möglichst ins obere Drittel der mittleren Tafel, damit daran weitergeschrieben werden kann.
  Einige Schüler/innen werden nacheinander gebeten nach vorne vor die Klasse zu kommen und diesen Satz für die Klasse laut vorzulesen. Die Schüler spüren recht schnell, dass man dies auf unterschiedliche Art und Weise tun kann (lesend, schreiend, flüsternd....). Der Lehrer/die Lehrerin geht durch die Klasse und sagt diesen Satz auf o.g. unterschiedliche Art und Weise. Spontane Anmerkungen der Schüler/innen.
  Arbeitsauftrag: Jeder Schüler/jede Schülerin gestaltet mit diesem Satz eine ganze Heftseite. Dazu kann man meditative Musik spielen. Man sollte dabei auf absolute Ruhe achten. Die Schüler/innen werden auf spielerische Art und Weise in die Satzaussage hineingeführt.

Dabei ist es fast unvermeidlich, dass bei allen Schüler/innen die Frage aufkommt: „Wer ruft denn da und wer soll gehen?"
Stuhlkeis mit den Heftbildern:
Jeder Schüler/jede Schülerin stellt sein/ihr Bild vor und benennt dabei ganz kurz das Gefühl, das er/sie beim Schreiben und Gestalten hatte.
„Beim Schreiben ist mir aufgefallen...." (oder ähnliche Sprechbrücken anbieten)
TA/Heft-Arbeit
Am Tafelimpulssatz („Ich rufe dich, geh und rede!") entlang wird der Frage nachgegangen:
WER ruft   WEN?
WAS soll geredet werden?
(Die Anregung zu diesem Schritt geht zurück auf: Spuren, O III.3, S. 5-7 (Lit.), ebd. einige Beispiele für die Schreibbilder)

- Eine Rede an die Menschheit halten
Arbeitsauftrag: Stell dir vor, du bekommst die Chance und den Auftrag eine Rede an die ganze Menschheit zu halten. Sie wird über Zeitungen, Fernsehen, Radio in alle Erdteile übertragen.
Schreibe deine Rede an die Menschen auf! Sage ihnen, was schlecht ist auf der Erde, wo Unrecht geschieht, was aufhören muss, was getan werden muss.
Bevor die Schüler/innen mit ihrer Rede anfangen, sollte kurz thematisiert werden, welche Themen und Inhalte in dieser Rede angesprochen werden können - evtl. kurzes Brainstorming. Besser ist es, wenn die Schüler/innen ohne diese Vor-Sortierung zurecht kommen., weil so die Brennpunkte unserer Gesellschaft aus Schülersicht deutlicher werden. Wenn alle fertig sind, kann kurz angesprochen werden, wie sich jede/r beim Schreiben gefühlt hat - der Reihe nach und jede Meinungsäußerung bleibt ohne Kommentar stehen. (Keine Darstellung der Inhalte!)

Die Reden werden vorgetragen.
Um den Charakter einer öffentlichen Rede zu unterstreichen wird ein Rednerpult mit Mikrofon aufgebaut - mit Pressefoto und Fernsehaufzeichnung (Videokamera). Dabei muss von Fall zu Fall beachtet werden, ob Schüler/innen dadurch nicht eingeschüchtert und gehemmt werden. Mutige Schüler/innen sollten beginnen.
Unter Umständen kann man für diese Stunde auch in den Musiksaal gehen, der von der Gesamtatmosphäre eher dem Rahmen einer öffentlichen Rede entspricht. Außerdem sind dort am ehesten die technischen Einrichtungen vorhanden.
Alle Schüler/innen bekommen die Gelegenheit ihre Rede zu halten. (In der Regel sind alle bereit, ihre Rede vorzulesen. Niemand wird dazu genötigt!)
Die einzelne Rede wird nicht kommentiert, sondern bleibt so stehen wie sie gehalten wurde. Jede Rede - auch wenn sie noch so kurz war - bekommt Beifall.

Gespräch im Kreis (evtl. können die Schüler/innen schon zum Anhören der Reden im Halbkreis sitzen): Jede/r Schüler/in wird nun aufgefordert, sein Gefühl beim Anhören der Reden zu äußern. Folgende Wortbrücken können dabei Starthilfe leisten:
- Ich habe gespürt....
- Mir ist aufgefallen....
- Ganz besonders beeindruckt hat mich....

Auch der Lehrer/die Lehrerin äußert sich dazu, was sie/ihn beeindruckt hat oder was er/sie bemerkenswert fand.
Wenn es vom zeitlichen Ablauf möglich ist, können mit den obigen Satzanfängen zwei bis drei Runden gemacht werden. Dabei sollte man darauf achten, dass reihum möglichst jede/r Schüler/in beteiligt wird, auch wenn ihre/seine Aussage noch so knapp erscheint. Keine/r darf dabei die/den andere/n unterbrechen bzw. bei der Äußerung stören.

- P. Ceelen, Wenn wir Menschen wären
  Reden wegen der Missstände in der Welt werden tatsächlich gehalten - oft von Künstlern und Dichtern in ihrer besonderen Ausdrucksform. Die Schüler/innen können die hier angesprochenen Inhalte mit denen aus ihren eigenen Reden vergleichen.

- Prophetenworte der Anklage und des Trostes (M1, M2, Buch S. 8)
  Der Lehrer/die Lehrerin informiert, dass zu allen Zeiten Menschen sich zu den Missständen ihrer Zeit zu Wort gemeldet haben. Auch in der Bibel gibt es solche Stimmen. (An dieser Stelle kann das Wort Prophet noch unerwähnt bleiben.) Eine Auswahl davon wird vorgelegt. Diese kann leicht durch weitere Worte ergänzt werden. Es ist auch denkbar, dass man den Schüler/innen die entsprechenden Passagen aus den Prophetenbüchern angibt und diese dann entsprechende Verse selber aussuchen.

  Prophetenworte der Anklage werden auf roten, folierten Karten ausgelegt. (Durch Vergrößern der Kopiervorlage M1 wird das gewünschte Format hergestellt). Alle lesen diese Karten. (Bei großen Klassen müssen evtl. 2 Sätze Karten hergestellt werden.)
  Jede/r Schüler/in sucht ein Prophetenwort aus, das zu seiner eigenen Rede am besten passt.

  Prophetenworte des Trostes werden auf blauen, folierten Karten ausgelegt, die wiederum zunächst von allen gesichtet werden. Auch diesmal sucht sich jedes Kind eine Karte aus, die zu seiner Rede am besten passt.

  Jede/r Schüler/in schreibt sein Anklage- und Trostwort zu seiner Rede, mit unterschiedlicher Farbe (rot bzw. blau).

- Mit Bildern sprechen
  Manchmal bringen Bilder eine Aussage besser auf den Punkt und haben mehr Wirkung als Worte. Diese Erkenntnis macht sich die Werbung mit Plakatwänden und Anzeigeseiten zunutze.
  Arbeitsauftrag: Die Schüler/innen gestalten zu einem ihrer Prophetensätze (oder zu beiden Sätzen), die sie ausgewählt haben ein Plakat, das die Botschaft bildhaft ausdrückt. Auch Worte können dabei verwendet werden.
  Es wird dabei möglichst große gestalterische Freiheit gelassen - es müssen also nicht die typischen Stilmittel der Plakatwerbung stringent angewendet werden - es sei denn, man lässt diesen Schritt kooperativ mit dem Kunstunterricht durchführen, der dabei auch seine gestalterische Intentionen umsetzen will.
  Material: Zeichenblock DIN-A3, Wasserfarben oder Wachskreiden oder Collage, breite Filzstifte
  Sitzkreis: Jede/r Schüler/in stellt ihr/sein Bild vor und legt es vor sich auf den Boden. Zunächst kann jede/r in Ruhe die Bilder anschauen. Dann kann sich jede/r zu einem oder mehreren Bildern äußern.
  Die folgenden Satzanfänge können dabei als Formulierungshilfe dienen:

- Ich sehe... - mir fällt auf... – mich beeindruckt...
Es können auch Fragen zur Klärung an die „Künstler/innen" gestellt werden. Bei den Äußerungen aus dem Kreis können Dinge entdeckt werden, die der „Künstler"/die „Künstlerin" selber gar nicht im Auge hatte bzw. dessen er/sie sich nicht bewusst war.

Die Bilder können zu einer Ausstellung zusammengestellt werden und im Klassenzimmer oder im Schulhaus ausgestellt werden.

- **Prophetische Worte und Taten heute - ein Künstler (Buch S. 8)**
Gute Stichworte zur Erschließung des Bildes von R. Litzenburger gibt H. Halbfas in: Religionsunterricht in der Grundschule. Lehrerhandbuch 4, Patmos, Düsseldorf, 2. Aufl. 1989, S. 135:
„Das Bild, eine Federzeichnung aus dem Jahre 1974, dem wir hier den Titel 'Die gekreuzigte Kreatur' gegeben haben, hat Litzenburger benannt: 'Mich dürstet nach reinem Wasser'. Darin klingt Ps 42 an: 'Wie den Hirsch dürstet nach frischem Wasser, so dürstet meine Seele, Gott, nach dir', jedoch gewinnt Litzenburgers Titel zugleich jenen ökologischen Hintersinn, der gerade nicht das Wasser als Metapher, sondern das reale Element Wasser meint, das in Seen, Flüssen und Meeren verschmutzt und vergiftet wird und die Tiere krank werden und sterben lässt. Wir sehen einen aus Wasserfluten hervorschauenden, nach Luft schnappenden Fisch, der offensichtlich verendet. Jedoch verbindet sich die Fischgestalt in eigentümlicher Weise mit einer Menschengestalt, so dass man von einem Fischmenschen sprechen könnte. Gleichzeitig erinnert dieser Fischmensch in seiner Haltung an den Gekreuzigten. Zunächst verwundert, dass sich im linken Bildteil zwei erschlafft herabhängende Arme zu einer Hand vereinen. Erst ein genaues Hinsehen lässt erkennen, dass der untere Arm zu einem Christus führt, der sich rechts unterhalb des Fischkopfes zeigt. So sind der gekreuzigte Christus und der sterbende Fisch neben- und ineinander gezeichnet. Im Tod des einen stellt sich der Tod des anderen dar. Dass es sich hierbei nicht nur um einen einzigen Fisch handelt, sondern um das Schicksal ungezählter, machen die toten Tiere auf dem Grund des Gewässers deutlich. Ein bereits bis auf das Grätengerippe zerfallenes Opfer liegt hinter den Füßen der gekreuzigten Kreatur, neben ihm eine Menge kleiner, ebenfalls verendeter Fischlein."

- **Bischof Belo: Stoppt den Waffenexport (Buch S. 8)**
Kurzzeitig war dieser Brennpunkt der Weltgeschichte, Ost-Timor, im Blickpunkt der Weltöffentlichkeit - solange die Verleihung des Friedensnobelpreises an Bischof Belo eine Nachricht wert war. Leider hat sich die Situation in seinem Land nicht geändert, im Gegenteil - sie ist schlimmer geworden. Die Bundesregierung hat von 1986 bis 1996 insgesamt 680 Ausfuhrgenehmigungen für Kriegswaffen und sonstige Rüstungsgüter nach Indonesien erteilt! Wir beziehen uns bei dem abgedruckten Text und bei diesen Angaben auf ein Faltblatt der Indonesien-AG c/o Watch Indonesia!, Haus der Demokratie, Friedrichstr. 165, 10117 Berlin, Tel/Fax 030/2044409.
Die Indonesien-AG ist eine Kampagne gegen Rüstungsexporte und Menschenrechtsverletzungen in Indonesien und Ost-Timor. Das erwähnte Faltblatt „Erhebt die Stimme für Ost-Timor" ist eine Aktion der Indonesien-AG im Verbund mit dem Internationalen Katholischen Missionswerk missio in Aachen und der Missionszentrale der Franziskaner. Weitere Informationen unter der genannten Adresse.

- **Folie M3 Gegen den Strom schwimmen und Folie M4 Maske**
  Folien ohne Schriftzug auflegen, Überschriften suchen und als Tafelanschrift und Hefteintrag festhalten.
  Bei den folgenden Überschriften handelt es sich um Beispiele von Schülern.

  Gegen den Strom schwimmen
  - Einer gegen Alle
  - umzingelt
  - eingeengt, eingequetscht
  - kein Ausweg

  Maske
  - sich verstecken
  - sein Gesicht nicht zeigen
  - Angst haben
  - Sag du es
  - Ich nicht
  - Ich halt doch meinen Kopf nicht hin
  - Ich bin doch nicht blöd

  Was haben diese Überschriften mit unseren Reden und mit den Worten aus der Bibel zu tun? Die Schüler/innen erkennen, dass es gar nicht so einfach ist, gegen bestehende Ungerechtigkeiten und Missstände die eigene Meinung frei und offen zu äußern.
  Die obigen Aussagen können wie folgt ins Bild umgesetzt werden bzw. verstärkt werden:
  Arbeitsauftrag:
  Male auf ein ganzes Heftblatt (Din A4 - Querformat - oberes Drittel)
      3 Gesichter mit dem Profil nach links und
      3 Gesichter mit dem Profil nach rechts.
  Der/die Lehrer/in macht das Gleiche an der Tafel.
  Vorbereitete beschriftete Sprechblasen werden an der Tafel seitlich angeheftet. Ein Freiwilliger wird aufgefordert, diese Sprechblasen den Gesichtern zuzuordnen.
  Inhalt der Sprechblasen:
  - Ich will saubere Luft
  - Ich will frisches Wasser
  - Ich will das ganze Jahr frisches Obst und Gemüse
  - Wer Sauberkeit liebt, braucht viel Wasch- und Putzmittel
  - Ich werde überall mit dem Auto hingebracht und abgeholt
  - Wir spenden mehrmals im Jahr für Menschen, die nichts zu essen haben.

  Oftmals bedarf es mehrerer Durchgänge, bis die Schüler/innen erkannt haben, wie diese Sprechblasen anzuordnen sind. Mit Hilfe dieser Methode kann verdeutlicht werden, dass unsere Worte oftmals nicht mit unserem Tun übereinstimmen.
  Der Inhalt der Sprechblasen wird ins Heft übernommen und auch hierfür wird eine Überschrift gesucht: z.B. Wort und Tat stimmen nicht überein.
  Der Inhalt der Sprechblasen kann auch ganz auf die Schülerreden abgestimmt werden.
  (Vgl. zu dieser Übung auch Spuren O III.3, S. 9 - 3.1.3 Wort und Tat stimmen nicht überein.)

- **Das wahre Gesicht zeigen** - zu diesem Thema wird verwiesen auf eine Übung mit Masken in Spuren, O III.3, S. 8. Diese Arbeit, bei der Masken hergestellt werden, sollte im fächerübergreifenden Unterricht mit Bildender Kunst angegangen werden.

- Was Propheten tun? - Prophetenbilder (M5)
Toni Zenz, Der Hörende
Willi Dirx, Der Rufer
Gerhard Marcks, Prophet
Marcel Häflinger, Amos
Marc Chagall, Der Prophet Jesaja schaut in die Zukunft
Marc Chagall, Der Prophet Jesaja

Zunächst werden die 6 Prophetenbilder (als Folien kopieren) nacheinander mit dem Arbeitsprojektor gezeigt. Man achte auf langsame Bildfolge. Die Schüler/innen erhalten den Hinweis, dass es sich hierbei um Menschen handelt, die solche Sätze gesagt haben, wie sie auf den Karten standen. (Worte des Trostes und Worte der Anklage).
Die Folien werden ein zweites Mal gezeigt; dabei sollen die Schüler/innen möglichst mit Verben beschreiben, „was die Menschen auf den Bildern tun".
Die Prophetenbilder werden als Kopien (schwarz-weiß) im Klassenzimmer ausgelegt, so dass die Schüler/innen nochmals zu jedem Bild gehen können, um ihren Hefteintrag zu ergänzen.
Aus den zuvor gefundenen Verben zu den Prophetenbildern wird das Wort Prophet entweder gemeinsam an der Tafel oder in Einzel- oder Partnerarbeit im Heft gestaltet. Dabei muss nicht jedem Buchstaben des Wortes „Propheten" ein Verb zugeordnet werden.

				P				
			P	R	O	T	E	S	T
		T	R	O	S	T		
				P				
				H				
M	A	H	N	E	N			
				T				
			H	E	L	F	E	N
				N				

c) Literatur und Materialhinweise

Spuren. Arbeitshilfen für einen ganzheitlichen Religionsunterricht an Förderschulen, Bischöfliches Schulamt der Diözese Rottenburg-Stuttgart und Institut für Religionspädagogik der Erzdiözese Freiburg, 1992, O III.3, Propheten - Mahner Gottes

M1 Prophetenworte der Anklage

Wenn ihr eure Hände ausbreitet, verhülle ich meine Augen vor euch. Wenn ihr auch noch so viel betet, ich höre es nicht. Eure Hände sind voller Blut. (Jes 1,15)	Sie sind doch alle, vom Kleinsten bis zum Größten, nur auf Gewinn aus; vom Propheten bis zum Priester betrügen sie alle. (Jer 6,13)
Mein Volk - seine Herrscher sind voller Willkür, Wucherer beherrschen das Volk. Mein Volk, deine Führer führen dich in die Irre, sie bringen dich ab vom richtigen Weg. (Jes 3,12)	Deine Fürsten sind Aufrührer und eine Bande von Dieben, alle lassen sich gerne bestechen und jagen Geschenken nach. Sie verschaffen den Waisen kein Recht, die Sache der Witwen gelangt nicht vor sie. (Jes 1,23)
Weh euch, die ihr Haus an Haus reiht und Feld an Feld fügt, bis kein Platz mehr da ist und ihr allein im Land ansässig seid. (Jes 5,8)	Der Herr geht ins Gericht mit den Ältesten und den Fürsten seines Volkes, Ihr, ihr habt den Weinberg geplündert; eure Häuser sind voll von dem, was ihr den Armen geraubt habt. (Jes 3,14)
Weh denen, die Helden sind, wenn es gilt, Wein zu trinken, und tapfer, wenn es gilt, starke Getränke zu brauen, die den Schuldigen für Bestechungsgeld freisprechen und dem Gerechten sein Recht vorenthalten. (Jes 5,22-23)	Denn ich kenne eure vielen Vergehen und eure zahlreichen Sünden. Ihr bringt den Unschuldigen in Not, ihr lasst euch bestechen und weist den Armen ab bei Gericht. (Am 5,12)
Weh denen, die unheilvolle Gesetze erlassen und unerträgliche Vorschriften machen, um die Schwachen vom Gericht fernzuhalten und den Armen meines Volkes ihr Recht zu rauben, um die Witwen auszubeuten und die Waisen auszuplündern. (Jes 10,1-2)	Wie? Stehlen, morden, die Ehe brechen, falsch schwören, dem Baal opfern und anderen Göttern nachlaufen..., und dabei kommt ihr und tretet vor mein Angesicht in diesem Haus (Tempel) ... und sagt: Wir sind geborgen!, um dann weiter alle jene Greuel zu treiben. (Jer 7,9-10)
Ein tödlicher Pfeil ist ihre Zunge, trügerisch redet ihr Mund; «Friede» sagt man zum Nächsten, doch im Herzen plant man den Überfall. (Jer 9,7)	Weh dem, der seinen Palast mit Ungerechtigkeit baut, seine Gemächer mit Unrecht, der seinen Nächsten ohne Entgelt arbeiten lässt und ihm seinen Lohn nicht gibt (Jer 22,13)
Ich hasse eure Feste, ich verabscheue sie und kann eure Feiern nicht riechen. (Am 5,21)	Wir wollen den Kornspeicher öffnen, das Maß kleiner und den Preis größer machen und die Gewichte fälschen. (Am 8,5)

M2 Prophetenworte des Trostes

Das Volk, das im Dunkel lebt, sieht ein helles Licht; über denen, die im Land der Finsternis wohnen, strahlt ein Licht auf. (Jes 9,1)	Jeder Stiefel, der dröhnend daherstampft, jeder Mantel, der mit Blut befleckt ist, wird verbrannt, wird ein Fraß des Feuers. (Jes 9,4)
An jenem Tag fällt Assurs Last von deiner Schulter, sein Joch wird von deinem Nakken genommen. (Jes 10,27)	Dann springt der Lahme wie ein Hirsch, die Zunge des Stummen jauchzt auf. In der Wüste brechen Quellen hervor, und Bäche fließen in der Steppe. (Jes 35,6)
Dann spendet er Regen für die Saat, die du auf den Acker gesät hast. Das Korn, das auf dem Acker heranreift, wird üppig und fett sein. Auf weiten Wiesen weidet dein Vieh an jenem Tag. (Jes 30,23)	Wie ein Vogel mit ausgebreiteten Flügeln wird der Herr der Heere Jerusalem schützen, es beschirmen und befreien, verschonen und retten. (Jes 31,5)
Dann werden die Augen der Blinden geöffnet, auch die Ohren der Tauben sind wieder offen. (Jes 35,5)	Sieh her, Ich habe dich eingezeichnet in meine Hände, deine Mauern habe ich immer vor Augen. (Jes 49,16)
An jenem Tag richte ich die zerfallene Hütte Davids wieder auf und bessere ihre Risse aus, ich richte ihre Trümmer auf und stelle alles wieder her wie in den Tagen der Vorzeit. (Am 9,11)	Auf den kahlen Hügeln lasse ich Ströme hervorbrechen und Quellen inmitten der Täler. Ich mache die Wüste zum Teich und das ausgetrocknete Land zur Oase. (Jes 41,18)
Ich bleibe derselbe, so alt ihr auch werdet, bis ihr grau werdet, will ich euch tragen. Ich habe es getan, und ich werde euch weiterhin tragen, ich werde euch schleppen und retten. (Jes 46,4)	Wolf und Lamm weiden zusammen, der Löwe frisst Stroh wie das Rind. Man tut nichts Böses mehr und begeht kein Verbrechen auf meinem ganzen heiligen Berg, spricht der Herr. (Jes 65,25)
Man tut nichts Böses mehr und begeht kein Verbrechen auf meinem ganzen heiligen Berg. (Jes 11,9)	Seht, ich bringe ihnen Genesung und Heilung; ich mache sie wieder heil und gewähre ihnen beständiges Wohlergehen. (Jer 33,6)
Ich baue dich wieder auf, du sollst neu gebaut werden, Jungfrau Israel. Du sollst dich wieder schmücken mit deinen Pauken, sollst ausziehen im Reigen der Fröhlichen. (Jer 31,4)	Seht, ich bringe sie heim ... und sammle sie von den Enden der Erde, darunter Blinde und Lahme, Schwangere und Wöchnerinnen; als große Gemeinde kehren sie hierher zurück. (Jer 31,8)
Weinend kommen sie, und tröstend geleite ich sie. Ich führe sie an wasserführende Bäche, auf einen ebenen Weg, wo sie nicht straucheln. Denn ich bin Israels Vater. (Jer 31,9)	Er, der Israel zerstreut hat, wird es auch sammeln und hüten wie ein Hirt seine Herde. (Jer 31,10)

M3 Gegen den Strom

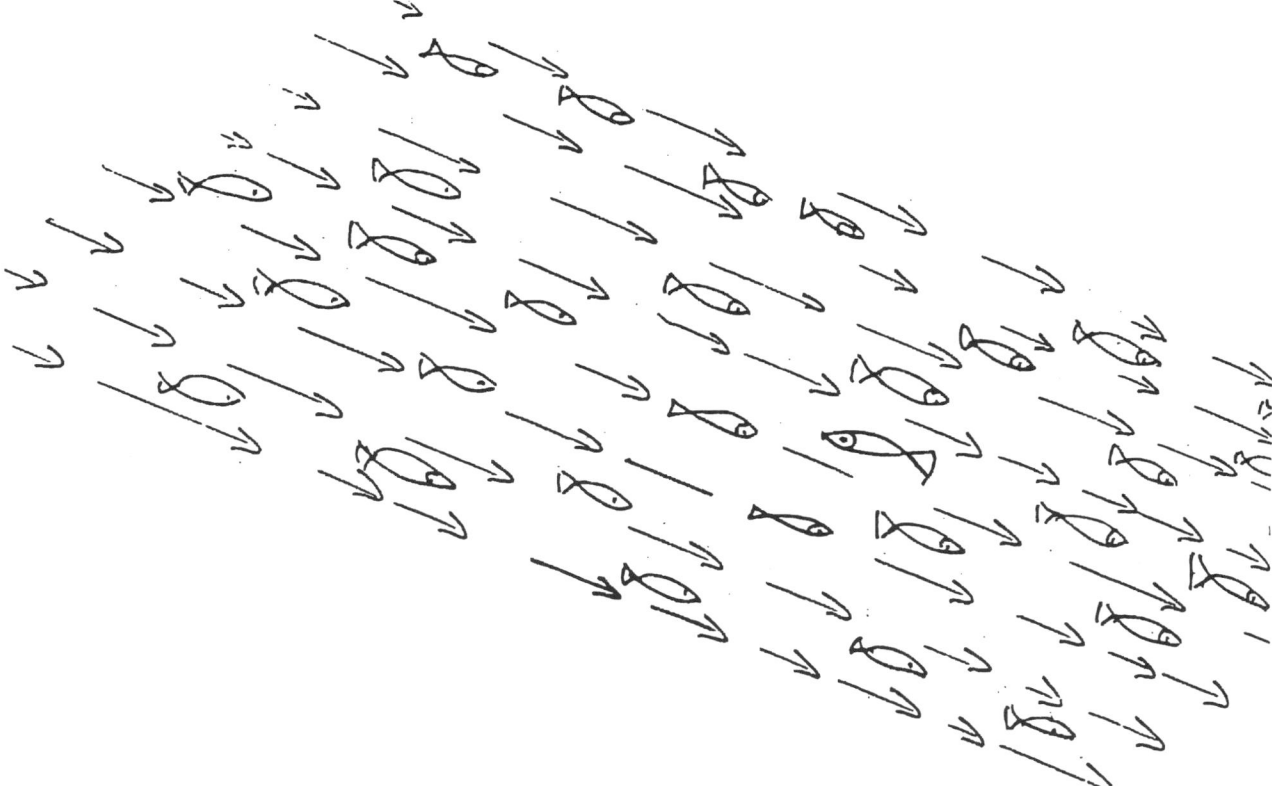

M4 Masken

M5 Prophetenbilder

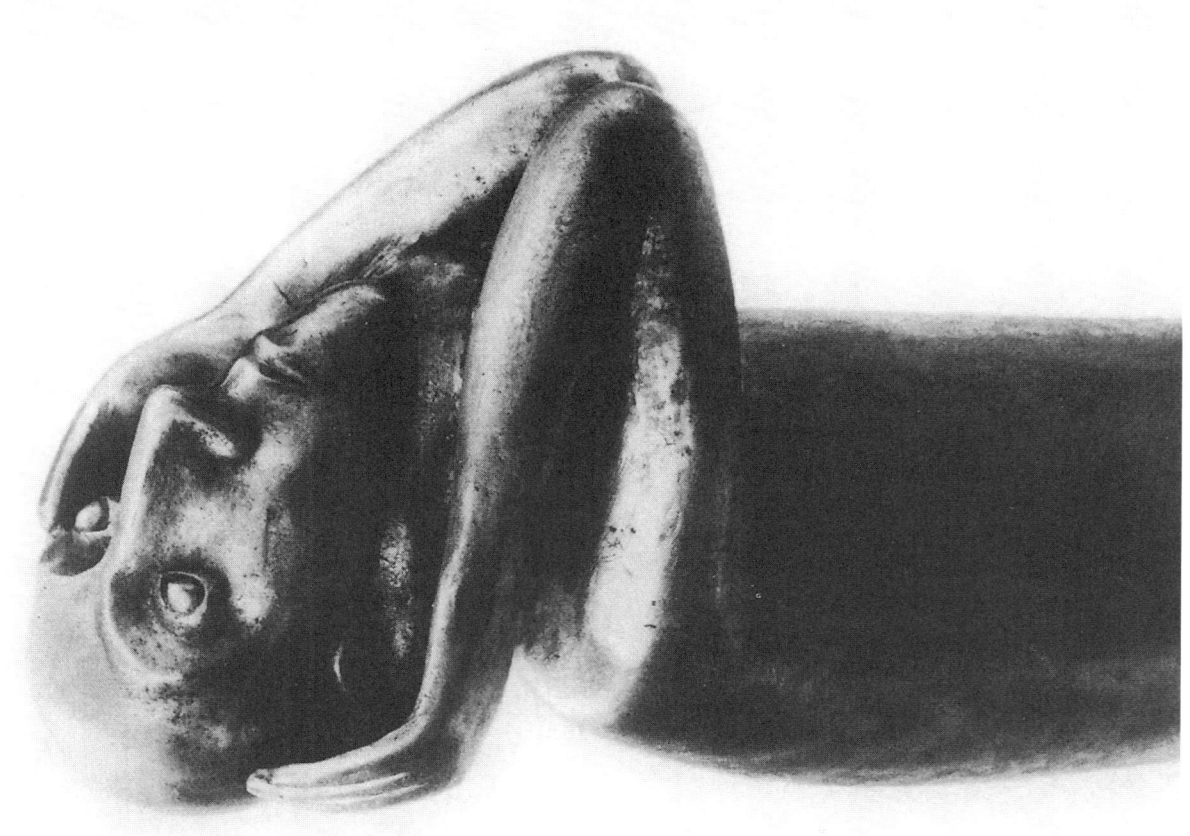

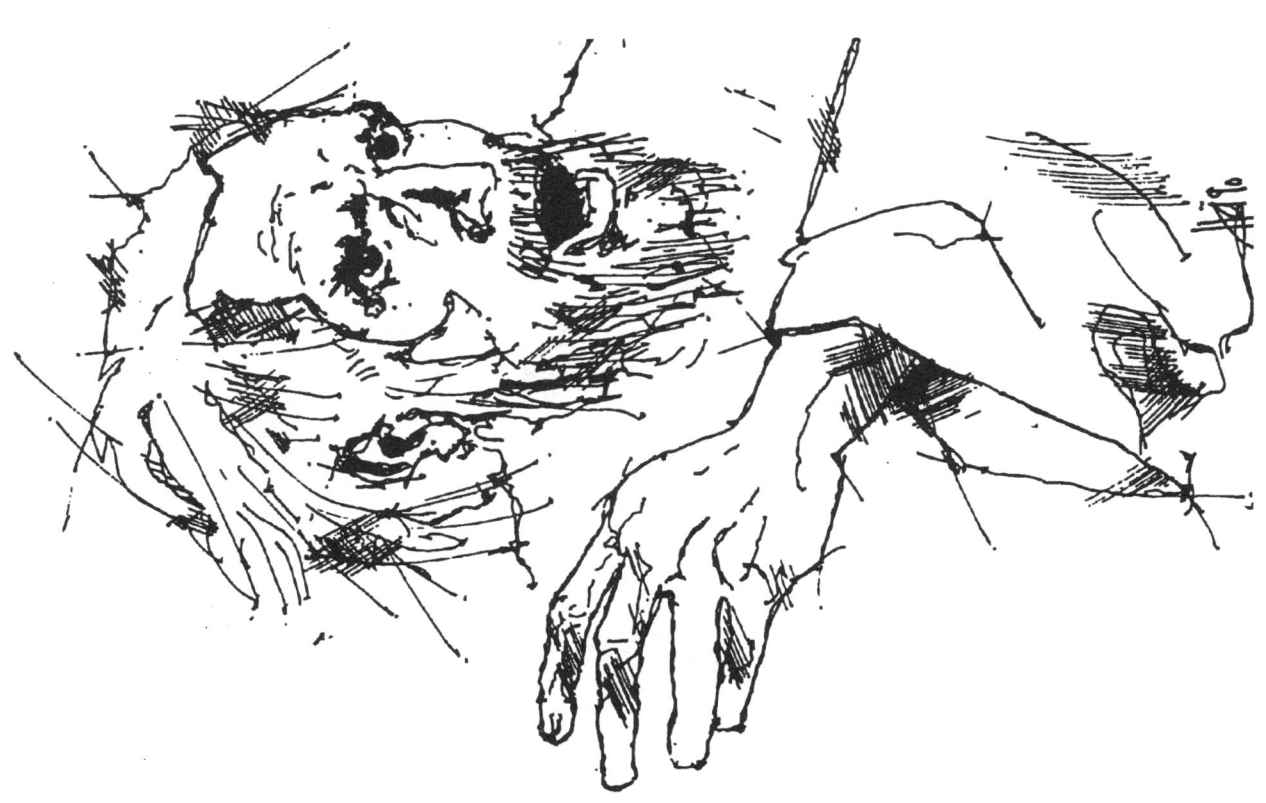

2. Wegweiser Gottes

a) Notizen zu Thema und Intention

Das biblische Prophetentum ist nicht ohne die Geschichte Israels zu verstehen. Die Geschichte Israels als Weg Gottes mit den Menschen ist gesäumt von Wegbegleitern, allen voran die zentrale Führerfigur Mose, der folgerichtig bei den Juden als einer der größten Propheten gilt.
Propheten sind also Männer und Frauen, die Jahwe seinem Volk an den Weg, auf den Weg - und manchmal in den Weg stellt. (Vgl. Jes 7,25: Von dem Tag an, als eure Väter aus Ägypten auszogen, bis auf den heutigen Tag sandte ich zu euch immer wieder alle meine Knechte, die Propheten). Sie bringen dem Volk keine neuen Botschaften und Offenbarungen! Entgegen der landläufigen Vorstellung, die Propheten vor allem als Visionäre und Voraussager der Zukunft versteht, sind Propheten in erster Linie Prediger der Bundescharta, des Grundgesetzes Israels. Mit dem Dekalog hat Jahwe dem Volk grundsätzlich eine Wegweisung (Tora = Weisung, vgl. LPE 7-4 Judentum) gegeben, die es ihm ermöglicht in Bundestreue seinen Weg zu gehen.

Dieser Weg des Volkes gerät immer wieder in die Krise. Neue geschichtliche Situationen bringen diesen Weg in Gefahr. Die alte Weisung muss jeweils neu ausgelegt werden und in die neue Situation hinein verkündigt werden: das ist der Auftrag der Propheten, die als „nabi", als „berufene Rufer" in Krisenzeiten dem Volk als Wegweiser zur Seite stehen sollen.
Um diese Rolle der Propheten zu verstehen, müssen die Schüler/innen ein Grundverständnis des geschichtlichen Weges des Volkes Israel haben. Ferner muss die Grundlage der Predigt der Propheten, der Dekalog als Bundescharta bekannt sein. Da das aus dem früheren Religionsunterricht nicht immer vorausgesetzt werden kann, wird an dieser Stelle diese Thematik aufgenommen mit Hilfe entsprechender Arbeitsblätter zur Geschichte Israels und zu den Krisenzeiten mit dem Auftreten der Propheten.
Die Propheten sind aber keine „weltfremde" Gestalten aus einer anderen Welt sondern Menschen aus Fleisch und Blut, die sich sowohl mit ihrer Berufung wie auch den Widrigkeiten ihres Auftrags auseinandersetzen müssen. Das wird deutlich in den Berufungsgeschichten. Wir greifen die Berufung des Jeremia heraus (vgl. Schülerbuch S. 9). Das durchaus weltnahe, ja politische Handeln der Propheten/innen stellen wir vor am Beispiel des Amos (Kapitel 3) und der Debora (Kapitel 4).
Wie im 1. Kapitel dieser LPE ausgeführt wurde, beschränkt sich Prophetsein nicht nur auf den biblischen Kontext. Als Reden und Handeln von Menschen, die in Verantwortung vor ihrem Gewissen aufstehen, gibt es Prophet/innen auch heute. Ja es kann jede/n treffen, wenn sie/er sich dem Ruf Gottes nicht verschließt. Deshalb wird die Aktualisierung des prophetischen Handelns nicht in einem eigenen (an die Vorstellung des Prophetentums angehängten) Kapitel behandelt. In allen vier Kapiteln sollte immer wieder eine Verbindung zu gegenwärtigen Verhältnissen gezogen werden. Dabei sollte man nach unserer Intention sich nicht darauf beschränken, möglichst viele Menschen vorzustellen, die aus prophetischem Geist handeln. Die Schüler/innen sollen mit ihrer eigenen Verantwortung konfrontiert und dazu herausgefordert werden, sich ihr zu stellen. Das dürfte dann am ehesten gelingen, wenn die Übungen zu Kapitel 1 (Reden an die Menschheit; Gegen den Strom schwimmen / Maske) aufgegriffen werden.

b) Methodische Hinweise

- **Propheten in der Geschichte Israels - Prediger des Gesetzes Gottes** (Schülerbuch S. 10)
  Dieser kleine Abschnitt sollte keineswegs übergangen werden, da er den oben beschriebenen Kontext, den Bezug des Prophetentums in Israel zu Geschichte und Bundesweisung herstellt. Es ist sinnvoll, an dieser Stelle die (noch vorhandenen) Kenntnisse der Schüler/innen aus früherem RU abzurufen. Der Text kann dann als Zusammenfassung dienen.

- **M6 Geschichte Israels und die Propheten**
  Dieses Arbeitsblatt kann vereinfacht werden, indem man die rechte Spalte mit der inhaltlichen Beschreibung weglässt und sie gemeinsam im Klassenunterricht mit Stichworten füllt. Dann gewinnt dieser Schritt die Funktion einer Wiederholung. Eine Zwischenstufe wäre ein Lückentext, den man auf der Grundlage der rechten Spalte erstellt.

- **M7 In Krisenzeiten treten Propheten auf**
  Wenn dieses Arbeitsblatt für eine Klasse einen zu hohen Schwierigkeitsgrad aufweist, kann es als Folie im erarbeitenden Klassenunterricht eingesetzt werden. Dann können Fragen sofort geklärt werden. Dieses Blatt setzt die Grundkenntnisse der Geschichte des Volkes Israel voraus. Mit Hilfe dieses Blattes soll deutlich werden, dass das Auftreten von Propheten zum „Krisenmanagement" Gottes gehören. Die kritischen Situationen müssen deshalb deutlich werden.

- **Stilleübung - Hören**
  Anleitung: Ich setze mich richtig und entspannt auf den Stuhl. Ich spüre, wie die Rückenlehne des Stuhles mich abstützt. Meine Füße stehen nebeneinander auf dem Boden, meine Hände liegen locker auf meinen Knien. Ich schaue vor mich auf den Boden oder schließe die Augen. - Ich höre die Geräusche der Schule und der Umgebung. - Ich atme ruhig durch. - Ich höre auf meinen Atem. Allmählich wird es ruhiger in mir.
  Je nach Situation verbleiben die Schüler/innen eine Zeit lang in dieser Stille. Dann beendet wird die Übung beendet z.B. mit folgenden Anweisungen:
  Ich komme langsam wieder zurück. Ich höre wieder die Geräusche der Schule und der Umgebung. Ich reibe meine Hände aneinander, öffne meine Augen, strecke mich, schaue mich im Klassenzimmer um.
  Fragen für die Nachbesprechung:
  - Was hat mir gutgetan?
  - Was hat mich gehindert, ruhig und still zu werden?
  - Was habe ich gehört (was mir sonst nie aufgefallen ist)?
  (nach Lebenslinien 7, S. 56)

- **Bild Toni Zenz, Der Hörende**
  Die Schüler/innen versuchen die Haltung des Hörenden nachzumachen. Gespräch: Was wird damit ausgedrückt? Als Impuls kann die Redewendung eingebracht werden: „Ich bin ganz Ohr". Was ist damit gemeint? Die Schüler/innen suchen eine Überschrift für das Bild oder einzelne Adjektive und Verben, mit denen sie das Bild charakterisieren. Dann erst wird erwähnt, wie der Künstler seine Darstellung benennt.
  Wer/welche Situation könnte dargestellt sein? Habe ich mich schon mal in einer solchen Hörsituation befunden? Wir stellen uns vor, es handelt

sich um einen Propheten, der hört, was Gott von ihm will. Kann es sein, dass Gott einen solchen Ruf auch an Menschen/uns heute richtet? Daran kann sich die Arbeit an Text von der Berufung des Jeremia anschließen: Jer 1,4-10 (Buch S. 11)

Anweisung, nachdem der Text im Buch gelesen wurde: Schreibe aus diesem Text den Satz heraus, der für dich am bedeutendsten ist. Die Schüler/innen lesen ihren Satz reihum vor. Die Sätze werden nicht kommentiert.

c) Literatur und Materialhinweise

Spuren. Arbeitshilfen für einen ganzheitlichen Religionsunterricht an Förderschulen, O III.3, Propheten - Mahner Gottes (1992)

M6 Geschichte Israels und die Propheten

Jahr	Person	Epoche	Beschreibung
1800	Abraham Isaak Jakob	Väterzeit	Abraham, Isaak und Jakob heißen die Stammväter des Volkes Israel. Abrahams Vater stammt aus Ur im Zweistromland. Abraham lebt in Haran. Etwa um 1800 v.Chr. verlässt er auf Gottes Ruf hin seine Heimat und zieht mit seiner Sippe in das Land Kanaan. Abrahams Sohn Isaak zieht wie sein Vater als Nomade mit seinen Herden im Lande umher. Er hat zwei Söhne: Jakob und Esau. Jakob hat 12 Söhne.
1600		Hebräer in Ägypten Fronarbeit in Ägypten	Einer von ihnen, Josef, wird von seinen Brüdern als Sklave nach Ägypten verkauft. Er macht dort Karriere und wird Stellvertreter des Pharao. Später zieht seine Familie zu ihm nach Ägypten. So kamen Hebräer (später Israeliten genannt) nach Ägypten.
1275	Mose	Auszug aus Ägypten (Exodus)	Etwa um 1275 v. Chr. ziehen die Hebräer unter ihrem Anführer Moses aus Ägypten aus. Israel feiert das als Befreiung aus der Sklaverei. Sie ziehen viele Jahre lang durch die Wüste Sinai und erhalten am Berg Horeb die 10 Gebote.
1250 1200	Josua	Landnahme	In der Zeit von 1250 - 1200 v. Chr. dringen diese hebräischen Stämme unter Josua in Kanaan ein.
1200 1020	Samuel Debora	Richterzeit	Nach langen Kämpfen mit den Einwohnern von Kanaan werden die Stämme sesshaft.
1020	Saul David Salomo	Königszeit	Etwa ab 1050 wird Israel unter König Saul ein Königreich. Um 1000 kann David alle Stämme zu einem einheitlichen Reich zusammenschließen mit der Hauptstadt Jerusalem. Unter seinem Sohn und Nachfolger Salomo erlebt Israel eine Blütezeit.
931			Nach dem Tod Salomos fällt das Reich auseinander in zwei Reiche: das Nordreich Israel mit den Mittelpunkten Samaria und Bet-El und das Südreich Juda mit der Hauptstadt Jerusalem.
722	Amos	Fall Samarias	Das Nordreich wird von den Assyrern erobert und die Oberschicht in die Verbannung (Exil) nach Assur geführt.
586 568		Eroberung Jerusalems Babylonisches Exil	Das gleiche Schicksal erfährt das Südreich. Jerusalem wird von den Babyloniern erobert und zerstört. Die Führungsschicht wird ins babylonische Exil verschleppt.
0		Geburt Jesu	
0 - 1999 2000 ...		Propheten	

M7 In Krisenzeiten treten Propheten auf

	Außenpolitik	**Innenpolitik und Religion**	**Propheten**
870–800	König Ahab von Israel hat enge Kontakte mit den heidnischen Nachbarvölkern. Er heiratet die heidnische Königstochter Isebel von Phönizien.	Das Volk verehrt die heidnischen Götter seiner Königin: Baal und Aschera. Die Anhänger Jahwes werden verfolgt. Der Handel mit den Nachbarvölkern bringt Reichtum. Die Oberschicht treibt Luxus auf Kosten der armen Landbevölkerung (Wucherzinsen, Verpfändung, Schuldsklaverei)	ELIJA ELISCHA
750–700	Weil das mächtige Nachbarvolk der Assyrer eine Schwächezeit hat, werden das Nord- und das Südreich stark.	In Israel (Nordreich) und Juda (Südreich) blüht der Handel: Die Reichen leben im Luxus; die Armen werden ausgebeutet und unterdrückt. Die Reichen feiern prunkvolle Gottesdienste, um Gott auf ihre Seite zu bringen.	AMOS HOSEA
	Assur wird wieder stark und erobert das Nordreich Israel. Jerusalem (Südreich) wird belagert.	Im Südreich Juda verehrt man assyrische Götter	JESAJA MICHA
650–600	Niedergang des assyrischen Reichs. Die Neubabylonier werden stark. Die Könige von Juda halten es mal mit diesem und mal mit jenem mächtigen Nachbarvolk. Der König von Babylon bestraft Juda, zerstört Jerusalem und führt das Volk ins babylonische Exil.	In Juda vermischt sich der Jahweglaube mit heidnischen Religionen. Man vergisst die Gebote Jahwes. Es herrscht soziale Ungerechtigkeit und Unterdrückung. Dennoch feiert man viele Gottesdienste. Die Priester sagen: Dem Volk kann nichts passieren, denn Gott ist auf unserer Seite!	NAHUM HABAKUK ZEFANJA JEREMIA EZECHIEL
600–480	Israel in Babylon. Untergang Babylons und Aufstieg der Perser	Die Israeliten beginnen zu den babylonischen Göttern zu beten. Der Glaube an Jahwe gerät in Gefahr.	EZECHIEL DEUTEROJESAJA

Aufgaben:
1. Unterstreiche die Punkte, in denen das Volk Israel oder seine Führer von den Geboten ihres Gottes Jahwes abweichen.
2. Worin besteht die Gefahr für das Volk Israel und seine Zukunft?

In Zeiten der .... schickt .... dem Volk ....

3. Amos

a) Notizen zu Thema und Intention

An der Gestalt des Amos lässt sich die Rolle der Propheten für Israel exemplarisch zeigen. Sein sozialkritischer und zugleich kultkritischer Ansatz trifft sich einerseits mit zeitgemäßen Fragen wie auch mit dem Empfinden von Jugendlichen im Pubertätsalter.

Zum zeitgeschichtlichen Hintergrund und zur Theologie des Buches Amos
Mit Beginn des 8. Jahrhunderts begann für die beiden Reiche Israel und Juda ein Wiederaufstieg. Dank der politischen Fähigkeiten ihrer Könige erholten sich die Bruderreiche vom Schock der Reichsteilung. Unter Jerobeam II von Israel (786-746) und Usija von Juda (783-742) erreichte der Wiederaufstieg beider Reiche den Höhepunkt. Außenpolitisch war diese Entwicklung begünstigt oder sogar erst möglich durch die Schwäche Assurs, die aus inneren Streitereien und Kämpfen mit den Nachbarvölkern resultierte. Auch der ständige Feind Israels im Nordosten, Damaskus, war durch Assur geschwächt und keine Gefahr für Israel. Vom Süden, von Ägypten, ging auch keine Gefahr aus. Unter untereinander hielten Israel und Juda um die Mitte des 8. Jahrhunderts Frieden.

Auf Grund dieser günstigen außenpolitischen Lage und des ungestörten Handels - die Haupthandelsstraßen des vorderen Orients führten durch israelitisches Gebiet - herrschte Wohlstand im Land. Ausgrabungen von Luxusbauten und Schmuck liefern dafür anschauliche Beweise.

Allerdings war der Reichtum nicht allgemein! Es war nur die Oberschicht, die die wirtschaftliche Blüte genoss: Kaufleute, Großgrundbesitzer, Fürsten, Beamte. Demgegenüber war die Masse des Volkes total verarmt, verschuldet und von der herrschenden Schicht ausgebeutet (vgl. Am 2,6-8). Unrecht und Unterdrückung waren an der Tagesordnung. Das Kleinbauerntum fiel immer stärker dem Latifundienwesen zum Opfer. Die Unterdrückung ging bis zur Schuldsklaverei. Die Jagd nach Geld und Macht kannte keine Grenzen. Das Recht war auf der Seite des Stärkeren. Bestechung war gang und gäbe (Am 5,10ff.). Die soziale Frage präsentiert sich uns in krasser Ausprägung.

Mit den gesellschaftlichen Auflösungserscheinungen parallel verlief der religiöse Verfall. Äußerlich blühte der Kult an den großen Heiligtümern (Am 4,4f.). Die offiziellen Heiligtümer, an denen eine königliche Priesterschaft den Kult pflegte, waren Dan und Bet-El. Vom Abfall im ethischen Bereich einmal abgesehen verlor der Jahweglauben immer mehr seine Konturen und wurde mit den kanaanäischen Fruchtbarkeitsriten durchsetzt. Jahwe nahm immer mehr die Züge Baals an.

In dieser Situation politischer und wirtschaftlicher Blüte einerseits und eines inneren sittlichen Tiefstands andererseits tritt Amos auf. Er kommt aus ländlichem Milieu (Kleinviehzüchter, Feigenbaumkulturen) aus dem Dörfchen Tekoa bei Bethlehem im Südreich. Sein Wirken ist um 750 unter Jerobeam II im Nordreich, vor allem an den Reichsheiligtümern in Bet-El und in Samaria anzusetzen.

Wie alle klassischen Propheten predigt Amos die Forderungen der Bundescharta. Das ist sein Fundament. Daran misst er das Handeln seiner Zeit. Folgerichtig sind seine Themen die Ethik und der Kult. Hier liegt der Verstoß gegen die Bundesordnung. Er wendet sich nicht grundsätzlich gegen den Kult. Aber angesichts der Verletzung der Bundesordnung auf der Ebene der Mitmenschlichkeit (2. Gesetzestafel) wird der Kult zur Gotteslästerung.

Das Defizit in der Mitmenschlichkeit kann nicht durch übertriebenen Kult aufgewogen werden!
Die Gerichtspredigt des Propheten hat noch einen weiteren Angelpunkt. Die offizielle Theologie in Samaria beruft sich auf die Erwählung durch Jahwe (Am 3,1f.; 9,7f.) und leitet daraus die Sicherheit des Volkes ab. Man pocht auf seine Erwählung und glaubt auf Grund dieses Faktums und eines perfekten Kultes gesichert zu sein. Hierin konstatiert Amos einen fatalen Irrtum: Erwählung befreit nicht von sittlichen Forderungen - sie verschärft sie! Das Versagen des Erwählten wiegt besonders schwer.
Wie zu erwarten ließ der Konflikt mit Hoftheologen und Priesterschaft nicht auf sich warten. Amos wurde ausgewiesen (Am 7,10-14).

Das Hineinfinden in die Zeit und die Situation des Amos soll durch einen narrativen Zugang sowie spielerische Methoden vorbereitet werden (vgl. Schülerbuch S. 12f. und M8 und M9). Eine knappe Zusammenfassung findet sich im Buch S. 11.

b) Methodische Hinweise

- Markttag in Samaria (Buch S. 12)
  In die Erzählung von den Zuständen in Samaria ist die Predigt des Amos eingebaut. Bis auf kleinere Kürzungen und Ergänzungen wurde der Wortlaut der Einheitsübersetzung beibehalten. Die Textpassagen, die hier verarbeitet wurden, sind im Schülerbuch angegeben, damit man jederzeit die Originalstellen in der Bibel nachschlagen kann.

- M8 Spiel: Das Land ist mein Land
  aus: Spuren O/III.3, S. 17-21 (nach entwurf 1/1982, 57- 61), (H. Hanisch u.a., Kursbuch 2000 Religion 7/8 - Lehrerband, © Verlag Moritz Diesterweg, Frankfurt a. Main
  In spielerischer Weise erleben die Schülerinnen und Schüler die geschichtliche Situation des Nordreiches zur Zeit des Propheten Amos. Im Spiel werden den Schülerinnen und Schülern die sozialen Ungerechtigkeiten, die Heuchelei, die Bestechung durch die Reichen deutlich.

Spielvorbereitung: Herstellung des Spielmaterials durch Ausschneiden und Aufkleben von (s. Kopiervorlagen M8):
- 12 Rollenkarten (König, Minister, Bauern)
- 20 Ereigniskarten
- 1 Nachricht für den König
- 1 Anweisung Gottes an sein Volk
- für jede Spielerin/jeden Spieler ein DIN-A 4-Blatt liniert als Landbesitz
- für den König drei DIN-A 4-Blätter kariert als von Kanaan gekauftes Land
- für jede Spielerin/jeden Spieler eine Schere.

Spielverlauf: Die Schülerinnen und Schüler sitzen im Kreis.
Jede Schülerin/jeder Schüler erhält ein liniertes DIN-A 4-Blatt. Es symbolisiert israelisches Land.
Jede Schülerin/jeder Schüler erhält eine Schere.
Die Spielleiterin/der Spielleiter liest die Weisung Gottes an sein Volk vor, legt diese in die Mitte und erklärt:
„Ihr seid das Bauernvolk Israel. Ihr dürft euer Land nicht verkaufen, sondern nur innerhalb eurer Familie weitergeben. Nun wollt ihr einen König. Der König braucht Minister."

Die Rollen von König, Ministern und Bauern werden durch die Rollenkarten von den Schülerinnen und Schülern gezogen., Bei mehr als 12 Schülerinnen und Schülern können entsprechende Familienmitglieder eingefügt werden.
Der König verliest seine Nachricht und handelt entsprechend. Er erhält von der Spielleiterin/dem Spielleiter drei karierte DIN-A 4-Blätter als von Kanaan gekauftes Land.
Jeder Minister liest seine Rollenkarte vor und begibt sich an den Königshof. Die Spielleiterin/der Spielleiter mischt die Ereigniskarten und gibt sie der/dem betreffenden Spielerin/Spieler. Diese/dieser liest sie laut vor. Die Spielerinnen und Spieler handeln entsprechend, z. B. schneiden sie 3 cm (= drei Streifen) von dem linierten Blatt ab und geben sie dem König oder einem Minister.

Unterrichtserfahrungen

Die Spielmaterialien: Schere, Papier und Spielkärtchen sprechen in ihrer Einfachheit für sich. Sie machen die Schülerinnen und Schüler neugierig. Das Spiel sollte auf die jeweilige Schülerzahl eingerichtet werden. Zunächst geschieht in dem Spiel sehr wenig. Die Schülerinnen und Schüler geben bereitwillig, den Anforderungen der Ereigniskarten entsprechend, von ihrem Land ab. Betroffen werden die Schülerinnen und Schüler - und damit vollzieht sich eine gelungene Identifikation mit der Rolle -, wenn die Bauern nur noch die Hälfte ihres Landes haben und auch davon noch abgeben sollen. Sie erleben den Prozess des Verarmens und was dies bedeutet. Zugleich können die Schülerinnen und Schüler leicht erkennen, auf welche Weise die Reichen immer reicher werden.
Wichtig ist eine Aussprache im Anschluss an das Spiel. Die Schülerinnen und Schüler sprechen ihre Erfahrungen aus und reflektieren dabei. Eine Unterrichtsstunde ist nicht ausreichend, um das Spiel und die damit gemachten Erfahrungen gut nachzubereiten. Von daher bietet es sich an, in den nachfolgenden Stunden immer wieder an die gemachten Erfahrungen anzuknüpfen. Den Schülerinnen und Schülern fällt dies nicht schwer, da sie es im Spiel selbst erlebt und dabei „Betroffen-Sein" erfahren haben.
Mit Hilfe der Ereigniskarten lassen sich die Missstände, die Amos benennt und anklagt, deutlich herausstellen.

- **Zuordnungsspiel M9 (aus: Spuren O/III.3, S. 27-29)**
Zur Wiederholung des Gelernten über Zeit, Leben, Berufung und Anklage des Amos bietet sich nachfolgendes Zuordnungsspiel an. Grundsätzlich kann dieses Material auch zur freien Arbeit verwendet werden.

Spielmaterial M9 kopieren und Karten ausschneiden. (Jeder Satz setzt sich aus zwei Karten zusammen; die Karten mit dem Satzanfang beginnen mit einem großen Buchstaben), eventuell auf Karton aufkleben. Für die Selbstkontrolle die zusammengehörenden Karten auf der Rückseite mit der gleichen Ziffer nummerieren. Aufgabe der Schülerinnen und Schüler ist es, die zusammengehörenden Karten einander zuzuordnen, wobei dies in Einzel-, Partner- oder Gruppenarbeit geschehen kann. Die Schülerinnen und Schüler können auch weitere Karten selbst erstellen. Dabei gilt einzig die Vorgabe, dass inhaltlich Bezug auf das Thema „Propheten" zu nehmen ist.

Lösung für die richtige Zuordnung:
Die Händler	verlangen zu hohe Preise.
Tekoa:	aus diesem Dorf kommt Amos.

Der König	sorgt noch für Gerechtigkeit.
Südreich:	aus diesem Teil des Landes kommt Amos.
Das Land	ist in zwei Reiche geteilt.
Die Reichen	glauben, sie hätten Gott auf ihrer Seite.
Die Mitmenschen	lachen Amos aus.
Amos droht:	„Wehe denen, die das Recht verdrehen!"
Amos	wird von Gott zum Propheten berufen.
Nordreich:	in diesem Teil des Landes leben viele Reiche.
Die Richter	lassen sich oft bestechen.
Die Propheten	sprechen im Auftrag Gottes.
Die Kaufleute	benützen oft gefälschte Waagen.
Die Berufe des Amos:	Schafzüchter, Züchter von Feigenbäumen
Die Rede des Amos beginnt:	„So spricht Gott, der Herr"

■ Pantomimisches Spiel oder Rollenspiel, wobei der Pantomime der Vorzug gegeben werden sollte. Für diese Form der Darstellung wird verwiesen auf eine methodische Fundgrube: Albert Höfer, Ins Leben kommen. Ein gestaltpädagogisches Bibelwerkbuch, Don Bosco-Verl., München 1995, S. 215-236 (Das Bibliodrama - sein Reichtum, seine Methoden)
Die Schüler werden aufgefordert, sich in 4 Gruppen zu teilen.
Folgende Texte werden verteilt:
Am 4,1-3
Am 5,7.10-15
Am 5,21-27
Am 6,1-8
Am 7,10-17
Jede Gruppe bespricht die Vorstellung ihres jeweiligen Textes (ca. 10-15 Min.). Dann wird der Spielbereich aufgebaut. Die Textstelle wird von der jeweiligen Gruppe „gespielt bzw. dargestellt". Jede Textstelle wird unmittelbar nachbesprochen. Dabei ist darauf zu achten, dass jeder Spieler zu Wort kommt und dass jede Aussprancherunde möglichst ohne Kommentar zu Ende geführt wird. Bei dieser Art der Arbeit kann zunehmend festgestellt werden, dass bei den Schüler/innen eine gesteigerte Ernsthaftigkeit und Betroffenheit erzeugt werden kann, was wiederum den Bezug zur Gegenwart und damit zu unseren Problemen heute schafft.

Wortbrücken für die Austauschrunde:
- Ich war...
- Ich habe gefühlt...

Rückmeldung aus dem Zuschauerpublikum:
- Mir ist aufgefallen...
- Mir ist aufgegangen...
- Ich wünsche / Ich hätte gewünscht...

c) Literatur und Materialhinweise

M. Stille, Amos - mit anderen Augen sehen lernen, in: Religionsunterricht praktisch, Schj. 7, Unterrichtsentwürfe und Arbeitshilfen für die Sekundarstufe I, hrsg. von R. Tammeus, Vandenhoeck und Ruprecht, Göttingen 1997, S. 31-50

M8 Das Land ist mein Land - Rollenkarten

Bauer Ruben	**Bauer Aaron**
Bauer Simson	**Bauer Raphael**
Bauer Sebulon	**König**
Bauer Asaf	Der König braucht für seine Kriege einen **Verteidigungsminister**. Du bist sehr tapfer und wirst es. Ziehe an den Hof! Dein Land wird von einem Pächter bewirtschaftet.
Bauer Jehu	Der König braucht zur Verwaltung des Ertrags seiner Güter einen **Getreideminister**. Du bist es. Ziehe an den Königshof! Dein Land wird von einem Pächter bewirtschaftet.
Bauer Nadab	Der König braucht einen **Finanzminister**. Du bist sehr gescheit und wirst es. Ziehe an den Hof des Königs. Dein Land wird von einem Pächter bewirtschaftet.

Ereigniskarten

Du bist vor lauter Sorgen zum Alkoholiker geworden und hast immer mehr Schulden gemacht. Nun musst du dein ganzes Land dem Finanzminister geben und in die Schuldsklaverei, weil du ihm deine Schulden nicht zurückzahlen kannst. **Nadab**	Weil du eine weite Reise machen musst, darfst du aufgrund königlichen Befehls 1 cm Land von jedem Bauern einziehen. Du wirst immer reicher. **Verteidigungsminister**
Du wirst beschuldigt, das Getreidefeld des Bauern Asaf mit Gift besprizt zu haben. Das Gericht beschließt, dass du ihm 3 cm Land als Entschädigung zukommen lassen musst. Deine Proteste, dass du unschuldig bist, nützen nichts, denn der Bauer Asaf ist reich und der Richter sein Freund. **Ruben**	Ein Bauer ist gestorben und hat keinen Sohn hinterlassen, der erben könnte. Das Land dieses Bauern fällt an dich. So wird dein Königsgut größer. **König**
Der König feiert mit seinen Beamten tolle Feste. Er braucht viel Geld und will seinen Besitz vergrößern. Jeder Bauer muss 2 cm von seinem Land abgeben. **Simson**	Der König führt schon wieder Krieg - diesmal einen kleineren - aber immerhin: jeder Bauer verliert 1 cm seines Landes. **Simson**
Du hattest eine Missernte. Jetzt musst du dir für neues Saatgut Geld vom Finanzminister leihen. Du kannst es aber nicht zurückzahlen. Deshalb musst du 3 cm deines Landes zu dem königlichen Land geben. **Raphael**	Der Finanzminister beschließt eine Steuererhöhung. Jeder Bauer muss 1 cm seines Landes abgeben. **Raphael**
Wölfe sind über deine Herde hergefallen. Du bekommst neue Schafe vom Bauer Asaf, wenn du ihm 4 cm Land gibst. **Ruben**	Eine sehr erfolgreiche Ernte dieses Jahr! Doch der König erhöht die Abgaben. Er will mit dieser Ernte seine Speicher füllen. Jeder Bauer muss 1 cm Land abgeben. **Sebulon**
Alle Bauern müssen in diesem Jahr wegen Missernte aus dem königlichen Getreidevorrat kaufen. Du nützt das aus und erhöhst die Preise. Jeder Bauer muss dir 1 cm Land zahlen. **Getreideminister**	Du hast als Finanzminister eine sehr gute Entscheidung getroffen. Du bekommst dafür 30 cm Land vom König. **Finanzminister**

Ein großer Krieg muss geführt werden. Der König braucht Geld für Rüstung. Jeder Bauer muss die Hälfte seines Besitzes dem König abtreten. **Sebulon**	Deine Tochter heiratet den Finanzminister in der Königsstadt. Als Brautpreis erhältst du 10 cm Land von seinem Gut. **Asaf**
Wegen Dürre brauchst du neues Saatgut und Mehl. Für 4 cm bekommst du es vom Getreideminister. Er hat einen großen Vorrat angesammelt. **Aaron**	Unglück bricht über dich herein! Du verlierst wegen Trockenheit deinen ganzen Viehbestand, deine Söhne fallen im Krieg. Du bist hoch verschuldet und kannst nicht mehr bezahlen. Darum musst du dein ganzes Land abgeben und in die Schuldsklaverei. **Jehu**
Du hast eine tolle Ernte! Du verkaufst dein Getreide an den Getreideminister. Er gibt dir dafür 3 cm Land. **Jehu**	Der Getreideminister baut sich eine schöne Ferienwohnung für den Sommer. Er erhöht einfach die Preise für das Saatgut. Die ärmsten Bauern können nicht bezahlen, sie müssen Schulden aufnehmen – die zwei ärmsten müssen dem Getreideminister 1 cm Land geben. **Asaf**
Der König hat beschlossen, seinen Palast zu erweitern. Er zieht von jedem Bauern 3 cm Land ein. **Aaron**	Du hast leichtsinnig Geld verprasst. Nun musst du dem Finanzminister 3 cm Land geben um die Schulden zu zahlen. **Nadab**

Nachricht für den König

„Wegen äußerer Bedrohung durch Feinde und um den anderen Völkern gleich zu sein, wollte das Volk einen König. Du bist gewählt worden. Nimm dein Land und setz dich an die Spitze des Volkes!
Du willst einen Palast bauen; du hast zwar Geld von deinen Kriegseroberungen, aber du brauchst mehr Land. Das israelische Volk hält sich an die Bestimmung im Gesetz, dass niemand sein Erbland weiterverkaufen darf, sondern nur in seiner Familie vererben kann. (Lev 25,23) Das ärgert dich! So kaufst du eben Land vom kanaanäischen Nachbarvolk (Spielleiter gibt dir 3 DIN-A 4-Blätter kariert)
Du baust einen Palast.
In der Zeit, in der deine Nachfolger regieren, halten sich die Israeliten immer weniger daran, dass sie ihr Land nicht verkaufen dürfen.
Was dabei passiert, zeigt das weitere Spiel."

Weisung Gottes an das Volk

Der Herr gab seinem Volk am Berg Sinai durch Mose folgende Anweisung:
„Besitz an Grund und Boden darf nicht endgültig verkauft werden, weil das Land nicht euer, sondern mein Eigentum ist. Ihr lebt bei mir wie Fremde, denen das Land nur zur Nutzung überlassen ist." (Lev 25,23)

M9 Zuordnungsspiel

Die Händler	Tekoa:	verlangen zu hohe Preise.
Der König	Südreich:	sorgt noch für Gerechtigkeit.
Das Land	Die Reichen	ist in zwei Reiche geteilt.
Die Mitmenschen	Amos droht:	lachen Amos aus.
Amos	Nordreich:	wird von Gott zum Propheten berufen.
Die Richter	Die Propheten	lassen sich oft bestechen.
Die Kaufleute		benützen oft gefälschte Waagen.

in diesem Teil des Landes leben viele Reiche.	aus diesem Dorf kommt Amos.
aus diesem Teil des Landes kommt Amos.	„So spricht Gott, der Herr"
Schafzüchter, Züchter von Feigenbäumen	sprechen im Auftrag Gottes.
glauben, sie hätten Gott auf ihrer Seite.	Die Rede des Amos beginnt:
„Wehe denen, die das Recht verdrehen!"	Die Berufe des Amos:

4. Debora

a) Notizen zu Thema und Intention

Der Lehrplan formuliert mit gutem Recht „Propheten und Prophetinnen". Prophetinnen sind keine feministische Erfindung sondern haben eine lange Tradition im Sprachgebrauch Israels. Es darf vermutet werden, dass es mehr prophetische Frauen gab, die die Geschicke des Volkes Israel mitbestimmten als die Bibel erwähnt.

Dennoch haben es uns die „Prophetinnen" bei dieser Einheit nicht leicht gemacht. Im Sinne der klassischen Prophetie als „berufene Ruferin" ist keine aufgetreten - zumindest nicht so augenscheinlich wie ein Amos oder ein Jesaja. Am bekanntesten dürfte die Richterin Debora sein, die in Israel auch als Prophetin gilt. Sie hat in schwerer Zeit das Wort ergriffen - und gehandelt und so das Volk gerettet. Zugegeben - mit ihrem kriegerischen Einsatz durch Barak, den Heerführer Israels, tun wir uns heute nicht leicht. Auf keinen Fall kann damit Krieg als selbstverständliche Form der Konfliktlösung begründet werden. Der Sachtext und das (gekürzte) Deboralied (Buch S. 14) zeigen, dass es um Leben und Tod ging. Um die aggressive Eroberungspolitik des Feindes zu beleuchten, wurde das Wort der Mutter Siseras (Vers 30) mit aufgenommen: *„Sicher machen und teilen sie Beute, ein, zwei Frauen für jeden Mann, Beute an Kleidern für Sisera, Beute an Kleidern, für meinen Hals als Beute ein, zwei bunte Tücher."*

Die übrigen Elemente der Doppelseite thematisieren den Einsatz von Frauen für Frieden und Gerechtigkeit - gewaltlos. Das Lied „Brot und Rosen" vom Arbeitskampf in den Textilfabriken in Amerika von 1912 knüpft gleichzeitig an den Kampf des Amos für soziale Gerechtigkeit an. Dieses Lied aus der Frauenbewegung verbindet in den Symbolen des „Brotes" und der „Rosen" Existenzsicherung durch Arbeit und gerechten Lohn mit dem, was Leben erst zu Leben macht: Schönheit, Liebe, Kunst, Muße, Erholung, Freude, Hoffnung. Es bringt damit das zum Ausdruck, was knapp mit dem Satz umschrieben wird: „Der Mensch lebt nicht vom Brot allein!" D. Sölle spitzt diese Aussage zu: „Der Mensch lebt nicht vom Brot allein, er stirbt sogar am Brot allein, einen allgegenwärtigen, schrecklichen Tod, den Tod der Verstümmelung, den Tod des Erstickens, den Tod aller Beziehungen. Den Tod, bei dem wir noch eine Weile weitervegetieren können, weil die Maschine noch läuft, den furchtbaren Tod der Beziehungslosigkeit: Wir atmen noch, konsumieren weiter, wir scheiden aus, wir erledigen, wir produzieren, wir reden noch vor uns hin und leben doch nicht." (D. Sölle. Die Hinreise zur religiösen Erfahrung. Texte und Überlegungen, Stuttgart 1976, 3. Aufl., S. 7.) Damit thematisieren die Frauen von Lawrence, Massachussetts, was als Menschenbild die ganze Bibel durchzieht: Der Mensch als Abbild Gottes hat das Recht auf Würde und Unverletzlichkeit über das nackte Leben hinaus. Propheten und Prophetinnen haben sich dafür eingesetzt, dass Menschen „Brot und Rosen" erhalten mit ihrer Kritik an den sozialen Verhältnissen und am Kult falscher Götter. Nicht umsonst taucht die Rose in der alten und neuen christlichen Ikonographie als Bild der Liebe und der Hoffnung auf (vgl. die Rose in den Bildern von S. Köder). Die Verbindung von Brot und Rosen findet sich auch in der Legende der Hl. Elisabeth.

b) Methodische Hinweise

- Zum Verständnis des Deboralieds ist es wichtig, dass die Schüler und Schülerinnen zunächst die Situation der Israeliten z.Zt. der Landnahme kennenlernen. Daher empfiehlt es sich, mit dem Sachtext im Buch S. 14 zu beginnen. Evtl. kann dazu auch eine Karte aus einem Bibelatlas hinzugezogen werden. Der Schwerpunkt liegt zunächst auf den Aussagen zur Situation der Israeliten.

- Auf dem Hintergrund dieser Sachinformation wird nun der Ausschnitt aus dem Deboralied erarbeitet. Schwierigkeiten dürfte den Schülern und Schülerinnen die Komplexität des Textes machen, der sich auf verschiedenen Ebenen bewegt: Hinweise auf die bedrohliche Lebenssituation der Israeliten, Loblied auf den Herrn und Hinweise auf den Sieg über Sisera, Loblied auf Debora, dem Baruk zugeordnet wird. Hilfreich wäre es sicherlich, an dem kopierten Text mit der Klasse diese unterschiedlichen Ebenen durch verschiedene Farben kennzeichnen zu lassen, evtl. in arbeitsteiligen Gruppen.

- Mit Hilfe eines Rollenspiels oder einer selbstgestalteten Szene werden Situation und Person der Debora vertiefend erarbeitet: Israelitinnen treffen sich am Brunnen und tauschen sich über ihren Alltag in Kanaan aus mit Betonung auf den Gefahren, die ihnen drohen (vgl. Ri 5,6-8, evtl. 28-30) sowie über das Verhalten ihrer Männer (vgl. Ri 5,16-17). Dieselbe Szene wird noch einmal gestaltet für die Zeit nach der siegreichen Schlacht. Dafür sollten den Schülern und Schülerinnen Zusatzinformationen (z.B. durch eine Lehrererzählung) gegeben werden (Ri 5,1-2 und 9-12.31). Im Vergleich der beiden Szenen können nun die Rolle und die besondere Kraft Deboras herausgearbeitet werden.

- Das Symbol der Palme (vgl. Sachtext) dient als Bild für die Beschreibung der Bedeutung Deboras für ihr Volk. Ausgangspunkt bilden die Hinweise im Sachtext Buch S. 14. In einer Zeichnung der Palme tragen die Schüler und Schülerinnen in deren Blätter ein, was Debora für die Menschen ihres Volkes getan hat: Sie hat Recht gesprochen und Streit geschlichtet. Sie hat sie ermutigt, ist in den Kampf mit ihnen gezogen usw.. Der (unbeschriebene) Stamm kann dazu anregen, darüber nachzudenken, woher Debora die Kraft nimmt.

- Einige Schüler und Schülerinnen werden sicher kritisch nach dem Frauenbild fragen, das in der Gestalt der Debora sichtbar wird (zieht in den Krieg!). Möglicherweise kann diese Frage auch bei der Auswertung der „Szenen am Brunnen" zur Sprache. Es kann nicht darum gehen, diese Widersprüche zwischen dem Bild der „friedfertigen Frau" und der Rolle Deboras zu negieren oder zu bagatellisieren und damit Gewalt als Aspekt alttestamentarischer Texte. Ziel ist vielmehr, bei den Schülern und Schülerinnen ein Verständnis für die Zeitgebundenheit und perspektivische Sichtweise solcher Texte anzubahnen. Deutlich wird darin jedoch auch, die herausragende (Sonder)Rolle Deboras als Frau, die in einer patriarchalen Gesellschaft für die Befreiung ihres Volkes in „männlicher Weise" kämpft. Eine Gegenüberstellung, die dem gängigen Muster folgt: Was Frauen tun / was Männer tun (bezogen auf die Zeit Deboras) bringt die Rollenfixierungen zur Sprache. In einem zweiten Schritt wird nun Debora mit ihrem Tun eingeordnet: Wo steht sie? Wo passt sie dazu? Ihr Herausfallen aus diesem Schema löst im besten Fall Irritation aus, die in die Frage nach dem Grund ihres Handelns münden kann: Ihre Orientierung erfolgt am Willen Gottes und dem, was er für sein Volk vorsieht und nicht an vorgegebenen Rollenbildern.

- Die letzte Seite der Propheteneinheit aktualisiert genau diese Motivation von Frauen, für den Menschen und die Gerechtigkeit einzustehen, wobei hier bewusst Gewaltlosigkeit als Handlungsmuster gewählt wurde. Sie bilden ein Gegenbild zur (leider meist männlichen) Gewaltanwendung durch Krieg und Terror. Mit Hilfe des Bildes kann das Vorwissen der Schüler und Schülerinnen aktiviert werden. Eine weiterführende Aufgabe wäre, in den Tageszeitungen nach ähnlichen Berichten zu forschen und über einige Wochen hin eine Wandzeitung heutiger Propheten und Prophetinnen zu erstellen.

- Lied: Brot und Rosen (vgl. auch Notizen zu Thema und Intention)
  Die Symbolik des Liedes kann in Form einer Naturalmeditation von Brot und Rosen den Schülern und Schülerinnen erfahrbar gemacht werden. Ein Sitzkreis wird um die mit den beiden Symbolen gestaltete Mitte gebildet. Eine Stilleübung sorgt für die nötige Aufmerksamkeit. Einige Sätze helfen der Klasse, sich den beiden Symbolen zu nähern, etwa entlang folgender Stichworte:

  Brot
  - für uns ganz alltäglich
  - stillt den Hunger
  - ist Ergebnis und Ausdruck menschlicher Arbeit
  - sichert das Überleben

  Rosen
  - sind etwas Besonderes
  - Ausdruck von Freude, eines Festes vielleicht
  - Verliebte schenken sich Rosen
  - Rosen duften
  - wir freuen uns an ihnen.

  Die Schüler und Schülerinnen erhalten ein Stück abgebrochenes Brot oder besser noch: sie brechen sich gegenseitig ein Stück ab. (Ein Teil davon sollte für den weiteren Schritt übrigbleiben!) Auch der Duft der Rose kann erschnuppert werden und die Blume kann das Klassenzimmer über die Stunde hinaus schmücken. Anschließend wird das Lied gesungen und der Text gelesen. Ausgehend von der zeitlichen Zuordnung des Liedes sollte der Inhalt erarbeitet werden. Leitfrage: Was verlangen die Frauen, wenn sie Brot und Rosen fordern? Die Beispiele werden auf Karteikarten o.ä. gesammelt und den beiden Symbolen zugeordnet. Hilfreich wäre sicherlich eine kurze erzählende Beschreibung der Arbeits- und Lebensbedingungen in den Fabriken zu Beginn unseres Jahrhunderts (Arbeitszeiten, Entlohnung, Arbeitsbedingungen, Wohnsituation, usw.). Im Unterschied zu den Lebensbildern der Propheten und Prophetinnen wird im Lied und im Bild dieser Seite die Solidarität untereinander als wesentliche Kraft betont. Dies sollte im Gespräch nicht unterschlagen werden, denn prophetisches Handeln ist nicht nur an einzelne Gestalten gebunden.

c) Literatur und Materialhinweise

G. Büttner, J. Maier, Maria aus Magdala - Ester - Debora. Modelle für den evangelischen und katholischen Religionsunterricht Sekundarstufe I, calwer materialien, Calwer Verlag, Stuttgart 1994

H. Haag, D. Sölle, J. Kirchberger u.a., Große Frauen der Bibel in Bild und Text. Herder Verlag, Freiburg/Basel/Wien 1993. Die Richterin Debora, S. 114-121

H. Lutz, H. Timm, E. Chr. Kirsch (Hrsg.), Altes Testament. Einführungen - Texte - Kommentare, 7. Aufl., München 1989, S. 149-153

Ch. Schaumberger, M. Maaßen (Hrsg.), Handbuch Feministischer Theologie, 2. Aufl., Münster 1988, S. 294-297. In: Annette Rembold: „Und Mirjam nahm die Pauke in die Hand, eine Frau prophezeit und tanzt einem anderen Leben voran". Das Alte Testament - feministisch gelesen. - Debora

H. Kohler-Spiegel, U. Schachl-Raber, Wut und Mut. Feministisches Materialbuch für RU und Gemeindearbeit, München 1991, S. 178ff

WONACH SOLL ICH MICH RICHTEN?
LPE 7-2

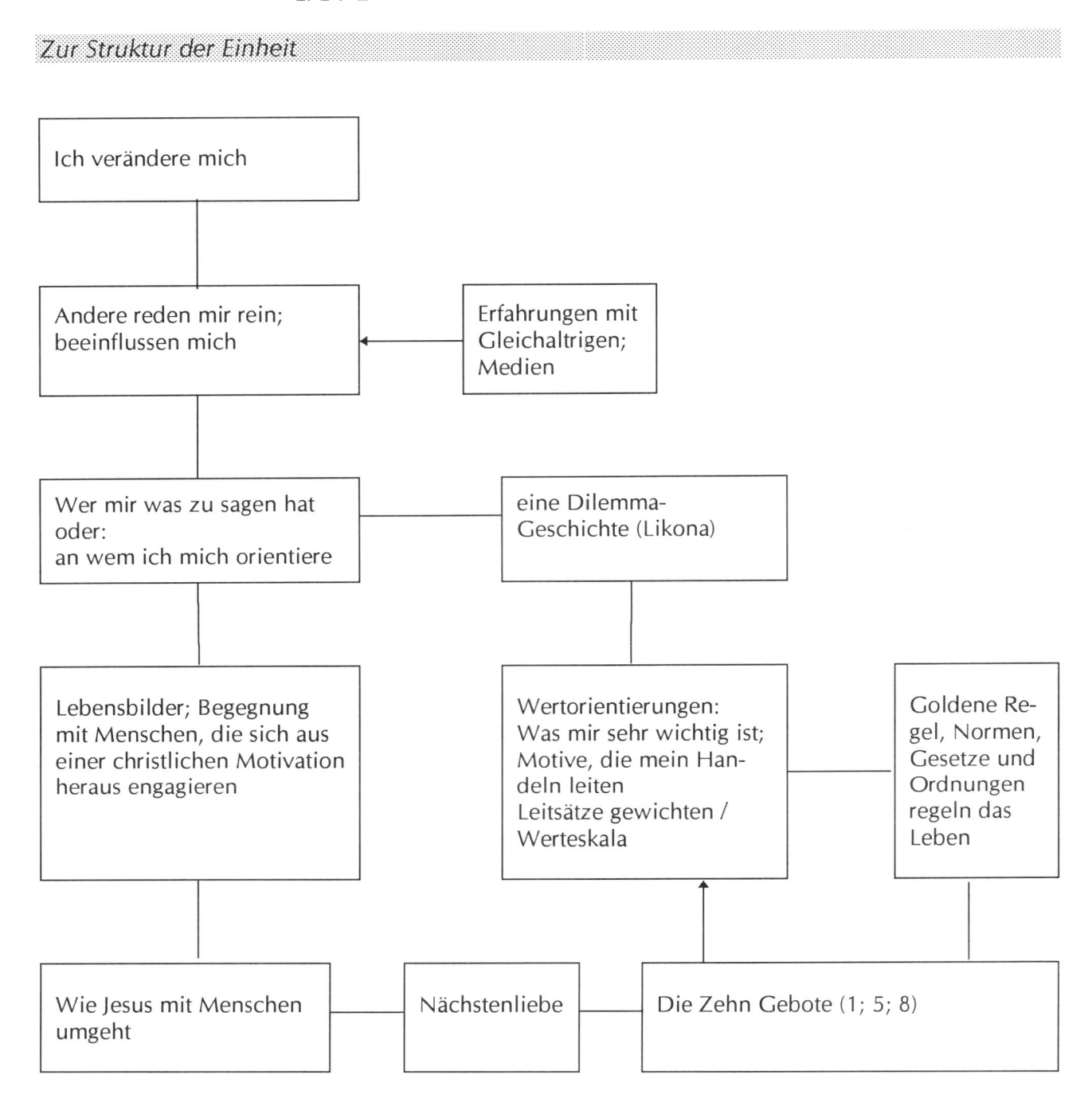

Zur Struktur der Einheit

```
Ich verändere mich
        │
        ▼
Andere reden mir rein;     ◄──── Erfahrungen mit
beeinflussen mich                Gleichaltrigen;
                                 Medien
        │
        ▼
Wer mir was zu sagen hat ──────── eine Dilemma-
oder:                             Geschichte (Likona)
an wem ich mich orientiere
        │
        ▼
Lebensbilder; Begegnung          Wertorientierungen:         Goldene Re-
mit Menschen, die sich aus       Was mir sehr wichtig ist;   gel, Normen,
einer christlichen Motivation    Motive, die mein Han-       Gesetze und
heraus engagieren                deln leiten                 Ordnungen
                                 Leitsätze gewichten /       regeln das
                                 Werteskala                  Leben
        │                               ▲                        │
        ▼                               │                        │
Wie Jesus mit Menschen ──── Nächstenliebe ──── Die Zehn Gebote (1; 5; 8)
umgeht
```

Betrachten wir Jugendliche als Konstrukteure ihrer moralischen Vorstellungen und Begriffe, als junge Menschen, die sich aktiv mit Deutungen gelingenden Lebens, Normen, Regeln und Werten auseinandersetzen und in den Bahnen ihres Denkens und ihrer sozialen Perspektive entscheiden, wie sie handeln sollen, dann kann die Frage, wonach soll ich mich richten, nicht mehr deduktiv von irgendwelchen vorgegeben Normen abgeleitet werden, sondern es ist umgekehrt so, dass ganz konkrete Lebensumstände nach Orientierung verlangen. Und solche Orientierungen wählen sich Jugendliche letzten Endes selbst. Unterricht kann klären, welche Orientierungen das sind, sofern Jugendliche dies in einer Unterrichtssituation vor der

Klasse überhaupt mitteilen. Er kann indirekt Vorschläge unterbreiten, Anregungs- und Verlockungsmodelle bereitstellen. Als solche Modelle wäre zum einen (1) Jesu Umgang mit Menschen, (2) das Gebot der Einheit von Selbst- und Nächstenliebe und (3) schließlich der Dekalog. Das Strukturmodell zur LPE 7.2 ist also von unten her zu lesen.

Ethische Erziehung ist eine grundlegende Aufgabe der Schule, die daher auch den ganzen Religionsunterricht als Spur durchziehen muss. Gerade die Themen des vorliegenden Schulbuchs für Klasse 7 und Klasse 8 zeigen dies. Sie hat aber vor allem im täglichen miteinander Leben und Lernen zu geschehen. So bearbeitet die vorliegende LPE 2 explizit das, was in anderen Themen steckt und als Basis grundgelegt ist: Etwa in der Klasse 7 LPE 1: der Dekalog als Bezugspunkt prophetischen Handelns, in der LPE 3: ethische Leitlinien für den Umgang und die Lösung von Konflikten, in der LPE 5 die Reich-Gottes-Botschaft als den Horizont, in dem Jesu Ethik eingebettet ist und aus dem sie erst verstehbar wird und in der LPE 9 die Grundlagen jugendlicher Moralentwicklung. In der Klasse 8 wird die Thematik dann in der LPE 3 Neu anfangen - Gewissen, Schuld und Vergebung wieder aufgenommen. Auf diesem Hintergrund konzentriert sich die Bearbeitung der LPE 2 auf folgende wesentliche Grundzüge: Es geht zunächst darum, mit den Schülerinnen und Schülern zu erarbeiten, dass menschliches Zusammenleben einen geordneten Rahmen braucht, der in unserem kulturellen und religiösen Kontext auf dem Dekalog fußt und in Jesu Botschaft für Christen besonders akzentuiert hervortritt. Neben der kulturhistorischen Bedeutung kommt es darauf an aufzuzeigen, dass die Zehn Gebote eine konkrete Gestaltung der Gottesbeziehung im AT und NT darstellen und damit zur Kernsubstanz des Glaubens gehören.

Die Gottesbeziehung ist für uns Motivation ethischen Handelns, womit jedoch nicht eine individualethische Verkürzung auf die persönliche Moral gemeint ist, sondern ihre gesellschaftlichen Dimensionen mitgedacht werden müssen.

Können heute biblisch begründete ethische Leitlinien Kindern und Jugendlichen überhaupt noch vermittelt werden und wo liegen die Angelpunkte? Über die grundsätzliche Verfasstheit Jugendlicher in dieser Klassenstufe finden sich wichtige Anmerkungen im Kapitel zu Klasse 7 LPE 9 in diesem Band. Für die ethische Erziehung sind die Erkenntnisse besonders bedeutsam, die die Forschungen zur moralischen Entwicklung bereitstellen (vgl. auch Anmerkungen zu Kl. 8/ LPE 3, S. 326f.), sowie die Orientierung an Gleichaltrigen und Cliquen. Darüber hinaus ist festzuhalten, dass Jugendliche keineswegs Werte und Normen ablehnen und in der Regel sehr wohl eine positive Beziehung zu den Grundsätzen des Dekalogs entwickelt haben. Allerdings zeigt sich dies immer seltener in kirchlichen Bindungen und Prägungen, eher in ihrer Alltagsmoral, sowie in den Einstellungen zu zentralen Lebensthemen etwa Freundschaft, Liebe, Sinn des Lebens, Tod. Sie kennen durchaus auch Moralkodices, die aus den Zehn Geboten heraus entwickelt werden, etwa die Menschenrechte, ohne dass sie um deren Wurzeln wissen (vgl. L. Kuld, in ru 2/97, S. 49ff). Allerdings neigen viele Jungen und Mädchen in diesem Alter insbesondere in der Hauptschule zu einem moralischen Rigorismus, der einfache und scheinbar klare Lösungen bevorzugt. Jede Kollegin/jeder Kollege ist sicher schon ihrer Forderung nach „Gerechtigkeit" begegnet, die kein Pardon und keine Rücksichtnahme auf Schwächen oder besondere Lebenssituationen kennt. Daher ist es u. E. besonders wichtig, neben dem Aufzeigen der Bedeutsamkeit von Regeln, vor allem auch die Differenziertheit und Komplexität ihrer Auslegung und Anwendung sicht- und verstehbar zu machen. Dazu dienen etwa Dilemmageschichten, die die Grenzen einer Gesetzesmoral aufweisen. Ein gutes

Lernfeld ergibt sich oft schon in der Lerngruppe selbst, die durch unterschiedliche Ausgangsbedingungen (Entwicklungsstand, Nuancierungen zwischen Jungen und Mädchen, usw.) gekennzeichnet ist. Gerade das biblische Gerechtigkeitsverständnis fragt ja nach dem, was für den Einzelnen *und* die Gemeinschaft lebensfördernd ist und nicht nach einer Buchstabenmoral. Die neutestamentlichen Bezüge zeigen dies besonders deutlich auf, zum Teil gegen die gängige Logik (Christus, der Narr!). Wobei wichtig ist, den Bezug der Botschaft Jesu zu seiner Reich-Gottes-Verkündigung in Beziehung zu setzen. Ein zweiter Aspekt der ethischen Erziehung in diesem Kontext ist gerade für Hauptschüler/innen zentral: Jesu Verständnis der Nächstenliebe (Goldene Regel) bezieht ganz selbstverständlich die Wertschätzung der eigenen Person, die Selbstliebe, mit ein und basiert auf der alltäglichen Erfahrung, dass man den andern nicht mögen kann, wenn man sich selbst nicht mag. Eine Erfahrung, die gerade im Alltag einer Hauptschule vielfach zu belegen ist! Diese Tatsache wurde und wird in der Moralerziehung häufig unterschlagen. Vor allem für Pubertierende, die sich in ihrer Haut selten wohlfühlen, ist die Stärkung des Selbstwertgefühls eine zentrale Voraussetzung ethischen Lernens (gerade auch dann, wenn dabei deutlich wird, das Gottes Beziehung zum Menschen durch seine unbedingte Zuwendung und Annahme gekennzeichnet ist!). Es empfiehlt sich daher, diese Lehrplaneinheit mit der LPE 9 zu verknüpfen, die für ein solches bestärkendes Lernen Ansatzpunkte bietet. Weitere wichtige Lernelemente sind sicherlich spielerische Formen der Auseinandersetzung und Begegnungen mit Menschen, die als Leitbilder in ihrem Alltag versuchen, die Leitideen der Zehn Gebote und vor allem der Nächstenliebe umzusetzen. Es geht dabei nicht um große unerreichbare Vorbilder, vielmehr um Menschen, die im Umfeld der Schüler/innen z.B. Wege suchen, mehr Gerechtigkeit zu verwirklichen in der Arbeit mit Flüchtlingen, in Eine-Welt-Projekten, in Besuchsdiensten o.a. last but not least bietet die Schule selbst ein weites Lernfeld gerade für die Thematik dieser Einheit.

Literaturhinweise

Chr. Schmitt, Nächstenliebe und Erlebnisgesellschaft. In: Notizblock Nr. 20/Juli 1996, S. 3-7

ru 2/97: Themenheft: Tora

H.-M. Lutz, H. Timm und E. Chr. Hirsch (Hg.), Altes Testament. Einführungen Texte Kommentare. München/Zürich 1984, S. 59ff

G. Iber und H. Timm (Hg.), Neues Testament. Einführungen Texte Kommentare. München/Zürich 1984, S. 31ff

E. Zenger, Der Gott der Bibel. Sachbuch zu den Anfängen des alttestamentlichen Gottesglaubens. Stuttgart 1981, 2. Aufl. besonders: S. 59ff

RL 2/96: Themenheft: Werte

B. Beeli, Die Zehn Weisungen. Unterrichtsvorschläge zur Arbeit mit den Zehn Geboten, RL 02/96

J.B. Metz: In Eingedenken fremden Leids. In: Kat. Bl. 2/97, Themenheft: Ethisch handeln lernen, S. 78-87

W. Langer: Christliche Moral in der ethischen Erziehung. ebenda S. 93-99

W. Bühlmann: Schlüssel zu „Gesetz und Propheten". Hinführung zum Alten Testament für die Praxis - eine Handreichung für Schule und Erwachsenenbildung. Luzern/Stuttgart 1984, S. 80-93

J. Fritz: Mainzer Spielekartei. Matthias Grünewald Verlag, Mainz

1. Keiner lebt allein

a) Notizen zu Thema und Intention

Das 1. Teilkapitel kann als sinnvolle Ergänzung zum 1. Teil der LPE 9: Reifwerden-Erwachsenwerden betrachtet werden. Während dort der Schwerpunkt auf der Reflexion und Bestärkung der Ich-Werdung liegt, thematisiert das vorliegende Teilkapitel „Keiner lebt allein" die Einbindung in Beziehungen. Die Abbildung im Schulbuch S. 16 visualisiert im Bild des Netzes, was die Kurztexte von S. 17 ins Wort zu fassen suchen. Beide Bewegungsrichtungen - ich als Individuum und ich als Teil eines Beziehungsnetzes - sind wichtig und im Zusammenhang zu sehen. Gerade Jugendliche empfinden das jedoch oft als Spannungsverhältnis.

b) Methodische Hinweise

- Die Sammlung von Schülerbeispielen im Kurztext „Keiner von uns lebt allein" (S. 17) soll Anreize bieten, mit eigenen Beispielen diese Erfahrung zum Ausdruck zu bringen. Zunächst kann durch die Schüler/innen die vorliegende Sammlung im Buch ausgewertet werden; etwa: Was würdest du unbedingt machen/was auf keinen Fall? Ergänzt die Liste mit eigenen Beispielen. Die aufgestellten Hit- bzw. Negativlisten führen durch Vergleiche schnell ins Gespräch unter den Jugendlichen. Ihre Phantasie sollte dabei nicht vorschnell kanalisiert werden, was erfahrungsgemäß untereinander passieren kann. Über Begründungsversuche der Schüler/innen kann der Lehrer/die Lehrerin dann das begonnene Gespräch zur Frage nach Freiheit und Bindung weiterführen.

- Das Bild (S. 16) bringt symbolisch auf den Punkt, was die Jugendlichen tagtäglich - positiv wie negativ - erfahren: Wir sind eingebunden in ein Netz von Beziehungen. Nach ersten spontanen Äußerungen können die Schüler und Schülerinnen versuchen, dieses Netz konkret auszugestalten, z.B. durch eine Collage mit gemalten oder ausgeschnittenen Bildern in ihrem Heft (evtl. Kopie des Bildes bereitstellen), die ihre Bezugspersonen, -gruppen, -orte darstellen oder aber durch Namen oder kurze Beschreibungen. Dadurch gewinnt das Bild einen persönlichen Charakter. Wenn die Klasse das Buch noch nicht in der Hand hatte, können auch folgende Erschließungshilfen angeboten werden: Das Bild wird auf Folie kopiert und mit Hilfe der Abdeckmethode wird zunächst nur der Jugendliche gezeigt. Seine Position im leeren Raum bildet den Ausgangspunkt für Überlegungen zu seiner Situation. Stichworte etwa: ein Jugendlicher - allein - Konsequenzen. Mit einer zweiten Folie wird nun das Netz hinzugefügt. Denkbar wäre auch das umgekehrte Vorgehen, also zunächst das Netz mit dem ausgesparten Platz für die Person, die hier „hineinpasst". Das Gespräch könnte nun an dem Phänomen ansetzen, dass der Jugendliche einen auf ihn „zugeschnittenen Ort" in diesem Netz hat. Die Funktion des Netzes müsste aber zunächst evtl. mit Hilfe der Überschrift und des Hinweises auf einen Körperumriss erarbeitet werden.

- Eine weiterführende, aber schwierige Aufgabe für die Klasse wäre, das Bild in eigene Erfahrungsgeschichten zu übersetzen: Als ich mich einmal wie in einem Netz eingeknüpft erlebte. ... Beim freiwilligen (!) Vortragen könnten die Aspekte wie Bindung als Hilfe und als Einengung als gegensätzliche Erfahrungen deutlich werden.

- Die kurzen Prosatexte sprechen für sich und können mit Hilfe des Bildes von den Jugendlichen sicherlich in ihrem Sinn erfasst werden. Sie sollten nicht zerredet werden. Es bietet sich eher an, sie gestalterisch zu memorieren. Z. B. könnte jeder Schüler/jede Schülerin den Text auswählen, der ihm/ihr am besten gefällt, in das Heft übernehmen und ausgestalten (Schmuckrahmen/Schönschrift, usw.).

- Einige Übungen und Spiele helfen, die Bedeutung von Beziehungen und Regeln besser nachzuvollziehen. Eine einfache Übung, die sich an die „Blindenführung" anlehnt: Die Klasse setzt sich im Sitzkreis um eine größere freie Fläche im Klassenzimmer (evtl. kann auch der Flur benutzt werden), auf der mit Kreppband ein „Weg" aufgeklebt wird. Ein paar Schüler/Schülerinnen erhalten nun die Aufgabe, diesen Weg blind abzuschreiten unter unterschiedlichen Bedingungen: ohne Hilfe (evtl. Schuhe ausziehen, damit das Band erspürt werden kann), mit Hilfe von Zurufen und mit körperlicher Führung. Die andern beobachten und vergleichen. Die Betroffenen berichten von ihren Erfahrungen. Wie war das ganz allein? Mit Hilfe durch Zuruf/durch die Hand? (In Anlehnung an „Auf der Linie", in: J. Fritz: Mainzer Spielekartei s. Literaturliste).

- Eine ähnliche einfache Übung: sich blind mit Hilfe von Zurufen durch den Raum auf jemanden zubewegen. Die Rufer stehen dabei in unterschiedlicher Beziehung zum „Blinden": Lehrer/Lehrerin, Freund/Freundin, Klassenkamerad/in. Auf wen höre ich am liebsten und warum? Welche Voraussetzungen müssen erfüllt sein, dass ich folgen kann? Diese Übung leitet bereits zum Thema des 2. Teilkapitels „Maßstäbe" über.

- Auch einfache Kooperationsspiele ermöglichen Erfahrungen im obengenannten Sinne: Die Klasse wird in Gruppen von ca. 5-6 Teilnehmern eingeteilt und setzt sich in Tischgruppen. Jede Tischgruppe erhält ein vollständiges kleines Puzzle. Dies können einfache geometrische Formen sein, die dann für jede Gruppe gleich sind. Spannender sind sicher nicht zu komplizierte Bilder (etwa Kalenderbilder), die einen ähnlichen Schwierigkeitsgrad aufweisen. Zur Verstärkung ist es gut, sie auf Pappe aufzuziehen. Für das Spiel gelten folgende Grundregeln: Niemand spricht, es darf keine Verständigung über Gestik und Mimik erfolgen. Die Schüler/innen müssen also gemeinsam in der Tischmitte das Puzzle zusammensetzen und darauf achten, was sie jeweils beizutragen haben. Eine etwas schwierigere Form (die Gruppen können auch Puzzleteile von anderen Bildern besitzen, die beim Spielleiter ausgetauscht werden müssen) sind unter dem Stichwort Kooperationsspiel/Teampuzzle in der oben schon genannten Spielekartei beschrieben. Dort befinden sich weitere geeignete Kooperationsspiele, etwa „Blindformen", „Kartentausch", „Verknäuelt", „Maschinenbauer", „Regenbogen" usw.

- Auch folgende relativ bekannte Übung lehnt sich an einen Vorschlag aus der genannten Spielekartei an (Entwirrungen/Kooperationsspiel): Die Schüler und Schülerinnen stehen im Kreis und fassen mit geschlossenen Augen nach zwei Händen, die sie finden können. Wenn alle Beteiligten sich an der Hand halten, werden die Augen geöffnet, und alle gemeinsam versuchen das entstandene Knäuel der Hände aufzudröseln, ohne loszulassen. Diese Übung erfordert allerdings ein gewisses Maß an Vertrautheit untereinander, beispielsweise, dass Jungen und Mädchen bereit sind, sich an den Händen zu fassen. Auch bei diesem Spiel müssen alle aufeinander achten. Nur dann gelingt die Auflösung des Knotens (über Arme steigen, unten durch kriechen u.ä. Bewegungen sind erlaubt und nötig!). Wichtig ist für alle Spielformen im RU, dass die gemachten Erfahrungen thematisiert, Schwierigkeiten und Blockaden benannt und die Bedingungen von Kooperation dadurch erarbeitet werden: auf den andern achten, evtl. selber zurücktreten, andere unterstützen, das gemeinsame Ziel im Auge behalten usw.

c) Literatur und Materialhinweise

J. Fritz: Mainzer Spielekartei, Matthias Grünewald Verlag, Mainz

2. Woran ich mich orientiere

a) Notizen zu Thema und Intention

Das zweite Teilkapitel beschäftigt sich mit Bedeutung, Notwendigkeit und Grenzen von Regeln. Einerseits sollen die Schüler/innen an Beispielen lernen, dass Zusammenleben geregelt werden muss, andererseits sollen sie aber auch zur kritischen Auseinandersetzung mit Regeln geführt werden: Es kann wichtig sein, Regeln zu übertreten, sie zu überdenken und zu verändern. Wichtig ist, dass sie lernen, die hinter den Regeln stehenden Motivationen und Werte wahrzunehmen. Erst ein solcher dynamischer Umgang mit Regeln und Normen wird dem vielfältigen menschlichen Miteinander gerecht.

b) Methodische Hinweise

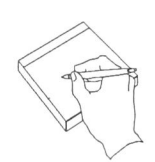

- Die Geschichte: „Eins zu null für Bert" im Buch S. 18 ist eine Dilemmageschichte. Solche Geschichten sind für die ethische Erziehung insgesamt und für die vorliegende Thematik insbesondere von hohem Lernwert. Sie fordern die Jugendlichen dazu heraus, ihre Sicht der Dinge klarzulegen, sich mit anderen Perspektiven auseinanderzusetzen und Anbetracht des Zwangs zur Entscheidung zu erkennen, dass hier Regeln und Verhaltensweisen miteinander in Konflikt geraten können, die in sich durchaus einen Eigenwert haben. Dies führt zur Frage nach den zugrunde liegenden Maßstäben und Entscheidungskriterien. Wichtige Lernschritte sind dabei die Identifikation oder das Nachvollziehen anderer Perspektiven, das Hinterfragenlassen der eigenen und die Suche nach gangbaren Lösungswegen, evtl. auch die Erkenntnis, dass es diese nicht immer so eindeutig gibt. In der vorliegenden Geschichte geraten in der Hauptperson Bert zwei Wertigkeiten in Konflikt, die Jugendlichen dieses Alters sehr wichtig sind: Bert muss den Ehrenkodex seiner Freunde verletzen („Man belügt nicht ungestraft den Klub, man lässt den Klub nicht im Stich. Das ist eiserne Regel", (S. 18). Auch er hat diese Regel verinnerlicht und bricht sie dauernd mit schlechtem Gewissen, um dem kleinen Bruder die fehlende kranke Mutter zu ersetzen. Diese Notwendigkeit tritt für ihn an Stelle der Gruppennormen. Spannend an der Geschichte ist vor allem, dass sie im Verlauf des geschilderten Konflikts der Jungen mit Bert, diesen zu einer klaren Haltung im Widerstreit seiner eigenen Werte finden lässt: Das körperlich ausgedrückte Vertrauen des kleinen Bruders hilft ihm, sich eindeutig für die Sorge für ihn und die Familie zu entscheiden. Das führt auch bei den Jungen zu einem Lernprozess und Umdenken. Hier liegt der Knackpunkt der Geschichte. Wichtig für die Arbeit mit ihr, ist daher, diesen Prozess sicht- und nachvollziehbar zu machen. Es bietet sich daher an, sie an der entscheidenden Stelle zu unterbrechen und mit der Klasse mögliche Fortsetzungen zu erarbeiten, die das Dilemma sichtbar werden lassen, etwa auf S. 20: „... Saubande, blöde." Gut ist sicherlich, wenn vermieden wird, dass die Schüler/innen den Schluss der Geschichte schon kennen. Zunächst wird der Konflikt erarbeitet. Dazu bieten sich verschiedene Möglichkeiten an, etwa: Nachstellen der Streitsituation im Rollenspiel, Sammeln von Argumenten in Gruppen für und gegen Bert und Austausch im Streitgespräch, Entwurf eines Selbstgesprächs für Bert, Unterlegen des Bildes im Buch mit Sprech- und Denkblasen, usw. Wichtig ist auf alle Fälle, dass der Wertekonflikt, der sich bei Bert abspielt, herausgearbeitet wird. Der Regelkodex kann auch auf einem Plakat oder an der Tafel explizit doku-

mentiert werden. Ohne dass die Schüler/innen schon Lösungen diskutieren, werden sie aufgefordert, in Einzel-, Partner- oder Gruppenarbeit eine Konfliktlösung im Rollenspiel, als Erzählung o.ä. zu erarbeiten. Der Austausch der Lösungen wird im Gespräch weitergeführt mit Hilfe von Fragen wie z.B.: Welche Lösung hilft wem? Was könnte sich daraus weiterentwickeln? Welche Gründe habt ihr für diesen Weg? Nach der Darbietung des Schlusses der Geschichte im Vergleich mit den Schülerlösungen erarbeitet die Klasse die Werte, die zu Berts Entscheidung geführt haben: Ein Teil der Klasse stellt für Bert eine Begründung zusammen, warum er zunächst auf die Mitgliedschaft im Klub verzichten wollte. Der andere Teil erarbeitet für den Leiter „Bär" eine kurze Rede, warum sie Bert wiederaufnehmen und unterstützen wollen. Die Schüler und Schülerinnen lesen die gesamte Geschichte noch einmal zusammenhängend. Mit Hilfe einer kleinen „Wegskizze" fixieren sie die entscheidenden Stellen, an denen sich für Bert der weitere Verlauf des Konflikts entscheidet. Als Abschluss können folgende alternative Aufgaben die Reflexion nochmals explizit formulieren helfen:
1. Bert schreibt einen Brief an seine Mutter in der Klinik und erzählt ihr, was geschehen ist (Bezug zur Schlusspassage des Textes)
2. Du erzählst zu Hause, warum du Bert als Freund nicht verlieren willst
3. Der Klub denkt über seine „eiserne Regel" nach und verändert sie gegebenenfalls.

■ Bei den Beispielen, die im Buch S. 21 beschrieben werden, geht es um Normen und Regeln, bzw. Werte, die den Jugendlichen vielfach im Alltag begegnen. Sie bieten sich dafür an, jeweils herauszuarbeiten, nach welchen Maßstäben hier gehandelt wird und mit welchen sie in Konflikt geraten, bzw. welche sie verletzen. Die Schüler und Schülerinnen sollten sich in die handelnden Personen hineindenken, die Beweggründe ihres Handelns zu verstehen suchen und die Folgen bedenken. Unterschiedliche Arbeitsformen sind dafür geeignet: Umsetzen in Dialoge (Beispiel 1: Kinder sind unzufrieden ...), in Erzählungen oder Bildgeschichten (Beispiel 3: Jugendliche quälen ... oder 4: Straßenkinder in Rio). Szenisches Bearbeiten in Gerichtsverhandlungen (Beispiel 3: Jugendliche oder 5: Drängler auf der Autobahn), vielleicht auch als (Angst)-Traumbilder der Opfer. Eine anspruchsvollere Aufgabe ist sicherlich, daraus Petitionen zu formulieren (etwa in Anlehnung an das politische Mittel) oder einfacher: Transparente für eine Demonstration, z.B. für Beispiel 2: Satt, sauber und ruhiggestellt oder Beispiel 6: Folteropfer. Für alle bearbeiteten Fälle wird versucht, einen Leitsatz des Handelns zu formulieren. Eine Auswahl der zu bearbeitenden Fälle ist sicher sehr sinnvoll, ebenso, dass die Schüler und Schülerinnen weitere aus der eigenen Erfahrung hinzufügen. Eventuell erkennen die Schüler und Schülerinnen nach diesen Bearbeitungen bereits, dass es um die Frage nach einem allen zugrunde liegenden Orientierungsrahmen geht.

■ Zugespitzt wird diese Frage in der auf S. 22 abgedruckten realen Erzählung einer Schülerin: „Wenn es um Ausländerfeindlichkeit geht, raste ich aus." Bei diesem Beispiel muss auch die Form der Auseinandersetzung mitbedacht werden. Nach sicherlich nicht ausbleibenden spontanen Reaktionen der Klasse sollte systematischer nach den Ursachen und der Entwicklung des Konflikts von Milena gefragt werden. Evtl. kann hier die Form der Pro- und Contra-Debatte gewählt werden: Die Klasse zeigt ihre Haltung zum Handeln Milenas, indem die Einzelnen sich im Klassenzimmer rechts oder links aufstellen. Gegebenenfalls können Schilder mit „dafür/dagegen" weiterhelfen. Nun werden von rechts nach links Argumente ausgetauscht. Bei kleineren Klassen von allen gemeinsam, bei größeren von einigen „Delegierten". Wenn sich dieser Austausch erschöpft hat, lässt die Lehrerin/der Lehrer neu entscheiden, wo sich die Jugendlichen jeweils plazieren. Die Gründe dafür oder dagegen werden nun gemeinsam in wenigen Leitsätzen zusammengefasst.

Diese Methode eignet sich auch für die Beispiele unter der Rubrik „Gehorchst du....". Die Schüler und Schülerinnen werden jedoch schnell entdecken, dass diese Frage nicht immer so eindeutig zu beantworten ist. Als Konsequenz aus dieser Lernerfahrung können mit ihnen gemeinsam differenziertere Raster entwickelt werden, die mehrere Nuancen einer Antwort zulassen, z.B. eine Skala von „...ich gehorche unbedingt bis ... gar nicht". Diese Differenzierungen können für die Schüler/innen visualisiert werden, indem sie für die einzelnen Stufen dieser Skala unterschiedliche Orte im Klassenzimmer aufsuchen müssen (z.B. die vier Ecken). Man kann die Klasse auch bitten, sich entsprechend den Abstufungen in einer Reihe aufzustellen. Unterstützt wird diese Übung durch Wort- oder Symbolkarten (z.B. Farben für die Abstufungen). Eine vorgegebene Möglichkeit bietet die in der Lehrerhandreichung Lebenslinien Klasse 6, S. 129 - 130 ausführlich beschriebene Methode des Meinungsspektrums. Dabei entscheiden sich die Schüler und Schülerinnen bei jedem Beispiel auf die Frage: Gehorchst du, für eine Antwort: z.B. mit unbedingt/wahrscheinlich schon/nur unter Zwang/wahrscheinlich nicht/auf keinen Fall. Sie zeigen dies mit Hilfe von Farb- oder Zahlkarten. Die Lehrerin/der Lehrer fordert z.B. Schüler/Schülerinnen zur Stellungnahme auf, die extreme Meinungen oder auch Einzelmeinungen vertreten. Daraus entwickeln sich oft Debatten um die Entscheidung. Auf einem Plakat oder einer Folie werden die Ergebnisse zahlenmäßig festgehalten. Dies ermöglicht, die Schülerentscheidungen außerhalb des Spiels - aus Distanz - noch einmal anzuschauen und nach zugrunde liegenden Maßstäben zu fragen, etwa: Bei welchen Beispielen gehorchen die meisten/die wenigsten und warum ist das so? Spannend ist es auch, in der Klasse eigene Beispiele finden zu lassen und zur Diskussion zu stellen.

- Die in der Arbeit an diesem Teilkapitel gefundenen (und aufgeschriebenen) Leitsätze werden nun genauer angeschaut. Am besten überträgt man sie auf Karteikarten o.ä.. Im Sitzkreis werden sie alle nochmals laut vorgelesen und im Gespräch ihr Entstehungszusammenhang erneut ins Gedächtnis gerufen. Mit der Klasse wird nun geordnet: Welche passen zusammen, weil sie z.B. ähnliche Werte anzielen? Welche befolgt ihr selbst, welche nicht? Welche findet ihr richtig, welche lehnt ihr eher ab. In der Gesamtschau stellt sich die Frage, was zu entscheiden hilft, woran ich mich orientieren kann.

3. Die Zehn Gebote - Worte, die den Weg weisen

a) Notizen zu Thema und Intention

Der Dekalog als ein Kernstück des Exodus (die Parallelen aus Dtn werden in dieser LPE nicht herangezogen) wurde gerade in der Katechese oft als „Zeigefinger-Moral" missbraucht, ganz entgegen seiner ursprünglichen Intention. Die zutreffende Übersetzung mit „Zehn Worte" im Sinne von „Weisung" (nicht Gesetz) macht den Unterschied deutlich. So lautet die Ursprungsformulierung auch nicht „du musst" oder „du sollst", sondern „du wirst" im Sinne von du bist überzeugt davon, dass dies gut ist! Im jüdischen Verständnis werden die "Zehn Worte" als verdichteter Wille Jahwes begriffen und als Geschenk an sein Volk. Dementsprechend sollten sie nicht wie lange Zeit üblich als *Verbote* vermittelt werden, sondern als Angebot einer Richtschnur, die hilft, das Leben sinnvoll zu gestalten. Im Kontext des Exodus wird dieses Angebot verständlich als ein Versprechen, das Gott im Falle der Beachtung einlösen wird, so wie er sein Versprechen eingelöst hat, das Volk aus der Sklaverei zu befreien. Dieser Geschenkcharakter kommt im Judentum u.a. im Fest Simchat Tora zum Ausdruck (vgl. LPE 4) „Nicht Gesetz, sondern Weisung sind die Zehn Gebote. Sie sind weisendes und treibendes Wort, welches helfen will, das Leben zu meistern. Leben aber gibt es im Sinne der Bibel nur als Leben in der Gemeinschaft mit Gott und mit dem Gottesvolk. Dazu will der Dekalog aufrufen. Und insofern sind die Zehn Gebote Einladung zur Praxis von Gerechtigkeit. Biblisch „gerecht" ist aber nicht einfach, wer entsprechend einem vorgegebenen Rechtskodex lebt, sondern wer entsprechend den Gemeinschaftsbezügen lebt, in denen er steht. „Gerecht" ist, wer die Gemeinschaft des Jahwevolkes untereinander aufbaut, fördert und dort, wo sie bedroht ist, schützt und rettet. (Zenger S. 78) Dies gilt es auch bei der unterrichtlichen Vermittlung zu beachten. Die Zehn Gebote lassen sich in zwei Hauptteile gliedern: Die ersten drei regeln die Beziehung zwischen Gott und den Menschen, die restlichen sieben die zwischen den Menschen. Wir legen dabei die Zählung der kirchlichen Tradition zugrunde. Deutlich wird, dass Gottes- und Nächstenliebe zusammengehören, also „Ethos" und „Religion" (Bühlmann). Die LPE wählt schwerpunktmäßig das erste, das fünfte und das achte Gebot aus. Das erste oder auch Hauptgebot begründete den Monotheismus in der polytheistischen Umwelt. Heute liegt die Betonung eher darauf, dass Gott nicht „gefasst" und damit verfügbar gemacht werden kann. Das fünfte Gebot schloss ursprünglich nur das Töten auf eigene Faust und aus eigenem Rechtsverständnis heraus aus, z.B. aber nicht das Töten im Kriegsfall. Auch dieses Gebot muss heute wohl erweitert werden. Für die Schüler und Schülerinnen sollte es dahingehend differenziert werden, nicht nur unmittelbar „handgreifliches" Töten zu ächten, sondern die vielen Formen der Beteiligung etwa durch Duldung (vgl. Beispiel im Schulbuch S. 25), durch den Rüstungswahnsinn oder mangelndes politisches Engagement. Allerdings übersteigen die schwierigen ethischen Auseinandersetzungen häufig das Fassungsvermögen einer siebten Klasse. Das achte Gebot hatte Falschaussagen vor Gericht im Blick. Es darf aber gerade auch im Schülerhorizont auf unterschiedliche Formen der Lüge und der üblen Nachrede ausgeweitet werden, wie dies im Schulbuch S. 25f. versucht wird. Letzteres basiert auf einer konkreten Schülererfahrung, was zeigt, dass solche Vorgänge auch Jugendlichen nicht fremd sind. Sicher kann die Auswahl des Lehrplanes noch ergänzt werden, etwa durch eine der Ursprungsintention angemessene Bearbeitung des vierten Gebots. Wir haben hier darauf verzichtet, um den Rahmen der LPE nicht unnötig auszudehnen.

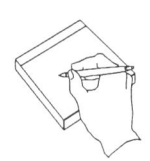

Im Sinne exemplarischen Lernens genügt diese Auswahl. Damit wird auch vermieden, die Schüler und Schülerinnen durch „Vollständigkeit" überzustrapazieren, die leicht in eine schematisierte Erarbeitung kippen kann und damit u. E. der Sache keinen guten Dienst erweist.

b) Methodische Hinweise

- Die Zehn Gebote werden zunächst im Überblick vorgestellt, ihr Kontext in der Exoduserzählung evtl. geklärt. Der Querbezug zur LPE 4: Die Juden - das von Gott erwählte Volk bietet sich an (vgl. Buch S. 12, Lehrerhandbuch Seite 106f.). In Bild und Wort kann die Verehrung der Tora durch fromme Juden erkannt werden, eventuell vertieft durch die Erzählung von Bella Chagall: Thora - Freudenfest (vgl. M10). Der Sachtext im Buch S. 24 versucht dieses Verständnis des Dekalogs zu vermitteln.

- Wenn genügend Zeit und Möglichkeiten zur Verfügung stehen, sollten die Zehn Weisungen auch gestalterisch umgesetzt und damit besser eingeprägt werden: Etwa in Form von flachen Wegsteinen, die mit der Klasse gesucht und beschriftet werden (Folienstifte), zu Rollen zusammengedrehten Plakaten, die einen Weg im Klassenzimmer als Wegmarken begrenzen können. Zu einem späteren Zeitpunkt kann der Weg mit einer Papierbahn ausgelegt werden, die mit dem Hauptgebot (vgl. Buch Seite 27) beschriftet wird. Um den Charakter von Weisungen zu verdeutlichen, kann auch das Symbol von Händen mit zehn Fingern als Gestaltungsgrundlage gewählt werden. Ein weiterer interessanter Vorschlag findet sich in RL 2/86 (Prägen von Kupferfolie).

- Zum 1. Gebot:
Im Gespräch zum vorliegenden Text: „Wie ist Gott wirklich? oder Julias Gottesbild" (S. 24) kann von der Leitfrage im Titel ausgegangen werden. Es wird nach den Vorstellungen Julias vor und nach dem Tod ihres Hundes Cäsar gefragt und nach den anderen genannten Vorstellungen. Die Schüler und Schülerinnen erzählen von eigenen Erfahrungen. Sie entdecken jedoch, dass die Frage immer nur unzulänglich zu beantworten ist, lediglich die Antwort des Onkels ist „klar". Schließlich wird die Geschichte auf das 1. Gebot bezogen. Evtl. kann der kurze Hinweis auf das Bilderverbot im Islam miteinbezogen werden.

- Die kurze Geschichte zum 5. Gebot thematisiert unterschiedliche Formen des Tötens, die in den Blick kommen sollten. Die Ausgangsfrage zum Text könnte etwa lauten: Wer hat hier getötet? Ein Schüler/eine Schülerin befragt als Reporter/in die „Beteiligten" zu ihrem Verhalten: Warum haben sie nicht eingegriffen oder aufgegeben? Noch einmal wird die Frage nach der Schuld gestellt. Wie hätte die Geschichte ablaufen können, wenn die Beteiligten das 5. Gebot auch auf sich bezogen hätten? Über die Täter und ihre Motivation muss nochmals gesondert nachgedacht werden. Dabei kann auf das Beispiel von Milena zurückgegriffen werden, die sich gegen Ausländerhass wehrt. Wie hätte sie wohl in dieser Situation gehandelt? Die Gefahren und realen Möglichkeiten des Eingreifens und der Deeskalation dürfen nicht unterschlagen oder verharmlost werden. Im Gespräch sollte jedoch das absolute Lebensrecht jedes Menschen bekräftigt und zugrunde gelegt werden. Von dieser Geschichte ausgehend kann auch auf die Wirkungsgeschichte des Dekalogs in den Menschenrechten Bezug genommen werden (vgl. Buch S. 26).

- Wer die Frage nach Zivilcourage und Verantwortung intensiver einbeziehen will, kann das Video Nr. 5336, Haltet den Dieb (Fachstelle für Medienarbeit Stuttgart) einsetzen. Es zeigt in einer nachgestellten Szene eines Handtaschenraubs mangelnde Zivilcourage und unterlassene Hilfeleistung, ein Thema, das S. 29 anhand der Transformation von Lk 10, 36-37 noch einmal aufgenommen wird.

- Zum 8. Gebot zeigt die nach einer realen Erfahrung einer Schülerin nacherzählte Geschichte die Folgen leichtsinniger oder übler Nachrede auf. Ein kurzer Versuch, einen geflüsterten längeren Satz in der Klasse adäquat weiterzugeben, zeigt schnell die Gefahr solcher „Flüsterpropaganda". Wichtig ist jedoch, nicht nur die sprachliche Problematik zu thematisieren, sondern vor allem die Motivation der Mädchen und ihre Hintergründe sichtbar zu machen (Neid, mangelndes Vertrauen, Leichtsinn etc.). Eine gezeichnete Flüsterkette in Bezug auf die Geschichte zeichnet das Geschehen nach und hilft den Inhalt zu verstehen. Mit Hilfe des Arbeitsblatts M11 „Hast du schon gehört?" versuchen die Schüler und Schülerinnen den Gang der Geschichte nachzuvollziehen und in den beiden letzten Bildern die Konsequenzen festzuhalten. Darauf sollte bei der Auswertung auch der Schwerpunkt gelegt werden. Die von Anna berichtete Ausgangssituation wird noch einmal mit dem Entstandenen verglichen und die Folgen für Anna werden erarbeitet und in Bezug zum 8. Gebot gesetzt. Anschließend kann die Klasse Möglichkeiten der Schuldbewältigung - z.B. ein klärendes Gespräch - entwickeln. Bei diesem Schritt kann auch die Motivation von Martina und was sie damit angerichtet hat herausgestellt werden.

- Die Kurztexte unter der Überschrift „Wie die Zehn Gebote weiterwirken" können von den Schülern und Schülerinnen daraufhin befragt werden, welche Gebote jeweils zugrunde liegen. Dazu werden sie mit einem Stichwort auf Karten notiert und den gestalteten Geboten zugeordnet. Dazu kann auch die Doppelseite im Buch herangezogen werden.

- Die Aussagen der Menschenrechte, Kinderkonvention und Schulordnung (S. 26) werden von Schülergruppen arbeitsteilig mit Hilfe von Zeitungsausschnitten, Bildern und Beispielen, die sie selbst notiert haben, kommentiert und dokumentiert. Die Plakate werden zu einer „Ausstellung" im Klassenzimmer oder auf Plakatflächen der Schule zusammengestellt. Wenn die Zehn Gebote gestalterisch umgesetzt wurden, können diese zugeordnet werden.

M10 Thora-Freudenfest

Einmal im Jahr ist es den Kindern erlaubt, in der Synagoge ungehindert vergnügt zu sein. Schon am Vorabend des Festes sind wir todmüde und atemlos vor lauter freudigem Tanzen.
Die Synagoge ist voller Menschen, und so viele Jungen sind da, dass man nicht weiß, wo man sich vor ihnen verstecken soll. Zur Hakkafot-Prozession dürfen auch die kleinen Mädchen in die Männerabteilung; sie balgen sich zwischen den Füßen der Erwachsenen mit den Jungen herum. Die Lichter scheinen mit neuem Feuer zu brennen. Der heilige Schrein steht offen, die Thora-Rollen, alle in Festtagsmäntelchen, werden eine nach der anderen herausgenommen. Die Synagoge ist festlich wie ein hoher Tempel. Die Männer tanzen, die Thora-Rollen in den Händen, und die Kinder stampfen und tanzen mit ihnen.
Wir rennen wie die Wilden um das Pult des Vorbeters, laufen an der einen Seite hinauf, an der anderen hinunter. Die Stufen ächzen unter unseren Füßen.
Jeder stößt und jagt den anderen und versucht, so oft wie möglich um das Pult zu kreisen, und keiner hat Zeit, das geschnitzte Geländer zu berühren oder schnell zu streicheln, nicht einmal Atem schöpfen kann man.
In unseren Händen rasseln Klappern. Wir vollführen einen schrecklichen Lärm. Unsere Papierfähnchen pfeifen, flattern und zerreißen im Wind. Der Synagogendiener verkriecht sich in einen Winkel, wahrscheinlich aus Angst, wir würden die Wände niederreißen. Da sieht er, dass die Bücher fast vom Pult fallen und ruft uns zu: „Bitte, Kinder hört doch auf! Genug! Ihr ruiniert ja die ganze Synagoge!"
Wir können nicht aufhören, obwohl uns schon schwindlig ist, die Füße gehorchen uns nicht mehr. Wir gehen nach Hause. Mit meinem zerrissenen Fähnchen in der Hand trotte ich müde hinter meinen Brüdern her. Am nächsten Tag herrscht schon in aller Frühe ein emsiges Treiben in unserem Haus. Wir erwarten Gäste.
Wir eilen in die Synagoge und sagen rasch unsere Gebete. Noch ehe das Gebet zu Ende ist, tuscheln die Männer, die in kleinen Gruppen zusammenstehen: „Ist es schon beschlossen, zu wem wir zuerst zum Kiddusch gehen?"
„Sch.. sch..."
„Reb Schmul Noah hat die ganze Synagoge eingeladen", flüstert einer dem anderen ins Ohr.
„Oh, dort gibt es bestimmt eine Menge zu trinken. Was meinst du, Reb Herschel?", fragt jemand einen hageren Mann mit roter Nase.
„Wenn ihr mich fragt - ich bin einverstanden! Gut, wir gehen zuerst zu Schmul Noah. Er ist ein guter Wirt!"

Die Synagoge wird leer, alles drängt auf die Straße.
„Warum bleibt ihr stehen? Kommt, vorwärts! Wir müssen noch in viele Häuser gehen!"
„Heute werden sich die Juden betrinken", sagen die Christen, die ihnen begegnen, und lächeln. Sogar die große Kirche an der Straßenecke scheint zur Seite zu rücken, um ihnen den Weg freizugeben.
Die ganze Gesellschaft fällt in unser Haus ein. Im Zimmer herrscht Gedränge und Hitze.
„Guten Feiertag! Guten Feiertag für die Hausfrau!" Die Frauen rücken zur Seite. Die Gäste scharen sich um den Tisch. „Was gibt's denn Gutes?" fragen sie einander, reiben sich erfreut die Hände, rücken Stühle und schauen auf den Tisch. Er ist wie zu einem Hochzeitsmahl gedeckt und bricht unter der Last der Speisen fast zusammen. Da sind Tortenstücke, Honigkuchen, Schüsseln mit marinierten Heringen, gehackter Leber, in Gänsefett gebackenen Eiern, Kalbsfüßen in Gelee und gebratenem Kuheuter. Und dazwischen stehen wie Soldaten bei einer Parade viele Flaschen mit Schnaps und Wein.
„He, warum drängt ihr so? Lasst den anderen auch noch Platz!"
„Warum immer der erste sein wollen? Hier ist doch nicht der Thora-Schrein!"
„Den zieht es zum Wein! Lasst ihn schnell durch!" sagen ein paar Gäste lachend.
„Still, da kommt Reb Schmul Noah. Lasst uns auf sein Wohl trinken. Auf Ihre Gesundheit, Reb Schmul Noah! Auf Ihre Gesundheit, meine Herren!"
Vater ist, wie immer, als letzter aus der Synagoge gekommen. In seinem langschößigen Feiertagsrock, den Hut auf dem Kopf, wirkt er größer und breitschultriger als sonst.
„Auf Ihr Wohl! Guten Feiertag!" Auf seinem Kopf wackelt der hohe Hut. Er nimmt ihn ab und bleibt nur mit dem Käppchen bedeckt.
„Habt ihr den Kiddusch gesprochen?" fragt er.
„Und Sie, Reb Schmul Noah?"
Ein paar Männer segnen gemeinsam den Wein.
„Schöpfer der Frucht des Weinstocks..." Sie schaukeln hin und her und schlürfen den Wein. Dann trinken die Gäste Schnaps und kosten von jeder Speise.
„Auf das Wohl der Hausfrau! Ihre Heringe sind wunderbar!"
„Und die Kalbsfüße sind ein Juwel!"
Mama strahlt vor Freude.
Plötzlich springt der Synagogendiener auf wie der Narr an einer Hochzeitstafel.
„Wer will das Opfergebet beginnen? Wer fängt an?"
Ein Mann mit langem, weißem Bart erhebt sich. Er hüstelt, streicht den Bart und den dichten

Schnurrbart, als hinderten sie ihn, den Mund zu öffnen.

„Gesegnet sei, wer ..." fängt er in singendem Tonfall an.

„Habt ihr gehört? Wieviel will er geben? Wieviel hat er versprochen?"

Der Synagogendiener trippelt vom einen zum andern und verkündet den Namen des Spenders und die versprochene Summe mit so lauter Stimme, als hätte er Braut und Bräutigam ein Hochzeitsgeschenk zu melden.

„Warum legt er uns Eis auf den Kopf? Wo ist noch etwas zu trinken? Gebt die Flasche her! Warum haltet ihr sie zurück?"

Leere Flaschen rollen fort, neue werden geöffnet, als beginne das Fest erst jetzt. Gläser und Becher werden gefüllt, Wein spritzt auf das Tischtuch. Plötzlich klopft der alte Mann mit dem langen weißen Bart auf den Tisch.

„Still!"

Er schließt die Augen und seufzt so tief, als hätte er sich ein Stück aus dem Herzen gerissen und es weit weggeschleudert. Und dann stimmt er leise das Lied des Rebbe an.

Man hört nur ein Summen. Es klingt, als käme es aus weiter Ferne. Der alte Mann wiegt den Kopf, seine Stirn legt sich in Falten, Lippen und Schnurrbart zittern. Allmählich zieht er die anderen in seinen Bann. Flackernde Röte steigt in die blassen Gesichter, die Lider senken sich, und alle singen, lauter, immer lauter.

Bald dehnt sich die Melodie, bald flammt sie auf wie ein Feuer. Die Männer werden von dem Lied getragen, schaukeln mit geschlossenen Augen hin und her, klopfen auf den Tisch, als müsse auch er mitsingen, sich vom Boden heben.

Einer stößt einen Angstschrei aus, andere weinen, beten, klagen. Die Melodie ist wie mit Tränen getränkt. Die Männer knacken mit den Fingern, strecken die Arme aus. Einer presst seinen Bart an die Brust, als wolle er sein zum zerspringen volles Herz damit stützen.

Plötzlich verstummt die Klage, und Freude bricht aus.

„Freunde, es gibt einen Gott auf Erden!" ruft der Weißbärtige, hebt den Kopf und blickt nach oben, als sei ihm der Allmächtige erschienen. „Warum sitzt ihr alle so still da? Heute ist das Fest der Thora, und der Rabbi hat gesagt: 'Freut euch und tanzt'!"

Nun streckt sich ein Arm, hebt sich ein Fuß. Die Stühle fliegen zur Seite, der Tisch wird weggerückt. Das Tischtuch rutscht herunter, Kuchenstücke und Gläser fallen auf den Boden. Die Wände zittern. Die Männer stampfen mit den Füßen, tanzen, daß die Rockschöße fliegen, bilden einen Kreis. Die Schultern hochgezogen, halten sie einander fest an den Händen. Einer klammert sich an den anderen, als fürchte er, in Stücke zu zerspringen, wenn man ihn allein stehen ließe. Keiner sieht den anderen, keiner sieht sich selbst. Stiefel wirbeln durch die Luft. Die Tänzer fühlen keinen Boden mehr unter den Füßen.

Da reckt einer den Rücken, wirft sich mit neuer Kraft in den Tanz wie in ein lohendes Feuer. Alles dreht sich, niemand sitzt mehr am Tisch. Der Tisch wackelt, als wolle auch er tanzen.

„Reb Schmul Noah, worauf wartest du denn? Steh auf!"

Und Vater, mein ruhiger, stiller Vater, steht auf und tritt in den wirbelnden Kreis.

Ich beobachte Vater von meinem Platz aus, suche ihn unter den Tänzern. Da ist sein Kopf, leicht auf die Seite geneigt, er blickt zu Boden, sein Bart weht. Er dreht sich selbstvergessen wie im Traum. Mein Vater tanzt!

Ich kann nicht mehr still sitzen.

„Mama, darf ich?"

Die in den Ecken stehenden Frauen strahlen: ihre Männer sind froh und glücklich, wenigstens dieses eine Mal im Jahr.

„Mama, bitte, lass mich auch tanzen. Ich möchte mit Papa tanzen!" Ich zupfe sie am Ärmel.

„Aber mein Kind, das geht doch nicht! Du würdest ja zertreten! Siehst du!"

Ein langer dürrer Mann stürzt mit lautem Schrei herein. Er schlägt einen Purzelbaum und landet auf den Füßen.

„Macht Platz, ihr Leute!" schreit er, ringelt sich wie ein Wurm auf dem Fußboden und ist mit einem Satz in der Küche.

„Oi!" ruft die Köchin erschrocken. „Reb Laizer, Erbarmen! Was wollen Sie denn in der Küche?" Chawa hat in ihm einen Nachbarn vom Hof erkannt. Aber er hört nicht auf sie, packt einen langen Schürhaken, kniet nieder und zieht einen großen irdenen Topf voll Kulai aus dem Backofen. Der Topf fällt um, der klebrige dunkle Brei ergießt sich über den Kopf des Mannes. Schwarz wie ein Neger rennt er ins Zimmer zurück, und sein Anblick entfesselt die trunkenen Gäste noch mehr. Sie sind schwindlig, können kaum noch auf den Füßen stehen, lassen sich auf die Stühle fallen und ruhen halb liegend, halb sitzend, einen Augenblick aus.

„Meine Herren! Wir müssen noch zu Reb Mendel gehen!", ruft einer und schnellt von seinem Stuhl auf.

Alle springen auf, wie von einem Peitschenschlag getroffen, und laufen stolpernd auf die Straße hinaus, mein Vater mitten unter ihnen. Mit den ersten Sternen erscheint Vater wieder, ein wenig unsicher und schwankend von dem vielen Wein. Er schämt sich und fällt wie ein Heufuder aufs Bett. Wir schämen uns mit ihm.

Bella Chagall

M11 Hast du schon gehört?

1. Martina zu Leonie...

2. ...Leonie zu Rebekka...

3. ...Rebekka zu Judith...

4. Judith zu Katrin...

5. ...Katrin zu Anna...

6. ...Anna zu Franziska

Aufgabe: Schneide die Bilder aus und klebe sie in deinem Heft auf einer Doppelseite zu einer „Flüsterkette". Schreibe eine Geschichte dazu, wie auf diesem Weg ein Gerücht entsteht.

4. An Jesus Maß nehmen

a) Notizen zu Thema und Intention

Das 4. Teilkapitel „An Jesus Maß nehmen" thematisiert schließlich Jesu Verständnis des Dekalogs, wie es sich im Hauptgebot und in der Goldenen Regel äußert. Darüber hinaus soll deutlich werden, welcher ungeheuerliche Anspruch damit an Christen formuliert ist und dass dieser uns auch ein Handeln abfordern kann, das gängigen Plausibilitäten zuwiderläuft. Dieser neutestamentliche Akzent der Thematik muss auf dem Hintergrund des Dekalogs gelesen werden. Jesus selbst stand ganz auf dem Boden der Tora, die für ihn Gottes Wort bedeutete. Er sah daher auch keinen Grund, sich davon abzusetzen. (Beispielsweise hat er nicht ständig die Sabbatgebote gebrochen!). Allerdings sah er wohl, dass die Zehn Worte zwar ausgelegt, aber nicht genügend befolgt wurden. Dahingehend zielten viele seiner Auseinandersetzungen, die erst in der christlichen Tradierung als Neuinterpretationen des AT ausgelegt wurden. „Daraus folgt: Der Gott Jesu war kein anderer als der Gott vom Sinai. In der Zusammenfassung der Lehre Jesu, der Bergpredigt, geht es deshalb nicht um eine Abschaffung des alttestamentlichen Gottesbildes, sondern im Gegenteil um sein Inkraftsetzen für alle Zeit. Das Neue in der Bergpredigt Jesu besteht darin, dass Jesus mit der Gottesherrschaft in dieser Welt und im Leben jedes Menschen ernst macht ,dass er „so redet und handelt, als ob es Gott wirklich gäbe". Die „Bergpredigt Jesu" widerruft nicht die „Bergpredigt Gottes auf dem Sinai", sondern bekräftigt sie. Die „bessere Gerechtigkeit", die Jesus in Mt 5,20 fordert, bezieht sich gerade auf die Erfüllung, nicht auf die Inhalte. (Feneberg in ru 2/97 S. 46). Allerdings spitzt Jesus seine Botschaft auf ein Verständnis des Nächsten auch als *Fremden* zu, das seinen Zeitgenossen in dieser Radikalität fernlag. Damit hatte er vor allem die Armen und Entrechteten im Blick. Metz nimmt diese Sichtweise auf, indem er das „Eingedenken fremden Leids" als Basis einer universellen Verantwortung sieht, die für uns in Jesu Haltung begründet ist. (vgl. J.B. Metz in KBl 2/97).

b) Methodische Hinweise

- Die Bibeltexte S. 27 beschreiben das Hauptgebot und das Verständnis Jesu des Dekalogs. Mt 22,35-40 sollte zu den Zehn Geboten in Beziehung gesetzt werden. Die Schüler und Schülerinnen suchen zunächst die beiden Hauptaussagen auf und ordnen ihnen die Einzelgebote zu. Wie schon der Dekalog können auch sie gestalterisch umgesetzt werden (vgl. dieses Kapitel Seite 50).

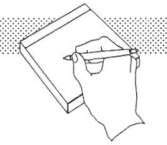

- Die Geschichte vom reichen Jüngling Mk 10,17-22 dürfte die Jugendlichen zum Widerspruch provozieren. Dieser kann verstärkt werden, wenn eine Transformation von Zenetti: Die junge Generation (M12) dazugenommen wird. (aus: L. Zenetti, Die wunderbare Zeitvermehrung. Variationen zum Evangelium, München 1983, 2. Aufl., S. 138-139). Dieser Irritation und Provokation sollte Raum gelassen werden, da sie das Unbegreifliche der Botschaft Jesu deutlich macht. Das wird mit der Frage herausgearbeitet: „Was erwartet Jesus vom reichen Jüngling?" Er verlangt ein Leben nach den Zehn Geboten und Abgeben seines Reichtums, sowie die Nachfolge als aktiven Beweis, dass es ernst gemeint ist. Nach einem Gespräch über die Konsequenzen dieser Forderung, kann der Lehrer/die Lehrerin die Nachfragen, Zweifel, Ablehnung durch die Schüler und Schülerinnen sammeln oder aber provozieren und mit ihnen erarbeiten, dass ein solches Verhalten alltäglichen und gängigen Mustern zuwiderläuft. In einer kurzen Information sollte auf den Bezug zur Reich-Gottes-Botschaft (Himmel) eingegangen werden (vgl. LPE 5).

■ Auf diesem Hintergrund kann das Bild von R. Litzenburger: Christus der Narr interpretiert werden. Schüler und Schülerinnen betrachten zunächst still das Bild. Eventuell muss eine Übung zur Konzentration vorgeschaltet werden. Mögliche Hilfen zum intensiveren Schauen könnten folgende Impulse sein: Konzentriert euch auf das Gesicht. Beachtet den Blick dieses Menschen, versucht ihm zu folgen. Was trägt er auf dem Kopf? Achtet auf die Farben. Die Eindrücke werden ohne Kommentierung gesammelt; dann notiert der Lehrer/die Lehrerin den Titel zum Bild an der Tafel: „Christus der Narr - König der Juden". Die Schülereindrücke werden darauf bezogen: Was kennzeichnet Jesus als König? - Die Insignien der Macht - Warum nennt der Künstler ihn gleichzeitig Narr? Aus wessen Perspektive ist er der Narr? Manche Schüler und Schülerinnen kennen vielleicht den biblischen Bezug zur Kreuzwegstation der Verspottung. Vertiefend erhalten die Schüler und Schülerinnen die Aufgabe, den Text Mk 10,17-22 nochmals daraufhin zu lesen, was Jesus Christus in den Augen der Hörer zum Narren machen könnte. Mit dem Begriffspaar „mächtig (König) - ohnmächtig (Narr)" werden vorhandene Kenntnisse über Jesu Handeln und Botschaft geordnet. Folgende Meditation von Klaus Bannach zum Bild kann dem Lehrer/der Lehrerin helfen, sich in das Bild hineinzudenken (und ist in Auszügen evtl. auch für die Klasse verstehbar).
Text aus K. Bannach: Meditationen zu den Bildern von Roland Peter Litzenburger, Christus der Narr, Stuttgart 1979, 5. Aufl. S. 101-102.

Sie verhöhnen dich
Herr.
Sie: die Mächtigen
sie verhöhnen dich
mit den Insignien ihrer Macht.
Dir dem Wehrlosen
dem Stillhaltenden
dem Demütigen
setzen sie die Krone auf
hängen sie den Königsmantel um
dich der niemals Macht beansprucht
kennzeichnen sie
als Machthaber
INRI
Aber: sie merken nicht -
sie: die Mächtigen -
dass sie nicht dich verhöhnen
sie merken nicht
dass sie die Insignien
ihrer Macht verhöhnen
dass sie die Krone
und den Königsmantel
und die geballte Faust
und die starrenden Waffen
die Kanonen und die Bomben
und die Folterwerkzeuge

verhöhnen
sie: die Mächtigen merken nicht
dass sie ihre Macht verhöhnen.
Und seither gilt:
Alle Mächtigen
verhöhnen sich selbst
wenn sie Menschen verhöhnen
wenn sie foltern
wenn sie Waffen gebrauchen
wenn sie Menschen das Wort
oder den Gedanken nehmen
wenn sie Menschen das Brot
oder die Würde nehmen
wenn sie Menschen totschlagen
sie - die Mächtigen verhöhnen sich selbst
mit dem Geschrei der Gefolterten
mit dem aufgequollenen Leib der Verhungernden.
Sie werden verhöhnt
sie die Machthaber.
Merken sie es nicht? Noch nicht?
Aber ihre Opfer wissen es
sie sehen es an deiner Krone
an deinem Purpurmantel
Herr.
Sie wissen: die Mächtigen werden
jetzt in ihren Opfern verhöhnt.
Aber es dämmert schon der Tag da die
Mächtigen und die Insignien ihrer Macht
selbst verhöhnt werden
da alle Macht zu Spott wird.

Klaus Bannach

■ Die Zuspitzung dieses Gedankens erfolgt mit Lk 6,27-29 (S. 27), der jegliche aus der Erfahrung gewonnene Plausibilität durchkreuzt: Liebet eure Feinde.... Die Geschichte „In Selma (Alabama)" (S. 28) erzählt eine Begebenheit aus dem Freiheitskampf der Schwarzen in den USA im Umfeld des gewaltlosen Widerstands von Martin Luther King. Bevor der Text gelesen wird, sollten der Klasse einige Informationen zum historischen Kontext und zur Bedeutung von M. L. King mitgeteilt werden. Um sicherzustellen, dass sie verstanden haben, worum es geht, formulieren die Schüler und Schülerinnen einige Sätze für Transparente, die die Kinder auf ihrem Marsch mit sich führen könnten. Nun kann der Text gelesen werden. Nach ersten Nachfragen und Äußerungen erhalten die Schüler/innen die Aufgabe, die Entwicklung der Situation nachzuzeichnen, etwa nach dem Muster:

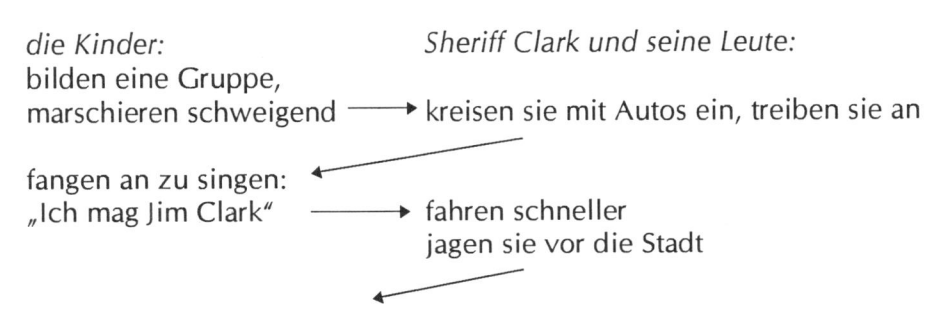

die Kinder: *Sheriff Clark und seine Leute:*
bilden eine Gruppe,
marschieren schweigend ⟶ kreisen sie mit Autos ein, treiben sie an

fangen an zu singen: ⟵
„Ich mag Jim Clark" ⟶ fahren schneller
jagen sie vor die Stadt

⟵

Im Gespräch wird nun das Verhalten der Kinder und des Sheriffs genauer betrachtet und Argumente dafür im Text gesucht und unterstrichen. Was hat dieses Verhalten jeweils bewirkt? Wie denken die Kinder darüber, wie der Sheriff? Die Klasse versucht, die Leitsätze der beiden Parteien festzuhalten. Es muss darauf geachtet werden, dass der Aspekt der Feindesliebe im Verhalten der Kinder erkannt wird.

- Der Bibeltext Lk 6,27-29 wird auf die Geschichte bezogen: Wer handelt nach welchem Grundsatz? Im erarbeiteten Kontext führt gewaltloser Widerstand zu Fortschritten in der Sklavenbefreiung, aber der Preis ist hoch. Ein Hinweis auf die Ermordung M. L. Kings kann das den Schülern und Schülerinnen verdeutlichen.

- Evtl. kann das Lebensbild M. L. Kings als christliches Handlungsmodell und Leitbild einbezogen werden. Schulbücher und Medien bieten dafür Material an.

- Die Transformation von Lk 10,36-37 durch Zenetti im Buch S. 29 variiert das Thema vom barmherzigen Samariter ohne direkt darauf Bezug zu nehmen. Trotzdem sind die Parallelen erkennbar. Im Unterschied zum Aspekt religiöser Ausgrenzung der Samaritaner und dessen Grenzüberschreitung geht es im Zenetti-Text eher um die selbstlose, auf das Opfer bezogene Hilfe, wobei die drastische Sprache vor allem des dritten Verses dem Text jedes Pathos nimmt. Mit Hilfe der Charakterisierung der drei Personen kann der Text leicht erarbeitet und der biblische Bezug hergestellt werden.

- Auch der Zeitungsartikel auf der selben Seite variiert die Thematik Nächstenliebe - Feindesliebe. Auf die Frage „Wie konnte es geschehen, dass niemand die beiden Frauen früher entdeckt hat, als vielleicht noch Hilfe möglich war?", werden von den Schülern und Schülerinnen sicher zunächst die gängigen Argumente genannt wie - nichts gewusst - selber schuld usw.. In (erneuter) Konfrontation mit dem Doppelgebot und seiner Auslegung in Lk 6,27-29 werden sie zu weiterem Nachdenken angeregt, die in Sätzen der Dorfbewohner formuliert werden können wie: „Vielleicht hätten wir ..."

- Das Bild von Thomas Zacharias nimmt die Aussagen von Mt 25,31-46, „die Werke der Barmherzigkeit" auf, den Maßstab für das Handeln der Menschen und die Identifikation Jesu mit den Leidenden der Welt. Zur Charakterisierung dieses Bildes von Thomas Zacharias schreibt Johannes Bongers: „Thomas Zacharias zeigt die 'Kehrseite' des Menschen, die unansehnlichere, schäbigere Seite, der üblicherweise weniger Aufmerksamkeit gewidmet wird. Aber sie gehört zum vollen Menschsein. Kann es sein, dass der Mensch, weil er seine Situation nicht wahr haben will, glaubt, auch nicht gesehen zu werden? Will er nicht erkannt werden in seiner Notlage? Fühlt er sich verachtet? Kann er sich seine Abhängigkeit und Hilfsbedürftigkeit nicht eingestehen? Das fällt den Menschen sicher schwer. Auf 'Barmherzigkeit' angewiesen zu sein, schmälert das Selbstwertgefühl, es degradiert das Menschsein. Aber es macht auch Menschsein aus: Sich dieser Seite bewusst zu werden, ist ein Stück Weg zur Verwirklichung des wahren Menschseins. Die dargestellte Gestalt ist mehr als ein Bettler an der Straßenecke. Diese namenlose Menschengestalt ist nicht irgendein Mensch, sie steht für die Menschheit in ihrer geschwächten Natur und Kreatürlichkeit, in ihrem Angewiesensein auf den

Nächsten. Sie ist Anruf und Aufforderung, sich den Menschen zuzuwenden. Menschen sollen sich den Menschen zuwenden, damit sie sich „wenden" können und sich nicht voreinander verbergen müssen, um so im Antlitz der Menschen das Antlitz Christi erscheinen zu lassen." (In: Bistum Essen (Hg): Wortbilder. Radierungen zur Bibel von Thomas Zacharias. Bilder und Materialien für Katechese und Unterricht, Essen 1995, Seite 44-45). Das Bild dürfte für Jugendliche der Klasse 7 aussagekräftig sein. Es kann daher versucht werden, die Eindrücke und Assoziationen mit einem Schreibgespräch festzuhalten, das zur Ruhe zwingt. Bei kleinen Klassen versammeln sich alle um ein großes Plakat und Stifte in der Mitte, bei größeren kann z.B. in den vier Ecken des Raumes je eine Gruppe gebildet werden. Gut ist sicher, wenn zusätzlich zum eigenen Betrachten des Bildes *vor* dem Schreibgespräch je ein Bild beim Plakat liegt (aufgeschlagenes Buch) oder die Folie davon an die Wand projiziert wird. Die Schüler und Schülerinnen notieren nun ihre Gedanken zum Bild auf dem Plakat; dabei können ruhig zwei bis drei gleichzeitig schreiben. Allerdings sollten sie dazu angehalten werden, die Aussagen der anderen wahrzunehmen und sie evtl. aufzunehmen und fortzuführen. Wenn die Runde erschöpft ist, werden alle Gedanken laut vorgelesen. Die Schüler und Schülerinnen können nun nachfragen, ergänzen, usw. Der Lehrer/die Lehrerin kann - falls er/sie sich noch nicht beteiligt hat - weitere Impulse eingeben. Allerdings sollte das Gespräch möglichst bei der Bildaussage bleiben und sich nicht in Appellen wie „ihr sollt ... ihr müsst" erschöpfen. Als Weiterführung können die Schüler und Schülerinnen Variationen zum Bild entwickeln, die zur gezeigten „Kehrseite des Menschen" Gesichter zuordnen (selbstgemalte, gesammelte Zeitschriftenbilder).

- Mit der Bildgeschichte von Ivan Steiger (Swimmy, M13) kann verdeutlicht werden, dass Handeln im Sinne des Hauptgebots auch bedeuten kann, gegen den Strom zu schwimmen. (Vgl. LPE 1, Propheten und Prophetinnen; siehe Lehrerhandreichung S. 15). Den Schülern und Schülerinnen wird der aus vielen kleinen Fischen gebildete Fisch auf Folie gezeigt und kurz thematisiert. Dann werden sie dazu aufgefordert, den kleinen einzelnen Fisch, der aus der Folienkopie ausgeschnitten wurde, selber dem großen Fisch zuzuordnen - entweder im eigenen Heft oder aber auf dem Tageslichtprojektor für alle sichtbar. Verschiedene Möglichkeiten werden ausprobiert und kommentiert. Sie sollten dazu aufgefordert werden, die Konsequenzen des jeweiligen Ortes des Fisches durchzudenken und zu formulieren. Schließlich wird das Originalbild gezeigt und die Bildaussage diskutiert. Die Schüler/innen suchen einen Titel zum Bild.

- Der Kurzfilm Rosa Weiß (Video Nr. 0063/KF 8101 bei der Fachstelle für Medienarbeit, Stuttgart) ist ein verfilmtes Kinderbuch. In ruhigen, aber eindrucksvollen Bildern erzählt er vom Mädchen Rosa Weiß, die den Zweiten Weltkrieg erlebt und den Abtransport und die Internierung jüdischer Kinder aus ihrer Stadt beobachtet. Aus Mitgefühl und Verantwortung versorgt sie die hungernden Kinder und bringt sich selbst damit in Gefahr. Das Gegenbild zu ihr stellt der Bürgermeister der Stadt dar. Die Handlung des Films ist auch für Zwölf-/Dreizehnjährige unmittelbar verständlich. Lediglich zur geschichtlichen Lage könnten Fragen zu klären sein. So kann sich die Auswertung des Films auf die Motivationen und Leitsätze der Hauptpersonen konzentrieren, die in Form von Selbstaussagen von den Schülern und Schülerinnen formuliert werden:

Was Rosa Weiß erzählen könnte: „Ich habe den jüdischen Kindern Brot gebracht ....". Was der Bürgermeister erzählen könnte: „Ich habe den jüdischen Jungen eingefangen, weil ....". Die Unterschiede, die daraus erarbeitet werden, machen deutlich, was eine Orientierung am blinden Gehorsam oder an einer eigenen Entscheidung aus menschlichem Mitgefühl und Nächstenliebe für andere führen und was sie für den Betreffenden bedeuten können.

■ M14 Wer ist der Nächste?
Der Text aus der Reihe „Papa, Charly hat gesagt..." karikiert die oft zwiespältige Moral Erwachsener zwar Hilfe für ferne Nächste zu leisten, aber das eher unbequeme Näherliegende aus Eigeninteresse lieber zu unterlassen. Insofern kommt er dem scharfen Blick Jugendlicher auf solche Verhaltensweisen entgegen und dürfte ihnen Spaß machen. Allerdings ist er mit seinen langen Schachtelsätzen nicht ganz einfach zu erfassen. Dabei hilft das Erstellen einer Liste nach dem Muster: „Womit der Vater einverstanden ist/was er ablehnt". Die Schüler und Schülerinnen können an einer Textkopie zunächst mit zwei Farben solche Aussagen unterstreichen, dann werden sie stichwortartig an der Tafel notiert. Ein Vergleich weist auf, was der Text karikiert: der Nächste in Indien ist erwünscht - die türkischen Kinder im eigenen Garten nicht! Wobei die kritische Frage wichtig ist, ob dies gegeneinander ausgespielt werden soll. Nicht jede Einzelheit des Textes muss erarbeitet werden, jedoch sollte die Schlusspassage genauer gelesen werden. Der Sohn zielt mit seiner Frage auf die Goldene Regel unter der umgekehrten Perspektive: Ob sich der reiche Mann in Indien sich auch um uns kümmert?

■ M15 Zeugnistag - Lied von Reinhard Mey
(Reinhard Mey, Keine ruhige Minute, Intercord INT 460.121, Intercord 1979; M+T: Reinhard-Mey-Chanson-Edition)
Der Liedtext wirkt sicherlich ohne viele Erschließungshilfen, er thematisiert schließlich eine Situation, die vielen Jugendlichen der Hauptschule vertraut ist. Es bietet sich an, die Frage von R. Mey selber zum Ausgangspunkt eines Gesprächs zu machen: Haben die Eltern richtig gehandelt? Sie führt auch zur Frage nach ihren Grundsätzen. Darüber hinaus kann der Wunsch von R. Mey für die Schüler und Schülerinnen in einer Einzelarbeit aufgenommen werden: Wünschst du dir auch solche Eltern? Hast du vielleicht ähnliche Erfahrungen gemacht? Das Gespräch kann dann abstrahierend auf die Thematik: Gebote - Nächstenliebe - Barmherzigkeit konzentriert werden.

M12 Die junge Generation

Mattäus 19, 16-26

Die Begegnung mit dem „reichen Jüngling" - ist das nicht so etwas wie die Begegnung mit der jungen Generation, über die Zeiten hin?

Eines Tages erschien ein junger Mann bei Jesus und gleich darauf noch einer. Aber das war erst der Anfang: Von allen Seiten drängten sie heran, junge Männer und schicke junge Mädchen, stiegen aus Sportwagen, sprangen von schweren Motorrädern, strömten aus Diskotheken, laut und lachend, in allen Modefarben umringten sie ihn. Musik dröhnte aus unzähligen Transistorradios: die junge Generation. „Wir suchen das Leben", sagten sie. „Aber das neue, das ganze, das volle, das intensive, das wahnsinnige, das wilde, aufregende, brüllende Leben! Wir sind das Einerlei, den Stumpfsinn und die Ordnung satt", riefen sie. „Die Gesellschaft widert uns an! Wir wollen anders leben als unsere Eltern!"
Jesus sah sie an und fand sie großartig: „Ich verstehe euch gut", sagte er. „Aber denkt mal nach: Wollt ihr's nur einfach besser haben, oder wollt ihr's besser machen?" Sie schauten sich an. Der Lärm der unzähligen Transistorradios verstummte. Ein Mädchen sagte : „Die Welt ist nicht in Ordnung. Wir wollen, dass sie gut wird. Aber gut - wie macht man das? Sag uns, Meister, was sollen wir tun?"
„Das Gute also", nickte Jesus, „das Gute wollt ihr." Und er sah sie an: „Gott ist gut", sagte er. „Haltet seine Gebote. Tut, was er sagt. Dann werdet ihr leben!" „Und was sagt er, dieser Gott?", fragte einer. „Und was sind das für Gebote, mal ganz konkret?" - Jesus blickte ihn an, dann lächelte er und sagte: „Ganz einfach: Du sollst nicht töten, sollst die Ehe nicht brechen, auch nicht stehlen, nicht lügen. Ehre deinen Vater und deine Mutter, liebe deinen Nächsten wie dich selbst!" -
Ein paar der jungen Leute verzogen die Mundwinkel: „Na, neu ist das gerade nicht", sagten sie, „das alles predigen die Pfarrer in der Kirche ja auch immer. Wir haben das früher auch mal versucht..." Ein paar lachten. Ein Junge setzte hinzu: „Weißt du, wir dachten eher an was Neues. Alternativ leben oder so - wenn du weißt, was ich meine...". Jesus sah ihn an und sagte: „Dann gibt es nur noch eines: Wenn du vollkommen sein willst, dann gib alles auf, was du hast, was dein Leben jetzt ausmacht, und dann komm und folge mir!"
Als die jungen Leute das hörten, fiel ihnen ein, was ihr Leben ausmachte, was ihnen Spaß machte. Alles fiel ihnen ein, eins nach dem andern. Das sollten sie aufgeben? Und schon machten sich die ersten davon, dann die andern. Sie drehten die Transistorgeräte voll auf und ließen die schweren Motorräder wieder an. Aber erst in der Diskothek nachher war die Sache für sie ausgestanden.
Jesus sah ihnen nach, bis der letzte gegangen war. Es klang traurig, als er sagte: „Nicht nur die Reichen, auch die Kinder des Wohlstandes haben es schwer, in das Himmelreich zu kommen!" Einer seiner Jünger sagte: „Wer kann dann überhaupt gerettet werden?" Jesus blickte die an, die sich für ihn entschieden hatten, und sagte zu ihnen: „Für Gott ist alles möglich!"

Lothar Zenetti

M13 Swimmy

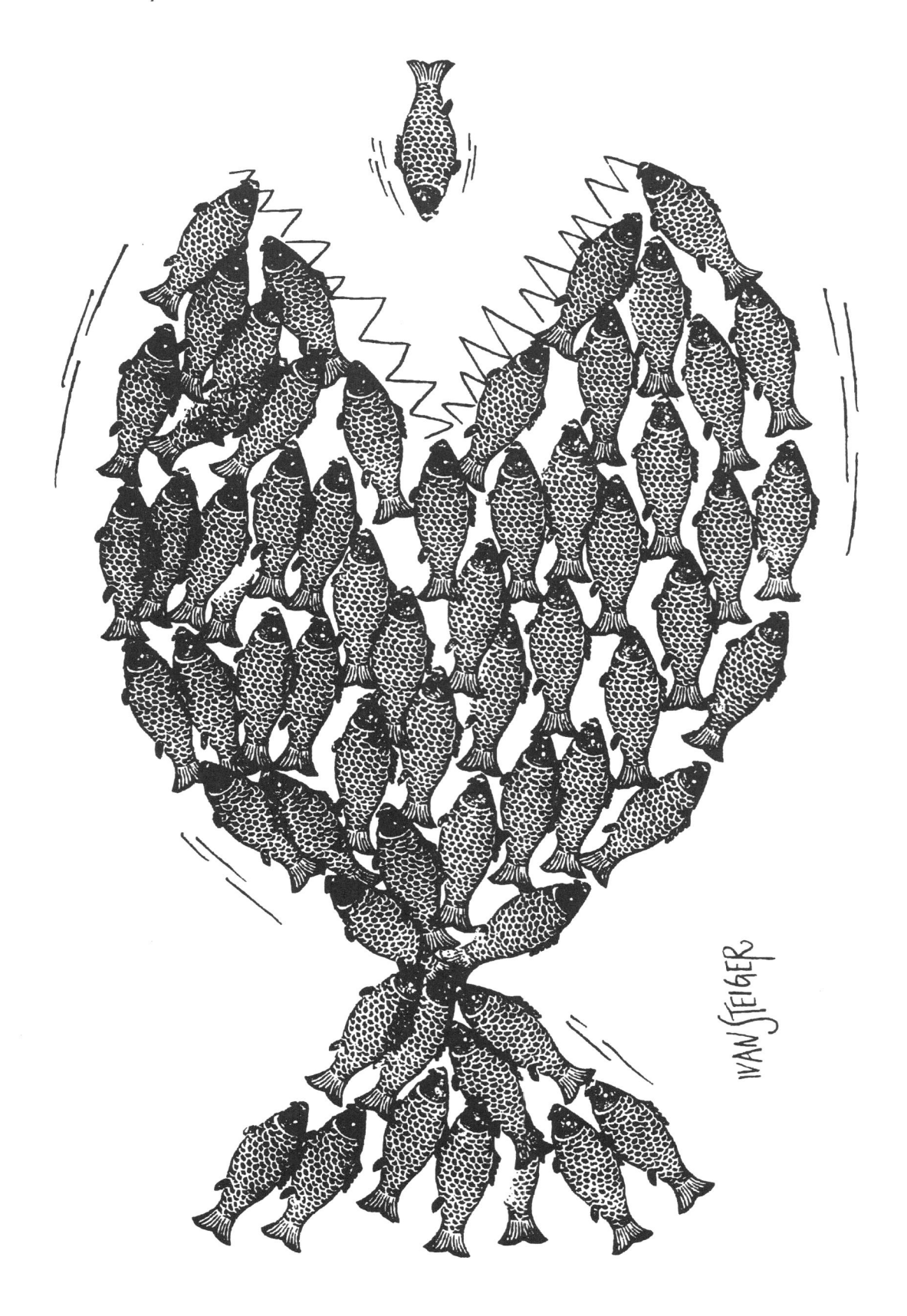

M14 Wer ist der Nächste?

Sohn: Papa, Charly hat gesagt, sein Vater hat gesagt, so'n Nächster, der kann gar nicht weit genug weg sein - zum Kümmern!
Vater: Wie bitte? Was ist nun schon wieder los?
Sohn: Na, dass Charly sagt, sein Vater sagt, die Leute heute, die schieben ihre Nächsten immer weiter weg, bis nach Indien und Afrika und so...
Vater: Na, die Methode soll er mir bitte mal verraten! Ich hätte wahrhaftig nichts dagegen, Frau Kulicke nach Hinterindien abzuschieben!
Sohn: Weil sie ihr Unkraut immer in unsern Garten rüberwachsen lässt?
Vater: Weil sie überhaupt eine grässliche Person ist, deswegen.
Sohn : Aber sie braucht dich wenigstens nicht!
Vater: Na, das fehlte noch. Mich brauchen!
Sohn: Könnt doch sein. Wenn sie sich vielleicht ein Bein gebrochen hätte und nicht laufen könnte, dann müsstest du sie doch immer zum Arzt fahren oder so was.
Vater: Ich müsste überhaupt nichts!
Sohn: Aber sie ist doch die Nächste, die wir hier haben...
Vater: Äußerlich gesehen vielleicht, aber nicht innerlich!...
Sohn: Aber Charly sagt, sein Vater sagt, die meisten Leute machen ihre guten Taten möglichst weit weg; das ist bequemer und sie haben trotzdem ein gutes Gewissen!
Vater: Natürlich haben sie das! Oder sollen sie sich vielleicht noch entschuldigen?
Sohn: Nein doch, bloß... also mal 'n Beispiel, ja? Charlys Vater kennt einen, der hat'n Mietshaus, nicht? Und da lässt er keine einzige Familie mit Kindern rein. Der fragt alle Leute erst, ob sie etwa 'n Kind kriegen wollen! Aber in seinem Zimmer hat er lauter Bilder von einer Riesenfamilie in Indien. Da schickt er dauernd Geld hin, und die schreiben ihm dann!
Vater: Denen geht es ja auch sehr, sehr viel schlechter, als irgendeiner Familie in Deutschland.
Sohn: Kann ja sein. Aber Charly sagt, was der macht, ist echt schizo ...
Vater: Das ist nicht „schizo" sondern logisch! Je näher einem die lieben Nächsten sind, desto mehr gehen sie einem auf die Nerven. Wenn Du mal älter bist, wirst Du das auch noch merken.
Sohn: Glaub ich nicht. - Alis Geschwister sind übrigens überhaupt nicht laut, wenn sie spielen.
Vater (gleichgültig): Wie schön für ihre Eltern.
Sohn: Ich meine, die werden dich auch bestimmt nicht stören.

Vater: Wobei denn bitte?
Sohn: Überhaupt so. Wenn sie heut nachmittag zu uns in den Garten kommen...
Vater: Sag mal, bist du ganz und gar von Gott verlassen? Glaubst du, ich lasse mir meinen Garten von einer ganzen Horde von Gören zertrampeln, mit denen ich nicht mal anständig reden kann? Du rufst die jetzt sofort an und sagst ab!
Sohn: Geht nicht, die haben kein Telefon.
Vater: Dann fährst du hin und regelst das!
Sohn: Schaff ich nicht mehr, die wohnen viel zu weit.
Vater: Dann werden sie eben zurückfahren, sobald sie hier angekommen sind, zum Donnerwetter noch mal! Du weißt genau, dass du erst zu fragen hast, bevor du jemanden einlädst.
Sohn: Das haben wir doch heute früh in der Schule verabredet. Weil Herr Schröder gesagt hat, wer'n Garten hat, der soll die andern, die immer nur auf der Straße sind, mal einladen!.
Vater: So, hat Herr Schröder gesagt! Der hat wohl keinen Garten, wie?
Sohn: Nee.
Vater: Das kann ich mir denken. Aber so, wie der Herr sich das vorstellt, geht's ja auch nicht. Und wenn diese Türken anmarschieren sollten... wie viele sind das überhaupt?
Sohn: Fünf
Vater: Noch nicht mal 'n halbes Dutzend? Da haben sich die Eltern ja mächtig zurückgehalten!
Sohn: Versteh ich nicht...
Vater: Das will ich dir auch geraten haben. Jedenfalls - wenn die kommen, gehst du mit ihnen auf den Spielplatz, verstanden?
Sohn: Mann! Was sollen die denn denken?
Vater: Die sollen denken, dass zu uns nicht jeder kommen kann wie in... in einen Gemüseladen! Andere Länder, andere Sitten!
Sohn (leise vor sich hin): Scheißsitten...
Vater: Hast du was gesagt?
Sohn: Nein! - Ich denk nur was.
Vater: Daran kann dich niemand hindern.
Sohn: Was passiert eigentlich, Papa, wenn du mal irgend'n Nächsten brauchst?
Vater: Hör doch bloß auf mit deinem „Nächsten". Man denkt ja, man hat einen Pfarrer zu Besuch. Sohn (unbeirrt): Das möcht ich wirklich wissen, ob das dann klappt!
Vater: Was soll denn „klappen"?
Sohn: Dass dann irgend 'n reicher Mann in Indien eine Spende für dich macht!

Ursula Haucke

M15 Zeugnistag

Ich denke, ich muss so zwölf Jahre alt gewesen sein,
und wieder einmal war es Zeugnistag.
Nur diesmal, dacht' ich, bricht das Schulhaus samt Dachgestühl ein,
als meines weiß und hässlich vor mir lag.
Dabei war'n meine Hoffnungen keineswegs hochgeschraubt,
ich war ein fauler Hund und obendrein
höchst eigenwillig. Doch trotzdem hätte ich nie geglaubt,
so ein totaler Versager zu sein,
so ein totaler Versager zu sein.

So, jetzt ist es passiert, dachte ich mir, jetzt ist alles aus,
nicht einmal eine Vier in Religion.
Oh Mann, mit diesem Zeugnis kommst du besser nicht nach Haus,
sondern allenfalls zur Fremdenlegion.
Ich zeigte's meinen Eltern nicht und unterschrieb für sie,
schön bunt, sah nicht schlecht aus, ohne zu prahlen.
Ich war vielleicht 'ne Niete in Deutsch und Biologie,
dafür konnt' ich schon immer ganz gut malen,
dafür konnt' ich schon immer ganz gut malen.

Der Zauber kam natürlich schon am nächsten Morgen raus,
die Fälschung war wohl doch nicht so geschickt.
Der Rektor kam, holte mich schnaubend aus der Klasse raus,
so stand ich da, allein, stumm und geknickt.
Dann ließ er meine Eltern kommen, lehnte sich zurück,
voll Selbstgerechtigkeit genoss er schon
die Maulschellen für den Betrüger, das missrat'ne Stück -
„Diesen Urkundenfälscher, ihren Sohn!"
„Diesen Urkundenfälscher, ihren Sohn!"
Mein Vater nahm das Zeugnis in die Hand und sah mich an
und sagte ruhig: „Was mich anbetrifft,
so gibt es nicht die kleinste Spur eines Zweifels daran,
das ist tatsächlich meine Unterschrift."
Auch meine Mutter sagte: Ja, das sei ihr Namenszug,
gekritzelt zwar, doch müsse man verstehn,
dass sie vorher zwei große schwere Einkaufstaschen trug.
Dann sagte sie: „Komm, Junge, lass uns geh'n."
„Komm, Junge, lass uns geh'n."

Ich hab' noch manches lange Jahr auf Schulbänken verlor'n
und lernte widerspruchslos vor mich hin,
Namen, Tabellen, Theorien, von hinten und von vorn -
dass ich dabei nicht ganz verblödet bin!
Nur eine Lektion hat sich in den Jahr'n herausgesiebt,
die eine nur aus dem Haufen Ballast:
Wie gut es tut zu wissen, dass dir jemand Zuflucht gibt,
ganz gleich, was du auch ausgefressen hast,
ganz gleich, was du auch ausgefressen hast.

Ich weiß nicht, ob es rechtens war, dass meine Eltern mich
da rausholten. Und wo bleibt die Moral?
Die Schlauen diskutier'n, die Besserwisser streiten sich.
Ich weiß es nicht, es ist mir auch egal.
Ich weiß nur eins: Ich wünsche allen Kindern auf der Welt
und nicht zuletzt natürlich dir, mein Kind,
wenn's brenzlig wird, wenn's schiefgeht,
wenn die Welt zusammenfällt:
Eltern, die aus diesem Holze sind,
Eltern, die aus diesem Holz geschnitten sind.

Reinhard Mey

NACHGEBEN - SICH DURCHSETZEN
LPE 7-3

Zur Struktur der Einheit

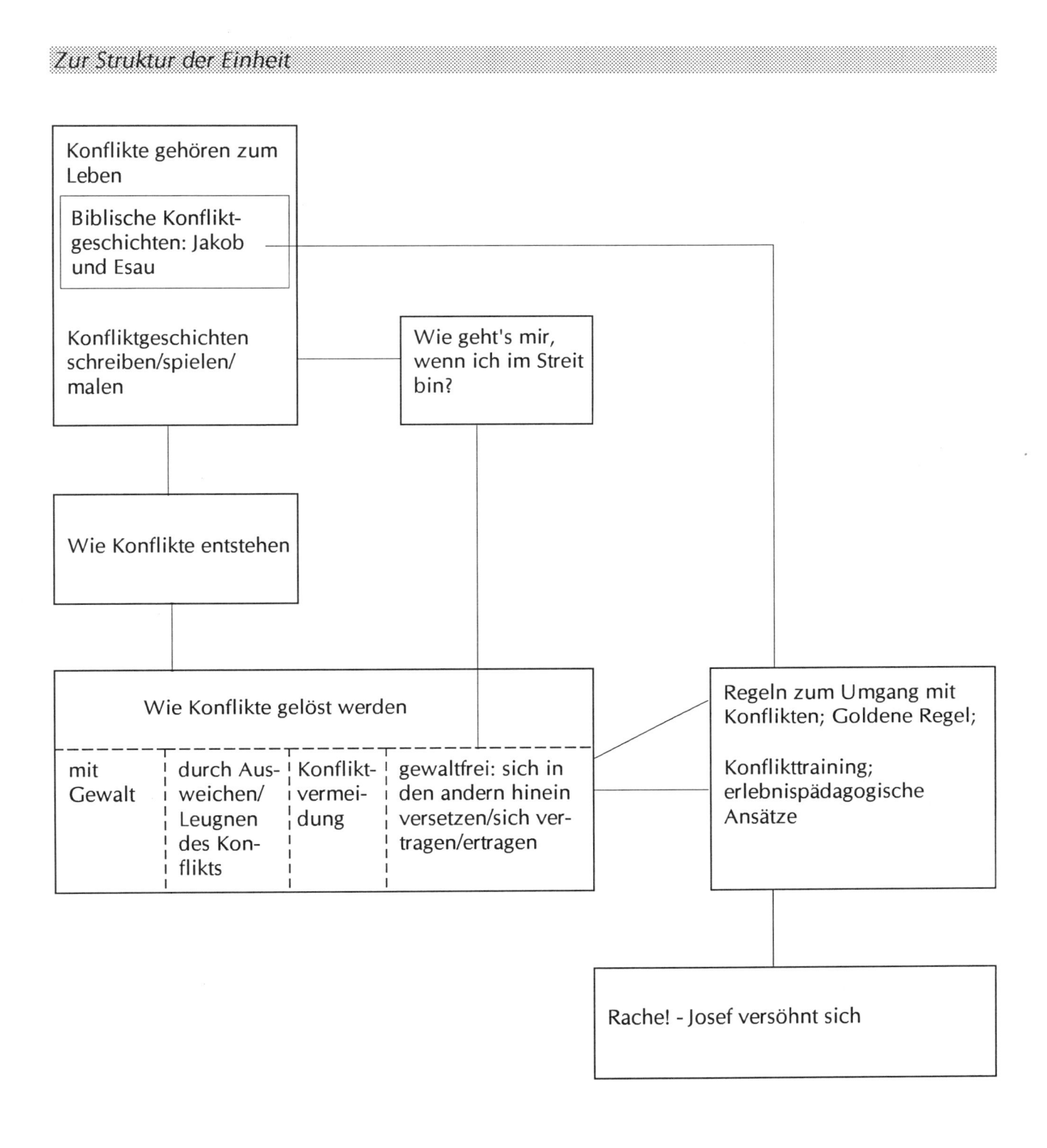

- Konflikte gehören zum Leben
  - Biblische Konfliktgeschichten: Jakob und Esau
- Konfliktgeschichten schreiben/spielen/malen

- Wie geht's mir, wenn ich im Streit bin?

- Wie Konflikte entstehen

- Wie Konflikte gelöst werden
  - mit Gewalt
  - durch Ausweichen/Leugnen des Konflikts
  - Konfliktvermeidung
  - gewaltfrei: sich in den andern hinein versetzen/sich vertragen/ertragen

- Regeln zum Umgang mit Konflikten; Goldene Regel;
- Konflikttraining; erlebnispädagogische Ansätze

- Rache! - Josef versöhnt sich

Zwischen einer begründeten Selbstrepräsentanz und einem einsehbarem Verzicht auf eigene Vorteile, zwischen Selbstbehauptung und Selbstlosigkeit ist die Balance immer wieder neu zu finden und zu üben. Mit religiös motivierten und sozialisierten Tugenden der Selbstverleugnung wird ein Religionsunterricht heute kaum mehr zu schaffen haben, dafür aber mit viel Egoismen, die jedoch – das gilt es zu beachten - bei den gleichen Jugendlichen zugleich mit altruistischen Haltungen und der Bereitschaft zum Engagement für andere, begrenzt und überschaubar, gepaart sein können. Worin die Jugendlichen am ehesten Hilfe brauchen, ist die Weise, wie sie lernen mit Konflikten umzugehen. Auf diesem Aspekt liegt der Akzent unsrer didaktischen Skizze. Wir schlagen vor, mit selbst erlebten oder medial, literarisch, künstlerisch, filmisch vermittelten Konfliktgeschichten zu beginnen und an diesen Beispielen zu untersuchen, wie Konflikte entstehen und wie sie gelöst werden können. Hier bietet sich auch die Lektüre biblischer Konfliktszenarien an (vgl. die Hinweise in der Strukturskizze). Wichtig ist, dass die Schüler/innen ihr Verständnis von Konflikten einbringen und ihre Weisen der Konfliktregelung artikulieren und dann erst Alternativen des Umgangs mit Konflikten zu entwickeln.

c) Literatur

G. Gugel, U. Jäger, Gewalt muss nicht sein. Eine Einführung in friedenspädagogisches Handeln, Verein für Friedenspädagogik Tübingen e.V., 2. Aufl., 1995

Praxis Schule 5-10, Heft 5, Oktober 1995, Westermann: Mit Aggressionen und Gewalt umgehen

Landeszentrale für politische Bildung (Hrsg.), Aggression und Gewalt, Bürger im Staat, 2/1993 (Sammlung grundlegender Aufsätze zu Aggression, Medien und Gewalt, rechtsextreme Gewalt, Gewalt in der Familie)

Ministerium für Bildung und Kultur Rheinland-Pfalz (Hrsg.), Was mach' ich nur? Hilfen des Schulpsychologischen Dienstes für den Umgang mit Gewalt in der Schule

ru. Ökumenische Zeitschrift für die Praxis des Religionsunterrichts, 2/1993. Themenheft: Kult(ur) der Stärke

1. Immer Streit

a) Notizen zu Thema und Intention

Im ersten Teil der Einheit soll erhoben werden, wo Schüler/innen mit der Thematik Streit - Konflikt - Gewalt in Berührung kommen, bzw. dass Gewalt ein zu allen Zeiten und an allen Orten relevantes Phänomen ist. Dazu werden verschiedene Methoden angeboten (Stichwortsammlung, mindmapping, Szenario-Methode, Drehbuch Videofilm, Text und Abbildungen, Kurzfilm).

b) Methodische Hinweise

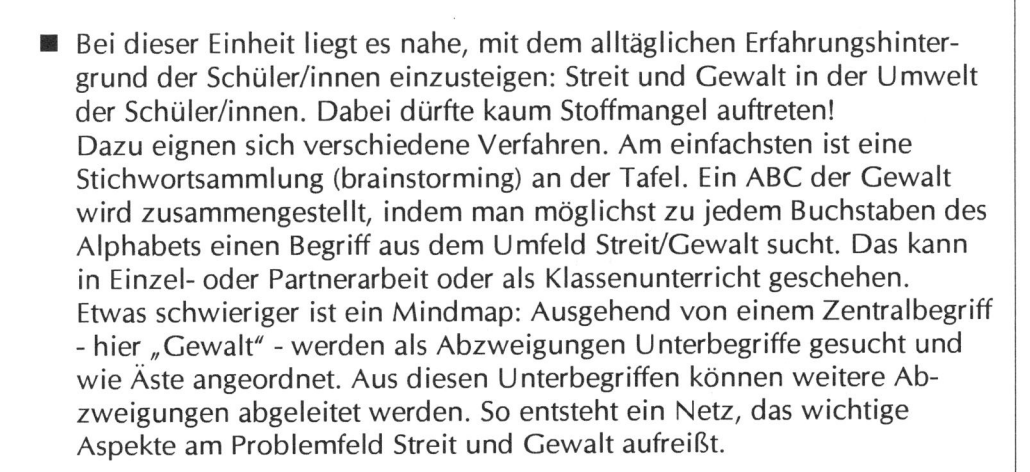

- Bei dieser Einheit liegt es nahe, mit dem alltäglichen Erfahrungshintergrund der Schüler/innen einzusteigen: Streit und Gewalt in der Umwelt der Schüler/innen. Dabei dürfte kaum Stoffmangel auftreten!
Dazu eignen sich verschiedene Verfahren. Am einfachsten ist eine Stichwortsammlung (brainstorming) an der Tafel. Ein ABC der Gewalt wird zusammengestellt, indem man möglichst zu jedem Buchstaben des Alphabets einen Begriff aus dem Umfeld Streit/Gewalt sucht. Das kann in Einzel- oder Partnerarbeit oder als Klassenunterricht geschehen. Etwas schwieriger ist ein Mindmap: Ausgehend von einem Zentralbegriff - hier „Gewalt" - werden als Abzweigungen Unterbegriffe gesucht und wie Äste angeordnet. Aus diesen Unterbegriffen können weitere Abzweigungen abgeleitet werden. So entsteht ein Netz, das wichtige Aspekte am Problemfeld Streit und Gewalt aufreißt.

- Szenario-Methode
(aus: Praxis Schule 5-10, Heft 5, Oktober 1995, Westermann, S. 15-16; vgl. ebd. Botho Priebe, Eine Herausforderung für alle! Gewaltprävention durch schulinterne Lehrerfortbildung, S. 10-13)

    Ablaufplan für die Szenario-Methode:

    Gegenüber der Fragebogenuntersuchung hat die Szenario-Methode den Vorzug, offener und kommunikativer zu sein und an die Ermittlung der Teilnehmerantworten gleich die Diskussion dieser Ergebnisse sowie den Beginn der Handlungsplanung anschließen zu können.
    Aber: Wenn es um Gefühle und Ereignisse geht, die mit Angst und Bedrohung verbunden sind, kann diese Offenheit einerseits befreiend und stärkend für alle sein, kann aber andererseits (aus Angst) auch zum Verharmlosen und Verschleiern führen.
    Vorzüge und Nachteile müssen jeweils gut bedacht werden.
    Die Szenario-Methode ist einsetzbar in Gruppen mit bis zu 30 Mitgliedern, die in ihrem Arbeitsprozess von ein oder zwei Moderatorinnen/Moderatoren begleitet (nicht geleitet!) werden.

    Es werden benötigt:
    - im Arbeitsraum eine große, freie Fläche (Wand)
    - verschiedenfarbige Karten (DIN A5) in drei Farben (pro Farbe ca. 50-60 Karten)
    - zehn dick schreibende Filzstifte (nach Möglichkeit Öko-Stifte benutzen!)

- eine Rolle Klebeband
- ein Bogen Packpapier, eine Wandtafel o. ä.

Arbeitsablauf für das Thema "Gewalt in unserer Schule"

1. Schritt:
Die Moderatorinnen/Moderatoren legen alle Materialien bereit und notieren auf dem Packpapier/der Wandtafel die folgenden Arbeitsfragen:
- Was sehe, höre, fühle und erlebe ich in unserer Schule an Gewalt von Schülerinnen und Schülern, Lehrerinnen und Lehrern, Eltern und anderen?
- Weniger Gewalt in unserer Schule: Wie sollte es sein?
- Was können wir ganz konkret machen, um Gewalt in unserer Schule zu verringern?
Der Bogen mit diesen drei Fragen wird gut sichtbar ausgehängt.

2. Schritt:
Die Moderatorinnen/Moderatoren erläutern den anderen Teilnehmerinnen und Teilnehmern kurz die Abfolge der Schritte und die o. a. Arbeitsfragen.

3. Schritt:
Einzel-/Stillarbeit: Alle Teilnehmer/innen haben fünf bis zehn Minuten Zeit, um zunächst für sich selbst Antworten auf die drei o. a. Fragen zu finden.
Zur ersten Frage notiert jede Teilnehmerin und jeder Teilnehmer für sich auf maximal vier (z.B. gelben) Karten, was sie oder er für Gewaltwahrnehmungen hat. Die Antworten zur zweiten und dritten Frage werden auf Zetteln gesammelt.

4. Schritt:
Vierergruppen: Jeweils vier Teilnehmerinnen und/oder Teilnehmer setzen sich in Gruppen ihrer Wahl zusammen und
- tauschen sich über ihre Gewaltwahrnehmungen (Karten) in der Schule aus,
- informieren sich wechselseitig über ihre Nennungen zu der zweiten und der dritten Frage,
- diskutieren diese Angaben,
- einigen sich als Gruppe auf eine Auswahl von jeweils (maximal) vier Angaben zu jeder dieser Fragen,
- notieren diese Angaben jeweils auf einer Karte mit Filzstift (auf jeder Karte nur eine Nennung) und benutzen dazu z.B. blaue Karten (für die zweite Frage) und grüne Karten (für die dritte Frage).
Für diesen Arbeitsschritt stehen 30 bis 40 Minuten zur Verfügung.

5. Schritt:
Plenum: Alle Gruppen
- hängen nacheinander ihre Karten zur ersten Frage aus: Jedes Mitglied erläutert dabei seine Wahrnehmungen und achtet beim Aushängen darauf, seine Karten solchen mit ähnlichen Angaben zuzuordnen;
- hängen nacheinander die Karten mit den Angaben zur zweiten und dritten Frage aus, auf die sie sich verständigt haben. Diese Karten werden von der jeweiligen Gruppe erläutert. Alle Gruppen achten darauf, ihre Karten beim Aushängen ggf. anderen Aushängen zuzuordnen (Blockbildung und Klassifikation).

Während des Aushängens sind Nachfragen der anderen Gruppen zugelassen, Problemfragen werden zurückgestellt.

6. Schritt:
Pause! - In dieser Pause gruppieren die Moderatorinnen/Moderatoren mit einigen anderen Teilnehmerinnen und Teilnehmern die Karten noch klarer und strukturierter als Vorschlag an das Plenum.

7. Schritt:
Nach der Pause wird der Umstrukturierungsvorschlag gemeinsam geprüft und auf alle offenen Fragen hin diskutiert. Ziele:
- Austausch über die/Nachfragen zu den/Verstehen der/Verständigung über die ausgehängten Erfahrungen und Vorschläge,
- Bildung von Arbeitsgruppen zu einzelnen Vorschlägen oder Vorschlagssammlungen zur Gewaltprävention (dritte Frage) mit dem Ziel, ein Projekt zu planen und durchzuführen.

8. Schritt:
Gruppenbildung und Beginn der Gruppenarbeit

- M16 Ein Mini-Drehbuch für einen Videofilm
  (aus: Praxis Schule 5-10, Heft 5, Oktober 1995, Westermann, S. 31-32)
  Der Autor Jochen Korte schreibt zu diesem Praxisversuch (S. 30): „Die Realisierung eines solchen Projekts und die Vorführung des Films sollen Schülerinnen und Schüler für die vorliegende Problematik sensibilisieren und Ansatzpunkte für eine breitgefächerte Diskussion bieten... Kleine Videofilme, vor allem wenn sie selbst gedreht sind, eignen sich hervorragend, Gedanken und Gespräche in Gang zu setzen."

- Johannes Becke, 14 Jahre: Peter II
  Der vorliegende Text stammt aus einem Projekt, das Einsendungen jugendlicher Autor/innen zum Thema Gewalt sammelte: Anne und Abraham Teuter (Hrsg): Du gegen Mich. Geschichten über Gewalt von jungen Autorinnen und Autoren, Frankfurt 1997. Wir haben ihn ins Buch aufgenommen, weil er einige ganz typische Aspekte der Gewaltproblematik thematisiert, etwa den Einfluss, den moderner Medien - wie Video-Spiele - auf die Identität von Hauptschülern (vor allem Jungen!) nehmen. Das Ende der Geschichte scheint uns in zutreffender Weise die Entwicklung einer Gewaltproblematik wiederzugeben, bei der der Betroffene schließlich am Boden liegt - aus scheinbar nichtigem Anlass. Niemand weiß letztlich, wie es eigentlich dazu kam, oft am wenigsten der Täter selbst. Die Reaktion der Eltern (siehe Kursivdruck) bringt das deutlich zum Ausdruck. Auf den Realitätsgehalt einer solchen Geschichte deuten Äußerungen hin, die man zuweilen in Polizeiberichten über die Motivation gewalttätiger Jugendlicher lesen kann.
  Die Erzählung bewegt sich auf drei klar voneinander abgegrenzten und in den drei Spalten dargestellten Ebenen:
  - die Versuche des Freundes von Peter, ihn in die Schulwirklichkeit zu holen (linke Spalte)
  - das sichtbare Geschehen/die Handlungen Peters (mittlere Spalte)
  - das, was im Kopf Peters/in seinen Erinnerungen an das Video abläuft.
  Ein erster Schritt sollte sein, mit den Schülern und Schülerinnen diese unterschiedlichen Ebenen zu erarbeiten und dann in Bezug zueinander zu setzen. Man kann den Text auf Folie kopieren oder der Klasse zunächst nur die linke und die mittlere Spalte als Textkopie anbieten, um

für ihre eigenen Versuche, das Geschehen zu verstehen und zu erklären, vor der vorgegebenen Lösung Raum zu lassen. Folgende Arbeitsformen bieten sich an: Die ersten beiden Spalten werden von zwei Sprecher/innen vorgelesen, so dass durch die Stimmen die Zuordnung erleichtert wird.

Das Geschehen wird nachvollzogen: in einem Rollenspiel, einem Comic, einem Bericht z.B. für die Zeitung o.ä.. Wenn die Klasse den Verlauf verstanden hat, wechselt die Erarbeitung auf eine interpretierende Ebene, die die unterschiedlichen Perspektiven des Geschehens und der Person Peters erschließen helfen sollte, z.B.:
- verschiedene Mitschüler/Mitschülerinnen von Peter erzählen, was sie beobachtet haben
- der zusammengeschlagene Freund berichtet aus seiner Sicht
- der Lehrer berichtet dem Rektor, was seiner Meinung nach vorgefallen ist
- Peter selbst muss aussagen (bei der Polizei, dem Rektor, dem Schulpsychologen etc.)

Alle „Berichte" könnten in einer Rahmenhandlung, z.B. einer Anhörung eingebettet und evtl. als „Polizeibericht" zusammengefasst werden. In einem zweiten Durchgang - oder je nach Fassungsvermögen der Klasse in der ersten Aufgabenstellung integriert - beschreiben diese und weitere Personen (z.B. die Eltern) Peter als Person. Wahrscheinlich bieten sich in diesen Gesprächen bereits Angelpunkte für die Frage nach den Ursachen von Peters Verhalten. Vertiefend sollten die Schüler und Schülerinnen in einer Identifikationsübung (am besten schriftlich in Einzelarbeit) den Versuch wagen, als „Peter" ihr Verhalten zu erklären. (Auch Aussagen wie „... ich weiß nicht, warum ich das getan habe" sind adäquate Versuche!) Diese Versuche werden vorgetragen und verglichen: Welche Erklärungsmuster bieten die Schüler und Schülerinnen an? Aus welchen eigenen Erfahrungen mit sich, mit andern werden sie gespeist? Welche Zusammenhänge solcher Handlungsmuster werden sichtbar? Schließlich wird im Buch die Geschichte mit der rechten Spalte „wo peters gedanken sind" gelesen. Mit der Klasse wird das angebotene Lösungsmuster auf seine Relevanz hin bedacht: Was bewirkt das Video bei Peter? Wer kennt selber solche Videos und welche Gefühle lösen sie bei den Zuschauern und Zuschauerinnen in der Klasse aus? Je nach Reaktion der Klasse - vor allem bei „erfahrenen" Klassen kann dieser Unterrichtsschritt dahingehend erweitert werden, dass die Schüler/innen versuchen festzuhalten, was solche Videos für Peters Selbstbewusstsein und Realitätswahrnehmung bedeuten, z.B. in einem Comic: Peter vor dem Video / Peter und seine Helden. Als Kontrast dazu sollte die kursiv gedruckte Elternmeinung kritisch bedacht werden. Auf dem erarbeiteten Hintergrund sollte die Frage danach gestellt werden, was mit Peter passieren sollte: Evtl. kann nochmals die Rahmenhandlung der Berichte aufgenommen und fortgeführt werden: Jeder Schüler/jede Schülerin macht einen Vorschlag, wie Peter das Geschehene wiedergutmachen bzw. was weiter mit ihm geschehen soll. Der Lehrer/die Lehrerin sollte darauf achten, dass sowohl die Frage nach unmittelbarer Wiedergutmachung als auch weitergehender Erziehungs- bzw. Präventionsmaßnahmen in den Blick kommen. Manche Schüler/innen werden sicher versuchen, sein Verhalten zu verteidigen oder wenigstens zu bagatellisieren. Leider nutzen moralische Appelle wenig. Hier liegt der Angelpunkt für eine vertiefende Weiterarbeit etwa durch Akzentuierung der Situation des Opfers, durch Ausweitung mit weiteren Beispielen (literarisch, Filme usw.) und vor allem durch Elemente sozialen Lernens (vgl. weitere Vorschläge zu diesem Kapitel). Auch die goldene Regel Buch S. 39 kann an dieser Stelle schon aufgegriffen werden. Wer die hier vorgeschlagenen Elemente bündeln und in ein Projekt umsetzen möchte, kann die Geschichte auch als Drehbuch für ein Video, ein Hörspiel nutzen oder in ein selbstgemachtes, weitergestaltetes Buch umsetzen (evtl. mit Deutsch und Sozialkunde kooperieren!).

- Der Betrüger (Buch S. 33)
  Diese freie Nacherzählung zu Jakob-Esau-Geschichte (nach Gen 25,19-34; 27; 32,2-9) soll das Thema Konflikt, Betrug, Streit in der Bibel repräsentieren. Der Text soll nicht den Bibeltext ersetzen sondern eher darauf neugierig machen. Wenn die Jakob-Esau-Geschichte den Schüler/innen aber gut bekannt ist, dient dieser Text zur Auffrischung der Kenntnisse. Die Geschichte wird mit offenem Ausgang vorgestellt. Im Mittelpunkt steht an dieser Stelle nicht der versöhnliche Ausgang, der in Gen 33,1-16 überliefert wird. Zunächst soll ins Auge gefasst werden, dass hier von üblen Betrügereien berichtet wird, die konsequenterweise zu einem lebensbedrohlichen Konflikt und zur Flucht führen. Konflikte erledigen sich nicht von selber. Mitunter gehen sie einem nach und holen uns irgendwann ein. Das Verhalten des heimkehrenden Jakob zeigt, dass er durch seinen Versuch der Besänftigung durchaus seinen Anteil an der unerquicklichen Geschichte eingesteht und er nach einer Lösung sucht. Die Geschichte kann auch im Zusammenhang von Rache und Vergeltung (3. Kapitel) eingesetzt werden. Dann wird man aber unbedingt den Ausgang des Konflikts in Gen 33 nachlesen: der - nach dem was geschehen ist - unglaubliche Schritt der Versöhnung.

- Film: Das kluge Dorf, fm 1787, Zeichentrickfilm 9 Min., 16 mm
  Um eine Schlangenplage zu beseitigen, setzen die Dorfbewohner Igel ein. Als diese sich ihrerseits zu einer Plage vermehren, holt man Füchse herbei. Die wiederum muss man schließlich mit Hilfe von Jägern bekämpfen. Aber auch die Jäger werden zur Last und werden wieder mit Hilfe von Schlangen vertrieben. Eine Spirale, aus der es kein Entrinnen gibt. Im Gespräch kann eine Parallele zu Streit und Gewalt gesucht werden. Gewalt erzeugt neue Gewalt, die wieder mit weiterer Gewalt beantwortet wird. Gibt es Ausstiegsmöglichkeiten aus diesem fatalen Kreislauf?

c) Literatur und Materialhinweise

A. Riedl, V. Laubert, „Herausforderung Gewalt". Programm polizeiliche Kriminalprävention, Hrsg.: Innenministerium Baden-Württemberg im Auftrag der Innenminister/-senatoren des Bundes und der Länder

R. Engelmann (Hrsg.), Tatort Klassenzimmer. Texte gegen Gewalt in der Schule, Arena TB, Bd. 1784

R. Engelmann (Hrsg.), Morgen kann es zu spät sein. Texte gegen Gewalt - für Toleranz, Arena-TB, Bd. 1766 (Unterrichtsbearbeitungen zu diesen Arena-Texten sind im Taschenbuch „Zum Lesen verlocken Klassen 6-10" enthalten, das in Form von Briefmarken DM 7.- direkt beim Verlag bestellt werden kann: Arena Verlag, Postfach 5169, 97001 Würzburg)

M16 Ein Mini-Drehbuch für einen Videofilm

Kameraeinstellungen: *nah* = Oberkörper bis Gesicht
weit = Schulhof, Schule, Straße
mittel = einzelne Personen oder Gruppen ganz

1. Szene: Erste Pause auf dem Schulhof

Bild/Kameraeinstellung/Handlung	*Sprechtext*
weit: Schwenk über das Schulgelände Schulhof, Pause. Improvisiertes Fußballfeld. Einige Jungen spielen Fußball. Einer von ihnen, Heiko, nimmt den Ball an, zögert mit der Abgabe.	*Aus dem Hintergrund:'* Hierher! Gib endlich ab! Los, gib ab! Nach vorn!
Während des Zögerns Kameraeinstellung so ändern, dass Heiko im Mittelpunkt steht - mittel Heiko schießt zum Torwart. Der läßt den Ball durch.	*Heiko:* Ihr seid gedeckt. Ich kann nicht abgeben! Ich geb' zurück. *Aus dem Hintergrund:'* Tor! So was Blödes! So ein Idiot!
mittel/Kamera schwenkt: Zwei Jungen, Sascha und Jan, laufen auf Heiko zu.	
Kameraeinstellung so wählen, dass Heiko, Sascha und Jan ins Bild kommen. Sascha schreit Heiko an.	*Sascha:* Du Vollidiot! Wir haben doch gesagt, du sollst abgeben!
Jan schreit Heiko an. Heiko rechtfertigt sich.	*Jan:* So was Beknacktes! Jetzt verlieren wir. *Heiko:* Ich konnte doch nicht abgeben. ihr wart gedeckt.
Sascha schreit Heiko an.	*Sascha:* Wenn wir sagen, gib ab, dann hast du das zu tun! - Wenn wir jetzt verlieren, machen wir dich fertig!
Heiko verteidigt sich gegenüber Sascha und Jan.	*Heiko:* Wieso krieg' ich die Schuld? Ich hab' den Ball doch nicht durchgelassen.
nah: Jan, heftig und drohend.	*Jan:* Red dich nicht raus, Klugscheißer! Wenn wir verlieren, knallt's!
Sascha packt Heiko am Kragen.	*Sascha:* Wir wollten dir sowieso schon lange mal zeigen, wer hier das Sagen hat!
weit: Ein Aufsichtslehrer kommt heran.	
mittel: Die drei Jungen und der Lehrer.	*Lehrer:* Gibt es hier Streit, bei dem ich eingreifen muss? *Jan und Sascha:* Nee, nicht.nötig. Alles klar hier. *Lehrer:* Na, dann könnt ihr ja weiterspielen.
Jan und Sascha grinsen. Der Aufsichtslehrer geht wieder.	
weit: Die Jungen spielen weiter.	
Ausblendung	

2. Szene: Zweite Pause auf dem Schulhof

Bild/Kameraeinstellung/Handlung	Sprechtext
wie: Auf dem Schulhof, Pause. *Zoom (mittel):* Heiko lehnt allein an der Wand des Schulgebäudes und trinkt eine Milch. *mittel:* Jan und Sascha an einer anderen Stelle des Schulhofes. Jan zeigt auf Heiko. Sascha grinst. Beide gehen auf Heiko zu. *Kamera schwenkt auf alle drei. - mittel* Zwei andere Jungen, Ulf und Mario, kommen hinzu. Jan zu Mario. Jan gibt Sascha ein Zeichen. Beide packen Heiko, drängen ihn gegen die Wand und schlagen ihn. Ulf guckt zu und grinst. *nah:* Heiko hat Tränen in den Augen. *mittel:* Mario pfeift auf den Fingern. *weit:* Die Jungen verdrücken sich. *nah:* Heiko weint. *Ausblendung*	Jan: Da steht ja der Idiot. Seinetwegen haben wir verloren. Sascha: Na, dann gehen wir doch mal rüber. Wir haben ja angekündigt, dass heut' noch was passiert. Sascha: Da ist ja unser Spielverderber. Jan: Deinetwegen haben wir verloren. Heiko: Wieso meinetwegen? Ich hab' doch nicht scharf geschossen. Das lag doch am Torwart. Ulf: Was'n hier los? Sascha: Der hat uns den Sieg vermasselt. Und jetzt macht er uns an. Mario: Ganz schön kess, der Kleine! Jan: Nun woll'n wir ihm mal zeigen, was Sache ist. Jan: Pass mal eben auf, ob ein Lehrer kommt. Wenn einer kommt, pfeifst du. Jan: Das ist für's Eigentor. Sascha: Und das für's freche Quatschen. Mario: Achtung, Neumann kommt!

3. Szene (mit offenem Ende): Auf dem Nachhauseweg

Bild/Kameraeinstellung/Handlung	Sprechtext
mittel: Jan und Sascha vor der Schultür. Heiko kommt durch die Tür. Jan und Sascha gehen hinter ihm her. Heiko bleibt stehen, sieht Jan und Sascha an. Sascha hakt sich bei Heiko ein. Heiko reißt sich los und läuft weg. *weit:* Sascha und Jan laufen hinterher. *Kameraperspektive im Wechsel: weit - nah von vorn und von hinten.* *mittel:* Sascha und Jan holen Heiko ein. Sie befinden sich vor einem eingezäunten Grundstück. ...	Jan: Hallo Heiko, wir begleiten dich! Sascha: Dann bist du nicht so allein. Heiko: Lasst mich endlich zufrieden! Sascha: Doch, doch! Wir begleiten dich. Wir haben nämlich gehört, dass du gepetzt hast. Heiko: Hab' ich nicht! Lasst mich zufrieden! Sascha: Na, da haben wir ja unser Schätzchen wieder.

2. Wozu Streiten gut - oder schlecht ist...

a) Notizen zu Thema und Intention

Diese kurze thematische Unterteilung soll zu einer kritischen Bewertung einer „Streitkultur" beitragen. Entgegen einer Position, dass Streit und Konflikt grundsätzlich negativ sind und vermieden werden müssen, wird hier versucht, dem Streiten einen Sinn abzugewinnen. Einen Streit austragen bzw. einen Konflikt zu bearbeiten ist in manchen Situationen notwendig. Wenn jemand sich ungerecht behandelt fühlt, muss er/sie sich zur Wehr setzen können - selbst wenn sich im Laufe der Bearbeitung des Konflikts herausstellt, das ihm/ihr niemand Unrecht zugefügt hat. Denn das Gefühl kann sehr subjektiv sein. Diese Erkenntnis kann beide Seiten entlasten.
„Streiten gehört einfach dazu" heißt es in einem Papier des Tübinger Verein für Friedenspädagogik (1995). Dort heißt es weiter: „Kinder und Jugendliche sollten beim Umgang mit Konflikten in der Gruppe die Erfahrung machen können, dass es völlig normal ist, wenn es verschiedene Bedürfnisse, Interessen und Meinungen gibt".
Bei aller positiven Sicht von Streit und Konflikt muss aber deutlich beachtet werden, dass es nicht heißen kann: Gewalt ist normal.

b) Methodische Hinweise

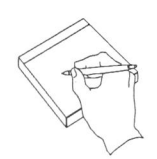

- Zu den beiden Geschichten im Buch Seite 7
Zu der Geschichte „Kollektivstrafe" haben die Schüler/innen sicher ganz spontan einiges zu sagen: Was aus der Perspektive des Lehrers verständlicherweise Ärger auslöst und die gemeinsame Putzaktion nach sich zieht, ist aus ihrer Sicht schlicht *ungerecht*. Das Gerechtigkeitsgefühl ist in diesem Alter stark ausgeprägt und Gleichbehandlung entsprechend der Tat wird rigoros eingefordert. Diesen Reaktionen und ersten Meinungsäußerungen soll zunächst Raum gegeben werden. Da die kleine Geschichte sicherlich häufig gemachte Erfahrungen der Schüler/innen beschreibt, sollte das Ziel der weiteren Arbeit damit sein, zu konstruktiven Lösungen solcher Problemsituationen zu finden. Im zweiten Schritt schlüpfen einzelne Schüler/innen in ein Rollenspiel in die beiden vorgegebenen Rollen: Lehrer, sowie Klassensprecher. Die andern werden den beiden Parteien zugeordnet und können Argumente liefern. Diese können in einer kurzen Gruppenarbeitsphase gesammelt werden. Die geschilderte Situation wird nun im Spiel argumentativ weitergeführt und zwar bevor der Lehrer sein Machtwort spricht. Der/die Religionslehrer/in sollte dabei als Streitschlichter/in fungieren und helfen, die Argumente gegeneinander abzuwägen. In einer Reflexionsphase nach dem Spiel werden die angespielten Lösungen nochmals gesammelt und hinsichtlich ihrer Folgen und Reichweite verglichen bzw. auf die zugrunde liegenden Interessen befragt. Bei Klassen, die wenig spielfreudig (oder -fähig) sind, kann das Rollenspiel auch durch alternative darstellende Methoden ersetzt werden. Die in der vorliegenden Geschichte gewählte Lösung sollte in diese Reflexion einbezogen werden.
Eine weitere Möglichkeit bietet sich, wenn nach einem ersten noch ungeordneten Meinungsaustausch der letzte Absatz zum Ausgangspunkt für Fortsetzungsgeschichten dient: Was passiert, wenn die Klasse sich weigert, zum Putzen zu kommen? Vermutlich entstehen so Eskalationsgeschichten, die kritisch befragt werden können auf folgende Aspekte hin:

- Reaktionen des Lehrers
- die weitere Beziehung Lehrer - Klasse
- Reaktionen von und Konsequenzen für Hausmeister und Putzpersonal usw.

Vertiefend sollten Ansatzpunkte gesucht werden, wo die Eskalation unterbrochen und der Konflikt für alle Beteiligten sinnvoll gelöst werden kann.

Spannend wäre für die Schüler/innen sicher, wenn sich der Religionslehrer/die Religionslehrerin aktiv mit einer eigenen Fortsetzungsgeschichte beteiligen würde

Die zweite Geschichte von Eugenia, Lisa und Amanda zeigt, was sich entwickeln kann, wenn ein Missverständnis nicht geklärt, sondern zum Ausgangspunkt für Racheakte wird. Auch sie entstammt dem unmittelbaren Erfahrungsbereich von Jugendlichen diesen Alters (sie ist tatsächlich so geschehen!) Der Anlass der Auseinandersetzung bleibt bis zum letzten Abschnitt der Geschichte im Dunkeln.

Zwei Erarbeitungswege legen sich u. E. nahe:

1. Die Schüler/innen zeichnen zunächst die Entwicklung bzw. die Eskalation des Streits in einer kleinen Grafik nach, in die die Personen mit Zeichen eingetragen werden (z.B. Kürzel des Vornamens) und ihr Verhalten kurz skizziert wird. Als Grundlage dafür können der Schulweg und der angegebene zeitliche Ablauf des Konfliktes dienen. Den letzten Abschnitt, der den Anlass benennt, wurde zwar mitgelesen, kann aber zunächst außer acht gelassen werden. Die Schüler/innen erkennen nun den Verlauf des eskalierenden Konflikts und suchen Möglichkeiten, wo in diese Entwicklung hätte eingegriffen und sie zum Positiven verändert werden können. Diese werden in der Grafik markiert und die sich daraus ergebenden alternativen Wege gezeichnet. Der letzte Abschnitt wird dann herangezogen, um zu überprüfen, welche Lösungen den Konflikt entschärfen könnten und nochmals zu reflektieren, warum die Suche nach den Ursachen und Motiven *im Gespräch* wichtig sein kann.

2. Die Geschichte wird zunächst vorgelesen, jedoch ohne den letzten Abschnitt. Die Schüler/innen fragen nun nach den Ursachen des Konflikts, wobei sicherlich eigene Erfahrungen ins Spiel gebracht werden. Dieser Lernschritt kann dadurch vertieft werden, dass sie kleine Dialoge für die streitenden Mädchen verfassen, die auch Lösungswege des Konflikts andeuten können. Angelpunkt dafür kann die Ausgangsszene der Geschichte sein. Die Schüler/innen vergleichen zunächst ihre Geschichten hinsichtlich Realitätsnähe, Ursachen, Folgen für die Beteiligten, usw. Dann wird der letzte Abschnitt nachgelesen und kritisch auf dem erarbeiteten Hintergrund bedacht. Eine Leitfrage könnte sein, wie und zu welchem Zeitpunkt der Konflikt bereits hätte entschärft werden können.

Bei beiden Erarbeitungswegen steht - wie bei der anderen Geschichte „Kollektivstrafe" - die Suche nach alternativen konstruktiven Wegen der Auseinandersetzung im Mittelpunkt. Hier ist nicht unbedingt die Vermeidung von Konflikt und Streit angezielt, da diese Situationen klären und bereinigen helfen, wo falsche Harmonie nicht angebracht ist. Da vor allem Mädchen zu solchen harmonisierenden Lösungen neigen, sollte auf diese Akzente Wert gelegt werden.

■ Schnippelbogen M17 Wenn Erwachsene und Jugendliche streiten ...
Das Arbeitsblatt gibt eine Sammlung typischer Aussagen wieder, wie sie in solchen Streitszenen häufig fallen. Sie lassen Rückschlüsse darauf zu,

welche Motivationen, Orientierungen und Überlegungen bei solchen Auseinandersetzungen zugrunde liegen. Die Äußerungen sind bewusst sehr offen gehalten, um die Schüler/innen dazu anzuregen, sie in eigene Streitgeschichten einzubauen. Dabei sollen sie einen Perspektivenwechsel vollziehen, wie er für konstruktive Konfliktaustragung notwendig, jedoch in der akuten Streitsituation von ihnen kaum leistbar ist.
Folgende Arbeitsschritte sind möglich:
Die Schüler/innen ordnen die Aussagen Erwachsenen bzw. Jugendlichen zu, wobei Beziehungen zwischen ihnen hergestellt werden können, z.B. „Wir wollen nur das Beste für dich! - Ich bin groß genug, lasst mich endlich".
Die Liste kann dann mit weiteren Beispielen aus der unmittelbaren Erfahrung der Schüler/innen ergänzt werden. Dann wählen die Schüler/innen ein paar Sätze aus und verfassen dazu einen Dialog, d.h. sie konkretisieren die Aussagen mit eigenen Erlebnissen, z.B. im Rollenspiel, Schreibgespräch o.ä.. In einer Reflexionsrunde werden die jeweiligen Erfahrungen mit der Rolle thematisiert, wobei auf die Erwachsenenrolle intensiver eingegangen werden kann. Bei besonders sprachfähigen Klassen kann der Dialog mit „sprechenden Gedanken", also dem inneren Monolog der Person unterlegt werden, um den Perspektivenwechsel zu intensivieren und damit das Verständnis für die beiden Konfliktparteien. Konkret könnte das folgendermaßen aussehen:
Was die Mutter/der Vater sagt: „Die andern sind mir egal. Hier sage ich, was gemacht wird.
Was sie/er denkt: Ich mache mir Sorgen um den Jungen. Diese Clique gefällt mir nicht. Ich möchte schon noch wissen, wo er abends ist. Da kann so viel passieren.
Was Lisa, Fred,... sagen: Ich bin groß genug, lasst mich endlich mitgehen!
Was sie/er denkt: Ich möchte auch dabei sein, wenn die andern in die Disco gehen. Sonst kann ich nicht mitreden. Ich verstehe ja, dass sie sich Sorgen macht, aber schließlich werde ich auch mal erwachsen!
Als Hilfe können die Schüler/innen eine Vorgabe dieser Art erhalten oder einen Arbeitsauftrag wie: Stellt euch vor, die Mutter/der Vater und Lisa/Fred ... sitzen nach dem Streit (jede(r) in einer Ecke) und denken darüber nach, was eben abgelaufen ist. Haltet dieses Selbstgespräch fest.
Schließlich können zu den mit den Aussagen entwickelten Szenen die Beweggründe der Beteiligten erarbeitet und notiert werden.

■ M18 Fortsetzung folgt...
Drei Konfliktgeschichten, die die Schüler/innen zu Ende schreiben sollen. Im Gespräch wird geklärt, welcher Vorschlag die sinnvollste Lösung bietet.

M17 Schnippelbogen: Wenn Erwachsene und Jugendliche streiten

Wir meinen es doch nur gut mit dir!

Komm, lass' uns miteinander reden!

Wir sind schließlich älter und haben mehr Erfahrung!

Du bist doch die Ältere und Klügere, gib endlich nach!

Ich hab' keinen Bock darauf!

Wir wollen endlich mal wieder was gemeinsam unternehmen.

Die andern sind mir egal. Hier sage ich, was gemacht wird.

Wir machen uns doch nur Sorgen!

Wir wollen nur das Beste für dich!

Ich bin groß genug, lasst mich endlich"

Ständig bin ich es. Dauernd nörgelt ihr an mir rum!

Wenn ich achtzehn bin, gehe ich!

Die andern lachen mich ja aus.

Lasst mich in Ruhe!

Immer ich, der Kleine muss nie was tun!

Alle andern in der Klasse haben es auch, nur ich nicht.

M18 Fortsetzung folgt...

1. Daniel hatte zum Ende der Stunde sein Mäppchen an den Rand seines Arbeitsplatzes geschoben. Beim Klingeln zur Großen Pause beeilten sich alle Schüler das Klassenzimmer zu verlassen und zum Brötchenstand zu flitzen. Peter streifte an Daniels Tisch vorbei, das noch offene Mäppchen fiel herunter und der schicke, neue Füller kullerte über den Fußboden. Ein paar Kinder stolperten über die Arbeitsmaterialien hinweg, doch unter den Füßen von Martin wurde das neue teure Schreibgerät mit knirschendem Geräusch in splitternde Einzelteile zerlegt.
Mit Tränen in den Augen brüllte Daniel: "Du ..., das bezahlst du, der Füller hat fast 50 DM gekostet...!" Damit war ein Streit im Gange, der auch in den nächsten Tagen nicht gelöst wurde. Nach einer Woche hatte Martin Angst weiterhin die Schule zu besuchen.

2. Beim Sport in der Umkleidekabine waren plötzlich die neuen Turnschuhe verschwunden. Franco kochte vor Wut. Vor einer Woche hatte ihm sein Onkel diese neuen Basketballstiefel aus Amerika mitgebracht, die man hier doch nirgends kriegt. Am nächsten Tag kommen die Klassenkameraden ganz aufgeregt zu Franco gelaufen: "Franco, Franco, wir haben einen Typen gesehen, der hat deine Schuhe an!"

3. Sabrina hatte Jennifer ihre Lieblings-CD ausgeliehen, das war vor den Osterferien. Nun ist schon Frühsommer und die neusten Hits bleiben verschollen. Sabrina ist beleidigt, sie meidet Jennifer seither, sagt aber nichts.

Arbeitsaufgaben:
a) Wie könnte es weitergehen? Wähle ein Beispiel aus und schreibe eine Fortsetzung. Du kannst versuchen, eine misslungene oder eine gelungene Lösung des Konflikts darzustellen.
b) Vergleicht anschließend die verschiedenen Fortsetzungen. Diskutiert darüber, welches die beste Lösung wäre.

3. Vom konstruktiven Umgang mit Konflikten

a) Notizen zu Thema und Intention

Wie die ganze Unterrichtseinheit verlangt vor allem dieses Kapitel einen fächerverbindenden Rahmen. Denn hierbei geht es um einen erzieherischen Auftrag der Schule als solcher. Dass Frieden stiften aber einen zutiefst religiösen und biblischen Hintergrund hat, muss nicht eigens betont werden. Wo lernen Menschen so sachgerecht und angemessen mit Konflikten umzugehen, dass keine Schädigung und Beeinträchtigung von Leben und Person entsteht? Ungeschriebene Normen wie „Versuche um jeden Preis dich durchzusetzen" oder „Man streitet nicht - seid nett zueinander" helfen nicht weiter. Letztere Position führt allenfalls zur Verdrängung von Aggressionen. Einen sinnvollen Standpunkt zum Umgang mit Streit und Konflikt haben wir in folgenden Äußerungen von G. Gugel und U. Jäger (Gewalt muss nicht sein, S. 210, siehe Lit.) gefunden. Im Zusammenhang mit Konfliktbewältigung in der Familie verweisen sie auf folgende notwendige Erfahrungen, die natürlich auch für andere Konfliktsituationen gelten:
„Ein Kind sollte beim Umgang mit Konflikten in der Familie die Erfahrung machen können,
- dass es völlig normal ist, wenn es verschiedene Bedürfnisse, Interessen und Meinungen gibt;
- dass man trotz dieser Verschiedenheiten miteinander reden und sich darüber austauschen kann und muss;
- dass Konflikte zum normalen Zusammenleben gehören und nicht zerstörerisch sein müssen.
- dass in Konflikten nicht das Recht des Stärkeren zählt;
- dass seine Meinungen und Ansichten für eine Konfliktlösung gefragt ist und genauso zählen, wie die der anderen."

Folgende Hinweise zum Umgang mit Gewalt und Schikane in der Schule sind entnommen aus dem Kapitel Antibullying-Programm für die Schule, in: Armin Riedl, Volker Laubert, „Herausforderung Gewalt". Programm polizeiliche Kriminalprävention, Hrsg.: Innenministerium Baden-Württemberg im Auftrag der Innenminister/-senatoren des Bundes und der Länder, S. 67-71.

Gute Maßnahmen
- Es müssen im Unterricht Gelegenheiten geschaffen werden, Bullying mit den Schülern zu diskutieren und in Rollenspielen zu üben, wie sie den Bullies begegnen können. Auf ähnliche Weise sollten Bullies in Situationen versetzt werden, in denen sie die Sichtweise des Opfers kennenlernen.
- Die Opfer von Bullying benötigen die Möglichkeit, ihr Selbstbewusstsein wieder aufzubauen. Beschäftigen Sie sie mit Aktivitäten, die ihre Sozialkompetenz fördern. Sie brauchen auch die Hilfe ihrer Eltern und ihrer Lehrer, um die Gefühle der Schuld und Minderwertigkeit aufzuarbeiten. Ebenso brauchen Eltern manchmal Rat, wie sie ihrem Kind helfen können.
- Die Bullies benötigen ebenfalls Hilfe. Sie müssen lernen, ihre Bedürfnisse kooperativ (prosozial) zu lösen - statt durch Drohung und Gewalt. Die Eltern dieser Kinder müssen in Diskussionen darüber einbezogen werden, wie sie dazu beitragen können, das Verhalten ihres Kindes so zu beeinflussen, dass es mit den Wertvorstellungen der Schule in Einklang steht.
- Lehrer und Schüler sollten gemeinsam Ideen entwickeln, wie aggressionsloses - also prosoziales - Verhalten belohnt werden kann.
- Die alltäglichen Vorurteile gegenüber Ausländern und Mädchen (Sexismus) müssen kritisch besprochen werden.

EMPFEHLUNGEN FÜR DIE BETROFFENEN PERSONEN

Empfehlungen für Lehrer

- Achten Sie schon auf erste Anzeichen des Leids und Kummers bei Ihren Schülern, Verschlechterung der Leistung, vorgetäuschte Krankheit, Absonderung von der Gruppe, der Wunsch, sich in der Nähe von Erwachsenen aufzuhalten und unregelmäßige Teilnahme am Unterricht. Auch wenn diese Symptome durch andere Probleme verursacht sein können, sie können Anzeichen von Bullying sein.
- Hören Sie aufmerksam Schülergesprächen zu und notieren Sie sich alle Vorfälle.
Bieten Sie dem Opfer sofort Unterstützung und Hilfe an und veranlassen Sie, dass umgehend die oben genannten schulischen Maßnahmen in Kraft treten.
- Machen Sie dem Bully und seinen Eltern klar, dass dieses Verhalten unakzeptabel ist und welche Folgen eine Wiederholung haben wird.
- Sorgen Sie dafür, dass alle zugänglichen Orte während der Pausen und auch unmittelbar nach Schulschluss kontrolliert werden.
- Greifen Sie bei der Bekämpfung des Bullying auf alle Mitglieder der Schulgemeinschaft zurück und diskutieren Sie die folgenden Ratschläge in der Klasse: Schülerteams können bei der Lösung des Problems eingesetzt werden. Die Schüler können ebenso ermuntert und eingesetzt werden, um verängstigten Kindern und Neuankömmlingen das Gefühl des Angenommenseins zu vermitteln. Geschlechtsbezogenes und ausländerbezogenes Fehlverhalten sollte mit den Schülern besprochen und verbessert werden.

Die folgenden Schritte sollten unternommen werden, um das Vorkommen von Bullying festzuhalten und um allen Betroffenen deutlich zu machen, wie ernst die Schule dieses Verhalten nimmt:
- Das Opfer soll das Ereignis aus seiner Sicht schriftlich darstellen.
- Auch der Bully soll den Vorfall schriftlich berichten.
- Mindestens ein Lehrer soll seine Gespräche mit Opfer und Täter protokollieren.
- Die Eltern der beteiligten Kinder sollten Kopien der oben genannten Berichte erhalten. Die Berichte sollten für eine bestimmte Zeit in den Akten der betreffenden Kinder aufbewahrt werden.
- Die Eltern der Kinder sollten aufgefordert werden, zum Vorfall und zur Art des Umgangs der Schule damit, schriftlich Stellung zu beziehen.

Empfehlungen für Schüler und Lehrer
Die folgenden Punkte sind ein wichtiger Bestandteil in jenen schulumfassenden Programmen, in denen alle Schüler mit einbezogen werden sollen. Sie sollten in allen Klassen diskutiert werden.
- Wenn jemand Opfer wird oder wenn er sich in einer schlimmen Lage befindet, werde aktiv, tu etwas. Zusehen, aber nichts dagegen unternehmen, kann als Unterstützung für das Bullying aufgefasst werden.
- Schüler, die nicht mit hineingezogen werden wollen, sollten sofort einen Erwachsenen informieren.
- Akzeptiere kein Bullying in Deinem Freundeskreis.
- Toleriere keine aggressiven Handlungen. Bullying wird bald zurückgehen, wenn die Bullies erfahren, dass ihr schikanöses Verhalten von niemandem akzeptiert wird.
- Überlegt einige Möglichkeiten, wie gewaltfreie (prosoziale) Konfliktlösung belohnt werden kann.

b) Methodische Hinweise

■ Abb. Buch S. 36: Gewalt im Spielzeug, Kinderzimmer
Die Abbildung wird den Schüler/innen vermutlich sehr schnell verdeutlichen, dass Gewalt erlernt werden kann. Man muss aber auch damit rechnen, dass die Schüler/innen gar nichts Besonderes dabei finden, dass dieses Spielzeug, sei es Kriegsspielzeug oder Batman-Figuren, im Kinderzimmer seinen Platz hat. Man sollte nicht von vornherein mit einem Rundumschlag alles verdammen und mit einem hohen moralischen Verdikt belegen (auch wenn das von der Sache her durchaus verständlich wäre) - der/die eine oder andere mag zu Hause Ähnliches stehen haben und kann sich bloßgestellt oder angegriffen fühlen.
Man sollte die Schüler/innen von ihren eigenen Erfahrungen mit diesem Spielzeug oder von Beobachtungen bei Geschwistern und anderen Kindern berichten lassen. Was macht den Reiz aus? Was erlebt man dabei? Dann kann behutsam weitergefragt werden, was man damit einübt und möglicherweise dabei lernt?

■ Video-Hitliste
Diese Zusammenstellung soll Auskunft geben über die Videos, die von den Schüler/innen gesehen werden. Die Aufgabe eine gemeinsame Hitliste zu erstellen zwingt zur Diskussion und Reflexion der Vorschläge und damit zu einer ersten kritischen Sichtung.
Aufgabenstellung: Stellt in der Klasse eine Hitliste zusammen mit den 10 Videos, die ihr am besten findet. Begründet eure Wahl.

■ Gewalt im Computerspiel
Die oben beschriebene Aufgabe kann auch auf Computerspiele angewendet werden.

■ Burgspiel
Hinter diesem Interaktionsspiel verbirgt sich eine Übung, wie man gewaltlos - und nicht gegen dessen Willen - vom anderen etwas erreicht. Die Übung wird in verschiedenen Versionen überliefert.
Möglichkeit A: (nach L. Rendle u.a., Ganzheitliche Methoden im Religionsunterricht, Kösel, München 1996, S. 131f.)
Es werden 2 Gruppen gebildet (z.B. Jungen und Mädchen: es empfiehlt sich, getrenntgeschechtliche Gruppen zu bilden, um körperliche Übergriffe von vornherein zu vermeiden!). Eine Gruppe verlässt den Raum. Die restlichen Schüler/innen stellen sich zu einer Burg auf. Die Mitglieder der anderen Gruppe versuchen nun in diese „Burg" hineinzukommen, ohne Gewalt anzuwenden. Danach werden die Rollen getauscht. Bei der Auswertung der Übung kommt zur Sprache, wie sich die Spieler als „Burg" gefühlt haben und wie es ihnen als „Eindringlinge" erging. Welche Strategien, Verhaltensweisen, Interaktionen waren erfolgreich?

Möglichkeit B: (nach U. Baer, Hrsg., 666 Spiele: für jede Gruppe und alle Situationen, Kallmeyersche V., Seelz-Velber 1994, S. 82)
Es werden Paare gebildet. Einer/eine setzt sich oder legt sich so hin, dass er/sie sich verschließt: Beine anziehen, Arme um den eigenen Leib schlingen. Der/die Partner/in versucht nun behutsam, ohne gewaltsame Handlung, diese „Burg" zu öffnen. Dabei können verbale und nonverbale „Öffnungsversuche" gemacht werden. Von welchen Versuchen lässt sich die „Burg" erweichen? Nicht beim ersten erfolglosen Versuch aufgeben.

- Paarübung: Gewaltlos die Hand öffnen
Diese Übung wird von Baer (s.o.) als Alternative zu seiner Burgübung angegeben. Der/die eine schließt die Faust, die von der/dem anderen geöffnet werden soll. Natürlich auch diesmal ohne Gewalt. Der „verschlossene" Partner entscheidet, welche Öffnungsversuche im zusagen. Auch hier werden die Rollen getauscht und die Erfahrungen anschließend im Gespräch ausgewertet.

- Einen Lösungsweg für Streitsituationen suchen (z.B. zu den Geschichten im Schülerbuch S. 34f. und Arbeitsblatt M18. Diese Aufgabe kann auch in Partnerarbeit geleistet werden. Auch als Rollenspiel können mögliche Lösungen erprobt werden.

- Regeln zum Umgang mit Konflikten, Buch S. 36
Die beiden kurzen Texte geben einige wichtige Aspekte wieder, die beim Umgang mit Gewalt und Konflikt zu beachten sind. Sie beziehen sich auf die Vorschläge des Tübinger Verein für Friedenspädagogik (1995) und auf das Material Herausforderung Gewalt, S. 67-71 (Lit.). Vgl. dazu auch die Auszüge aus diesem Material oben S. 79 (Notizen zu Thema und Intention). Leider gibt es im Deutschen kein prägnantes Wort für die im zitierten Text verwendete Begrifflichkeit „Bullying" und „Bullies". Die Regeln im Buch verwenden deshalb etwas verkürzend „Gewalt" und „Gewalttäter". Es könnte aber sehr wohl einen Sinn machen, den Schüler/innen die Originalterminologie und was damit gemeint ist bzw. die Regeln wie sie im oben zitierten Auszug stehen, vorzustellen.

- Leitfaden für die Streitschlichtung M19 und Schlichtungsprotokolle M20
(G. Braun, W. Hünicke, in: Praxis Schule 5-10, Heft 5, Oktober 1995, Westermann: Mit Aggressionen und Gewalt umgehen, S. 26-27. Auf den Seiten 24-25 beschreiben die Verfasser ihr Konzept: „Schülerinnen und Schüler als 'Streitschlichter'".)

- „Konfliktlotse" - wäre das nicht etwas für dich?
(R. Hensel, in: Praxis Schule 5-10, Heft 5, Oktober 1995, Westermann, S. 23, vgl. dazu auch O. Hagedorn, Konfliktlotsen, Stuttgart 1994)

Schülerinnen und Schüler als „Konfliktlotsen"
Konflikte entstehen schnell, und nicht immer finden die Kontrahenten Wege, um ihre Konflikte in verbaler Verhandlungsform zu regeln. Immer häufiger werden - auch in der Schule - zur Konfliktlösung statt dessen sprachliche und körperliche Gewalt eingesetzt, um den Kontrahenten einzuschüchtern, sich selbst als "stark" darzustellen und so möglichst als "Sieger" hervorzugehen. Der eigentliche Ausgangspunkt des Konflikts tritt dabei oftmals in den Hintergrund, und es tritt ein "emotionaler Ausnahmezustand" ein.
Im Bereich der Schule kann es daher durchaus sinnvoll sein, "Konfliktlotsen", die aus dem Kreis der Schülerinnen und Schüler stammen sollten, einzusetzen. Sie sollen in Streitigkeiten und Auseinandersetzungen eingreifen und den aufgebauten Stress der Streitenden durch vermittelnde Gespräche und neutrale Auseinandersetzung mit dem Problem abzubauen versuchen.

Wie wird man "Konfliktlotse"?
"Konfliktlotse" kann man nur an der Schule sein, der man selbst angehört. Über ein solches "Streitschlichtungsprogramm" sollen Möglichkei-

ten angeboten werden, dass Schülerinnen und Schüler untereinander Streitigkeiten lösen können. Denn die Erfahrung zeigt: Jugendliche wenden sich im Konfliktfall eher an Gleichaltrige als an Erwachsene, weil diese oft nur als Strafende empfunden werden.
"Konfliktlotsen" sollen sich freiwillig melden. Sie werden dann in einer Arbeitsgemeinschaft angeleitet und auf ihre zukünftige Aufgabe vorbereitet. Den "Konfliktlotsen" steht von seiten der Schule ein Raum zur Verfügung, in den sie sich mit den Kontrahenten zur Beilegung des Streits oder zur Erörterung des Problems zurückziehen können.

Was hat ein "Konfliktlotse" zu tun?
Der "Konfliktlotse" sollte bei der Schlichtung eines Streites behilflich sein. Voraussetzungen dafür sind: Kenntnis seiner Rolle und Aufgabe, Wahrnehmungsfähigkeit für Konflikte, Bereitschaft zum "Helfen durch Handeln", Problemannahme durch Zuhören und Erörtern.
Von den "Konfliktlotsen" wird aber nicht verlangt, dass sie für jeden Konflikt eine Lösung finden, sondern dass sie als "Schlichterin" bzw. "Schlichter" eingreifen und versuchen, eine Verständigungsbasis zu schaffen. Der "Konfliktlotse" muss auch erkennen lernen, wo er nicht mehr allein handeln kann: wenn es sich bei dem Konflikt z. B. schon um eine gewalttätige Auseinandersetzung handelt. Zwar gibt es auch dann noch Handlungsmöglichkeiten, aber dafür sollten Lehrerinnen und Lehrer, der Hausmeister oder die Schulleitung zu Hilfe gerufen werden.

■ M21 Faustrecht
Die vorliegende Geschichte ist nicht gerade einfach, da sie sich auf verschiedenen Ebenen bewegt: die konkrete Handlung, die Gedankenwelt der Hauptperson Tobias, sowie des Lehrers, Herrn Salomo. Vor allem dessen Überlegungen zu den Vorbildfunktionen der Erwachsenenwelt dürfte nicht für alle Jugendlichen dieses Alters nachvollziehbar sein. Da sie ein weiteres Thema - neben der Gewaltproblematik unter den Jugendlichen selbst - nämlich die politische (Un-)Kultur, die gesellschaftlichen Fehlentwicklungen anzielt, kann u. E. dieser Aspekt der Geschichte in schwächeren Lerngruppen auch vernachlässigt werden. Die im Zentrum stehende Thematik dürfte Mädchen und vor allem Jungen der siebten Klasse fesseln. In etlichen Untersuchungen zur Gewaltproblematik nehmen Handlungen wie Erpressen und Unterdrucksetzen einen gewichtigen Platz ein. Einer solchen Situation sieht sich auch die Hauptperson Tobias ausgeliefert. Der Gegenspieler Sebastian verkörpert einen Typus, wie wir ihn in den oberen Klassen der Hauptschulen häufiger vorfinden. Eigentlich eher ich-schwach und unsicher schafft er es, die meisten anderen Jungen einzuschüchtern und ihm unterzuordnen. Auch Jungen, die sich wie Tobias in einer exponierten Opferrolle vorfinden, sind nicht gerade selten. Interessant - weil eher fremd - dürfte dagegen das Verhalten von Arne für die Siebtklässler/innen sein, der seine körperliche Kraft nicht ausspielt. An diesem Aspekt, der besonders in der Schlusspassage der Geschichte thematisiert wird, kann der Lernprozess ansetzen. Diese Verfremdung des gängigen Verhaltensmusters - „Schlag zu, wenn du Kraft hast und dich durchsetzen willst!" - läuft quer zum Trend und regt zum Nachdenken an. Zwischen den Zeilen quasi als mitlaufender Hintergrund thematisiert der Autor die Wunschbilder und Handlungsmodelle, die die Agierenden leiten.
Wir schlagen vor, mit der Klasse zunächst die Handlung bis zur entscheidenden Konfliktsituation zwischen Sebastian und Arne zu erarbeiten. Der Text wird also bis zu der Stelle: „... Die Pause dauerte fünfzehn Minuten." vorgelesen. Die Schüler/innen werden im Gespräch oder mit

anderen Darstellungsformen (Spiel, Bild, usw.) die Handlung zunächst in der gängigen Logik fortsetzen: Sebastian wird bestraft, rächt sich, usw. Dann werden die Hauptpersonen in Gruppen näher charakterisiert, z.B. in Form von Steckbriefen. Dafür sollte der Text ohne den letzten Abschnitt bereitgestellt werden. Evtl. könnten die Mädchen den Lehrer Salomo beschreiben, da sie in der Konfliktgeschichte der Jungen nicht so involviert sein dürften. In der Auswertung der Beschreibungen kann der Widerspruch in der Person Arnes bewusstgemacht werden: Er ist stark, nutzt diese Kraft aber nicht!

Um die Thematik der Vorbilder, Wunschvorstellungen aufzunehmen, schlagen wir vor, die Gruppen „Traumbilder" für die Beteiligten erstellen zu lassen. Am ergiebigsten dürften dafür Collagen sein, da die Schüler/innen ihre realen Leitbilder aus den Medien verwenden können (Jugendzeitschriften, Programmzeitschriften o.ä. mitbringen!). Für Tobias und Sebastian dürfte dies leicht zu bewältigen sein, für Arne und den Lehrer schwieriger, wobei sich für letzteren Anhaltspunkte im Text bieten. Evtl. kann dieser Lernschritt auf die beiden Jungen Tobias und Sebastian beschränkt werden.

Die Aufgabe könnte etwa lauten: Wie wäre Tobias/Sebastian/Arne gerne? Wie sieht sich Tobias/Sebastian/Arne selber im Traum?

für den Lehrer:
Seht im Text nach, woran Herr Salomo während der Mathearbeit denkt. Entwerft Bilder dafür.

Im auswertenden Gespräch sollte vor allem geklärt werden, welche Rolle Stärke und körperliche Gewalt spielen und warum beide für die Jungen so wichtig sind. In diese Thematik können die Überlegungen des Lehrers mit einbezogen werden, sofern sie erarbeitet wurden.

Nun wird der Schluss der Geschichte gelesen. Sollte die Klasse spontan darauf reagieren, sollten diese Äußerungen, Ausgangspunkt fürs Gespräch sein. Ansonsten können dafür die Beobachtungen von Tobias dienen, dass Sebastian Angst zeigt und dass die Atmosphäre der Klasse sich verändert. Die Klasse kann mit einigen Sätzen die Geschichte fortsetzen, wobei vorgegeben wird:

Sebastian ist anders geworden....
In der Klasse hat sich manches verändert ... oder Tobias erzählt: Seit dem Nachmittag bei Arnes Boxverein ...

Anhand dieser Schlussszene wird erarbeitet, welche Unterschiede im Verständnis von Kraft und Stärke stellvertretend Arne im Boxverein und Sebastian in der Schule zeigen, bzw. wie ersterer diese positiv und kontrolliert einsetzt und letzterer Zerrbilder davon auslebt. Zusätzlich können die Schüler/innen Situationen sammeln, in denen Arne sinnvoll seine Kraft einsetzen könnte. Als Vertiefung und Lernkontrolle arbeiten die Schüler/innen den Vertrag aus, den Arne im Boxverein unterschreiben musste. Der Anfang könnte wie folgt aussehen und vorgegeben werden:

Vertrag zwischen *Arne Vogel* und Herrn Kraft, Trainer des Boxvereins Fairness:
Ich versichere hiermit, dass ich meine Kraft und mein Können nur ...

Ich werde bei Streit mit anderen ....

Datum: Unterschrift

- Vergeben oder Vergelten? (Buch S. 39-41)
Der Text aus der Bibel bringt eine neue Qualität in den möglichen Umgang mit einem Konflikt. Die Josefsgeschichte wird in drei verschiedenen Versionen angeboten. Die Schüler/innen sollen zunächst spontan entscheiden, welche der drei Geschichten ihrer Empfindung am nächsten kommt. Schließlich sollen sie erörtern, welche wohl der biblischen Version am nächsten kommt.
Geschichte 1 stellt den Gedanken der Vergeltung und der gerechten Bestrafung in den Mittelpunkt. Geschichte 2 ist die bibelnächste Fassung und bringt den Gedanken der Versöhnung ins Spiel. Die dritte Version hört sich zwar durchaus sympathisch an, wird aber mit ihren oberflächlichen Überlegungen einem ernsthaften Umgang mit einem so schweren Konflikt nicht gerecht. Als Entscheidungshilfe kann die gekürzte, aber wörtliche Bibelfassung M22 als Kopie angeboten werden. Vielleicht empfinden die Schüler/innen die Bibel als Zumutung und realitätsfremd. Das darf so sein. Anstoß erregen und landläufige Verhaltensweisen in Frage stellen ist ein wesentliches Potential biblischer Botschaft und soll nicht wegretuschiert werden.

c) Literatur und Materialhinweise

A. Riedl, V. Laubert, „Herausforderung Gewalt". Programm polizeiliche Kriminalprävention, Hrsg.: Innenministerium Baden-Württemberg im Auftrag der Innenminister/-senatoren des Bundes und der Länder

R. Engelmann (Hrsg.), Tatort Klassenzimmer. Texte gegen Gewalt in der Schule, Arena TB, Bd. 1784

R. Engelmann (Hrsg.), Morgen kann es zu spät sein. Texte gegen Gewalt - für Toleranz, Arena-TB, Bd. 1766 (Unterrichtsbearbeitungen zu diesen Arena-Texten sind im Taschenbuch „Zum Lesen verlocken Klassen 6-10" enthalten, das in Form von Briefmarken DM 7.- direkt beim Verlag bestellt werden kann: Arena Verlag, Postfach 5169, 97001 Würzburg)

G. Gugel und U. Jäger, Gewalt muss nicht sein. Eine Einführung in friedenspädagogisches Handeln, Verein für Friedenspädagogik Tübingen e.V., 2. Aufl., 1995

M19 Ein Leitfaden für die Streitschlichtung

1. Schritt: Schlichtung einleiten
- **Die Beteiligten stellen sich vor.**
  Die Schlichterin/der Schlichter stellt sich vor und fragt nach dem Namen der Konfliktpartner/innen.
- **Das Ziel des Gesprächs wird verdeutlicht.**
  Die Streitenden suchen eine Lösung, die beide zufriedenstellt.
  Die Schlichterin/der Schlichter bietet ihre/seine Hilfe an.
- **Die Schlichterin/der Schlichter sichert Vertraulichkeit und Neutralität zu.**
- **Die Schlichterin/der Schlichter erklärt die nächsten Schritte.**
  Die nächsten Schritte sind: Standpunkte vortragen, Lösungen suchen und Verständigung finden, schriftliche Vereinbarung treffen.
- **Die Schlichterin/der Schlichter erklärt wichtige Regeln und holt das Einverständnis der beiden "Streithähne" ein.**
  Die Regeln lauten: Sich nicht unterbrechen (eigene Gedanken notieren), sich nicht beschimpfen.
- **Es wird geklärt, wer anfängt zu erzählen.** Die Reihenfolge wird nach Absprache festgelegt oder ausgelost, wenn die Kontrahenten sich nicht einigen können.

2. Schritt: Sachverhalt klären und Anteile finden
- **Die Konfliktparteien tragen nacheinander ihre Standpunkte vor.**
- **Die Schlichterin/der Schlichter wiederholt und fasst zusammen.**
  Sie/er sollte für die Zusammenfassung möglichst mit den Worten der Kontrahenten formulieren.
  Impuls am Schluss: War das so?
- **Sich in den anderen hineinversetzen**
  „Stell Dir vor, Du wärest an....Stelle gewesen..."
  Damit das leichter fällt, können die Kontrahenten ihre Sitzplätze tauschen.
- **Es wird über Motive und Gefühle gesprochen.**
- *Impulse:* Warum hast du ... ? Was hast du gedacht, als ... ?
  Hinweis: Die Kontrahenten sollen sich dabei auf den aktuellen Konflikt beschränken.
- **Es wird über die augenblickliche Befindlichkeit/Stimmung gesprochen.**
  Impuls: Wir kommen ein Stück weiter, wenn ihr sagen könnt, wie es euch jetzt geht.
- **Eigene Anteile am Konflikt sollen erkannt und genannt werden.**
  Impuls: Könntest du sagen, was du zum Konflikt beigetragen hast? (Durch Äußerungen, Lachen, Drohen, ... ? - Nicht nur den materiellen Schaden sehen!)
- **Über alternative Verhaltensweisen nachdenken**
  Evtl. die Konfliktsituation spielen lassen; denkbar ist dies auch mit vertauschten Rollen.
- **Rückmeldung geben, Übergang zum nächsten Schritt.**

> **Hinweis:**
> Einzelgespräche sollten mit den Kontrahenten geführt werden, wenn
> * die Diskussion zu hitzig wird,
> * einer außer Kontrolle gerät,
> * einer nicht offen sprechen kann oder will,
> * Regeln grundsätzlich nicht eingehalten werden.

3. Schritt: Lösungen suchen und Verständigung finden
- **Es werden Lösungen gesammelt.** Die Kontrahenten schreiben ihre Vorschläge auf.
  Impulse: Was bin ich bereit zu tun? Was erwarte ich vom anderen?
- **Die Vorschläge zur Streitschlichtung werden vorgestellt und bewertet.**
  Die Kontrahenten lesen ihre Vorschläge vor.
  Die Schlichterin/der Schlichter schreibt jeden Vorschlag auf ein Kärtchen.
  Die Lösungen werden gemeinsam bewertet.
  Impuls: Sind sie realistisch, ausgewogen, genau genug?
- **Die in Frage kommenden Lösungen werden zusammengestellt.**
- **Das Einverständnis der Kontrahenten wird eingeholt.**

4. Schritt: Vereinbarung schriftlich festhalten
- **Die schriftliche Vereinbarung wird erstellt.**
  Vorgehensweise:
  * Lösungen genau formulieren und aufschreiben: wer was wann und wo tun will.
  * Einfache, neutrale Wörter benutzen (keine Beschuldigungen).
  * Aufschreiben, was passiert, wenn eine Partei ihre Pflicht nicht erfüllt.
  * Die Schlichterin/der Schlichter liest die Vereinbarung laut vor.
  * Sie/er fragt, ob etwas verändert oder ergänzt werden muss.
  * Sie/er klärt, ob noch Fragen offengeblieben sind.
- **Alle Beteiligten unterschreiben die Vereinbarung.**
  Die Schlichterin/der Schlichter lässt die Vereinbarung von den Kontrahenten unterschreiben und unterschreibt sie selbst auch. Sie/er fertigt für jeden der Kontrahenten eine Kopie von der Vereinbarung an und heftet das Original im "Schlichtungsordner" ab.

> **Hinweis:**
> Sollte im Verlauf des Gesprächs keine Lösung für den Konflikt gefunden werden, kann ein neuer Termin vereinbart oder eine Lehrerin bzw. ein Lehrer des Vertrauens hinzugezogen werden.

M20 Schlichtungsprotokolle

SCHLICHTUNGSFORMULAR

Konfliktpartei A: .... Kl. ......
.... Kl. ......
.... Kl. ......

Konfliktpartei B: .... Kl. ......
.... Kl. ......
.... Kl. ......

Termin der Schlichtung: .... Raum: ....

Schlichterin/Schlichter: .... Klasse: ....

Worum ging es?
☐ Meinungsverschiedenheit   ☐ körperlicher Angriff
☐ Beleidigung   ☐ Verletzen einer Regel
☐ Beschädigung einer Sache   ☐ Wegnehmen einer Sache

Sonstiges: ....

Der Vorfall:
....
....
....

Vereinbarung
....
....
....

Wir nehmen die Vereinbarung an:

....
(Konfliktpartei A)   *(Konfliktpartei B)*

....
(Ort, Datum)   *(Unterschrift Schlichterin/Schlichter)*

Ein Folgetreffen wird vereinbart für: ....

NACHFOLGETREFFEN

am: .... (die Schlichtung hat stattgefunden am: ....

Konfliktpartei A: .... Kl. ......
.... Kl. ......
.... Kl. ......

Konfliktpartei B: .... Kl. ......
.... Kl. ......
.... Kl. ......

Nach dem Gespräch mit den Beteiligten stellen wir fest:

☐ Die Vereinbarung der Schlichtung wurde von beiden Seiten beachtet.
   Die Schlichtung war demnach erfolgreich.

☐ Die Vereinbarung der Schlichtung wurde nicht in vollem Umfang erfüllt.
   Begründung: ....
   ....

   Der nächste Schritt: ....
   ....

☐ Die Vereinbarung der Schlichtung wurde von beiden Seiten nicht eingehalten.
   Die Schlichtung war demnach nicht erfolgreich.

   Der nächste Schritt: ....
   ....

....
(Ort, Datum)   *(Unterschrift Schlichterin/Schlichter)*

M21 Faustrecht

Der Fünfklang des Gongs ließ ihn zusammenzucken, obwohl er so weich und harmonisch klang wie immer. Ungeduldig hatte Tobias auf die erlösenden fünf Gongschläge gewartet, die das Ende der Pause und den Beginn des Unterrichts anzeigten. Nicht, dass Tobias gerne Mathematik gemacht hätte. Im Gegenteil. Eigentlich zählte Prozentrechnung zu den Dingen, vor denen er sich am liebsten drückte. Aber das war jetzt unwichtig. Hauptsache, der Unterricht würde jetzt schnell wieder beginnen. Was und bei wem, war ihm völlig egal. Während der Unterrichtsstunde war er vor Sebastian sicher. In den Pausen dagegen musste man sich vor ihm in acht nehmen. Da war er unberechenbar. Darum hatte Tobias das Gongzeichen kaum erwarten können. Als es endlich ertönte, war er doch zusammengezuckt. Er wusste ganz genau, dass hinter der Ecke im Flur, dort wo der Gang zu ihrer Klasse nach rechts abbog, Sebastian auf ihn warten würde.

Zögernd setzte sich Tobias in Bewegung. Plötzlich hatte er es nicht mehr eilig. Wie konnte er nur an Sebastian vorbeikommen? Die anderen würden ihm nicht helfen. Entweder machten sie alles, was Sebastian wollte. Oder sie blickten fort und taten so, als ob sie nichts mitbekommen würden. Die hatten doch genausoviel Angst vor Sebastian wie er. Selbst Arne. Warum sogar der einen Bogen vor Sebastian machte, verstand Tobias nicht. Arne war zwar nicht größer als er, aber ein Kreuz hatte der! Und Muskeln! Der musste doch doppelt so stark sein wie Sebastian. Leicht könnte der ihn aufs Kreuz legen. Oder gegen die Schulhofmauer klatschen. Aber nein. Arne wich ihm genauso aus wie alle anderen. Und selbst wenn Sebastian ihn provozierte, hielt er sich zurück. Wenn ich solche Arme hätte wie Arne, dachte Tobias, dann würde ich jetzt ...

Tobias hatte den Eingang erreicht und trat in den Flur. Von hier aus konnte er die Ecke, hinter der Sebastian stehen würde, bereits sehen. Unwillkürlich wurden seine Schritte langsamer. Die meisten Schülerinnen und Schüler waren bereits in ihren Klassenräumen verschwunden. Eine aus der Klasse unter ihm lief noch zum Papierkorb neben dem Eingang und warf ihr zusammengeknülltes Butterbrotpapier hinein. Tobias spürte seinen Magen knurren. Sein Butterbrot lag zerquetscht auf dem Aschenboden hinten am Schulhofzaun.

Als er gerade zubeißen wollte, war Sebastian von hinten gekommen, hatte seine Hand um seine gelegt und dann ganz fest zugedrückt. Immer fester, bis das Brot mit der Butter und der Salami aus seiner Hand herausgequetscht wurde und auf den Boden fiel. Tobias hatte das Gefühl, als würde er ihm alle fünf Finger brechen. Laut hatte er aufgeschrien und dann versucht, sich loszureißen. Aber Sebastian hatte ihn so fest im Griff gehabt, dass er keine Chance hatte. Ein paar aus seiner Klasse hatten sich zwar um die beiden gestellt, um zu sehen, was es da gab. Aber geholfen hatte ihm niemand. Als das Brot in der Asche lag, hatte Sebastian es mit dem Fuß direkt vor Arne gekickt. „Für dich!" hatte er gelacht. „Damit deine Muskelpakete platzen!"

Aber Arne war ganz ruhig geblieben. Mit einem einzigen Schlag hätte er Sebastian auf den Boden werfen können. Aber er hatte nur „Du langweilst" gesagt und war weitergegangen, ohne Sebastian oder ihn weiter zu beachten.

„Jetzt beeil dich! Die Stunde hat längst begonnen." Die Stimme des Mathematiklehrers hinter ihm klang verärgert.

„Hier, nimm mir mal die Hefte ab."

Als Tobias sie auf den Lehrertisch ablegte, merkte er, wie der Blick von Herrn Salomo auf seine blutunterlaufenen Fingernägel fiel.

„Habt ihr euch schon wieder geschlagen!" Früher hatte er nach solchen Bemerkungen laut geseufzt. Das hatte er sich inzwischen abgewöhnt.

„Im Gegensatz zu meinem großen Namensvetter bin ich mit meiner Weisheit langsam am Ende. Dass man Auseinandersetzungen auch anders führen kann, werde ich euch wohl nie vermitteln können!"

Er schob den Stapel Hefte von der linken Seite des Tisches auf die rechte. „Schade, dass ihr so wenig Vorbilder habt, Frauen und Männer, denen ihr nacheifern wollt. Von denen ihr sagen könntet: So wie die, so möchte ich auch werden. Als ich so alt war wie ihr, da waren das für mich Albert Schweitzer, Mahatma Gandhi oder Martin Luther King. Aber ihr... „. Er unterbrach sich, griff nach den Heften und verteilte sie.

Übungsarbeit.

Sonst ging Herr Salomo bei Arbeiten immer zwischen den Tischen umher, um sicherzugehen, dass niemand abschrieb. Jetzt saß er die ganze Zeit an seinem Tisch und schaute durchs Fenster nach draußen. Tobias warf zwischen den einzelnen Rechenaufgaben immer wieder einen Blick zu ihm hinüber. Wie versteinert starrte der Lehrer in den wolkenverhangenen Himmel. In Gedanken schien er ganz woanders zu sein. Irgendwo. Auf jeden Fall nicht beim Mathematikunterricht.

Kurz bevor das Gongzeichen ertönen musste, sammelte er die Hefte wieder ein.

„Während ihr über den Aufgaben gebrütet habt, habe ich auch nachgedacht", sagte er, und sein Blick wanderte dabei von einem zum anderen. „Über die Vorbilder. Ihr wisst schon. Dass ihr keine habt. Völlig falsch! Natürlich habt ihr welche. Uns!" Er klemmte sich den Heftstapel unter den Arm. „Uns Erwachsene! Gibt's Probleme, dann schlagen sie zu. Wie im Golfkrieg. Knallhart. Ohne Rücksicht. Wollen die was haben, holen sie es sich. Und gibt man es ihnen nicht freiwillig, dann wird nachgeholfen. Gegenüber der „Dritten Welt" funktioniert das doch ganz gut. Oder Umwelt. Ozonloch. Ohne an die Folgen zu denken, wird weitergemacht, als ob nichts wäre. Anders machen? Fehlanzeige! Immer nur an sich selbst denken. Heute konsumieren, auf Teufel komm raus. Ob spätere Generationen dann noch auf diesem Planeten leben können, interessiert nicht. Wenn die Erwachsenen die Ellenbogen benutzen, wieso solltet ihr es anders machen? Wenn die Erwachsenen euch vormachen, dass man rücksichtslos zerstören kann, warum ihr dann nicht? Ob's die Umwelt oder das Klassenmobiliar ist, wo ist da schon der Unterschied?"

Das Gongzeichen ertönte. Der Lehrer ging zur Tür. Dann drehte er sich noch einmal um: „Mathematik kann ich euch beibringen. Mit etwas Glück, Geduld und ein paar Ideen. Aber wie ich euch die wichtigen Dinge des Lebens nahebringen soll, das weiß ich immer weniger."

Langsam trat er auf den Flur hinaus. So resigniert hatte Tobias seinen Lehrer noch nie gesehen. Tobias sah ihm nach, selbst als er längst im Flur verschwunden war und die anderen ihre Sachen in die Schultaschen und Beutel packten. Als vor ihm Arnes Etui auf den Boden fiel, wachte er aus seinen Gedanken auf. Er sah, wie Sebastian zwei Schritte nach vorne kam, wie zufällig mit der Hacke auf Arnes Etui trat und seinen Absatz noch einmal kräftig hin- und herdrehte. Ein leises Knacken war zu hören. Dann sickerte blaue Tinte aus dem Etui auf den Boden.

„Du hättest dein Heft ruhig etwas mehr rüberhalten können", sagte er grinsend. „Meinst du, ich will mir den Hals verrenken? Nein! Merk dir das! Fürs nächste Mal." Tobias blickte gespannt auf Arne. jetzt musste doch was passieren! Jetzt musste Arne doch zuschlagen. Das konnte der sich doch nicht einfach so gefallen lassen. Der brauchte nicht klein beizugeben. Der nicht! Aber Arne hob nur das Etui auf, klappte es auseinander und stellte in einem betont sachlichen Ton fest: „Füller, Bleistift, Lineal. Etwa 35 Mark. Dann noch die Mappe. Zusammen 55 Mark. Du kannst mir das Geld gleich geben. Aber wie ich dich kenne, wirst du zu dumm dazu sein und warten, bis ich es dem Salomo gemeldet habe. Aber du kannst es dir ja noch mal überlegen. Die Pause dauert fünfzehn Minuten."

Die nächste Stunde hatten sie wieder bei Herrn Salomo. Arne stand im Flur, um ihn abzufangen. Tobias konnte durch die geöffnete Tür sehen, wie er auf den Lehrer zutrat. Während Arne von dem Vorfall berichtete und sein Etui zeigte, kamen die beiden in den Raum. „Finde ich gut, dass du kommst damit wir die Sache gemeinsam bereden und klären können", sagte der Lehrer. Dann hielt er inne und sah Arne fragend an. „Aber warum hast du Sebastian eigentlich keine geknallt? Ich muss gestehen, ich hätte gedacht, dass du ihn verprügeln würdest. So wie du gebaut bist!"

„Ich bin im Boxverein." Es sah so aus, als ob Arne nicht wüsste, wo er seine Hände lassen sollte. „Wenn ich bei einer Schlägerei mitmache, fliege ich raus. Das musste ich sogar unterschreiben."

„Solche Regeln habt ihr?" staunte der Lehrer. „Ich kenne mich da wirklich zu wenig aus. Vielleicht solltest du uns da mal mehr von erzählen. Oder uns einfach mal mitnehmen, wenn das erlaubt ist und welche von den anderen Interesse haben."

Und ob sie Interesse hatten! Sogar einige der Mädchen wollten mitkommen. Nur Sebastian fand den Vorschlag ätzend. Doch als die meisten zusagten, brummelte er auch ein „von mir aus", damit es nicht so aussah, als ob er kneifen würde. Arnes Boxlehrer hatte nichts gegen den Besuch. Sie durften sogar in den Ring steigen. Einer nach dem anderen. Als Sebastian sich durch die Seile schob und Arne geschmeidig vor ihm hin- und hertänzelte, mit der einen Faust das Gesicht deckte und mit der anderen angriff, konnte Tobias genau sehen, wie Sebastians Knie zitterten. Nach diesem Nachmittag war es irgendwie anders in der Klasse.

Hans-Martin Grosse-Oetringhaus

M22 Und so erzählt die Bibel
Gen 42,7 - 45,22 (gekürzt)

Als Josef seine Brüder sah, erkannte er sie. Aber er gab sich ihnen nicht zu erkennen, sondern fuhr sie barsch an. Er fragte sie: "Wo kommt ihr her?" "Aus Kanaan, um Brotgetreide zu kaufen," sagten sie. Er aber entgegnete ihnen: "Nichts da, ihr seid Spione und nur gekommen, um nachzusehen, wo das Land eine schwache Stelle hat." Da sagten sie: "Wir, deine Knechte, waren zwölf Brüder, Söhne ein und desselben Mannes in Kanaan. Der Jüngste ist bei unserem Vater geblieben, und einer ist nicht mehr." Josef aber sagte zu ihnen: "Es bleibt dabei, wie ich euch gesagt habe. Spione seid ihr. So wird man euch auf die Probe stellen. Beim Leben des Pharao! Ihr sollt von hier nicht eher loskommen, bis auch euer jüngster Bruder da ist."

Dann ließ er sie für drei Tage in Haft nehmen. Am dritten Tag sagte Josef zu ihnen: "Wenn ihr ehrliche Leute seid, soll einer von euch Brüdern in dem Gefängnis zurückgehalten werden. Ihr anderen aber geht und bringt das gekaufte Getreide heim, um den Hunger eurer Familien zu stillen. Euren jüngsten Bruder aber schafft mir herbei, damit sich eure Worte als wahr erweisen und ihr nicht sterben müsst."

Sie sagten zueinander: "Ach ja, wir sind an unserem Bruder schuldig geworden. Wir haben zugesehen, wie er sich um sein Leben ängstigte. Als er uns um Erbarmen anflehte, haben wir nicht auf ihn gehört. Darum ist nun diese Bedrängnis über uns gekommen." Sie aber ahnten nicht, dass Josef zuhörte, denn er bediente sich im Gespräch mit ihnen eines Dolmetschers. Er wandte sich von ihnen ab und weinte.

Als er sich ihnen wieder zuwandte und abermals mit ihnen redete, ließ er aus ihrer Mitte Simeon festnehmen und vor ihren Augen fesseln. Josef befahl dann, ihre Behälter mit Getreide zu füllen, einem jeden von ihnen das Geld wieder in den Sack zurückzulegen und ihnen für die Reise Verpflegung mitzugeben. Sie luden das Getreide auf ihre Esel und zogen fort.

Sie kamen zu ihrem Vater Jakob nach Kanaan und berichteten ihm alles, was ihnen zugestoßen war. "Jener Mann aber, der Herr des Landes, sagte zu uns: Daran will ich erkennen, ob ihr ehrliche Leute seid. Lasst einen von euch Brüdern bei mir zurück und schafft mir euren jüngsten Bruder herbei! So werde ich erfahren, dass ihr keine Spione, sondern ehrliche Leute seid."

Sie kamen zu ihrem Vater Jakob nach Kanaan und berichteten ihm alles, was ihnen zugestoßen war. Während sie nun ihre Säcke leerten, stellten sie fest. Jeder hatte seinen Geldbeutel im Sack. Als sie und ihr Vater ihre Geldbeutel sahen, bekamen sie Angst.

Ihr Vater Jakob sagte zu ihnen: "Ihr bringt mich um meine Kinder. Josef ist nicht mehr, Simeon ist nicht mehr, und Benjamin wollt ihr mir auch noch nehmen. Nichts bleibt mir erspart. Nein," sagte er, "mein Sohn wird nicht mit euch hinunterziehen. Denn sein Bruder ist schon tot, nur er allein ist noch da. Stößt ihm auf dem Weg ein Unglück zu, dann bringt ihr mein graues Haar vor Kummer in die Unterwelt."

Der Hunger lastete schwer auf dem Land. Das Getreide, das sie aus Ägypten gebracht hatten, war aufgezehrt. Da sagte ihr Vater zu ihnen: "Geht noch einmal hin, kauft uns etwas Brotgetreide!" Juda antwortete ihm: "Der Mann hat uns nachdrücklich eingeschärft: Kommt mir ja nicht mehr unter die Augen, wenn ihr nicht euren Bruder mitbringt. Wenn du bereit bist, unseren Bruder mitzuschicken, ziehen wir hinunter und kaufen dir Brotgetreide. Willst du ihn aber nicht mitschicken, gehen wir nicht."

Da sagte ihr Vater zu ihnen: "Wenn es schon sein muss, dann macht es so. Nehmt von den besten Erzeugnissen des Landes in eurem Gepäck mit, und überbringt es dem Mann als Geschenk. Nehmt den doppelten Geldbetrag mit! Das Geld, das sich wieder oben in euren Getreidesäcken fand, gebt mit eigenen Händen zurück! Vielleicht war es ein Versehen. So nehmt denn euren Bruder mit, brecht auf, und geht wieder zu dem Mann zurück!"

Sie machten sich auf, zogen nach Ägypten hinab und traten vor Josef hin. Als Josef bei ihnen Benjamin sah, sagte er zu seinem Hausverwalter: "Führe die Männer ins Haus, schlachte ein Tier, und richte es her! Die Männer werden nämlich mit mir zu Mittag essen."

Die Männer fürchteten sich, weil man sie in Josefs Haus führte, und dachten: Wegen des Geldes, das sich beim erstenmal wieder in unseren Getreidesäcken fand, werden wir da hineingeführt. Man wird sich auf uns werfen, man wird uns überfallen und uns als Sklaven zurückhalten samt unseren Eseln. Sie traten näher an den Hausverwalter Jo-

sefs heran und begannen mit ihm an der Haustür ein Gespräch: "Als wir aber in die Herberge kamen und unsere Getreidesäcke öffneten, lag das Geld eines jeden von uns oben im Sack, unser Geld im vollen Betrag. Wir bringen es mit eigenen Händen wieder zurück." "Ihr könnt beruhigt sein," antwortete er, "fürchtet euch nicht!" Dann brachte er Simeon zu ihnen heraus. Als Josef ins Haus kam, überreichten sie Josef das Geschenk, das sie mit hineingenommen hatten, und warfen sich vor ihm auf die Erde nieder. Er erkundigte sich, wie es ihnen gehe, und fragte: "Geht es eurem alten Vater gut, von dem ihr erzählt habt? Ist er noch am Leben?" Sie erwiderten: "Deinem Knecht, unserem Vater, geht es gut; er lebt noch." Als er hinsah und seinen Bruder Benjamin, den Sohn seiner Mutter, erblickte, fragte er: "Ist das euer jüngster Bruder, von dem ihr mir erzählt habt?" Dann ging Josef schnell weg, denn er konnte sich vor Rührung über seinen Bruder nicht mehr halten; er war dem Weinen nahe. Er zog sich in die Kammer zurück, um sich dort auszuweinen. Dann wusch er sein Gesicht, kam zurück, nahm sich zusammen und ordnete an: "Tragt das Essen auf!" Sie tranken mit ihm und waren guter Dinge.

Dann befahl Josef seinem Hausverwalter: "Fülle die Getreidesäcke der Männer mit so viel Brotgetreide, wie sie tragen können, und leg das Geld eines jeden oben in den Sack! Meinen Becher, den Silberbecher, leg oben in den Sack des Jüngsten mit dem Geld, für das er Getreide gekauft hat." Er tat, wie Josef es angeordnet hatte. Als es am Morgen hell wurde, ließ man die Männer mit ihren Eseln abreisen. Sie hatten sich noch nicht weit von der Stadt entfernt, da sagte Josef zu seinem Hausverwalter: "Auf, jage hinter den Männern her! Wenn du sie eingeholt hast, sag ihnen. Warum habt ihr Gutes mit Bösem vergolten und mir den Silberbecher gestohlen?

Der Hausverwalter holte sie ein und sagte zu ihnen, was ihm aufgetragen war. Sie antworteten ihm: "Wie kann mein Herr so etwas sagen? Niemals werden deine Knechte so etwas tun. Der von den Knechten, bei dem sich der Becher findet, soll sterben, und auch wir sollen dann unserem Herrn als Sklaven gehören." "Also gut," sagte er, "es soll geschehen, wie ihr sagt. Bei wem er sich findet, der sei mein Sklave, doch ihr anderen sollt straffrei bleiben." Jeder stellte eiligst seinen Sack auf die Erde und öffnete ihn. Er durchsuchte alles, beim Ältesten begann er, und beim Jüngsten hörte er auf. Der Becher fand sich im Sack Benjamins. Da zerrissen sie ihre Kleider. Jeder belud seinen Esel, und sie kehrten in die Stadt zurück.

Josef sagte zu ihnen: "Was habt ihr getan?" Juda erwiderte: "Was sollen wir unserem Herrn sagen, was sollen wir vorbringen, womit uns rechtfertigen? Gott hat die Schuld deiner Knechte ans Licht gebracht. So sind wir also Sklaven unseres Herrn, wir und der, bei dem sich der Becher gefunden hat." Doch Josef gab zur Antwort: "Derjenige, bei dem sich der Becher gefunden hat, der soll mein Sklave sein. Ihr anderen aber zieht in Frieden hinauf zu eurem Vater!" Da trat Juda an ihn heran und sagte: "Bitte, mein Herr, dein Knecht darf vielleicht offen etwas sagen? Wenn ich jetzt zu meinem Vater käme, und der Knabe wäre nicht bei uns, würde er sterben. Darum soll jetzt dein Knecht an Stelle des Knaben dableiben als Sklave; der Knabe aber soll mit seinen Brüdern ziehen dürfen. Denn wie könnte ich zu meinem Vater hinaufziehen, ohne dass der Knabe bei mir wäre? Ich könnte das Unglück nicht mit ansehen, das dann meinen Vater träfe."

Josef vermochte sich vor all den Leuten, die um ihn standen, nicht mehr zu halten und rief: "Schafft mir alle Leute hinaus!" So stand niemand bei Josef, als er sich seinen Brüdern zu erkennen gab. Er begann so laut zu weinen. Josef sagte zu seinen Brüdern: "Ich bin Josef. Ist mein Vater noch am Leben?" Seine Brüder waren zu keiner Antwort fähig, weil sie fassungslos vor ihm standen. Josef sagte zu seinen Brüdern: "Kommt doch näher zu mir her!" Als sie näher herangetreten waren, sagte er: "Ich bin Josef, euer Bruder, den ihr nach Ägypten verkauft habt. Jetzt aber lasst es euch nicht mehr leid sein, und grämt euch nicht, weil ihr mich hierher verkauft habt. Denn um Leben zu erhalten, hat mich Gott vor euch hergeschickt. Er hat mich zum Vater für den Pharao gemacht, zum Herrn für sein ganzes Haus und zum Gebieter über ganz Ägypten. Zieht eiligst zu meinem Vater hinauf, und meldet ihm. So hat dein Sohn Josef gesagt: Gott hat mich zum Herrn für ganz Ägypten gemacht. Komm herunter zu mir, lass dich nicht aufhalten!" Er fiel seinem Bruder Benjamin um den Hals und weinte; auch Benjamin weinte an seinem Hals. Josef küsste dann weinend alle seine Brüder. Darauf unterhielten sich seine Brüder mit ihm. Allen schenkte er Festgewänder, Benjamin aber schenkte er dreihundert Silberstücke und fünf Festgewänder.

DIE JUDEN –
BRÜDER UND SCHWESTERN IM GLAUBEN
LPE 7-4

Zur Struktur der Einheit

| BIOGRAPHISCH | SYMBOLDIDAKTISCH: SYMBOLE UND SYMBOLHANDLUNGEN DES JÜDISCHEN GLAUBENS | THEOLOGISCH: GOTTES GESCHICHTE MIT ISRAEL | HISTORISCH |

1. Exemplarische Selbstauskünfte

2 Stationen auf dem Lebensweg eines frommen Juden/ einer frommen Jüdin (Junge - Mädchen):
- 2.1 Bar Mizwa / Bat Mizwa
- (2.2 Hochzeit)
- (2.3 Beerdigung)

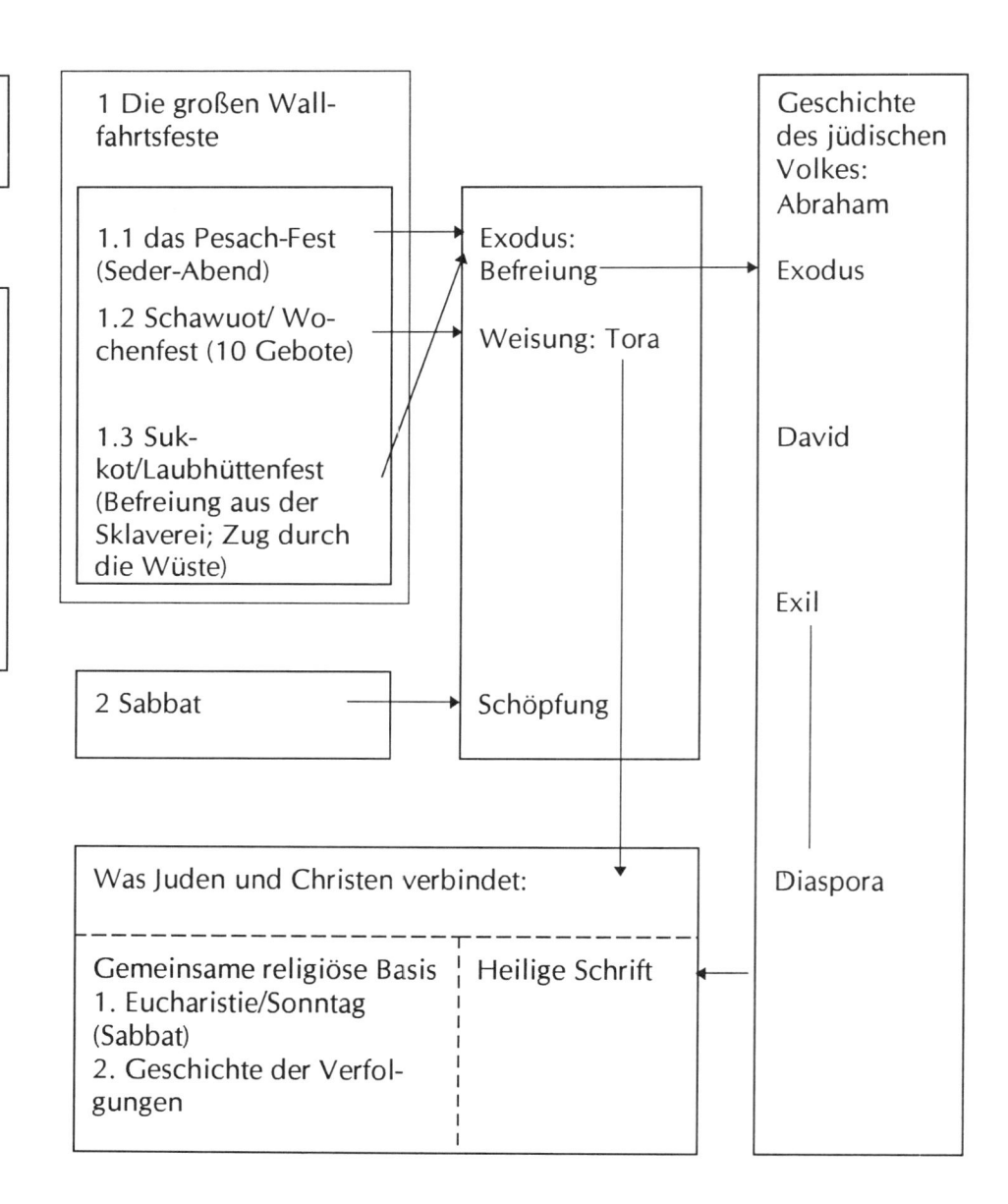

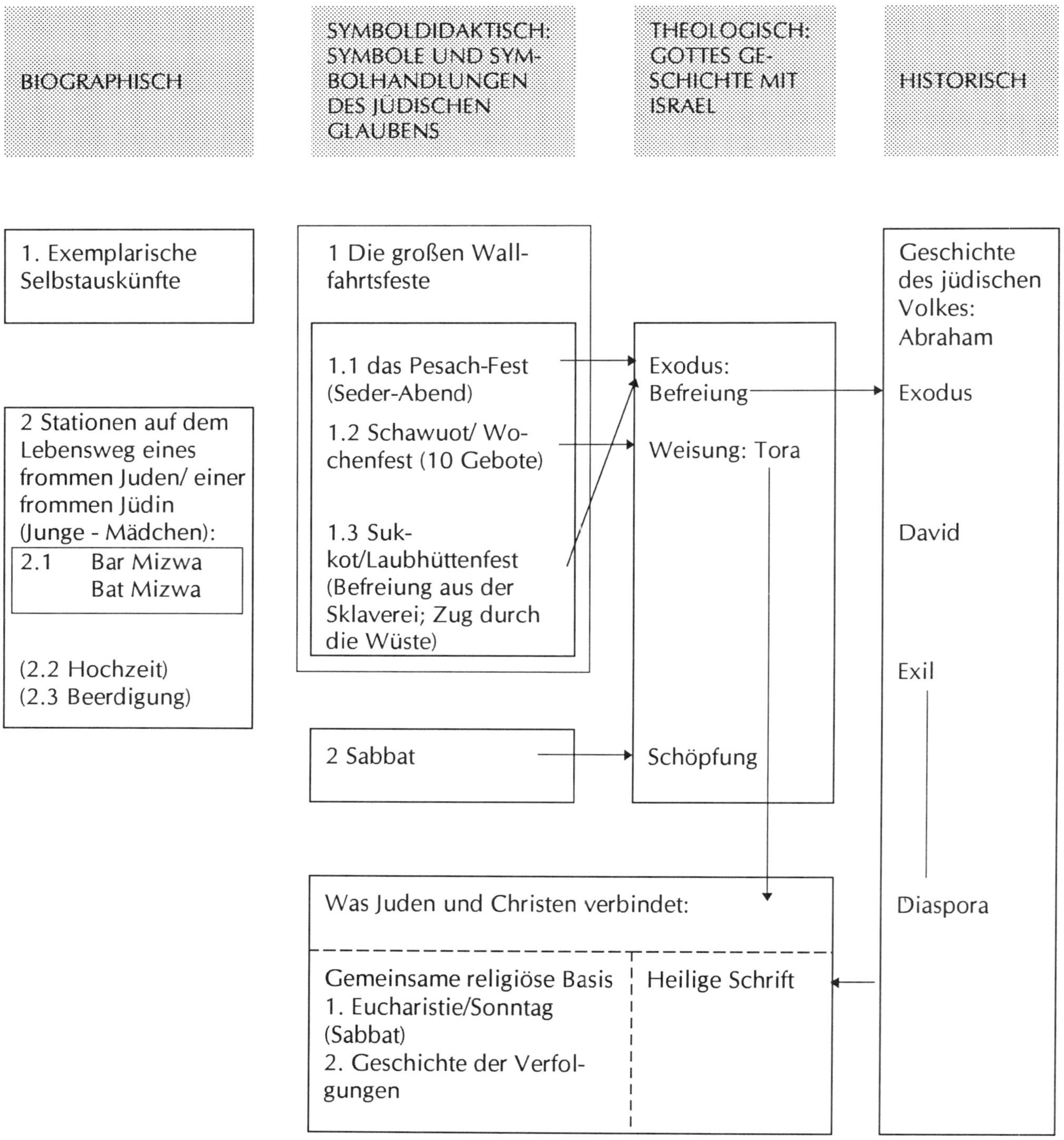

1 Die großen Wallfahrtsfeste
- 1.1 das Pesach-Fest (Seder-Abend)
- 1.2 Schawuot/ Wochenfest (10 Gebote)
- 1.3 Sukkot/Laubhüttenfest (Befreiung aus der Sklaverei; Zug durch die Wüste)

2 Sabbat

Exodus: Befreiung

Weisung: Tora

Schöpfung

Geschichte des jüdischen Volkes:
Abraham

Exodus

David

Exil

Diaspora

Was Juden und Christen verbindet:

Gemeinsame religiöse Basis	Heilige Schrift
1. Eucharistie/Sonntag (Sabbat) 2. Geschichte der Verfolgungen	

Die Fülle des Themas zwingt zur unterrichtlichen Konzentration. Wir sehen vier Anwege zur Thematik: einen biographischen, symboldidaktischen, theologischen, historischen. Die unterrichtliche Arbeit sollte von jeweils einem Strang ausgehen, je nach Vorwissen der Schüler/innen. Denkbar ist auch die Verknüpfung mit anderen Themen: LPE 7-1 Propheten-Prophetinnen; LPE 7-2 Wonach soll ich mich richten; LPE 7-5 Die Botschaft Jesu vom Reich Gottes.

Der biographische Zugang mit exemplarischen Selbstauskünften jüdischer Menschen oder mit Filmmaterialien zur Bedeutung jüdischer Riten im Lebenslauf, vorab im Leben eines Jungen und eines Mädchens kann zu Vergleichen mit der eigenen Erfahrung mit kirchlichen Riten anregen. Möglich ist an dieser Stelle auch der Hinweis auf die jüdische Herkunft und den jüdischen Glauben Jesu. (Literaturhinweis: Wilhelm Bruners, Wie Jesus glauben lernte, Freiburg 1988)

Handlungsorientierte Vorschläge, die eine Feier des Seder-Mahls anregen, sollten sehr zurückhaltend aufgenommen werden. Was würden Christen sagen, wenn im Klassenzimmer eine Lehrkraft eine Messe mit Wandlung usw. nachspielt? Unbenommen ist freilich das Zeigen der entsprechenden Materialien und das Lesen und Sprechen ausgewählter Textausschnitte sowie der Aufbau eines Sedermahl-Tisches. – Je anschaulicher, umso genauer und interessierter wird das Unterrichtsgespräch verlaufen.

Man kann das Thema auch historisch angehen. Dies verlangt jedoch einen etwas höheren Abstraktionsgrad bei den Schüler/innen. Hilfreich ist hier die Zusammenarbeit mit den Fächern Geschichte, Geographie, Deutsch (literarische Texte, Hörspieltexte zu den großen Gestalten des jüdischen Glaubens und jüdischen Lebens).

Die theologische Dimension ist in den genannten Anwegen immer schon enthalten und sollte jeweils dort mit eingebracht werden. Die Tora selbst, ihre schöpfungstheologische und von der Exoduserfahrung her entwickelte Grundlegung, ist bereits in LPE 7-2 Wonach soll ich mich richten? thematisiert worden.

Es gibt wohl wenige Themen im RU, für die man auf ein so breites Materialangebot zurückgreifen kann wie bei dieser Einheit Judentum. Das gilt sowohl für das Medienangebot wie auch für didaktisch aufbereitete Materialien. Diese enthalten in der Regel auch weiterführende Literatur. Deshalb beschränken wir uns in den folgenden Kapiteln auf einige knappe Materialhinweise und verzichten weitgehend auf fachwissenschaftliche Ausführungen zu den Inhalten.

Einen besonderen Hinweis verdient das 1998 erschienene Heft von Roland Gradwohl u.a. (s. Lit.). Darin findet man sowohl eine kompakte Sachinformation zu den verschiedenen Aspekten des Themas als auch eine Fülle von Kopiervorlagen und weiteren Material- und Literaturhinweisen.

Literaturhinweise

A. H. Baumann (Hrsg.), Was jeder vom Judentum wissen muss, Gütersloher Verlagshaus, Gütersloh 1983, 8. überarb. Aufl. 1997

R. Gradwohl, D. Petri, J. Thierfelder, R. Wertz, Grundkurs Judentum. Materialien für Schule und Gemeinde, Calwer, Stuttgart 1998

A. Lohrbächer (Hrsg.), Was Christen vom Judentum lernen können. Modelle und Materialien für den Unterricht, Herder, Freiburg 1993

ru 2/97, Themenheft: Tora

Spuren. Arbeitshilfen für einen ganzheitlichen Religionsunterricht an Förderschulen, O II.5, Andere Religionen, Teil 1: Das Judentum, 1994 (mit ausführlichen Literatur- und Materialhinweisen)

1. Juden bei uns

a) Notizen zu Thema und Intention

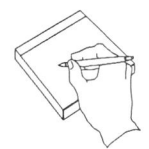

Obwohl die Berührungspunkte mit dem Judentum für Schülerinnen und Schüler sehr gering sind, gibt es Möglichkeiten, konkrete Bezüge herzustellen. Straßennamen (Judengasse, Judenhof ...), Gebietsbezeichnungen (Judenviertel) und Gedenktafeln weisen auf ein früheres Vorhandensein von Menschen jüdischen Glaubens hin. Lerngänge zu jüdischen Friedhöfen oder zu einer (ehemaligen) Synagoge (vgl. die Landkarte von Baden-Württemberg M741) bieten ebenfalls Zugangsmöglichkeiten.
Sollte jedoch nichts von dem Genannten vorhanden sein, ist eine direkte Begegnung mit dem Judentum sehr schwierig.
Was das Leben und den Glauben jüdischer Menschen prägt, was sie trotz immer wieder stattfindender Verfolgungen und Diskriminierungen durch die Jahrhunderte hindurch zusammengehalten hat, ist den Schülerinnen und Schülern nur selten bewusst und deshalb schwer verständlich und vermittelbar. Oft erschöpft sich das Wissen der Schülerinnen und Schüler auf die Information, dass „die Juden im Dritten Reich vergast worden sind".
(aus: Spuren OII5, S. 17)

b) Methodische Hinweise

- Spurensuche
  Die unmittelbare Lebenswelt der Schüler/innen soll nach jüdischen Spuren untersucht werden. D.h. die Schüler/innen bekommen den Auftrag herauszufinden, ob in ihrem Ort Straßennamen (Judengasse, Judenhof), Gedenktafeln, Familiennamen auf jüdischen Hintergrund hinweisen. Dazu können auch ältere Menschen auf eine solche Vergangenheit hin befragt werden.
  Eine weitere Möglichkeit ist ein Lerngang zu einem jüdischen Friedhof oder zu einer Synagoge in der näheren oder weiteren Umgebung (vgl. Karten M23 und M24)
  Viele Anregungen für eine solche Spurensuche findet man ebenfalls im Religionsbuch für das 5/6. Schuljahr von Hubertus Halbfas, S. 56 (nachgedruckt in den Arbeitshilfen zum Lehrplan für das Fach Katholische Religionslehre, S. 108). Halbfas will die Schüler/innen vor allem zur Aktivität gegen Vergessen und Verschweigen jüdischen Lebens am Ort anregen.

- Zeitungsberichte und -archive. Eine andere Art der Spurensuche ist die Verfolgung von Zeitungsberichten oder sonstigen Hinweisen auf rechtsextremistische Aktionen und Anschläge auf jüdische Einrichtungen.

c) Literatur und Materialhinweise

J. Hart, Jüdische Organisationen in Deutschland, Das Parlament, Nr. 33 vom 9.8.91
R. Frick, C. Fuhrmann-Husson, C. Oehler, Die Juden - das von Gott erwählte Volk, in: IRP Unterrichtshilfen für den Religionsunterricht an Hauptschulen, Hrsg.: Institut für Religionspädagogik Freiburg 1995

M23 Synagogen in Baden-Württemberg

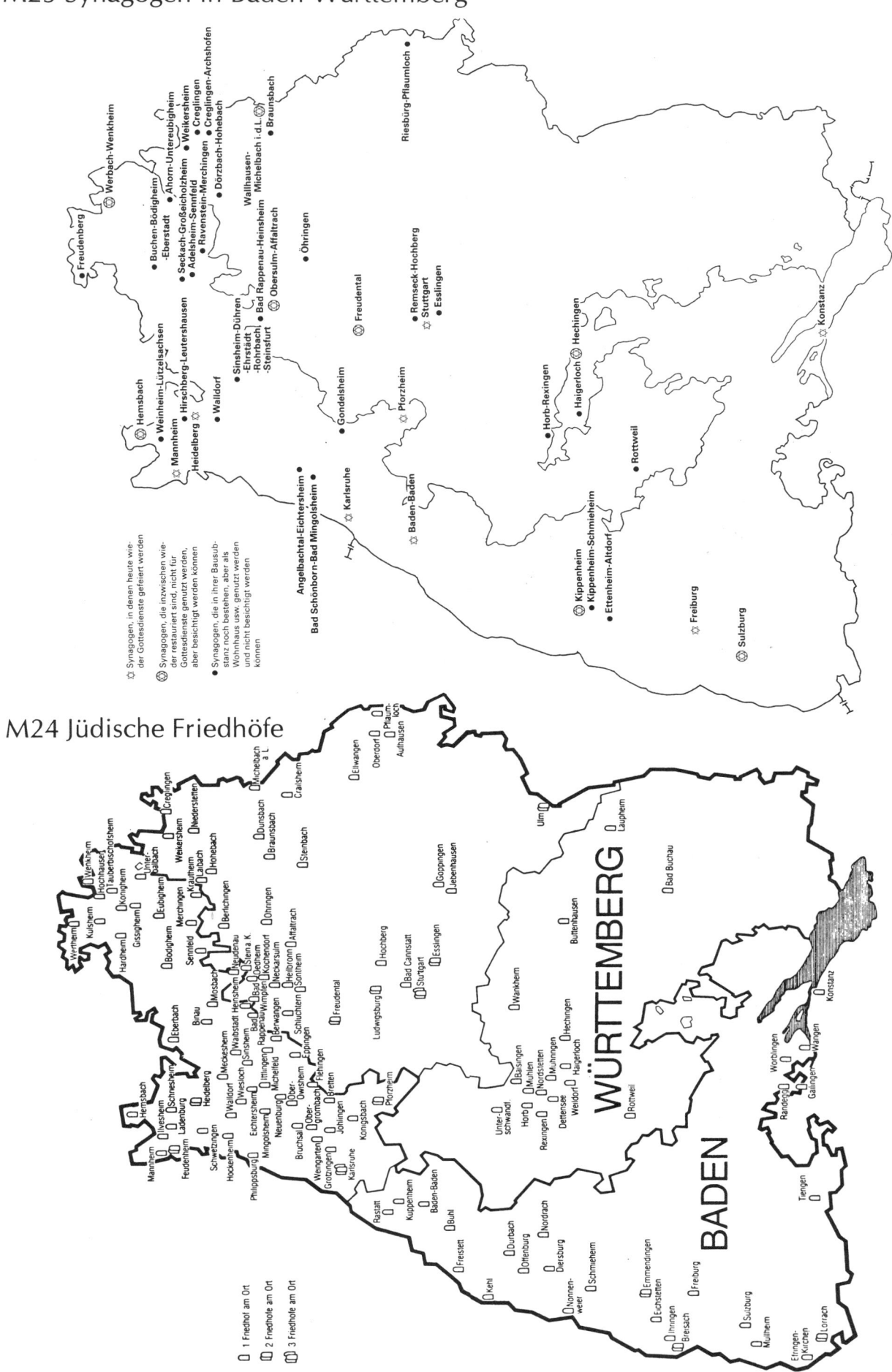

☆ Synagogen, in denen heute wieder Gottesdienste gefeiert werden

⬡ Synagogen, die inzwischen wieder restauriert sind, nicht für Gottesdienste genutzt werden, aber besichtigt werden können

● Synagogen, die in ihrer Bausubstanz noch bestehen, aber als Wohnhaus usw. genutzt werden und nicht besichtigt werden können

M24 Jüdische Friedhöfe

☐ 1 Friedhof am Ort
☐ 2 Friedhöfe am Ort
☐ 3 Friedhöfe am Ort

# 2. Als Jude und Jüdin leben

a) Notizen zu Thema und Intention

Lebensvollzüge von gläubigen Juden und Jüdinnen sind den Schüler/innen vermutlich fremder als das Leben von Muslimen. Das Buch bietet kurze, informierende Texte sowie Bilder zu den typischen Ereignissen wie Beschneidung, Bar Mizwa, Trauung, Tod und Begräbnis, das tägliche Gebet. Die Feier des Sabbat wurde ins folgende Kapitel „Feier der Taten Jahwes" aufgenommen, da es sich beim Sabbat um eine Feier zur Schöpfung handelt. Die Bedeutung der Tora, ein Kernelement jüdischen Glaubens wird ebenfalls im Zusammenhang zweier Feste thematisiert: Schawuot (Wochenfest) und Simchat Tora (Tora-Freudenfest).

Am lebendigsten wird Schülern das Leben von Juden auf narrativem Weg vermittelt werden können. Hierin folgen wir den Anregungen von Spuren O II.5 (siehe Literatur). Unter den methodischen Anregungen werden zwei Jugendbücher vorgestellt, die geeignet sind, Jugendliche für den jüdischen Glauben und das jüdische Leben zu interessieren und sich damit auseinanderzusetzen. Beide Bücher sind für einen fächerübergreifenden Unterricht geeignet. (Vgl. Bildungsplan für die Hauptschule, Deutsch, Arbeitsbereich 2, Literatur und andere Texte: Jugendbuch). Unter der Fragestellung „Jüdisches Schicksal im Kinder- und Jugendbuch" werden weitere Buchhinweise in den Arbeitshilfen zum Lehrplan für das Fach Katholische Religionslehre in Baden-Württemberg, Hauptschule, S. 114, gegeben. Das Thema Judentum und Nationalsozialismus wird im Geschichtsunterricht allerdings erst in Klasse 9 behandelt.

Die Bilder des Buches können durch das vielfältige Angebot von Folien und Dias (vgl. Literatur- und Materialhinweise) ergänzt werden. Ferner verweisen wir auf die Möglichkeit mit Hilfe des Medienkoffers (Lit.) oder Gegenständen aus eigenem Besitz (Siebenarmiger Leuchter, Tora-Rolle) den Schüler/innen die Inhalte „zum Anfassen" zu präsentieren.

b) Methodische Hinweise

- Ganzschrift - Peter Sichrovsky, Mein Freund David, Arena-Taschenbuch, Band 1747, Würzburg 1993, DM 6,90
  Betti besucht die 6. Klasse einer Schule im heutigen Berlin. Eines Tages kommt ein Neuer in ihre Klasse: David. Er ist mit seinen Eltern aus Ostberlin in den Westen gekommen, weil seinem Vater dort Arbeit angeboten wurde. David sitzt nun in der Schule neben Betti, was ihr anfangs überhaupt nicht gefällt. Als sich dann noch herausstellt, dass David samstags nie zur Schule kommt und Betti immer samstags für ihn mitschreiben soll, macht ihn das auch nicht gerade sympathischer für sie. Betti erfährt zwar, dass der Samstag, der Sabbat, für David ein Feiertag ist, doch damit kann sie erst einmal wenig anfangen. Nach und nach freunden sich die beiden jedoch an und Betti erlebt mit, was der Sabbat für David bedeutet.
  Allerdings wird sie auch mit Davids Problemen konfrontiert. Er verbringt nämlich seine Freizeit und manche Schulvormittage in Kinos und Spielsalons. Als er kein Geld mehr hat, versetzt er die wertvolle, silberne Taschenuhr seines Urgroßvaters, das letzte Erinnerungsstück an ihn. Da diese Uhr aber für die Familie und für ihn sehr wichtig ist - David soll sie im kommenden Jahr zu seiner Bar Mizwa-Feier überreicht bekommen -, beginnen für Betti und für ihn nun dramatische Wochen, in

denen sie allerhand versuchen und unternehmen, um die wertvolle Uhr wieder zurückzukaufen.

Durch die Freundschaft mit David erfährt Betti viel vom heutigen Leben der Juden. Sie nimmt an einer Sabbatfeier in der Synagoge und bei David zu Hause teil; sie wird mit der Zeit neugierig, interessiert sich, stellt Fragen, muss aber auch feststellen, dass das, was mit den Juden im Dritten Reich geschehen ist, die Erwachsenen ihrer Umgebung nur sehr ungern ober überhaupt nicht zur Sprache bringen wollen. Trotz der Antworten, die sie bekommt, bleibt vieles unklar und fremd.

Am Ende verlässt David relativ überraschend Berlin und geht mit seinen Eltern nach Israel - für immer.

Durch die große Schriftgröße ist das Buch als Ganzschrift für Jugendliche gut geeignet. Der Inhalt wird spannend, informativ und in einer jugendgemäßen unkomplizierten Sprache angeboten. Handlungsabläufe sind klar und überschaubar dargestellt und somit nachvollziehbar. Schülerinnen und Schüler können sich mit den so beschriebenen Personen identifizieren.

Von Anfang an war bei den Schülerinnen und Schülern eine Begeisterung für dieses Buch da, die bis zum Schluss anhielt.

Gemeinsam mit Betti lernten sie wichtige Inhalte der jüdischen Religion kennen. Durch zusätzliche Medien, Folien, Bilder und erklärende Texte wurden manche Inhalte noch verdeutlicht.

(aus: Spuren OII5 Andere Religionen. Teil 1: Das Judentum, S. 17f.)

■ Ganzschrift - Peter Richter, Damals war es Friedrich, Deutscher Taschenbuch Verlag, dtv junior 7800, München 1974

Erzählt wird die Geschichte zweier deutscher Jungen in der Zeit von 1925 bis 1942. Beide wachsen im selben Haus auf, gehen in dieselbe Schulklasse und werden als jeweils einziges Kind von verständnis- und liebevollen Eltern erzogen.

Sie werden Freunde und jeder ist in der Familie des anderen daheim. Doch Friedrich Schneider ist Jude und ganz allmählich wirft der Nationalsozialismus seine Schatten über ihn und seine Familie.

Die Freundschaft der beiden Jungen wird dadurch auf immer härtere Proben gestellt. Friedrichs Freund, der zwar bis zuletzt an Friedrich hängt, kann ihm immer weniger zur Seite stehen, da er selbst dem Zwang seiner Zeit ausgeliefert ist. Die Geschichte führt langsam aus einer heilen Kinderwelt in ein maßloses Dunkel.

Das Buch ist umfangreich mit ca. 130 kleingedruckten Seiten. Da es jedoch in einzelne, in sich abgeschlossene Geschichten gegliedert ist, ist der Inhalt für die Jugendlichen überschaubar.

Unterrichtserfahrungen:

Wegen des Umfangs wurden einige Geschichten des Buches zusammenfassend von der Lehrerin erzählt, andere von den Schülerinnen und Schülern zu Hause gelesen. Anfangs waren sie nicht begeistert, ein ganzes Buch zu lesen. Sie wurden jedoch von Geschichte zu Geschichte immer mehr in die Spannung des Buches hineingenommen. Die Jugendlichen spürten von selbst, wie sich der Kreis um die jüdische Familie Schneider immer enger zog.

Die Auseinandersetzung mit diesem Buch machte die Schülerinnen und Schüler mit der Zeit sensibler für das, was die Medien heute über Juden berichten (z. B. in Fernsehfilmen). Sie begannen nachzufragen und konnten sich anhand der Lektüre manche Fragen selbst beantworten.

Die Schülerinnen und Schüler bekamen nach und nach einen Einblick, mit welchen Problemen eine ganz gewöhnliche jüdische Familie zu

kämpfen hatte, welcher Willkür sie ausgesetzt war und mit welcher Ohnmacht sie die immer dreister werdenden Schikanen des Nationalsozialismus über sich ergehen lassen musste.
Beide Bücher sprechen grundsätzlich wichtige menschliche Werte (Religion, Freundschaft, Mut, Solidarität) an, sie werfen daher im Unterricht religiöse, ethische und gesellschaftliche Fragen auf. Die Texte erfordern einen handelnden Umgang, damit die Schülerinnen und Schüler zu *Mitbeteiligten* werden können:

Unterrichtserfahrungen und Anregungen für die Buchlektüre
1. Die Subjektposition der Leserin, des Lesers herausarbeiten.
1.1 Das Lesen wird begleitet von einem „Lesehilfezettel", dieser kann sowohl einzeln oder auch gemeinsam bearbeitet oder diskutiert werden.
- Das hat mir beim Lesen des Buches besonders gefallen.
- Das hat mich beim Lesen sehr bewegt/nachdenklich gemacht.
- Eine besonders traurige Stelle: Seite .....
- Darüber möchte ich mehr wissen: Seite .....
1.2 Über ausgewählte Stellen findet ein Meinungsaustausch statt, sodass verschiedene Gefühle und Empfindungen sichtbar werden.
1.3 Eine Variante hiervon ist, unter Einbeziehung bildgestaltender Elemente eine solche Situation zu illustrieren.
2. Erzeugen einer affektiven-emotionalen Beteiligung der Schülerinnen und Schüler.

Im Unterricht hat sich gezeigt, dass die Jugendlichen zum Beispiel von Friedrichs Schicksal sehr betroffen sind (oder sich mit Betti identifizieren). Handlungs- und produktionsorientierte Tätigkeiten helfen den Schülerinnen und Schülern damit umzugehen:
2.1 Erarbeiten eines fiktiven Interviews mit Friedrich, Betti oder David.
2.2 Schreiben oder Besprechen von alternativen Schlüssen.
2.3 Schreiben eines Briefes an Friedrich.
2.4 Einen Textabschnitt in eine Hörspielszene umsetzen.
3. Während der Lektüre kann eine Informationsecke im Klassenzimmer eingerichtet werden (Bilder, Bücher, Landkarte, Lexika, Kunstführer, Prospekte, Zeitungsausschnitte, Musik ...).
(aus: Spuren O II.5 Andere Religionen. Teil 1: Das Judentum, S. 17; vgl. Lesen in der Schule. Unterrichtsvorschläge für die Sekundarstufen dtv, Lehrerhandbuch 6, München 1993)

■ M26 Die hebräische Schrift
Als „Bar Mizwa" muss der jüdische Junge einen Abschnitt der Bibel hebräisch lesen. Die Schüler/innen lernen das hebräische Alphabet kennen und versuchen mit den hebräischen Buchstaben ihren Namen zu schreiben. (Vgl. dazu in: H. K. Berg, So lebten die Menschen zur Zeit Jesu (Kap. Die Jüdische Religion - Die Thora, die Karten 8-13), Calwer/Kösel, 1996, sowie P. Gehrlein, Blatt M 39a - s. Lit.)

■ M27 Jüdische und christliche Symbole und Gegenstände
Die jeweiligen Gegenstände werden entweder der christlichen oder der jüdischen Religion zugeordnet und beschriftet.
Zur Symbolik des David-Sterns vgl. „LebensZeichen", Unterrichtswerk Sek. I, Bd. 1, 5/6. Schuljahr, Vandenhoeck & Ruprecht, S. 220-223

- Einen Jungen an Bar Mizwa mit den erforderlichen Dingen versehen. Dazu kann man die Materialien von M27 (s.o.) heranziehen mit dem Hinweis für die Schüler/innen, dass beim Herrichten etwas durcheinander geraten ist. Vgl. auch Informationen in: Spuren, S. 36 (Lit.)

- M28 Sabbat- und Speisevorschriften
  Bei der Auswahl wird Bezug genommen auf a) R. Gradwohl u.a., Grundkurs Judentum (Lit.), Kopiervorlage I.9; I.3a. (Arbeitsblatt I.3b enthält eine Zuordnungsaufgabe von erlaubten und nicht erlaubten Speisen); b) Medien-Bausteine Religion 2. (Lit.), S. 13
  Erläuterungen zu Herkunft und Bedeutung der entsprechenden Vorschriften (aus jüdischer Sicht) bietet I. M. Lau, Wie Juden leben (Lit.)

- M29 Vergleich: Vater unser und jüdische Gebete
  Diese Aufgabe unterstellt, dass den Schüler/innen das Vater unser als christliches Grundgebet vertraut ist (wenn nicht, werden sie so an dieser Stelle damit wieder bekannt gemacht). Aus den Gemeinsamkeiten lässt sich auf eine gemeinsame Wurzel und Tradition schließen. Mit dem Kaddisch und dem Sch'mone-Esre haben wir neben dem Sch'ma Jisrael die wichtigsten jüdischen Gebete ausgewählt. (Nach der Fassung in: A. Lohrbächer, Was Christen vom Judentum lernen können, s. Lit.)
  In einer Klasse, in der das Schulgebet gepflegt wird, können diese Gebete (oder Teile davon) in den Gebetsfundus aufgenommen werden.

c) Literatur und Materialhinweise

A. Brum u.a. (Hrsg.), KinderWelten. Ein jüdisches Lesebuch, Roman Kovar Verl., Eichenau 1996 (Das Buch wurde als Lesebuch für den Unterricht an jüdischen Grundschulen in Deutschland entwickelt.)

R. Frick u.a, Die Juden - das von Gott erwählte Volk, in: IRP Unterrichtshilfen für den Religionsunterricht an Hauptschulen, Hrsg.: Institut für Religionspädagogik, Freiburg 1995

P. Gehrlein, Höre Israel! Leben und Glauben des Judentums. Freiarbeitsmaterialien für den Religionsunterricht in der Klasse 5 und 6, hrsg. vom Katechetischen Institut des Bistums Trier

R. Gradwohl, D. Petri, J. Thierfelder, R. Wertz, Grundkurs Judentum. Materialien für Schule und Gemeinde, Calwer, Stuttgart 1998

Das Judentum. Folien und Texte, Hrsg. Religionspädagogisches Seminar der Diözese Regensburg, Obermünsterplatz 7, Regensburg

I. M. Lau, Wie Juden leben. Glaube, Alltag, Feste, Gütersloher Verlagshaus, Gütersloh 1988

A. Lohrbächer (Hrsg.), Was Christen vom Judentum lernen können. Modelle und Materialien für den Unterricht, Herder, Freiburg 1993

Medien-Bausteine Religion 2. Band II: Kontext Jesu: Israel II, Urs Görlitzer-Verlag, Karlsruhe 1990

G. Neumüller (Hrsg.), Spielen im Religionsunterricht. Ein Praxisbuch, Kösel, München 1997, S. 69-77

Spuren. Arbeitshilfen für einen ganzheitlichen Religionsunterricht an Förderschulen, O II.5, Andere Religionen, Teil 1: Das Judentum, 1994

Medienkoffer: D. Kircher, Judentum, Stuttgart 1976. Inhalt: Gebetsmantel, Gebetsriemen, Käppchen, Mesusa, Hawdala-Kerze, Gewürzbüchse, Sabbatdecke, Sederteller, Mazzentasche, Torarolle, Postkartensätze mit je 30 Karten, Begleittext, Eignung ab 10 Jahren, Kat.Nr. 4401. Zu entleihen bei: Evangelische Medienzentrale Württemberg, Theodor-Heuss-Str. 23, 70174 Stuttgart

M25 Lexikon hebräisch-jüdischer Begriffe

Der Lexikonteil will eine Hilfe zur schnellen Übersetzung bieten.

Afikoman	(griech.) Nachtisch; ein Stück Mazza, das vor der Pesachmahlzeit unter dem Sitz des Hausherrn versteckt und zum Abschluss genossen wird.
Almemor	(arab.) siehe Bima
Bar Mizwa	„Sohn der Pflicht". Mit 13 Jahren ist ein Junge religionsmündig und für sein Tun selbstverantwortlich.
Bat Mizwa	„Tochter der Pflicht". Mit 12 Jahren ist ein Mädchen religionsmündig.
Besomim	Gewürzbüchse in Silber und Holz, kostbar gearbeitet, Familienerbstück, wird bei der Verabschiedung des Sabbat (Hawdala) benützt.
Bima	(hebr.) Tribüne, abgesonderter, umgrenzter Platz, ursprünglich in der Mitte der Synagoge, auch Vorlesepult
Chamez	Gesäuertes; alles, was von einer Getreideart kommt, fest oder flüssig, alles mit Sauerteig Zubereitete; während der Pesachzeit verboten, wird vor Beginn des Festes entfernt
Chanukka	Einweihung
Chanukkafest	Fest zur Erinnerung der Wiedereinweihung des Tempels durch den Makkabäer Juda, achttägiges Lichterfest
Chanukkaleuchter	achtarmiger Leuchter, mit einem 9. Halter für den Schammes (= Diener), mit dem jeden Tag eine Kerze mehr angezündet wird.
Ghetto	(ital.) das Judenviertel, zuerst freiwilliger, später erzwungener Wohnsitz in einem Stadtviertel für Juden
Haftara	Abschnitte aus den Prophetenbüchern, Abschluss der Toravorlesung am Sabbat nach dem jeweiligen Wochenabschnitt gelesen
Haggadah	Pesacherzählung, volkstümlich, am 1. und 2. Sederabend
Hawdala	(hebr. Unterscheidung) Segensspruch und Abschlusszeremonie zu Hause und in der Synagoge am Sabbatausgang (Weinsegen, Gewürzsegen, Lichtsegen)
Hawdalakerze	geflochtene Kerze aus gelbem Wachs mit mehreren Dochten
Jad	Torazeiger, zum Vorlesen aus der Tora, da die Buchstaben nicht berührt werden dürfen.
Kaddisch	altes aramäisches Gebet, verkündet die Heiligkeit Gottes und die Hoffnung auf Erlösung, Schlussgebet im täglichen Gottesdienst, Gebet der Söhne bei der Beerdigung der Eltern, während des Trauerjahrs und am Jahrestag
Kiddusch	Heiligung, Einweihung des Sabbats, Gebet des Hausherrn am Freitagabend verbunden mit einem Segensgebet über einen Becher Wein, in der Synagoge am Ende des Abendgottesdienstes am Sabbat
Kippa	kleines rundes Käppchen für Männer und Knaben
Mazza	(Mehrzahl Mazzot), ungesäuerte Brote
Maror	Bitterkräuter: Lattich, Meerrettich
Minjan	Zahl, Mindestzahl von 10 (männlichen) Betern, die für den Gemeindegottesdienst vorgeschrieben ist, zurückgehend auf Gen 18,23
Mischna	(hebr.) „Wiederholung", „Lehre", Kern der mündlichen Lehre des Judentums, kanonische Sammlung des Gesetzesschrifttums der Tanaamiten (= Gesetzeslehrer), 2. Jh. n. Chr.
Pesach	„Vorüberschreiten", „Verschonung"; griech. Pascha (bei Luther: Passah), eines der drei Hauptfeste, 14.-21. Nisan, zur Erinnerung an den Auszug aus Ägypten

Sabbat	Ruhe, siebenter Tag der Woche, Tag der Ruhe und Heiligung zur Erinnerung an die göttliche Weltschöpfung und an die Befreiung Israels aus der ägyptischen Sklaverei
Schema Israel	„Höre Israel", Bekenntnis der Einzigkeit Gottes, benannt nach den Anfangsworten (Dtn 6,4), zusammengesetzt aus drei Abschnitten, Dtn 6,4-9; Dtn 11,13-21; Num 15,37-41; wird beim Morgen- und Abendgebet gesprochen, bei vielen anderen Gebetsanlässen, besonders aber in der Todesstunde
Seder	Bezeichnung der häuslichen Feier am 1. und 2. Pessach-Abend; symbolische Speisen (Mazza, Maror, Charosset, Bratenknochen und Ei zur Erinnerung an das Paschalamm und dessen Opfer, 4 Becher Wein, ein besonderer für Elija, Vorlesung der Haggadah, Mahl mit dem Afikoman
Schawuot	(Wochen) Wochenfest, zweites Hauptfest = Ernte-(Weizen) und Wallfahrtsfest (christliches Fest Pfingsten), zweitägig gefeiert, Tag der Offenbarung Gottes am Sinai
Shalom	Friede, Friedensgruß, Schalom alechem „Friede mit euch"
Sidur	Gebetbuch, besonders für die täglichen Gebete
Sukkot	Laubhüttenfest, Herbstfest, drittes ältestes und größtes Wallfahrtsfest, Aufenthalt in der Laubhütte (Sukka) zur Erinnerung an das provisorische Hüttenleben der Israeliten während der Wüstenwanderung
Synagoge	(griech.) Gemeinde, (hebr.) Knesset, Gemeindehaus, Lehrhaus, Schule, Tempel, Bethaus
Talit	Gebetsmantel, viereckiges Tuch zum Umschlagen, aus Wolle oder Seide, mit Quasten (Zizit) an den Ecken, der Talit wird von Männern ab dem 13. Lebensjahr beim Morgengebet angelegt.
Talmud	Studium, Belehrung, Lehre der Bibel, Sammlung der „mündlichen Lehre" (über vier Jahrhunderte hinweg); abgeschlossen im 5. Jahrhundert n. Chr., Auslegungen, Erläuterungen, Kommentierung der religiösen Gesetze
Tefillin	Schwarze Gebetsriemen mit Kapseln, die verschiedene auf Pergament geschriebene Torasprüche enthalten, werden zum Morgengebet an den Werktagen angelegt
Tora	Lehre, Weisung, Bezeichnung der fünf Bücher Mose (Pentateuch), für den Gottesdienst handgeschrieben auf Pergament, bei Beschädigung wird die Torarolle bestattet, Simcha Tora = Fest der Gesetzesfreude
Zizit	Schaufäden, Quasten, Num 15,37-41 und Dtn 22,12, an den vier Enden des Gebetmantels (Tallit), Erinnerungszeichen an Gott und seine Gebote

M26 Die hebräische Schrift

Die Heilige Schrift der Juden ist in hebräischer Sprache und Schrift geschrieben. Schon zur Zeit Jesu war das Hebräische für die meisten Juden eine Fremdsprache. Die Alltagssprache war aramäisch, das mit dem Hebräischen eng verwandt ist. Jesus sprach aramäisch!
Wer aber die Tora lesen will, muss hebräisch lesen und verstehen können. Das ist z.B. für einen deutschen Juden gar nicht so einfach.

Und so schreibt man Tora auf hebräisch: תּוֹרָה
A R O T

Im Hebräischen schreibt man von rechts nach links. Das Alphabet besteht nur aus Konsonanten (Mitlauten). Stelle dir vor, das wäre im Deutschen auch so. Schreiben wir einmal das Wort „beten" nur mit Konsonanten: b t n. Das gleiche „Wort" btn kommt auch in den folgenden Sätzen vor. Ergänze die fehlenden Vokale (Selbstlaute). Was stellst du fest?

Die Brücke ist aus B _ t _ n gebaut. Die Kinder b _ t _ n die Mutter um Verzeihung.

Die Händler b _ t _ n ihm viel Geld an. Der König schickte einen B _ t _ n aus.

Je nachdem welche Vokale man einsetzt entstehen neue Wörter. Damit man die richtige Wortbedeutung leichter findet, hat man im Hebräischen über und unter die Konsonanten kleine Striche und Punkte geschrieben, die dem Leser zeigen, welchen Vokal er hier einsetzen muss. Ohne diese Hilfen ist die hebräische Schrift nur von sehr Geübten zu lesen.

Zwei Beispiele:
Jisrael (Israel) יִשְׂרָאֵל

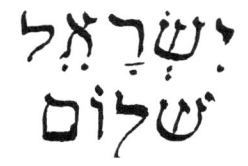

Schalom (Frieden) שָׁלוֹם

Suche dir aus dem hebräischen Alphabet die Buchstaben (Konsonanten) deines Namens zusammen und schreibe deinen Namen - selbstverständlich von rechts nach links!

Eine Seite aus der hebräischen Bibel

ישעיה

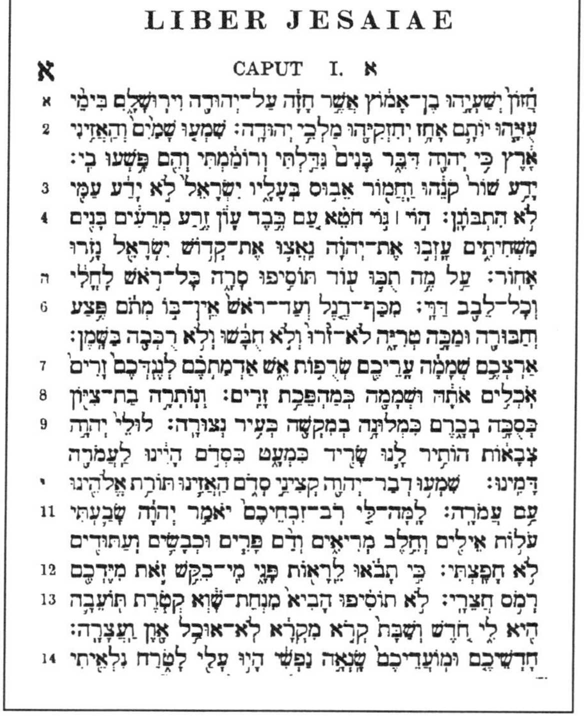

LIBER JESAIAE

CAPUT I.

Das hebräische Alphabet

Name	Grundform	am Wortende	Name	Grundform	am Wortende
Aleph	א		Mem	מ	ם
Bet	ב		Nun	נ	ן
Gimel	ג		Samech	ס	
Dalet	ד		Ajin	ע	
He	ה		Pe	פ	ף
Waw	ו		Zade	צ	ץ
Sajin	ז		Koph	ק	
Chet	ח		Resch	ר	
Tet	ט		Schin, Sin	ש	
Jod	י		Taw	ת	
Kaph	כ				
Lamed	ל				

Vokale werden als Punkte und Striche unter die Buchstaben gesetzt.

Im Hebräischen werden die Buchstaben auch als Zahlen verwendet. So bedeutet א = 1; ב = 2; ג = 3 usw.

LPE 7-4   DIE JUDEN - DAS VON GOTT ERWÄHLTE VOLK   103

M27 Jüdische und christliche Symbole und Gegenstände

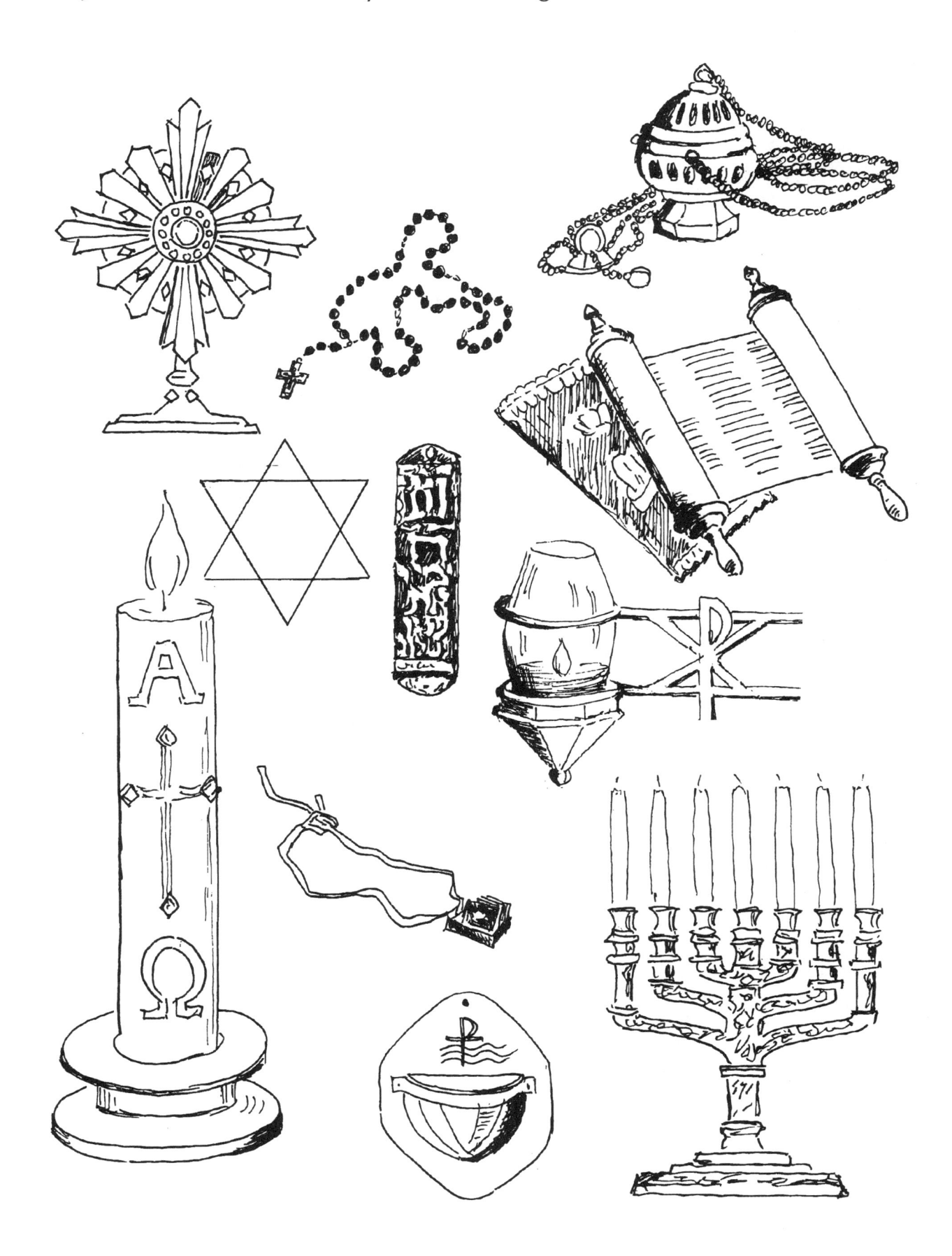

M28 Sabbat- und Speisevorschriften

Gedenke des Sabbats: Halte ihn heilig! Sechs Tage darfst du schaffen und jede Arbeit tun. Der siebte Tag ist ein Ruhetag, dem Herrn, deinem Gott, geweiht. An ihm darfst du keine Arbeit tun: du, dein Sohn und deine Tochter, dein Sklave und deine Sklavin, dein Vieh und der Fremde, der in deinen Stadtbereichen Wohnrecht hat. Denn in sechs Tagen hat der Herr Himmel, Erde und Meer gemacht und alles, was dazugehört; am siebten Tag ruhte er. Darum hat der Herr den Sabbattag gesegnet und ihn für heilig erklärt. (Exodus 20,8-11)

Am Sabbat (hebräisch „schabbat" = Ruhetag) soll der Mensch sich an die Schöpfung erinnern. Dafür soll er frei sein von jeder Anstrengung und Beschäftigung. Es gibt eine kaum überschaubare Zahl von Tätigkeiten, die am Sabbat verboten sind. Sie gehen zurück auf die Anfänge des Volkes Israel. Jüdische Gelehrte haben sie immer wieder an ihre jeweilige Zeit angepasst. Ein Beispiel: Wer von uns würde das Anknipsen des Lichtschalters heute als Arbeit verstehen? Da das Lichtmachen aber auf das Feuermachen in früherer Zeit zurückgeführt werden kann - und das war schon eher eine anstrengende Arbeit - ist es folglich verboten.

Verboten ...	Erlaubt...
• Erzeugung und Zubereitung von Nahrung, z.B. Kochen und Backen • Herstellung von Textilien und Kleidung, z.B. Nähen • Schreibarbeiten, Malen und Zeichnen • Feuermachen, z.B. eine Zigarette anzünden • handwerkliche Arbeiten und Reparaturen • Tragen schwerer Lasten, z.B. Koffer • Autofahren (denn dafür muss man die elektrische Zündung betätigen: siehe „Lichtmachen") • Sport, bei dem körperliche Anstrengung erforderlich ist • Musizieren, Fotografieren	• Spazierengehen (bis ca. 2 km) • Körperpflege • Zubereitung von kalten Speisen • Benutzung von Elektrizität mit Hilfe einer Schaltuhr (die vor Sabbatbeginn programmiert wurde) Das Gebot der Arbeitsruhe am Sabbat ist aufgehoben bei Lebensgefahr und bei der Rettung und Erhaltung von Gesundheit und Menschenleben (Krankenhaus, Rettungsdienste, Feuerwehr, Polizei, Landesverteidigung)

Die alten Speisegebote (Kaschrut) sind nicht immer rational zu erklären. Der fromme Jude hält sich daran, weil er darin ein Zeichen des Gehorsams und ein Bekenntnis zu seinem Jude-sein sieht.

Erlaubt...	Verboten....
• Früchte, Getreide, Gemüse • Milch, Milchprodukte, Eier (von erlaubten Tieren) • wiederkäuende Säugetiere, die gespaltene Hufe haben (Rind, Schaf, Ziege) • Fische mit Schuppen • Geflügel	• Schwein, Kamel (keine Wiederkäuer!), Pferd, Esel • Fleisch, das nicht ausgeblutet ist • Fische ohne Schuppen (Aal, Weichtiere (Schnecken, Austern) • Raubvögel • Auf der Jagd erlegte oder gerissene Tiere
Die erlaubten Tiere werden koscher geschlachtet, indem Halsschlagader und Luftröhre durchgeschnitten werden (Schächten).	Milch- und Fleischspeisen dürfen nicht zusammen gekocht und nicht zusammen gegessen werden. Es muss jeweils verschiedenes Geschirr verwendet werden.

Aufgabe: Ein jüdischer Freund oder eine jüdische Freundin ist bei euch zu Gast. Stellt einen Speiseplan auf mit koscheren (erlaubten) Speisen.

M29 Vergleich Vater unser und jüdische Gebete

Zum Vergleich mit dem **Vater-unser** werden das **Kaddisch** (Heiliggebet) und das **Achtzehn-Gebet** (= Sch'mone-Esre) herangezogen. Aus diesem langen Gebet werden nur einige Bitten ausgewählt. Es ist das Hauptgebet in jedem Gottesdienst. Deshalb nennt man es auch „Das Gebet".

CHRISTEN	JUDEN
	Das Kaddisch
Vater unser im Himmel	Verherrlicht und geheiligt werde sein erhabener Name in der Welt, die Er nach seinem Ratschluss geschaffen hat.
Geheiligt werde dein Name	Er lasse sein Reich kommen, so dass ihr alle mit dem ganzen Haus Israel in unseren Tagen, bald und in naher Zeit es erleben möget. Darauf sprechet: Amen!
Dein Reich komme	Sein erhabener Name sei gepriesen immerdar in Ewigkeit.
Dein Wille geschehe wie im Himmel so auf Erden	Gepriesen und gelobt, verherrlicht und erhoben, verehrt und gerühmt, gefeiert und besungen werde der Name des Allmächtigen, gelobt sei er hoch über alles Lob und Lied und Preis und Trost, die in der Welt ihm dargebracht werden. Darauf sprechet: Amen!
Unser tägliches Brot gib uns heute.	Des Friedens Fülle komme aus Himmelshöhen und Leben für uns und ganz Israel. Darauf sprechet: Amen.
	Der Frieden stiftet in seinen Höhen, Er gebe Frieden uns, ganz Israel und allen Menschen. Darauf sprechet: Amen.
	Aus dem Achtzehn-Gebet (Schmone Esre)
Und vergib uns unsere Schuld. Wie auch wir vergeben unsern Schuldigern.	- Du bist heilig, dein Name ist heilig, und die Heiligen loben dich jeden Tag. Gepriesen seist du, Ewiger, heiliger Gott.
Und führe uns nicht in Versuchung, sondern erlöse uns von dem Bösen	- Vergib uns, unser Vater, denn wir haben gesündigt, verzeih uns, unser König, denn wir haben uns verschuldet; denn vergebungsvoll bist du und verzeihst. Gepriesen seist du, Ewiger, Gnädiger, der so oft vergibt.
Denn Dein ist das Reich und die Kraft und die Herrlichkeit in Ewigkeit. Amen	- Sieh unsre Armut und streite unsern Streit und erlöse uns bald um deines Namens willen, denn ein starker Erlöser bist du. Gepriesen seist du Ewiger, der Israel erlöst.
	- Segne uns, Herr unser Gott, dieses Jahr und alle Arten seines Ertrages zum Guten, gib Segen auf die Erde, sättige uns mit deinem Gut, und segne unser Jahr wie die guten Jahre. Gepriesen seist du, Ewiger, der die Jahre segnet.

Welche Gemeinsamkeiten (wörtliche und sinngemäße) stellst du fest? Unterstreiche die entsprechenden Stellen jeweils mit einer anderen Farbe.

3. Jahwes Taten feiern

a) Notizen zu Thema und Intention

Jüdische Geschichte versteht sich als Geschichte Jahwes mit seinem Volk, als eine Geschichte der Führung und Großtaten Jahwes an seinem Volk. Jüdische Feste, vielfach auf alttestamentliche Zeit zurückgehend, machen dieses Handeln einer jeden Generation gegenwärtig und lassen diese teilnehmen an dieser Zuwendung. So soll sich jeder Jude bei der Feier des Sederabends verstehen als einer, der selber aus Ägypten ausgezogen ist.
In diesem Kapitel sollen die Schüler/innen nicht mit dem gesamten jüdischen Festkreis und den Inhalten aller Feste bekannt gemacht werden (zumal die gleichen Schüler/innen ihre Mühe haben, die Festinhalte der wichtigsten christlichen Feste auf die Reihe zu bringen). Wir haben die Feste und Feiern ausgewählt, die die Kernthemen jüdischen Glaubens feiern: Schöpfung, Exodus, Tora (Weisung).
„Im Rhythmus seines Lebens soll der fromme Jude das Tun Gottes nachvollziehen." (Baumann, Was jeder vom Judentum wissen muss, S. 81). Die Feier des Sabbat bedeutet Teilhabe an der Schöpfungsruhe des siebten Tages und Gedächtnis des Schöpfungswerkes. Die Eigenart jüdischen Feierns, die enge Verbindung von häuslichen Feiern und Gottesdienst in der Synagoge, wird deutlich in der Geschichte „Betti erlebt mit David einen Sabbat". Im Zusammenhang der Sabbatthematik kann auch die Frage der Sabbatruhe und der Speisevorschriften behandelt werden. (Vgl. M28)
Das eigentliche „Glaubensbekenntnis" Israels, die Erinnerung an die Errettung aus der ägyptischen Sklaverei, wird besonders an am Pesach-Fest (oder Passah) gefeiert. Aber auch das Laubhüttenfest als Erinnerung an die Zeit der Wüstenwanderung, als man Zelten und Hütten lebte, steht in diesem Zusammenhang.
Ihre Dankbarkeit für die Tora, für das Wort Gottes, das den Weg weist für ein gutes Leben, feiern die Juden am Wochenfest (Schawuot) und am Fest der Torafreude (Simchat Tora). Die Beschreibung der Feste selber sind sehr kurz gehalten, weil das eigentliche Thema der Inhalt des Festes sein soll, die Tora und ihre Bedeutung für die Menschen. Deshalb gehört in diesen Zusammenhang auch der Psalm 119 (Buch S. 52 und Kopiervorlage M36) und das Bild von M. Chagall, Jude mit Tora.
Das Chagall-Bild leitet gleichzeitig über zum folgenden Kapitel „Geschichte des jüdischen Volkes", die in erster Linie eine Leidensgeschichte ist, aber auch eine Geschichte, die ohne den Glauben des jüdischen Volkes an Erwählung und Führung (Tora, Weisung) nicht denkbar ist.

b) Methodische Hinweise

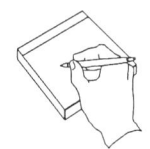

- M30 Jüdische Feste im Jahresablauf
  Mit dieser Aufstellung können die im Buch vorgestellten Feste in den Reigen der Feste im Jahresablauf eingeordnet werden. Die Kurzbeschreibung bietet eine knappe Information zum jeweiligen Fest.
  Eine Synopse des christlichen (katholischen) Kirchenjahres und des jüdischen Jahres findet man in Lebenslinien 7 (alte Ausgabe, 1991, S. 155)

- **M31 Rätsel: Die jüdischen Feste**
Wer nicht den zeitraubenden Umweg über die spielerische Rekonstruktion der jüdischen Festbezeichnungen gehen möchte, kann diese auch den Schüler/innen vorgeben bzw. mit ihnen anhand der im Buch behandelten Teile erarbeiten. Zur Schreibweise kann auf die letzte Zeile des Arbeitsblattes mit der Auflistung der Feste zurückgegriffen werden. Ein Tip bei der Lösung des Rätsels: Beginne mit dem Begriff, von dem die meisten Buchstaben bekannt sind - oder der Anfangs- bzw. Endbuchstabe.

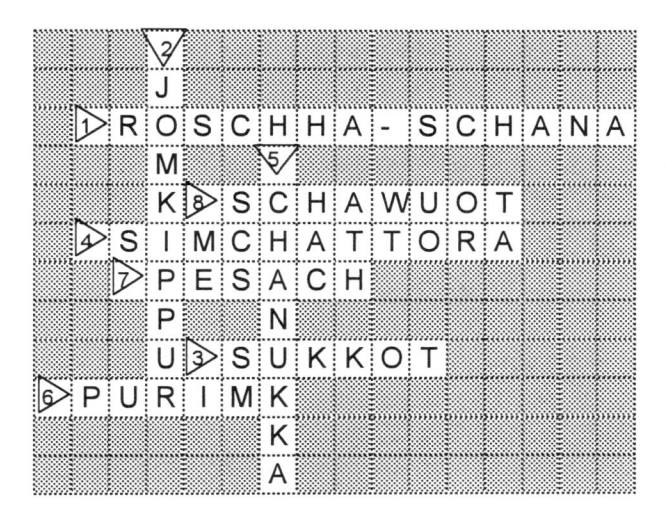

```
          J
       1▷ R O S C H H A - S C H A N A
          M       5▽
          K 2▷ S C H A W U O T
       4▷ S I M C H A T T O R A
          7▷ P E S A C H
          P       N
          U 3▷ S U K K O T
    6▷ P U R I M K
          K
          A
```

- **Betti erlebt mit David einen Sabbat (Buch S. 46-49)**
Wir bieten einen (relativ umfangreichen) Textauszug aus: Peter Sichrovsky, Mein Freund David. Das Buch wird in Kapitel 2 als Ganzschrift vorgeschlagen und inhaltlich vorgestellt. Die Schüler/innen sollten diesen Textauszug in Ruhe lesen. Zuvor hat allerdings der/die Lehrer/in eine kurze Einführung in die Situation von David und Betti gegeben. Als Lesehilfe kann man folgende Impulse mitgeben:
- Das verstehe ich nicht? Dazu möchte ich nähere Erklärung haben.
- Das gefällt mir gut; das spricht mich an.
- Das finde ich nicht gut. Das geht mir gegen den Strich.
Neben dem Ablauf eines Synagogen-Gottesdienstes und dem Ritus des Sabbatmahles kommen in diesem Text viele Elemente jüdischen Lebens vor: Umgang mit dem Gottesnamen („Er-da-oben"); Sabbatruhe; Kopfbedeckung (Kippa); hebräische Schrift; jiddische Sprache; Tora und Torarollen; Haartracht der Frau (Perücke in der Öffentlichkeit); Auswanderung nach Israel.
Diesen Text mit seinen verschiedenen inhaltlichen Elementen kann man auch als Ausgangspunkt nehmen, um den Unterricht bezüglich weiterer Inhalte zu strukturieren. Man kann daraus Aufgaben für Einzel- oder Partnerarbeit ableiten, die dann mit Hilfe des Schulbuches und der Materialien der Handreichung oder aus den anderen angegebenen Arbeitsmitteln bearbeitet werden.
Wenn man einen Schwerpunkt auf das Verständnis des Sabbats legt mit möglichen Impulsen für Christen, findet man in dem Material von A. Lohrbächer, Was Christen vom Judentum lernen können (s. Lit.) vielfältige Anregungen. Vgl. besonders S. 152: „25 Stunden Paradies - die Feier der Schöpfung am Schabbat". Das Material muss allerdings teilweise für Schüler/innen der Klasse 7 bearbeitet werden.

- **M32 Bastelbogen Faltsynagoge**
  Mit dem Basteln einer Synagoge lernen die Schüler/innen die Einrichtung und deren Bedeutung kennen.
  Bastelanleitung:
  - Kopie auf (etwas dickeres Papier)
  - Bemalen der Bauteile (Wasser- oder Holzfarben)
  - Ausschneiden der Bauteile
  - an den gekennzeichneten Stellen falzen
  - Hintergrund des Klappbildes auf eine Doppelseite im Heft (Falzkante auf Heftung) /Pappkarton kleben
  - gefalzte Bauteile auf dem Hintergrund anbringen
  - Funktionsprüfung (nach Trocknung)
  - evtl. Nachfalzen

- Film: David und die Synagoge, fm Nr. 1208

- **M33 Der Sedertisch**
  Die Anordnung eines Sedertisches ist zunächst einmal als Sachinformation aufgenommen worden. Neben der Geschichte im Buch (S. 50f.) kann er auch als Informationshilfe zum Dominospiel M34 dienen.
  Man kann aber mit den Jugendlichen auch die dort angegebenen Speisen zusammenstellen und zubereiten. Das gemeinsame Essen der Speisen will lediglich im Zusammenhang ihrer Bedeutung verstanden werden. „Ein Sedermahl im Sinne des jüdischen Hausgottesdienstes sollte dabei nicht entstehen, damit jüdischer Glaubensbrauch nicht missbraucht wird." (Spuren O II.5, S. 54)

- **M34 Dominospiel zum Sederabend**
  (nach: Spuren, O II.5, S. 52-53) Dieses Spiel kann zur Wiederholung und Ergebnissicherung des Lernschritts zum Sederabend herangezogen werden. Man kann es sowohl mit der ganzen Klasse als auch in Kleingruppen spielen.
  a) Klassenunterricht: Die Kärtchen werden als Folienschnippel hergestellt. Die Schnippel werden auf alle Schüler/innen verteilt. Der/die Lehrer/in eröffnet das Spiel, indem er/sie ein Kärtchen auf den Arbeitspro-

jektor legt. Wer das Kärtchen mit der richtigen Antwort hat (linke Hälfte), liest seinen Antwort-Vorschlag vor. Wenn es richtig ist, darf er/sie seinen Schnippel auf dem Arbeitsprojektor anlegen. Dabei wird dann die rechte Hälfte, die neue Frage, vorgelesen. Man legt die Kärtchen jeweils so an, dass man mit dem letzten Kärtchen den Ring der Kärtchen schließt.
b) Kleingruppe (4 - 6 Spieler/innen)
Die Kärtchen werden auf die Spieler/innen verteilt. Reihum vergleichen alle, wer die richtige Antwortkarte zum Anlegen hat. Alle prüfen, ob mit der richtigen Antwort angelegt wird. Nur wenn Unsicherheit herrscht, wird das Lösungsblatt befragt. Man kann vereinbaren: Wer zuerst seine Kärtchen abgelegt hat, ist Sieger.

■ M35 Sachtext: Die Tora

■ Ernst Alt, Jude mit Tora, in: Lebenslinien 6, Schülerbuch S. 10 und in Lebenslinien 7 (1991), S. 26; vgl. auch M10 (Bella Chagall, Thora-Freudenfest)
Dieses Bild ist sehr gut geeignet, das Verhältnis des frommen Juden zur Tora auszudrücken. Der Jude drückt die Torarollen mit dem Ausdruck inniger Zuneigung und Zärtlichkeit an sich. Hier geht es mehr als um die Beziehung zu einem geschriebenen Dokument. Es scheint eine Beziehungsqualität durch wie zwischen zwei Personen. Im Wort der Tora leuchtet das Angesicht Gottes auf. Es klingt an, was dann im Neuen Testament beim Evangelisten Johannes seinen Ausdruck findet: „Und das Wort ist Fleisch geworden und hat unter uns gewohnt, und wir haben seine Herrlichkeit gesehen, die Herrlichkeit des einzigen Sohnes vom Vater, voll Gnade und Wahrheit." (Joh 1,14)

■ Marc Chagall, Jude mit Tora, Buch S. 53
a) Bildbeschreibung:
Den Hintergrund des ganzen Bildes bildet eine Winterlandschaft mit den Häusern eines kleinen russischen Dorfes. Das Weiß des Schnees geht in Grau- und Schwarz über. Der Horizont am oberen Bildrand endet in schwarzer Nacht; die Nacht bricht herein. Vor den Häusern schnüffelt ein Schwein im Schnee. Ein Pferdeschlitten fährt vom rechten Bildrand her in Richtung der Häuser. Der Mann blickt in Richtung des Juden im Bildvordergrund.
Dieser Jude kehrt dieser Szenerie den Rücken hin. Der mit den Zeichen des betenden Juden (Gebetsschal, Gebetsriehmen) ausgestattete Mann füllt das ganze Bild aus. Im Arm trägt er eine Torarolle mit Davidsstern und einem hebräisch geschriebenen Namen.
b) Zur Deutung:
Der Mann verlässt den Ort. Er zieht weg. Sein Blick geht mit offenen Augen, fragend am Betrachter vorbei ins Ungewisse. Die Tora ist das Einzige, was er mitnimmt (mitnehmen kann?). Darf er nur „das Wichtigste" mitnehmen? Er hat die Tora gewählt.
Das ist das letzte Bild, das Chagall gemalt hat, bevor er im Frühsommer 1941 Frankreich verlassen musste, um nicht den Häschern Hitlers in die Hände zu fallen. Chagall malt mit diesem Juden sich und seine Situation. „In einer kalt und dunkel gewordenen Welt fühlt er sich einsam und weiß nicht, wo er hingelangen wird. Wenn er schon fortgehen muss, um nicht durch den Hass der anderen umgebracht zu werden, wenn er schon in die Kälte und Finsternis gehen muss, was soll er mitnehmen? Er nimmt die Thora mit, seine Thora, auf die er sogar in Hebräisch seinen

Namen geschrieben hat." (Lebens-Zeichen. Bd. 1, 5/6. Schuljahr, Vandenhoeck&Ruprecht, 1993, S. 230)

Dieses Bild unterstreicht die Bedeutung, die die Tora im Leben des Juden hat. Es ergänzt bzw. bringt die Aussagen der Seite davor auf einen dramatischen Höhepunkt. Mit Hilfe der Verse aus Ps 119 kann die Situation des Bildes ausgedrückt werden. Die Worte der Bedrängnis, die in den ausgewählten Versen anklingen stimmen das Lied vom jüdischen Leidensweg durch die Geschichte an. Dieser Jude steht nicht nur für das Schicksal des Einzelnen sondern für das Schicksal des jüdischen Volkes. Damit leitet das Bild über zum folgenden Kapitel bzw. es kann direkt als Medium für das folgende Thema eingesetzt werden: die (Leidens)Geschichte des jüdischen Volkes.

- Zum Bild von Chagall und Psalm 119 (M36)
  Nachdem das Bild von seinem zeitlichen Hintergrund erschlossen wurde, wird es in Bezug zu Ps 119 gebracht.
  Aufgabe: Sucht alle Verse in Ps 119 (ankreuzen oder unterstreichen), die zu diesem Bild passen oder: Welche Verse aus Ps 119 könnte der Jude auf dem Bild gerade sprechen?
  Eine Aufgabe in Verbindung zum folgenden Kapitel: Zu welchen Zeiten und Erfahrungen in der Geschichte des jüdischen Volkes passt dieses Bild?

c) Literatur und Materialhinweise

R. Frick u.a, Die Juden - das von Gott erwählte Volk, in: IRP Unterrichtshilfen für den Religionsunterricht an Hauptschulen, Hrsg.: Institut für Religionspädagogik Freiburg 1995

P. Gehrlein, Höre Israel! Leben und Glauben des Judentums. Freiarbeitsmaterialien für den Religionsunterricht in der Klasse 5 und 6, hrsg. vom Katechetischen Institut des Bistums Trier

R. Gradwohl, D. Petri, J. Thierfelder, R. Wertz, Grundkurs Judentum. Materialien für Schule und Gemeinde, Calwer, Stuttgart 1998

Das Judentum. Folien und Texte, Hrsg. Religionspädagogisches Seminar der Diözese Regensburg, Obermünsterplatz 7, Regensburg

Medien-Bausteine Religion 2. Band II: Kontext Jesu: Israel II, Urs Görlitzer-Verlag, Karlsruhe 1990

G. Neumüller (Hrsg.), Spielen im Religionsunterricht. Ein Praxisbuch, Kösel, München 1997, S. 69-77

I. M. Lau, Wie Juden leben. Glaube, Alltag, Feste, Gütersloher Verlagshaus, Gütersloh 1988

Medienkoffer: D. Kircher, Judentum, Stuttgart 1976. Inhalt: Gebetsmantel, Gebetsriemen, Käppchen, Mesusa, Hawdala-Kerze, Gewürzbüchse, Sabbatdecke, Sederteller, Mazzentasche, Torarolle, Postkartensätze mit je 30 Karten, Begleittext, Eignung ab 10 Jahren, Kat.Nr. 4401. Zu entleihen bei: Evangelische Medienzentrale Württemberg, Theodor-Heuss-Str. 23, 70174 Stuttgart

M30 Jüdische Feste im Jahresablauf

Monat	Nr.
Okt	1
	2
	3
	4
Nov	
Dez	5
Jan	
Febr	
März	6
April	7
Mai	
Juni	8
Juli	
Aug	
Sept	

1 Jüdisches Neujahrsfest
2 Versöhnungstag: Tag der Umkehr und Buße, des Betens und Fastens. In biblischer Zeit wurden an diesem Tag die Sünden des Volkes symbolisch auf einen Widder übertragen. Und dieser „Sündenbock" wurde in die Wüste gejagt.
3 Laubhüttenfest: Erntedank und Erinnerung an Auszug und Wüstenwanderung (Zelte und Hütten)
4 Tora-Freudenfest
5 Lichterfest: Erinnerung an den Sieg der Makkabäer und die Neuweihe des Tempels im Jahre 164 v.Chr. (vgl. den Chanukka-Leuchter mit 8+1 Arm)
6 Erinnerung an die Rettung vor der Ausrottung während der persischen Herrschaft. Ein fröhliches Fest, das im heutigen Israel karnevalistische Züge angenommen hat.
7 Fest der Befreiung aus der ägyptischen Sklaverei. Erinnerung an den Exodus
8 Wochenfest, 7 Wochen/50 Tage nach Pesach; Fest der Gabe der Tora (10 Gebote am Sinai);

M31 Rätsel: Die jüdischen Feste

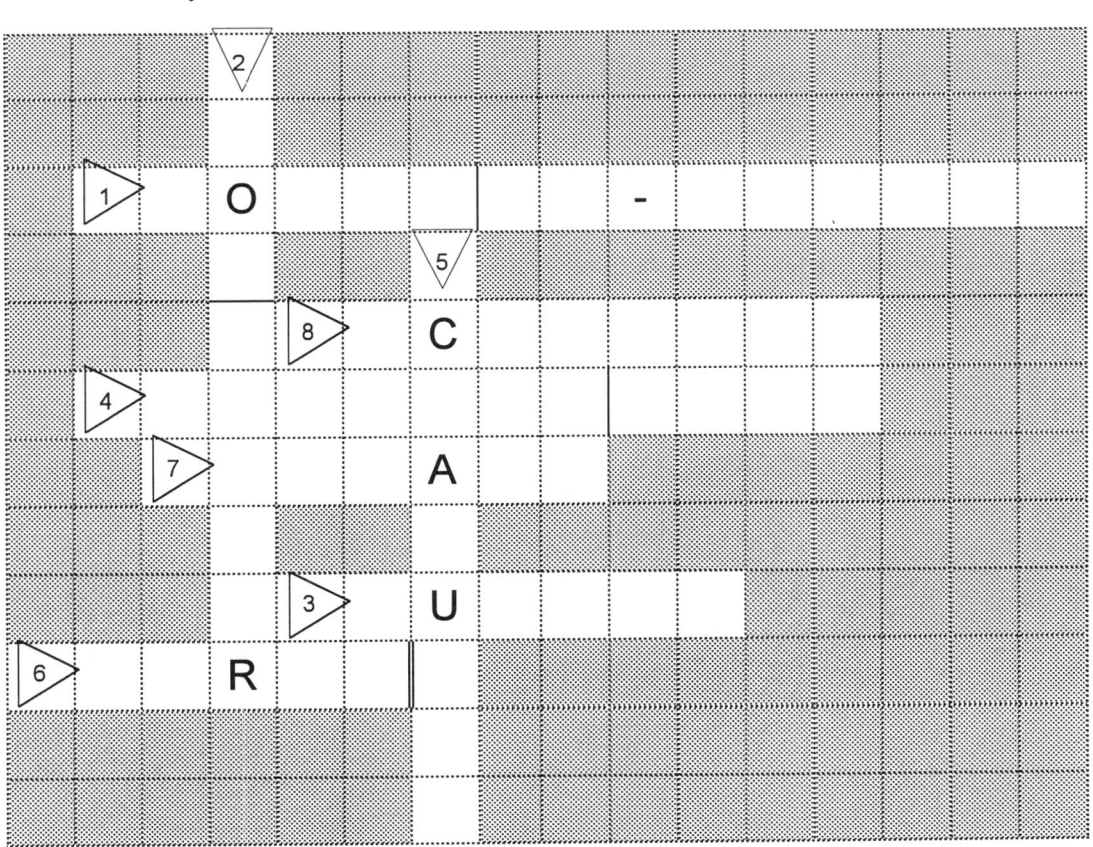

Rosch ha-schana / Jom Kippur / Sukkot / Simchat Tora / Chanukka / Purim / Pesach / Schawuot

M32 Faltsynagoge
© Rolf Wertz, Ulm-Gögglingen

Synagoge zur Zeit Jesu, Blatt B

Diese Bodenplatte der Synagoge anmalen. Textstreifen abschneiden / an der gestrichelten Linie falzen und mit der Falz an die Heftung deines Reliheftes kleben

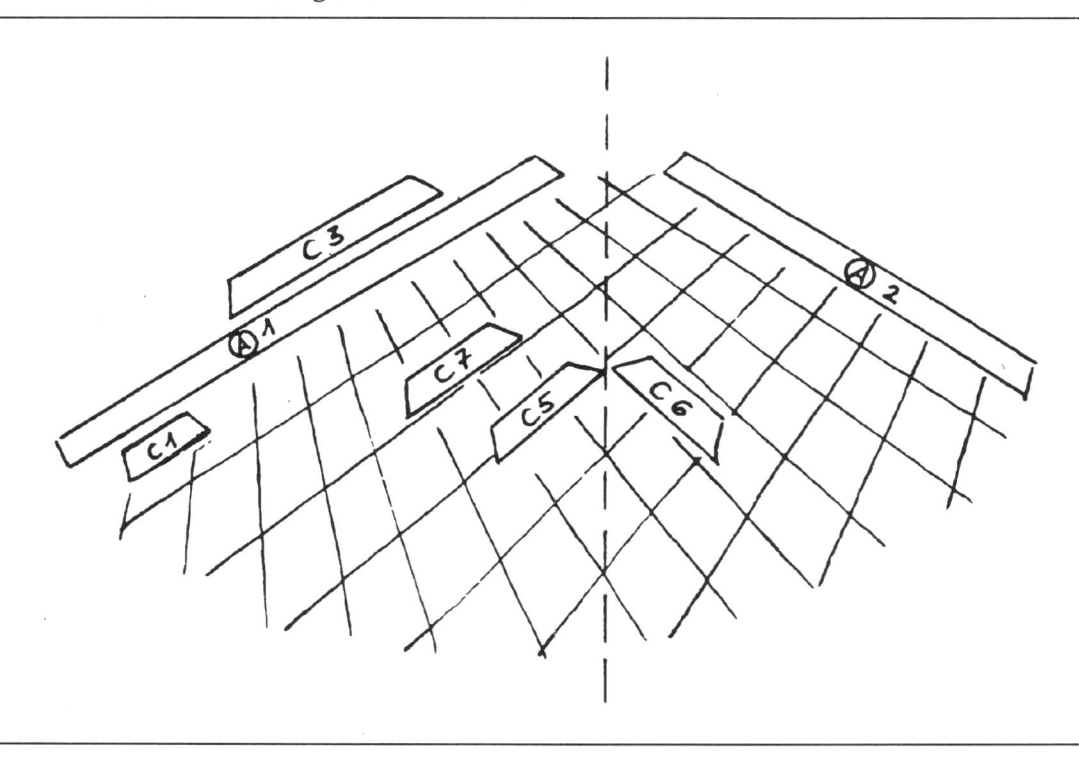

- farbig anmalen - ausschneiden
- gestrichelte Linie und Laschen falzen
- Türen des Toraschrankes so aufschneiden, dass er geöffnet werden kann

Synagoge zur Zeit Jesu, Blatt A

- Laschen auf die gekennzeichneten Stellen von Blatt B kleben

| LPE 7-4 | DIE JUDEN - DAS VON GOTT ERWÄHLTE VOLK | 113 |

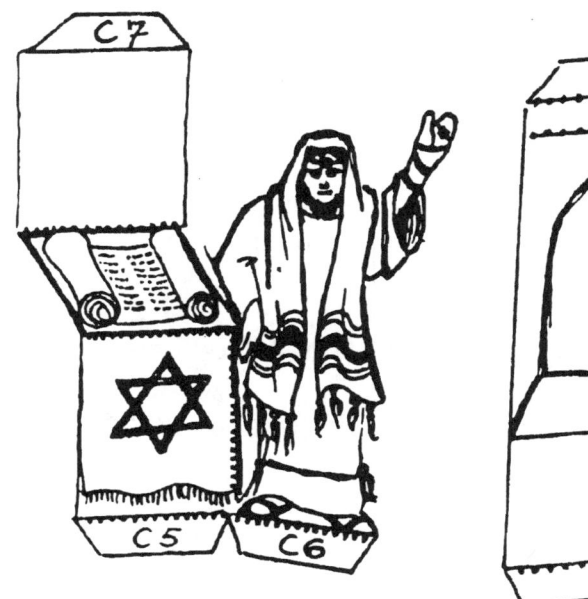

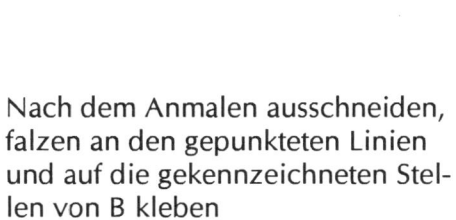

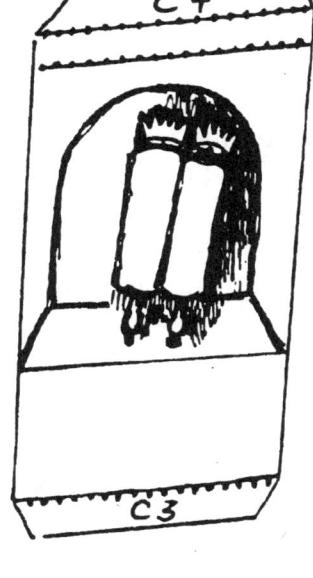

Nach dem Anmalen ausschneiden, falzen an den gepunkteten Linien und auf die gekennzeichneten Stellen von B kleben

Rückwand des Toraschrankes wie Lesepult behandeln. C4 muss auf der Rückseite der Synaogenwand über der offenen Tür angeklebt werden.

Frauen und Kind anmalen, ausschneiden und mit Fläche C8 von hinten an das Emporengeländer (über der Männerbank) kleben

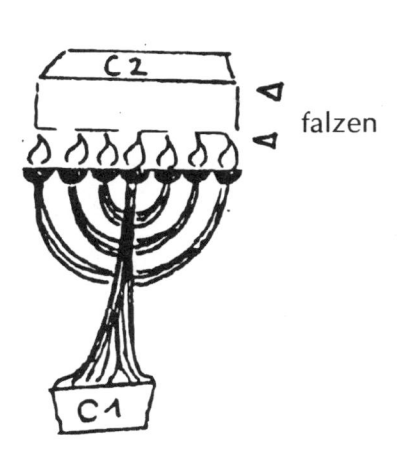

Flammen anmalen, ausschneiden, Klebelaschen und gestrichelte Linie (über den Flammenspitzen) falzen, an gekennzeichnete Stellen kleben

Synagoge zur Zeit Jesu, Blatt C

M33 Der Sedertisch

Speisen	Bedeutung
3 ungesäuerte Brote *(Mazza, sing., Mazzot, pl.)* auf dem Sederteller durch eine Serviette voneinander getrennt liegend	1. die Priester, Leviten, Israeliten (der Zahl und Lage nach), 2. den überstürzten Auszug aus Ägypten, bei dem keine Zeit blieb um den Teig gehen zu lassen.
Petersilie, Radieschen, Sellerie oder Kartoffel	Früchte der Erde
eine Schale mit **Salzwasser** oder Essig	die Tränen und den Schweiß in der Sklaverei
Bitterkräuter (Marot): Lattich, Meerrettich	die Bitterkeit der Knechtschaft in Ägypten - die Striemen, die geschlagen wurden, - die Not, in der jüdische Mütter um ihre Kinder bitten
ein auf Kohle **gebratener Schafsknochen** mit etwas Fleisch	das Pesachlamm in Ägypten sowie die Lammopfer im Tempel bis 70 n.Chr.
ein **bräunlich-rotes Mus** *(Charosset)* aus Äpfeln, Feigen, Nüssen, Rosinen, Zimt, Mandeln, Wein und Ingwer	der Lehm, aus dem die Ziegel in der Sklaverei gebrannt werden mussten
ein in der Schale **gebratenes Ei** (hartgekochtes Ei)	- die Wandelbarkeit und Gebrechlichkeit menschlicher Geschicke - eine Warnung vor Hoch- und Übermut - die Fruchtbarkeit gegen die der Pharao vergeblich ankämpfte - die Trauer um den zerstörten Tempel
Wein - für jeden mindestens 4 Becher (wenigstens je 1/10 *l*) aus Rosinen, häufig selbst hergestellt, bekömmlich für die Kinder - ein gefüllter Becher Wein in der Mitte des Tisches	- die Freude über die Befreiung - die Hoffnung auf die Erlösung für alle - das sehnlichst erwartete Kommen des Propheten Elija in der Pesachnacht

M34 Dominospiel zum Sederabend

Vor der Zerstörung des Tempels im Jahre 70 n.Chr. wurden die letzten Opfer in Jerusalem dargebracht.	*Kennst du den Grund, warum Juden Pesach feiern?*	Er erinnert an die Lehmziegel, die die Israeliten in Ägypten herstellen und schleppen mussten.	*Welche Speisen gehören auf einen Sedertisch?*
Am 1. Frühjahrsvollmond wird das Pesachfest gefeiert.	*Die beiden ersten Abende der Pesachfestzeit haben einen besonderen Namen:*	Sie sind Zeichen für die bittere Zeit der Knechtschaft im Land Ägypten.	*Die Bitterkräuter werden in »Salzwasser« getaucht. Das Salzwasser erinnert an ... ?*
Das Pesachfest erinnert an die Befreiung des Volkes Israel aus der ägyptischen Knechtschaft.	*Was bedeutet „Seder-Abend"?*	Die ersten beiden Abende der Festwoche heißen Sederabende.	*An wievielen Tagen wird das Pesach-Fest gefeiert?*
Eine Woche lang wird Pesach gefeiert; innerhalb unserer Monate März/April vom 14.-21. Nisan.	*Wer stellt vier Fragen während der Feier des Seder-Abends und wie beginnen sie?*	„Seder" ist hebräisch und bedeutet Ordnung. Der Seder-Abend läuft nach einer genau vorgeschriebenen Ordnung ab.	*An was soll der „Wein" erinnern?*
Er ist Zeichen für die Festfreude und weist auf die zukünftige Erlösung Israels hin.	*Auch das „hartgekochte Ei" hat eine wichtige Bedeutung. Welche?*	Das jüngste Mitglied der Familie. „Warum unterscheidet sich diese Nacht von allen anderen Nächten?"	*Warum werden während der ganzen Woche „Mazzen" zu den Mahlzeiten gegessen?*
Ungesäuerte Brote werden zur Erinnerung an den schnellen Aufbruch in Ägypten gegessen. Sie heißen auch „Brot des Elends".	*Wann wurden die letzten Opfer im Tempel von Jerusalem dargebracht?*	Es weist auf die Opfer im Tempel zu Jerusalem hin.	*An was sollen die „bitteren Kräuter" erinnern?*
Es erinnert an die Tränen der Vorfahren in Ägypten.	*An was erinnert der „lehmfarbene Brei"?*		

(Fortsetzung Dominospiel zum Sederabend)

Das Blut eines Lammes wurde in Ägypten von den Israeliten an die Türpfosten gestrichen, das Fleisch in der Nacht vor dem Auszug gegessen. Zur Zeit des Tempels wurde deshalb das Blut eines Lammes geopfert und das Fleisch als Braten zu Hause verzehrt. Der Knochen erinnert an das Pesachlamm und an den zerstörten Tempel.	*An welchem Tag wird die Befreiung Israels aus Ägypten gefeiert?*
Auf den Sedertisch gehören: Mazzen, Radieschen, Salzwasser, Bitterkräuter, Schafsknochen mit etwas Fleisch, hartgekochtes Ei, Mus (aus Äpfeln, Feigen, Nüssen, Ingwer).	*Die Feiernden werden durch den „Knochen mit etwas Fleisch" an das „Pesachlamm" erinnert. Kennst du seine Bedeutung?*

Lösungsblatt:

An welchem Tag wird die Befreiung Israels aus Ägypten gefeiert?	Am 1. Frühjahrsvollmond wird das Pesachfest gefeiert.
Kennst du den Grund, warum Juden Pesach feiern?	Das Pesachfest erinnert an die Befreiung des Volkes Israel aus der ägyptischen Knechtschaft.
An wievielen Tagen wird das Pesach-Fest gefeiert?	Eine Woche lang wird Pesach gefeiert; innerhalb unserer Monate März/April vom 14.-21. Nisan.
Warum werden während der ganzen Woche „Mazzen" zu den Mahlzeiten gegessen?	Ungesäuerte Brote werden zur Erinnerung an den schnellen Aufbruch in Ägypten gegessen. Sie heißen auch „Brot des Elends".
An was erinnert der „lehmfarbene Brei"?	Er erinnert an die Lehmziegel, die die Israeliten in Ägypten herstellen und schleppen mussten.
An was wollen die „bitteren Kräuter" erinnern?	Sie sind Zeichen für die bittere Zeit der Knechtschaft im Land Ägypten.
Die Feiernden werden durch den „Knochen mit etwas Fleisch" an das „Pesachlamm" erinnert. Kennst du seine Bedeutung?	Das Blut eines Lammes wurde in Ägypten von den Israeliten an die Türpfosten gestrichen, das Fleisch in der Nacht vor dem Auszug gegessen. Zur Zeit des Tempels wurde deshalb das Blut eines Lammes geopfert und das Fleisch als Braten zu Hause verzehrt. Der Knochen erinnert an das Pesachlamm und an den zerstörten Tempel.
Die Bitterkräuter werden in »Salzwasser« getaucht. Das Salzwasser erinnert an ... ?	Es erinnert an die Tränen der Vorfahren in Ägypten.
Die beiden ersten Abende der Pesachfestzeit haben einen besonderen Namen.	Die ersten beiden Abende der Festwoche heißen Sederabende.
Was bedeutet „Seder-Abend"?	„Seder" ist hebräisch und bedeutet Ordnung. Der Seder-Abend läuft nach einer genau vorgeschriebenen Ordnung ab.
Wer stellt vier Fragen während der Feier des Seder-Abends und wie beginnen sie?	Das jüngste Mitglied der Familie. „Warum unterscheidet sich diese Nacht von allen anderen Nächten?"
Auch das „hartgekochte Ei" hat eine wichtige Bedeutung. Welche?	Es weist auf die Opfer im Tempel zu Jerusalem hin.
Wann wurden die letzten Opfer im Tempel von Jerusalem dargebracht?	Vor der Zerstörung des Tempels im Jahre 70 n.Chr. wurden die letzten Opfer in Jerusalem dargebracht.
An was soll der „Wein" erinnern?	Er ist Zeichen für die Festfreude und weist auf die zukünftige Erlösung Israels hin.
Welche Speisen gehören auf einen Sedertisch?	Auf den Sedertisch gehören: Mazzen, Radieschen, Salzwasser, Bitterkräuter, Schafsknochen mit etwas Fleisch, hartgekochtes Ei, Mus (aus Äpfeln, Feigen, Nüssen, Ingwer).

M35 Die Tora

Für den gläubigen Juden ist die ganze hebräische Bibel Tora „Weisung Gottes zum Leben". Diese Weisung, aufgrund der Auserwählung Israels an das Volk ergangen, meint aber auch die Sammlung von Gesetzen und Geboten, die sich überwiegend in den fünf Büchern Mose finden. Deshalb bezeichnet man oftmals diese Bücher Mose als Tora.
Sie erzählen von der Urgeschichte der Menschheit, die Vorgeschichte des Volkes Israel mit den Vätererzählungen (Abraham, Isaak und Jakob), die Geschichte der Israeliten bis zum Einzug ins Land Kanaan, das Gott Israel verheißen und zum dauernden Besitz gegeben hat. Sie berichten vom Bundesschluss zwischen Gott und seinem Volk, enthalten die Zehn Gebote, sowie die vielen anderen Gesetze des Volkes Israel.

Außer den fünf Büchern Mose enthält die Bibel der Juden noch die Propheten und die Schriften, zu denen auch die Psalmen gehören. Personen, die die Tora erklären konnten, hatten großes Ansehen. Es waren Weise, Schriftgelehrte und Rabbis aus allen Bevölkerungsschichten. Ihre Erklärungen der Tora wurden mündlich weitergegeben. Diese »mündliche Lehre«, die Mischna, wurde im zweiten und dritten Jahrhundert aufgeschrieben. Daneben wurden auch andere Überlieferungen gesammelt und aufgeschrieben. Zusammen mit der Mischna bilden sie den Talmud.

Die Tora im heutigen Verständnis des Judentums umfasst die fünf Bücher Mose, die gesamte hebräische Bibel, Mischna und Talmud.

Die Bibel der Juden			Mischna	Talmud	
Fünf Bücher Mose (Tora)	Propheten	Schriften	= mündliche Lehre	Mischna	Andere Überlieferungen
TORA					

Die Tora ist ein Geschenk Gottes an sein Volk Israel. Sie bestimmt Glauben und Handeln der Juden bis auf den heutigen Tag. Jeder Jude behandelt die Tora mit großer Ehrfurcht, ob als gedrucktes Buch oder als Schriftrolle. Im Synagogengottesdienst werden nur handgeschriebene Pergamentrollen für die Tora-Lesung verwendet. Damit die Buchstaben nicht verwischt werden, denn dadurch würde das Wort Gottes entstellt, benützt der Vorleser die Jad, einen Stab mit Hand und Zeigefinger am Ende. Hiermit fährt er von Wort zu Wort über den Text. Anfang und Ende der Pergamentrolle werden an hölzernen Stäben mit Handgriffen festgemacht, um sie auf- und zurollen zu können, ohne sie zu berühren.
Ist eine Tora-Rolle beschädigt, so wird sie nicht weggeworfen, sondern feierlich beerdigt.

M36 aus Psalm 119

Der Psalm 119, ein Loblied auf die Tora, ist mit 176 Versen der längste Psalm der Bibel.

14 Nach deinen Vorschriften zu leben
freut mich mehr als großer Besitz.
16 Ich habe meine Freude an deinen Gesetzen,
dein Wort will ich nicht vergessen.
19 Ich bin nur Gast auf Erden.
Verbirg mir nicht deine Gebote!
23 Wenn auch Fürsten gegen mich beraten:
dein Knecht sinnt nach über deine Gesetze.
28 Meine Seele zerfließt vor Kummer.
Richte mich auf durch dein Wort!
31 Ich halte an deinen Vorschriften fest.
Herr, lass mich niemals scheitern!
46 Deine Gebote will ich vor Königen bezeugen
und mich nicht vor ihnen schämen.
50 Das ist mein Trost im Elend:
Deine Verheißung spendet mir Leben.
51 Frech verhöhnen mich die Stolzen;
ich aber weiche nicht ab von deiner Weisung.
61 Auch wenn mich die Stricke der Frevler fesseln,
vergesse ich deine Weisung nicht.
78 Schande über die Stolzen, die mich zu Unrecht bedrücken!
Ich aber sinne nach über deine Befehle.
81 Nach deiner Hilfe sehnt sich meine Seele;
ich warte auf dein Wort.
84 Wie viele Tage noch bleiben deinem Knecht?
Wann wirst du meine Verfolger richten?
85 Stolze stellen mir Fallen,
sie handeln nicht nach deiner Weisung.
87 Fast hätte man mich von der Erde ausgetilgt;
dennoch halte ich fest an deinen Befehlen.
98 Dein Gebot macht mich weiser als all meine Feinde;
denn immer ist es mir nahe.
105 Dein Wort ist meinem Fuß eine Leuchte,
ein Licht für meine Pfade.
107 Herr, ganz tief bin ich gebeugt.
Durch dein Wort belebe mich!
110 Frevler legen mir Schlingen,
aber ich irre nicht ab von deinen Befehlen.
114 Du bist mein Schutz und mein Schild,
ich warte auf dein Wort.
133 Festige meine Schritte, wie du es verheißen hast.
Lass kein Unrecht über mich herrschen!
143 Mich trafen Not und Bedrängnis,
doch deine Gebote machen mich froh.
161 Fürsten verfolgen mich ohne Grund,
doch mein Herz fürchtet nur dein Wort.
154 Verschaff mir Recht, und erlöse mich;
nach deiner Weisung erhalte mein Leben!

4. Geschichte des jüdischen Volkes

a) Notizen zu Thema und Intention

Dieses Kapitel nimmt im Schulbuch nur eine Seite ein. Das soll nun keineswegs bedeuten, dass wir diesem Thema nur einen untergeordneten Stellenwert beimessen. Insbesondere die Verfolgung der Juden im Nationalsozialismus ist natürlich nicht annähernd ausreichend durch ein Datum und ein Bild repräsentiert. Vielmehr verweisen wir auf die Klasse 9, wenn das Thema Holocaust im Fach Geschichte (Nationalsozialismus) ansteht. Leider weisen die Fachpläne Religion und Geschichte in dieser Thematik keine ausgewogene Abstimmung auf. Es wäre zu wünschen, dass in der Klasse 9 Geschichtsunterricht und Religion in Verbindung treten, auch wenn der Lehrplan Religion nur einen relativ schmalen thematischen Ansatzpunkt bietet.

Im Kontext der vorliegenden LPE soll ein kurzer geschichtlicher Abriss gegeben werden. (Zum Thema Verfolgung der Juden im Mittelalter und im Nationalsozialismus vgl. M37) Die Übersicht im Schulbuch beginnt mit der Geschichte Israels, also mit den Anfängen. Ein Überblick über die Geschichte Israels enthält auch LPE 7-1 (Propheten). Dieser kurze Abriss macht das Kennzeichen jüdischer Geschichte deutlich: Verfolgung und Unterdrückung.

Die Geschichte des jüdischen Volkes mit seinem Weg durch verschiedene Länder und Kulturen - oft verfolgungsbedingt - hat das Gesicht dieser Religion geprägt. Die Darstellung der typischen Elemente der jüdischen Religion in den voranstehenden Teilkapiteln repräsentiert vor allem die Richtung des orthodoxen Judentums. Dabei kommt zu kurz, dass das Judentum eine Vielfalt verschiedener Lebensformen entwickelt hat. Das zeigt sich auch in der Gesellschaft des heutigen Staates Israel. Einer intensiven Differenzierung der verschiedenen Richtungen sind in der Hauptschule Grenzen gesetzt. Im Anschluss an den geschichtlichen Überblick weist das Buch auf die Bandbreite jüdischer Religion hin. Die Spannung zwischen Orthodoxie und Reformjudentum spiegelt sich in dem autobiographischen Bericht eines jüdischen Mädchens (M38).

b) Methodische Hinweise

- **M37 Schikanen und Terror gegen Juden**
  Wo das alte Schülerbuch Lebenslinien 7 noch vorhanden ist, kann man diese Aufstellung dort S. 162-168 heranziehen.

- **M38 Die Jüdin: Anna-Laura, 15**
  Dieser autobiographische Bericht eines jüdischen Mädchens kann als Alternative oder als Konkretisierung des Textes im Schulbuch S. 55, „Eine Religion mit vielen Gesichtern", behandelt werden. Dabei können vor allem Mädchen evtl. auf Vergleiche zu ihrer eigenen Religion aufmerksam werden.

c) Literatur und Materialhinweise

R. Frick u.a, Die Juden - das von Gott erwählte Volk, in: IRP Unterrichtshilfen für den Religionsunterricht an Hauptschulen, Hrsg.: Institut für Religionspädagogik Freiburg 1995

R. Gradwohl, D. Petri, J. Thierfelder, R. Wertz, Grundkurs Judentum. Materialien für Schule und Gemeinde, Calwer, Stuttgart 1998. Das Werk entfaltet die Geschichte des Judentums in mehreren Kapiteln: Geschichte des Judentums in der Antike, im Mittelalter, in der Neuzeit, im 20. Jahrhundert, jüdische Präsenz in Palästina

Melanchthon und die Juden, 5. Kap. in: W. Schwendemann, M. Stahlmann, Reformation und Humanismus in Europa. Philipp Melanchthon und seine Zeit. Eine Einführung mit Praxisentwürfen für den Unterricht, Calwer, Stuttgart 1997, S. 54-72

M37 Schikanen und Terror gegen Juden

A. Mittelalter

Eine Juden- und Gettoordnung aus Speyer am Rhein gebot,
1. Dass alle Juden von über fünf Jahren den gelben Ring und die Frauen zwei blaue Streifen tragen müssen;
2. dass die Kleidung von derjenigen der Christen unterschieden sein muss;
3. dass die Juden jeden Umgang mit Christen meiden sollen;
4. dass sie ohne Sondergenehmigung keine Synagogen oder Schulen erbauen oder die vorhandenen nicht gebrauchen dürfen;
5. dass sie abgesonderte und entlegene Wohnplätze haben sollen;
6. dass sie keinerlei Geschäfte an christlichen Feiertagen betreiben dürfen;
7. dass sei keinen Zinseszins nehmen dürfen;
8. dass sie sich in der Karwoche in der Öffentlichkeit nicht zeigen dürfen;
9. dass sie dem bischöflichen Richter unterworfen sind.

B. Nationalsozialismus

01.04.1933:	Boykott aller „nichtarischen" Geschäfte. „Nichtarische" Justizbeamte erhalten in Preußen Zwangsurlaub.
07.04.1933:	Juden dürfen kein Rechtsanwaltsbüro eröffnen.
11.04.1933:	Alle Beamten mit mindestens einem jüdischen Großelternteil werden aus dem Staatsdienst entlassen.
22.04.1933:	Jüdische Ärzte dürfen nicht mehr für Krankenkassen tätig sein. Juden dürfen keine Patentanwälte mehr sein.
25.04.1933:	Die Zahl der jüdischen Studenten an Hochschulen und Universitäten wird bechränkt.
04.05.1933:	Alle jüdischen Arbeiter und Angestellten bei Behörden werden entlassen.
11.01.1933:	Juden dürfen nur in Ausnahmefällen den Doktorgrad erwerben.
05.02.1933:	Jüdische Medizinstudenten werden nicht mehr zur Staatsprüfung zugelassen.
06.09.1933:	Jüdische Zeitungen dürfen nicht mehr in Geschäften oder an Kiosken verkauft werden.
14.11.1935:	Juden verlieren das Wahlrecht.
21.12.1935:	Jüdische Notare, Ärzte, Professoren und Lehrer dürfen nicht mehr im Staatsdienst tätig sein.
15.10.1936:	Jüdische Lehrer dürfen keinen Privatunterricht mehr erteilen.
26.01.1937:	Juden dürfen keine Viehhändler mehr sein.
05.02.1937:	Juden dürfen keine Jäger mehr sein.
13.02.1937:	Juden dürfen nicht mehr Notar werden.
15.04.1937:	Juden dürfen den Doktorgrad nicht mehr erwerben.
02.07.1937:	Die Zahl jüdischer Schüler an Schulen wird beschränkt.
26.04.1938:	Juden, die mehr als 5000 Mark besitzen, müssen dies anmelden.
14.06.1938:	Alle jüdischen Gewerbebetriebe werden erfasst und gekennzeichnet.
20.06.1938:	Juden dürfen keine Behörden betreten.
11.07.1938:	Juden dürfen sich nicht in Kurorten aufhalten.
25.07.1938:	Jüdische Ärzte erhalten Berufsverbot.
27.07.1938:	Alle nach Juden benannten Straßen müssen umbenannt werden.
27.09.1938:	Berufsverbot für jüdische Rechtsanwälte.
05.10.1938:	Juden müssen ihre Reisepässe abgeben. Neue Reisepässe werden nur beschränkt ausgestellt und erhalten den Aufdruck J (Jude).
09.11.1938:	Die sogenannte „Reichskristallnacht".
11.11.1938:	Juden dürfen keine Waffen besitzen.
12.11.1938:	Juden dürfen keine Kinos, keine Konzerte und keine Theater mehr besuchen.
15.11.1938:	Jüdische Kinder dürfen keine öffentlichen Schulen mehr besuchen.
29.11.1938:	Juden dürfen keine Brieftauben mehr halten.
03.12.1938:	Juden müssen ihre Führerscheine abgeben.
06.12.1938:	Jüdische Studenten werden von Hochschulen und Universitäten ausgeschlossen.
01.01.1939:	Juden erhalten Kennkarten. Juden müssen einen Zwangsvornamen annehmen: männliche Juden erhalten zu ihrem Vornamen den Namen „Israel", weibliche den Zusatz „Sara".
17.01.1939:	Berufsverbot für jüdische Zahnärzte, Tierärzte, Apotheker, Zahntechniker, Heilpraktiker und Krankenpfleger.
30.04.1939:	Juden werden aus „arischen" Häusern ausgewiesen und in „Judenhäuser" eingewiesen.
01.09.1939:	Ausgehbeschränkungen für Juden.
12.09.1939:	Juden dürfen nur in besonderen Geschäften einkaufen.
23.09.1939:	Juden müssen ihre Rundfunkgeräte abliefern.
13.09.1941:	Juden dürfen keine öffentlichen Verkehrsmittel mehr benutzen.
19.09.1941:	Alle Juden über sechs Jahre müssen als Kennzeichen den gelben Stern tragen.
10.10.1941:	Wenn Juden ihren Wohnsitz verlassen wollen, brauchen sie eine besondere Erlaubnis.
21.12.1941:	Juden dürfen keine öffentlichen Fernsprecher mehr benutzen.
17.02.1942:	Juden dürfen keine Zeitungen und Zeitschriften abonnieren.
15.05.1943:	Juden dürfen keine Haustiere halten.
19.06.1943:	Juden müssen alle elektrischen und optischen Geräte abliefern. Ferner: alle Fahrräder, Schreibmaschinen und Schallplatten.
20.06.1943:	Schließung aller jüdischen Schulen.
09.10.1943:	Juden dürfen keine Bücher mehr kaufen.

> In der berüchtigten Wannsee-Konferenz in Berlin 20.1.1942 beschließen die Nazi-Führer, alle Juden Europas zu ermorden. In mehreren Konzentrationslagern werden eigens Fabriken zur Massentötung von Menschen gebaut. Insgesamt werden nahezu 6 Millionen Juden umgebracht.

(aus: Robert Hess: Die Geschichte der Juden, © by Ravensburger Buchverlag 1993)

M38 Die Jüdin: Anna-Laura, 15

Ihre Mutter ist amerikanische Jüdin, ihr Vater Schwede. Seit zwei Jahren lebt Anna-Laura in Berlin und geht dort auf die jüdische Oberschule. Sie bekennt sich zu einem feministischen Judentum.

"Obwohl ich selbst nie wegen meines Glaubens verfolgt oder ausgegrenzt worden bin, ist es für mich sehr angenehm, an der Schule mal nicht die Exotin zu sein. An der Jüdischen Oberschule fühle ich mich als Teil einer Gemeinschaft - nicht nur als Mitglied meiner Gemeinde in Berlin, sondern auch der jüdischen Weltgemeinde. Jetzt beschäftige ich mich mehr mit meiner Religion, lese und denke über bestimmte Fragen nach. Ich erlebe meinen Glauben als Stütze, um mich aufzubauen, wenn ich traurig bin.

Seit ich in Berlin wohne, gehe ich allerdings nur noch an den hohen Feiertagen in die Synagoge. Das liegt vor allem daran, dass mir die Berliner Gemeinde immer noch zu frauenfeindlich ist, obwohl es neuerdings einmal im Monat einen „Sabbat-Gottesdienst der Gleichberechtigung" gibt, den auch Frauen aktiv mitgestalten dürfen.

In Österreich, wo wir vorher lebten, habe ich als eines, der ersten Mädchen Bat-Mizwa*, die jüdische Einsegnung für Jungen, gemacht. Per Ausnahmegenehmigung, weil die glücklich waren, wenn überhaupt mal Jugendliche offiziell aufgenommen werden wollten. Theoretisch könnte ich jetzt aktiv beim Gottesdienst mitmachen und sogar öffentlich aus der jüdischen Gesetzesrolle, der Tora, lesen - aber eben nicht in Berlin!

In Amerika ist es völlig normal, dass Mädchen Bat-Mizwa werden, und es gibt auch überall Rabbinerinnen und Kantorinnen. Wenn orthodoxe, also strenggläubige, Gemeinden frauenfeindlich sind, kann ich das irgendwie noch verstehen, weil die in allen Fragen so traditionell sind. Aber bei anderen Gemeinden, in denen sowieso kaum einer mehr den Sabbat einhält oder koscher lebt - da kann ich das nicht akzeptieren. Am Sabbat, der vom Freitagabend bis zum Samstagabend geht, sollte man eigentlich nichts tun, was an Alltag erinnert, nicht mal kochen, das Licht anmachen oder mit dem Fahrstuhl fahren. So streng halte ich es nicht. Wenn ich mit meinen Eltern in die Oper will, weil die Vorstellung eben nur freitags läuft, mache ich das. Bleibe ich zu Hause, zünde ich für mich und meine Familie die Sabbatkerzen an.

Mein größtes Anliegen ist, mich für die jüdischen Frauen zu engagieren. Vor kurzem war ich auf einer Diskussionsveranstaltung zum Thema „Frauen im Judentum", bei der auch die erste deutsche Rabbinerin gesprochen hat. Ich finde es toll, dass das jetzt auch hier möglich ist! Früher wollte ich auch Rabbinerin werden, heute weiß ich das nicht mehr so genau. Aber eines steht für mich fest: Ich werde später in New York leben, weil das einer der wenigen Orte auf der Erde ist, wo man als Jüdin ganz und gar gleichberechtigt ist!"

* Bar Mizwa = Sohn der Pflicht; Bat Mizwa = Tochter der Pflicht

Quelle: Brigitte Young Miss, Nr. 2/96

5. Juden und Christen

a) Notizen zu Thema und Intention

Vor dem Hintergrund der Verfolgung bekommt die Frage nach der Rolle des Christentums eine besondere Brisanz. Die Kirche hat sich spätestens seit dem II. Vatikanischen Konzil auf den Weg gemacht, ihre Einstellung zu den Juden neu zu überdenken - bis zum heutigen Tag mit Ergebnissen, die nicht immer alle Beteiligten zufrieden stellen. Gravierendes Fehlverhalten vom Mittelalter bis zur Gegenwart soll im Unterricht nicht negiert werden, wenngleich die Rolle der Kirche im Nationalsozialismus - wenn überhaupt - erst in Hauptschule Klasse 9 (siehe Einführung zu Kapitel 4) Thema sein kann.

Die Intention dieses Kapitels: Die Schüler/innen sollen zur Kenntnis nehmen, dass der Weg der Versöhnung, der Akzeptanz und der Wertschätzung eingeschlagen ist und als Aufgabe für Gegenwart und Zukunft gilt. Dazu gehört auch, die Gemeinsamkeiten zwischen Juden und Christen ins Auge zu fassen.

Grundlegendes und Weiterführendes hat die Würzburger Synode im Beschluss „Unsere Hoffnung" (Gemeinsame Synode der Bistümer in der Bundesrepublick Deutschland, Offizielle Gesamtausgabe I, Herder, Freiburg 1976, S. 108f.) zum Verhältnis von Christen und Juden gesagt.

„Wir sind das Land dessen jüngste politische Geschichte von dem Versuch verfinstert ist, das jüdische Volk systematisch auszurotten. Und wir waren in dieser Zeit des Nationalsozialismus, trotz beispielhaften Verhaltens einzelner Personen und Gruppen, aufs Ganze gesehen doch eine kirchliche Gemeinschaft, die zu sehr mit dem Rücken zum Schicksal dieses verfolgten jüdischen Volkes weiterlebte, deren Blick sich zu stark von der Bedrohung ihrer eigenen Institutionen fixieren ließ und die zu den an Juden und Judentum verübten Verbrechen geschwiegen hat. Viele sind dabei aus nackter Lebensangst schuldig geworden. Dass Christen sogar bei dieser Verfolgung mitgewirkt haben, bedrückt uns besonders schwer. Die praktische Redlichkeit unseres Erneuerungswillens hängt auch an dem Eingeständnis dieser Schuld und an der Bereitschaft, aus dieser Schuldgeschichte unseres Landes und auch unserer Kirche schmerzlich zu lernen: Indem gerade unsere deutsche Kirche wach sein muss gegenüber allen Tendenzen, Menschenrechte abzubauen und politische Macht zu missbrauchen, und indem sie allen, die heute aus rassistischen oder anderen ideologischen Motiven verfolgt werden, ihre besondere Hilfsbereitschaft schenkt, vor allem aber, indem sie besondere Verpflichtungen für das so belastete Verhältnis der Gesamtkirche zum jüdischen Volk und seiner Religion übernimmt. ...Wir sehen eine besondere Verpflichtung der deutschen Kirche innerhalb der Gesamtkirche gerade darin, auf ein neues Verhältnis der Christen zum jüdischen Volk und seiner Glaubensgeschichte hinzuwirken."

Zu den Gemeinsamkeiten von Juden und Christen gehört auch die Person des Jesus von Nazareth. Die neuere Jesusforschung lässt keinen Zweifel daran, dass Jesus ganz Jude war. (Vgl. D. Marguerat, Ein ungelöstes Rätsel, in: Welt und Umwelt der Bibel 10/1998, Themenheft Jesus, Katholisches Bibelwerk Stuttgart, S. 4). In seinem Resumée zur Eigenart und Einzigartigkeit Jesu formuliert Marguerat: „Einerseits ging er gänzlich im Judentum seiner Zeit auf, andererseits war er auf unerträgliche Weise anders - beides zusammen macht ihn zu einer Gestalt, die alle Kategorien sprengt. Er gehört weder dem Christentum noch dem Judentum. Vielmehr ist er der Ort eines Dialogs, in dem die beiden Religionen mit ihrer so konfliktreichen Vergangenheit heute ermessen können, was sie eint und was sie voneinander trennt. Es bleibt zu hoffen, dass diese neue Sicht von vielen wahrgenommen wird und so zum religiösen Frieden beitragen kann." (A.a.O., S. 6)

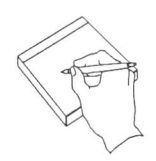

b) Methodische Hinweise

- Abb. Plakat Jesus mit Judenstern, Buch S. 57
  Dieses Bild könnte zunächst Überraschung auslösen: Was soll der Jesus mit einem Judenstern? Das setzt aber voraus, dass die Schüler/innen dieses Zeichen kennen. Dieses Bild enthält viele Fragestellungen: Jesus, der Jude, der Mann aus dem Volke Israel, wurzelnd im jüdischen Glauben; Jesus der „Stifter" des Christentums - mit Judenstern? Wie hängt Christentum und Judentum zusammen? Jesus - solidarisch mit den Leidenden und Verfolgten, exemplarisch am Beispiel des jüdischen Volkes („Was ihr dem Geringsten meiner Brüder getan habt..."). Was hätte Jesus angesichts der Verfolgungen des jüdischen Volkes bei uns und anderswo getan?

- „Tandem-Bogen" M39 Judentum oder Christentum (nach: IRP Unterrichtshilfen: R. Frick u.a., Die Juden - das von Gott erwählte Volk, S. 26)
  Mit diesem Material ist eine spielerische Form des Abfragens bzw. des Lernens der typischen Unterschiede oder Gemeinsamkeiten von Christentum und Judentum möglich. Tandem bedeutet hier, dass jeweils zwei Schüler/innen in Partnerarbeit diese Aufgabe lösen.

- M29 Vergleich Vater unser und jüdische Gebete
  Dieses Arbeitsblatt von Kapitel 2 kann auch zum Thema Christen und Juden herangezogen werden.

c) Literatur und Materialhinweise

R. Gradwohl, D. Petri, J. Thierfelder, R. Wertz, Grundkurs Judentum. Materialien für Schule und Gemeinde, Calwer, Stuttgart 1998. Vgl. den Anhang: Das Thema Judentum im christlichen Religionsunterricht, S. 102-104

G. Neumüller (Hrsg.), Spielen im Religionsunterricht. Ein Praxisbuch, Kösel, München 1997, S. 71-77

M39 Tandembogen - Judentum oder Christentum?

Du hältst einen „Tandem-Bogen" in der Hand. Wie beim Tandem-Fahrrad geht es hier um eine Anstrengung zu zweit. Faltet die Kopie an der gestrichelten Linie und stellt sie zwischen euch auf den Tisch.
Wer beginnt, liest den *schräggedruckten Satz*. Überlege, ob diese Aussage zum Christentum, zum Judentum oder zu beiden passt. Dein Gegenüber hat auf seiner Blattseite die richtige Antwort stehen. Er/sie wird dir sagen, ob du richtig liegst! Ab Frage 8 ist er/sie dran mit den Fragen und Antworten und du stellst fest, ob er/sie es richtig weiß.

1.	*Entstehung vor 2000 Jahren*	?	Christentum	1.
2.	*Glaube an Jesus Christus als den Sohn Gottes*	?	Christentum	2.
3.	*Hoffnung auf Auferstehung und ewiges Leben*	?	Judentum **und** Christentum	3.
4.	*Entstehung vor 3200 Jahren in Kanaan*	?	Judentum	4.
5.	*Glaube, dass jeder Mensch Ebenbild Gottes ist*	?	Judentum **und** Christentum	5.
6.	*Warten auf den Messias*	?	Judentum	6.
7.	*Das Alte Testament gilt als Wort Gottes*	?	Judentum **und** Christentum	7.
Judentum	8.	*8. Verbot von Schweinefleisch*		?
Judentum **und** Christentum	9.	*9. Gottesliebe und Nächstenliebe gehören zusammen*		?
Judentum **und** Christentum	10.	*10. Zehn Gebote*		?
Judentum **und** Christentum	11.	*11. Glaube an **einen** Gott*		?
Judentum	12.	*12. Sabbat als Ruhetag*		?
Christentum	13.	*13. Männer nehmen den Hut ab beim Gebet*		?
Judentum **und** Christentum	14.	*14. Gott hat die Welt erschaffen*		?

DIE BOTSCHAFT VOM REICH GOTTES
LPE 7-5

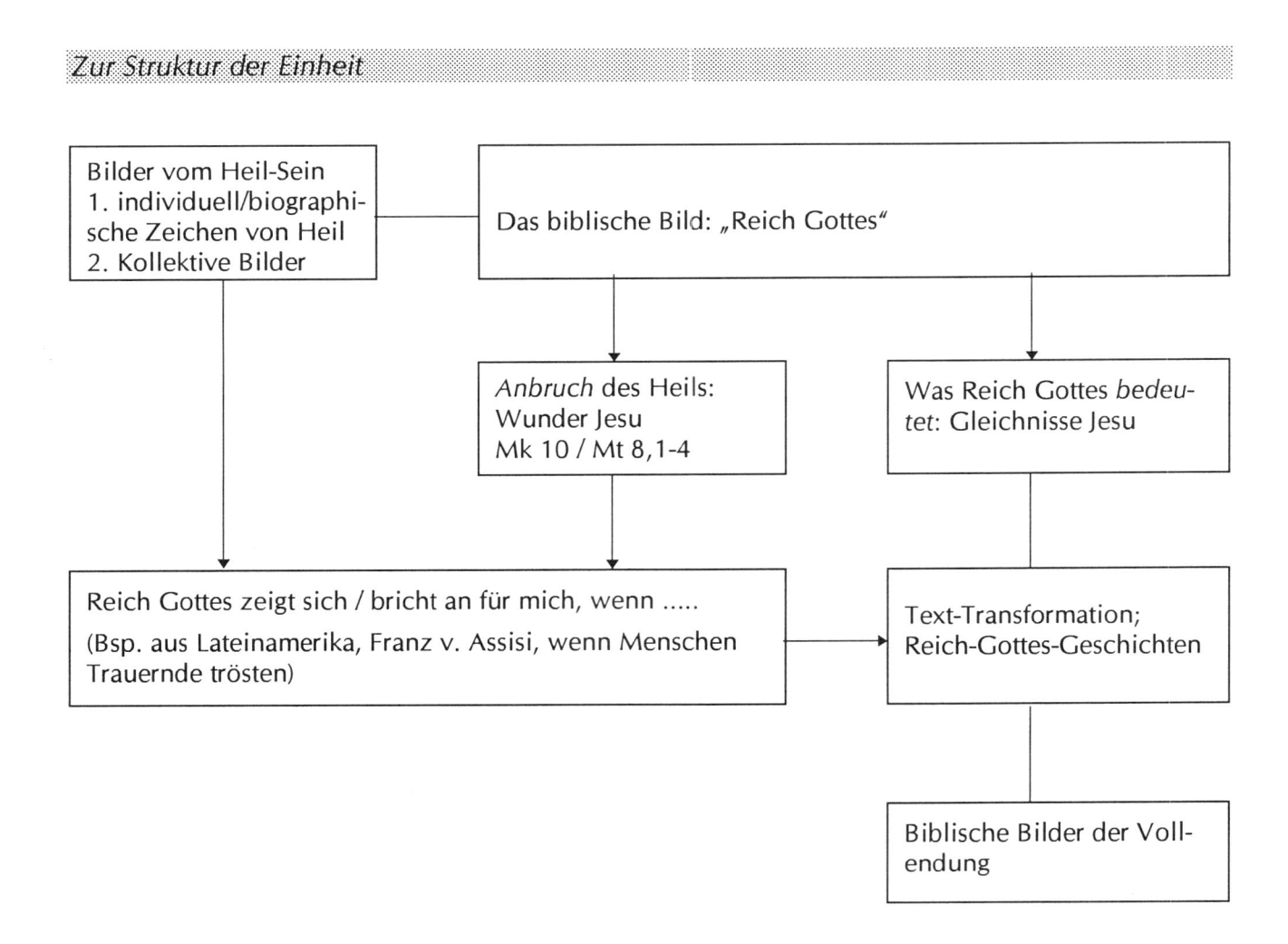

Zur Struktur der Einheit

```
┌─────────────────────┐
│ Bilder vom Heil-Sein│
│ 1. individuell/     │──────┐   ┌──────────────────────────────┐
│ biographische       │      ├──→│ Das biblische Bild:          │
│ Zeichen von Heil    │      │   │ „Reich Gottes"               │
│ 2. Kollektive Bilder│      │   └──────────────────────────────┘
└─────────────────────┘      │              │            │
         │                   │              ↓            ↓
         │                   │   ┌──────────────────┐  ┌──────────────────────┐
         │                   │   │ Anbruch des      │  │ Was Reich Gottes     │
         │                   │   │ Heils:           │  │ bedeutet:            │
         │                   │   │ Wunder Jesu      │  │ Gleichnisse Jesu     │
         │                   │   │ Mk 10 / Mt 8,1-4 │  │                      │
         │                   │   └──────────────────┘  └──────────────────────┘
         ↓                   ↓              │                    │
┌───────────────────────────────────────────┐                   │
│ Reich Gottes zeigt sich / bricht an für   │                   │
│ mich, wenn .....                          │──────→┌──────────────────────┐
│ (Bsp. aus Lateinamerika, Franz v. Assisi, │       │ Text-Transformation; │
│ wenn Menschen Trauernde trösten)          │       │ Reich-Gottes-        │
└───────────────────────────────────────────┘       │ Geschichten          │
                                                    └──────────────────────┘
                                                              │
                                                              ↓
                                                    ┌──────────────────────┐
                                                    │ Biblische Bilder der │
                                                    │ Vollendung           │
                                                    └──────────────────────┘
```

Die Evangelien erzählen, wie Jesus das Kommen des Himmelreichs (Reich Gottes) in Wundern und Gleichnissen zur Darstellung bringt. Während die Wunder zeigen, dass jetzt die messianische Endzeit anbricht, denn Blinde sehen, Lahme gehen, Aussätzige werden rein... (Mt 11,5), entwickeln die Gleichnisse Jesu, was er mit dem Kommen des Himmelreichs meint. Gleichnisse werden in der Forschung (vgl. die Übersicht in: Neutestamentliches Arbeitsbuch für Religionspädagogen, hg. von U. Becker u.a., Stuttgart 2/1997, S. 61ff.) nicht länger als Geschichten aus Bild- und Sachhälfte verstanden, sondern vorab als Metaphern. Das heißt: Gleichnisse erschließen als Metaphern eine Wirklichkeit, die anders nicht zu sagen ist. Was Reich Gottes ist und was das Kommen des Gottesreiches ist, das übersteigt jede dürre Erklärung und im Grunde auch jede Vorstellung, aber nichts desto trotz ist es – folgt man den Bildern etwa der Wachstumsgleichnisse oder dem Bild vom Sauerteig - eine unumkehrbare und ganz einleuchtend evidente Sache: Am Kommen des Gottesreichs gibt es keinen Zweifel.
Für eine Didaktik der Gleichnisse folgt daraus, dass die bloße Rekonstruktion der historischen Ursprungssituation der Gleichnisse und Wunder Jesu nicht genügt. Entscheidend ist vielmehr die Frage: Welche Bilder und Vorstellungen provozieren diese Metaphern, diese Gleichniserzählungen und Wundergeschichten heute unter uns? Was sprechen sie in uns, in mir heute an?

1. Träume von einer heilen Welt

a) Notizen zu Thema und Intention

Der Gedanke an eine glückliche Zukunft, die Vorstellung von einer heilen Welt begegnen sowohl im Leben des einzelnen wie auch als Hoffnungszeichen im Leben von Gemeinschaften. In Erzählungen, Mythen, Liedern und Bildern sind uns aus allen Zeiten solche Vorstellungen überliefert. Die Ausrichtung auf Glück und Zufriedenheit, also auf eine heile Existenz, ist ein lebensbestimmendes, letztlich ein lebensnotwendiges Merkmal menschlichen Lebens.

Das Wort „Traum" in der Überschrift soll den Aspekt des Utopischen anklingen lassen, der solchen Vorstellungen anhaftet. Der Kontrast zwischen der Realität und menschlichen Hoffnungen und Sehnsüchten prägt diese Fragestellung.

Wie der Impuls nach Glück und erfülltem Leben aufgenommen und im konkreten Lebensvollzug verfolgt wird, soll Inhalt dieses Kapitels sein. Ob es die Jagd nach dem kleinen Glück im Alltag, die Versprechungen und Traumwelten der Werbung oder die Perspektiven von Orientierung durch Religionen oder weltanschaulichen oder politischen Gruppierungen sind - die Träume von einer heilen Welt bzw. die Hoffnung auf Zukunft begegnen uns in mannigfaltiger Ausprägung. Vor allem aber sollen die Schüler/innen sich mit ihren eigenen Perspektiven und Wünschen auseinandersetzen. An dieser Stelle tun wir gut daran, uns nichts vorzumachen. Zukunftsperspektiven und lebendige Hoffnung sind gewiss nicht die prägenden Merkmale von jungen Hauptschülern heute. Deshalb muss darauf geachtet werden, dass Resignation nicht mit beschwörenden Parolen und gutgemeinten Aufmunterungen beantwortet werden kann. Die Lebenseinstellungen und evtl. düstere Perspektiven der jungen Menschen müssen ernst genommen werden. Nur so wirkt ein Anstoß, nicht dabei stehen zu bleiben, glaubwürdig.

Diese Auseinandersetzung mit eigenen und fremden Hoffnungen soll nicht „träumerisch" sondern durchaus mit einer kritischen Perspektive erfolgen. Wenn es dabei gelingt, kurzschlüssige, trügerische und zu kurz greifende Lebensmuster und Hoffnungen zu durchschauen, kann das ein Impuls sein, nach tragfähigen Perspektiven und Orientierungen Ausschau zu halten. Menschliche und innerweltliche Versuche werden transzendiert in Richtung auf einen Horizont, der Gott mit einschließt. Dieser Horizont ist das Thema der ganzen Einheit: das Reich Gottes. Dieses 1. Kapitel bietet deshalb neben den genannten Zukunftsperspektiven schließlich Bausteine, die auf das Jesus-Ereignis hinführen: Situation der Menschen zur Zeit Jesu (M41); Herzen verändert man nicht mit Waffen (Schülerbuch S. 59)

b) Methodische Hinweise

- S. Köder, „Der Säugling spielt am Schlupfloch der Natter" (Jes 11), Schülerbuch S. 59
  Das Gespräch über das Bild beginnt mit einer Beschreibung der dargestellten Elemente. Um vorschnelle deutende Formulierungen zu vermeiden, werden die Schüler/innen aufgefordert, ihre Beiträge zu beginnen mit: „Ich sehe ...". („Ich sehe ein Kind, das mit seiner Hand eine Schlange berührt...").
  Das Bild enthält näherhin folgende Elemente. Ein Mann, der Blick und Hände nach oben richtet; hinter dem Mann auf einer roten Halbkugel

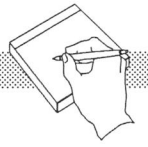

(Berg) plaziert: eine Kuh und ein Bär, die sich beschnuppern; zwei schnäbelnde Tauben; das Kind und die Schlange; Hintergrund: grünes Blattwerk mit roten Rosen; Vordergrund: Rosen sprießen aus dem Stacheldraht und dem Rohr eines zerstörten Panzers; ein abgebrochenes Schwert.
Nach einer ersten Deutung der Bildelemente kann der Text nach Jes 2,4 und 11,6-9 eingebracht werden:

*Dann schmieden sie Pflugscharen aus ihren Schwertern
und Winzermesser aus ihren Lanzen.
Man zieht nicht mehr das Schwert, Volk gegen Volk, und übt nicht mehr
für den Krieg.
Dann wohnt der Wolf beim Lamm, der Panther liegt beim Böcklein.
Kalb und Löwe weiden zusammen, ein kleiner Knabe kann sie hüten.
Kuh und Bärin freunden sich an, ihre Jungen liegen beieinander.
Der Löwe frisst Stroh wie das Rind.
Der Säugling spielt vor dem Schlupfloch der Natter,
das Kind streckt seine Hand in die Höhle der Schlange.
Man tut nichts Böses mehr und begeht kein Verbrechen auf meinem
ganzen heiligen Berg.*

Im Gespräch stellen die Schüler/innen fest, dass es sich hier um Bilder einer neuen Welt, Bilder eines Friedensreiches handelt und nicht um eine Beschreibung gegenwärtiger Zustände. Sie werden darin aber auch ihre Hoffnungen und die Hoffnungen aller Menschen wiedererkennen.

Erfolgt die Auswertung des Bildes im Sitzkreis, können folgende Schritte sinnvoll sein. Eine große Skizze (oder Kopie) des Bildes wird in die Mitte gelegt. Sätze mit der Beschreibung der Bildelemente werden auf Papierstreifen geschrieben und jeweils den Bildteilen zugeordnet. (z.B.: „Kuh und Bär vertragen sich"; „kein Krieg mehr").
Die Schüler/innen erhalten die Aufgabe (Einzel- oder Partnerarbeit): Schreibe auf Papierstreifen, was für dich zum Traum von einer besseren Welt gehört. Die Schüler/innen lesen ihren Satz vor und legen ihn ebenfalls zu dem Bild bzw. kleben ihn auf (wenn ein Plakat verwendet wird).

- Lied: Alle Knospen springen auf

- Bilder von Familie, Freundschaft, Clique, Natur, Geborgenheit, usw. werden ausgelegt. Die Schüler/innen betrachten die Bilder: Welches Bild spricht mich an? Sie wählen sich ein Bild aus.
  Impuls für den Austausch über die ausgewählten Bilder: Was bedeutet für mich diese Darstellung? Was würde zu einer „heilen Welt" gehören?

- Die Schüler/innen bringen Gegenstände von zu Hause mit, mit denen sie angenehme Erinnerungen verbinden bzw. die für sie eine heile Welt darstellen, z.B. Fotos, Texte, Lieder, Bilder, Kuscheltier, Foto oder Gegenstände eines Haustieres (Hundehalsband, Feder eines Vogels).

- Geschichte: „Ein glücklicher Mensch" von Leo Tolstoi

  Ein Kaiser wurde krank und sagte: „Mein halbes Reich gebe ich demjenigen, der mich wieder heilt." Da versammelten sich die Weisen und hielten Rat, wie der Kaiser zu heilen sei. Niemand wusste es. Nur ein Weiser sprach: „Ich weiß, wie dem Kaiser zu helfen ist. Man muss einen

glücklichen Menschen finden, ihm das Hemd ausziehen und es dem Kaiser anziehen. Dann wird der Kaiser gesund werden."
Der Kaiser gab den Befehl einen glücklichen Menschen zu suchen. Seine Gesandten reisten kreuz und quer durch das Reich, aber sie konnten niemand finden, der vollständig zufrieden war. Der eine war reich, aber krank; ein anderer gesund, doch arm; der dritte war sowohl reich als auch gesund, hatte aber eine böse Frau. Alle beklagten sich über irgend etwas.
Einst kam der Sohn des Kaisers vorüber und hörte, wie jemand sprach: „Gott sei gedankt, heute habe ich tüchtig gearbeitet, habe mich satt gegessen, und nun werde ich mich schlafen legen. Mehr brauche ich nicht."
Der Sohn des Kaisers war hocherfreut. Er befahl, diesem Mann das Hemd auszuziehen, ihm dafür so viel Geld zu geben, wie er verlangte, und das Hemd dem Kaiser zu bringen. Die Gesandten gingen zu dem glücklichen Mann und wollten sein Hemd haben, doch er war so arm, dass er keines besaß.

Impulse: Was macht den Mann glücklich? Was macht Menschen glücklich? Was macht dich glücklich und zufrieden? Denke darüber nach, was du brauchst, um glücklich zu sein!

■ Lied: „What a wonderful world", M+T: George D. Weiss/George Douglas, interpretiert von Louis Armstrong. © 1967 by Quartet Music inc./Range Road Music; für Deutschland: Eldorado Musikverlag, Hamburg/Melodie der Welt, J. Michel KG, Musikverlag, Frankfurt

Am Beginn wird das Lied angehört, das den Schüler/innen in der Regel bekannt sein wird. Anschließend muss der Text sicher gemeinsam übersetzt werden, um das Lied dann nochmals - nun mit besserem Textverständnis - zu hören.
Als Impuls für ein gemeinsames Brainstorming wird ein Plakat mit folgender Aufschrift in die Mitte des Sitzkreises gelegt.
Hier zeigt sich Wunderbares in der Natur...
Hier zeigt sich Wunderbares unter den Menschen...
Hier können wir Heil erfahren...
Alternativ kann diese Phase auch an der Tafel stattfinden. Hierbei kann dann auch eine erste Klärung erfolgen, was HEIL bedeuten kann.
Nach der gemeinsamen Phase können die Schüler/innen diesen Schritt in Gruppenarbeiten vertiefen, indem sie zum Thema eine Collage gestalten. Da hierzu meist Materialien aus Zeitschriften und aus der Werbung verwendet werden, besteht die Gefahr, dass eine solche Darstellung einseitig und stereotyp ausfällt (Autos, schöne Kleidung, Sportartikel etc.). Die vorherige Reflexionsphase kann dazu dienen, den Horizont der Schüler/innen zu erweitern. Evtl. können die Schüler/innen auch aufgefordert werden, Inhalte des Armstrong-Liedes und des Brainstormings zeichnerisch umzusetzen.
Um den Zusammenhang der Bilder einer heilen Welt auf den Collagen und der Reich-Gottes-Botschaft Jesu herzustellen, können in einem stummen Impuls die Collagen mit dem Schlüsselsatz des Evangeliums Mk 1,15 konfrontiert werden, der auf ein großes Plakat geschrieben wird. Dazu wird der Satz in die Mitte der Collagen gelegt. Das anschließende Unterrichtsgespräch kann durch folgende Fragen geleitet werden: Was ist das Reich Gottes, von dem Jesus spricht? Liegt es in ferner Zukunft? Ist es auch hier und heute schon da?

- Ein individuelles Bild von Heil wird in der Geschichte vom weißen Band erzählt (M47) Mit leichten Abänderungen kann dieser Text mit der entsprechenden Arbeitsaufgabe auch an dieser Stelle verwendet werden.

- Brainstorming/Wortfelder/Mindmap: „Heil": Schüler/innen äußern Assoziationen, die in einer Tafelskizze festgehalten werden.

- Wortpuzzle M40
  Die Wortkarten werden vergrößert, ausgeschnitten und durcheinander gemischt in die Mitte des Sitzkreises gelegt. Wer eine gute Wort/Satzverbindung gefunden hat, z.B. Obdachlose - eine Wohnung finden, legt diese zusammen und bildet einen Satz damit. So entsteht nach und nach aus einem Durcheinander die Beschreibung einer besseren Welt.

- M41 - Interview und Bodenbild zu: Situation der Menschen zur Zeit Jesu
  (Weitere Texte zum zeitgeschichtlichen Hintergrund: Lebenslinien 6, Schülerbuch, Sachtext S. 9: Leben zur Zeit Jesu und Sachtext S. 13: Auf eine bessere Welt warten - auf den Messias hoffen. Sowohl als Hintergrundinformationen für Lehrer/innen wie als Vorlesetext für den Unterricht geeignet ist G. Theißen, Der Schatten des Galiläers, Kaiser, München 1986, S. 98-104)

  Stuhlkreis/ schwarzes Tuch in der Mitte. Der/die Lehrer/in hat zuvor den untenstehenden Interviewtext an drei Schüler/innen verteilt. An weitere Schüler werden folgende Gegenstände ausgehändigt mit dem Hinweis, diese an entsprechender Stelle des Interviews in die Mitte auf das Tuch zu legen: Seil, Steine, Scherben, dürre Äste und welke Blätter, Knospen oder aufgehende Blüte).
  Lehrer/in eröffnet das Interview: Wir machen einen Zeitsprung in das Jahr 30 n.Chr. Wir haben Besuch - Jeschi. Zwei von euch dürfen ein Interview mit ihm machen. Er hat einige Dinge mitgebracht. Wir legen sie in die Mitte, wenn er davon spricht.
  Nach dem Interview werden Blätter verteilt, auf die große Sprechblasen gezeichnet sind (oder die in Form einer Sprechblase ausgeschnitten sind). Aufgabe: „Jeschi sagt, dass die Menschen große Hoffnungen auf Jesus setzen. Welche könnten das sein? Schreibt solche Hoffnungen in die Sprechblasen und legt sie auf das Tuch."

- Herzen verändert man nicht mit Waffen (Buch S. 59)
  Der Text wird gemeinsam gelesen. Gesprächsimpulse: Warum wollen die Leute Jesus hören und sehen? Was denken die Menschen über Jesus und das Reich Gottes? Welche Wünsche und Hoffnungen verbinden sie mit Jesus und dem Reich Gottes? Die Antworten können ebenfalls auf Blättern in Form von Sprech- bzw. Denkblasen in das obige Bodenbild eingefügt werden.

c) Literatur und Materialhinweise

Spuren M III 6, Jesus bringt die Botschaft vom Reich Gottes, Arbeitshilfen für einen ganzheitlichen Religionsunterricht an Förderschulen, Hrsg. A. Kübler, F. Bödingmeier, Bischöfliches Schulamt der Diözese Rottenburg-Stuttgart und Institut für Religionspädagogik der Erzdiöse Freiburg, 1996

M40 Wortpuzzle

Hungrige	satt werden
Soldaten	nach Hause gehen
Kranke	nicht mehr leiden
Keiner spielt mit ihm	geliebt werden
Wer einsam ist	Freunde finden
Obdachlose	eine Wohnung finden
Ausländer	sind nicht mehr fremd
Verfolgte und Verjagte	werden aufgenommen
Wer verspottet wird	Schutz finden
Trauernde	getröstet werden
Behindert	nicht mehr kämpfen
Keine Arbeit	Arbeitsplatz
Wer Angst hat	in den Arm nehmen

M41 - Situation der Menschen zur Zeit Jesu

Interviewer/in 1:	Du heißt also Jeschi.	
Jeschi:	Ja, ich bin 12 Jahre alt und lebe am See Genezareth. Und ihr wollt etwas über mich und meine Heimat wissen?	
Interviewer/in 2:	Du hast einige Gegenstände mitgebracht.	
Jeschi:	Richtig, ihr werdet merken, was ich damit sagen will. Wie ihr wisst, gehöre ich zum Volk Israel. Aber meinem Volk geht es sehr schlecht. Deshalb liegt auch das schwarze Tuch da. Da gibt es die Römer!	
Interviewer/in 1:	Wieso Römer, die sind doch in Rom!	
Jeschi:	Die Römer sind über uns hergefallen und haben unser Land besetzt. Sie gehen hart mit uns um - wie mit Gefangenen	*Das Seil wird auf das Tuch gelegt*
Interviewer/in 2:	Aber ihr habt doch auch einen König, einen jüdischen König	
Jeschi:	Schon, aber er achtet darauf, dass er gut mit den Römern steht. Ihm geht es gut. Und einigen Reichen auch. Wir, die kleinen Leute werden unterdrückt. Die Mächtigen leben auf unsere Kosten. Die Last der Steuern ist hoch.	*Einige Steine werden in die Mitte gelegt*
Interviewer/in 1:	Das klingt aber nicht sehr hoffnungsvoll!	
Jeschi:	Allerdings, für die meisten von uns sieht die Zukunft aus wie ein Scherbenhaufen. Wir sind arm. Wir haben Hunger. Viele von uns sind krank.	*Scherben* *dürre Äste*
Interviewer/in 2:	Und ihr jungen Leute findet euch damit ab?	
Jeschi:	Was sollen wir denn machen? Aber seit einiger Zeit ist Bewegung im Land. Die Leute erzählen sich hinter der vorgehaltenen Hand von Jeschua - ihr sagt Jesus - einem jungen Prediger aus Nazareth.	
Interviewer/in 1:	Warum hinter vorgehaltener Hand?	
Jeschi:	Wegen der Römer. Er spricht von einem neuen Reich und dass ein Retter kommt. Die Römer würden einen neuen Herrscher sofort beseitigen. Solche Reden sind zur Zeit bei uns lebensgefährlich.	
Interviewer/in 2:	Wie alt ist dieser Jeschua? Ist er Priester oder Schriftgelehrter?	
Jeschi:	Nein, er hat das Bauhandwerk gelernt - wie sein Vater - und ist so um die 30	
Interviewer/in 1:	Und er predigt?	
	Ja, er predigt - genauer gesagt, er erzählt Geschichten vom Leben und von Gott. Er zieht durch die Dörfer und sagt: Ich bringe euch eine gute Nachricht. Das Reich Gottes ist da. Es wächst von Tag zu Tag. Er redet aber nicht nur so, er soll sogar Kranke geheilt haben. Viele setzen große Hoffnungen auf ihn!	*Knospender Zweig oder eine noch nicht geöffnete Blüte, Rose*

2. Jesus verkündet eine neue Welt - Gleichnisse

a) Notizen zu Thema und Intention

Vorbemerkungen zur Gleichnisauslegung:
Jesus hat nicht von ungefähr für seine Reich-Gottes-Botschaft die Sprachgestalt des Gleichnisses gewählt. Er wollte keine bildhafte Veranschaulichung allgemeiner Wahrheiten (vgl. Grundkurs Bibel Neues Testament, S. 9) bieten. Er wollte mit seiner Art zu erzählen seine Hörer in das Geschehen einbeziehen, sie anfragen und auf einen Weg bringen. Eindrücklich kritisiert Hubertus Halbfas einen unangemessenen Umgang mit diesen Erzählungen (in der Vergangenheit?!): „Erinnerlich ist vielmehr das oft verbissene Bemühen, der Gleichniserzählung ein theologisches Destillat abzutrotzen, das als begriffliches Merkschema gern an der Tafel 'festgehalten' wurde. Stand anfangs eine Geschichte wenigstens auf dem Papier, so war sie am Ende der Stunde zuverlässig um ihr narratives Leben gebracht, zerredet, von theologischen Sprüchen zerfetzt, zu Langeweile klein gemahlen." (s. Lit. Lehrerhandbuch 3, S. 549). Nicht weniger kritisch apostrophiert Ingo Baldermann eine solche Art der sterilen Auslegung. Er vergleicht die lange gebräuchliche Unterscheidung in Bildhälfte und Sachhälfte (Jülicher) mit dem Verfahren moderner Brotfabriken: „Zuerst entziehen sie dem Mehl alles, was ihm noch an natürlichem Geruch und Geschmack anhaftet, und reduzieren es auf die chemisch reine Substanz; dann aber werden auf künstlichem Weg die Aromastoffe wieder hinzugefügt, die dem Ganzen das Ansehen und den Geschmack natürlichen Brotes verleihen sollen, aber es doch nicht wirklich können". Wenn man nur dem „tertium comparationis" theologische Bedeutsamkeit zuspricht, werden „alle Gleichnisse zu langweiligen Beispielen für langweilige allgemeine Sätze".
Gleichnisse wollen als Geschichten verstanden werden, als „Geschichten, in denen sich die Zuhörenden von Anfang an selbst wiederfinden. Schon mit dem ersten Satz hat er sie in die Geschichte verstrickt, jetzt müssen sie ihm folgen, er nimmt sie mit auf dem Weg dieser Geschichte..." (Baldermann, S. 82). Damit ist die didaktische Spur für den Umgang mit Gleichnissen gelegt. Wir erleben die Gleichnisse als Geschichten, die wie jede Geschichte dem Hörer ein Angebot zur Identifikation und zur Auseinandersetzung machen. Baldermann entdeckt in ihnen den „Charakter eines Spiels, das zur Identifikation einlädt". Der Zuhörer soll sich ganz auf den Text und seine Bewegung einlassen. Deshalb spricht H. Rupp von den Gleichnissen Jesu als „bewegenden Geschichten" (entwurf 1/91, S. 41). In den Geschichten können die Hörer plötzlich vor überraschenden Wendungen stehen, die ein neues Licht auf gewohnte Erfahrungen werfen. Der Erzählweg wird zum Lernweg (F. Ruetz u.a., S. 130, Lit.)
Der Zugang zur Botschaft des Gleichnisses führt nicht mehr (nur) über den „Sitz im Leben", also über die Situation im Leben der Gemeinde, die die Evangelisten bei der Erzählung des Gleichnisses vor Augen hatten. Dieser Rahmen entspricht ja schon nicht mehr der Situation, in der Jesus das Gleichnis erzählt hat. Nach Baldermann haben die Evangelisten „einen Teil der Gleichnisse eingeengt; unsere Situation ist nicht mehr die ihre, und die ursprüngliche Stimme Jesu redet nachdrücklicher zu uns und trifft uns mehr als die der Evangelisten." Damit plädiert er für einen direkten Zugang. Der ursprüngliche Rahmen mit seinen Fragen muss für diese Adressaten „direkt" zugänglich sein - über ihre eigene Erfahrung. Etwas von der ursprünglichen Situation muss für sie nachvollziehbar sein; ihre Erfahrungen müssen daran anknüpfen können. Wenn es z.B. um Saatkörner geht, müssen diese und

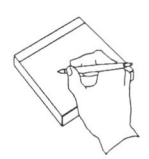

der Vorgang des Säens den Schüler/innen möglichst plastisch vor Augen stehen. Gerade bei Hauptschüler/innen ist es wichtig, erfahrungsbezogene Zugänge zu ermöglichen und die Gleichnisse dann wieder in die Erfahrungswelt der Schüler/innen zurückzugeben.

In jedem Fall erübrigt sich eine detaillierte „Interpretation" der Gleichnisse mit einer genauen Aufschlüsselung, was welches Element des Gleichnisses bedeuten soll.

b) Methodische Hinweise

Gleichnis vom Schatz im Acker

Problematisch an diesem Gleichnis bei der Arbeit in der Hauptschule kann sein, dass es der sehr materialistischen Orientierung der Schüler/innen geradezu entgegenkommt. Natürlich würde ich alles verkaufen, wenn ich dafür einen Schatz bekomme, der einen wesentlich höheren materiellen Wert hat! Gerade deshalb scheint es wesentlich, zunächst bei den eigenen „Schätzen" der Jugendlich anzusetzen:

- Traumziele
  Am Beginn sollte eine Reflexion stehen, was den Schüler/innen im eigenen Leben so wertvoll ist, dass sie auf anderes verzichten würden bzw. viel dafür einsetzen würden, um sich diesen Traum zu erfüllen.
  Methodisch bieten sich zwei Möglichkeiten an:
  a) Jede Schüler/in faltet ein eigenes Schatzkästchen aus Goldpapier und legt da hinein einen Zettel, auf den er schreibt und/oder malt, was im *jetzigen* Leben besonders wichtig ist oder welches *Traumziel* er gerne erreichen möchte.
  b) Alternativ dazu kann der Lehrer/die Lehrerin eine schön gestaltete Schatzkiste mitbringen, in die hinein die Traumziele der Schüler/innen gelegt werden, wobei den Schüler/innen überlassen bleiben sollte, ob sie ihren Zettel stumm in die Kiste legen oder laut vorlesen.
  Im nächsten Schritt steht die Überlegung im Mittelpunkt, welchen Einsatz die Schüler/innen bereit wären zu erbringen, um dieses Traumziel zu erreichen.
  Hierbei kann ein Fragebogen eine Hilfe sein (M42)
  Erst jetzt sollte das Gleichnis von der Lehrer/in *erzählt* werden, um den narrativen Charakter des Gleichnisses zu erhalten. Begleitend zur Erzählung können die kleinen Schatzkästchen oder die gemeinsame Schatzkiste mit einem dunklen Tuch bedeckt werden und gemäß der Erzählung auf- bzw. zugedeckt werden. Im anschließenden Unterrichtsgespräch ist darauf hinzuarbeiten, dass nicht nur der Schatz der Vergleichspunkt zum Reich Gottes ist, sondern dass es wesentlich darauf ankommt, viel für das Reich Gottes einzusetzen. Im Rückgriff auf den vorher erarbeiteten Fragebogen wird in einem Brainstorming gesammelt, welchen Einsatz wir im alltäglichen Leben für das Reich Gottes bringen können. Die Äußerungen der Schüler/innen werden auf Papierstreifen geschrieben und auf das dunkle Tuch gelegt.

- Geschichte: „Der Fund" (aus H. Jaschke, Und nahm sie in seine Arme. Eine Theologie für Kinder in Geschichten, Bd. 2, 1985, S. 209-213)
  Die Geschichte wird nicht bis Ende vorlesen sondern nur bis zur Entscheidungssituation. Frage: Was könnte Christian tun oder: Was würdest du tun?

Anregungen nach dem Vorlesen der ganzen Geschichte: - Wonach sehnst du dich so sehr, dass du alles dafür geben würdest? - Lohnt es sich alles für eines herzugeben?
Weitere Erzählungen zum Gleichnis vom Schatz im Acker und von der Perle: Werner Laubi: Geschichten zur Bibel, Bd. 4, Jesus von Nazaret, Kaufmann/Lahr und Patmos/Düsseldorf 1988, S. 66-73

Das Gleichnis vom Senfkorn

■ Meditationsgegenstand Senfkörner
aus: L. Rendle u.a., Ganzheitliche Methoden im Religionsunterricht, Kösel 1996, S. 90-91

Ich habe euch heute etwas mitgebracht, das so klein ist, dass es leicht übersehen wird. (Aufmerksamkeit wecken)
Wer sich überraschen lassen möchte, schließt die Augen und hält eine Hand auf. Ich werde es da hineinlegen. Wer es sich lieber selbst nehmen möchte, hält die Augen offen. (Rücksicht auf diejenigen, denen es angst macht, etwas Unbekanntes in die Hand gelegt zu bekommen.)
Vielleicht habt ihr gar nicht gespürt, dass ihr etwas bekommen habt, so wenig Gewicht hat es.
Vielleicht habt ihr das, was ihr euch genommen, schon wieder verloren, so klein ist es. (Trost für diejenigen, die durch ihr Missgeschick verunsichert sind und für diejenigen, die Sorge haben, ihr Korn rollt davon. Sie können sich wieder bedienen.)
Schaut es euch an! Es ist ein Senfkorn, hart und klein... Wahrscheinlich müsst ihr mit einem Finger drücken, um es überhaupt in eurer Hand zu spüren. (Kinder wollen meist ihre Entdeckungen und Beobachtungen mitteilen - und sie dürfen es.)
Bewege das Senfkorn ganz behutsam in deiner Hand!... Spürst du es noch, wenn du die Augen schließt?... Es fällt kaum ins Gewicht. Doch was in ihm steckt an Kraft und Leben, ist wichtig, kann Gewicht bekommen.
Zum folgenden kann meditative Musik eingespielt werden.
Stell dir vor, wie das Senfkorn in deiner Hand der Erde anvertraut wird... Die Sonne scheint. Der Regen fällt. Die Erde wird feucht und warm...
Das Senfkorn bricht auf. Es beginnt zu keimen... Wurzeln bohren sich in die Tiefe... Ein Trieb reckt sich nach oben, kommt ans Licht, streckt sich der Sonne entgegen... Er wächst höher und höher. Er verzweigt sich, wird breiter und breiter. Immer mehr Blätter und Blüten sprießen an ihm... Sonne, Regen und Wind lassen ihn wachsen... Er wird zu einem schattenspendenden Baum... Vögel nisten in seinem Gezweig... Seine Wurzeln reichen tief in die Erde. Seine Äste weisen zum Himmel.

Nach längerer Stille:
„Ein anderes Gleichnis gab Jesus ihnen und sagte: Mit dem Himmelreich ist es wie mit einem Senfkorn, das ein Mensch nahm und auf seinen Acker säte. Das ist zwar kleiner als alle Samen; ist es aber ausgewachsen, so ist es größer als alle Kräuter und wird ein Baum, und die Vögel des Himmels kommen und nisten in seinem Gezweig." Mt 13,31-33
(Übersetzung von Fridolin Stier)
Welchen Namen magst du deinem Senfkorn geben? „Himmelreich" sagt dir wahrscheinlich nicht mehr viel. Vielleicht heißt es für dich: Mut zum Leben Echtheit - Selbstvertrauen - Sensibilität...
Noch ist dein Senfkorn klein, fällt nicht ins Gewicht, aber es kann wachsen, groß und wichtig werden.

Es liegt in deiner Hand. Du hast es nicht gemacht. Du kannst es auch nicht aus eigener Kraft oder mit Gewalt großmachen. Aber du darfst darauf vertrauen, dass es wachsen wird, wenn du es einsetzt.

(Evtl. das Gleichnis nochmals lesen: Es ist damit wie mit einem Senfkorn, das ein Mensch nimmt und auf seinen Acker sät...)
Zum Schluß können Senfkörner in eine Schale mit Erde gesät und gegossen werden.

- An die Betrachtung des Senfkorns (siehe oben) kann sich ein Meditationstext anschließen. Vgl. Arbeitshilfen zum Lehrplan für das Fach Kath. Religionslehre in BW, S. 118
Das Verständnis für das Gleichnis wird dadurch erleichtert, dass der Lehrer z.B. vier und acht Tage alte Senfpflanzen mitbringt und diese in die Meditation einbaut. Dadurch können die Schüler/innen erfahren, wie schnell diese Pflanze wächst. Selbstverständlich sollten am Ende der Meditation die Senfkörner der Schüler/innen eingepflanzt und in den folgenden Stunden beobachtet werden.

- Nachdem das Gleichnis vorgelesen oder gemeinsam gelesen wurde, muss mit den Schüler/innen erarbeitet werden, dass aus dem kleinen Samen etwas Großes werden kann, dass das Reich Gottes durch viele Kleinigkeiten wachsen kann und auf die Mithilfe aller angewiesen ist. Dies bleibt aber immer angewiesen auf den Wurzelgrund Jesus, der das Gleichnis erzählt hat.
Anhand einer Landkarte wird erarbeitet, wie sich das Christentum von Israel über den ganzen Erdkreis hin ausgebreitet hat.
Eine andere Möglichkeit: Anhand von Aktionen wie Sternsinger oder Misereor aufzeigen, wie auch kleine Schritte dazu beitragen können, dass sich das Leben vieler Menschen verbessern kann.
Unmittelbare Bezüge ergeben sich auch zum vierten Teil (Mitbauen an einer neuen Welt), in dem ja auch von Menschen die Rede sein wird, die am Reich Gottes mitbauen.
Hier kann auch das Lied von Gerhard Schöne aufgegriffen werden, das genau den Aspekt „vom Kleinen zum Großen" thematisiert. In Klassen, die gerne gestaltend arbeiten, kann versucht werden, das Lied in ein Bild umzusetzen. Das Lied findet sich auf der CD: Gerhard Schöne Live, Du hast es nur noch nicht probiert, Buschfunk Musikverlag 1995

Alles muss klein beginnen

Refrain:
Alles muss klein beginnen,
lass etwas Zeit verrinnen.
Es muss nur Kraft gewinnen,
und endlich ist es groß.

Schau nur, dieses Körnchen,
ach, man sieht es kaum,
gleicht bald einem Grashalm.
Später wird's ein Baum.
Und nach vielen Jahren,
wenn ich Rentner bin,
spendet er mir Schatten,
singt die Amsel drin:

Refrain:
Alles muss klein beginnen,
lass etwas Zeit verrinnen.
Es muss nur Kraft gewinnen,
und endlich ist es groß.

Schau, die feine Quelle
zwischen Moos und Stein,
sammelt sich im Tale
um ein Bach zu sein.
Wird zum Fluss er anschwellen,
fließt zur Ostsee hin,
braust dort ganz gewaltig,
singt das Fischlein drin:

Refrain:
Alles muss klein beginnen,
lass etwas Zeit verrinnen.
Es muss nur Kraft gewinnen,
und endlich ist es groß.

Schau, die leichte Flocke,
wie sie tanzt und fliegt,
bis zu einem Ästchen,
das unterm Schnee sich biegt.
Landet da die Flocke
und durch ihr Gewicht
bricht der Ast herunter,
und der Rabe spricht:

Refrain:
Alles muss klein beginnen,
lass etwas Zeit verrinnen.
Es muss nur Kraft gewinnen,
und endlich ist es groß.

Manchmal denk ich traurig:
„Ich bin viel zu klein!
kann ja doch nichts machen!"
Und dann fällt mir ein:
Erst einmal beginnen.
Hab ich das geschafft,
nur nicht mutlos werden
dann wächst auch die Kraft.
Und dann seh ich staunend:
Ich bin nicht allein.
Viele Kleine, Schwache
stimmen mit mir ein:

Refrain:
Alles muss klein beginnen,
lass etwas Zeit verrinnen.
es muss nur Kraft gewinnen,
und endlich ist es groß.

- **Elzéard Bouffier verändert das Land (Buch S. 60; M43)**
  Die (Nach)Erzählung von Andreas Reinert (nach Jean Giono) zeigt in beeindruckender Weise, wie aus kleinen, unscheinbaren Anfängen umwälzende Veränderungen entstehen. Ein Hirte und Bauer steckt Eicheln in die Erde. Wer würde ihm glauben, dass er damit den Anfang für neue Lebensgrundlagen einer Region legt? Es erscheint doch eher als Marotte eines skurrilen Eigenbrötlers. Aber das Ergebnis gibt ihm Recht. Nachdem seine Eicheln zum Wald geworden sind, verändert sich das ökologische Gesicht der Landschaft: aus einer Wüste entsteht ein „Gelobtes Land" - stellt der Erzähler am Ende seiner Geschichte fest.
  Methodenvorschlag: Im Buch ist die Geschichte mit fehlendem Mittelteil abgedruckt: Es wird die Situation am Anfang - eine Landschaft ohne Bäume - und die Situation am Ende dargestellt. Die Schüler/innen erfahren nicht, was die Veränderung bewirkt hat. Sie schreiben selber einen Mittelteil, in dem sie nach möglichen Ursachen Ausschau halten. Nachdem die Geschichten vorgestellt wurden, liest der Lehrer/die Lehrerin den fehlenden Originalteil oder teilt ihn als Kopie aus.
  Aspekte für das Gespräch: Worin unterscheiden sich die Schüler/innen-Versionen und die abgedruckte Erzählung? Was beeindruckt bzw. verwundert die Schüler/innen am meisten? Was denken sie über Elzéard Bouffier und die Art, an die Dinge heranzugehen? Vergleich der Geschichte mit dem Senfkorngleichnis.

- In manchen Religionsgruppen ist es leichter mit Bildern Sachverhalte zu erschließen. Zu verweisen ist hierbei auf den bekannten Holzschnitt von Sigmunda May „Senfkorn". (abgedruckt z.B. in: Lebenslinien 6, S. 60 und im Grundkurs NT, 2. Kursteil S. 59). Dieses Bild kann z.B. als Puzzle zur Verfügung gestellt werden, das die Schüler/innen in ihr Heft einkleben und dann außen herum schreiben, wie jeder einzelne zu einem „Senfkornmenschen" werden kann. Alternativ kann es auch als Gruppenarbeit weitergezeichnet und/oder in eine Collage eingefügt werden, die sich z.B. aus Fotos/Artikeln unterschiedlicher Projekte in Deutschland und weltweit besteht, oder auch einfach aus Gesichtern vieler Menschen.

- Hinzuweisen ist auch auf den Materialbrief Folien des dkv, 1/96: Das Gleichnis vom Senfkorn. Darin finden sich interessante Bilder und methodische Hinweise zu einem weiterführenden Umgang mit dem Gleichnis.

Das Gleichnis vom Unkraut unter dem Weizen

- Übung: Die Schüler/innen sagen sich etwas Gutes: Mir gefällt an dir ... Hintergrund: Schüler/innen, Erzieher, Eltern stellen oft nur das „Schlechte" an einem fest. In jedem Menschen steckt Gutes und Schlechtes. Das Gute ist mit dem Schlechten verwachsen. Z. B. können körperliche Kraft und Freude eines Schülers an körperlichem Einsatz ihn zu einem guten Mittelstürmer machen. Gleichzeitig könnten aber mit diesen Voraussetzungen auch unangenehme Auftrittsformen im Umgang miteinander verbunden sein. Im Gespräch wird versucht, weitere Beispiele der Verknüpfung von guten und schlechten Seiten zu benennen.
Ein Experiment: Um herauszufinden, ob uns die schlechten Seiten wirklich schneller ins Auge fallen, kann man folgenden Versuch machen. Jeder/jede zieht (verdeckt) den Namen eines Mitschülers/einer Mitschülerin. Auf ein Blatt mit zwei Spalten (gute Seiten/schlechte Seiten) schreibt er/sie spontan und mit knapper Zeitvorgabe, was ihm/ihr einfällt. Welche Spalte hat die meisten Eintragungen? Was notiert wurde, geht darüber hinaus niemanden etwas an und wird umgehend vernichtet.

- Eine mögliche Vorgeschichte, siehe: Lebenslinien 7 (1991), S. 71-74
Die Erzählung (aus: W. Neidhart/H. Eggenberger (Hrsg.), Erzählbuch zur Bibel 1, S. 261) hat Ereignisse in der christlichen Gemeinde in Korinth zum Thema. Wenn man diese Geschichte als Zugang zum Gleichnis wählt, muss man einen Umweg in Kauf nehmen, da man die Hintergründe dieser Geschichte zuerst klären muss. Auf der anderen Seite wird daran deutlich, wie „Unkraut" und „Weizen" auch in Kirche und Gemeinde zum Alltag gehören.

- Ein Erlebnisbericht von heute als Vorgeschichte
„Heute war in unserer Gemeinde Firmgottesdienst. In der überfüllten Kirche fand ich Platz neben zwei jungen etwa 14-jährigen Mädchen. Der Gottesdienst war auf Jugendliche abgestimmt. Ansprache und Predigt waren frisch, lebendig und ansprechend. Jugendliche begleiteten die Feier mit moderner Musik und Liedern. Doch neben mir saßen die Mädchen. Sie blieben während des ganzen Gottesdienstes sitzen. Sie beteiligten sich an keinem Gebet, sangen kein Lied mit, sondern kicherten und steckten ihre Köpfe zusammen. Beim Friedensgruß signalisierten sie mir und anderen, dass sie kein Interesse haben, die Hand zu geben. Es war erkennbar, Gottesdienst ist für sie etwas Fremdes, Unangenehmes."

Bei diesem Bericht muss darauf geachtet werden, dass keine Vorurteile bzw. Vorverurteilungen stattfinden. Die Schüler/innen sollen selber zum beobachteten Verhalten Stellung nehmen. Rollenspiel: Ein Gespräch mit den beiden nach dem Gottesdienst.
Welches sind hilfreiche und angemessene und was wären unangemessene Reaktionen?
- Ich kann mich ärgern. Ich kann ablehnend den Kopf schütteln, die Jugendlichen giftig anschauen und meinen Ärger und Ablehnung zeigen. Ich kann draußen schlimm über die Jugend von heute schimpfen. Ich kann mein Urteil fällen: aus denen werden nie gläubige Christen.
- Ich kann Verständnis für die Jugendlichen empfinden (Sie können im Moment mit dem Gottesdienst nichts anfangen, ich hatte auch solche Zeiten.)

c) Literatur und Materialhinweise

I. Baldermann, Gottes Reich - Hoffnung für Kinder. Entdeckungen mit Kindern in den Evangelien, Neukirchener Verl., Neukirchen-Vluyn, 2. Aufl., 1993, bes. S. 81-95

Grundkurs Bibel Neues Testament. 2. Kursteil: Wunder und Gleichnisse Jesu. Das Reich Gottes in der Botschaft und Praxis Jesu, hrsg. vom Katholischen Bibelwerk. *Das Gesamtwerk bietet stets knappe und wissenschaftlich korrekte Einführungen in die Thematik und zahlreiche methodische Hinweise für die Arbeit mit Erwachsenen. Einige davon lassen sich auf die Arbeit mit Jugendlichen umsetzen. Auf jeden Fall sind manche Texte und Bilder einsetzbar. Das Heft ist sehr gut geeignet für die Lehrkräfte, um sich schnell und gezielt über die theologische Diskussion um Gleichnisse und Wunder zu informieren.*

H. Halbfas, Neues Testament: Gleichnisse", in: Religionsunterricht in Sekundarschulen, Lehrerhandbuch 5, Patmos/Benziger, Düsseldorf und Zürich-Köln 1992, S. 343 - 376

H. Halbfas, Sprachverständnis Gleichnisse, in: Religionsunterricht in der Grundschule, Lehrerhandbuch 3, Patmos/Benziger, Düsseldorf und Zürich-Köln 1985, S. 541 - 560

I. Gretenkord, Gleichnisse, :in Religion. Unterrichtsmaterialien Sek. I, Bergmöser + Höller, Nr. 3/1998

RL. Zeitschrift für Religionsunterricht und Lebenskunde, 3/93, S. 16-28 (Gleichnisse zum Leuchten bringen)

F. Ruetz u.a., Gleichnisse Jesu: Fenster zu Gottes neuer Welt, in: Unterrichtsideen Religion 6. Arbeitshilfen für den evangelischen Religionsunterricht in Hauptschule, Realschule und Gymnasium, Calwer, Stuttgart 1997, S. 130-150

Spuren M III 6, Jesus bringt die Botschaft vom Reich Gottes, Arbeitshilfen für einen ganzheitlichen Religionsunterricht an Förderschulen, Hrsg. A. Kübler, F. Bödingmeier, Bischöfliches Schulamt der Diözese Rottenburg-Stuttgart und Institut für Religionspädagogik der Erzdiöse Freiburg, 1996

Spuren 0 III.4, Jesus zeigt, wie Menschen miteinander umgehen sollen

H.-O. Zimmermann, Sehnsucht nach einer besseren Welt - Reich-Gottes-Botschaft Jesu, hrsg. vom Institut für Religionspädagogik der Erzdiözese Freiburg. *Dieser Band ist sehr stark kognitiv ausgerichtet und bietet daher kaum methodische Anregungen. Allerdings bietet er manche wertvolle Hintergrundinformation zur gesamten Einheit, da er die Themen Gleichnisse, Wunder und „Wege in eine bessere Welt" aufgreift.*

M42 Einsatz für mein Traumziel

Stell dir vor, es würde dir jemand seine Hilfe anbieten unter bestimmten Bedingungen dein Traumziel zu erreichen. (z.B. Karriere als Fußballprofi, Tennisspieler/in, Mannequin, Musiker, Schlagerstar - oder Mofa, Stereoanlage, eigenen Fernseher - oder die Freundschaft eines bestimmten Mädchens/Jungen.
Welchen Einsatz würdest du bringen, um dein Traumziel zu erreichen?

Mein Traumziel: _____
(muss nicht unbedingt ausgefüllt werden)

- ☐ Ich verzichte auf Zigaretten
- ☐ Ich verzichte auf Alkohol
- ☐ Ich spare jeden Pfennig auf meinem Sparbuch
- ☐ Ich gebe Hobbys auf
- ☐ Ich verzichte auf Fernsehen und Computer
- ☐ Ich verzichte auf neue Klamotten
- ☐ Ich mach meine Hausaufgaben immer pünktlich
- ☐ Ich räume mein Zimmer auf
- ☐ Ich übe/trainiere zusätzlich
- ☐ Ich gehe am Sonntag mit in die Kirche
- ☐ Ich helfe ohne Widerrede im Haushalt mit
- ☐ Ich nehme ab und halte Diät
- ☐ Ich lasse mir eine andere Frisur machen
- ☐ Ich verzichte auf die Disco
- ☐ Ich ziehe mich anders an
- ☐ Ich verzichte auf Taschengeld
- ☐ Ich pauke in den Ferien täglich 4 Stunden
- ☐ Ich breche den Kontakt zu meinen Freunden ab
- ☐ Ich ziehe in eine andere Stadt
- ☐ Ich suche mir Jobs, die meine ganze Freizeit ausfüllen
- ☐
- ☐
- ☐

M43 Elzéard Bouffier verändert das Land

Kurz vor dem Ersten Weltkrieg machte ich eine Fußwanderung durch einen einsamen Höhenzug der Alpen. Es war eine richtige Einöde, nirgends gab es eine Quelle, nur einige verlassene, zerfallene Dörfer, aus denen alles Leben entwichen war. Selbst die Kapelle war zerfallen. Als mein Wasser zur Neige gegangen war, traf ich auf einen Hirten. Er gab mir zu trinken und führte mich zu seinem Steinhaus. Er holte kostbares Wasser aus einer sehr tiefen Zisterne. Dieser Mann sprach wenig, lud mich aber ein, bei ihm zu nächtigen. Als er seine Suppe mit mir geteilt und auch der Hund etwas bekommen hatte, saßen wir am Abend beieinander. Er holte einen kleinen Sack und schüttete einen Haufen Eicheln auf den Tisch. Jede einzelne Eichel wurde aufmerksam untersucht: Die kleinen und die mit Rissen legte er weg, nur die guten, großen legte er in Gruppen von zehn sorgfältig auf den Tisch. Als er endlich hundert vollkommene Eicheln vor sich hatte, hörte er auf, und wir gingen schlafen.

Am anderen Morgen tränkte der Hirte den Sack mit den guten Eicheln in einem Eimer Wasser. Dann trieb er die Herde aus dem Stall und führte sie auf die Weide. Anstelle eines Hirtenstabes nahm er dabei eine lange Eisenstange mit, so dick wie ein Daumen. Weil ich keine Eile hatte, fragte ich den Alten, ob ich diesen Tag noch bei ihm ausruhen dürfe. Er fand das ganz natürlich und ich ging mit ihm auf die Weide, die in einer kleinen Senke lag.

Als er den Hund angewiesen hatte aufzupassen, ging er weiter bergan. Als er hoch genug gestiegen war, begann er, seinen Eisenstab in die Erde zu stoßen und je Loch eine Eichel hineinzulegen. Dann machte er das Loch wieder zu. Er pflanzte Eichen. Auf meine Frage, ob ihm denn das Land gehöre oder ob er wisse, wem es gehöre, verneinte er. Dann erzählte er mir, dass er bereits 100.000 Eicheln gepflanzt hatte. Davon hätten etwa 20.000 getrieben; davon, so rechne er, werde er noch die Hälfte verlieren durch die Nagetiere oder aus anderen Gründen. Es blieben also noch 10 000, die hervorsprossten, da, wo es vorher nichts gegeben hatte. Und nun fragte ich mich, welches Alter dieser Mann wohl habe. Er war 55 Jahre und hieß Elzéard Bouffier. Er hatte einen Bauernhof besessen, verlor dann aber seinen einzigen Sohn und seine Frau. Deshalb zog er sich in diese Einsamkeit zurück. Er hatte sich überlegt, dass diese Gegend absterben werde aus Mangel an Bäumen. Und weil er nichts Wichtiges zu tun hätte, habe er beschlossen, hier Abhilfe zu schaffen. Alles Leben stecke in diesen kleinen Eicheln und wenn Gott ihm ein langes Leben geben werde, dann werde er noch so viel pflanzen, dass diese 10 000 wie ein Tropfen im Meer sein würden. Neben seinem Haus hatte er auch schon begonnen, mit Bucheckern eine Pflanzschule anzulegen: Buchen sollten dort wachsen, und Birken.

Dann kam der Krieg. Nach mehr als fünf Jahren zog es mich wieder in die Gegend, gespannt, was sich in dieser Zeit verändert hatte. Ich traf den Hirten an. Er hatte nur noch vier Schafe, aber dafür hundert Bienenstöcke. Er hatte die Schafe abgegeben, weil sie die Baumplantagen gefährdeten. Um den Krieg hatte er sich so wenig wie um seine Eichen gekümmert und diese waren nun schon zehn Jahre alt und höher als er und ich. Buchen und Birken standen fünfjährig. Sein Wald maß in drei Abteilungen elf Kilometer in der Länge und drei Kilometer in der Breite. Es war ein wundervoller Anblick. Und als ich in die Dörfer hinunterkam, sah ich Wasser die Bachbetten durchfließen, die seit Menschengedenken trocken gewesen waren. Gras wuchs überall, Weiden und Blumen. Es war die großartigste Kettenreaktion, die ich je gesehen hatte.

Von 1920 an habe ich ihn mindestens einmal im Jahr besucht. Er war immer der gleiche, nie gebeugt oder zweifelnd. Vielleicht hatte ihn Gott selbst dazu gedrängt, die Bäume zu pflanzen. Auch vom zweiten Weltkrieg merkte er nichts. Während die Welt sich zerstörte, pflanzte er beharrlich weiter. Zum letzten Mal sah ich ihn im Juni 1945. Da war er 87 Jahre alt und sein Wald inzwischen auf gut 30 Kilometer Länge angewachsen.

Alles hatte sich inzwischen verändert. Es gab eine Busverbindung in die ehemals verlassenen Dörfer, die nun auch wieder von jungen Familien bewohnt waren. Neue Häuser waren gebaut worden, die Kapelle restauriert. Wiesen, Bäche, Brunnen, Bäume - und alles war in diesen kleinen Eicheln angelegt, die Elzéard Bouffier in die Erde gesteckt hatte. Es hatte genügt, um aus einer Wüste ein „Gelobtes Land" entstehen zu lassen, und es erfüllt mich eine unbegrenzte Hochachtung vor diesem alten Bauern, der dieses Werk zu schaffen wusste, das Gott würdig ist.

Andreas Reinert (nach Jean Giono)

3. Jesus verkündet eine neue Welt - Zeichen und Wunder

a) Notizen zu Thema und Intention

Zum biblischen Wunderbegriff (Grundkurs Bibel Neues Testament, S. 15): „Wunder sind auffallende Ereignisse, in denen notvolle Grenzen und Widerstände menschlichen Lebens überwunden und die von glaubenden Menschen als Zeichen des Heilshandelns Gottes verstanden werden - als Zeichen, die sie betroffen machen und zu Lob und Dank sowie zum aktiven Einsatz bei der Beseitigung von Not provozieren."

Die Ereignisse können durchaus mehrdeutig sein: um darin Handeln Gottes zu sehen, bedarf es der Augen des Glaubens. Auch die naturwissenschaftliche Grenzüberschreitung muss nach dieser Definition nicht als bedeutsames Kriterium gelten. Auch ein naturwissenschaftlich erklärbares Ereignis kann vom Glaubenden als Heilshandeln Gottes verstanden werden. „Nur ein Mensch, der alles Geschehen im Zusammmenhang mit Gottes Wirksamkeit und fürsorgender Nähe sieht, wird in einem Ereignis, in dem ein anderer vielleicht nur das Zusammenwirken glücklicher Zufälle oder psychosomatische Wirkgesetze sieht, ein deutliches Zeichen für die Wirksamkeit Gottes erkennen." (Grundkurs, S. 15)

Und wie steht es mit der Frage der eindeutigen historischen Zuordnung der von Jesus überlieferten Taten? Es fällt auf, dass die Evangelisten bei vielen neutestamentlichen Wundergeschichten darauf keinen Wert legen (vgl. Grundkurs S. 16). Viel liegt ihnen hingegen an der Erfahrung der befreienden und heilenden Nähe Gottes, die Menschen bei der Begegnung mit Jesus gemacht haben.

„Durch all das wird zugleich deutlich, dass die Wundergeschichten gar nicht in erster Linie über Vergangenes sprechen, sondern den Blick für etwas durchaus Gegenwärtiges und Künftiges öffnen wollen. Die Geschichten erzählen von Jesus, der nicht nur Kranke geheilt *hat,* sondern der als auferstandener Herr lebt und auch heute noch Heil schafft und menschliche Ausweglosigkeit öffnet: Ich bin der blinde Bartimäus; wir heute sind Besessene; wir alle sitzen in dem vom Sturm bedrohten Boot; das Brotwunder ist heute möglich; und wir sind wie die Tochter des Jairus gestorben und können zu neuem Leben erweckt werden. So sind die Wundergeschichten *Hoffnungsgeschichten* für heute; heute laden sie uns ein, im Vertrauen auf den Gott Jesu Christi Vergeblichkeitserfahrungen und Nöte, vor denen wir allzu schnell resignieren und verstummen, anzusprechen, gegen Enge und Angst gegenanzuglauben und uns auf Spielräume der Hoffnung einzulassen." (Grundkurs, S. 16)

Diese Sicht der Wundergeschichten als eine Ansage und Aussage für die Gegenwart stellt gewiss eine didaktische Herausforderung dar. Wir sind ermächtigt, die Situation aktualisierend aufzunehmen, indem wir uns in sie hineinstellen, die Rollen der biblischen Akteure annehmen und ihr Geschick uns zu eigen machen. Methodisch eignen sich dafür Standbilder, Bibliodrama (nach A. Höfer, vgl. Lit.), kreatives Schreiben, Psalm-Schreiben, Imagination, bildhafter Ausdruck. Es liegt auf der Hand, dass bei diesem Umgang mit Wundergeschichten ebenso der Glaube an das heilende Handeln Gottes vorausgesetzt wird wie bei den Menschen in biblischer Zeit. Und was ist mit den Schüler/innen, die diesen „Glaubensvorschuss" nicht mitbringen? Eine ungefragte Vereinnahmung verbietet sich allemal. Sich einer solchen Zumutung eines biblischen Textes zu stellen und sie auf sich wirken zu lassen, darf als eine sinnvolle Herausforderung gelten.

Exkurs: LPE 6 - Die Hände Jesu
Diese Wahleinheit wird nicht in einem eigenen Kapitel im Schülerbuch entfaltet. Mit dem Akzent der Hände Jesu wird ein besonders handgreifliches Bild der Nähe Gottes gezeichnet. Thematisch geht es um Handlungen Jesu, wie sie vor allem in den Wundergeschichten beschrieben werden. Deshalb hat diese Einheit inhaltlich im Kontext der LPE 5 ihren Ort. Das Thema „Hände" ermöglicht einen sehr erfahrungsbezogenen, sinnenhafte Zugang zum Handeln Jesu.

Hände sind für die Schüler/innen ein bedeutsames Ausdrucksmittel. Berührungen werden emotional erlebt - seien es unerwünschte Übergriffe oder Zärtlichkeiten. Über die Erfahrungen der Nähe von „Handzeichen" sollen sich die Schüler/innen schließlich an ein menschliches Jesus- und Gottesbild heran-tasten.

Mit diesem Zugang wird eine Linie zu den Sakramenten aufgenommen. So formuliert das Glaubensbuch 6: Im Glauben wachsen (K. Zisler u.a., Styria, Graz, S. 66):

„Von Jesu Händen ging eine Kraft aus, die alle heilte. Wenn er jemand berührte, dann spürte dieser die Nähe Gottes und wurde mit ihm verbunden. Er wollte dieses Glück aber nicht nur seinen Zeitgenossen schenken, sondern auch uns.

Menschen dürfen heute Jesus ihre HÄNDE leihen: die Eltern, die Priester und Bischöfe. Sie setzen die Zeichenhandlungen Jesu fort, und seine Kraft strömt durch sie auf uns über. Wir nennen diese Handlungen und Zeichen, in denen uns Gottes Kraft und Heil geschenkt wird: die SAKRAMENTE."

b) Methodische Hinweise

- Lied: Katja Ebstein: Wunder gibt es immer wieder ... (Ariola Nr. 300896-370)
  Impuls: Was nennt die Sängerin „Wunder"?
  Alternativ zum Lied von K. Ebstein könnte auch das Lied von Nena, „Wunder geschehn", als Einstieg verwendet werden (LP/CD Junimond, 1993)
  Im anschließenden Gespräch - evtl. kurz an der Tafel protokolliert - kann erarbeitet werden, wie Nena Wunder versteht: vieles, was wir nicht verstehen / etwas, was mehr ist als wir sehen. Damit wird bereits deutlich, dass Wunder etwas sind, was wir nicht „beweisen" können und dass es auf unsere eigene Einstellung ankommt, ob wir etwas als Wunder verstehen.
  Refrain: Wunder geschehn, ich hab's gesehn
  Es gibt so vieles, was wir nicht verstehn.
  Wunder geschehn, ich war dabei.
  Wir dürfen nicht nur an das glauben, was wir sehn.

  An der Tafel oder auf einem Plakat werden um den Anfang des Liedes herum Beispiele gesammelt, wo Menschen auch heute Ereignisse als Wunder verstehen. Sollten die Schüler/innen keine Ideen haben, können unterstützend die Beispiele von M44 in Streifen geschnitten werden und von einzelnen Schülern vorgetragen werden.

- Brainstorming/Tafel: „Wunder"
  Impuls: Was fällt euch spontan zu diesem Wort ein? Wo kommt das Wort Wunder vor?

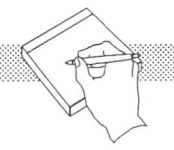

- Kind überlebt tiefen Sturz - Aus: Reutlinger General Anzeiger vom 26.5.96
  Nürnberg (dpa) - Einem Schutzengel hat ein Kleinkind in Nürnberg sein Leben zu verdanken. Das knapp zweijährige Mädchen stürzte gestern aus einem Fenster der elterlichen Wohnung rund 15 Meter in die Tiefe und blieb dabei - zumindest äußerlich - unverletzt. Der Sturz des kleinen Mädchens war zuerst vom Geäst eines Baumes und anschließend von Büschen abgefedert worden. Das Kind wurde vorsichtshalber in die Klinik geflogen, um dort eingehend untersucht zu werden.

  Rollenspiel: Ihr wart Augenzeugen des Sturzes und sagt jetzt eure Meinung zu dem Ausgang des Geschehens.
  Bei solchen Ereignissen wird häufig das Wort „Wunder" ins Spiel gebracht. Normale menschliche Erfahrungswerte werden überschritten. Vgl. die Redewendung: „Wie durch ein Wunder wurde ....".
  Menschen können das gleiche Ereignis - in diesem Fall: Kind übersteht unverletzt Sturz aus 15 m Höhe - verschieden deuten. Wovon mag das abhängen? (Diese Überlegungen können mit dem folgenden Methodenbaustein „Was ist für mich ein Wunder" weitergeführt werden.)
  Deutungen: ein Schutzengel - was soll damit ausgedrückt werden?; Glück, Zufall, Hand Gottes

- Was ist für mich ein Wunder?
  Wortbrücke: „Für mich ist es ein Wunder, wenn ....
  Warum spricht man in folgenden Fällen von Wunder?
  Wunder der Technik
  Wunder der Schöpfung
  ein Blütenwunder

- Ein Rätsel - Die Frage des Johannes (Buch S. 63)
  Aus der Frage des Johannes sprechen Zweifel und Unsicherheit, ob dieser Jesus derjenige ist, auf den er hinweist. Ist es der angekündigte Messias, der Gesalbte Gottes, der die neue Herrschaft Gottes begründet? Das Verständnis des Textes setzt voraus, dass die Person des Johannes des Täufers und sein Auftreten den Schüler/innen in Grundzügen bekannt ist. Andernfalls bedarf es einer kurzen Lehrererzählung.
  Text lesen. Fragen für das Gespräch: Was will Johannes wissen? Hat Jesus seine Frage beantwortet? Um herauszuhören, was Jesus mit seiner verschlüsselten Antwort sagt, schlagen die Schüler/innen bei Jesaja nach:
  Die Antwort - Jes 35,4-6
  Sagt den Verzagten: Habt Mut, fürchtet euch nicht! Seht, hier ist euer Gott! Die Rache Gottes wird kommen und seine Vergeltung; er selbst wird kommen und euch erretten.
  Dann werden die Augen der Blinden geöffnet, auch die Ohren der Tauben sind wieder offen. Dann springt der Lahme wie ein Hirsch, die Zunge des Stummen jauchzt auf. In der Wüste brechen Quellen hervor, und Bäche fließen in der Steppe.

  Jesus antwortet indirekt. Er sagt nicht, ich bin der Messias! Er zitiert den Propheten Jesaja und seine Ankündigung des messianischen Reiches. Mit seinem Auftreten werden die Zeichen wahr, die der Prophet ansagt. Die Taten Jesu belegen den Anbruch der Gottesherrschaft: „Seht, hier ist euer Gott!" (Jes 35,4)

Jesus heilt einen Aussätzigen, Mt 8,1-4

- **Standbild zu Mt 8,1-4**
  Gruppen von 6 - 8 Schüler/innen bilden (der Texthinweis „folgten ihm viele Menschen" bietet Spielmöglichkeit für mehrere Personen); jede Gruppe bekommt den Text Mt 8,1-4. Die Schüler/innen lesen gemeinsam den Text und wählen einen bestimmten Augenblick aus, den sie als Standbild (eine Plastik aus lebenden Figuren!) darstellen wollen. Wenn alle Gruppen die Form ihres Standbildes ausprobiert haben, werden die Bilder vorgestellt. Eine Ecke (oder auch die Mitte des Raumes) wird zur Bühne erklärt. Die erste Gruppe bildet ihr Standbild (keine Kommentare seitens der Spieler/innen oder Zuschauer/innen!). Erst wenn das Bild steht, benennen die Zuschauer/innen, was sie sehen oder was ihnen an der Darstellung aufgeht. Danach teilen die Spieler/innen mit, wie es ihnen bei der Darstellung und auch bei der Beschreibung durch die anderen ergangen ist. Wenn alle Gruppen dran waren, kann dieses Element mit einem gemeinsamen Gespräch oder der Abfassung eines persönlichen Textes (z.B. Psalmschreiben) über den Text abgeschlossen werden.

  Zur Einführung in diese Methode mit einigen Beispielen vgl. L. Rendle u.a., Ganzheitliche Methoden im Religionsunterricht, Kösel 1969, S. 143-150

- **Text-Bild-Collage**
  Die Schüler/innen sammeln in Zeitschriften und Tageszeitungen Bilder und Texte, wo und wie Menschen heute an den Rand der Gesellschaft geraten. Wie geht die Gesellschaft mit diesen Menschen um? Menschen schließen andere aus, ziehen Grenzen. Wie fühlen sich diese ausgegrenzten Menschen?

- **Zeitungsmeldungen: Ausgrenzung von Behinderten (Buch, S. 63)**
  Das Problem der Integration von Behinderten in unseren gesellschaftlichen Lebensprozess findet sich mit schöner Regelmäßigkeit in Zeitungsmeldungen oder Schlagzeilen. Der im Buch abgedruckte Fall kann für viele Situationen stehen. So ging zur Zeit der Abfassung dieser Zeilen folgender Fall durch die Presse.
  Das Oberlandesgericht Köln fällt am 8.1.98 folgendes Urteil: Den sieben behinderten Menschen einer Wohngruppe in Kreuzau bei Düren wird die Benutzung ihres Gartens nur zu bestimmten Zeiten erlaubt. Der Träger der Wohneinrichtung muss dafür sorgen, dass von April bis Oktober jeweils sonn- und feiertags ab 12.30 Uhr, mittwochs und samtags ab 15.30 Uhr und an den übrigen Tagen ab 18.30 Uhr Lärm unterbleibt. Damit sind die Laute der Behinderten gemeint. Wilhelm Hölkemaier schreibt in seinem Kommentar im Schwäbischen Tagblatt vom 9.01.98: „Zynisch ist die Begründung des Gerichts, nicht der Lärm an sich, sondern 'das Fremdartige der Geräusche' sei den Nachbarn der Behinderteneinrichtung nicht zumutbar. Wer 'Lallen, unartikuliertes Schreien und Stöhnen' von Geistesgestörten nach einem mit gnadenloser Bürokraten-Mentalität aufgestellten Stundenplan aus der Gesellschaft verbannen will, der unterläuft jeden Versuch der Integration von Behinderten. Sie können nur noch weggesperrt werden in unbewohnte Gegenden - keinesfalls in landschaftlich reizvolle Feriengebiete, denn auch dem Urlauber ist ja die Gegenwart Schwerstbehinderter nicht zuzumuten, urteilte ein Flensburger Amtsrichter 1992." (vgl. Schülerbuch, S. 63).

Bei der Beschäftigung mit solchen Ausgrenzungsversuchen geht es nicht darum, den Stab über Kläger und Richter zu brechen - die Grenze zu einem selbstgerechten und pharisäischen Verhalten ist schnell überschritten! Die Schüler/innen sollen aufmerksam gemacht werden, wie schnell Ausgrenzung geschieht. Die Verbannung von Aussätzigen zur Zeit Jesu aus den Wohnbezirken erwuchs aus einem berechtigten Selbstschutz - man hatte damals keine andere Wahl. Jesus hat die Ausgrenzung aufgehoben und den Geheilten wieder in die Gemeinschaft zurückgeführt. Wer ist heute für Ausgegrenzte Anwalt von Leben und Gemeinschaft?

- In der Heilungserzählung geht es wesentlich darum, dass Jesus die Ausgrenzung des Aussätzigen überwindet. Um eine Korrelation mit den Lebenserfahrungen von Jugendlichen heute herzustellen, kann diese Ausgrenzungserfahrung in den Mittelpunkt der Erarbeitung gestellt werden. Hierzu kann das unter M45 bereitgestellte Puzzle verwendet werden. Die einzelnen Figuren werden ausgeschnitten und zur Szene einer Ausgrenzung zusammengelegt. Wenn mehrere Schüler/innen zusammenarbeiten, entsteht ein massiver Eindruck durch die ausgrenzenden Figuren. Das Bild wird gemeinsam angeschaut und besprochen. An dieser Stelle kann auch mit der Methode Standbild (siehe oben) weitergearbeitet werden, um die Grundaussage der Ausgrenzung zu erfassen. In geschlechtsspezifischen Gruppen werden die beiden Texte von Freba und Markus gelesen (M46a und M46b), fortgesetzt und die Sprechblasen in das zusammengestellte Bild eingeklebt. Evtl. können im Unterrichtsgespräch an die Person in der Mitte weitere Sprechblasen angefügt werden, in denen andere Menschen unserer Gesellschaft ihre Ausgrenzungserfahrung zum Ausdruck bringen.

- Sensibilierungsübung: Ein bis drei Schüler/innen werden vor die Türe geschickt. Die übrigen werden aufgefordert, sich in mehreren kleinen Kreisen angeregt zu unterhalten und die hereingerufenen Mitschüler „brutal" am Mitmachen zu hindern. Diese Übung ist allerdings nur in Klassen möglich, in denen nicht damit zu rechnen ist, dass sie wirklich zuschlagen. Die Auswertung der Übung muss sowohl aus der Sicht der Ausgegrenzten wie auch der Ausgrenzenden erfolgen.

- Die voranstehenden Elemente haben die soziale Komponente des Aussatzes in der Gesellschaft Jesu dargestellt. Informationsmaterialien über diese Krankheit heute sind zu beziehen über: Deutsches Aussätzigen Hilfswerk e.V., Dominikanerplatz 4, 97067 Würzburg.

- Bei der Erarbeitung der Wundererzählung bietet es sich an, Verbindungen zur LPE „Die Hände Jesu" herzustellen. Man kann verschiedene Handhaltungen ausprobieren, die Ablehnung/Ausgrenzung, aber auch Zuneigung/Annahme ausdrücken. Daran kann sich die Betrachtung des Bildes von R. Agethen, „Die Heilung des Aussätzigen", aus dem Grundschulwerk von H. Halbfas anschließen (Religionsbuch für das 2. Schuljahr, hrsg. von H. Halbfas, Patmos/Benziger, 1984, S. 41). Zur gemeinsamen Betrachtung empfiehlt sich die Herstellung einer Farbfolie. Aufgrund der Dichte der Darstellung sollte das Bild nur in einzelnen Teilen aufgedeckt werden (die anderen Teile werden mit einer Schablone abgedeckt). Eine gute Erschließungshilfe für den unterrichtlichen Umgang mit dem Bild und der Perikope bietet der Lehrerband (H. Halbfas, Religionsunterricht in der Grundschule, Lehrerhandbuch 2, Patmos/Benziger, 1984, S. 338 - 349.)

- Die folgende Nacherzählung der Perikope aus der Sicht des Aussätzigen kann direkt in die Bildbetrachtung integriert werden. Hierzu sollte anfangs nur die Figur des Aussätzigen aufgedeckt sein; erst wenn in der Erzählung Jesus ins Spiel kommt, sollte dessen Darstellung dazu aufgedeckt werden, während alle anderen Bildelemente verdeckt bleiben können.
Das offene Ende der Erzählung leitet direkt über zu einem Unterrichtsgespräch, in dem nochmals auf die zuvor erarbeiteten Ausgrenzungserfahrungen eingegangen werden kann.

Nacherzählung Mt 8, 1-4 aus der Perspektive des Aussätzigen
*Ich bin ein Aussätziger. Wer den Aussatz bekommt, muss sofort seine Familie und sein Dorf verlassen. Niemand will etwas mit mir zu tun haben. Ich darf niemand nahe kommen. Ich und meinesgleichen, wir müssen außerhalb der Ortschaften in Höhlen und Hütten wohnen. Oft weiß ich nicht, was ich am nächsten Tag essen soll. Da bleibt mir meistens nichts anderes übrig als die **Hand** aufzuhalten und zu betteln. Die Menschen werfen mir dann mal Geld oder ein Stück Brot zu. Aber sie haben alle Angst davor, mir die **Hand** zu geben und mich zu berühren.
Doch heute kam ein Wanderprediger in unsere Gegend. Er heißt Jesus. Viele Menschen sind mit ihm gekommen. Ich wollte auch unbedingt in seine Nähe kommen, denn ich hatte gehört, dass er kranke Menschen heil machen kann. Als ich dann nahe bei ihm war, fiel ich vor ihm nieder und sagte:
„Herr, Jesus, wenn du willst, kannst du machen, dass ich heil werde". Und dann machte Jesus etwas, was ich all die Jahre nicht mehr erlebt hatte. Er streckte die **Hand** aus und berührte mich! Wie lange hatte ich mich nach einer solchen Berührung gesehnt! Seit Jahren hatte mich niemand mehr angefasst. Von der Stelle, an der er mich berührt hatte, ging ein warmes Prickeln durch meinen Körper. Jesus sagte: „Ich will, dass du heil wirst. So werde wieder heil!"
Da spürte ich, dass etwas mit mir geschah, was ich mir nicht erklären konnte ...*

- Evtl. kann das Bild von R. Agethen als Schwarz-Weiß-Kopie zum Ausgangspunkt für eine gestaltende Arbeit der Schüler/innen genommen werden, in der sie Menschen(gruppen), die heute in unserer Gesellschaft ausgegrenzt werden, mit dem Bild verbinden. Mit einem echten Stück Stacheldraht kann ein wesentliches Bildelement hand-greiflich werden.

Exkurs: Die Hände Jesu (LPE 6)

- Mit den Händen sprechen
Die Schüler/innen sollen mit den Händen den anderen etwas mitteilen (Pantomime) - verstehen die anderen diese „Sprache"?
  - jemanden auffordern mitzukommen
  - jemanden bedrohen
  - jemanden trösten
  - jemandem den Weg zeigen
  - jemand seine Zuneigung zeigen

  Die Schüler/innen bilden Gruppen. Jede Gruppe zieht eine Aufgabe, probiert deren Lösung aus und spielt sie den anderen Gruppen vor.
  Weitere Anregungen in: K. Zisler (Lit.), S. 281-287: Unsere Hände sprechen.

- Hände sagen, wer du bist
  In ein altes Bettuch oder eine alte Decke werden ca. 10 cm lange Schlitze geschnitten, durch die einige Schüler ihre Hand durchstrecken. Wer erkennt die Mitschüler an ihrer Hand?

- Handabdrücke in Ton
  Bei folgender Übung sollen die Hände bzw. die Personen an einem Abdruck in weichem Ton erkannt werden. Jeder/jede Schüler/in bekommt auf einem Kartondeckel einen Klumpen Ton, den er/sie zu einer kleinen Platte auswalzt bzw. breitdrückt. Dann drückt er/sie seine Hand hinein. Dann verlassen alle den Raum (oder schließen die Augen): Unterstützt von 2 bis 3 Schüler/innen ordnet der/die Lehrer/in die Abdrücke so an, dass nicht mehr erkennbar ist, wer seinen Abdruck wohin gelegt hat. Dann versuchen die Schüler/innen die Abdrücke bestimmten Personen zuzuordnen. Das ist gar nicht so einfach. Es ist schon schwer genug, seinen eigenen Abdruck herauszufinden.

- Zwiesprache mit meinen Händen
  Anleitung: Wir setzen uns ruhig hin und legen die Hände mit der Handinnenseite nach oben auf den Schoß. Wir schauen auf unsere Hände. Was haben wir mit diesen Händen schon alles erlebt - Gutes und Schlechtes! Wir denken an Situationen, bei der unsere Hände im Spiel waren, bei der sie „mitgemischt" haben. Wir halten innere Zwiesprache mit den Händen:
  „Mir ging es gut, als ihr damals ....."
  „Mir ging es nicht gut, als ihr damals...."
  Wer will, darf anschließend das Ereignis erzählen, an das er sich erinnert und mit seinen Händen besprochen hat.

- Wer kann mit den Händen sehen?
  Hände sind sehr feine Instrumente. Das kann mit folgender Übung, an die man allerdings mit sehr viel Einfühlung und Konzentration herangehen muss, eindrucksvoll gezeigt werden.
  Jeweils zwei Schüler/innen stellen sich in einem Abstand von etwa 1 m gegenüber. Sie halten die Hände in Brusthöhe, die Arme leicht gestreckt, den Handflächen dem Spielpartner zugewandt. Dann schließen sie die Augen und gehen ganz langsam aufeinander zu. Kurz bevor die Handflächen sich berühren bleiben sie stehen.

- Weitere Erfahrungselemente (zur Perikope Mk 8,22-25, Blindenheilung) bei W. Kern/L. Kuld, Somatische Handlungen Jesu. Überlegungen zu einer erfahrungsbezogenen Didaktik der Wundergeschichten, in: Kat. Bl. 1/1984, S. 43-51, bes. S. 49

- Die Hände Jesu - Holzschnitte von Sigmunda May
  Sigmunda May benutzt in expressiver Weise die Sprache der Hände. Hilfsbedürftigkeit wie heilende Zuwendung wird durch die Ausformung der Hände ausgedrückt. Eine Anleitung zum meditativen Umgang mit den Bildern von S. May gibt Josef Sudbrack: Meditieren mit Sigmunda May, in: Begegnungen mit Jesus - Urbilder des Menschlichen, av-edition Matthias-Grünewald-Verlag, S. 72-78. Eine Kurzfassung, die sie an Sudbrack anlehnt, bietet K. Zisler (Lit.), S. 288f.
  Aus der großen Anzahl der Bilder hier eine kleine Auswahl, die in diesem Themenzusammenhang eingesetzt werden könnte (vgl. methodische Impulse in K. Zisler (Lit.), S. 290-292): Die gekrümmte Frau, 1978; Talita kum, 1978; Mach, dass wir sehen, 1980

Blindenheilung - Sehen lernen

- **Sehen lernen nicht nur mit den Augen**
  Die hier wiedergegebene Geschichte von dem alten Teddy ist sehr persönlich geprägt. Wer über ähnliche Erfahrungen verfügt, sollte versuchen diese in ähnlicher Weise einzubringen.
  Die Lehrerin bringt einen alten Teddybär mit, dessen Wert und Bedeutung äußerlich nicht erkennbar ist. Die Schüler/innen sehen sich ihn genau an (evtl. mit Lupe, Meterstab, Waage) und beschreiben, was sie sehen können. Sie wollen wissen, was es mit dem Gegenstand (Bär) auf sich hat und wollen mehr darüber wissen. Die Lehrerin erzählt die „wahre Geschichte" von dem Bären.
  „Für mich ist der Bär sehr wertvoll. Er hat eine wahre Geschichte. Er ist mir sehr bedeutend. Als kleines Kind habe ich den Bären sehr gerne gehabt. Ich hatte nur wenige Spielsachen. Er war mein Lieblingstier. Er hat mich getröstet und war immer bei mir. Er war mir sehr wichtig. Als ich ungefähr neun Jahre alt war, kam eine Cousine zu Besuch. Sie hatte ihren kleinen Jungen dabei. Er spielte mit mir und dem Bären und hatte ihn sehr lieb. Meine Eltern machten mir den Vorschlag, den Bären dem kleinen Kind zu schenken. Ich konnte nicht nein sagen und habe ihn verschenkt. Ich war dann schon noch eine Zeit lang traurig, dass ich mein Lieblingstier nicht mehr hatte. Meine Cousine bekam dann noch zwei Kinder und alle haben mit dem Bären sehr gerne gespielt. Er war Trost und Geborgenheit für die drei Kinder. Ich hatte den Bären, seit ich ihn verschenkt hatte, nicht mehr gesehen. Als ich älter wurde, vergaß ich ihn. Fast 20 Jahre nachdem ich ihn verschenkt hatte, habe ich geheiratet. Von meiner Cousine bekam ich ein Geschenk zu meiner Hochzeit. Was war da wohl drin? - Der Bär und ein passendes Gedicht dazu. Da habe ich mich sehr gefreut. Meine Cousine hat gemerkt, wie wertvoll, wie bedeutend mir dieser Bär war. Diesen Wert und die Bedeutung können wir nicht mit den Augen sehen. Für Menschen, die ihn sehen, ist er nur ein alter Bär. Doch meine Cousine hat den Wert des Bären mit dem Herzen erkannt."

Das anschließende Gespräch zielt auf die Einsicht: Es gibt „mehr als das Auge sehen kann." Die Schüler/innen benennen Dinge/Tiere usw. aus ihrer eigenen Erfahrung, deren Bedeutung bzw. Wert nicht mit dem Auge erfassbar sind. Evtl. können solche Gegenstände mitgebracht werden.

Eine ähnliche Erfahrung mit der „tieferen Sicht" der Dinge gibt folgender Bericht eines Religionslehrers aus seinem Unterricht zur Eucharistie wieder:
In der ersten Stunde wurde zunächst anhand einer Trockenrose im Stuhlkreis eine Annäherung an die Symbolik von Gegenständen versucht. Unter einem „wertvollen" Tuch lag die Rose versteckt. Die Schüler/innen durften raten, was sich wohl darunter verbergen mag. Dann wurde das Geheimnis gelüftet; die erste Reaktion war Enttäuschung bei den Schüler/innen. Ich habe die Schüler/innen dann die Rose beschreiben lassen und dann meine Geschichte erzählt, was diese Rose für mich bedeutet. Für die Schüler/innen war nun klar, dass hinter einem Gegenstand mehr stecken kann. Dieses Lernziel konnte nun auch auf die Wandlung bezogen werden. Zum Schluss der Stunde habe ich die Schüler/innen dazu motiviert, selbst Gegenstände mitzubringen, mit denen sie eine Geschichte verbinden.

In der nächsten Stunde haben wir dann im Stuhlkreis uns gegenseitig diese Dinge vorgestellt, wobei ich so vorgegangen bin: Die Gegenstände sollten zunächst einfach nach ihrem Äußeren beschrieben und in ihrem materiellen Wert geschätzt werden. Im zweiten Schritt wurde der Gegenstand dann auf das „kostbare" Tuch gestellt und nun durfte der Besitzer seine Geschichte dazu erzählen.
Thomas (Name geändert) brachte einen Teddy mit. Wir stellten ihn in die Mitte und die Schüler/innen äußerten sich spontan zu Aussehen und Wert: - der ist aber schon alt - das ist doch nur Fell und Wolle - ich habe einen viel schöneren - für den bekommst du auf dem Flohmarkt höchstens 5 DM - das ist ja noch nicht einmal ein Steiff-Teddy - das eine Ohr hat einen Riss ...
Nun erzählte Thomas folgende Geschichte: „Eure Meinung stört mich überhaupt nicht. Vielleicht ist der Teddy wirklich nur noch 5 DM wert und er ist auch schon sehr alt. Für mich aber ist dieser Teddy der kostbarste Teddy auf der ganzen Welt. Vor 4 Jahren ist mein Vater bei einem Autounfall ums Leben gekommen, dies war sein Teddy. Nun gehört er mir, er erinnert mich immer an meinen Vater und wenn ich mal traurig bin, kuschele ich mich ganz eng an ihn. Wenn ich abends ins Bett gehe, dann ist der Teddy auch bei mir. Ich habe dann auch immer das Gefühl, mein Papa wäre dann bei mir. Es hört sich vielleicht komisch an, aber ich spreche auch mit dem Teddy, wenn ich Sorgen und Probleme habe. Jedenfalls würde ich diesen Teddy für kein Geld der Welt hergeben."
Die Klasse war bei dieser Geschichte sehr still geworden und ich habe diese Stille dann auch noch wirken lassen, bis ein Schüler den Thomas fragte, ob er den Teddy auch mal in den Arm nehmen dürfte. Thomas stimmte zu und nach einer kurzen Zeit bekam er ihn zurück mit der Bemerkung: „Wirklich ein toller Teddy" - Thomas fing an zu lächeln und die Spannung löste sich langsam und der nächste Gegenstand kam an die Reihe.
Soweit diese „wahre" Geschichte; ich habe sie so nacherzählt, wie sie mir noch im Gedächtnis geblieben ist.

Fränk Meyer

- Abbildung „Herzauge" (Grieshaber, Buch S. 64)
  Annäherung an das Bild: Ich sehe......; mir fällt auf.......; ich werde erinnert an......
  Eine Überschrift für das Bild suchen.
  Eine Kopie des Bildes wird in die Mitte eines Plakates geklebt. Etwa 4 bis 5 Schüler/innen sitzen um das Plakat und sammeln bzw. schreiben um das Bild herum Stichworte zum Thema „Mit den Augen sehen - mit dem Herzen sehen"

- Ein Beispiel für „mit dem Herzen sehen" - Hilfsbereitschaft.
  Ein Rollstuhlfahrer aus dem Behindertenheim Rappertshofen fährt in den Graben, bleibt stecken, hängt hilflos in Schräglage. Ein vorbeifahrender Mann sieht das, glaubt aber wegen des starken Verkehrs auf der Rommelsbacher Straße nicht anhalten zu können. Gut eine Stunde später kommt er wieder vorbei: Der Rollstuhlfahrer hängt noch immer fest, keiner hat ihm geholfen. Jetzt parkt der „Samariter" verkehrswidrig sein Vehikel, hievt den Behinderten auf den Gehweg. Der bittet um eine Zigarette, fängt an zu weinen, bedankt sich überschwenglich. „Keine Ursache", meint der Mittdreißiger und fragt sich, warum eigentlich ein Mensch an einer so vielbefahrenen Straße über eine Stunde in Not bleiben muss, warum sich kein anderer um den Rollstuhlfahrer gekümmert

hat. Hilfsbereitschaft ist offenbar ein Gut, das in unserer heutigen Zeit keinen Platz mehr hat. (aus: Ermstal-Bote vom 4.2.94)

- Es werden Bilder ausgelegt von traurigen, streitenden, armen, obdachlosen, kranken Menschen; Bilder von Umweltzerstörung, Tierquälerei usw.
  Die Schüler/innen wählen aus den Bildern eines aus, das sie anspricht. Sie betrachten das Bild in Ruhe (evtl. nach untenstehender Anleitung) und erzählen danach von ihrem Bild, von ihren Erfahrungen. Dann wird das Bild auf ein Plakat geklebt.

  Anleitung zum meditativen Einfühlen in das Bild:
  Ich setze mich bequem auf meinen Stuhl. Ich atme tief durch und werde ganz ruhig. Ich betrachte das Bild in meinen Händen. Was sehe ich? Welche Gedanken kommen mir? Woran erinnert mich diese Situation - (Ist sie mir schon einmal begegnet?) Berührt mich etwas daran? Was spüre ich dabei? - Ist da ein Mensch, ein Lebewesen in Not? Was geht in ihm vor? - Wie fühlt er sich wohl? Braucht er Hilfe oder Zuspruch? - Kann ich etwas tun?

- Standbild (vgl. die Hinweise S. 145)

- Biblische Erzählung „Blinder Bartimäus" mit Biblischen Figuren
  Die Verwendung dieser Biblischen Figuren sollte nur ins Auge gefasst werden, wenn diese Arbeitsweise der Klasse vertraut ist. Das Alter der Schüler/innen setzt dieser Methode Grenzen. Es ist ein Versuch wert, die Schüler/innen zur nachstehenden Lehrererzählung einen Ausdruck mit dem eigenen Körper ausprobieren zu lassen. (Eine mögliche Variation zur Methode Standbild, s.o.).

  Freie Lehrererzählung mit „Egli-Figuren"
  Bartimäus - Figur - sitzt auf dem Boden vor der Papier-Stadtmauer. Seine Augen sind verbunden, neben ihm liegen Stock und Sammelteller
  Lehrer/in: Bartimäus ist blind. Er sitzt am Straßenrand, auf der Erde. Was macht Bartimäus da am Straßenrand? - Wie sitzt er da? - Wie fühlt er sich wohl?
  Schüler/innen machen den Ausdruck von Bartimäus vor. Er wird von einem Schüler in gebeugte Haltung gebracht.
  Zur Zeit Jesu war es sehr schlimm, blind zu sein. Die Menschen hatten kein Geld, konnten nicht arbeiten. Es gab auch keine Blindenheime, wo sie versorgt wurden. Bartimäus hat Glück. Er sitzt an einer Straße, auf der viele Menschen an ihm vorbeikommen.
  3 Egli-Figuren (oder Schüler/innen) gehen an Bartimäus vorüber. Sie werden zu einer Gesprächsgruppe aufgestellt.
  Was machen die Menschen da? - Worüber können sie reden?
  Lehrer/in: Sie reden über Jesus. Er soll in die Stadt kommen. Sie sind ganz aufgeregt. Sie haben so viel Gutes über ihn gehört, er hat Kranke gesund gemacht, er hilft den Armen. Bartimäus sitzt da, er ist blind, aber er hat gute Ohren. Er hört, was die Leute sagen. Er spürt, dass Jesus ein ganz besonderer Mensch sein muss. Er hofft auf Jesus. Er „sieht" in Jesus den Retter.
  Jesus (Egli-Figur) kommt in die Stadt Jericho. Ein Schüler lässt die Figur an Bartimäus vorübergehen und stellt sie zu den Leuten
  Jesus geht zu den Leuten. Bartimäus hört, dass Jesus vorbeikommt. Er ruft ganz laut: „Jesus, hilf mir!" Er schreit so laut er kann.

Schüler/innen zeigen an sich den Ausdruck von Bartimäus und bringen Figur in Stellung.
Die Leute am Straßenrand sagen: „Schrei nicht! Du belästigst Jesus. Sei still! Was fällt dir denn ein. Jesus kann sich nicht um jeden Bettler kümmern. Er hat Wichtigeres zu tun."
Schüler/innen bringen „die Leute" in Ausdruck
Bartimäus lässt sich aber nicht abhalten. Der blinde schwache Bettler, der von ihnen abhängig ist, tut nicht was sie sagen. Er hat auf einmal so viel Mut - es ist ihm so wichtig, Jesus zu rufen. Er glaubt so stark an Jesus. Deshalb schreit er noch viel lauter: „Jesus, hilf mir! Jesus, hilf mir!" Die Leute sind schon zornig. Da sagt Jesus zu den Leuten: „Ruft ihn her!" - Wie schauen denn da die Leute? Einer geht zu Bartimäus und sagt: „Steh auf, Jesus ruft dich!" Bartimäus wirft seinen Mantel zur Erde. Er läuft zu Jesus.
Figuren verändern. Jesus und Bartimäus stehen sich gegenüber
Jesus fragt Bartimäus: „Was soll ich dir tun?" Bartimäus sagt: „Herr, ich will sehen können!" Jesus sagt: „Du vertraust mir. Du glaubst an mich. Darum wirst du sehen."
Ein Schüler darf die Augenbinde abnehmen
Bartimäus öffnet die Augen. Er sieht Jesus. Er ist glücklich. Er lässt alles liegen und geht mit Jesus. Er möchte jetzt auch so leben wie Jesus.
Figuren in die Position „gehen" bringen

- Bild: Relindis Agethen, Die Heilung des Blinden, Religionsbuch für das 2. Schuljahr, hrsg. von H. Halbfas, Patmos Verl. Düsseldorf/Benziger Verl. Zürich-Köln 1984, S. 35). Zu gemeinsamen Betrachtung empfiehlt sich die Herstellung einer Farbfolie. Eine gute Erschließungshilfe für den unterrichtlichen Umgang mit dem Bild und der Perikope bietet H. Halbfas, Religionsunterricht in der Grundschule, Lehrerhandbuch 2, Patmos/Benziger, 1984, S. 283-292. Vgl. auch das Bild „Die Heilung des Blinden" in: Religionsbuch für das 1. Schuljahr, S. 54 und Lehrerkommentar I, S. 223). In den Bildern von R. Agethen wird die „Mehrdeutigkeit" des Sehens unmittelbar zum Ausdruck gebracht.

- Diareihe Bartimäus, Bilder von Kees de Kort aus der Reihe „Biblische Palette". Vgl. auch: Grundkurs Bibel Neues Testament, Kath. Bibelwerk (s. Lit), S. 32-39
Dia 3: Identifikation mit dem Blinden: Einzelne oder alle Schüler nehmen eine dem Bild entsprechende Körperhaltung ein und formulieren je einen Satz aus der Sicht des Blinden, wie er sich im Moment fühlen mag.
Anschließend wird die Wundergeschichte möglichst frei erzählt.
Anhand des Dia 4 vom schreienden Bartimäus wird erarbeitet, dass Bartimäus in einer verzweifelten Lage ist, aber zugleich fest daran glaubt, dass da jemand ist, der in aus dieser verzweifelten Lage befreien kann. Anhand des Dia 11 kann nun versucht werden, sich mit dem nun sehenden Bartimäus zu identifizieren (vgl. Dia 4). Hierbei kann auf die vorherigen Arbeiten zum Thema „Sehen lernen" zurückverwiesen und eine Reflexion angeregt werden, was das neue Sehen-Können des Bartimäus bedeuten kann. Ggf. können die Schüler/innen dann auch zu dem Schluss kommen, dass Bartimäus nicht „wirklich" wieder sehen konnte. Vielleicht kann auch erarbeitet werden, dass die umstehenden Menschen etwas Neues sehen gelernt haben.
Selbstverständlich können auch noch weitere Dias der Reihe in die Betrachtung einbezogen werden.

- Eine weitere Möglichkeit kreativ mit der Geschichte umzugehen ist die eigene Gestaltung einer Diaserie zur Geschichte (Gruppenarbeit). Der Auftrag kann aber auch lauten: Jede/r einzelne Schüler/in setzt die für sie/ihn wichtigste Szene der Erzählung in ein Bild um.
  Zur Gestaltung der Dias kommen zwei Techniken in Frage:
  Zum einen kann mit wasserfesten(!) Folienstiften direkt auf ein Diarahmenglas gemalt werden. (Da die Diagläser nicht mehr überall im Handel erhältlich sind, kann man auch kleine Stücke aus Folie schneiden und in Plastikrähmchen stecken.) Den Schüler/innen wird aufgrund des kleinen Formats ein hoher Grad an Konzentration abverlangt.
  Alternativ und für viele Schüler/innen sehr attraktiv: Glasdias mit einer Kerze einrußen und mit einem Bleistift oder einem angespitzten Holzstäbchen ein Bild einritzen. In einem abgedunkelten Raum entfalten diese Bilder eine enorme Wirkung. Allerdings sollten sie gleich mit Haarspray vorsichtig fixiert werden, damit der Ruß nicht gleich wieder abgewischt wird. Haltbarer ist folgende Technik: Die Diagläser werden mit schwarzer Plaka- oder Abtönfarbe angemalt. Die Zeichnung wird mit einem ca. 10 cm langen Nagel eingeritzt.

c) Literatur und Materialhinweise

RL. Zeitschrift für Religionsunterricht und Lebenskunde, 3/93, S. 3-15 (Wundergeschichten im Neuen Testament)

H. Halbfas, Religionsunterricht in Sekundarschulen, Lehrerhandbuch 6, Kap. Neues Testament: Wundergeschichten, S. 297-351

H. Halbfas, Religionsunterricht in der Grundschule, Lehrerhandbuch 2, Patmos/Benziger, Düsseldorf und Zürich-Köln 1984, Kapitel „Jesus: Die Menschenfreundlichkeit Gottes", bes. S. 283 - 349

A. Höfer, Gottes Wege mit den Menschen. Ein gestaltpädagogisches Bibelwerkbuch, Don Bosco, München 1993, 9. Jesusbegegnungen, S. 169-190. *In diesem Kapitel werden einige Wundergeschichten mit gestaltpädagogischen Zugängen erschlossen. Kurze Einführung ins pantomimische Bibliodrama.*

A. Höfer, Ins Leben kommen. Ein gestaltpädagogisches Bibelwerkbuch, Don Bosco, München 1995, bes. 9. Das Bibliodrama - sein Reichtum, seine Methoden, S. 215-235. *Ausführliche Einführung in die Möglichkeiten des Bibliodrama mit einigen Konkretisierungen an Wundergeschichten*

Grundkurs Bibel Neues Testament. 2. Kursteil: Wunder und Gleichnisse Jesu. Das Reich Gottes in der Botschaft und Praxis Jesu, hrsg. vom Katholischen Bibelwerk.

K. Zisler, Im Leben und im Glauben wachsen. Handbuch zu „Glaubensbuch 6", Otto Müller Verl. Salzburg 1988, S. 276-292

M44 Wunder geschehn

Die zweieinhalb Jahre alte Dorothee ist, als ihre Mutter gerade im Keller war, aus dem Fenster im dritten Stock gestürzt. Doch wie durch ein Wunder hat sie überlebt! Sie war in einen weichen Misthaufen unter dem Fenster gefallen.

Christel, 19 Jahre, wird nach einem Autounfall schwerverletzt geborgen. Viele Tage liegt sie im Koma. Die Ärzte geben ihr kaum noch eine Chance. Doch plötzlich wacht sie wieder auf.

Klaus und Martina sind lange zusammen gegangen. Doch irgendwann kam es zu einem großen Streit und sie haben sich getrennt. Kein Wort haben sie mehr miteinander geredet, obwohl sie sich in der Schule jeden Tag gesehen haben. Allen in der Klasse war klar: Die zwei sind unversöhnlich! Doch irgendwann ist Klaus doch auf Martina zugegangen und hat sie um Verzeihung gebeten. Die anderen dachten: Martina nimmt das nie an! Nach kurzen Überlegen nahm Martina die Entschuldigung an. Damit hatte niemand gerechnet!

Bei einer Geiselnahme durch Verbrecher meinen die Entführten, nur ein Wunder könne sie noch retten. Überraschend lassen die Entführer sie frei.

Stephan, 16, will Elektriker werden. Seit Monaten sucht er einen Arbeitsplatz. Er ist völlig verzweifelt. Überraschend aber bekommt er doch noch eine Lehrstelle angeboten.

Ein 72jähriger hat im Krieg das Gehör verloren und ist seit 30 Jahren taub. In einem schlimmen Traum erinnert er sich an die schrecklichen Ereignisse. Als er schweißgebadet aufwacht, hört er zum erstenmal seit Jahren wieder eine Uhr ticken.

Isabell ist nach einer hoffnungslosen Krankheit doch wieder gesund geworden.
Darauf sagt der Vater: „Sie hat einen ungewöhnlich guten Arzt gehabt".
Ein Freund von Isabell: „Sie hat Glück gehabt".
Die Mutter: „Gott hat wunderbar geholfen".

M45 Puzzle: Ausgrenzung

M46a Die kleinen Wunder im Alltag

Wir versuchen uns alles zu erklären, was geschieht. Doch manchmal bleiben Dinge einfach unerklärlich und unbegreiflich. Es geschehen Dinge, die wir gar nicht mehr erhofft hatten. Viele Menschen sprechen dann von einem Wunder.
Menschen werden häufig von anderen abgelehnt und ausgegrenzt. Niemand will etwas mit ihnen zu tun haben.
Lest euch den Text in der Sprechblase durch. Versucht euch in die Lage von Markus hineinzuversetzen. Wie fühlt er sich? Was wünscht er sich? Was wäre für ihn ein Wunder? Schreibt den letzten Satz zu Ende.

> Ich bin Markus. Schon wieder stehe ich ganz alleine da. Die Jungs aus meiner Klasse gehen heute abend zu einem Konzert, aber ich kann nicht mit. Sie haben mich ausgelacht. Sie sagen immer: *„Der ist ein Mamasöhnchen. Nie geht er mit. Und die Klamotten, die er trägt - damit würden wir nie rumlaufen. Mit dem wollen wir nichts zu tun haben"*. Ich fühle mich abgelehnt und allein. Sie stehen zusammen, aber mich schließen sie aus. Dabei kann ich doch nichts dafür, dass wir so wenig Geld haben. Mein Vater verliert vielleicht bald seine Arbeit. Er kann mir einfach das Geld für das Konzert nicht geben. Daran kann ich nichts ändern, aber ich habe einen großen Wunsch:
>
> _____
> _____

M46b Die kleinen Wunder im Alltag

Wir versuchen uns alles zu erklären, was geschieht. Doch manchmal bleiben Dinge einfach unerklärlich und unbegreiflich. Es geschehen Dinge, die wir gar nicht mehr erhofft hatten. Viele Menschen sprechen dann von einem Wunder.
Menschen werden häufig von anderen abgelehnt und ausgegrenzt. Niemand will etwas mit ihnen zu tun haben.
Lest euch den Text in der Sprechblase durch. Versucht euch in die Lage von Freba hineinzuversetzen. Wie fühlt sie sich? Was wünscht sie sich? Was wäre für sie ein Wunder? Schreibt den letzten Satz zu Ende.

> Ich bin Freba. Ich komme aus Afghanistan und bin erst seit ein paar Wochen in der Klasse. Ich kann noch nicht gut Deutsch. Vorhin habe ich ein Mädchen aus meiner Klasse etwas gefragt, aber der Satz war wohl nicht richtig. Sie hat gelacht und die anderen dazu geholt. Sie haben mich nachgemacht. Dann haben sie sich umgedreht und gesagt: *„Mit der wollen wir nichts zu tun haben. Die soll erst mal richtig Deutsch lernen"*.
> Es wird noch lange dauern, bis ich gut Deutsch kann. Aber schon heute habe ich einen großen Wunsch:
>
> _____
> _____

4. Reich Gottes - mitbauen an einer neuen Welt

a) Notizen zu Thema und Intention

Dieses Kapitel schließt den Bogen zum Einstiegsthema, die Vorstellungen einer neuen Welt. Die vorangegangenen Kapitel haben thematisiert, wie Jesus die neue Welt, das Reich Gottes proklamiert und wie es mit ihm begonnen hat. Es ist mit ihm angebrochen und seine Dynamik ist am Werk. Wie geht es weiter?

Es ist ein Wachsen im Verborgenen, manchmal so verborgen, dass man nur noch das Unkraut sieht und die Realität der Neuen Welt Gottes unglaublich erscheint. Das Gleichnis versichert: der Weizen ist gesät. Das Neue wächst, nicht in großen Aktionen und Demonstrationen, sondern in den kleinen Schritten des Alltags. Diesen Aspekt soll die Geschichte von Lizzy zum Ausdruck bringen.

Das Reich Gottes bricht nicht einfach über uns herein - obgleich es Gottes Tat ist (vgl. G. Schöne, Der Laden, Buch S. 66). Gott baut uns dabei mit ein - Jesu Werk mit unseren Händen (vgl. Buch S. 66 „Christus hat keine Hände"). Die Formen menschlichen Mitbauens sind vielfältig. Die Vorschläge von Schülerbuch und Handreichung stellen nur eine kleine Auswahl dar. Zudem wird menschliches Engagement an vielen anderen Stellen des RU thematisiert. An dieser Stelle sollte deutlich herausgestellt werden, dass soziales Engagement nicht nur eine „horizontale" Dimension hat. Wir sind als Partner Gottes am Werk.

b) Methodische Hinweise

- Der Laden (Schülerbuch S. 66; CD/LP/MC Die sieben Gaben - Lieder im Märchenmantel, Buschfunk 1992)
  Wir haben uns bei dieser Geschichte vom Engel, der Samen verkauft, für die Fassung der Legende als Lied von G. Schöne entschieden. Nach Möglichkeit sollte man das Lied zum Vorspielen zur Hand haben. Diese Darstellung besitzt eine eindringliche Lebendigkeit und Konkretheit:
  Oh wie hab ich mich da vor dem Händler
  mit dem Wünscheaufsagen beeilt:
  „Sie, ich möchte das Schweigen der Waffen
  und die Brötchen viel besser verteilt,
  mehr Verstand in die Köpfe,
  aus den Augen die Gier,
  Elternzeit für die Kinder,
  Achtung vor jedem Tier,
  helle Zimmer für alle,
  Arbeit je nach Talent.
  Es dürfte den Schüler/innen nicht schwer fallen, all die Wünsche und Hoffnung von Zukunft und Glück, die im Laufe der Einheit angesprochen wurden, hier anzufügen.

- Lizzy wird recycelt (Buch S. 67f.)
  Das Reich Gottes wächst im Verborgenen und im Kleinen. Die kleinen Dinge des Alltags sind das Baumaterial. Gerade für Pubertierende dominiert mitunter der Eindruck von Versagen und Unzulänglichkeit und überlagert die gewiss auch immer vorhandenen positiven Seiten. Die Geschichte soll zeigen, dass in der Dimension des Reiches Gottes, also

in den Augen Gottes, nichts unter den Tisch fällt. Die neue Welt wächst nicht indifferent und unabhängig zu unserem gegenwärtigen Leben. Die Geschichte versucht, den Graben zwischen Diesseits und Jenseits, zwischen Himmel und Erde zu überwinden durch das moderne Bild des Recycling - bei aller Begrenztheit dieser Vorstellung. Kernaussage: Gott kann allemal unseren noch so bescheidenen „Beiträgen" etwas „abgewinnen".

Impulse zur Weiterarbeit nach Lektüre und Gespräch über die Geschichte: Material Tageszeitungen für alle Schüler/innen; gelbe Marker oder Filzstifte.

Auftrag für die Paararbeit (entsprechend der Arbeit der Recycle-Engel am Förderband): Schaut die Zeitungen durch und markiert alle Ereignisse und Fakten, die Bausteine für die neue Welt Gottes sein können.

- Viele kleine Schritte auf dem Weg zum Reich Gottes - „Das weiße Band am Apfelbaum" (M47)

An das gemeinsame Lesen oder Vorlesen der Geschichte schließt sich ein kurzes darüber Gespräch an, inwiefern die Person der Geschichte Heil erfährt. Ziel der Auseinandersetzung mit der Geschichte ist es zu klären, was hier mit Reich Gottes gemeint sein kann.

In Partnerarbeit bekommen die Schüler/innen die Aufgabe, den Baum mit den weißen Bändern zu gestalten (Arbeitsauftrag siehe M47). Hierzu müssen weiße Papierstreifen vorbereitet werden, in die rote und blaue Fäden eingezogen sind. Ferner muss ein großer Zweig bereitgestellt werden. Sollte den Schüler/innen zu einzelnen Aufgaben nichts einfallen, kann es hilfreich sein, Impulse z.B. in Form von Fotos oder Zeitungsüberschriften zur Verfügung zu stellen.

- Sinnvoller als die Arbeit an „stellvertretenden, fernen Vorbildern" ist das Engagement in Gemeinde- oder Schulprojekten vor Ort. Deshalb sollte man sich kundig machen, ob es am Ort konkrete Projekte und Aktionen gibt. Die Schüler/innen könnten entsprechendes Material sammeln, Interviews mit den Verantwortlichen machen oder diese in den Unterricht einladen.

- Weitere Beispiele zum Thema „Mitbauen an einer neuen Welt" finden sich in LPE 8-4, Kapitel 4. Auf dem Weg zur Einen Welt. Konkrete Unterrichtsbausteine liegen vor in: „Verwirklichte Träume von einer besseren Welt - Martin von Tours. Bausteine zur Lehrplaneinheit „Reich-Gottes-Botschaft Jesu" in Klasse 7 der Haupt-, Realschule und des Gymnasiums, in: Notizblock Nr. 22 (1997), S. 36-46

- Lied „Wo ist Gottes neue Welt? (Buch S. 69). Die ersten drei Strophen beschreiben Zustände der Welt, in denen Gottes neue Welt nicht anwesend ist. Die Strophen 4 bis 6 benennen die Kennzeichen der neuen Welt Gottes. Der Text des Liedes kann als Seh- und Suchhilfe dienen, um entsprechende Texte und Bilder zu sammeln und als Bild zusammenzustellen. Dabei können die negativen Aspekte der ersten Strophen entsprechend umgepolt werden, indem sie durchgestrichen werden und so der Neubeginn für die neue Welt gesetzt wird. Es kann aber auch eine Collage entstehen, wo zwischen den Schattenseiten die Lichtblicke der neuen Welt aufscheinen.

- Offb 21,1-5 (Buch S. 69). In einer Religionsgruppe, die gerne gestaltend arbeitet, ist folgende Arbeit mit diesem Text denkbar: Nachdem der Text gemeinsam gelesen wurde, bekommen die Schüler/innen die Aufgabe, in Frottage-Technik eine solche „himmlische Stadt" zu gestalten. Hierzu werden einzelne Bildelemente wie Torbogen, verschiedene Häuser, Mauern etc. aus kräftigem Karton ausgeschnitten, der auch strukturiert sein kann. Diese Elemente werden unter ein dünnes Zeichenblatt gelegt. Dann wird mit Ölkreiden oder einfachen Wachsmalkreiden in verschiedenen Farben so lange über das Blatt gerieben,
bis sich die Strukturen der Vorlage deutlich auf dem Papier abgebildet haben. Natürlich können die einzelne Bildelemente mehrmals verwendet werden, so dass mit recht wenigen Grundformen eine ganze Stadt entstehen kann.
Ist auf diese Weise ein farbenfrohes himmlisches Jerusalem entstanden, bekommen die Schüler/innen in einem zweiten Schritt die Aufgabe, die Häuser und Mauern der Stadt zu beschriften. Hierzu sollen sie sammeln, was alles zu einer heilen und heilenden Welt, zum „Reich Gottes" gehören kann, wenn dieses in der Vollendung gekommen ist. Hierbei können die Schüler/innen all das nochmals aufgreifen, was in der Einheit besprochen worden ist.

- Alternativ dazu ist auch eine Arbeit mit einer Fotokartei möglich. Solche Sammlungen gibt es fertige Mappen; sie können aber auch aus eigenen Fotos und gesammelten Bildern (Zeitschriften, Kalender etc.) zusammengestellt werden. Hierbei ist darauf zu achten, dass sowohl Menschen und Menschengruppen als auch Landschaften, Gebäude etc. vertreten sind.
In einer Stillephase bekommen die Schüler/innen den Auftrag, alle aufgelegten Bilder zu betrachten und dann eines auszuwählen, das für sie „Reich Gottes" darstellt. Anschließend sollen sie in Einzelarbeit kurz niederschreiben, warum dieses Bild ein solches „Bild der Vollendung" darstellt. Zur Erleichterung kann ein Satzanfang vorgegeben werden, z.B.: „Das Reich Gottes ist da, wenn ..."
Anschließend werden entweder alle Texte vorgelesen oder die Texte werden zu den erneut aufgelegten Bildern gelegt, so dass in einer weiteren Stillephase alle Schüler/innen die Möglichkeit haben, die Texte der anderen zu lesen.

c) Literatur und Materialhinweise

M. L. Goecke-Seischab, In Farben und Formen. Biblische Texte gestalten, München 1993

M47 Viele kleine Schritte auf dem Weg zum Reich Gottes

Das weiße Band am Apfelbaum

Einmal saß ich bei einer Bahnfahrt neben einem jungen Mann, dem sichtlich etwas Schweres auf dem Herzen lastete. Schließlich rückte er dann auch damit heraus, dass er ein entlassener Sträfling und jetzt auf der Fahrt nach Hause sei. Seine Verurteilung hatte Schande über seine Angehörigen gebracht; sie hatten ihn nie im Gefängnis besucht und auch nur ganz selten geschrieben. Er hoffte aber trotzdem, dass sie ihm verziehen hatten. Um es ihnen aber leichter zu machen, hatte er ihnen in einem Brief vorgeschlagen, sie sollten ihm ein Zeichen geben, an dem er, wenn der Zug an der kleinen Farm vor der Stadt vorbeifuhr, sofort erkennen könne, wie sie zu ihm stünden. Hatten sie ihm verziehen, so sollten sie in dem Apfelbaum an der Strecke ein weißes Band anbringen. Wenn sie ihn aber nicht wieder daheim haben wollten, sollten sie gar nichts tun; dann werde er im Zug bleiben und weiterfahren, weit weg. Gott weiß, wohin.
Als der Zug sich seiner Vaterstadt näherte, wurde seine Spannung so groß, dass er es nicht über sich brachte, aus dem Fenster zu schauen. Ein anderer Fahrgast tauschte den Platz mit ihm und versprach, auf einen Apfelbaum zu achten. Gleich darauf legte der dem jungen Sträfling die Hand auf den Arm. „Da ist er", flüsterte er; und Tränen standen ihm plötzlich in den Augen, „alles in Ordnung. Der ganze Baum ist voller weißer Bänder." In diesem Augenblick schwand alle die Bitternis, die sein Leben vergiftet hatte. „Mir war", sagte der Mann später, als hätt' ich ein Wunder miterlebt. Und vielleicht war's auch eines."

Nach John Kort Lagemann

Schon immer haben sich die Menschen Gedanken gemacht, was Jesus wohl mit „Reich Gottes" gemeint hat. Viele denken an eine Art Paradies, das irgendwo außerhalb dieser Welt liegt.
Aber Jesus hat wohl etwas ganz anderes gemeint: Das Reich Gottes beginnt nicht erst nach dem Tod, sondern *schon jetzt*. Das Reich Gottes liegt nicht in ferner Zukunft, sondern ist schon heute in Ansätzen da: Wo Menschen einander trösten, wo sie gut miteinander umgehen. Wo Menschen ihre Umwelt schützen und für Gerechtigkeit eintreten. Dort überall wächst das Reich Gottes.
Dieses Reich Gottes begann mit Jesus. Menschen, die ihm begegnet sind, merkten, wie es in ihrem Leben besser geworden ist. Sie haben Heil erfahren, wenn sie Jesus getroffen haben.
Aber bis heute geschieht auch viel Unheil in der Welt. Daher kann man sagen: Das Reich Gottes ist *noch nicht* ganz da.

Auftrag für Partnerarbeit:
- Wo geschieht heute Heil? Wo erfahren Menschen heute Heil?
  Schreibt dies auf die weißen Bänder mit dem roten Faden!
- Das Reich Gottes kommt nicht „von oben", sondern wir alle können daran mitbauen. Wie könnt ihr am Reich Gottes mitbauen?
  Schreibt das auf die weißen Bänder mit dem blauen Faden!

UNSERE VORFAHREN WERDEN CHRISTEN

LPE 7-7 Wie unsere Vorfahren Christen wurden - Frühe Spuren des Glaubens in unserer Heimat

Zur Struktur der Einheit

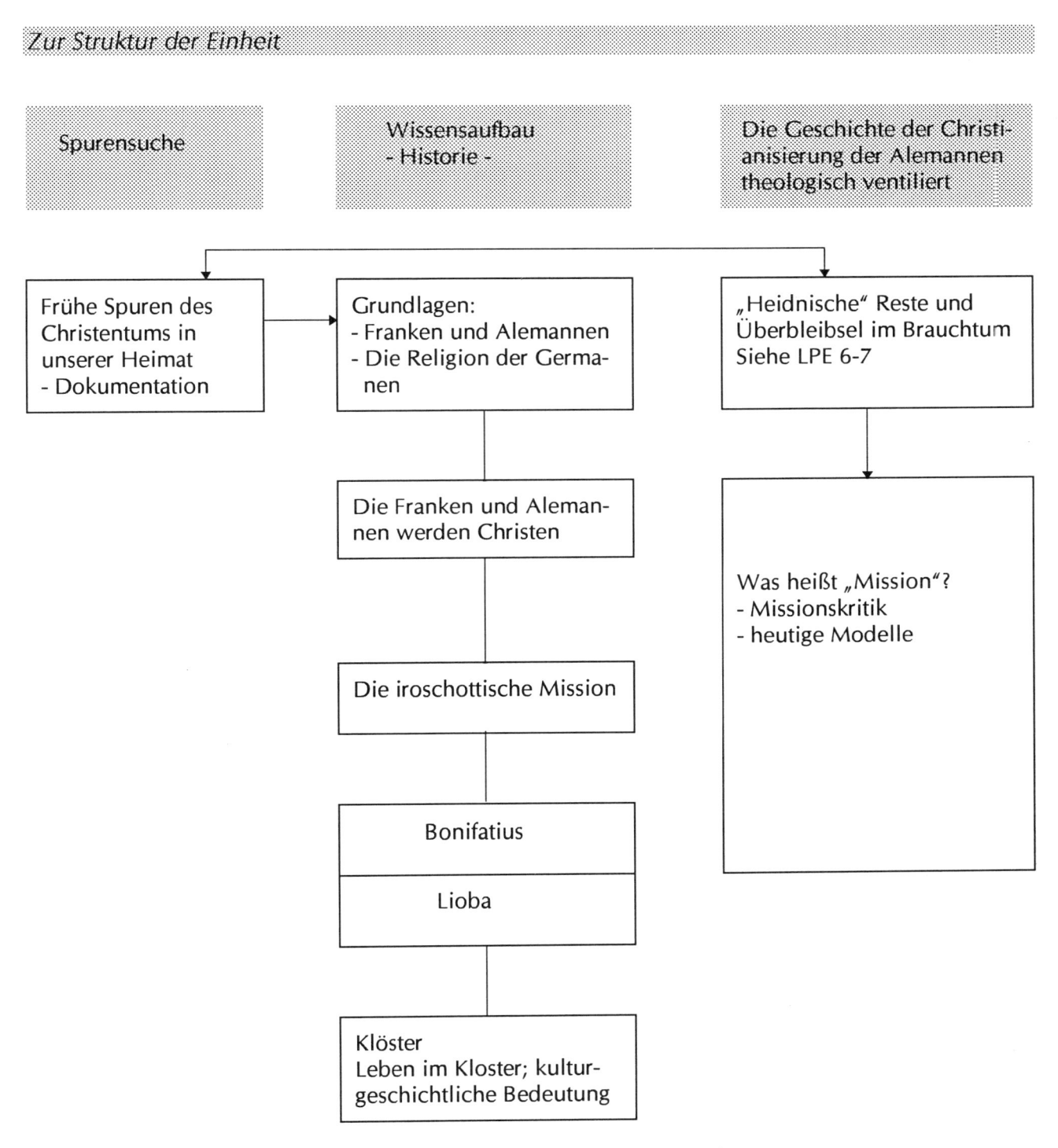

| Spurensuche | Wissensaufbau - Historie - | Die Geschichte der Christianisierung der Alemannen theologisch ventiliert |

- Frühe Spuren des Christentums in unserer Heimat - Dokumentation
- Grundlagen:
  - Franken und Alemannen
  - Die Religion der Germanen
- Die Franken und Alemannen werden Christen
- Die iroschottische Mission
- Bonifatius
- Lioba
- Klöster. Leben im Kloster; kulturgeschichtliche Bedeutung

- „Heidnische" Reste und Überbleibsel im Brauchtum Siehe LPE 6-7
- Was heißt „Mission"?
  - Missionskritik
  - heutige Modelle

Der Aufbau dieser Themeneinheit ist von der Entscheidung geprägt, den Lehrstoff als Freiarbeitsmaterial aufzubereiten. Hinweise zur Didaktik der Freiarbeit finden sich weiter unten. Entscheidend ist hier das von den Schülerinnen und Schülern frei bestimmte Lernen, d.h. die freie Auswahl aus dem Themenangebot. Die Materialien dienen vorab dem Wissensaufbau. Er kann historische Spurensuche und missionsgeschichtliche Problematisierung (Was heißt „Heiden"?) anregen und ergänzen. Die Spurensuche

könnte im Rahmen eines Projekts durchgeführt werden, die problemgeschichtliche Aufbereitung der Germanenmission überfordert u. E. einen auf sich allein gestellten Schüler dieser Klassenstufe. Erläuterungen hierzu haben ihren Platz im Gespräch zwischen Lehrer/in und Schüler/innen.
Das Material ist so aufgebaut, dass das Grundlagenmaterial von allen Schülerinnen und Schülern bearbeitet wird, während die darauf aufbauenden weiteren Spezialthemen je nach Interesse von den Schüler/innen selbst ausgewählt und bearbeitet werden sollen.

Exkurs: Kritische Anmerkungen zum tradierten Geschichtsbild

Im Römischen Reich lebte ein zivilisiertes Volk: die Guten. Am allerbesten wurden die Römer, nachdem sie im 4. Jahrhundert das Christentum als Staatsreligion angenommen hatten. Wunderbar, so hätte die Weltgeschichte endlos weitergehen können, mit den edlen, frommen Römern als Herrscher über fast die ganze (damals bekannte) Welt. Wenn da nicht die Bösen gewesen wären, die in dem letzten Rest der Welt, den Rom nicht zivilisieren konnte, animalisch vor sich hin vegetierten. Was waren das doch für „Barbaren", schrecklich! Monstermäßig sahen sie aus, sie waren brutal, hatten einen IQ von minus fünfzig, und entsprechend fehlte ihnen jegliches zivilisatorische Know-how. Es kam, wie es kommen musste: Irgendwann waren die Guten nicht mehr in der Lage, gegen das Böse anzukämpfen (eben weil sie so gut waren), und sie wurden von den Bösen überrannt. Das Licht ging aus in Europa, es wurde ganz finster, so finster, dass sogar schon die Theorie entworfen wurde, es habe die Jahrhunderte nach der „Völkerwanderung" gar nicht gegeben (vgl. Heribert Illig, Das erfundene Mittelalter, Würzburg 1997)! Noch heute würden wir mit Keulen durch den Wald traben, hätte es nicht ein paar letzte aufrechte Christen gegeben - im überrannten Gebiet selbst und vor allem auf den nicht einfach zu überrennenden Britischen Inseln. Remigius redet auf Chlodwig ein, Bonifatius wandert durch Deutschland, und - schwuppdiwupp - die Bösen bekehren sich. Allesamt schwören sie ihren fiesen Göttern ab, ihre Gesichtszüge hellen sich auf, werden feiner, die Keulen werden weggeworfen und dafür Kirchen und Klöster gebaut. Die Germanen werden Christen: Das Licht geht wieder an in Europa, die Geschichte Deutschlands beginnt, Bonifatius und der Mutter Kirche sei Dank.

Sicher, diese Kurzdarstellung der Geschichte der Spätantike und des frühen Mittelalters ist etwas pointiert formuliert. Im Prinzip aber sind die darin zum Ausdruck gebrachten Klischees bei der Beschäftigung mit der Christianisierung „Deutschlands" immer noch sehr präsent. Dafür verantwortlich ist die miserable Quellenlage. Von Beginn der Antike bis heute wurde in keinem Zeitraum so wenig geschrieben wie in der Phase zwischen Völkerwanderung und Karl dem Großen (5. bis 8. Jahrhundert). Quellen aus dem „politischen Leben" gibt es so gut wie überhaupt nicht: In den Herrscherhäusern war man des Schreibens nicht mächtig, und erst Karl hatte die Einrichtung einer Schreibkanzlei für nötig gehalten. Auch die kirchliche Dokumentenproduktion war - nicht zuletzt mangels Leser - dürftig; klösterliche Skriptorien gab es noch nicht. Um so wirkmächtiger wurden zwei Schriften von Zeitgeschichtsschreibern: Tacitus' Germania, entstanden 98, und Gregor von Tours' Frankengeschichte, verfasst zwischen 575 und 594. Tacitus' Werk war ein Aufruf an das politische Establishment in Rom, die Germanen endlich zu unterwerfen, und eine Erklärung, weshalb dies bisher nicht gelungen sei: Da verwundert es nicht, dass die nördlichen Nachbarn nicht sonderlich gut wegkamen. Gregors Bücher werden „das erste nationalchristliche Geschichtswerk" genannt: Das Ziel war, die Christianisierung als unabdingbare Voraussetzung für die Entstehung einer mächtigen fränkischen Nation darzustellen. Die Tendenz zur Geschichtsverfälschung liegt also auch bei Gregor auf der Hand. Aus der Zeit des Bonifatius und der Klostergründungen wissen wir aufgrund einer etwas breiteren Quellenbasis mehr, aber auch hier war (und ist zum Teil noch) eine interessengeleitete Tradierung vorherrschend: Die Heroisierung von Bonifatius sollte den päpstlichen Einfluss gegenüber dem autonomen fränkischen Adels- und Erbkirchenwesen unterstreichen. Wieviel Bonifatius tatsächlich zur (vertiefenden) *Christianisierung* Germaniens beigetragen hat: Wir wissen es nicht.

Angesichts dieses recht umfassenden Nicht-Wissens über das Frühmittelalter sind die tradierten Geschichtsbilder mit Vorsicht zu genießen: Wir wissen wenig von der „germanischen Kultur", die Definition und Abgrenzung eines „germanischen Volkes", die Verhältnisbestimmung zwischen „Germanen", „Franken" und „Alemannen" ist schwierig. Am besten tut man wohl daran, „Germanen" als Oberbegriff für die Völker jenseits der nordöstlichen Grenze des Römischen Reiches, „Franken" als hauptsächlich im heutigen Frankreich „eingedrungene" und „Alemannen" als im Südwesten des heutigen Deutschland siedelnde germanische „Teilvölker" zu begreifen. Das Bild der finsteren Germanen, die im unversöhnlichen Gegensatz zum römischen Kulturvolk standen, sollte als überholt betrachtet werden. Archäologische Funde lassen vermuten, dass der Limes keineswegs ein „Eiserner Vorhang" war: Über Jahrhunderte hinweg gab es einen regen Austausch zwischen „Germanien" und dem römischen Grenzgebiet; Handel wurde getrieben, das römische Grenzheer bestand zunehmend aus Germanen. Die Franken überrannten nicht einfach das römische Gallien, sondern sie wurden in das römische Staatswesen und die römische „Gesellschaft" integriert, bis ihr völkischer Einfluss dominant wurde. Von daher fällt auch ein anderes Licht auf die Prozesse der Christianisierung der Germanen. Die Alternative Heidentum oder Christentum gab es in dieser Form nicht. Das Römische Reich war trotz Konstantin und Theodosius besonders im Norden ein Schmelztiegel unterschiedlichster religiöser Traditionen und Praktiken. Heidnische Vorstellungen wurden genauso in christliches Denken und Brauchtum integriert wie umgekehrt. Die „reine" christliche Lehre und Praxis hat es nie gegeben und wird es nie geben. Die Leistung des Bonifatius und der Klosterbewegung war wohl, dass sich auf lange Sicht eine normale Inkulturation des christlichen Glaubens gegen einen indifferenten Synkretismus durchsetzen konnte.

In dieser Linie ergeben sich Ansatzpunkte, die die Geschichte der Christianisierung unserer Vorfahren auch für heute „sympathisch" machen. Zwei Beispiele:
Ein historischer Aspekt: Geschichte ist nichts Statisches, nichts Vorgegebenes, nichts, was einfach zu pauken wäre. Geschichte bedeutet das ganz offene Fragen nach dem „Wie könnte es wohl gewesen sein?" - natürlich auf Basis der Fakten, aber die sind gerade für das Frühmittelalter mehr als dürftig bzw. kritisch zu hinterfragen. Wie kann man sich das konkrete Leben in einem germanischen Dorf vorstellen, was mag geschehen sein, als ein Missionar ins Dorf kam und den Bewohnern von Jesus von Nazareth erzählt hat...? Spekulationen und Phantasie sind erwünscht!
Ein theologischer Aspekt: Auch das Christentum ist nichts Statisches, keine starre Doktrin, die man, will man nicht in die Hölle kommen, ohne Wenn und Aber nachzubeten hätte. Die christliche Religion entwickelt sich weiter mit den Menschen, die sich um sie bemühen. Weihnachtsbaum, Erntedank,

Osterhase, Martinsfeuer und vieles mehr: Diese schönen Dinge der christlichen Tradition gäbe es nicht ohne unsere heidnischen Vorfahren, die ihre Bräuche in die neue Religion mit hineingenommen haben. Eigene Lebenswirklichkeiten mit hineinnehmen in den Glauben, den eigenen - und womöglich nicht doktrinär-kirchlichen - Glauben offen ausdrücken, Dinge, die „mir nicht passen", angstfrei verwerfen zu dürfen und weiter um ein Christentum zu ringen, das den Menschen von heute und nicht nur denen von vorgestern etwas sagt: Weil das alles nicht „verboten", sondern davon die Geschichte der christlichen Religion lebt, wurden unsere Vorfahren Christen und können wir - hoffentlich - noch heute Christen sein, wenn auch ganz anders.

Mathias Kotowski

Zur Praxis der Freiarbeit

1. Allgemein

Freiarbeit ist eine Form des Lernens, die sich an den individuellen Bedürfnissen des einzelnen Lernenden ausrichtet und einen Prozess selbständiger Arbeit ermöglicht.
Freie Arbeit ist selbstbestimmtes Lernen. Das Kind ist frei,
- unter verschiedenen inhaltlichen Angeboten zu wählen;
- es kann innerhalb der Themen unterschiedliche Aspekte, Schwierigkeitsstufen, Zugänge und Arbeitsweisen wählen;
- es kann sich entscheiden, wie ausführlich es sich mit dem Thema auseinandersetzen will;
- es kann wählen, ob es allein oder mit andern gemeinsam arbeitet;
- es kann selbst entscheiden, in welcher Weise es die Ergebnisse seiner Arbeit zusammenfasst und darstellt.

Basis dieses Lernweges ist Montessori-Pädagogik: „Das Kind trägt nicht die verkleinerten Merkmale des Erwachsenen in sich, sondern in ihm wächst sein eigenes Leben, das seinen Sinn in sich selbst hat.... Das Kind allein ist der Bildner seiner Persönlichkeit. Schöpferischer Wille drängt es zur Entwicklung .... Alle Kräfte des kindlichen Lebens gehen den Weg, der zur inneren Vollendung führt." (Montessori, Grundlagen meiner Pädagogik, Heidelberg 1988/8, S. 7; S. 12)

Die vorbereitete Umgebung
Der Raum sollte nach den Grundsätzen der vorbereiteten Umgebung gestaltet sein:
- Er sollte freie Bewegung und selbständiges Handeln ermöglichen.
- Er sollte funktional gegliedert sein (Regale für Materialien; Leseecke; Informationsbereich, ...)
- Übersichtliche Anordnung und Zugänglichkeit des Materials

Die Materialien zur Freiarbeit
- sollen die eigenständige Erarbeitung von Sachstrukturen anregen (Montessori: „Schlüssel zur Welt") und die Lernenden z.B. durch immanente Fehlerkontrollen vom Lehrer soweit wie möglich unabhängig machen;
- sie sollen durch ihre funktional stimmige und ästhetisch ansprechende Gestaltung die Schüler zum sorgsamen Umgang mit den Dingen anleiten;

- die Materialien für den Religionsunterricht können verschiedene Funktion haben: zur Erarbeitung bestimmter Themen; zur eigenen Information (Klassen-Bibliothek); zur Stille und Meditation.

Die vorbereitete Lernsituation

I. Eröffnungsphase: Einführung in das Material und seine Handhabung
II. Freiarbeitsphase: Das Kind arbeitet selbständig. Der Erzieher/Lehrer bzw. die Erzieherin/Lehrerin beobachtet und steht für Beratung zur Verfügung.
III. Auswertungsphase: Das Kind stellt mit Hilfe der immanenten Fehlerkontrolle fest, ob seine Arbeit erfolgreich war oder sichert seine Arbeit z.B. durch Frage an den Lehrer, Austausch mit andern, Einspeisung der Ergebnisse in ein gemeinsames Projekt u.a.

(L. Kuld in Anlehnung an H.K. Berg, in: H.K. Berg/U. Weber, So lebten die Menschen zur Zeit Jesu, Begleitheft, Stuttgart/München 1996, 18-33)

2. Anleitung zur Vorbereitung der Materialien

Anders als bei den übrigen Lehrplaneinheiten stellt bei dieser LPE das Handbuch Kopiervorlagen, die auf Freiarbeit zugeschnitten sind, zur Verfügung. Die Materialien bieten einen Grundstock. Der Lehrer/die Lehrerin kann Blätter austauschen bzw. neue Blätter und entsprechende Aufgaben einfügen. Entsprechend den 6 Teilthemen legt man 6 Ordner (Mappen, Schuber oder andere geeignete Sortierhilfen) an. Jeder Ordner wird dann mit den Kopien des jeweiligen Themas bestückt - und zwar mit soviel Kopien wie Schüler/innen gleichzeitig auf das Material zugriff haben sollten. So wählen in einer Klasse mit 20 Schüler/innen vielleicht 10 Schüler/innen gleichzeitig z.B. das Kapitel 1. Leben und Religion der Germanen, da dieses Thema ja als Grundlage von allen bearbeitet werden soll. Deshalb müssen im Ordner die jeweiligen Blätter in 10-facher Ausfertigung zur Verfügung stehen. Für die übrigen 5 Teilthemen kann die vorbereitete Kopienzahl etwas geringer sein - immer gemessen an der Klassenstärke.

Wie legt man einen solchen Ordner an?

Außen sollte man ihn gut sichtbar mit Nummer und evtl. Teilthema beschriften. Der Ordner enthält das Deckblatt mit Teilthema und ein Verzeichnis der Blätter. Dann folgt das *Aufgabenblatt* (z.B. auf gelbem Papier und in Klarsichthülle). Die nächste Abteilung bilden die *Informationsblätter* (evtl. in einer anderen Farbe und ebenfalls in Klarsichthüllen). Aufgabenblätter und Informationsblätter legen die Schüler/innen nach Beendigung ihrer Arbeit wieder in den Ordner zurück. Sie stehen für weitere Schüler bzw. spätere Klassen zur Verfügung. Die dritte Abteilung des Ordners bilden die *Arbeitsblätter* (weiß). Diese werden von den Schüler/innen beschriftet, angemalt, ausgeschnitten, eingeklebt usw. und schließlich in ihrem persönlichen Heft oder einer Mappe eingefügt.

Wenn man Wert darauf legt, dass die Schüler/innen auch ihre Lösungen selbständig und allein kontrollieren können (Auswertungsphase), muss man eine vierte Abteilung mit Lösungsblättern vorsehen. (Hierfür bietet die vorliegende Handreichung keine Kopiervorlagen an.) Es ist auch empfehlenswert - vor allem die als Material verwendeten Quellentexte - daraufhin zu kontrollieren, ob (und welche) für die Schüler/innen unbekannte Begriffe verwendet werden und ein Glossar zu erstellen. Es sollte gut sichtbar für alle Schüler/innen zur Verfügung stehen.

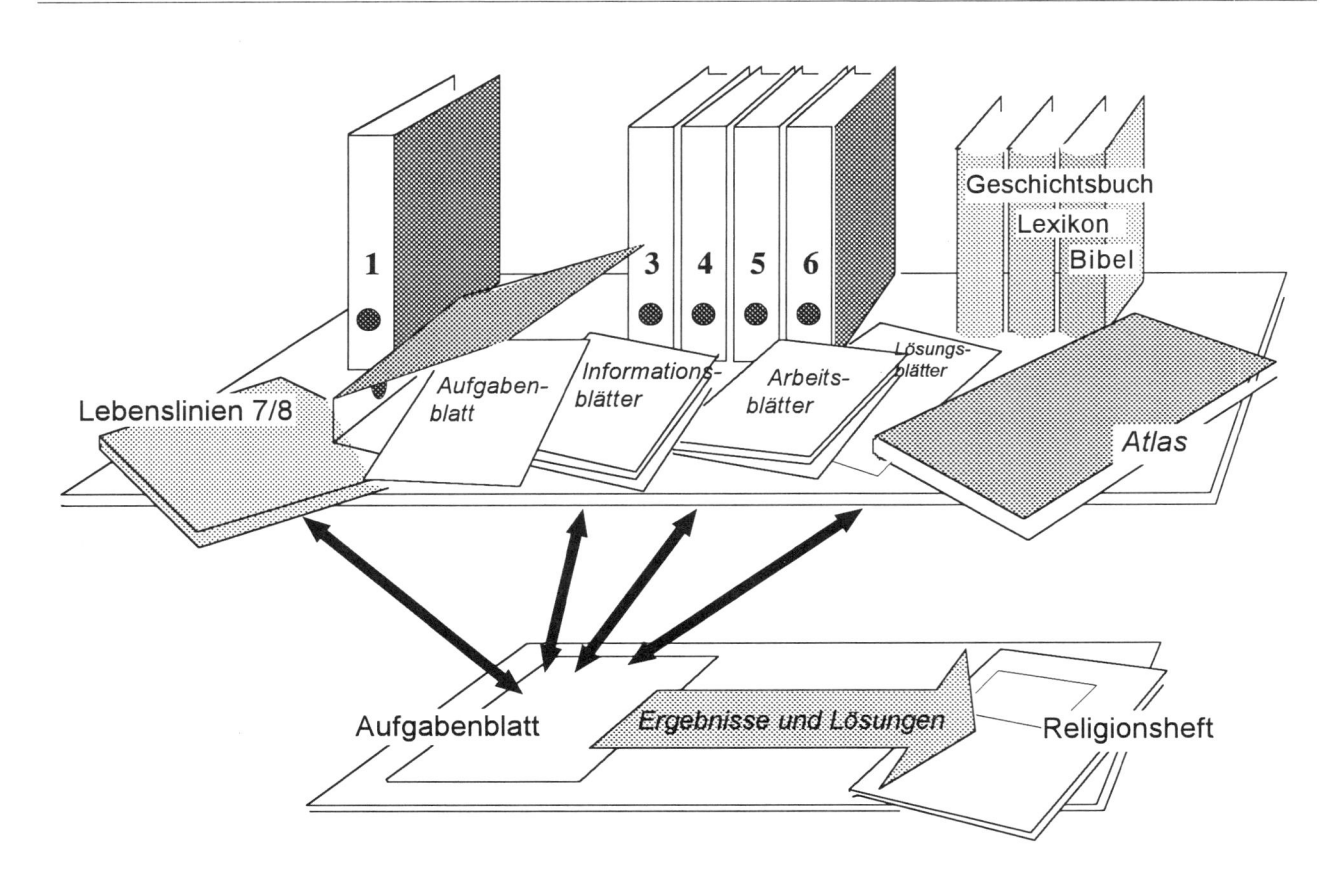

[Schematische Darstellung des Freiarbeitsmaterials: Ordner 1, 3, 4, 5, 6 mit Aufgabenblatt, Informationsblätter, Arbeitsblätter, Lösungsblätter; Lebenslinien 7/8, Geschichtsbuch, Lexikon, Bibel, Atlas; Pfeile zeigen auf Aufgabenblatt, Ergebnisse und Lösungen, Religionsheft]

3. Der unterrichtliche Einsatz des Materials

3.1 In der *Eröffnungsphase* werden die Schüler/innen mit dem Material, den Arbeitsformen und dem zeitlichen Rahmen vertraut gemacht. Die Schüler/innen erfahren, dass das Teilthema 1 von allen zu bearbeiten ist und dass sie unter den übrigen 5 Themen auswählen können - je nach Arbeitsgeschwindigkeit ein oder zwei Themen. Ferner stellt der Lehrer/die Lehrerin vor, wie die Ordner zu handhaben sind und welche Arbeitsmittel, z. B. Schülerbuch, Geschichtsbücher, Atlas, Lexika usw. noch zur Verfügung stehen. (Entsprechende Aufgaben müssten auf den Aufgabenblättern hinzugefügt werden.) Es wird geklärt, in welcher Form die Arbeitsergebnisse dokumentiert werden, z.B. in einem Heft oder einer Mappe bzw. ob sie (über die Freiarbeit hinaus) im Klassenunterricht eingebracht werden.

3.2 In einem ersten Schritt der *Freiarbeitsphase* selber wählen die Schüler/innen das Thema bzw. den Ordner, mit dem sie beginnen wollen. Sie besorgen sich das *Aufgabenblatt* aus dem entsprechenden Ordner und beginnen mit der Bearbeitung. Wenn alle Aufgaben gelöst sind, vergewissert sich der/die Schüler/in, dass er den auf dem Blatt formulierten Erwartungshorizont (*„Über Folgendes solltest du jetzt Bescheid wissen"*) erfüllen kann. Wenn der Lehrer/die Lehrerin Lösungsblätter vorbereitet hat, vergleicht der/die Schüler/in seine Lösungen damit (*Auswertungsphase*).

Diese LPE wird von uns deshalb als Freiarbeitsmaterial vorgelegt, weil sie überwiegend aus Wissensstoff besteht - wofür sich diese Methode anbietet. Dennoch tauchen dabei immer wieder Inhalte auf, die die Lernenden zur kritischen Auseinandersetzung und Bewertung auffordern. Wir stellen uns vor, dass ein Lehrer/eine Lehrerin an diesen Stellen die Form der Freiarbeit verlässt und eine dafür geeignete Unterrichtsform (Diskussion u.a.) wählt. Manche Aufgaben können von vornherein so formuliert werden, dass die Ergebnisse in einer entsprechenden Form im Klassenunterricht einzubringen sind. Die Aufgabenblätter bieten genügend Platz für Ergänzungen.

Übersicht über die Phasen der Freiarbeit und die Teilthemen

Wie unsere Vorfahren Christen wurden

ERÖFFNUNGS-PHASE	FREIARBEITSPHASE		AUSWERTUNGS- UND PRÄSENTA-TIONSPHASE
L stellt Material und Arbeitsweisen vor Einige Regeln freier Arbeit	**Grundlagen:** 1. Leben und Religion der Germanen	**Themen zur Auswahl:** 2. Die Franken und Alemannen werden Christen 3. Der Christus der Germanen 4. Fremde Gesichter - die iroschottischen Mönche 5. Bonifatius 6. Klöster	

Literatur

Zum Thema
A. Angenendt, Das Frühmittelalter. Die abendländische Christenheit von 400 bis 900, Kohlhammer, Stuttgart - Berlin - Köln 1990
H. Gutschera, Maier, J. Thierfelder, Ökumenische Kirchengeschichte, Grünewald,
B. Gruber, Kirchengeschichte als Beitrag zur Lebensorientierung. Konzept und Modelle für einen aktualisierenden Kirchengeschichtsunterricht, Auer-Verl., Donauwörth 1995
H.-P. Hasenfratz, Die religiöse Welt der Germanen. Ritual, Magie, Kult, Mythus, Herder, Freiburg 1992
D. Steinwede, Bonifatius: Apostel - Reformer - Märtyrer, Paderborn/Lahr/Fulda 1989

Zur Freiarbeit
H. K. Berg, Freiarbeit im Religionsunterricht. Konzepte - Modelle - Praxis, Calwer - Kösel, Stuttgart - München 1997
U. Hecker, Freie Arbeit - Schritt für Schritt, Verlag an der Ruhr, PF 102251, 45422 Mülheim a. d. Ruhr; Fax 0208/4950495
U. Hecker u.a., LehrerInnen lernen Freie Arbeit, Verlag an der Ruhr, Mülheim 1991
W. Hövel (Hrsg.), Freie Arbeit - Wochenplan, Verlag an der Ruhr
ru 3/95 - Themenheft: (In) Freiheit lernen. Freiarbeit im Religionsunterricht (dort findet man weitere Literaturhinweise)

Thema Klöster
R. Wertz, Das Kloster. Bastel- und Kopiervorlagen, calwer materialien Sek. I, Stuttgart 1998

1. Leben und Religion der Germanen

In diesem Ordner findest du

- das Aufgabenblatt

- die Informationsblätter
    Nr. 1   Wotan
    Nr. 2   Donar
    Nr. 3   Wie Donar seinen Hammer zurückholte
    Nr. 4   Freya
    Nr. 5   Schicksalsglaube

- ein Arbeitsblatt
    Nr. 1   Weltbild der Germanen
    Nr. 2   Abbildung Wotan

| 1. Leben und Religion der Germanen | Aufgabenblatt | |

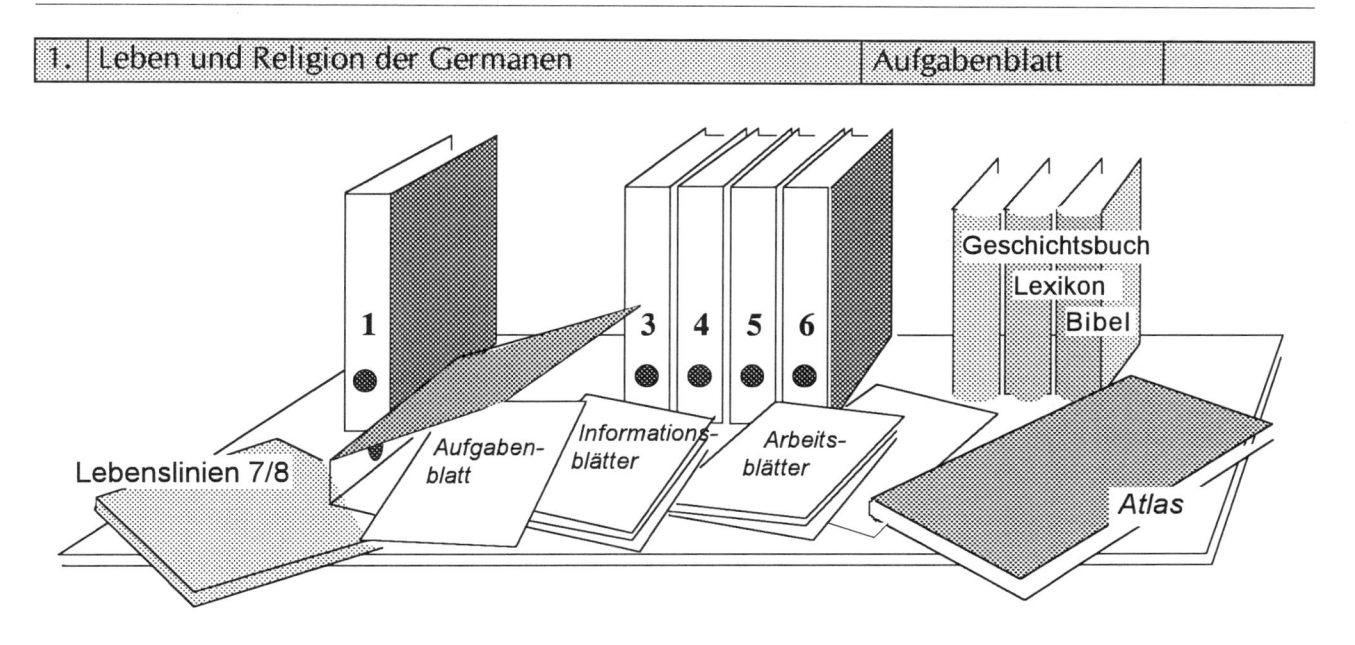

1. Lies im Religionsbuch S. 72-73 das Kapitel „Leben und Religion der Germanen"

2. Die Germanen stellten sich die Welt als große Esche vor. Nimm das Arbeitsblatt Nr. 1 und schreibe in den Götterhimmel die Namen der germanischen Götter ein.

3. Lies die Informationsblätter Nr.1, Nr. 2, Nr. 3, Nr. 4 und finde heraus, wofür die Götter Wotan, Donar, Freya zuständig waren.
Ein Bild zu Wotan findest du auf dem Arbeitsblatt unter Nr. 2.
Klebe es in dein Heft und notiere die wichtigsten Eigenschaften Wotans.

4. Der römische Schriftsteller Tacitus gibt ein anschauliches Bild vom Leben und der Religion der Germanen. Ein wesentlicher Teil der germanischen Religion ist der Schicksalsglaube. Man konnte das Schicksal durch das Werfen von Losen befragen. Lies dazu Informationsblatt Nr. 5.
Vielleicht hast du Lust, die Anfangsbuchstaben deines Namens mit Runen zu schreiben.

Über Folgendes solltest du jetzt Bescheid wissen:

- *Die Namen wichtiger Götter der Germanen - ihre Kennzeichen*
- *Der Schicksalsglaube der Germanen*
- *Erkläre, wie sich die Germanen den Aufbau der Welt vorgestellt haben*

| 1. Leben und Religion der Germanen | Informationsblatt | Nr. 1 - 2 |

1 Wotan

Bei den Germanen auf dem Festland wurde im 1. Jahrhundert n. Chr. der Sturmdämon Wotan zum obersten der Götter. Die Nordgermanen verehrten den gleichen Gott unter dem Namen Odin.
Dem Sturm- und Totengott haftet etwas Dunkles und Schaudervolles an. Er beherrscht die gesamte Geister- und Dämonenwelt. An der Spitze einer wütenden Schar stürmt er unsichtbar durch die Winternächte, und die Menschen schließen ängstlich ihre Türen.
Als Gott des Schlachtfeldes reitet er in voller Waffenrüstung auf seinem achtfüßigen leichenfarbenen Hengst Sleipnir durch die Lüfte und bezeichnet mit seinem Speer die Krieger, denen er den Tod bestimmt hat. Diese in Ehren Gefallenen nimmt er in seinem Schloss Walhall auf, wo sie mit Kämpfen und Trinkgelagen die Zeit verbringen.
Aber auch sonst ist es nicht ratsam, Wotan zu begegnen. Er liebt die Verwandlungen und das Wandern über die Welt. So unheimlich sein Wirken ist, so unheimlich stellte man sich auch sein Aussehen vor: alt, einäugig, mit einem großen Schlapphut auf dem Kopf, bekleidet mit einem blaufleckigen oder auch sternenbesäten Mantel.
Zwei Raben sitzen auf seinen Schultern: Hugin (der Gedanke) und Munin (das Gedächtnis); sie raunen ihm ins Ohr, was sie auf der Welt erfahren haben. Zwei Wölfe, Geri (der Gierige) und Freki (der Gefräßige) begleiten ihn. Ruhelos wandert er umher, um Weisheit zu erlangen. Einst hat er dem Riesen Mimir, der den Quell der Weisheit hütet, eines seiner Augen dafür hingegeben. Er weiß viel und ist des Zauberns und des Heilens kundig. Auch hat er die Runen erfunden und die Menschen gelehrt, aus diesen heiligen Zeichen den Willen der Götter und das Schicksal zu deuten.
Der Name „Wotan" ist von Wut hergeleitet; der Gott kann rasende Kühnheit verleihen, die den Krieger unwiderstehlich macht, aber auch heilige Begeisterung und Besessenheit (Ekstase), in der Dichter und Seher Außergewöhnliches vollbringen. Darum gilt er auch als der Gott der Dichtkunst.
Doch muss man vor Wotan auf der Hut sein, denn er ist hinterlistig, falsch und treulos. Die Menschen können ihm nicht vertrauen. Er verkörpert das unergründliche, dunkle Schicksal.

2 Donar

Donar, den die Nordgermanen Thor nannten, war der älteste Sohn Wotans und der Erdgöttin Jörd. Er konnte mit keinem anderen Gotte verwechselt werden, denn sein wallender feuerroter Bart und seine Attribute Hammer und Bocksgespann kennzeichneten ihn auffallend. Er war von riesengroßer Gestalt und konnte seine Bärenstärke noch mit Hilfe eines Kraftgürtels vervielfachen. Die Germanen glaubten, dass neugeborene Jungen, die man ihm besonders weihte, zu unbesiegbaren Kämpfern heranwüchsen. Die beiden Ziegenböcke Tanngniostr und Tanngrisnir, in deren Namen das Knistern des Blitzes liegt, zogen Donars Wagen rumpelnd über den Wolkenhimmel. Während der Gott den Wagen mit der Linken lenkte, schleuderte er mit der Rechten seinen Hammer Mjölnir. Mit ihm vermochte er jedes Ziel unfehlbar zu treffen und zu zermalmen. Nach jedem Wurf aber kehrte der Hammer in seine Hand zurück.
Donars Blitze galten weniger den Menschen als den Winter- und Frostriesen, den Mächten des Chaos, die er besiegte. Die ersten Gewitter sprengten die Eispanzer und brachten befruchtenden Regen. Die Bauern hatten großes Vertrauen zu Donar, denn er beschützte Acker und Saaten. Die Eiche und die Eberesche waren ihm geheiligte Bäume, unter denen man ihm gerne Opfer brachte. Mit den Beeren der Eberesche hofften die Bauern, ihr krankes Vieh zu heilen. Für das Wohl von Haus und Familie war Donar unmittelbar verantwortlich. Er galt immer als schützender und helfender Gott, nicht nur bei den Menschen, sondern auch in der Welt der Götter. Wenn er dort einmal abwesend war, zeigten sich die Götter machtlos. Von allen Göttern stand er den Menschen am nächsten. Er war jähzornig, aber gutmütig und grundehrlich, dabei immer hungrig und durstig und vielleicht nicht allzu gescheit. Dem, der ihm treu war, hielt er die Treue das ganze Leben lang. Der Glaube an ihn widerstand dem Christentum am längsten. Zur Zeit der Missionierung wurde sein Hammer als Symbol trotzig dem Kreuz des Christengottes entgegengesetzt.

| 1. Leben und Religion der Germanen | Informationsblatt | Nr. 3 |

3 Wie Donar seinen Hammer zurückholte

Donar hütete seinen geliebten Hammer wie seinen Augapfel. Vom Erwachen bis zum Schlafengehen führte er ihn in der Faust, um jederzeit den Feinden der Asen Einhalt gebieten zu können. Alle Asen wussten, dass Donars Hammer die stärkste Waffe der Götter in ihrem Kampf gegen die Riesen war. Und Donar liebte seinen Hammer, diesen fürchterlichen Zermalmer, der ihn zum stärksten Wesen der Welt machte. Kein noch so grausiges Ungeheuer konnte ihm lange Widerstand leisten, wenn er die Blitz und Donner sprühende Waffe in der Faust führte. Donar mochte sich daher auch nachts nicht von seinem Hammer trennen und legte ihn deshalb immer direkt neben sein Lager, um sofort nach ihm greifen zu können.

Eines Morgens erwachte Donar und griff ins Leere. Sein Hammer war fort! Wild sprang er auf, schüttelte sein rotes Haar, ballte die Fäuste und brüllte vor Zorn. Das hörte Loki und kam neugierig herbei. „Höre, Loki", sprach Donar, „dir will ich anvertrauen, was noch niemand weiß, weder auf Erden noch im Himmel, was aber für die ganze Welt schreckliche Folgen haben kann: Mein Hammer ist gestohlen!"

Der schlaue Loki überlegte nur kurz. Dann erwiderte er: „Ein Riese wird ihn geraubt haben. Freia soll mir ihr Federkleid leihen, dann will ich nach Riesenheim fliegen und erkunden, wo dein Hammer steckt."

Donar fand diesen Vorschlag gut; und beide gingen unverzüglich zur Halle der schönen Freia. Donar sprach: „Denk' dir, Freia, mein Hammer ist gestohlen. Leih mir dein Federkleid. Loki soll damit nach Riesenheim fliegen, um den Hammer zu suchen."

„Dir leih' ich mein Federkleid gern und wär' es aus purem Gold", erwiderte die schöne Göttin, „denn fürwahr, es könnte uns allen übel ergehen, erhieltest du nicht bald deinen Hammer zurück."

So flog Loki im rauschenden Federkleid davon. Bald lag Asgard hinter ihm und nach langem Flug erkannte er das Land der Riesen unter sich. Auf einem Hügel saß Thrym, der König der Riesen. Er band seinen Jagdhunden goldene Bänder und strich seinen Pferden die Mähnen glatt. Trotz des Federkleides erkannte er Loki sofort. „Was gibt's bei den Asen? Was gibt's bei den Alben? Was trieb dich her nach Riesenheim?" fragte er scheinheilig. „Schlimm geht's den Asen, und schlimm geht's den Alben. Hältst du Donars Hammer versteckt?"

Da lachte der Riese triumphierend! „Gewiss, ich habe ihn versteckt! Acht Meilen unter der Erde. Und keiner holt ihn dort jemals hervor, es sei denn, Ihr Asen führt mir die schöne Freia als Braut zu." Schweigend verharrte da Loki. Dann sprach er: „Gut, ich werd's ausrichten", und erhob sich in die Lüfte, dass die Federn rauschten. In Asgard sah er Donar ungeduldig vor seiner Halle auf- und abgehen. Noch ehe er gelandet war, rief Donar ihm zu: „Sag, was hast du erkundet? Berichte ausführlich! Hat sich die Mühe gelohnt? Ich will alles genau erfahren."

„Die Mühe hat sich gelohnt", erwiderte Loki. „Thrym, der König der Riesen, hat deinen Hammer. Er hält ihn acht Meilen unter der Erde versteckt. Und dies ist seine Bedingung für die Herausgabe: Er will die schöne Freia zur Frau!"

„Der Schurke!" brüllte Donar, „dieser unverschämte Grobian! Was bildet der sich eigentlich ein?" Doch nach kurzem Bedenken fuhr er ruhig fort: „Aber wir haben keine andere Wahl. Lass uns zu Freia gehen." Entschlossen begaben sich beide zur Halle der Göttin. Doch kaum hatte Loki die Bedingung des Riesen ausgesprochen, da erlebten sie einen Wutausbruch, wie sie ihn zuvor noch nie bei einer Frau gesehen hatten. „Seid ihr von Sinnen?" schrie sie mit zornrotem Gesicht und flammendem Blick. „Das mannstollste Weib müsste ich sein, reiste ich zu diesem Scheusal nach Riesenheim!" Wutentbrannt riss sie sich Brisingamen, den kostbaren Halsschmuck aus Gold und Edelsteinen, herunter und warf ihn zu Boden. Dann stampfte sie mit den Füßen, dass ganz Asgard erbebte.

Betreten schlichen Donar und Loki zu Wodan und erstatteten ihm Bericht. Darauf versammelte Wodan alle Götter zum Thing, und auch alle Göttinnen hielten Rat. Der Hammer musste unbedingt zurückgeholt werden, darin waren sich alle einig. Aber wie? Schließlich sprach der kluge Heimdal: „Donar selbst muss als Braut verkleidet nach Riesenheim gehen. Nur so kann es gelingen. Binden wir ihn also mit Brautlinnen, schmücken ihn mit Brisingamen, hüllen ihn in Frauenkleider, stecken ihm das Haar zu einer schmucken Frisur und hängen ihm die klirrenden Schlüssel an den Gürtel."

Dröhnendes Gelächter erfüllte den Saal. Da sprach Donar bitter: „Zum Gespött macht ihr mich. Weibisch werden mich Asen und Wanen nennen, falls ich mich als Braut verkleide." Doch Loki fiel ihm ins Wort: „Spar dir deine Empfindlichkeit. Wir haben keine andere Wahl. Willst du, dass bald Riesen in diesem Saal sitzen? Also zier dich nicht. Ich werde dich als deine Magd begleiten."

| 1. Leben und Religion der Germanen | Informationsblatt | Nr. 3 - 4 |

(Fortsetzung)

Also geschah es. Für die Göttinnen war es ein Riesenspaß, den stolzen Donar als Braut zu schmücken. Sie ließen es an keiner fraulichen Zutat fehlen. Doch Donar war nicht nach Lachen zumute. Nur mühsam konnte er seinen Zorn unterdrücken. Als die Frauen endlich ihr liebevolles Werk beendet hatten, ließ er die Böcke anschirren, sprang mit Loki in den Wagen und jagte davon, dass die Funken sprühten und die Berge donnerten.

Als Thrym das Gefährt aus Asgard herankommen sah, brach Jubel in Riesenheim aus. In aller Eile wurde die Hochzeit vorbereitet. Es sollte das größte und schönste Fest werden, das Riesenheim je gesehen hatte. Der Saal wurde reich mit Blumen geschmückt. Kühe mit goldenen Hörnern und rabenschwarze Ochsen wurden zum Schlachten getrieben, damit es an nichts fehle. Und Thrym jubelte: „Habe vielen Schmuck, viele Schätze, allein Freia, die schönste Frau der Welt, fehlte mir noch zu meinem Glück."

Der Saal war bereits mit Gästen gefüllt, als Thrym die Braut zu ihrem Ehrenplatz geleitete. Dann begann das Festmahl. Donar verschlang einen Ochsen, acht Lachse, alles Gebäck, das für die Frauen bestimmt war, und trank drei Tonnen Met. Da staunte Thrym: „Nie sah ich Bräute gieriger schlingen, nie ein Mädchen so viel Met trinken!" Rasch beugte sich da die gewitzte Magd zu Thrym und sprach: „Acht Tage und Nächte hat Freia nichts gegessen, so sehr sehnte sie sich nach Thryms Saal." Das erfreute den König der Riesen; lüstern rückte er näher an die Braut und hob vorsichtig ihren Schleier, um ihr Antlitz zu schauen. Doch erschrocken fuhr er zurück. „Wie furchtbar sind Freias Augen! Wie Feuer flammt es aus Freias Blick!" Wieder beugte sich die Magd zu Thrym und sprach rasch: „Acht Tage und Nächte lang hat Freia nicht geschlafen, so sehr sehnte sie sich nach Thryms Saal."

Das beruhigte den erschrockenen Riesen; und er rief glücklich in den Saal: „Bringt den Hammer! Der Bund der Ehe soll nun geweiht werden! Legt Mjölnir der Braut in den Schoß! „

Da lachte Donar das Herz im Leibe, als er sah, wie sein Hammer hereingetragen wurde. Kaum lag die Waffe in seinem Schoß, da sprang er auf und schleuderte ihn gegen Thrym, der auf der Stelle tot zusammenbrach. Den versammelten Riesen blieb kaum Zeit, sich von diesem Schrecken zu erholen. Ohne Unterlass wütete Donar wie entfesselt und ruhte nicht eher, bis alle Riesen erschlagen waren. So holte Donar seinen Hammer heim.

4 Freya

Freya oder Frigga war die Gemahlin Wotans. In ihrem Namen liegt das Wort „freien" und zeigt schon damit an, dass sie die Göttin der Ehe war. Zugleich galt sie aber auch als Gottheit aller irdischen Fruchtbarkeit. Sie gibt und beschützt das Leben der Pflanzen, Tiere und Menschen.

Ihre Sorge galt dem Anstand, der Sitte und der Häuslichkeit. Freya war es, die den germanischen Frauen die Kunst des Spinnens und Webens beibrachte, denn in ihrem himmlischen Schloss saß sie selbst fleißig an ihrem goldenen Spinnrad. Die Südgermanen glaubten, dass sie am Himmelsfenster die Betten lüftet und schüttelt. Sie nannten sie mitunter auch Holda. In den Nächten zwischen dem 24. 12. und dem 6. 1. fuhr sie mit ihrem von Katzen gezogenen Wagen über die Erde und prüfte den Fleiß der Hausfrauen und Mädchen im vergangenen Jahr. Wenn sich eine von den Faulen erdreistete, in der Zeit der „Zwölfnächte" das Versäumte nachzuholen, so verwirrte sie deren Spinnrocken. Fleißige aber belohnte sie mit ihrem goldenen Garn.

Außer der Katze waren ihr auch andere häusliche Tiere heilig, wie der Storch und die Schwalbe, dazu auch der wahrsagende Kuckuck. Unter den Pflanzen wurden ihr besonders die Heckenrose und der Holunder zugeordnet.

Freya beschützte auch die Mütter und die geborenen und ungeborenen Kinder. Die früh verstorbenen Kinder nahm sie zu sich und hütete sie. Von den Menschen und von den Göttern wurde sie in allen häuslichen und familiären Angelegenheiten gern um Rat gefragt, denn sie galt als weise und gütig.

| 1. Leben und Religion der Germanen | Informationsblatt | Nr. 5 |

5 Schicksalsglaube

„Vorzeichen und Losentscheidungen beachten die Germanen wie kaum jemand sonst. Das gebräuchlichste Verfahren beim Losentscheid ist einfach: Sie hauen von einem fruchttragenden Baum einen Zweig ab, zerschneiden ihn zu Stäbchen, versehen diese mit bestimmten unterschiedlichen Zeichen und streuen sie dann planlos und wie es der Zufall will, über ein weißes Tuch. Danach betet bei einer Befragung in öffentlicher Sache der Stammespriester, bei einer persönlichen Angelegenheit das Familienoberhaupt selber zu den Göttern und hebt, den Blick zum Himmel gerichtet, dreimal ein Stäbchen auf und deutet es dann gemäß dem vorher eingekerbten Zeichen. Falls der Bescheid ablehnend lautet, erfolgt am gleichen Tag in derselben Sache keine weitere Befragung mehr; lautet er jedoch zustimmend, so verlangt man außerdem noch die Bestätigung durch die anderen Vorzeichen."
(Tacitus: Germania, Kapitel 10)

Runen

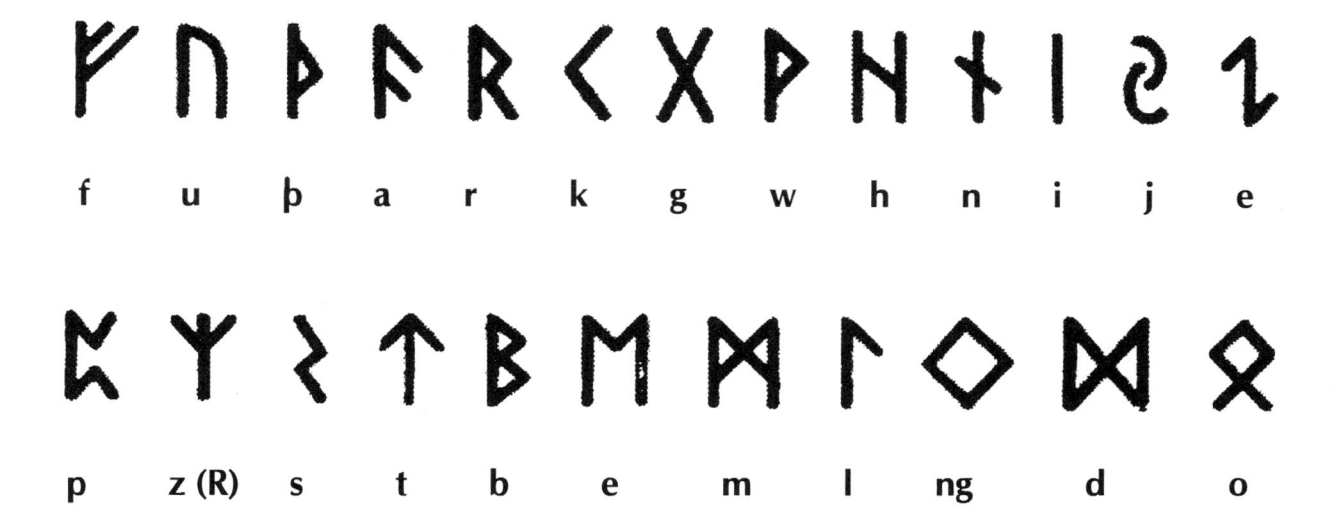

ᚠ	ᚢ	ᚦ	ᚨ	ᚱ	ᚲ	ᚷ	ᚹ	ᚺ	ᚾ	ᛁ	ᛃ	ᛖ
f	u	þ	a	r	k	g	w	h	n	i	j	e

ᛈ	ᛉ	ᛊ	ᛏ	ᛒ	ᛖ	ᛗ	ᛚ	ᛜ	ᛞ	ᛟ
p	z (R)	s	t	b	e	m	l	ng	d	o

| 1. Leben und Religion der Germanen | Arbeitsblatt | Nr. 1 - 2 |

1 Weltbild der Germanen

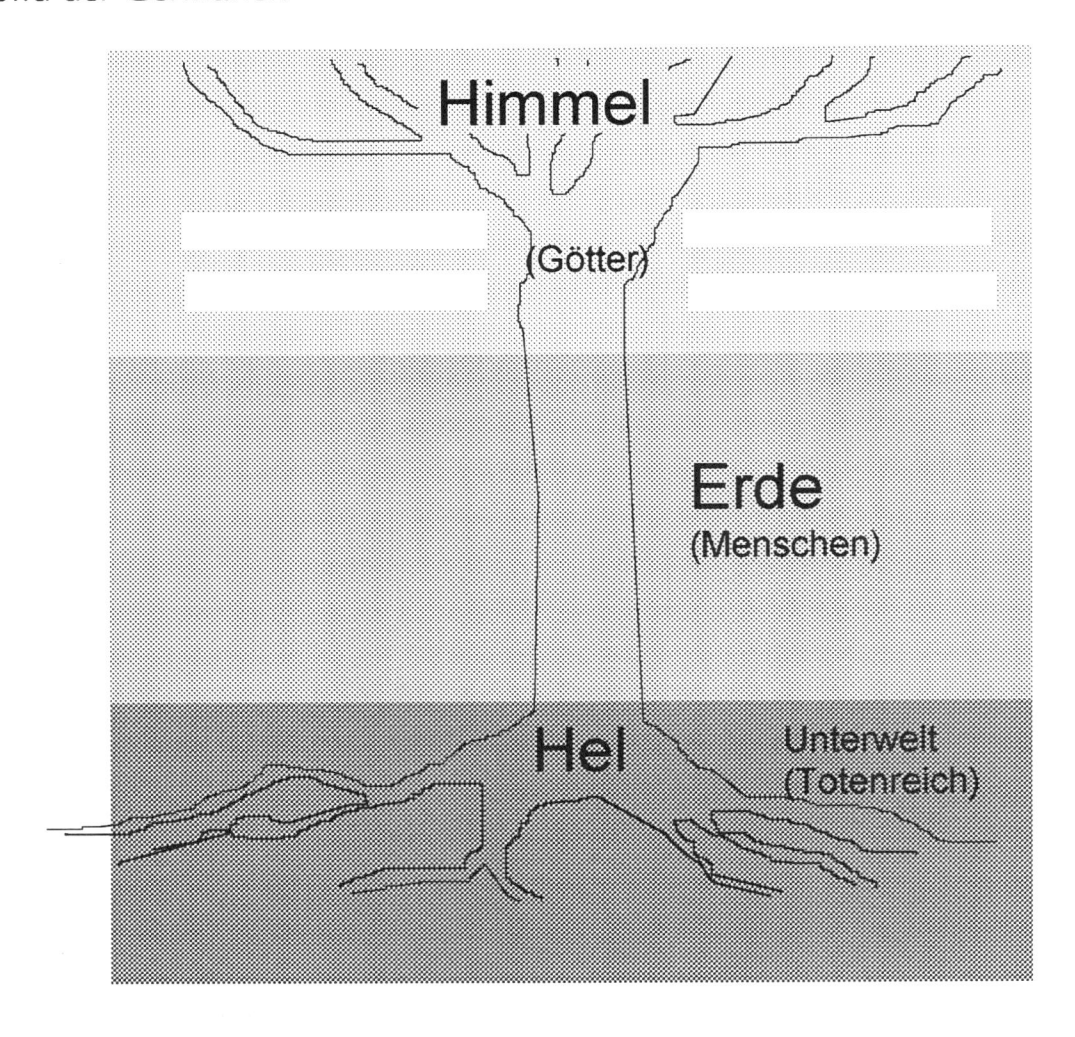

Himmel
(Götter)
Erde
(Menschen)
Hel Unterwelt
(Totenreich)

2 Wotan

2. Die Franken und Alemannen werden Christen

In diesem Ordner findest du

- das Aufgabenblatt

- die Informationsblätter
  Nr. 1   Helmo
  Nr. 2   Chlodwig - Ein Frankenkönig lässt sich taufen

- das Arbeitsblatt
  Nr. 1   Alemannische Kirchen

2. Die Franken und Alemannen werden Christen — Aufgabenblatt

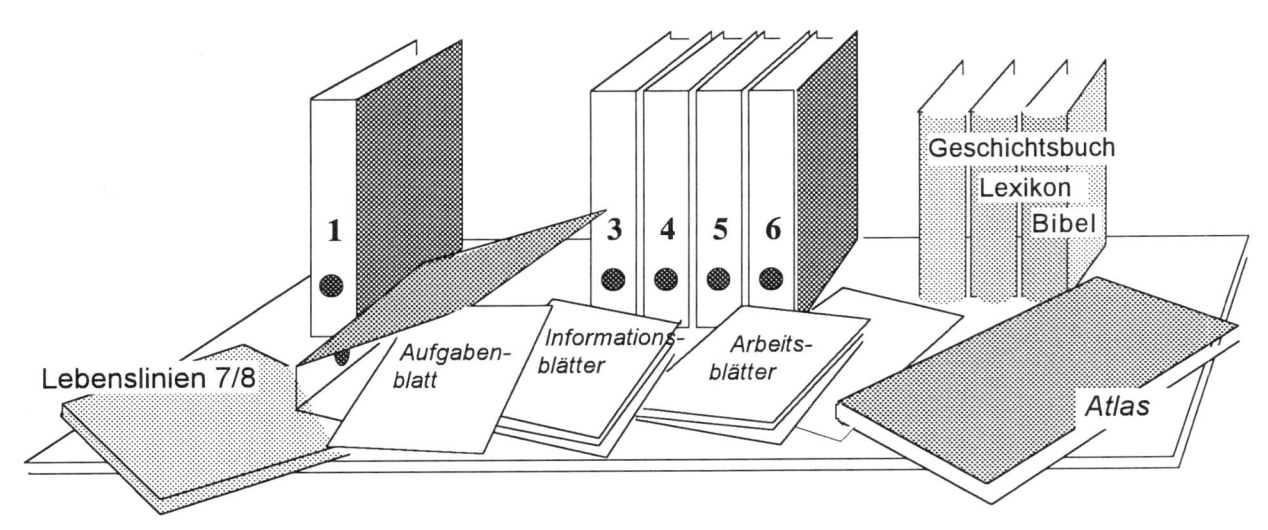

1. Lies im Religionsbuch S. 74-75, Kapitel 2, Die Franken und Alemannen werden Christen.

2. Nimm das Arbeitsblatt Nr. 1 aus dem Ordner und schau auf der Karte nach, wo in der Nähe deines Heimatortes eine alemannische Kirche stand.

3. Arbeitsblatt Nr. 1 enthält den Grundriss einer alemannischen Kirche. Markiere den Grundriss mit den angegebenen Maßen (12 m lang, 8 m breit) auf dem Schulhof.

4. Lies die Geschichte auf dem Informationsblatt Nr. 1. Helmo ist aus Trier in sein Dorf zurückgekehrt. Dort erzählt er von seinen Erlebnissen und Beobachtungen.
Was erzählt er?

5. Lies die Geschichte auf Informationsblatt Nr. 2 von der Taufe Chlodwigs.
Was hält ihn von der Taufe ab und was bewegt ihn schließlich sich taufen zu lassen.
Was ändert sich bei ihm durch die Taufe?

Über Folgendes solltest du jetzt Bescheid wissen.

- Wie Chlodwig und sein Volk Christen wurden

- Warum hatten die Franken und Alemannen Schwierigkeiten Christen zu werden und sich taufen zu lassen?

| 2. Die Franken und Alemannen werden Christen | Informationsblatt | Nr. 1 |

1 Helmo

Es war um das Jahr 200 n. Chr. Helmo war der jüngste Sohn eines Bauern aus dem Germanenstamm der Chatten. Sein älterer Bruder diente als Soldat im römischen Heer in Trier. Dort lebte auch der Händler Titus, der Jahr für Jahr in das Chattendorf kam und mit Helmos Vater Handelsgeschäfte machte. Titus lud Helmo nach Trier ein. Helmo folgte der Einladung und lernte in Trier das Leben in einer römischen Siedlung kennen. Eines Tages hatte er dort ein merkwürdiges Erlebnis:

Er war mit dem Gartensklaven des Titus ins Gespräch gekommen, einem stillen Manne - merkwürdig, wie hier jeder dieser Sklaven ein besonderes Amt, seine nur ihm eigene Aufgabe hatte! Der traf ihn eines Abends, als er noch durch die Gassen schlenderte. Er nahm ihn mit, führte ihn über einen Hof, ein paar Stufen hinunter in einen langen, weißgetünchten Raum. Hier saß auf den Bänken eine Reihe von Leuten. Ein Mann im langen, weißen Kleide stand an einem steinernen Tisch und redete. Auf dem Tisch aber war ein seltsames Bildwerk: ein kleines Kreuz aus Silber, an dem hing ein Mensch. An die Wand war ein Lamm gemalt, aus seinem Herzen drang ein Strahl Blut in eine Schale. An der anderen Seite war ein Brotkorb zu sehen mit einem Fisch darüber.

Daneben waren Zeichen, ähnlich den Runen, die der Priester daheim in die Buchenstäbchen schnitt, um den Willen der Himmlischen zu erforschen - aber Helmo konnte ja nicht lesen, was die Zeichen bedeuteten. Aufmerksam sah er umher. Die Leute saßen still, mit sanften Gesichtern. Dann erhoben sie sich, sprachen mit aneinandergelegten Händen gemeinsam und sangen schließlich. Er verstand schon: Dies hier war ein Gottesdienst - es gab so viele Götter im römischen Land, und es war ihm alles fremd und unverständlich! Er hatte keinen Sinn für Götter, die zwischen Mauern eingesperrt lebten. Und als ihm auf dem Heimweg der Gärtner bedeutete, der Mann am Kreuze sei der mächtige Gott, mächtiger als alle andern und als der Kaiser in Rom, und er sei auch das Lamm an der Wand und das Brot im Korbe, da lächelte er ungläubig. Seine Götter lebten in Wald und Feld, in der klaren, blauen Luft über den Bergen oder im nächtlichen Donnersturm, der die Eichen beugte. Seltsames Volk gab es unter den Römern - aber dieser hier, der von einem Christus sprach, schien ihm einer der wunderlichsten zu sein.

Hans Ebeling

| 2. Die Franken und Alemannen werden Christen | Informationsblatt | Nr. 2 |

2 Chlodwig - Ein Frankenkönig lässt sich taufen

Chrodichilde aber, Chlodwigs Frau, eine burgundische Prinzessin, war seit langer Zeit Christin. Sie bedrängte ihren königlichen Gatten, er möge sich ebenfalls zu Christus bekehren. Doch der König war so hart wie abergläubisch. Er dachte, wenn er Christ würde, könnten ihm die alten Germanengötter, der einäugige Odin, Thor, der Blitzeschleuderer, oder der tückische Feuergott Loki, zürnen. Außerdem wusste er nicht, was die Herzöge und Grafen dazu sagen würden.

In jenen Jahren wurde fast ständig gekämpft und Krieg geführt. Wieder einmal waren sich Franken und Alemannen in die Haare geraten. Chlodwig wollte das Alemannenland an Neckar und Bodensee erobern. Es kam zu einer großen Schlacht. Die Alemannen, von den Resten der Burgunder unterstützt, waren dem Sieg nahe. Da flehte Chlodwig zu Odin, Thor und Loki, doch die Lage verschlimmerte sich nur. Schließlich hob er die Augen zum Himmel, wie er es bei Chrodichilde gesehen hatte, und rief: „Jesus Christus! Chrodichilde meint, du bist Gottes Sohn. Hilf mir und den Franken, und ich will mich taufen lassen!"

In diesem Augenblick ertönten Hornrufe und neues Schlachtgeschrei. Eine fränkische Abteilung traf neu auf dem Schlachtfelde ein, fiel den Alemannen in den Rücken und entschied das Gefecht. Ein Speer traf den Alemannenkönig. Darauf wandten sich die bisher tapfer fechtenden Alemannen zur Flucht. Der Sieg war errungen, die Alemannen unterwarfen sich dem Frankenreich.

Jetzt war es an Chlodwig, sein Versprechen einzulösen. Er besprach sich mit Chrodichilde. Der Frankenkönig bestand darauf, dass alles streng geheim vor sich gehe; denn er fürchtete immer noch die Meinung seines Volkes, vor allem die der Anführer. Deshalb ritt er lieber nach Reims und gab sich den Anschein, als träfe er Remigius rein zufällig.

Nach dieser Unterredung schickte Remigius diejenigen seiner Geistlichen aus, die bei den fränkischen Großen angesehen waren. Er ließ die Grafen und Herzöge über die christliche Religion unterrichten. Dann riet er Chlodwig, es zu wagen und die Versammlung der Vornehmen wegen der Taufe zu befragen.

Chlodwig glaubte auf starken Widerstand zu stoßen. Doch bevor er noch den Mund auftat, bedrängten ihn seine Fürsten selbst, er möge den Schwur erfüllen, den er vor dem ganzen Heer in der Alemannenschlacht getan hatte. „Wir wollen die alten Götter verlassen, o König", riefen sie, „um jenem Christus zu folgen, den Remigius als den unsterblichen preist."

Da wurde beschlossen, dass die Franken Christen sein sollten...

Neben der großen Basilika befand sich die achteckige Taufkapelle, die nach römischer Weise mit bunten Mosaiken geschmückt war. Sie erstrahlte jetzt im Schimmer der Kerzen. Die prachtvollen Gewänder der Zuschauer machten sie noch bunter als zuvor. Alle Bischöfe aus dem weiten Frankenreich waren zur Stelle. Bischof Remigius stieg vom Altar herab und ergriff am Rand des Wasserbeckens die Schale aus kostbarem Halbedelstein. Aus der Sakristei zogen die Täuflinge in weißen Gewändern herein, König Chlodwig als erster. Jeder trug eine Kerze. Der König stieg hinab in das Wasser des Beckens. Der Bischof hob die Schale mit dem geweihten Wasser. Und während er es dem König übers Haupt goss, sprach er: „Beuge still deinen Nacken, o Franke, und bete an, was du verfolgt hast; verfolge, was du angebetet hast!"

Dann wurde Chlodwig, nachdem er sich zu dem allmächtigen Gott in der Dreieinigkeit bekannt hatte, mit dem heiligen Öl gesalbt und feierlich unter dem Kreuzzeichen zum König gekrönt. 364 edle Franken folgten an diesem Tag seinem Beispiel und nahmen die Taufe. Getauft waren sie nun. Aber waren sie deshalb schon wirkliche Christen? Chlodwig und seine Krieger bekamen Religionsunterricht. Zum erstenmal hörten sie von Gefangennahme, Geißelung und Kreuzestod Christi. Zornentbrannt sprang König Chlodwig von seinem Sitz auf und brüllte: „Schande über Schande! Wäre ich nur mit dem fränkischen Heerbann in der Nähe gewesen! Niemals hätte Christus das Unrecht erlitten! Bei Thor, ich hätte ihn schrecklich gerächt!"

Bischof Remigius wandte die Augen ergebungsvoll zum Himmel: „Es wird noch lange dauern, bis meine Täuflinge die neue Botschaft wirklich begreifen!"

Otto Zierer (bearbeitet)

| 2. | Die Franken und Alemannen werden Christen | Arbeitsblatt | Nr. 1 |

1 Alemannische Kirchen

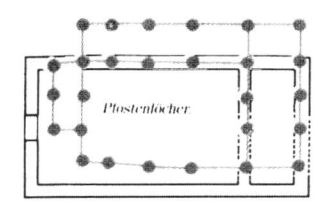

Grundriß der Holzkirche von Brenz, Kr. Heidenheim (etwa um 600 n. Chr. erbaut).

Modell einer Holzkirche.

Die ersten Kirchen in Alemanien
Die ersten Kirchen wurden aus Holz erbaut. Von Ihnen findet man heute nur noch Pfostenlöcher. Die folgenden Kirchen sind aus Stein errichtet. Es sind Rechtecksäle von etwa 12 auf 8 Meter mit runder Apsis oder angefügtem Rechteckchor.

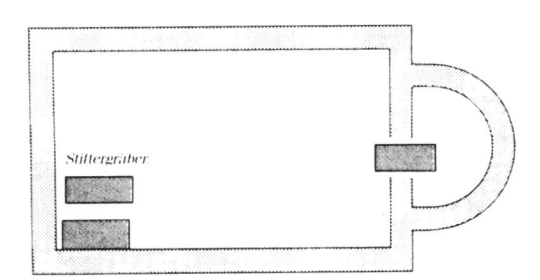

FRÜHE KIRCHEN IN ALEMANNIEN

Unterregenbach, Zimmern, Jöhlingen, Bietigheim, Murrhardt, Schwarzach, Kornwestheim, Untertürkheim, Esslingen, Ebhausen, Entringen, Faurndau, Gruibingen, Nagold, Pfullingen, Brenz a.d. Brenz, Langenau, Wachendorf, Bronnweiler, Lahr-Burgheim, Burgfelden, Schopfheim, Hohentengen, Eberhardzell, Höllstein, Eintürnenberg, Fischingen, Goldbach, Reichenau

Grundriß der Steinkirche von Gruibingen, Kr. Göppingen (im 7. Jahrhundert erbaut). In ihr wurden drei Stiftergräber gefunden.

Modell einer Steinkirche.

3. Der Christus der Germanen

In diesem Ordner findest du

- das Arbeitsblatt

- ein Informationsblatt
  Nr. 1   Christliche Symbole der Alemannen

| 3 Der Christus der Germanen | Aufgabenblatt |

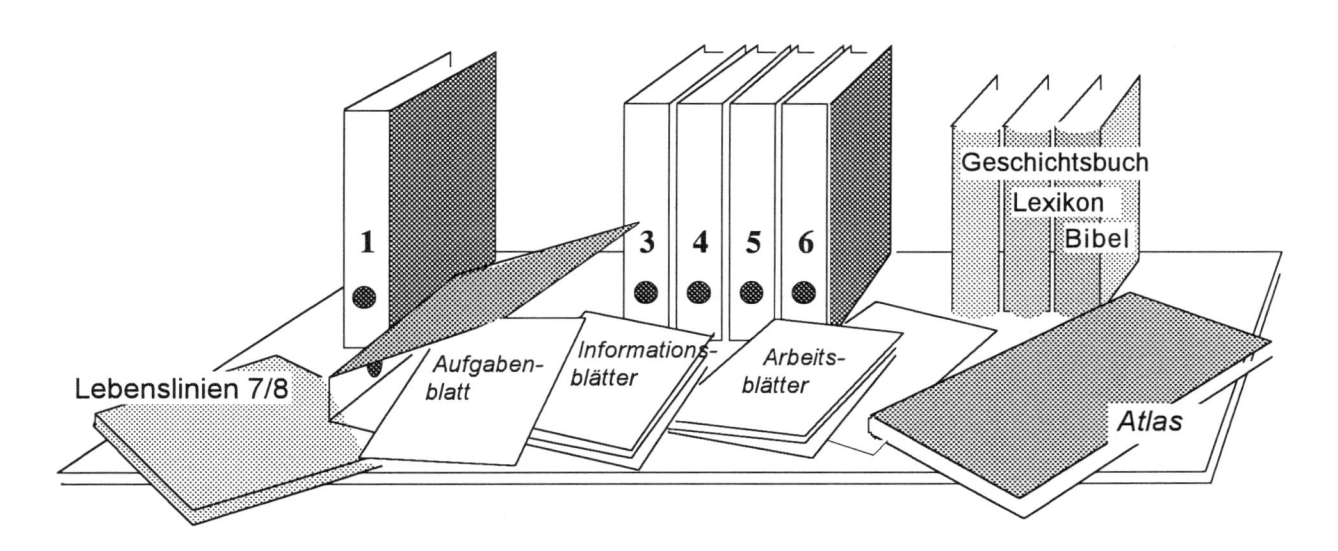

1. Vergleiche die Bilder im Schulbuch Kapitel 3, S. 75. Fertige eine Kopie der Christusdarstellung an, indem du Transparentpapier über die Abbildung legst und vorsichtig mit einem Stift die Linien und Umrisse nachfährst.
Wie stellen sich die Germanen Christus vor?

2. Was war den Germanen am Leben und Sterben Jesu unverständlich?
Lies dazu im Buch S. 75 den Text „Wenn Germanen Christen werden"

3. Zu Informationsblatt Nr. 1: Besorge dir ein Stück Goldfolie und gestalte mit Hilfe der Skizze ein alemannisches Kreuz - wie ein germanischer Goldschmied damals: Schneide mit der Schere das Kreuz aus und drücke mit einem Griffel von der Rückseite her Verzierungen hinein.

Über Folgendes solltest du jetzt Bescheid wissen:

- Wie die Germanen sich Christus vorstellten

- Was die Germanen am Leben und an der Person Jesu nicht verstehen konnten

| 3 | Der Christus der Germanen | Informationsblatt | Nr. 1 |

1 Christliche Symbole der Alemannen

Wir wissen wenig darüber, wann und wie der germanische Stamm der Alemannen christlich wurde. Hinweise auf das Christentum bei den Alemannen findet man vor allem bei Ausgrabungen von Kirchenbauten und Gräbern. Bei der Beerdigung wurden Goldblattkreuze auf einen Schleier oder ein Leichentuch genäht und dem Toten auf das Gesicht gelegt.

Die Kreuze wurden mit einer Schere aus dünnem Goldblech (manchmal auch aus anderen Metallen, Blechstärke höchstens 0,1 mm) ausgeschnitten. Mit einem Griffel wurden Verzierungen hineingedrückt.

Goldblattkreuz: Lauchheim
Grab 38, Mitte 7. Jahrhundert

Goldblattkreuz: Gingen a.d. Brenz, Mitte 7. Jahrhundert

Vergleiche die Abbildung im Schülerbuch S. 70

4. Fremde Gesichter - die iroschottischen Mönche

In diesem Ordner findest du

- das Aufgabenblatt

- das Informationsblatt
  Nr. 1   Die iroschottischen Glaubensboten

- die Arbeitsblätter
  Nr. 1   Reisen und Klostergründungen
  Nr. 2   Fremdartige Gestalten

| 4. Fremde Gesichter - die iroschottischen Mönche | Aufgabenblatt | |

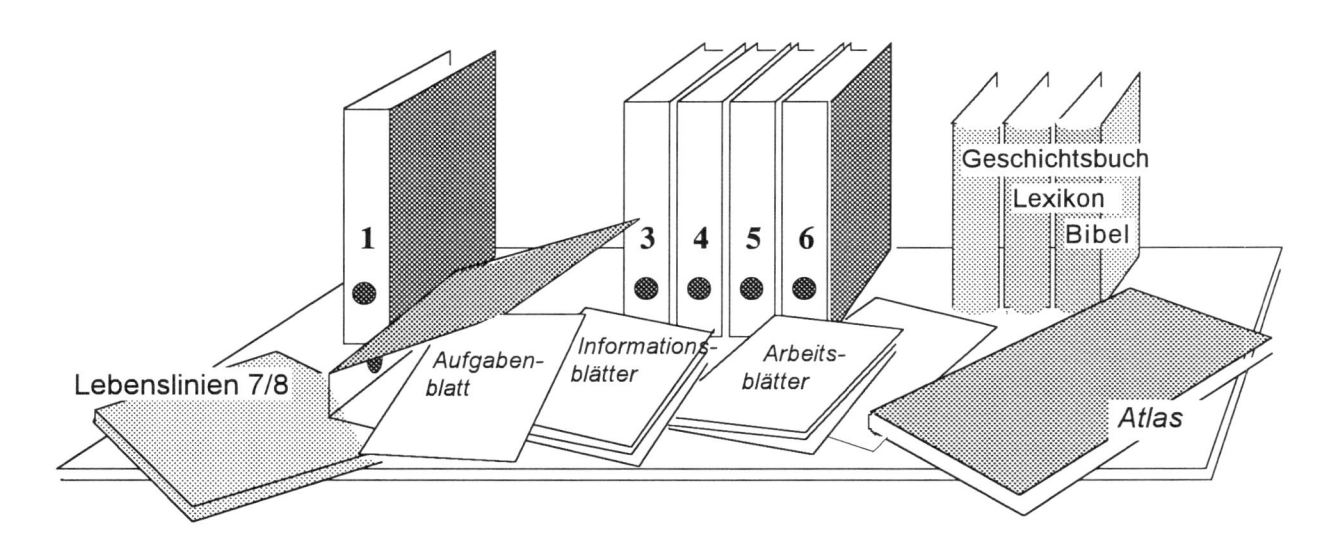

1. Zeichne in die Landkarte auf Arbeitsblatt Nr. 1 mit einem Pfeil den Weg der Wandermönche von ihrer Heimat bis zu uns nach Süddeutschland sowie einige wichtige Gründungen ein. Benutze das Informationsblatt Nr. 1 und eine Landkarte.

2. Zeichne auf das Arbeitsblatt Nr. 2 mit Hilfe der Beschreibung einen Mönch mit allem, was er mit sich trug.

3. In den Lebensbildern (Informationsblatt Nr. 1) kannst du herausfinden, wie die Mönche lebten und was sie mit ihrer besonderen Lebensweise wollten.

Über Folgendes solltest du jetzt Bescheid wissen:

- *Orte in Südwestdeutschland, an denen iroschottische Mönche gewirkt haben.*
- *Du solltest Auskunft über die besondere Lebensweise der iroschottischen Mönche geben können.*
- *Beweggründe der Mönche für ihre besondere Lebensweise*

| 4. Fremde Gesichter - die iroschottischen Mönche | Informationsblatt | Nr. 1 |

1 Die iroschottischen Glaubensboten

Columban
530 - 615; Mönch aus dem irischen Kloster Bangor, kam 590 mit 11 Gefährten zum Frankenkönig Childebert, predigte am Königshof, bis er um ungelegener Predigten willen das Land verlassen musste; durchzog die Vogesen, gründete u. a. Kloster Luxeuil, zog den Rhein hinauf zum Bodensee und ließ sich in Bregenz für 2 Jahre nieder; schließlich wanderte er predigend weiter nach Italien, gründete das Kloster Bobbio, wo er auch starb.

Colomann
Einsiedler aus Ulster; er versuchte zu Fuß ins Hl. Land zu wandern, wurde aber wegen seines seltsamen Aussehens und sprachunkundig, wie er war, mit zwei Räubern unschuldig in Stockerau bei Wien aufgehängt.

Fridolin
gest. um 538; kam aus Irland über Luxeuil, predigte an der Mosel, am Oberrhein, in Straßburg, in der Schweiz, gründete das erste Kloster Südwestdeutschlands auf der Rheininsel: Säckingen; „Apostel der Alamannen".

Gallus
starb 640 fast 100jährig; einer der 12 Gefährten des Columban, missionierte am Bodensee und in der Schweiz; aus seiner Einsiedelei erblühten Kloster und Stadt St. Gallen.

Korbinian
geb. um 670, gest. 730; die Mutter war Irin; er unternahm zwei Pilgerreisen nach Rom, wurde dort zum Bischof geweiht; auf dem Rückweg baute er sich bei Mais in Südtirol eine Klause, von wo man ihn gegen seinen Willen nach Freising als Bischof holte; seine Missionserfolge hatte er in seiner Diözese und in Südtirol, als dessen Apostel er gilt. Ein sehr altes, kostbares Evangeliar in Freising enthält noch persönliche Eintragungen von ihm.

Kilian
gest. 689; kam mit 11 Gefährten, die sich in Rom den Missionsauftrag für die Lande am Main geholt hatten; er taufte den fränkischen Herzog Gosbert und dessen Hofstaat. Kilian und seine Gefährten Kolonat und Totnan wurden von Gosberts Frau umgebracht.

Rupert
oder Ruprecht, gest. 718; taufte den Herzog von Bayern, dessen Gefolgsleute und Untertanen, missionierte im Lande Salzburg und erwählte die Römerfeste Javarium - später Salzburg genannt - zu seinem Bischofssitz, begründete viele Orte, u. a. Bischofshofen und Weltenburg, predigte in Tälern und auf Almen, erschloss den Salzbergbau, um den ärmsten Bevölkerungsschichten das tägliche Brot zu verschaffen, wie er sich überhaupt sehr der Armen annahm und sie reich beschenkte.

Virgil
um 700 - 784; war Abt im Kloster Killnarney (Irland) gewesen, Bischof von Salzburg, missionierte Kärnten, erschloss die Heilquellen in der Wildnis des heutigen Bad Gastein und eröffnete viele Erzgruben im Alpenland.

Wendelin
gest. um 617; soll irischer Königssohn gewesen sein; lebte als Einsiedler in den Vogesen, auf seinen Wanderungen verdingte er sich als Hirte und fand immer Quellen für seine Herden; es gibt noch den Wendelinsbrunnen. Die Landleute suchten den Klausner auf, wenn das Vieh erkrankte. Als Abt von Tholey (Saarland) missionierte er im Erzbistum Trier. Aus seiner ehemaligen Klause, wo er auch bestattet wurde, erwuchs die Stadt St. Wendel an der Saar.

Emmeram
(auch Heimeran genannt) gest. 652; kam aus Aquitanien als Wanderbischof in die Gegend von Regensburg, wo er jahrelang missionierte. Auf seinem Weg nach Rom wurde er von Landpert, dem Sohn des Bayernherzogs, an Stelle eines Schuldigen umgebracht. An seinem Grabe entstand das heute noch erhaltene St. Emmeramskloster in Regensburg.

Pirmin
gest. 753; missionierte in der Pfalz, im Elsaß und am Oberrhein, gründete viele Klöster, u. a. 724 das berühmte Kloster Reichenau/Bodensee. Er säuberte angeblich die Insel von allerhand schädlichem Gewürm und machte die Insel zu einem blühenden Garten. Damit seine Gefährten und Nachfolger die Seelsorgearbeit bei den halbheidnischen und lauen Christen richtig anfassen konnten, schrieb er ein Handbuch, die „Dicta Pirminii". Aus einem lateinisch benannten Ort „Sancti Pirminii sedes" erwuchs die Stadt Pirmasens in Rheinland-Pfalz. Er gilt als der Apostel der Pfalz und des Elsaß. Die beiden Glaubensboten Emmeram und Pirmin folgten als Franken den irischen Mönchen nach.

| 4. Fremde Gesichter - die iroschottischen Mönche | Arbeitsblatt | Nr. 1 |

1 Reisen und Klostergründungen

Irische Wandermönche im Boot

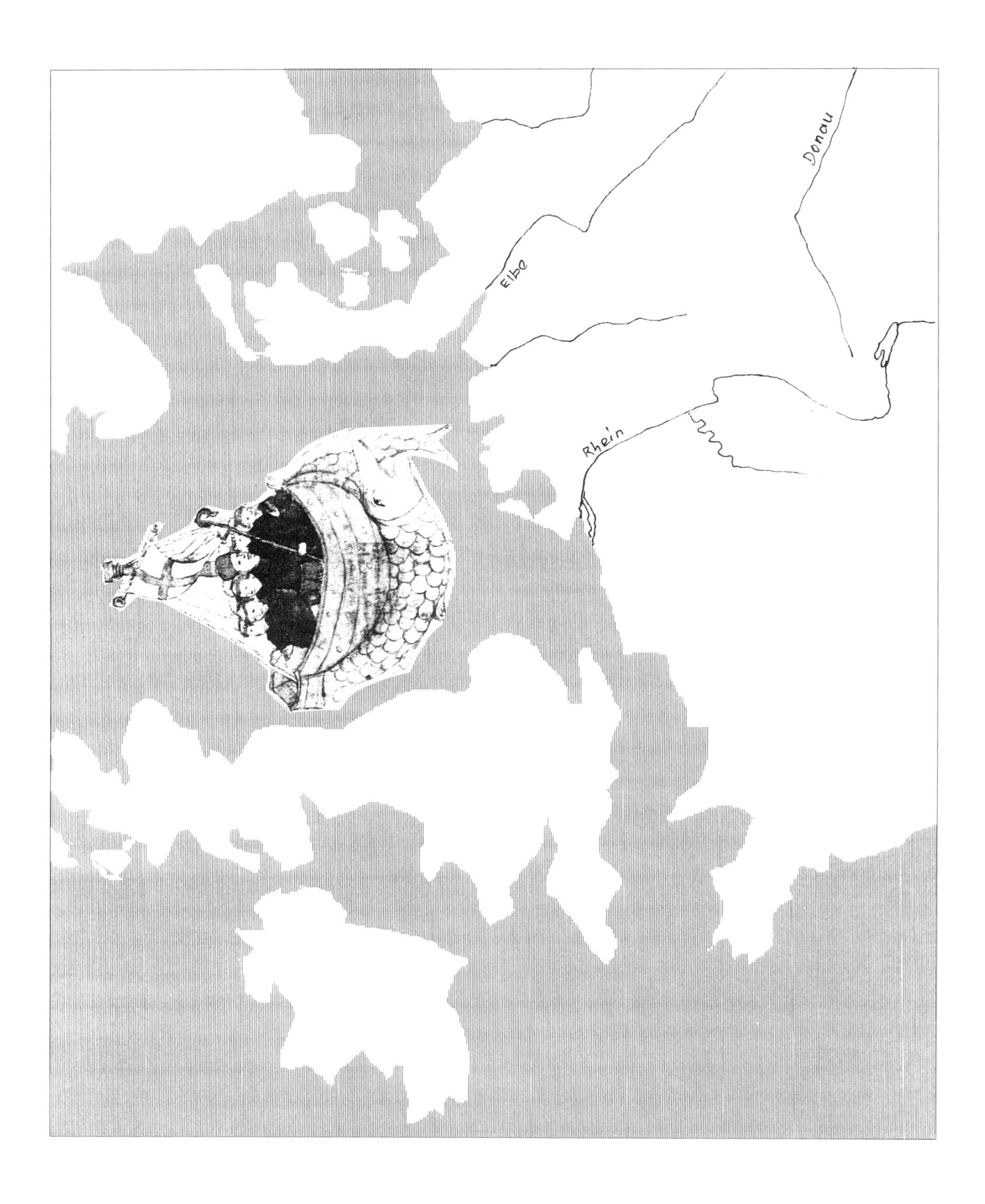

| 4. Fremde Gesichter - die iroschottischen Mönche | Arbeitsblatt | Nr. 2 |

2 Fremdartige Gestalten

Im 5. Jahrhundert hatten die Iren von den Römern das Christentum übernommen. Sie waren so begeisterte Christen geworden, dass es viele Mönche nicht mehr im Lande hielt, sondern über die Irische See nach Britannien und von dort über den Kanal zum europäischen Festland trieb. So tauchten auch bei den Germanen eines Tages zu deren Verwunderung seltsame Gestalten auf:
Es sind hagere Männer mit kahlgeschorenem Vorderkopf und hinten bis auf die Schultern wallendem Blondhaar. Die Augenlider sind schwarz und rot bemalt; um den Hals tragen sie eine Reliquienkapsel und ein Hostiengefäß, über dem weißen Gewand einen groben Mantel, einen ledernen Doppelsack über der Schulter, nach vorn und hinten gleichmäßig verteilt. Am Gürtel hängt eine Kürbisflasche. An einem langen Wanderstab, der oben in ein Kreuz mündet, läutet ein Glöckchen. Sie wandern quer durchs Land, predigen den Menschen, die sie treffen, und bleiben bei ihnen, bis sie sie bekehrt und getauft haben; dann ziehen sie weiter. Kommt der Abend, flechten sie sich Hütten aus Zweigen und Buschwerk. Jede Art von Bequemlichkeit lehnen sie ab.

Zeichnung:

5. Winfried - Bonifatius

In diesem Ordner findest du

- das Aufgabenblatt

- die Informationsblätter
    - Nr. 1   Bonifatius fällt die Donareiche
    - Nr. 2   Brief des Bonifatius nach Rom
    - Nr. 3   Brief an den Erzbischof von Canterbury
    - Nr. 4   Angelsächsinnen unterstützen Mission in Hessen

| 5. | Winfried - Bonifatius | Aufgabenblatt |

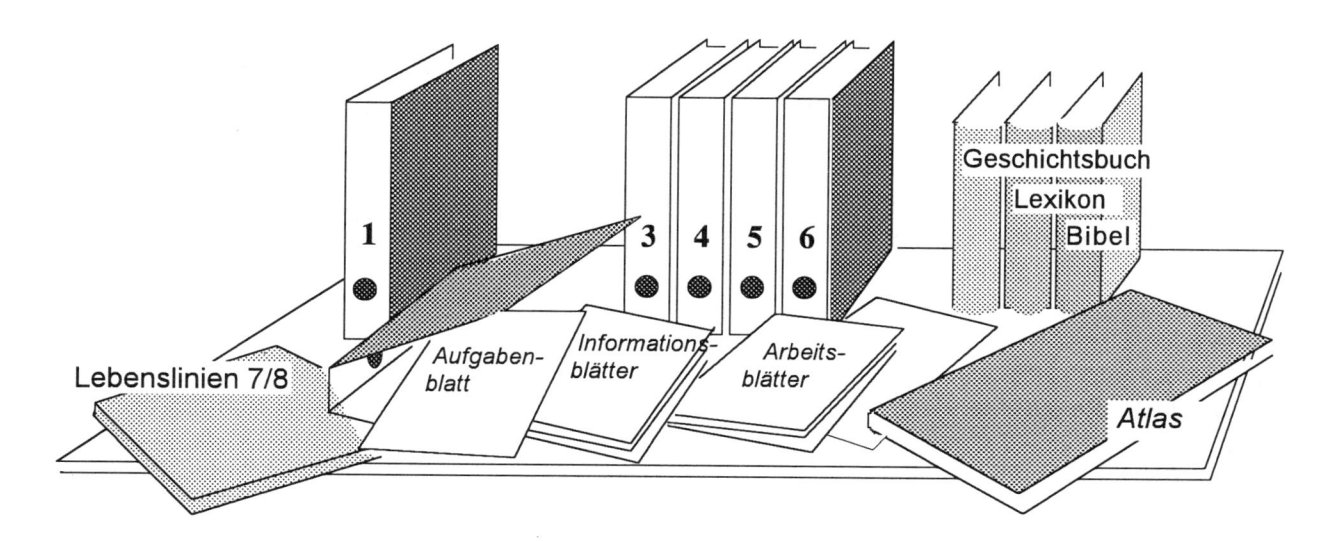

1. Stelle das Leben des Winfried-Bonifatius in einer kurzen Übersicht dar.
Beachte dabei folgende Punkte:
- Herkunft und Ausbildung
- Reisen
- Was hat er in Deutschland gemacht?
- Wie starb er und wo ist er begraben?

Informationen zu hierzu findest du im Buch S. 78-79

2. Lies Informationsblatt Nr. 2
Unterstreiche im Text, was die Donareiche für die Germanen bedeutet. Warum fällt Bonifatius diese Eiche? Was will er damit beweisen?

Über Folgendes solltest du jetzt Bescheid wissen:

- Wichtige Stationen im Leben des Bonifatius

- Die Bedeutung heiliger Bäume in der Religion der Germanen

- Warum Bonifatius eine Donareiche gefällt hat

- Was erzählt diese Legende über die Methode, wie Bonifatius die Germanen zum Christusglauben bringen wollte?

- Auch Frauen waren an der Missionsarbeit beteiligt: das Leben und Wirken der Lioba

| 5. Winfried - Bonifatius | Informationsblatt | Nr. 1 |

1. Bonifatius fällt die Donareiche

Folgendes könnte sich so oder ähnlich in dem hessischen Dorf Geismar zugetragen haben. Es spielen folgende Personen: Erzähler, Bonifatius, Eoba (sein Begleiter), Farnbercht ein hessischer Edler).

Erzähler: Die Germanen dienten ihren heidnischen Göttern. Sie waren ein starkes, kriegerisches Volk. Beugen konnten sie sich nur dem stärkeren Gott. Deshalb musste Bonifatius ihnen zeigen, dass Christus mächtiger sei als ihre alten Götter.
Im Edertal, bei Geismar, stand eine mächtige Eiche, die zu den Heiligtümern der Hessen gehörte. Sie verehrten den Baum als Zeichen der Stärke und Macht ihres Gottes Donar.
Bonifatius beschloss, dieses uralte Götterdenkmal zu zerstören. Er ließ seine Absicht weit und breit verkünden. Aus allen Teilen des Landes strömten die Hessen herbei. Die Christen, um die Macht ihres Gottes zu sehen - die Heiden aber, um die Niederlage des Christengottes zu erleben.
Unter den Mönchen, die Bonifatius nach Geismar begleiteten, war auch sein Schüler und treuer Begleiter Eoba.

Bonifatius: Seid ihr fertig, Eoba?
Eoba: Es ist alles bereit, Vater. Nur... (Er zögert)
Bonifatius: Aber?
Eoba (langsam, unsicher): Ihr solltet es Euch noch einmal überlegen. Noch ist es früh genug.
Bonifatius (unterbricht ihn): Einfach auf und davon laufen?
Eoba: Aber, Vater, schaut Euch doch um: überall Hessen. Es sind Tausende. Eine unbedachte Tat kann unsere Arbeit vernichten.
Bonifatius: Eine große Tat, Eoba, wird unsere Arbeit krönen.
Eoba: Die Eiche ist viele Fuß dick. Man wird uns erschlagen, wenn wir sie nicht zu Fall bringen. (ängstlich) Seht nur, wie sie uns anstarren.
Bonifatius (beruhigend): Lass dich nicht täuschen, Eoba! Aus ihren Blicken spricht der Zweifel, selbst bei den Christen unter ihnen. Wie viele laufen schon kurz nach der Taufe wieder den Götzenopfern nach, nur weil sie Angst haben vor den Dämonen. Nein, mit Worten allein können wir sie nicht überzeugen. Sie glauben nicht, dass es ihre Götter nicht gibt. (fragend) Aber mir scheint, du hörst gar nicht recht zu, Eoba.
Eoba: Dort! Der Hochgewachsene!
Bonifatius (ruhig): Der Kleidung nach ist er ein Edler. Seine Gegenwart kann uns nur recht sein. Eoba, wir wollen ihn mit Ehrerbietung empfangen.
Eoba (fest): Ja, Vater.
Farnbercht (scharf): Bist du der Anführer jener Männer dort?
Bonifatius (sicher): Der bin ich. Sei gegrüßt!
Farnbercht: Was wollt ihr hier mit den Äxten?
Bonifatius (lässig): Was fragst du? Ich kenne dich nicht.
Farnbercht: Ich heiße Farnbercht.
Bonifatius (sehr ruhig): Farnbercht! So bist du der einzige in Hessen, der nicht weiß, was ich weit und breit verkünden ließ? Dann will ich es dir sagen. Wir werden jene Eiche dort fällen, die ihr als Heiligtum Donars verehrt.
Farnbercht (grimmig): Diese Eiche, so tief verwurzelt im Erdreich wie der Glaube unserer Väter? Wer gibt euch das Recht dazu?
Bonifatius (selbstbewusst): Der stärkere Gott.
Farnbercht: Wer ist größer und mächtiger als Donar?
Bonifatius (ohne Zögern): Jesus Christus, der Sohn des lebendigen Gottes!
Farnbercht (höhnisch): Ein Mensch, den man hingerichtet hat! Das ist euer Gott?
Bonifatius (ernst und sicher): Ja. Jesus Christus ist am Kreuz gestorben. Aber das ist nur die halbe Wahrheit. Er ist nach drei Tagen vom Tode auferstanden. Er hat den Tod besiegt. Weißt du etwas Ähnliches von euren Göttern?

5. Winfried - Bonifatius — Informationsblatt Nr. 1

(Fortsetzung)

Farnbercht: Ihr seid Fremde. Ihr kennt unsere Götter nicht und nicht ihre Macht.
Bonifatius: Seit vielen Jahren wandere ich durch Germanien, von den Schneebergen im Süden bis hinauf ans Meer. Aber nie haben eure Götter uns ängstigen oder schaden können. Doch ich lasse mich gern belehren von dir. Wirst du mir einige Fragen beanworten?
Farnbercht (sicher): Frag nur!
Bonifatius: Sagt ihr nicht, dass eure Götter geboren sind?
Farnbercht: Unsere Götter sind geboren, wie alles Lebendige.
Bonifatius: Sagt man nicht auch, dass die Götter eines Tages sterben werden?
Farnbercht (betrübt): Du hast recht. Auch das Leben der Götter hat ein Ende.
Bonifatius: Dann sage mir noch: Wer war vor den Göttern, und wer wird sein, wenn sie längst vergangen sind? (nach einer Weile, aber ohne jeden Triumph) Du schweigst?
Farnbercht (ärgerlich und überrascht): Wir Hessen wissen die Worte nicht so schön zu setzen wie Ihr.
Bonifatius (ruhig): Dann will ich es dir sagen: Jesus Christus. Er war von Ewigkeit; er wird in Ewigkeit sein. Doch sage mir noch eines: Hört man nicht auch von Lug und Trug, Mord und Rache unter den Göttern?
Farnbercht (weicht aus; da er keine Antwort weiß, greift er an): Nenn es, wie du willst! (drohend) Doch höre! Dem ersten, der die Eiche anrührt, fährt mein Schwert in die Brust.
Bonifatius (ruhig): Du bist ein tapferer Mann, Farnbercht. Und du weißt dein Schwert wohl zu nützen... (betont) gegen Wehrlose.
Farnbercht (unsicher): Ihr steht unter dem Schutz der Franken.
Bonifatius: Sind fränkische Krieger in unsrer Nähe gesehen worden? Deine Späher haben es dir gewiss berichtet.
Farnbercht: Nein.
Bonifatius: So muss Donar ein armseliger Gott sein, wenn er den Schutz deines Schwertes braucht.
Fambercht: Du hast recht. Donar wird jeden Frevler mit seinem Blitz zerschmettern.
Bonifatius: Wenn er der Stärkere ist, stärker als Jesus Christus. (befehlend) Eoba!
Eoba: Vater?
Bonifatius: Reich mir eine Axt! Wir beginnen.
Farnbercht: Ich warne euch zum letzten Male!
Bonifatius (gelassen): Entferne dich ein wenig, damit dich die Eiche nicht trifft.
Farnbercht: Ich bleibe hier. Nicht die Eiche wird fallen, sondern ihr.
Bonifatius: Dann in Gottes Namen.
Eoba (ergeben): In Gottes Namen.
Erzähler: Bonifatius schwingt die Axt. Schlag folgt auf Schlag. Immer tiefer frisst sich die Kerbe in den Stamm der Eiche. Endlich durchläuft sie ein Zittern. Und dann fällt die Eiche. Die Hessen stehen da wie erstarrt, als könnten sie es nicht fassen.
Farnbercht (fassungslos): Donar - ist tot.
Bonifatius (gütig): Er ist nicht tot, Farnbercht - denn er hat nie gelebt. Donar nicht und auch eure anderen Götter nicht.
Farnbercht: So haben sich unsere Väter geirrt?
Bonifatius: Sie konnten ihren Irrtum nicht erkennen. Erst wir bringen die Kunde vom wahren Gott. Ihm zu Ehren werden wir aus dem Holz der Eiche eine Kirche bauen.
Farnbercht (langsam): Es muss ein mächtiger Gott sein.
Bonifatius: Ja. Er ist der Schöpfer und Lenker aller Dinge. Aber seine Macht ist milde. Denen, die ihm dienen, ist er gnädig. Auch dir, Farnbercht, wenn du sein Gefolgsmann sein willst.
Farnbercht (entschieden): Was muss ich tun?
Bonifatius: An ihn glauben.
Farnbercht: Sage mir mehr von ihm, dass ich glauben kann.
Bonifatius: Ich werde dein und vieler anderer Leute Lehrer werden, und ich taufe dich im Namen des Vaters und des Sohnes und des Heiligen Geistes.
Erzähler: Die Kunde von dem Gottesurteil verbreitete sich rasch im ganzen Lande. Nun kamen die Hessen in Scharen, und sie ließen sich taufen.

| 5. Winfried - Bonifatius | Informationsblatt | Nr. 2 - 4 |

2. Brief des Bonifatius nach Rom

„Die Franken haben seit mehr als 80 Jahren weder eine Synode gehalten noch einen Erzbischof gehabt, noch kirchliche Rechtssatzungen beachtet. Augenblicklich sind die Sitze in den Bischofsstädten größtenteils habgierigen Laien und der Unzucht oder dem Gelderwerb dienenden Klerikern ausgeliefert. Unter ihnen sind Bischöfe, die beteuern, sie seien keine Ehebrecher, die aber Trinker, Zanker und Jäger sind, die bewaffnet zu Felde ziehen und mit eigener Hand Menschenblut von Christen und Heiden vergießen."

3. Brief an den Erzbischof von Canterbury

„... Wir haben auf unserer Synode den Beschluss gefasst und das Bekenntnis abgelegt, dass wir am katholischen Glauben, an der Einheit und an der Unterordnung unter die römische Kirche festhalten wollen bis ans Ende unseres Lebens, dass wir dem heiligen Petrus und seinem Stellvertreter untertan sein und alle Jahre eine Synode abhalten wollen...
Wir haben bestimmt, dass alljährlich jeder Bischof seinen Sprengel gewissenhaft besucht, um die Leute zu stärken und das Volk zu belehren, um heidnischen Gebräuchen nachzuspüren und sie zu verbieten: Zauberer und Losdeuter, Vorzeichen, Amulette, Besprechungen und allen Unflat der Heiden.
Wir haben den Knechten Gottes verboten, Prunkkleider, Kriegstracht und Waffen zu tragen"

4. Angelsächsinnen unterstützen Mission in Hessen

Die Angelsächsin Lioba übernimmt die Leitung des Klosters Tauberbischofsheim und unterstützt Bonifatius bei der Mission in Hessen und Thüringen. Unter den zahlreichen Frauen, die die angelsächsische Mission unterstützen, ist Lioba die bekannteste. Lioba, die im Kloster Wimborne in Wessex ausgebildet wurde, ist mit Bonifatius verwandt und fühlt sich wie er zur Mission berufen. 732 schickte sie ihm einen Brief, in dem sie sich vorstellte und ihn um seine Aufmerksamkeit und sein Gebet bat. Sie legte auch einige selbstgedichtete lateinische Verse bei. Als der Missionar in der Gegend von Würzburg einige Frauenklöster begründen wollte, bat er angelsächsische Nonnen um Hilfe. Mit etwa 30 Gehilfinnen kam Lioba 732 auf das Festland. Lioba gewinnt viele Frauen für das gottgeweihte Leben, sie unterrichtet junge Mädchen und gründet zahlreiche kleinere Klöster. Sie bildet Lehrerinnen aus, die das angelsächsische Wissen in den deutschen Klöstern verbreiten. Auch bei den Frankenkönigen Pippin dem Jüngeren und Karl dem Großen soll sie in hohem Ansehen gestanden haben. Als Lioba am 28. September 782 stirbt, wird sie im Dom zu Fulda begraben. Wie Lioba und ihre Gefährtinnen folgen zahlreiche angelsächsische Frauen Bonifatius auf das Festland. Für ihren religiösen Eifer bringen sie große Opfer. Ihre Briefe machen deutlich, wie einsam sie sich oft in der Fremde fühlen. Auch von den Nonnen und Äbtissinnen, die zu Hause bleiben, erfährt Bonifatius die für den Erfolg der Mission notwendige Unterstützung. Sie sorgen für finanzielle Zuwendungen, schicken ihm Kleidung und Bücher.

6. Klöster

In diesem Ordner findest du

- das Aufgabenblatt

- die Informationsblätter
    - Nr. 1   Eine Klosteranlage
    - Nr. 2   Das Leben im Kloster
    - Nr. 3   Aus der Regel des Heiligen Benedikt
    - Nr. 4   Mit dem Ohr des Herzens horchen!

| 6. Klöster | Aufgabenblatt |

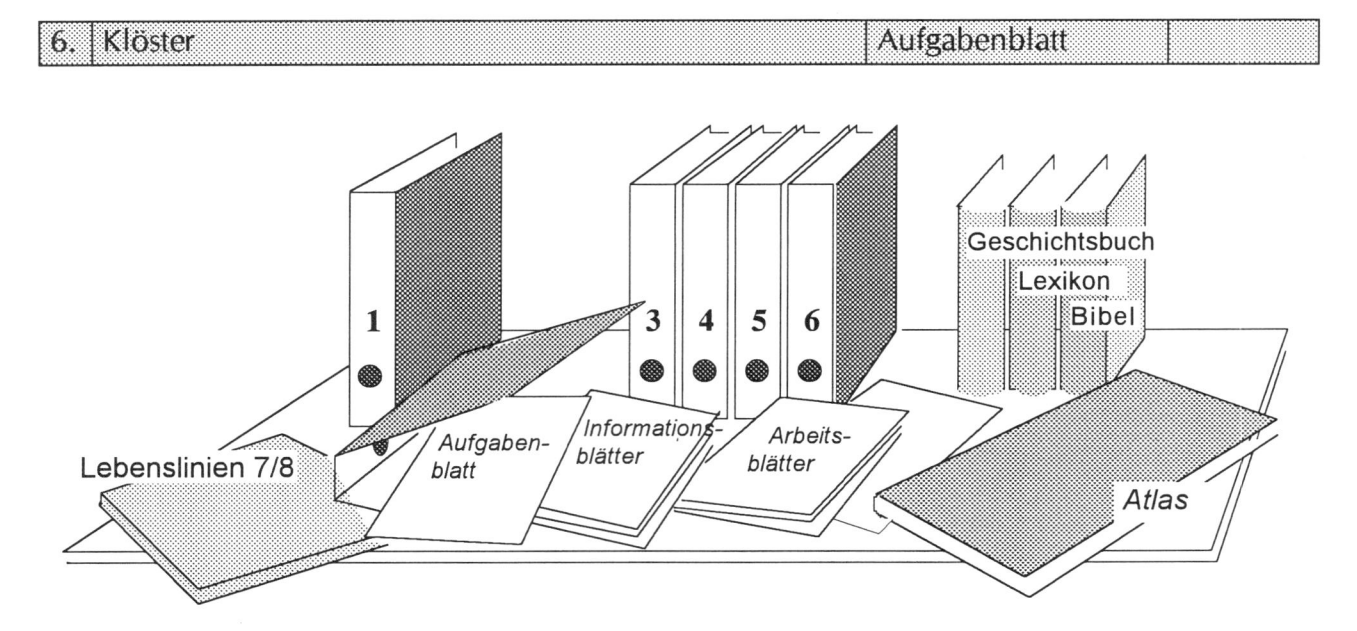

1. Schau dir die Klosteranlage Informationsblatt Nr. 1 genau an. Stell dir vor, du kommst als Besucher dorthin. Wo darfst du reingehen und wo nicht? Warum?
Stelle einen Plan auf, welche Orte im Kloster du aufsuchen würdest und in welcher Reihenfolge.

2. Welche Berufe gibt es im Kloster? Du kannst das aus dem Plan (Informationsblatt 1) herausfinden. Lege eine Liste an.

3. Wie ist das Leben im Kloster geregelt? Lies Informationsblatt Nr. 2. Zeichne in eine Stundenleiste (24 Stunden) den Tagesablauf eines Mönches ein. Mache das Gleiche mit deinem Tagesablauf (Tag und Nacht).

4. Wie sind Klöster entstanden? Lies im Schülerbuch Seite 80, „Aus dem Leben des Heiligen Benedikt".
Warum hat Benedikt das Leben im Kloster so genau geregelt? Lies dazu im Schülerbuch „Was Benedikt mit seinen Klöstern wollte" (S. 80-81) und Informationsblatt Nr. 3 und Nr. 4.

Über Folgendes solltest du jetzt Bescheid wissen:

- Wie der Plan einer Klosteranlage im frühen Mittelalter aussah
- Wie das Leben eines einfachen Mönchs aussah
- Die Grundsätze (Regeln), nach denen Mönche lebten.
- Wichtige Stationen im Leben des Benedikt

| 6. | Klöster | | Informationsblatt | Nr. 1 |

1 Eine Klosteranlage

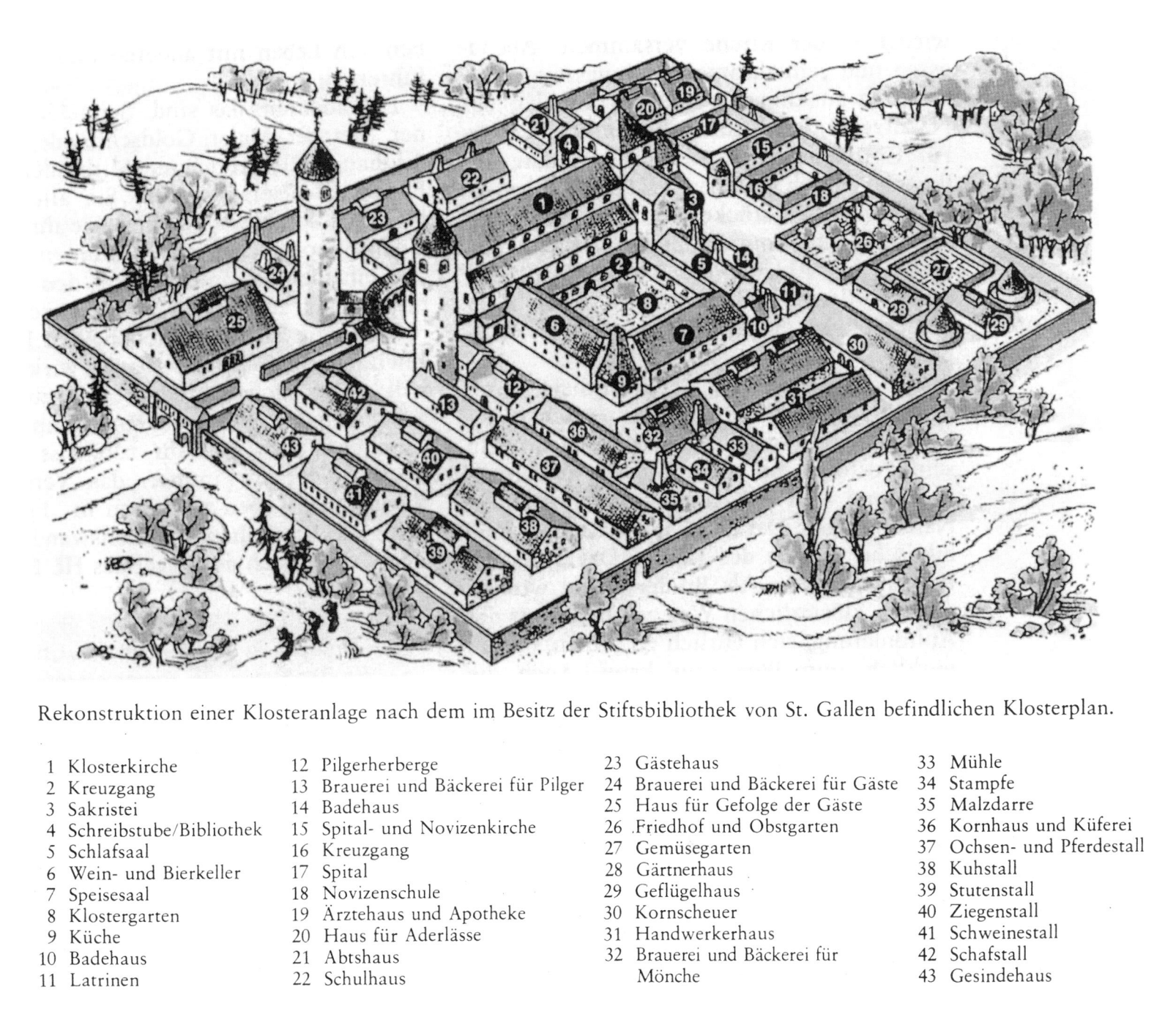

Rekonstruktion einer Klosteranlage nach dem im Besitz der Stiftsbibliothek von St. Gallen befindlichen Klosterplan.

1 Klosterkirche
2 Kreuzgang
3 Sakristei
4 Schreibstube/Bibliothek
5 Schlafsaal
6 Wein- und Bierkeller
7 Speisesaal
8 Klostergarten
9 Küche
10 Badehaus
11 Latrinen
12 Pilgerherberge
13 Brauerei und Bäckerei für Pilger
14 Badehaus
15 Spital- und Novizenkirche
16 Kreuzgang
17 Spital
18 Novizenschule
19 Ärztehaus und Apotheke
20 Haus für Aderlässe
21 Abtshaus
22 Schulhaus
23 Gästehaus
24 Brauerei und Bäckerei für Gäste
25 Haus für Gefolge der Gäste
26 Friedhof und Obstgarten
27 Gemüsegarten
28 Gärtnerhaus
29 Geflügelhaus
30 Kornscheuer
31 Handwerkerhaus
32 Brauerei und Bäckerei für Mönche
33 Mühle
34 Stampfe
35 Malzdarre
36 Kornhaus und Küferei
37 Ochsen- und Pferdestall
38 Kuhstall
39 Stutenstall
40 Ziegenstall
41 Schweinestall
42 Schafstall
43 Gesindehaus

| 6. Klöster | Informationsblatt | Nr. 2 - 3 |

2 Das Leben im Kloster

Mönchisches Leben ist ein Leben nach dem Evangelium. Die Mönche versprechen zunächst für eine bestimmte Zeit, dann aber bis zu ihrem Lebensende („Ewige Profess"), die Regeln des klösterlichen Lebens zu beachten, in Armut, d.h. ohne persönlichen Besitz, in Ehelosigkeit und in Gehorsam gegenüber dem Abt zu leben.

Wenn heute junge Menschen ins Kloster gehen, kommen bei Eltern, Verwandten, Freunden und anderen Menschen Fragen auf: Wieso entscheidet sie oder er sich für solch eine Lebensform? Wollen sie bewusst in einer Gemeinschaft mit klösterlichen Regeln leben? Ist es ihre Liebe zu Gott? Ist im Kloster ihr richtiger Ort, um den Menschen zu dienen?

Benedikt legte für seinen Orden fest, dass sich Arbeit und Gebet regelmäßig abwechseln. Sein Leitgedanke lautete: Ora et labora (lat., „Bete und arbeite").

So verläuft ein Tag im Benediktinerkloster Beuron:

4.40	Aufstehen
5.00	Morgenlob*
6.00	Persönliche Bibellesung und Meditation, Frühstück
7.30	Terz *
7.45	Arbeitszeit
11.15	Eucharistiefeier
12.15	Sext*
12.25	Mittagessen
13.00	Mittagspause
14.00	Arbeitszeit
18.00	Vesper*
18.40	Abendessen, gemeinsame Erholungszeit (Rekreation)
19.45	Komplet*

(* gemeinsames Stundengebet)

3. Aus der Regel des Heiligen Benedikt

Benedikt machte die Erfahrung, dass eine Mönchsgemeinschaft ohne eine gewisse Ordnung nicht zusammenleben kann. Um 530 hatte er eine „Regel" geschaffen, die in 73 Abschnitten das klösterliche Zusammenleben beschrieb und festlegte.

Kap. 2   Der Abt
Der Abt, der würdig ist, einem Kloster vorzustehen, muss immer bedenken, wie man ihn anredet; und er verwirkliche durch sein Tun, was diese Anrede für einen Oberen bedeutet. Der Glaube sagt ja: Er vertritt im Kloster die Stelle Christi. Deshalb darf der Abt nur lehren oder bestimmen und befehlen, was der Weisung des Herrn entspricht...

Kap. 22   Die Nachtruhe der Mönche
Jeder soll zum Schlafen ein eigenes Bett haben. Das Bettzeug erhalten die Brüder, wie es der Lebensweise von Mönchen entspricht und wie der Abt es ihnen zuteilt. Alle schlafen - wenn möglich - in einem Raum; lässt die große Zahl es aber nicht zu, ruhen sie zu zehn oder zwanzig mit den Älteren, die für sie verantwortlich sind. In diesem Raum brennt ständig eine Lampe bis zum Morgen.

Die Brüder schlafen angekleidet und umgürtet mit einem Gürtel oder Strick. Ihre Messer aber haben sie während des Schlafes nicht an der Seite, damit sie sich nicht etwa im Schlaf verletzen. So seien die Mönche stets bereit: Auf das Zeichen hin sollen sie ohne Zögern aufstehen und sich beeilen, einander zum Gottesdienst zuvorzukommen, jedoch mit allem Ernst und mit Bescheidenheit...

Kap. 33   Eigenbesitz des Mönches
Keiner maße sich an, ohne Erlaubnis des Abtes etwas zu geben oder anzunehmen. Keiner habe etwas als Eigentum, überhaupt nichts, kein Buch, keine Schreibtafel, keinen Griffel - gar nichts... Alles Notwendige dürfen sie aber vom Vater des Klosters erwarten, doch ist es nicht gestattet, etwas zu haben, was der Abt nicht gegeben oder erlaubt hat...

| 6. Klöster | Informationsblatt | Nr. 3 |

(Fortsetzung)

Kap. 53 Die Aufnahme der Gäste
Alle Fremden, die kommen, sollen aufgenommen werden wie Christus; denn er wird sagen: „Ich war fremd; und ihr habt mich aufgenommen." Allen erweise man die angemessene Ehre, besonders den Brüdern im Glauben und den Pilgern. Sobald ein Gast gemeldet wird, sollen ihm daher der Obere und die Brüder voll dienstbereiter Liebe entgegeneilen. Zuerst sollen sie miteinander beten und dann als Zeichen der Gemeinschaft den Friedenskuss austauschen...
Vor allem bei der Aufnahme von Armen und Fremden zeige man Eifer und Sorge; denn besonders in ihnen wird Christus aufgenommen. Das Auftreten der Reichen verschafft sich ja von selbst Beachtung. Abt und Gäste sollen eine eigene Küche haben; so stören Gäste, die unvorhergesehen kommen und dem Kloster nie fehlen, die Brüder nicht... Die Unterkunft für die Gäste vertraue man einem Bruder an, der von Gottesfurcht ganz durchdrungen ist. Dort sollen genügend Betten bereitstehen...

Kap. 57 Mönche als Handwerker
Sind Handwerker im Kloster, können sie in aller Demut ihre Tätigkeit ausüben... Wenn etwas von den Erzeugnissen der Handwerker verkauft wird, sollen jene, durch deren Hand die Waren veräußert werden, darauf achten, dass sie keinen Betrug begehen... Bei der Festlegung der Preise darf sich das Übel der Habgier nicht einschleichen. Man verkaufe sogar immer etwas billiger, als es sonst außerhalb des Klosters möglich ist...

Kap. 48 Die Ordnung für Handarbeit und Lesung
Müßiggang ist der Seele Feind. Deshalb sollen die Brüder zu bestimmten Zeiten mit Handarbeit, zu bestimmten Zeiten mit heiliger Lesung beschäftigt sein... Wenn es die Ortsverhältnisse oder die Armut fordern, dass sie die Ernte selbst einbringen, sollen sie nicht traurig sein. Sie sind dann wirklich Mönche, wenn sie wie unsere Väter und Apostel von ihrer Hände Arbeit leben. Alles aber geschehe der Kleinmütigen wegen maßvoll... Kranken oder empfindlichen Brüdern werde eine passende Beschäftigung oder ein geeignetes Handwerk zugewiesen; sie sollen nicht müßig sein, aber auch nicht durch allzu große Last der Arbeit erdrückt oder sogar fortgetrieben werden. Der Abt muss auf ihre Schwäche Rücksicht nehmen.

Kap. 52 Das Oratorium des Klosters
Das Oratorium sei, was sein Name besagt, Haus des Gebetes; nichts anderes werde dort getan oder aufbewahrt. Nach dem Gottesdienst gehen alle in größter Stille hinaus und bezeugen Ehrfurcht vor Gott. So wird ein Bruder, der noch für sich allein beten möchte, nicht durch die Rücksichtslosigkeit eines anderen daran gehindert...

Kap. 66 Die Pförtner des Klosters
An die Pforte des Klosters stelle man einen weisen älteren Bruder, der Bescheid zu empfangen und zu geben weiß und den seine Reife daran hindert, sich herumzutreiben. Der Pförtner soll seine Zelle neben der Pforte haben, damit alle, die ankommen, dort immer einen antreffen, von dem sie Bescheid erhalten. Sobald jemand anklopft oder ein Armer ruft, antworte er: „Dank sei Gott" oder „Segne mich". Mit der ganzen Sanftmut eines Gottesfürchtigen und mit dem Eifer der Liebe gebe er unverzüglich Bescheid...
Das Kloster soll, wenn möglich, so angelegt werden, dass sich alles Notwendige, nämlich Wasser, Mühle und Garten, innerhalb des Klosters befindet und die verschiedenen Arten des Handwerks dort ausgeübt werden können. So brauchen die Mönche nicht draußen herumzulaufen; denn das ist für sie überhaupt nicht gut...

Kap. 71 Der gegenseitige Gehorsam
Das Gut des Gehorsams sollen alle nicht nur dem Abt erweisen. Die Brüder müssen ebenso einander gehorchen; sie wissen doch, dass sie auf diesem Weg des Gehorsams zu Gott gelangen. Ein Befehl des Abtes oder der von ihm eingesetzten Oberen habe jedoch immer den Vorrang; und wir erlauben nicht, dass private Befehle vorgezogen werden. Sonst sollen alle jüngeren ihren älteren Brüdern in aller Liebe und mit Eifer gehorchen. Ist einer streitsüchtig, werde er zurechtgewiesen...

Bis heute ordnet diese Regel das klösterliche Leben der Benediktiner und Benediktinerinnen, aber auch anderer Männer und Frauenorden.
Mit der Regel des Hl. Benedikt wurde das Leben in der klösterlichen Gemeinschaft nicht endgültig festgeschrieben. Mit der Zeit entstanden weitere Orden mit neuen Zielsetzungen und Aufgaben.
z.B.: Zisterzienser (1098), Prämonstratenser (1121), Dominikaner (1216), Franziskaner (1223).

| 6. | Klöster | Informationsblatt | Nr. 4 |

4 Mit dem Ohr des Herzens horchen!

„Soldaten nähern sich unserem Kloster!" verkündet der Wächter vom Turm herab. „Sie nähern sich sehr schnell!" Noch bevor Benedikt seine Bücher weglegen kann, prescht der Trupp in den Hof.
„Seid gegrüßt, Vater Benedikt!" ruft der Anführer. Sein Helm ist mit einer Krone verziert. „Ich, König Totila, bitte Euch, mir zu helfen!"
„Helfe ich Euch nicht die ganze Zeit?", fragt Benedikt. Er zeigt auf das hochstehende Getreide und die bunten Blumen innerhalb der Klostermauern. „Meine Brüder und ich halten Frieden und pflegen die Schöpfung Gottes. Aber Eure Soldaten? Sie zerstören die Felder und brennen Bauernhäuser nieder!"
„Ich weiß! Ich weiß!" unterbricht Totila ungeduldig Benedikts Worte. „Ihr müsst mir auf andere Weise helfen: Verbündet Euch mit mir! Euer Ansehen bei den Menschen und meine Macht - wir wären unschlagbar!"
„Habt Ihr nicht genug Schläge ausgeteilt?", mahnt Benedikt. Der König beachtet nicht die Mahnung; er drängt: „Sogar unsere Wahlsprüche sind ähnlich!"
„Unsere Wahlsprüche?", wundert sich Benedikt.
„Ja!", bestätigte Totila. „Ihr seid es doch, der jedem Mann anordnet: Bete und arbeite!"
Da nickt Benedikt. „Arbeit kräftigt den Körper; und Beten - das Sprechen mit Gott - stärkt die Seele!", erklärt er. „Und wie lautet Euer Wahlspruch?"
König Totilas Gesicht wird streng; mit harter Stimme sagt er: „Mein Wahlspruch lautet: Kämpfe und siege!"
„Töten - immer nur töten!", erregt sich Benedikt. Obwohl er des Königs finstere Mine sieht, fordert er: Macht Frieden - erst dann werde ich mich mit Euch verbünden!"
In diesem Augenblick beginnt die Turmglocke zu läuten. Benedikts Mitbrüder, die weiter gearbeitet hatten, ohne den Soldatentrupp zu beachten, lassen jetzt ihre Werkzeuge fallen. „Zum Gebet!", rufen sie und eilen auf die Kapelle zu. „Ha! Ha! Ha!", lacht der König auf. „Das ist Gehorsam! Streitet Ihr jetzt immer noch ab, dass wir uns ähnlich sind? Ihr habt Männer um Euch versammelt, die Euch gehorsam sind - genauso wie mir die meinen!" Er holt mit einer Peitsche aus und lässt sie haarscharf am Kopf seines Pferdeburschen vorbeizischen. „Seht Ihr?", lacht er wieder. „Er hat vor Angst gezittert! Trotzdem bleibt er bei mir!"
Benedikt - schon halb im Gehen - erwidert ruhig: „Gehorsam kommt vom Horchen. Euer Bursche gehorcht mit dem Ohr des Schreckens. Meine Männer aber - sie horchen mit dem Ohr des Herzens! Lebt wohl, König Totila!" Das Lachen bricht ab. „Lebt wohl, Vater Benedikt!", stößt Totila hervor und gibt seinem Pferd die Sporen. Während der Soldatentrupp durch den Torbogen jagt, dass die Balken dröhnen, murmeln des Königs Lippen: „Sie horchen mit dem Ohr des Herzens!"

Anna Elisabeth Marks

DIE REFORMATION
LPE 7-8 Die Reformation und ihre Folgen

Zur Struktur der Einheit

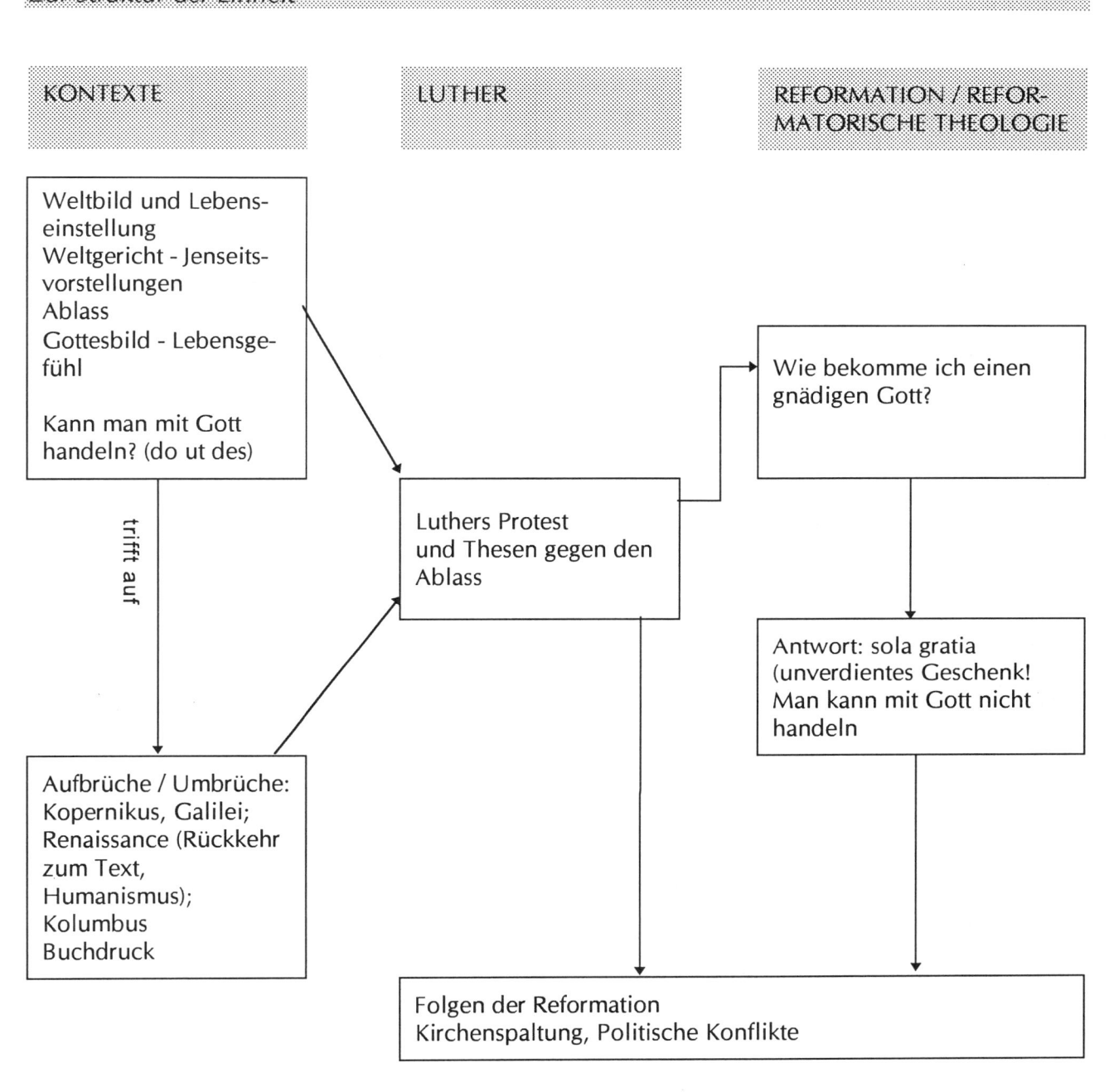

KONTEXTE

LUTHER

REFORMATION / REFORMATORISCHE THEOLOGIE

Weltbild und Lebenseinstellung
Weltgericht - Jenseitsvorstellungen
Ablass
Gottesbild - Lebensgefühl

Kann man mit Gott handeln? (do ut des)

trifft auf

Aufbrüche / Umbrüche:
Kopernikus, Galilei;
Renaissance (Rückkehr zum Text, Humanismus);
Kolumbus
Buchdruck

Luthers Protest und Thesen gegen den Ablass

Wie bekomme ich einen gnädigen Gott?

Antwort: sola gratia (unverdientes Geschenk! Man kann mit Gott nicht handeln

Folgen der Reformation
Kirchenspaltung, Politische Konflikte

Ökumene als Aufgabe

Die didaktische Skizze entwirft drei thematische Linien: einmal (1) die weltanschaulichen Kontexte, welche die Zeit der Reformation als eine Zeit der Erschütterung hergebrachter Gewissheiten und der diese Gewissheiten behauptenden Autoritäten, vorab der Kirche erweisen. Weiterhin werden Lebensängste und religiöse Vorstellungen jener Zeit beleuchtet. (2) Es folgt eine Hinführung zur Gestalt Luthers und (3) eine Entfaltung der Frage und der Anliegen Luthers. Der Einstieg in die Unterrichtseinheit könnte mit diesen drei Fragen beginnen: Kann man mit Gott handeln? Hilft der Ablass? Wie bekomme ich einen gnädigen Gott? Um zu verstehen, warum diese Fragen damals gestellt wurden, braucht es eine Ahnung der Weltbild- und Jenseitsvorstellungen, welche das religiöse Erleben der Masse der Menschen zu Beginn der Neuzeit noch bestimmten. Und es wäre zu fragen, welche dieser Fragen uns heute beschäftigt. Die Antworten Luthers und die Antworten der mittelalterlichen Kirche deckten sich damals nicht und wirkten kirchentrennend. Heute sind sie es nicht mehr. Die Einheit der Kirchen ist reale Möglichkeit.

Den Schülerinnen und Schülern sind die Differenzen zwischen den christlichen Kirchen, vor allem zwischen evangelischer und katholischer Konfession praktisch unverständlich. Sie merken einen Unterschied daran, dass sie in einen konfessionell getrennten Religionsunterricht gehen. Konfessionell geprägtes Christentum kennt aber nur eine Minderheit von ihnen. Dieser Wandel des Kirchen- und Glaubensbewusstseins hat die früher übliche konfessionalistische Sicht des Themas Reformation im katholischen Religionsunterricht nachhaltig zugunsten einer von ökumenischer Offenheit inspirierten verändert. (Vgl. das Papier der deutschen Bischöfe „Die bildende Kraft des Religionsunterricht", Bonn 1996).

Bei dieser Einheit sollte auf eine mögliche fächerverbindende Kooperation mit dem Fach Geschichte geachtet werden: Glaubensspaltung in Deutschland und Europa. Reformation und Dreißigjähriger Krieg (G/Gk Klasse 7, LPE 7)

Literaturhinweise

H. Gutschera, J. Maier, J. Thierfelder, Kirchengeschichte ökumenisch. Band 2: Von der Reformation bis zur Gegenwart, Matthias-Grünewald / Quell, Mainz/Stuttgart 1995

P. W. Schmidt, G. Hergenröder, Die Kirche in der Diözese Rottenburg-Stuttgart von der Christianisierung bis in die Gegenwart. IV Die frühe Neuzeit - Reformation und katholische Reform, Echo-Buchverlag, Kehl 1991 mit Arbeitshilfen für den Lehrer von G. Hergenröder und N. Simianer, Kehl 1992

D. Steinwede, Reformation Martin Luther. Ein Sachbilderbuch zur Kirchengeschichte, Kaufmann/Christophorus, Lahr/Freiburg 1983

1. Vom Leben und Glauben der Menschen vor 500 Jahren

a) Notizen zu Thema und Intention

Es ist ein großer Schritt vom Lebensgefühl und den Lebensumständen heute zur Situation der Menschen im 15. Jahrhundert. Aber nur mit dem Blick auf die damaligen Zeitumstände ist ein Ereignis wie die Reformation verständlich. Dennoch wäre es ein vermessener Anspruch, wollte man auf sechs Seiten den Hintergrund der Zeit auch nur halbwegs umfassend beschreiben. Weltbild und Lebenseinstellung der Menschen waren vor allem geprägt durch die Vorstellung vom Diesseits und dem Jenseits, vom Leben vor dem Tod und dem Leben nach dem Tod. Das kurze, häufig genug leidvolle Leben auf Erden stand unter der Erwartung des Endgerichts. Die Angst um das irdische Leben war so zusätzlich verstärkt durch die Angst um das ewige Leben. Um die Bewältigung dieser Angst ging es zu einem großen Teil bei jeder religiösen Praxis. Eine Antwort war dabei der Ablass. Diesen Fragen zu Leben und Glauben der Menschen im 15. Jahrhundert ist ein längerer Sachtext gewidmet (Schülerbuch S. 82 - 85). Der Liedtext „Mitten wir im Leben" (Gotteslob 654), das Bild „Weltgericht" von Stephan Lochner, sowie zeitgenössische Stiche belegen diese Ausführungen bzw. fordern auf, die prägenden Geisteshaltungen der Zeit darin zu entdecken.

Ein anderer Kontext, der die Zeit, ihr Denken und Handeln fundamental geprägt hat, waren die Aufbrüche, Umbrüche und Entdeckungen die z.B. mit den Namen Galilei, Kolumbus und Gutenberg verbunden sind. Dieser Aspekt wird vor allem durch Bilder eingebracht. Der kurze Sachtext S. 86 bietet den Rahmen für die Einordnung der Einzelthemen: neue astronomische Erkenntnisse; die Erde als Kugel; Kolumbus entdeckt Amerika; neue Waffentechnik; Buchdruck; weltweiter Handel. Hiermit sind die wichtigsten Signale für das Ende einer Epoche benannt: Das Mittelalter geht zu Ende.

Zur katholischen Auffassung vom Ablass
Wenn im Kontext der Reformation das Ablasswesen in kritischer Sicht angegangen werden muss, sollte man dabei immer beachten, dass hier gravierende Missstände und Verzerrungen dieser kirchlichen Praxis der Gegenstand sind. Deshalb sollen einige Stichworte zur kirchlichen Ablasslehre, die zuletzt im Jahre 1967 von Paul VI eine weiterführende Interpretation erfuhr, als Hintergrundinformation dienen.
Hintergrund des Verständnisses vom Ablass ist die Lehre von den „Sündenstrafen" oder besser (nach Vorgrimler) von den „leidschaffenden Sündenfolgen". Man geht von einer doppelten Folge der Sünde aus, die der Katholische Erwachsenenkatechismus (Das Glaubensbekenntnis der Kirche, hrsg. von der Deutschen Bischofskonferenz, S. 372-374) folgendermaßen formuliert: „Die Sünde führt einmal zur Aufhebung der Gemeinschaft mit Gott und damit zum Verlust des ewigen Lebens (ewige Sündenstrafe), sie verwundet und vergiftet zum anderen aber auch die Verbindung des Menschen mit Gott und das Leben der Menschen und der menschlichen Gemeinschaft (zeitliche Sündenstrafe). Beide Sündenstrafen sind von Gott nicht äußerlich „zudiktiert", sondern folgen innerlich aus dem Wesen der Sünde selbst." Durch die Vergebung der Sünden bzw. der Sündenschuld (Buße, Beichte, Lossprechung) geschieht Nachlass der ewigen Sündenstrafen. Was bleibt, sind die zeitlichen Sünden*folgen*. Diese Vorstellung geht zurück auf die frühkirchliche Bußpraxis, die davon ausgeht, dass mit der Tilgung der Schuld bei Gott deren Folgen nicht einfach verschwunden sind sondern durch Bußwerke aufgearbeitet werden müssen (vgl. H. Vorgrimler,

Buße/Vergebung, systematisch, in: Neues Handbuch theologischer Grundbegriffe 1, S. 164). Der Büßer musste sich einer zeitlich begrenzten Kirchenstrafe unterwerfen. Seit dem 11. Jh. wurden dafür Ablasswerke verhängt, z.B. Teilnahme am Kreuzzug, Wallfahrt, Gebet, gute Werke. Als dann der Ablass auch mit finanziellen Spenden für kirchliche Zwecke verbunden wurde, war der Weg für die Missbräuche im späten Mittelalter eröffnet.

b) Methodische Hinweise

- Sorgen damals und heute
  Die Schüler/innen stellen auf einem Blatt in 2 Spalten folgende Aspekte gegenüber und beschreiben:
  „Nöte und Sorgen der Menschen damals" und „... die es heute so nicht mehr gibt - warum?"

- Mit Hilfe einer kurzen Erzählung sollen die Schüler und Schülerinnen diese Zeit des Umbruchs und ihr Lebensgefühl wenigstens ansatzweise am Beispiel von Personen und ihrem Handeln verstehen. In Gestalt der darin auftretenden Personen wird versucht einige Grundzüge damaliger Lebenserfahrung zu verkörpern:
  - der Pfarrer, der sich um das Seelenheil seiner Pfarrkinder sorgt und die Heil-Mittel der Kirche anbietet: Belehrung, Bußübungen und Ablässe, auch um die Kasse der Kirche zu füllen,
  - der einfache Bauer Konrad, der anbetracht seines kurzen mühsamen Lebens im Bewusstsein von Schuld und Sünde dieses „Angebot" gerne und in naiver Gläubigkeit annimmt
  - und der junge Kaufmann Paul, der mit seinem durch das Reisen geweiteten Horizont Skepsis an dieser naiven Gläubigkeit zum Ausdruck bringt. In seiner Person soll auf erste Ansätze der beginnenden Kritik an der Gestalt der mittelalterlichen Kirche und ihrer Lehre hingewiesen werden.

Dicht gedrängt sitzen die Leute in den Kirchenbänken. Der Pfarrer geht zur Kanzel. Mit einem strengen Blick mustert er seine Gemeinde. Mit eindringlichen Worten schildert er die Strafen, die die Sünder zu seinen Füßen für ihre Sünden zu erwarten haben.
Bauer Konrad schaut schuldbewusst zu Boden. Ihm geht durch den Kopf, was er die Woche über Schlimmes getan hat: Mehrmals hatte er im Suff Weib und Kinder verprügelt und der Kuhhandel mit dem Nachbarn war auch nicht ganz sauber. Diese Sünden würden ihn sicher lange im Fegefeuer brennen lassen - oder gar in der Hölle! Der Angstschweiß brach ihm aus. Was konnte er nur tun? Der Pfarrer hatte die Lösung: Nach der Messe konnte man bei ihm Ablassbriefe kaufen.
Nach der Messe stand Konrad in der Reihe, um einen Ablassbrief zu kaufen. Da klopfte ihm jemand auf die Schulter. Es war Paul, der Sohn seines Nachbarn. Er war gerade von einer Handelsreise nach Augsburg zurückgekehrt. Konrad drehte sich um: „Ah, du willst wohl auch einen Ablassbrief kaufen! So ein Kaufmann wie du hat es sicher nötig!"
Aber Paul winkte ab: „Da hab' ich so meine Zweifel ..."

Es bietet sich an, mit den Schülern und Schülerinnen zunächst eine Charakterisierung dieser Personen zu erarbeiten, z.B. in Form von kurzen Personenbeschreibungen oder als Karten für eine Spielszene o.ä. Dafür können die Buchtexte S. 82-85 mitverwendet werden, da sie viele Hintergrundinformationen enthalten.

- Zum Verständnis der zugrunde gelegten Szene können auch die Bilder auf diesen Seiten herangezogen werden. Mit Hilfe des Bildes „Weltgericht" von Stephan Lochner (S. 83) überlegen die Schüler/innen, was Bauer Konrad wohl dazu bewegt, einen Ablassbrief zu erwerben. Der Auftrag könnte etwa lauten: Stellt euch vor, Bauer Konrad betrachtet das Bild (im Buch S. 83, vgl. nachstehende Bildanalyse). Welche Gedanken gehen ihm dabei durch den Kopf? Warum kauft er einen Ablass?
  Mit Hilfe des Bildes von J. Breu d. Ä. „Ablasshandel" (Buch S. 85) kann die in der Geschichte zugrunde gelegte Szene weitergestaltet werden. Das Bild wird entweder auf Folie vergrößert angeboten oder auf einem Arbeitsblatt. (Notfalls genügt auch die Buchvorlage). Die Schüler/innen entscheiden sich nun für die Personen im Bild, die für Konrad und Paul, bzw. den Priester stehen. Mit Hilfe von Sprech- und Denkblasen (aus Folie oder aus Papier ausgeschnittenen Vorlagen) wird die Szene entsprechend der Geschichte weiter ausgestaltet. Also: Was denkt/spricht der Priester und Ablassverkäufer, was der Käufer Konrad und der Zuschauer Paul?

- Bildanalyse „Weltgericht" von Stephan Lochner (um 1400 - 1451)
  Das Bild - heute im Wallraf-Richartz-Museum in Köln - ist vermutlich 1435 entstanden. Bildgröße 122x170 cm. Obwohl wir die größtmögliche Reproduktion gewählt haben, sind viele Details nur schwer zu erkennen. Eine Beschreibung soll Sehhilfe leisten. Dabei liegt zugrunde:
  F. G. Zehnder, Katalog der Altkölner Malerei, Köln 1990, S. 216-217;
  Chr. Lukatis, Zur Höllengestaltung im Weltgericht Stefan Lochners, in: F. G. Zehnder, Stefan Lochner, Meister zu Köln. Herkunft - Werke - Wirkung, Köln 1993, S. 191-199)
  In der Mitte des Bildes thront Christus auf einem doppelten Regenbogen. Vor ihm zur Linken und zur Rechten knien bittend als Fürsprecher/in Johannes der Täufer und seine Mutter Maria. Alle drei Figuren sind in vergrößertem Maßstab (Bedeutungsmaßstab) als Zentralfiguren hervorgehoben. Christus hebt seine rechte Hand segnend über die Erlösten in der linken Bildhälfte (zu seiner rechten Seite), während seine linke Hand abweisend über die Verdammten in der rechten Hälfte (zu seiner linken Seite) ausgestreckt ist. Den biblischen Hintergrund bildet Mt 25,31-46. Engelscharen tragen die Leidenswerkzeuge. Zu Christi Füßen blasen zwei Engel die Fanfaren des Jüngsten Gerichts. Diese ganze Szenerie spielt sich im himmlischen Bereich ab, der durch den Goldgrund qualifiziert ist.
  In der unteren Bildhälfte herrscht ein dramatisches Getümmel von nackten Menschen (Seelen), Engeln und Teufeln oder dämonischen Ungeheuern. Auf der rechten Seite ist die Hölle als brennende Burgruine (Teufelsburg), das Paradies auf der linken Bildseite in gotischer Kirchenarchitektur dargestellt. In der Bildmitte wird der Zug der Verdammten, zusammengekettet durch Dämonen, in Richtung des Höllenschlundes im Bild vorne rechts herangeführt. Dem Höllenschlund zugetrieben werden Menschen aus allen Ständen der damaligen Zeit, die Lochner durch entsprechende Attribute oder Körperformen charakterisiert: Papst, Kardinal, König, Mönche, vornehme Frauen. Im Zuge der Verdammten befinden sich römische Soldaten, Mohammedaner, Juden. Als Gründe der Verdammnis werden angedeutet Prasserei und Wucher (aufgesprungener Sack mit Goldmünzen, Spielleidenschaft (Würfel), Trunksucht (Becher), Hurerei (gelbe Hörnerhaube) (vgl. Zehnder, S. 217). „Lochner führt in seinem Zug zur Hölle ... die Vertreter zahlreicher Sünden vor. Ihre Attribute überführen die Verdammten des Unglaubens bzw. eines

falschen Glaubens, der Trunk- und Spielsucht, des Zornes, der Hoffart und der Wollust, der Völlerei, des Geizes und der Habsucht". (Lukatis, S. 193)

In der Bildmitte vorne steigen Tote aus dem Grab, die Hände flehend zu Christus erhoben. Engel und Teufel kämpfen um die Seelen und versuchen sie auf ihre Seite zu ziehen. Ein solcher Kampf findet auch rechts oben über der Burgruine statt.

Auf der linken Bildseite werden die Geretteten, dargestellt in hellen Farben, von Engeln in das Tor zum Himmel geleitet. Am Tor nimmt sie Petrus, der „Himmelspförtner", in Empfang. Der Zug der Erlösten wandelt auf einem Wiesen- und Blumenteppich, während zur Höllenseite hin der Erdboden verödet. Als Kompositionselement verwendet Lochner zwei gegenläufige Bewegungen der Menschenmassen: zum Einen der Zug der Verdammten in der Bildmitte auf uns zukommend, zum Andern links „vom Vordergrund in die Bildtiefe gehend mit vielen Rückenfiguren als Aufforderung zur Identifikation und zum Einzug in das Paradies".(Zehnder, S. 218)

■ Die Arbeit mit den Bildern S. 86/87 ist schwieriger, da sie zur vorliegenden Thematik nicht ohne weiteres in Beziehung zu setzen sind. Sie können jedoch mit Zusatzinformationen oder -erzählungen des Lehrers/der Lehrerin versehen das Verständnis der Klasse für die in der Rolle des Paul angelegten ersten Zweifel vorbereiten.
Folgende Fragen und Anmerkungen können helfen:
1. Paul lernt auf seinen Reisen Menschen kennen, die sich die Erde nicht mehr als Scheibe vorstellen, sondern als Kugel (vgl. Buch S. 86)
2. Er lernt fremde Menschen kennen, mit anderem Lebensstil und anderem Glauben.
3. Er hört, wie manche die Kirche und den Lebensstil ihrer Priester kritisieren.
4. Er sieht den Prunk z.B. in großen Städten wie Köln oder Rom und die Armut in seinem Dorf.

■ Die Schüler und Schülerinnen lassen Paul erzählen, was er auf Reisen gesehen und erlebt hat. Konrad fragt nach.

■ Die vorgegebene (abgebrochene) Szene auf dem Kirchplatz wird fortgeführt: als Dialogszene, Rollenspiel, Comic, usw.

■ Für sehr aktive und sprachgewandte Klassen wäre es auch denkbar, dass die Fortführung mit der Variante eines Streitgesprächs zwischen dem Pfarrer und Paul gestaltet wird.

■ Nach der Erarbeitung der zentralen Thesen von M. Luther zum Ablasshandel (vgl. Buch S. 89) kann die Szene erneut ausgestaltet werden, etwa mit der Vorgabe, dass Paul diese Thesen auf einer seiner Reisen kennengelernt hat.

c) Literatur und Materialhinweise

D. Steinwede, Reformation Martin Luther. Ein Sachbilderbuch zur Kirchengeschichte, Kaufmann/Christophorus, Lahr/Freiburg 1983

Quellentexte: Columbus erzählt die Entdeckung Amerikas - Aus dem Schiffstagebuch und aus einem Brief, in: D. Steinwede (Hrsg.), Erzählbuch zur Kirchengeschichte, Kaufmann/Christophorus/Vandenhoeck & Ruprecht, Lahr/Freiburg/Göttingen 1987, S. 14-21

2. Martin Luther

a) Notizen zu Thema und Intention

Im ersten Kapitel wurde versucht, die gesellschaftlichen und historischen Hintergründe für die Reformation zu umreißen. Die ausschlaggebenden Ereignisse sollen im zweiten Kapitel in der Begegnung mit der Person Martin Luther thematisiert werden. Bei allen anstehenden Fragen handelt es sich gewiss nicht um eine schülernahe Problematik. Um uns den Ereignissen und Vorgängen der Reformation mit den Augen von Schüler/innen zu nähern, bedienen wir uns eines fiktiven Interviews zwischen Luther und zwei Jugendlichen etwa im Alter der Schüler/innen der 7. Klasse. So war es möglich, manche Fragen einfach und schlicht und bisweilen im legeren Schülerjargon zu formulieren.

Natürlich war es nicht die Person eines Martin Luther allein, der diese Ereignisse bestimmt hat. Aber nur durch diese Fokussierung ist es möglich, die komplexen Umstände und verwickelten Vorgänge theologischer, gesellschaftlicher und politischer Art einigermaßen übersichtlich zu strukturieren. Die Themen des Interviews werden an entsprechender Stelle durch Quellen und Abbildungen vertieft: Ein Lied aus Luthers Feder („Dem Teufel ich gefangen lag") soll seine seelische Verfassung veranschaulichen. Es versteht sich, dass ein Auszug aus den Thesen das Urdatum der Reformation belegt sowie ein Bild das leibhaftige Gesicht und die Bibel den innersten Kern seiner Motivation und seines Lebenswerkes darstellt.

b) Methodische Hinweise

- Interview mit Martin Luther
  Folgende inhaltliche Elemente werden „angespielt" (und können je nach Bedarf mit weiteren Schritten vertieft werden):
  - Luthers familiäre Herkunft und sein Studiengang
  - sein seelischer Hintergrund (und der seiner Zeit) bei der Suche nach einem gnädigen Gott
  - die Antwort der Bibel
  - die Auseinandersetzung mit der Ablassfrage und Luthers Intention einer theologischen Klärung (keine Kirchenspaltung!)
  - Stichworte zur Auseinandersetzung mit der Kirche: Konflikt mit Rom, Kardinal Cajetan, Kirchenbann
  - die Rolle von staatlicher Macht und Kurfürst Friedrich
  - die Bibel als Mittelpunkt von Luthers Arbeit

  Das Interview kann mit verteilten Rollen gelesen werden.
  Gespräch: Welche Fragen würdest *du* an Martin Luther stellen? Auch kritische Meinungen können geäußert werden. Schließlich soll auch die Schlussfrage von Martina aufgegriffen werden: „War's nun gut, dass es den Luther gab oder nicht?" Ausgehend von dieser Frage wird ein Plakat angelegt mit folgenden zwei Spaltenüberschriften:
  a) Negative Folgen der Reformation, b) Positive Folgen der Reformation. Auf der positiven Seite könnte z.B. die Übersetzung der Bibel ins Deutsche stehen. Die Auflistung wird im weiteren Verlauf der Einheit vervollständigt.

- Die Schüler/innen schreiben einen Brief an den Kardinal Albrecht von Mainz, in dem sie zum Verkauf von Ablässen Stellung nehmen.

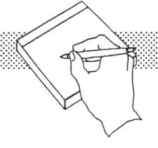

- Lied/Text: Dem Teufel ich gefangen lag (Buch Seite 89)
  Das Lied wird gelesen, dann wird das Buch geschlossen. Impuls: „An welche Worte erinnerst du dich? Was sagen dir diese Worte?" Die Worte werden an der Tafel festgehalten. Beim zweiten Mal Lesen wird auf folgende Fragestellung geachtet: Warum schreibt Martin Luther ein solches Lied? Wie geht es ihm? Welche Ängste hat er? Was sagt Luther im Interview selber dazu?
  Besonders die zweite Strophe ist recht schwierig zu entschlüsseln. Die Schüler/innen versuchen, die Aussagen wiederzugeben, die sie verstehen.

- Im Gotteslob und/oder im Evangelischen Gesangbuch nachschlagen, bei welchen Liedern Martin Luther als Autor angegeben wird. Nach Zusammenhängen und Entsprechungen suchen zwischen dem Liedinhalt und dem, was im Unterricht über Lebenseinstellung und Intentionen Luthers erarbeitet wurde.

- M48 Allgemeine Bekanntmachung (Steckbrief) Martin Luthers
  Im Zusammenhang mit dem Wormser Edikt und der Reichsacht lässt sich ein Schreiben, das zur Ergreifung Luthers aufruft, gut begründen (wenngleich ein solches Flugblatt wohl nie verbreitet wurde). Der/die Lehrer/in führt die Aufgabe ein: „In einer alten Bibliothek wurde ein Blatt gefunden, das schon sehr zerschlissen ist. Manche Angaben sind unleserlich geworden. Stellt die ursprünglichen Angaben mit Hilfe des Interviews im Buch wieder her."

c) Literatur und Materialhinweise

U. von Fritschen, Bedingungslose Annahme - Die lutherische Rechtfertigungslehre im Spiegel moderner Erfahrungen, in: R. Tammeus (Hrsg.), Religionsunterricht praktisch. Unterrichtsentwürfe und Arbeitshilfen für die Sekundarstufe I, 8. Schuljahr, Vandehoeck & Ruprecht, Göttingen 1998, S. 7-33

A. Kaczorowski u.a., Eingreifprogramm Christentum in der Geschichte - Reformation (Lehrer- und Schülerheft), Bernward, Hildesheim 1985

P. Manns, Martin Luther, Herder/Kaufmann, Freiburg 1982. Mit 96 Farbtafeln von H. N. Loose. Aus dem Klappentext zu diesem Bildband: „Leser beider Konfessionen lernen durch Mann's Interpretation einen 'Vater im Glauben' kennen und erkennen voller Überraschung, wie falsch viele der in beiden Kirchen überlieferten Klischeevorstellungen sind. So setzt diese Biographie, die vom Geist richtig verstandener Ökumene durchdrungen ist, für die Beschäftigung mit Luther neue Maßstäbe."

D. Petri, Freiarbeitsmaterialien zum Thema Martin Luther und die Reformation, in: entwurf 3/95, S. 26-32. Es handelt sich hierbei um ein Domino-Spiel für die Grundschule und Arbeitsblätter für Sek I zu Luthers Bibelübersetzung.

D. Steinwede, Reformation Martin Luther. Ein Sachbilderbuch zur Kirchengeschichte, Kaufmann/Christophorus, Lahr/Freiburg 1983

D. Steinwede (Hrsg.), Erzählbuch zur Kirchengeschichte, Kaufmann/Christophorus/Vandenhoeck & Ruprecht, Lahr/Freiburg/Göttingen 1987. Kapitel: Luther im Gegensatz. Das Christentum im Zeitalter von Weltentdeckung, Humanismus, Reformation, katholischer Reform und beginnender Gegenreformation (16. Jh.), S. 14-158 (Quellentexte, Erzählungen, Leseszenen)

M48

Allgemeine Bekanntmachung
aus dem Wormser Edikt

Wir erklären den Martin Luther als ein von Gottes Kirche abgetrenntes Glied und als einen offenbaren Ketzer. Wir gebieten euch allen, dass ihr den Luther nicht in euer Haus aufnehmt, ihm nichts zu essen und zu trinken gebt, ihn nicht mit Worten oder Werken öffentlich oder heimlich unterstützt, sondern, wo ihr euch seiner bemächtigen könnt, ihn gefangennehmt und uns ausliefert. Ferner gebieten wir euch, dass keiner des Martin Luther Schriften kaufe, verkaufe, lese, behalte, abschreibe, drucke oder drucken lasse, noch seiner Meinung zufalle, sie nicht halte, predige, beschirme...

Worms, 8. Mai 1521   Kaiser Karl V

Martin Luther

Angaben zur Person:

geboren am:

in:

Name des Vaters:

Name der Mutter:

Studium der Rechtswissenschaft an der Universität in

Eintritt ins Kloster im Jahre 15

Im Jahre 1512 Professor an der Universität in

Veröffentlicht im Jahre 1517 seine 95 _____ in Wittenberg.

Aus der Kirche ausgeschlossen im Jahre

3. Die Reformation nimmt ihren Lauf

a) Notizen zu Thema und Intention

Von Luthers Konflikt mit der Kirche bis zur Kirchenspaltung führen sehr verschlungene Wege. Ein komplexes Bündel von Bedingungen, Einflüssen und Ereignissen kommt bei dieser Entwicklung zusammen, das von den Schüler/innen auch nicht nur annähernd durchschaut werden kann. Mit der Darstellung im Buch S. 92 werden stichwortartig ganz wenige Konturen der Ereignisse beschrieben. Als wesentlicher Faktor für die Ausbreitung der Reformation wird der Einfluss der Landesherren bzw. der Obrigkeiten der Städte betont. Dieser Aspekt begegnet wieder im folgenden Kapitel am Beispiel der Entwicklung in Biberach.

Neben den groben Zügen der Entwicklung der Reformation liegt es nahe, mit Hauptschüler/innen den Blick auf die Geschichte vor Ort bzw. in der näheren Region zu werfen. Dieser Ansatz bei der konkreten Situation vor Ort wird auch im folgenden Kapitel aufgenommen.

b) Methodische Hinweise

- Nach Möglichkeit sollte Quellenmaterial aus der Ortsgeschichte bereitgestellt werden, um Informationen über die Konfessionsgeschichte des eigenen Ortes zu erarbeiten. Daraus kann ggf. eine kleine Dokumentation erstellt werden. Ein solcher Arbeitsschritt bildet sinnvollerweise eine Einheit mit dem folgenden Thema der ökumenischen Entwicklung.

- Für eine differenziertere, vertiefte Bearbeitung der Reformationsgeschichte wird auf die angegebenen Materialhinweise verwiesen:
D. Steinwede, Reformation Martin Luther; das Eingreifprogramm von A. Kaczorowski, Reformation; P. W. Schmidt, G. Hergenröder, Heft IV Die frühe Neuzeit - Reformation und katholische Reform.

- Einen Überblick über die lange, leidvolle Geschichte der Spaltungen und Trennung bietet die Skizze M49. Hier soll vor allem die Vielzahl der Denominationen beachtet werden, die durch die Reformationen ausgelöst wurden.

c) Literatur und Materialhinweise

P. Manns, Martin Luther, Herder/Kaufmann, Freiburg 1982. Mit 96 Farbtafeln von H. N. Loose.

D. Steinwede, Reformation Martin Luther. Ein Sachbilderbuch zur Kirchengeschichte, Kaufmann/Christophorus, Lahr/Freiburg 1983

A. Kaczorowski u.a., Eingreifprogramm Christentum in der Geschichte - Reformation (Lehrer- und Schülerheft), Bernward, Hildesheim 1985

P. W. Schmidt, G. Hergenröder, Die Kirche in der Diözese Rottenburg-Stuttgart von der Christianisierung bis in die Gegenwart. IV Die frühe Neuzeit - Reformation und katholische Reform, Echo-Buchverlag, Kehl 1991 mit Arbeitshilfen für den Lehrer von G. Hergenröder und N. Simianer, Kehl 1992

M49 Kirchentrennungen

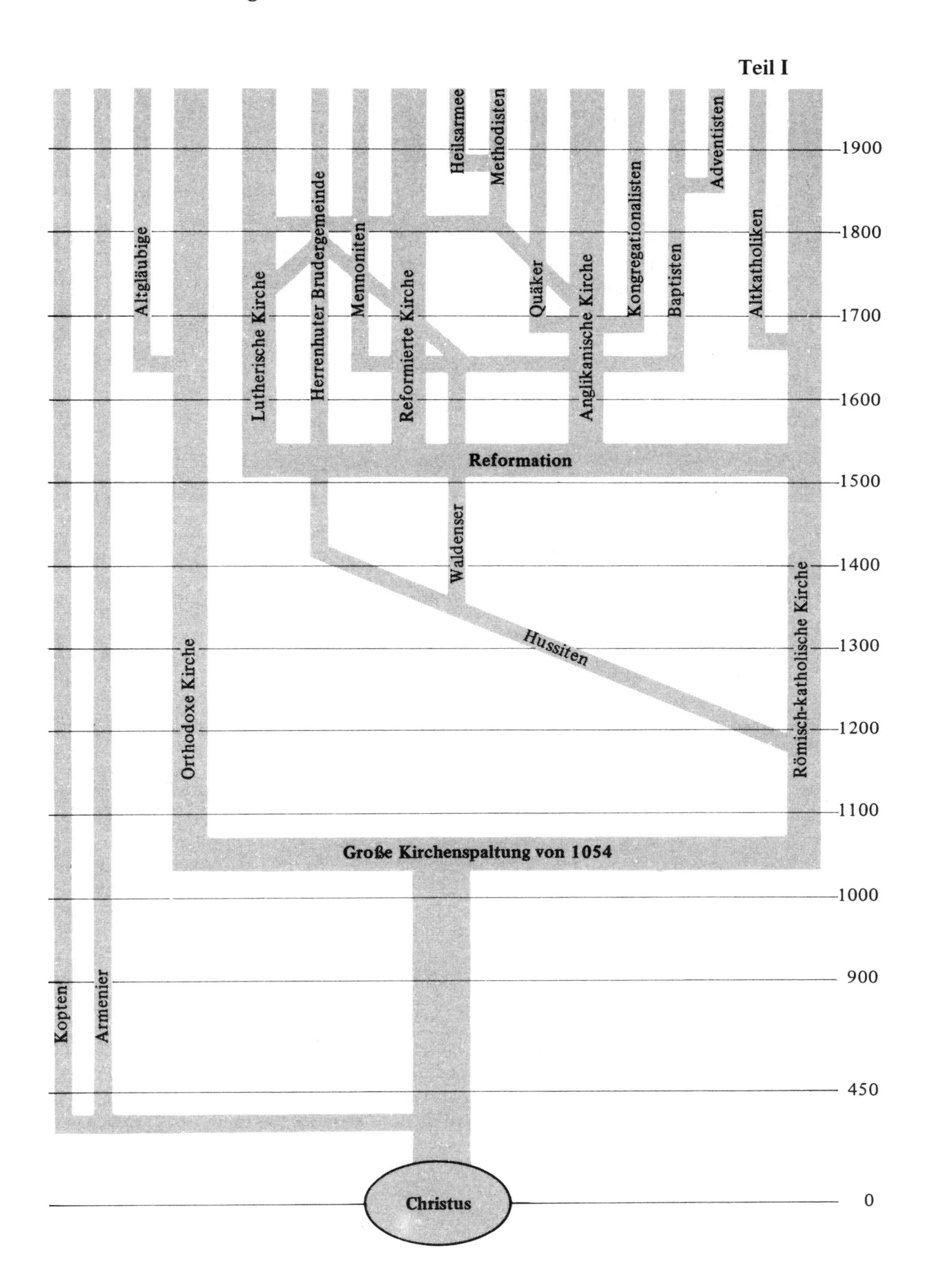

Teil I

Diagramm der Kirchentrennungen von Christus (0) bis ca. 1900:

- Kopten
- Armenier
- Orthodoxe Kirche
- Altgläubige
- Lutherische Kirche
- Herrenhuter Brudergemeinde
- Mennoniten
- Reformierte Kirche
- Heilsarmee
- Methodisten
- Quäker
- Anglikanische Kirche
- Kongregationalisten
- Baptisten
- Adventisten
- Altkatholiken
- Römisch-katholische Kirche
- Waldenser
- Hussiten

Reformation (um 1500)

Große Kirchenspaltung von 1054

Zeitachse: 0 – 450 – 900 – 1000 – 1100 – 1200 – 1300 – 1400 – 1500 – 1600 – 1700 – 1800 – 1900

Christus (0)

4. Ökumene -
die Kirchen wachsen wieder zusammen

a) Notizen zu Thema und Intention

Die vorliegende Teileinheit baut auf der LPE 4/Klasse 6 (Einheit und Verschiedenheit im christlichen Glauben) auf. Die dort erarbeiteten Vorüberlegungen zu Theologie und Situation der Schüler/innen gelten auch für diesen Teil (vgl. Handreichung Lebenslinien 6, S. 96ff). Im Kontext des kirchengeschichtlichen Themas „Reformation" werden allerdings Akzentverlagerungen vorgenommen, die die in Klasse 6 erarbeitete Thematik erweitern und vertiefen. Natürlich kann im Rahmen dieser LPE auch auf dort vorgeschlagene Lernelemente zurückgegriffen werden.

Die LPE der 6. Klasse stellt das aktuelle ökumenische Geschehen bzw. Begegnungen mit der evangelischen Partnergemeinde in Schule und Wohnort in den Mittelpunkt des Lernens und bietet dafür auch zahlreiche methodische Bausteine an. Mit der im Lehrplan eher knapp gehaltenen Teileinheit: „Ökumene - die Kirchen wachsen wieder zusammen" wollen wir im Duktus der Gesamteinheit bleiben und einen kirchengeschichtlichen Akzent setzen: heutige ökumenische Bemühungen werden an einem besonders markanten exemplarischen Beispiel - Biberach in Oberschwaben - nach ihren Wurzeln, ihrer Entstehungsgeschichte befragt. Für unsere Schüler/innen scheinen Trennung und/oder Einheit in der Regel vom Himmel gefallen zu sein, d.h. sie können die jahrhundertealte schmerzhafte Trennungsgeschichte der Konfessionen nur sehr schwer nachvollziehen und daher auch nicht verstehen, dass der Weg zur Einheit ein oft mühsamer Annäherungsprozess ist, in dem um viele kleine Schritte gerungen wird. So hoffen wir, dass mit der Erarbeitung geschichtlicher Zusammenhänge auch das Verständnis dafür wächst, dass die heutige Gestalt von ökumenischem Zusammenleben der Konfessionen einen Fortschritt bedeutet, der das unterschiedlich Gewachsene respektiert und verstärkt nach dem Verbindenden sucht. Dabei darf kirchengeschichtliches Lernen sich jedoch nicht auf das Erbauliche und Erfolgreiche beschränken, sondern muss auch Strittiges oder gar Peinliches mit einbeziehen. Kirchengeschichte ist nicht nur eine Geschichte der Sieger, sondern auch der „Verlierer" (vgl. RU 1/82). Darüber hinaus hilft dieser Ansatz den Schüler/innen das Bemühen um Ökumene nicht nur als individuelle Aufgabe zu verstehen, sondern auch ihre (kirchen-)politisch-gesellschaftliche Dimension zu erahnen. Auch darin ergänzen sich die beiden Lehrplaneinheiten in Klasse 6 und 7, indem z.B. die Familiengeschichte in Klasse 6 (vgl. Lebenslinien 6, Schülerbuch S. 54-55 und Handreichung S. 100) durch die Lokalgeschichte der Stadt Biberach (besser noch des eigenen Wohnortes) ergänzt wird. An der Stadt Biberach mit ihrer 350jährigen Tradition der Parität und dem 450jährigen Simultaneum der Stadtpfarrkirche St. Martin lässt sich besonders gut aufzeigen, wie frühe Bemühungen um ein geregeltes Nebeneinander ein zunehmend intensiveres Miteinander hin auf eine gemeinsame Glaubensbasis ermöglich(t)en. Es bleibt allerdings auch nicht verborgen, mit wievielen Rückschlägen und Schwierigkeiten ein solcher Weg verbunden war und ist und dass er sein Ziel noch lange nicht erreicht hat. So schreiben der evangelische Dekan Peter Seils, der katholische Stadtpfarrer Wolfgang Martin und der Oberbürgermeister Thomas Fettbach in ihrem Grußwort zum Jubiläum des Simultaneums und der Parität in Biberach zutreffend: „Beide Ereignisse sind glänzende Beispiele für die Lebensklugheit unserer Vorfahren. Während andere blutige Fehden führten, bei denen nur einer gewinnen konnte,

handelten sie „Friedensverträge" aus und integrierten diese ganz praktisch in ihr Alltagsleben. Die Regeln bewährten sich die Jahrhunderte hindurch, trotz ständiger Reibungen und Eifersüchteleien. Sie erwiesen sich als einigende Kraft, die den Konfliktstoff zwischen den Konfessionen und den sie tragenden sozialen Gruppen entschärfte, auch wenn der Weg oft mühselig war.
In der Mentalität der Biberacher, bei der Ämterbesetzung und Eheschließung, bei Festen und Feiern, im Vereins- und Parteienwesen und nicht zuletzt im Alltag (auch des Simultaneums) wirkte und wirkt die Bikonfessionalität noch lange fort."

Die ehemals freie Reichsstadt Biberach ist nicht die einzige Stadt Deutschlands, die ein Simultaneum ihr eigen nennt; weitere gibt es beispielsweise in Bautzen und Wetzlar. Es gab auch einige Städte, die seit dem Westfälischen Frieden die Parität der Ämter hatten. Allerdings ist Biberach die einzige Stadt, die beides - Simultaneum und Parität - gleichzeitig bis in die Gegenwart hinein besaß und besitzt. Eine Besonderheit, die das Klima der Stadt prägt und prägte und damit besonders eindrucksvoll eine Entwicklung aufzeigt, die zum heutigen Stand von Ökumene geführt hat. Der Kreisarchivar von Biberach, Dr. Kurt Diemer, nennt sie daher einen „Testfall für die Koexistenz unterschiedlicher Glaubensrichtungen", der es auch im Zeitalter der Reformation und Gegenreformation ermöglicht hatte, Konflikte gewaltlos auszutragen und der Stadt eine Blütezeit der Kultur zu bescheren. ((K. Diemer 1998)
„Wenn auch die letzten Reste einer verfassten Parität heute schon längst verschwunden sind, so blieb doch als Erbe die gegenseitige Rücksichtnahme auf die Belange der jeweils anderen Konfession im Sinn eines bewussten Ausgleiches der Interessen und ein gemeinsames Handeln in den beide Konfessionen gleichermaßen berührenden Vorgängen. Und aus dem 1548 grundgelegten Simultaneum, dass sich damals aus dem Zwang der Verhältnisse ergab, ist heute ein von beiden Konfessionen gewolltes und getragenes Miteinander, ja eine Modell ökumenischer Zusammenarbeit geworden. Altar, Taufstein, Kanzel und Orgel sind gemeinsamer Besitz beider Konfessionen und gemeinsames Feiern der beiden Kirchengemeinden, wie gemeinsame Tagungen der beiden Kirchengemeinderäte sind eine Selbstverständlichkeit". (K. Diemer 1998)
Zur Geschichte des Simultaneums: Auch Biberach erlebte die Reformation (1531) mit allen bekannten Erscheinungsweisen und die katholische Erneuerung (1548-1553) mit dem Hin und Her des Verbots und der Wiedereinführung der katholischen Messe. Seit dem Augsburger Religionsfrieden war die Koexistenz beider Konfessionen in der überwiegend evangelischen Stadt rechtlich gesichert. Da es in Biberach nur eine große Kirche - die Stadtpfarrkirche St. Martin - gab, wurde sie von beiden Konfessionen genutzt, was zu einem langen Prozess von Regelungen der gemeinsamen Nutzung führte: Gottesdienstzeiten, Durchgangsrechte durch den Chor, - Chor und Schiff waren nie durch eine Mauer getrennt - Zuteilung von Bauteilen in der Kirche, Verwaltung und Finanzierung. Seit der Renovation der Stadtpfarrkirche 1963-1967 gibt es einen gemeinsamen Altar und Taufstein. Die Kirche selber, abgesehen von zwei katholischen Seitenkapellen, sowie der Evangelischen Sakristei, sowie der umgebende Kirchplatz werden gemeinsam genutzt und von der Gemeinschaftlichen Kirchenpflege unterhalten, die aus dem Gemeinderat, drei katholischen und zwei evangelischen Pfarrern besteht. Die folgende Zeitleiste gibt ihnen einen genaueren Überblick über die Entwicklung (aus (K. Diemer 1998):

1531 Durchführung der Reformation; Verbot der katholischen Messe.
1548 In Zusammenhang mit der durch Kaiser Karl V. erzwungenen Einführung des Interims Restitution des Katholizismus; seit dem 13. August wieder katholischer Gottesdienst in der Stadtpfarrkirche unter eingeschränkter Aufrechterhaltung des evangelischen Gottesdienstes. Gemeinsame Nutzung der Kirche durch die beiden Konfessionen; keine Trennung von Chor und Schiff wie in Bautzen und Ravensburg.
1552 Im Zuge der Fürstenrevolte erneutes Verbot der Messe.
1553 Restitution des Katholizismus; offizielle Gestattung des Gottesdienstes beider Konfessionen. Seit 1553 evangelischer Taufstein.
1555 Im Augsburger Religionsfrieden reichsrechtliche Bestätigung der beiden Konfessionen.
1628 Verbot des evangelischen Gottesdienstes in der Stadtpfarrkirche durch den kaiserlichen Stadtkommandanten.
1632 Rückgabe der Stadtpfarrkirche an die Evangelischen nach der Besetzung der Stadt durch die Schweden.
1638 Verbot des Durchgangs der Evangelischen durch den Chor beim Abendmahl.
1641 Regelung des Simultaneums nach dem Stand vom 12. November 1627.
1649 Vorbehalt des Chores für den katholischen Gottesdienst unter Gestattung des Durchgangs für die Evangelischen beim Abendmahl; Festsetzung der Kirchenzeiten nach dem Stand vom 1. Januar 1624.
1746/47 Barockisierung der Schiffe der Stadtpfarrkirche unter bewusster Rücksichtnahme auf das Simultaneum.
1802 Aufführung des Oratoriums „Die Schöpfung" von Joseph Haydn durch beide Konfessionen.
1829 Neufestsetzung der Gottestdienstzeiten.
1905-1907 Kirchenvermögensausscheidung: Übergang des Restvermögens in die Verwaltung der Stadt, Verhandlungen wegen einer Auflösung des Simultaneums.
1963-1967 Renovation der Stadtpfarrkirche: gemeinsamer Altar und Taufstein, Überlassung des Nonnenschopfs an die Evangelische Kirchengemeinde.

Zur Geschichte der Biberacher Parität (vgl. M50):
Auch hier fand durch die Reformation und Gegenreformation eine wechselseitige Verdrängung und Wiederbesetzung der Ratsstellen durch die katholischen Patrizier und evangelischen Zünfte statt, ein Prozess, der erstmals 1562 zum Vorschlag einer paritätischen Besetzung führte. Jedoch erst 1648 wurden die Versuche das politische Miteinander der beiden Konfessionen gütlich zu regeln auch vertraglich gesicherte Wirklichkeit. Art. V § 11 des Osnabrücker Friedensvertrags bekräftigte neben Dinkelsbühl und Ravensburg die Parität auch für Biberach. Zwar waren damit nicht alle Streitigkeiten beseitigt, jedoch konnten sie auf dieser Basis gewaltfrei beigelegt werden, siehe folgende Übersicht (aus: K. Diemer, a.a.O.):
„Nach den Ratsstatuten von 1401 standen den Patriziern 10 Ratsstellen und die Besetzung des Bürgermeisteramtes zu, den Zünften 14 Ratsstellen, also jeder der sieben Zünfte zwei.
1531 Durchführung der Reformation; zunehmend Verdrängung der Katholiken aus dem Rat zugunsten eines evangelischen Zunftregiments.
1551 Regimentsänderung Karl V.. Beseitigung des evangelischen Zunftregiments und Einsetzung eines katholisch-patrizisch beherrschten Rates; Aufhebung der Zünfte. 1552 In der „Fürstenrevolte" erneut Wahl eines rein evangelischen Rates (27./28.Mai).

1553 Rücktritt des zünftisch-evangelischen Rates zugunsten des katholisch-patrizischen (11. August) auf Grund des Druckes Kaiser Karl V.
1562 Erstmals Vorschlag einer paritätischen Besetzung des Rates.
1563 „Declaratio Ferdinandea"; Erhöhung der Ratssitze von 15 auf 21. Verbot des Ausschlusses eines zu einem Amt Tauglichen wegen seiner Konfessionszugehörigkeit; wird nicht beachtet.
1612 Vorschlag der Biberacher Evangelischen für die zukünftige Besetzung des Rates an Kurpfalz als Reichsvikar: freie Ratswahl durch die Zünfte oder allerwenigstens paritätische Besetzung.
1619 Erneute Forderung der Biberacher Evangelischen nach Einführung „pur lauterer Gleichheit".
1632 Nach Einnahme der Stadt durch die Schweden Einsetzung eines rein evangelischen Rates.
1634 Ergänzung des evangelischen Rates durch Katholiken
1637 Vergleich über die Besetzung des Rates: paritätische Besetzung der Ratsstellen und Ämter bis auf die Bürgermeister (zwei katholische Patrizier und ein Evangelischer) und den Stadtammann (katholischer Patrizier).
1641 Einsetzung eines mehrheitlich katholischen Rates nach dem Stand des Jahres 1627 durch Graf Waldburg-Zeil als kaiserlicher Kommissär.
1645 Eingabe der Evangelischen an den Westfälischen Friedenskongress mit der Forderung nach paritätischer Besetzung der Ratsstellen und Ämter.
1648 Art. V § 11 des Osnabrücker Friedensvertrages zwischen dem Kaiser und Schweden: Parität für Biberach, Dinkelsbühl und Ravensburg.
1649 Einrichtung der paritätischen Stadtverfassung durch eine Kaiserliche Exekutionskommission.
1668 Entscheidung der seit 1649 aufgetretenen Streitfragen durch eine Kreisfürstliche Interpositionskommission.
1707 Reichshofratsurteil spricht die 2. Evangelische Geheimenstelle einem Vertreter der Gemeinde zu.
1764 Bestätigung der Wahl Christoph Martin Wielands als Kanzleiverwalter unter Gleichstellung seiner Besoldung mit der des Ratskonsulenten.
1765-1767 Bei Wahlstreitigkeiten behauptet das katholische Patriziat seinen Vorrang gegenüber der Gemeinde.
1802 Besitznahme der Reichsstadt durch Baden; am 26. April 1803 Aufhebung der bis dahin noch bestehenden reichsstädtischen Verfassung.
1819 Wahl eines Stadtschultheißen anstelle der bisherigen zwei Bürgermeister. Wiedereinführung der Parität durch Beschluss des Stadtrates: 'Dass bei allen Ämtern und Diensten ...., wann zu dergleichen Stellen mehr als eine Person erfordert werden, die eine Hälfte aus Evangelischen und die andere Hälfte aus Katholischen bestehen, bei Stellen von einer Person aber auf einen Evangelischen ein Katholischer und umgekehrt auf einen Katholischen ein Evangelischer folgen solle.'
Im Laufe des 19. und vor allem des 20. Jahrhunderts durch die zunehmende Demokratisierung der Wahlen und das Aufkommen politischer Parteien, die zum Teil ihrerseits die Interessen einer Konfession vertreten (Zentrum), allmähliches Aufweichen und schließlich Verschwinden der paritätischen Strukturen."

Wir haben in diesem Kapitel den Ansatz der Ökumene vor Ort gewählt. Ausgehend von den Gemeinsamkeiten in Biberach sollen gemeinsame Schritte von Christen beider Konfessionen in der eigenen Umgebung der Schüler/innen ins Auge gefasst werden. Darüber sollen aber nicht die Bemühungen auf höherer Ebene übersehen werden. Ein grundlegender Schritt ist die „Gemeinsame Erklärung zur Rechtfertigungslehre" von 1997, die von einer Arbeitsgruppe der römisch-katholischen Kirche und des

Lutherischen Weltbundes erarbeitet wurde. Landesbischof Christoph Stier schreibt dazu in einer Einführung: „In den Beziehungen zwischen lutherischen Kirchen und der römisch-katholischen Kirche kann ein qualitativ neuer Anfang gesetzt werden. In der Rechtfertigungslehre, dem Wurzelgrund kirchlicher Lehre und zugleich dem theologischen Kernpunkt der Trennung, ist ein Konsens formuliert worden, der die verbleibenden Unterschiede in der Rechtfertigungslehre heute gegenseitig mittragen lässt. Sie können die Spaltung der Kirchen nicht weiterhin begründen. Mit anderen Worten: Die GE will verlässlichen und tragfähigen Grund wieder freilegen. Auf ihm können weitere Gemeinsamkeiten aufgebaut werden." (Ch. Stier, Rechtfertigung aus Gnade allein. Eine Einführung in die „Gemeinsame Erklärung zur Rechtfertigungslehre", S. 17, in einem Heft hrsg. vom Evangelischen Oberkirchenrat, Stuttgart und dem Bischöflichen Ordinariat, Referat für Glaubensfragen und Ökumene, Eugen-Bolz-Platz 1, 72108 Rottenburg, gleichzeitig Bezugsadresse). In der Gemeinsamen Erklärung selber (S. 3-12) heißt es in den Absätzen 40 und 41: „Das in dieser Erklärung dargelegte Verständnis der Rechtfertigungslehre zeigt, dass zwischen Lutheranern und Katholiken ein Konsens in Grundwahrheiten der Rechtfertigungslehre besteht, in dessen Licht die ... beschriebenen, verbleibenden Unterschiede in der Sprache, der theologischen Ausgestaltung und der Akzentsetzung des Rechtfertigungsverständnisses tragbar sind..... Damit erscheinen auch die Lehrverurteilungen des 16. Jahrhunderts, soweit sie sich auf die Lehre von der Rechtfertigung beziehen, in einem neuen Licht: Die in dieser Erklärung vorgelegte Lehre der lutherischen Kirchen wird nicht von den Verurteilungen des Trienter Konzils getroffen. Die Verwerfungen der lutherischen Bekenntnisschriften treffen nicht die in dieser Erklärung vorgelegte Lehre der römisch-katholischen Kirche."

b) Methodische Hinweise

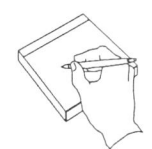

- Vor allem in ländlichen Gebieten ist es möglich mit den Schüler/innen eine lokale Karte der Konfessionszugehörigkeit zu erstellen (vgl. im Folgenden dazu auch die in der Handreichung Lebenslinien 6 vorgestellte Lernform der „Spurensuche" S. 50ff). Zunächst wird eine Klassenspiegel für die gesamte Klasse hergestellt, in dem die Konfessions- (und evtl. Religions)zugehörigkeit eingetragen wird, ebenso der Herkunftsort. Wo dies möglich ist, kann auch auf die Eltern- und Großelterngeneration zurückgegriffen werden. Ergänzt werden die Informationen durch die Einwohnerstatistik in Bezug auf die Konfessions- bzw. Religionsverteilung im Ort (evtl. beim Rathaus erfragen lassen). Mit diesen Daten wird eine Kartenskizze des Einzugsbereichs der Schule erstellt. Die unterschiedlichen Konfessionen (und Religionen) werden mit Farben markiert und erste Beobachtungen dazu gesammelt: Wo gibt es Häufungen? Gibt es katholische bzw. evangelische Dörfer? Wie war das in der Eltern- bzw. Großelterngeneration? Diese Kartenskizze kann dadurch erweitert werden, dass die Herkunftsländer der Schüler/innen einbezogen werden, z.B. romanisch-katholische Länder, Russland, bestimmte Bundesländer innerhalb Deutschlands. Im Vergleich mit Religionskarten im Atlas, bzw. im Buch S. 93 können nun traditionell katholisch/evangelische Länder (bzw. orthodoxe und muslimische) „entdeckt" werden. Diese Spurensuche bildet den Ausgangspunkt für die Frage nach den Wurzeln: Warum ist meine Familie/unser Dorf/unsere Stadt/mein Heimatland überwiegend katholisch oder evangelisch? Was passierte damals z. Zt. der Reformation?

- Für besonders an Geschichte interessierte Jugendliche kann Quellenmaterial aus der Ortsgeschichte bereitgestellt werden, mit dessen Hilfe genauere Informationen über die Konfessionsgeschichte des eigenen Ortes erarbeitet und evtl. dokumentiert werden können.

- In manchen Orten mit deutlichen Mehrheits- bzw. Minderheitsverhältnissen einer Konfession ist der Prozess der Annäherung noch lebendig: die Großeltern, vielleicht auch die Eltern oder andere „Zeitzeugen" können berichten, wie sie die Situation in ihrer Kindheit/Jugend in Erinnerung haben und welche Unterschiede sie heute selber wahrnehmen. Diese Zeitzeugen werden von Schülern und Schülerinnen besucht und befragt oder in den RU eingeladen.

- Ergänzend zu diesem historischen Akzent sollte die Klasse mit Hilfe von Gemeindeblättern, Veranstaltungsprogrammen und Befragung des Pfarrers, der Verantwortlichen für Ökumene usw. eine Bestandsaufnahme der ökumenischen Kontakte und der Zusammenarbeit vor Ort machen. In größeren Kirchengemeinden oder dort, wo es eine rege Jugendarbeit gibt, kann darauf ein Schwerpunkt gelegt werden. Im Vergleich mit den historischen Daten kann herausgearbeitet werden, was sich verändert hat und nach den Impulsen dafür gefragt werden.

- Das Beispiel „Biberach" im Buch S. 94-95 ist sowohl als Anreiz gedacht, in der eigenen regionalen Geschichte zu forschen, als auch als exemplarisches Beispiel für eine Entwicklung der Konfessionen aufeinander hin. Der erste Text ermöglicht den Schüler/innen Schwerpunkte heutiger ökumenischer Zusammenarbeit im Gemeindeleben herauszufinden, vor allem im gottesdienstlichen Bereich.
  Die Gottesdienstzeiten der Stadtpfarrkirche aus den verschiedenen Jahrhunderten sollen die Schüler und Schülerinnen entdecken lassen, wozu sie als Simultaneum diente. Sie vergleichen zunächst die Zeiten und stellen Vermutungen an, was es damit auf sich hat. Leitfrage: Wem gehört die Biberacher Stadtpfarrkirche? Nach der Information durch den Sachtext kann im Unterrichtsgespräch der Frage nachgegangen werden, wie das Zusammenleben damals geregelt wurde und was sich heute verändert hat. Für Letzteres sollte der erste Text zur Ökumene in Biberach herangezogen werden.

- Das Beispiel Biberach kann dazu anregen, in der eigenen Lokalgeschichte danach zu fragen, wo die andere (kleinere) Konfession Gastrecht fand und wie die Konfessionen ihr Zusammenleben zu gestalten und zu regeln versuchten. Vielleicht kann man mit Hilfe von Archivmaterial interessante Geschichten zutage fördern.

- M51 - Im Rahmen des Konziliaren Prozesses für Frieden, Gerechtigkeit und Bewahrung der Schöpfung trafen sich offizielle Vertreter aus den Kirchen der DDR (evangelisch, katholisch, freikirchlich) zu ihrer dritten Zusammenkunft 1988 in Dresden, um eine gemeinsame Erklärung vorzubereiten.
  Der Brief der Delegierten der Ökumenischen Versammlung von Dresden (aus: Vorlesebuch Ökumene. Geschichten vom Glauben und Leben der Christen in der Welt. Herausgegeben von S. Beck, U. Becker u.a., Lahr 1991, S. 187) benennt deutlich die gemeinsamen gesellschaftlichen

Aufgaben ökumenischer Verantwortung und Zusammenarbeit. Die Briefform fordert dazu auf, dass die Schüler/innen einen Antwortbrief formulieren.
Als Hilfe kann zuvor eine Stichwortliste gemeinsam erstellt werden: z.B.
- Wie wir über die Verantwortung der Erwachsenen für die Welt denken
- was sie unserer Meinung nach noch tun müssten
- wie wir weitermachen würden
- warum es wichtig ist, das gemeinsam zu tun
- Was wir euch noch fragen wollen

■ M52 Was evangelische und katholische Christen eint

c) Literatur und Materialhinweise

Zur Biberacher Entwicklung:
K. Diemer, Biberach an der Riss. In: Der Landkreis Biberach, Band I, A. Allgemeiner Teil. Kreisbeschreibungen des Landes Baden-Württemberg. Herausgegeben von der Landesarchivdirektion Baden-Württemberg in Verbindung mit dem Landkreis Biberach. Jan Thorbecke Verlag, Sigmaringen 1987, S. 672 ff.
Ders., Ausgewählte Quellen 1491-1841, Biberach 1991
Ders., 1998: 450 Jahre Simultaneum, 350 Jahre Parität. Die Kunst des Miteinanders, in: Heimatkundliche Blätter für den Landkreis Biberach, 21 Jg., Heft 1, vom 2. Juni 1998: Themenschwerpunkt Simulataneum / Parität.
D. Stievermann (Hrsg.), Geschichte der Stadt Biberach. Theiss Verlag, Stuttgart 1991.
RU 2/94: Kirchen erkunden - Kirchen erleben
RU 1/82: „... unser Nachbar war dabei". Kirchengeschichte in der Region

M50 Die Biberacher Parität

Nicht nur das religiöse, auch das politische Leben versuchte man in Biberach gewaltfrei und in gegenseitiger Anerkennung der Konfessionen zu regeln: durch die sogenannte *Parität*. Bürgermeister und Rat hatten viel Macht, dadurch dass sie Steuern und Abgaben festsetzten, Recht sprachen und entscheiden konnten, wer sich im Schutz der Stadtmauern niederlassen durfte. Obwohl Biberach evangelisch war und nur eine kleine Minderheit katholisch, verstanden es die katholischen Patrizier über ein Jahrhundert, die wichtigsten Ämter zu behalten - gegen die evangelische Mehrheit. Auch die Einführung und Beachtung der Parität ab 1648 verlief nicht glatt, sondern war mit vielen Kämpfen verbunden. 1649 und 1668 gelang es durch genaue Regelungen alle Ämter und den Rat entsprechend den Konfessionen zu besetzen und damit das Zusammenleben friedlich zu gestalten. In anderen Städten kam es dagegen zu blutigen Auseinandersetzungen um die Macht. Solche Vorgänge kennen wir von manchen Ländern, z.B. Irland, auch heute noch. Heute geschieht das politische Leben in Biberach, wie anderswo, nach anderen Regeln, aber das Miteinander der Konfessionen und sogar Religionen ist auf diesem Boden gewachsen.

M51 Brief, den die Delegierten der Ökumenischen Versammlung von Dresden eigens an die Kinder richteten

Liebe Kinder!

Die Erde, auf der wir leben, ist beinahe zerstört. Schuld daran sind wir, die Erwachsenen. Aber viele haben es doch noch bemerkt. Deswegen haben sich zum drittenmal viele Menschen getroffen, um darüber nachzudenken, was zur Rettung der Erde geschehen muss. Das ganz Besondere an diesem Treffen war, dass es Leute sind, die alle an den einen Gott glauben, das aber auf verschiedene Weise tun. Man kann auch ökumenische Versammlung dazu sagen, und die Leute nennen sich Delegierte. Aber eigentlich sind sie Väter und Mütter, Großväter und Großmütter, kurz: Es sind Leute, die auch in Eurem Haus wohnen könnten. Was haben wir gemacht? Wir haben nachgedacht und gebetet und wieder nachgedacht, was zu tun ist mit einer Welt, die wir Euch ziemlich kaputt übergeben müssen. Dann haben wir die Ergebnisse aufgeschrieben. Hier sind die wichtigsten: Wir alle müssen aufpassen, dass es noch lange Zeit Bäume gibt, die in einen blauen Himmel wachsen können. Wir alle müssen uns dafür einsetzen, dass niemand mehr einen anderen Menschen in einem Krieg erschießt. Wir alle müssen teilen lernen, dass niemand mehr verhungert. Wir alle müssen uns darum mühen, dass jeder kleine und jeder große Mensch sicher und geschützt in einer heilen Mitwelt leben kann. Wenn wir müde geworden sind, müsst Ihr an unsere Stelle treten. das ist eine schwere Aufgabe, auf die man vorbereitet sein muss. Deswegen haben wir Euch ein wenig von der Ökumenischen Versammlung erzählt. Glaubt nicht, dass wir alles wissen, aber glaubt, dass wir alles tun wollen. Wir grüßen Euch und danken, dass Ihr uns zugehört habt. Übrigens: Wir waren in Dresden. Dort hat es oft geregnet, und Rauchen im Haus war verboten. SCHALOM

Die Delegierten der Ökumenischen Versammlung

M52 Was evangelische und katholische Christen eint

Nach der Reformation durch Martin Luther ging die Einheit der Christenheit verloren und die beiden Konfessionen entstanden. Die Kirche als Glaubensgemeinschaft spaltete sich in Teilkirchen. Christen konnten nicht mehr gemeinsam Eucharistie feiern. Lange Zeit wurde vor allem betont, was uns trennt:
ein unterschiedliches Verständnis von: ....

....

....

Seit den letzten Jahren werden wieder Schritte aufeinander zu gemacht zwischen Katholisch und Evangelisch und auch anderen christlichen Glaubensgemeinschaften. Ein erster Schritt ist dabei, zu erkennen, was uns eint - weniger was uns trennt.
Wir haben eine Wurzel im Glauben:

1. den Glauben ....

2. die .... als Grundlage

3. Sakramente, wie ....

Aufgaben:
Schaut euch dazu das *Apostolische Glaubensbekenntnis* im Gotteslob (Nr. 2.5) und Lied Nr. 450 an und stellt fest, was wir gemeinsam im Glauben bekennen:

Wir haben auch gemeinsame Gebete und Lieder: (vgl. Gotteslob, erkennbar an einem kleinen „ö" = ökumenische Fassung unter der Nummer). Schlagt solche Lieder und Gebete im Gotteslob auf.

Feste im Verlauf des Kirchenjahres, die evangelische und katholische Christen feiern:

Wir sind Christen in derselben Welt mit den selben Fragen und Problemen, die uns herausfordern:

REIFWERDEN - ERWACHSENWERDEN
LPE 7-9

Zur Struktur der Einheit

Freundschaft	Kennzeichen und Konsequenzen
	Enttäuschungen in Freundschaften

1. Körperliche Entwicklung	Ich mag mich / ich mag mich nicht
	Meine Eltern verstehen mich nicht
	Ich verändere mich

2. Junge und Mädchen (Freundschaft und Sexualität)

Liebe - Liebesgeschichten (Erste Liebe)
Alle reden von Liebe

Eine Didaktik der Liebe möchte man gerne haben. Aber vermutlich ist Liebe nicht didaktisierbar. Die kirchliche Sexualmoral mit ihren Geboten und Verboten dürfte es als eine der in unserer Gesellschaft letzten Zumutungen von Erwachsenen an das Sexualverhalten von Jugendlichen schwer haben. Gleichwohl sollte die Position der einschlägigen Verlautbarungen nicht unterschlagen werden. Im Vordergrund sollte jedoch nicht Textarbeit, sondern das Gespräch über Verantwortung für Freundschaften stehen, das pädagogisch taktvolle Gespräch über Freuden und Enttäuschungen in der Liebe, soweit Schüler/innen das im Unterricht überhaupt besprechen wollen. Noch besser als vorgegebenes Textmaterial wäre es jedoch, die Schüler und Schülerinnen zu ermutigen, ihre Liebesgeschichten und ihre Tagebuchnotizen zu schreiben, und so zu einem Verständnis von Liebe als Sprache zu finden, die – wie alle Sprachen – erlernt sein will.

Im Jugendalter entwickelt sich die Fähigkeit zu wechselseitiger Perspektivenübernahme. Das führt zu einer ganz neuen Selbstwahrnehmung. Während das Kind weithin von sich und seinen Bedürfnissen ausgeht, integriert der Jugendliche die Blicke der andern in seine Selbstwahrnehmung: „Ich sehe mich, wie du mich siehst, - ich sehe mich, wie - denk' ich - du mich siehst." Der Entwicklungspsychologe Robert Kegan spricht von einem „zwischenmenschlichen Selbst". Ein Mensch dieser Entwicklungsstufe hat nicht Beziehungen, sondern er ist Beziehung. Jugendliche erleben sich gleichsam eingebettet in Beziehungen. Sie sehnen sich danach einbezogen zu sein. Einbezogensein ist die Gestalt jugendlicher Intimität. Dieses Gefühl, in Beziehungen gleichsam eingebettet zu sein, ermöglicht ein neues intensives Gefühl wechselseitiger Spiegelung von Selbstbild und dem, was die andern einem spiegeln und zugestehen. Diese neue Form wechselseitiger Wahrnehmung und Spiegelung bringt jene spezifische Form von Jugendfreundschaft hervor, für die dieses Gefühl der inneren unendlichen Verbundenheit und Verschmelzung mit anderen Ausdruck wahrer Liebe ist. Zugleich steckt in dieser Dominanz der Perspektive der andern auch eine nicht zu unterschätzende Tendenz zu einer „Tyrannei der andern" (Fowler). Das Selbstgefühl Jugendlicher ist daher relativ instabil und ambivalent: Sie erleben sich selbst nur in dem Maße, wie sie sich als in Beziehungen eingebettet erleben; zugleich spüren sie mit uneingestandenem Groll diese Abhängigkeit vom Urteil der andern, durch das sie überhaupt erst wirklich auch für andere jemand sind.

Erik H. Erikson hat diese spezifische Beziehungserfahrung im Jugendalter als eine psychosoziale Krise beschrieben, in der es um nicht weniger geht als die Entscheidung zwischen Identität und Identitätsdiffusion. Biologisch ist sie begleitet von der mit der Geschlechtsreife einhergehenden Entwicklung eines neuen Körpergefühls. Erotik, Zärtlichkeit und Sexualität sind ein ganz wichtiger Teil jugendlicher Selbsterfahrung. Hauptschülerinnen und Hauptschüler holen sich ihre Informationen über dieses Thema zum Großteil aus der Jugendzeitschrift „Bravo", aus Darstellungen von Sexualität im Fernsehen und in Videos bzw. Computerspielen. Ein Teil der Schüler/innen leidet an den Folgen der Trennung ihrer Eltern. Einige finden sich in Milieus vor, in denen sexistische Äußerungen normal sind. Einige sind gewalttätigen Lebensumständen ausgesetzt, die sie dazu bringen, körperliche Gewalt als Mittel der Auseinandersetzung richtig zu finden. Im Umfeld solcher Prägungen wundert es nicht, wenn auch Sexualität von Mädchen wie Jungen verbal oft aggressiv zum Ausdruck gebracht wird. Diese Aggressivität sollte nicht als Ausdruck von Stärke oder „Verwahrlosung" gewertet werden sondern eher als ein Zeichen von Defensive und Unsicherheit. Angesichts dieser Ausgangslage hat es der Religionsunterricht natürlich schwer, die kirchlichen Vorstellungen von Sexualerziehung zu realisieren. Von dieser spezifischen Schwierigkeit des Religionsunterrichts abgesehen operiert die gegenwärtige Sexualpädagogik u. E. aber auch unter den Bedingungen des Konflikts gegensätzlicher Lebenswelten, der die Jugendlichen in ein Orientierungsdilemma bringt. „Pädagogische Einrichtungen (Schule, Berufsschule, Berufsausbildung) und der Arbeitsplatz vertreten vorwiegend Tugenden wie Selbstdisziplin, Leistungsstreben, Selbstkontrolle, soziale Verantwortung, rationale Beweisführung, moralische Autonomie, Ernsthaftigkeit in der Lebensführung. Die Konsum- und Modesphäre fordert andere Grundhaltungen: die Bereitschaft, Geld auszugeben und dem Augenblick zu leben; Verzicht auf berufliches Prestige durch das Surrogat des Freizeit-Prestiges; Selbstaufgabe, Augenblicklichkeit, Hedonismus und narzisstische Selbstdarstellung: Vorrang von Emotionalität und Eros." (Baake/Heitmeyer, S. 16, s. Lit) Für die Sexualpädagogik hat dies zur Folge, dass ein großer Teil der Hauptschüler/innen in diesen Fragen von der Schule wenig erwartet. Ist sie doch jene Institution, die Verzicht und Wartenkönnen vor Erfüllung und Genuß stellt. Anderseits scheinen die Schüler/innen trotz negativer Schulerfahrungen in den Lehrer/innen Gesprächspartner zu sehen, die ihnen in Orientierungskrisen Begleiter/innen sein können. Ob Religionslehrer/innen zu diesem Lehrerkreis gehören, hängt davon ab, wie sie selbst mit Erotik und den Tabus kirchlicher Sexualmoral (Onanie, vorehelicher Geschlechtsverkehr) im Unterricht umgehen.

Literatur

D. Baacke/W. Heitmeyer, Neue Widersprüche. Zur Notwendigkeit einer integrierten Jugendtheorie, in: dies. (Hrsg.), Neu Widersprüche. Jugendliche in den achtziger Jahren, Weinheim/München 1985

W. Funk (Hrsg.), Kindheit und Jugend. GeoWissen Nr. 2, September 1993, Gruner und Jahr, Hamburg 1993

Deutscher Katechetenverein und Arbeitsstelle für Jugendseelsorge der Deutschen Bischofskonferenz (Hrsg.), Katechetische Blätter, Themenheft: Mädchen und Jungen. Nr. 2/1994, 119. Jahrgang

Th. Likona, Wie man gute Kinder erzieht! Die moralische Entwicklung des Kindes von der Geburt bis zum Jugendalter und was sie dazu beitragen können. München 1989 (deutschsprachige Ausgabe)

M. Majerus, Liebesworte. Antworten auf Fragen Jugendlicher zu Liebe und Sexualität. Deutscher Katechetenverein e.V., München 1985

Katholische Junge Gemeinde (Hrsg.), Forum, Zeitschrift für Mitarbeiter in der Jugendarbeit. Themenheft: Freundschaft und Sexualität, 15. Jahrgang, Heft Nr. 6/1983

E. Schockenhoff, Sexualität und Liebe. Junge Menschen auf dem Weg zu einer partnerschaftlichen Ehe begleiten. Herausgegeben vom Bischöflichen Ordinariat der Diözese Rottenburg-Stuttgart, 1991

Bischöfliches Schulamt der Diözese Rottenburg-Stuttgart (Hrsg.): Orientierungshilfe zum Thema AIDS im katholischen Religionsunterricht, März 1989

RL, Zeitschrift für Religionsunterricht und Lebenskunde, Heft 1/90 (Thema: und meine Liebe ist rosarot); Heft 1/91 (Themenheft: Ich)

Diverse Arbeitshilfen der Bundeszentrale für gesundheitliche Aufklärung. z.B.: ...Na Nu? von Liebe, Sex und Freundschaft. Oktober 1990, Nr. 1.650.10.90 (meist über die Schule zu erhalten)

1. Den Kinderschuhen entwachsen

a) Notizen zu Thema und Intention

Entsprechend dem Leitthema dieser Entwicklungszeit steht im ersten Teil dieser LPE die Auseinandersetzung mit der eigenen Person und Identität im Mittelpunkt - jedoch weniger als philosophische Frage „Wer bin ich?". Es geht um die Reflexion von Beobachtungen der eigenen körperlichen und seelischen Veränderungen, der Auseinandersetzung mit der Umwelt und der Bedeutung der Beziehungen für sich und die andern. Da Pubertät im hier dargelegten Verständnis vor allem als krisenhafter Prozess zu sehen ist - der sich bei Hauptschüler/innen durch ihre Lebenssituation in der Regel noch verschärft - stehen Bekräftigung und Stützung ihrer Identität im Vordergrund. Dies schließt eine korrigierende und kritisch hinterfragende ethische Erziehung keinesfalls aus. (Vgl. die Ausführungen zu LPE 7-2; 7-3 und 8-3 in diesem Band). Die Arbeit an solchen Fragestellungen kann darauf bauen, dass Jugendliche in diesem Alter zunehmend die Fähigkeit zur Selbstreflexion, sozusagen den Blick in den inneren Spiegel entwickeln. Je unangenehmer vielen von ihnen der Blick auf das eigene äußere Erscheinungsbild im realen Spiegel wird, desto schärfer und „gnadenloser" erleben sie auch die eigenen inneren Spiegelbilder. Vorrangig scheint daher, sie behutsam zu Reflexionsprozessen anzuleiten, die ihnen helfen...
- zu verstehen, wie und warum sie sich so verändern
- die inneren und äußeren Unsicherheiten bei sich und andern zu akzeptieren und einen positiven Umgang damit zu erlernen
- die evtl. entwickelten Taktiken des Überspielens und Kompensierens nach und nach durch adäquate Formen zu ersetzen
- ein für die eigene Person hilfreiches und stützendes Beziehungsnetz vor allem zu Gleichaltrigen zu pflegen.
- mit Begriffen wie „normal" und „man macht das so" kritisch umgehen lernen.

Da sie aufgrund ihrer labilen Situation an sich schon sehr verletzbar sind, versteht es sich von selbst, dass bei allen Übungen und unterrichtlichen Aktionen, die oft die eigene Person in den Mittelpunkt stellen, sensibel darauf geachtet wird, dass die Intimsphäre gewahrt bleibt. Niemand darf bloßgestellt werden oder gegen seinen Willen dazu gebracht werden Persönliches preiszugeben. Die Thematik der vorliegenden LPE erfordert mehr als jede andere ein Vertrauensverhältnis zwischen Lehrer/in und Klasse, sowie der Schüler und Schülerinnen untereinander.

b) Methodische Hinweise

■ Die Bildseite im Buch „Den Kinderschuhen entwachsen" eignet sich, um anhand von ins Auge springenden Wachstumsprozessen und den zugeordneten Alltagsgegenständen die Veränderungen, die Schüler und Schülerinnen an sich selbst wahrnehmen, ins Gespräch zu bringen. Dies betrifft zunächst das Körperwachstum, kann aber auch veränderte Lebensgewohnheiten, Interessen und Vorlieben betreffen (z. B. ausgehend vom Kinder- bzw. Jugendzimmer). Die Bilder sind sowohl als unmittelbarer Gesprächsimpuls gedacht als auch als Anregung für gestalterische Aufgaben, etwa: Aus meinem Fotoalbum; Schuhe erzählen; aus meinem Leben usw.

- Einer aktuellen Bestandsaufnahme der eigenen Situation und des eigenen Lebensgefühls kann das Spiel „Die Wetterkarte" dienen. Wettersymbole sind dazu geeignet, typische Erfahrungen der Heranwachsenden auszudrücken und damit ins Gespräch zu bringen: der Wunsch nach Bindung und Loslösung, Kind bleiben wollen und sich verändern, als Kind behandelt werden und andererseits mehr Verantwortung zu haben. Diese Wechselbäder machen sich oft in Konflikten und Stimmungen Luft. Der Vergleich mit den Erfahrungen der Mitschüler/innen verdeutlicht, dass diesen kein individuelles Versagen zugrunde liegt, sondern dass sie Kennzeichen der Pubertät sind, und entlastet so die einzelnen. Die Wettersymbole bieten ein gutes Vehikel um die unterschiedlichen Stimmungslagen auszudrücken. (Die Idee, mit Wettersymbolen zu arbeiten, stammt aus E. R. Schmidt/H.G. Berg, Aufhören und Anfangen. Wechselfälle im Alltag einer Gemeinde, Gelnhausen 1983). Nach den ersten freien Schüleräußerungen werden im Unterrichtsgespräch Beispiele gesammelt, was „Erwachsenwerden" heißt und welche Veränderungen damit verbunden sind. Daraus kristallisieren sich die Bereiche heraus, in denen sich das zeigt. Letztere werden an der Tafel festgehalten, z.B. unter der Überschrift „Vieles wird anders":

- bei mir selber/an meinem Körper
- im Elternhaus
- in der Schule; im Verhältnis zu den Lehrern
- im Freundeskreis; in der Clique
- in meiner Freizeit.

Im nächsten Schritt - nach einer kurzen Überleitung - werden einige wichtige Wettersymbole gesammelt und ihre Bedeutung bestimmt (Tafelanschrift), z.B.:

Sonne	= Zeichen für gutes, schönes Wetter, macht Freude
Regen	= grau, trüb, stimmt traurig
Schnee	= kalt, eisig, nichts kann wachsen
Nebel	= alles ist verschwommen, man kann nichts klar erkennen/man blickt nicht durch
Gewitter	= es herrscht dicke Luft, es blitzt und kracht
Sturm/Wind	= vieles bewegt sich, der Sturm treibt voran

An die Sammlung der Wettersymbole schließt sich eine Phase der *Einzelarbeit* an, in der die Schüler/innen für jeden Bereich ein für sich passendes Wettersymbol auswählen und auf ein kleines Klebeschild malen. Nun kann das *eigentliche Spiel in Gruppen* beginnen. Die Gruppe überträgt die Bereiche zunächst ins halbfertige Spielfeld und markiert damit die einzelnen Spielsegmente (Vgl. Zeichnung S. 224). Nun wird gewürfelt. Wer auf ein schwarzes Feld kommt, darf das dem Bereich entsprechende Symbol auf das Spielfeld kleben. Dabei besteht Gelegenheit, etwas zum gewählten Symbol zu sagen. Dies sollte jedoch auf keinen Fall erzwungen werden! Ziel des Spielablaufs ist es, möglichst alle Symbole abzugeben. Sollte die Zeit nicht dazu ausreichen, können die übrigen Symbole am Schluss ohne Würfeln aufgeklebt werden. An das Spiel schließt sich eine Reflexion der Plakate in der gesamten Klasse an, etwa mit folgenden Leitfragen:

1. Wie erging es euch beim Spielen? Ist es euch schwergefallen, den andern die Symbole zu zeigen?
2. Wo summieren sich die Symbole? z. B. die Sonne, das Gewitter usw.
3. Was drückt sich darin aus?
4. Gibt es Gründe dafür?

Bitte beachten: Es ist in der Spielbeschreibung wohl schon deutlich geworden, dass dieses Spiel ein Mindestmaß an Vertrauen in der Klasse voraussetzt. Wichtig scheint mir auch, dass der Lehrer/die Lehrerin sich bei der Einzelarbeit mit den Symbolen und bei der Spieldurchführung in Gruppen eher im Hintergrund hält. Die fertigen (anonymen) Spielfelder geben genügend Aufschluss über die Situation der Jugendlichen. Allerdings ist auch dies eine Frage der Beziehung zwischen Klasse und Lehrer/in. Auf jeden Fall sollte das Spiel nicht unvorbereitet mit der Klasse durchgeführt werden.

Benötigtes Material: Plakate mit halbfertigen Spielfeldern; Filzstifte oder Wachsmalstifte; kleine Klebeschilder; Würfel und Spielfiguren

Hier sind die Bereiche einzutragen, z.B.:

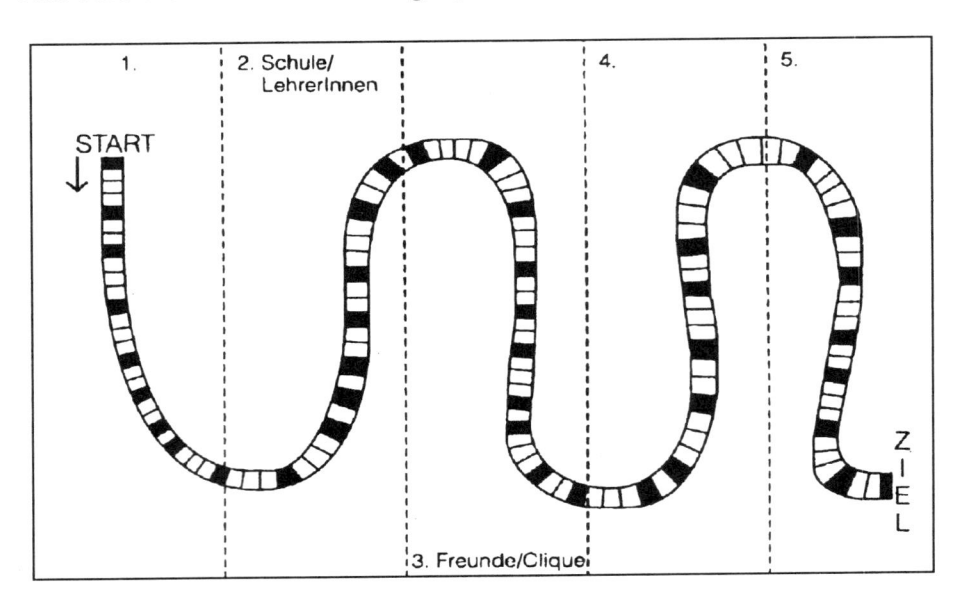

[Spielfeld-Diagramm: 1. START | 2. Schule/LehrerInnen | 3. Freunde/Clique | 4. | 5. ZIEL]

- Das Aussehen, der eigene Körper, das Gesicht, die Haare sind für die Schüler/innen Ausgangspunkt und Mittelpunkt vieler Auseinandersetzungen mit sich selbst. In der Regel sind sie eher unglücklich oder unsicher und haben eine negative Selbsteinschätzung. Folgende Übung zur Selbstreflexion ist daher nur nach reiflicher Überlegung einzusetzen. Eine Stilleübung o.ä. sollte in der Klasse eine ruhige und entspannte Situation schaffen.
  Der Lehrer/die Lehrerin gibt vor Beginn der Einzelarbeit folgende Hinweise:
  Ziel der Übung ist es, dass jeder Schüler/jede Schülerin Ruhe und Zeit hat, das eigene Gesicht im Spiegel zu betrachten und dann im Bild festzuhalten, was er/sie entdeckt hat: „Ich schaue mich an. Mein Gesicht - das bin unverwechselbar ich!" Das Ergebnis wird weder herumgezeigt noch besprochen. Es gehört dir und niemand sonst. Du musst es nicht ins Heft kleben/im Ordner abheften, wo es andere zu Gesicht bekommen könnten.
  Jeder Schüler/jede Schülerin arbeitet nur für sich. Auch der Lehrer/die Lehrerin hält sich während der Arbeit im Hintergrund. Die Jugendlichen geben erfahrungsgemäß selber ein Signal, wenn sie ihr Blatt der Lehrerin/dem Lehrer zeigen und darüber reden wollen. Als Hilfe erhalten die Schüler/innen einen leeren Kopfumriss sowie Handspiegel. Gut geeignet sind auch Spiegelfliesen aus dem Baumarkt.

- Eine Arbeit, die weniger Bereitschaft erfordert, sich selbst anzuschauen, ist das Erstellen von Schattenrissen der Jugendlichen. Dies geht problemlos mit einem Diagerät, vor das sich jede/r einzelne Schüler/in so setzt, dass der Schatten auf ein an die Wand geheftetes Stück Papier fällt (am besten DIN A3) und nachgezeichnet werden kann. Die Schattenrisse werden dann mit Elementen der Selbstwahrnehmung weiter ausgestaltet, z.B. ausgemalt, mit Notizen zur eigenen Person versehen (Interessen, Fähigkeiten) usw. Auch hierbei gilt: das Bild ist persönlicher Besitz und für die anderen Beteiligten unverfügbar!

■ Ausgangspunkt zur vertiefenden Reflexion beider Selbsterfahrungsübungen können folgende Kurztexte sein: „Einmalig" (Buch S. 98); „Ich bin ich" von P. Ceelen und „Ich - eine Kopie". Sie ermöglichen den Schüler/innen im Gespräch ihre Erfahrungen mit der Aufgabe und im Umgang mit der eigenen Person im Alltag zu thematisieren.

Ich bin ich

Wenn ich nicht so wäre,
wie ich bin,
hätte manch einer es leichter,
manch einer auch schwerer.

Wenn ich nicht ich wäre,
hätte ich es manchmal leichter,
manchmal auch schwerer.

Wenn ich überhaupt nicht wäre,
hätte manch einer es leichter,
manch einer auch schwerer.

Wenn...
Ich bin aber.
Und Du sagst hoffentlich:
Es ist gut so!

Petrus Ceelen

Ich - eine Kopie?

Die Nase hat sie vom Papa
die Augen von der Mama
die Figur von der Tante
das Lachen vom Opa
Sie schlurft wie ihr Bruder
und lacht wie die Schwester

Gabi Häußler

■ Die Bildgeschichte von H. Petrides: „Fritz sagt" (M53) ermöglicht stärker die Abhängigkeit der Selbsteinschätzung von andern herauszuarbeiten. Sie trifft exakt das, was in der Einführung als *die* Selbstwahrnehmung von Jugendlichen beschrieben wird: „Ich seh' mich, wie - denk' ich - du mich siehst." Das letzte Bild der Geschichte ohne Denkblase eignet sich als Impuls, dass die Schüler/innen in Form einer Fortsetzung eigene Erfahrungen damit verknüpfen. Es bietet sich aber auch dazu an, das Muster dieser Selbsteinschätzung zu dechiffrieren. Dazu genügen schon kritische Impulse wie etwa: Wie sieht sie sich? Ist sie das dort im Spiegel?

■ Eine schneller und einfacher durchzuführende Übung zur Selbstwahrnehmung, die sich auch für große Klassen eignet, ist das Ich-Puzzle (M54). Das Verfahren selber ist einfach: Jeder Schüler/jede Schülerin erhält die geschnittenen Puzzleteile ohne Mitte. Die Arbeitsanweisung lautet: Vervollständige die begonnenen Sätze ohne lange darüber nachzudenken. Dann setze sie zusammen und klebe sie auf eine Seite im Heft/Ordner. Im gemeinsamen Gespräch kann thematisiert werden, welche verschiedenen Seiten einer Person hier zum Ausdruck kommen und was sie zusammenhält. Dann wird gemeinsam die Mitte entworfen, z.B. „Ich bin..." (Name) oder „Ich bin ich" oder der Name in Schmuckschrift oder Passfoto o.ä..

- Weitere Gestaltungsvorschläge zum Thema „Identität" in: RL. Zeitschrift für RU und Lebenskunde 1/91 sowie in: Ich. Unterrichtshilfen zum Lehrplan Religion, Heft 9, Kanton Aargau.

- Viele Kennenlern- und Ratespiele haben die Frage „Wer bin ich?" zum Inhalt. Einige Beispiele, die sich vor allem auch zum Einstieg in die LPE und in Einzelstunden eignen:
  - Steckbriefe, ohne Namen, die selbstverfasst und dann erraten und der richtigen Person zugeordnet werden müssen
  - Interviews verkoppelt mit Rateformen: Ich stelle eine Persönlichkeit vor
  - Zuordnung von Lieblingssportlern, Poppgruppen, Schulfächern usw.
  - Zuordnung von persönlichen Gegenständen, z. B. Schuhen, die zuvor unter einer Decke o.ä. gesammelt wurden
  - Erkennen von Personen an Stimme, Händen oder Körperumrissen unter einem Tuch.

  Weitere Beispiele finden sich in Spielesammlungen und -büchern.

- In Abwandlung eines Vorschlags in RL 1/91, S. 23-24 zum eigenen Zimmer (nicht alle Schüler/innen besitzen ein eigenes Zimmer!) gestalten die Schüler/innen den Ort, an dem sie sich mit besonderer Vorliebe aufhalten. „Hier bin ich zu Hause - fühle ich mich wohl -". Je nach Zeit und Rahmenbedingungen kann dies als gemaltes Bild, Collage, Szenario in einer geöffneten Schachtel mit Originalgegenständen erfolgen. In Form einer „Ausstellung" stellen die Schüler/innen ihre Werke vor. Zusätzlich kann mit wenigen Schlagworten, z. B. in Form zugeordneter Titelschilder kurz benannt werden, worin die Bedeutung dieses Ortes für sie liegt. Im Gespräch über die Ergebnisse kann erarbeitet werden, welche Bedürfnisse und Wünsche die Jugendlichen geleitet haben, welche Bedeutung sie den visualisierten Sehnsüchten beimessen, usw. In einer vertiefenden Fortsetzung kann erarbeitet werden, welches Lebensmilieu ihnen als Jugendlichen guttut.

- Zum Text von A. Bröger, Komm doch mit, Buch S. 100-103
  Der Text thematisiert eine typische Lebenssituation Jugendlicher und die damit verbundene Gefühlswelt: Langeweile in der Familie, Abwehr gegen Gegängeltwerden und Vorschriften, Ablehnung der von den Eltern angebotenen Nähe und schließlich die plötzliche Verwandlung der Situation durch den Beginn einer Freundschaft. Dieser Veränderungsprozess sollte in den Mittelpunkt der Arbeit mit der Geschichte gestellt werden. Die Schüler/innen werden den Wendepunkt problemlos erkennen können: „Ich fühle mich anders, richtig lebendig." Er wird markiert (z.B. graphisch) und dann das Vorher und Nachher im Erleben von Oliver, der Hauptperson, herausgearbeitet, z.B. in Form von Selbstgesprächen, Gedankensplittern, die der Text ja durch seine autobiographische Erzählform vorgibt. Eine andere Möglichkeit wäre, die Gefühlslagen von Oliver mit Hilfe von Symbolen, z.B. Smilies darzustellen, die den Text am Rande zugeordnet werden (Kopie, bzw. Stichworte zur Entwicklung der Handlung im Heft). In einer aufwendigeren Form kann der Ausblick aus dem Fenster als zentrale Schlüsselsituation genutzt werden: Die Schüler/innen gestalten einen leeren Fensterrahmen aus, die Bilder werden verglichen und ihre Aussage in Worte gefasst. Mit der Frage: Was geht in Oliver vor? können die Schüler/innen dazu angeregt werden, eigene Erfahrungen mit solchen Gefühlslagen zu einer Person verschlüsselt zu thematisieren. Ein weiteres Thema des Textes ist die veränderte Beziehung Jugendlicher - hier von Oliver - zu Eltern und Geschwister und zu Freund/innen.

- Um deutlich zu machen, welche Beziehungen für Jugendliche prägend und wesentlich sind, entwerfen sie das Beziehungsgeflecht für sich selbst unter der Überschrift: Keiner lebt allein!
  Der Arbeitsauftrag dafür lautet: Schreibe „Ich" in die Mitte und notiere dazu, wer für dich z. Zt. wichtig ist. Die Entfernung zwischen dir und dem Namen gibt an, *wie* wichtig der- oder diejenige für dich ist (auch Haustiere sind erlaubt!)

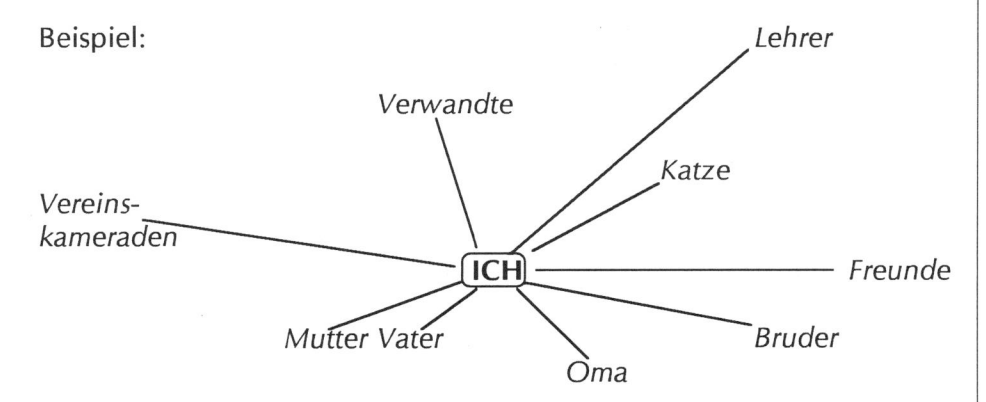

  Beispiel:

  ```
                            Lehrer
           Verwandte
                        Katze
  Vereins-
  kameraden
                  ICH                Freunde
           Mutter Vater      Bruder
                      Oma
  ```

- Ähnlich wie das Gesicht in den Spiegelübungen können auch die eigenen Hände Ausgangspunkt von Selbstwahrnehmung und Bekräftigung der Einmaligkeit jedes Schülers/jeder Schülerin sein.
  Eine kurze Handmeditation stimmt darauf ein: Ich betrachte meine Hand (die Rechte bei Rechtshändern, die Linke bei Linkshändern). Ich entdecke die feinen Linien der Finger und des Handrückens. Ich sehe die kräftigen Linien im Handteller. Meine Finger sind beweglich und geschickt. Die Linien des Daumens - sie sind absolut einmalig bei jedem/jeder von uns.
  Der Daumenabdruck wird mit Hilfe eines Stempelkissens ins Heft gedruckt und die ganze Hand mit Hilfe von Fingerfarben. Beide Bilder werden nun genau betrachtet - wenn möglich mit Hilfe von Lupen. Im Gespräch werden die Verwendungsmöglichkeiten des Daumenabdrucks und seine Bedeutung für die Identität gesammelt. Das Bild im Buch S. 98 unterstreicht die Einmaligkeit jedes Menschen, die in den Linien der Hand und des Gesichts ihren körperlichen Ausdruck findet.
  (siehe auch LPE 7-6 Die Hände Jesu, Handreichung S. 147-148)

- Der Film „Schritt für Schritt" (Nr. 1250, Fachstelle für Medienarbeit Stuttgart, vgl. Beschreibung Katalog S. 198) eignet sich gut, um das Spannungsverhältnis aufzuzeigen zwischen Individualität und Anpassung an andere, die ihre Vorstellungen für verbindlich erklären. Als Methode bietet sich an, den Film dort abzubrechen, wo die Hauptfigur unter den vielen unter Zwang angenommenen Bewegungsmustern zusammenzubrechen droht. Die Schüler/innen entwickeln schriftlich bzw. als Comic-Zeichnung o.ä. mögliche Alternativen für eine Fortsetzung. Das fordert dazu heraus, die Grundaussage des Films zu erkennen und umzusetzen. Erst dann wird die Schluss-Sequenz des Films gezeigt und mit den Schülerlösungen verglichen: Welche führt zu welchen Konsequenzen für die Hauptperson? Welche hilft, welche schadet? Transferversuche: Meinen eigenen „Schritt" finden/... Entscheidungen treffen ...

- Zentrale Lebensthemen junger Menschen werden auch thematisiert in dem Buch von E. Kappeler, Es schreit in mir (Lit.). Es enthält eine Fülle von Briefdokumenten zu den Lebensfragen der Jugendlichen. Sie eignen sich zur Auseinandersetzung mit diesen Problemen nach dem Muster des Kummerkastens bzw. der Leserbriefspalten in Jugendzeitschriften. Die Schüler/innen beantworten sie. Ihre Antwortbriefe können auch untereinander ausgetauscht und kommentiert werden. Im Gespräch werden die angebotenen Lösungen diskutiert und auf ihre Konsequenzen, ihren Realitätsbezug, die darin angebotenen Perspektiven geprüft.

- Fragebogen zum Erwachsenwerden (M55)
  Er kann vor allem als Bestandsaufnahme vorhandener Vorstellungen in der Klasse zum Begriff „Erwachsenwerden" herangezogen werden. So bietet er zunächst für die Lehrerin/den Lehrer eine Hilfe zur Einschätzung der Voraussetzungen für die Thematik. Wenn die wichtigsten Ergebnisse und/oder kontroverse Aussagen für alle auf Folie, Plakat o.ä. visualisiert werden, kann er auch Diskussionsstoff liefern zu Fragen wie: Will ich erwachsen werden? Welche Vorstellungen, Hoffnungen, Ängste verbinde ich damit? Was will ich anders machen als die Erwachsenen?

- Die in Frage 3 des Fragebogens M55 genannten Gegenstände können im Bild oder real repräsentiert werden und zum Ausgangspunkt von Collagenbildern zum Thema: „Erwachsensein" dienen. Als Kontrastbilder zu den materiellen Symbolen können Bilder entworfen werden, die immaterielle Werte zeigen, wie sie bei Versuchen mit dem Fragebogen auch genannt wurden, etwa Familie, Beruf ...

- Das Märchen „Der Elefant, der sang" (M56) eignet sich, um Themen wie Autorität - Gehorsam, aber auch die eigene Persönlichkeitsentfaltung und Auseinandersetzungen mit den Erwartungen anderer zu thematisieren. Gerade Jugendliche wehren sich vehement gegen die Orientierung an Tradition und Gewohnheit. Die erwachsenen Elefanten, besonders der Leitelefant im Märchen, stehen für die unhinterfragte Weitergabe fixierter Vorstellungen und Rollenbilder. Kai-to setzt dem zusammen mit den jungen Elefanten Neues, Unerprobtes entgegen. Der Reiz des Märchens liegt besonders in der überraschenden Konfliktlösung, die Altes und Neues zum Vorteil aller versöhnt. An ihr können die Schüler/innen auch entdecken, dass besondere Fähigkeiten erst dann richtig zum Tragen kommen, wenn sie nicht im eigenen Schneckenhaus vergraben und versteckt werden. Es bietet sich an, das Märchen gestalterisch umzusetzen, z.B. als Bilderfries, Diareihe o.ä.. Dabei kann die Entwicklung erarbeitet werden. Der Text kann auch zunächst nur bis zu der Stelle dargeboten werden, wo Kai-to aus der Herde verstoßen wird. In Form einer Gegenüberstellung (z.B. als Grafik) oder Rollenspiel werden die jeweiligen Grundeinstellungen der beiden Gruppen erarbeitet. Die Schüler/innen entwickeln dann zunächst eigene Fortsetzungen (die wahrscheinlich weniger versöhnlich ausfallen!), die mit dem Ende des Märchens verglichen werden. Ein Transfer kann durch „Märchen aus unserer Zeit" versucht werden, bei dem die Schüler/innen eigene Perspektiven eines Generationenkonflikts thematisieren.

c) Literatur und Materialhinweise

RL. Zeitschrift für RU und Lebenskunde 1/91
Ich. Unterrichtshilfen zum Lehrplan Religion, Heft 9, Kanton Aargau
E. Kappeler, Es schreit in mir. Briefdokumente junger Menschen, München 1980

M53 Bildgeschichte „Fritz sagt"

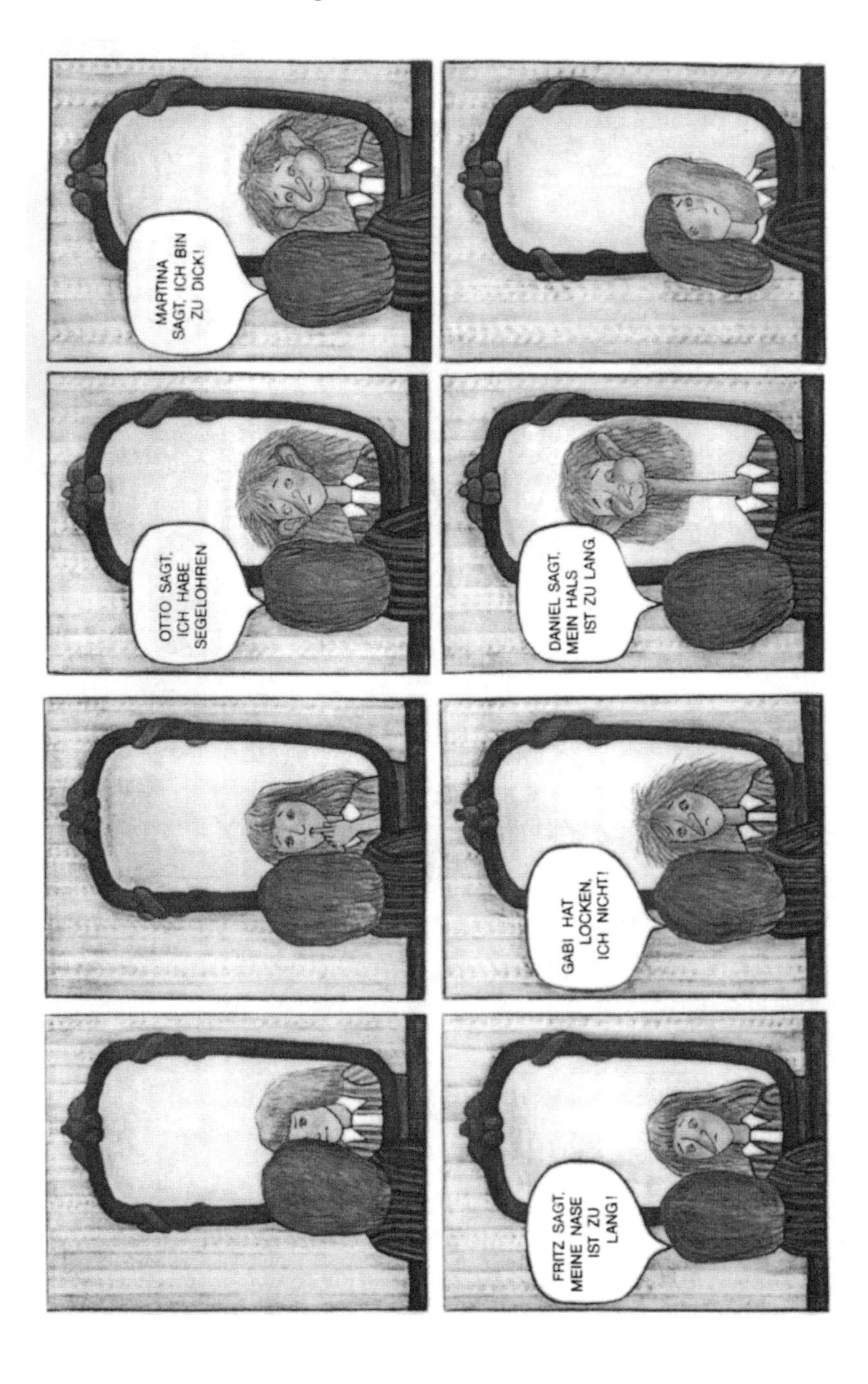

M54 Ich-Puzzle

Was ich mag ....

Manchmal bin ich
....

Meine Freunde mögen mich, weil ich
....

In meiner Familie bin ich
....

Ich bin
....
Ich bin Ich

Manchmal find ich mich
....

Ab und zu träume ich davon
....

Viele denken wahrscheinlich über mich
....

Mir macht Angst, dass
....

In der Schule bin ich
....

Ich wäre gerne
....

Manchmal ärgere ich mich über mich selbst, weil ich
....

Was ich nicht mag
....

M55 Fragebogen Erwachsenwerden

Zum Erwachsenwerden gehört eine eigene Meinung zu haben. Jetzt bist du gefragt:

1. Wann ist jemand für dich erwachsen?
   - ☐ Wenn er einen Beruf gelernt hat
   - ☐ Wenn er Geld verdient
   - ☐ Wenn er ausgewachsen ist
   - ☐
   - ☐
   - ☐

2. Wenn ich an Erwachsene denke, fällt mir ein...........

   Erwachsene sind für mich ....

3. Welche Gegenstände gehören für dich zum Erwachsenwerden?

4. Was gefällt dir an Erwachsenen?

5. Was ärgert dich an ihnen?

6. Was machen Erwachsene deiner Meinung nach oft falsch?

7. Was sollten Erwachsene deiner Meinung nach unbedingt können?

8. Brauchst du für dein Leben Erwachsene?

Entscheide dich:

9a. Ich möchte *gerne* erwachsen sein, weil................

9b. Ich möchte *noch nicht* erwachsen sein, weil.........

10. Welche Erwachsenen sind für dich besonders wichtig?`

11. Gibt es Erwachsene, die du besonders gut findest? Und warum?

M56 Kai-To, der Elefant, der sang

Der Elefant hieß Kai-to. Er war winzig klein und stand unter dem Bauch seiner Mutter. Die Gräser sah er, die Blumen und die Füße der anderen Elefanten. Das war seine Welt. Aber er war anders als die anderen Elefanten. Er sang. „Psst!" zischte die Mutter. „Sei still! Elefanten singen nicht!" Da sperrte Kai-to das Lied in sich ein und schwieg. Doch eingesperrte Lieder wollen frei sein. Als Kai-to größer wurde, trat er unter dem Bauch seiner Mutter hervor. Den Himmel sah er und den geheimnisvollen Urwald mit seinen Tieren. Da konnte Kai-to nicht länger still sein. Er hob die Stimme und sang. „Ruhe!" brüllte die Elefantenherde. „Noch nie hat ein Elefant gesungen! Wir können nicht dulden, dass du singst!" Der Leitelefant hatte zum Glück nichts gemerkt. Er war schon alt und hörte nicht gut. Er sah übrigens auch nicht gut. Manchmal fiel er in ein Loch und die ganze Herde stolperte hinterher. Aber sie folgte ihm trotzdem. Tag für Tag zogen die Elefanten auf ihren Elefantenstraßen dahin. Der Leitelefant, der einen weißen Reiher auf dem Rücken trug, ging immer voraus. Sie tranken und fraßen und badeten. Und wenn sie untertauchten, hielten sie nur die Rüsselspitzen über Wasser. Kai-to aber sang. Unterwegs sang er, wenn sie rasteten und manchmal sang er sogar mit vollem Mund. Einmal geschah es, dass er nachts im Traum sang. Da wurden alle alten Elefanten böse. Die jungen Elefanten mochten Kai-to. Und sie mochten sein Lied. „Sing!" riefen sie. Und sie stellten sich im Kreis um ihn auf und lauschten. Eines Tages jedoch hatte sich der Leitelefant die Ohren besonders gründlich gewaschen. Da hörte er Kai-tos Lied. „Noch nie hat ein Elefant gesungen", sagte er. „Also ist es verboten!" Und er jagte Kai-to fort. Wer aber einmal aus der Herde ausgestoßen wird, darf nie wieder zurückkehren. Die Elefanten zogen weiter die Elefantenstraße entlang. Sie tranken und fraßen und badeten. Kai-to folgte ihren Spuren. Manchmal sang er. Und wenn es auch traurig oder zornig klang, so war es trotzdem ein Lied. „Kai-to singt!", sagten die jungen Elefanten. Unruhe überkam sie. Sie klatschten mit ihren mächtigen Ohren und hoben die Rüssel gegen den Leitelefanten. Die Alten aber taten, als merkten sie nichts. Sie stellten sich taub. „Kai-to soll wiederkommen!", riefen die Jungen. Drohend stellten sie sich dem Leitelefanten in den Weg. „Wenn Kai-to nicht zurückkommt, gehen wir auch!" „Das ist noch nie geschehen", sagte der Leitelefant. „Denk nach!", riefen die anderen. „Es ist Zeit!" Der Leitelefant hatte schon lange nicht mehr nachgedacht. „Ich brauche Ruhe", bat er. Aber die Affen in den Bäumen kreischten wie eh und je. „Das ist alles noch nie geschehen", sagte der Leitelefant, „dass ein Elefant singt, dass man sich gegen mich stellt und dass ich denken muss." „So geschieht dies alles zum erstenmal", sagten die Jungen. „Hol Kai-to zurück!" „Ich würde gegen eine Elefantengesetz verstoßen." „Und?" fragten die Jungen. „Es ist ein altes Gesetz", sagte der Leitelefant. „Wenn ein Gesetz alt ist, so muss es darum nicht gut sein", riefen die jungen Elefanten. „Hol Kai-to!" Da fügte sich der Leitelefant und er ging zu Kai-to. Kai-to aber, der sich bedroht fühlte, warf vorsichtshalber mit Kokosnüssen. „Wir holen dich zurück!", schrien seine Freunde. „Dich und dein Lied!" Da freute sich Kai-to, denn es ist nicht gut allein zu sein. Als sie ihm einen Blumenkranz umhängen wollten, fraß er ihn auf. „Ich bin nichts Besonderes", sagte er. „Ich bin nur jung und ich singe." „Jag ihn fort!", riefen seine Freunde und zeigten auf den Leitelefanten. „Ich habe Erfahrung", sagte der Leitelefant. „Ich weiß, wo die Wasserlöcher sind und vieles mehr." „Wir wollen miteinander gehen", sagte Kai-to. „Du bist erfahren und ich habe gute Augen." So zogen sie los. Viele Reiher waren plötzlich am Himmel und auf jeden Elefantenrücken setzte sich einer von ihnen. Seit damals geschieht es öfter, dass Elefanten geboren werden, die unter dem Bauch ihrer Mutter schon singen.

Gina Ruck-Pauquèt

2. Es ist gut, dass es dich gibt!

a) Notizen zu Thema und Intention

Obwohl sich die Vorstellung inzwischen als nicht mehr haltbar erwiesen hat, dass Mutter oder Vater für Kinder an der Schwelle zum Jugendlichen ihre Vertrauensstellung verlieren und diese vollständig an Gleichaltrige abgeben, ist doch damit zu rechnen, dass Freundschaften gerade für Pubertierende im Vergleich zu Kindern noch an Bedeutung gewinnen. Der Freundeskreis ist wie eine „Insel", die in der großen Gleichaltrigengruppe *die* Sicherheit bietet, die Elf- bis Vierzehnjährige so dringend brauchen (Likona). Vor allem die Mutter und möglicherweise der Vater verlieren jedoch nach neueren Untersuchungen und Beobachtungen ihre Vertrauensstellung nicht. Ihre zentrale Bedeutung wird lediglich durch die Gleichaltrigen begrenzt. Beobachtbar ist allerdings auch, dass viele Freundesgruppen nicht besonders stabil sind und dass sie bei Jungen und Mädchen durchaus unterschiedliche Funktionen erfüllen: Mehr als bei Mädchen findet in Jungengruppen das Aushandeln klarer Regeln statt, werden Rolle und Rang der Einzelnen erkämpft und fixiert. Für Mädchen spielt dagegen die „beste Freundin" eine ganz entscheidende Rolle. Die Rangordnung in Gruppen ist subtiler und weniger deutlich zugewiesen. Beide sind jedoch in der Beziehung zu Freunden äußerst verletzbar und leicht zu enttäuschen. Vertrauen und Verschwiegenheit haben einen hohen Stellenwert.

Wir haben den Themenbereich „Freundschaft" bewusst von dem der „ersten Liebe" getrennt, um beiden mit ihren unterschiedlichen Akzentuierungen Rechnung zu tragen. Beide treten in der Erfahrung der Jugendlichen ja auch nebeneinander auf und schließen sich nicht gegenseitig aus. Schüler und Schülerinnen nehmen diese unterschiedliche Bedeutung auch durchaus selber wahr. Oft entstehen jedoch durch erste Beziehungen zwischen Jungen und Mädchen in gleichgeschlechtlichen Freundschaften Konflikte und Rivalitäten, die die Betroffenen sehr intensiv erleben.

b) Methodische Hinweise

■ Textauszug aus: Inge Wolf, Die dicke Helena, Rotfuchs Nr. 305, Rowohlt Verl., Reinbek b. Hamburg 1982, S. 86-89 (Originalfassung: Georg Lenk Verlag, München 1979), Schülerbuch S. 104-106.
Die dicke Helena ist ein Roman für Jugendliche, der die Entwicklung des Mädchens Helena zum Inhalt hat. Er beschreibt den mühsamen aber spannenden Prozess sich selbst zu entdecken. Helena ist ein dickes und in der Klasse ungeliebtes Mädchen. An ihrer Außenseiterrolle sind doch nicht nur die andern schuld, vielmehr verhält sie sich auch selber abweisend, ist kontaktscheu und verweigert sich den andern. Erst mit Hilfe ihres verständnisvollen Klassenlehrers, dessen Frau, sowie eines Kinderarztes, zu dem sie Vertrauen fasst, entdeckt sie unter ihrer ungeliebten dicken „Schutzschicht" die eigenen Begabungen und die Wurzeln ihrer Probleme. Die Erzählung geht einfühlsam mit typischen Entwicklungsproblemen pubertierender Mädchen (und z.T. auch Jungen) um, ohne übermäßig zu psychologisieren. Der abgedruckte Textauszug lässt sich als kurze Geschichte aus der Rahmenerzählung herauslösen und bearbeiten. Allerdings sollte der Hintergrund der Geschichte, die ihr der Lehrer Herr Kirschensteiner erzählt, kurz skizziert werden: Helena, enttäuscht von der Ablehnung durch ihre Klassenkamerad/innen, sondert sich beim Schulausflug von den andern ab um zu malen (ihre Stärke).

Und sie verläuft sich dabei. Als die Klasse längst die Heimfahrt angetreten hat, findet ihr Klassenlehrer sie endlich. Er nutzt die Wartezeit, bis beide von seiner Frau Alma abgeholt werden, um ihr mit seiner Erzählung die Bedeutung und Grundlagen von Freundschaft klarzumachen. Der vorliegende Textauszug bietet sich besonders für diese Zielsetzung an. Durch seinen in der Rückschau kritisch-reflexiven Charakter kann er Schüler/innen zum Nachdenken über eigenes abweisendes und gedankenloses Verhalten gegenüber Mitschüler/innen anregen, die Freundschaft suchen aber nicht finden. Die Kernaussage wird symbolisch mit dem bekannten Liedvers zum Ausdruck gebracht, der die Aufforderung enthält, *hinter* das Äußere eines Menschen zu schauen.

Die Schüler/innen können nach einem ersten freien Gespräch über ihre Assoziationen zu der Geschichte eine Liste anfertigen mit den Kennzeichen eines Freundes/einer Freundin, die üblicherweise - hier durch die beiden Freunde vertreten - zu erwarten sind: gutes Aussehen, Sportlichkeit, Unternehmungslust usw.. Dann kann das Bild des halben Mondes dazu dienen, eher verdeckte Werte, wie sie in der Erzählung genannt werden, zu erarbeiten: Hilfsbereitschaft, Begabungen, Interessen usw..
Ein weiterer Gesprächsinhalt sollte die Aussage der Mutter und die Reaktion des jugendlichen Lehrers darauf sein: Warum sagt er der Mutter nicht die Wahrheit? Was bedeutet Freundschaft für einen Menschen?

- Vertrauensübungen können dazu verhelfen, die wesentlichste Grundlage von Freundschaft erfahren zu lassen. Bekannt sind sicherlich Übungen wie die „Blindenführung" in unterschiedlichen Formen, sowie Fallübungen: Eine(r) lässt sich in die Arme der Klassenkameradinnen fallen. Das vorsichtig auswertende Gespräch konzentriert sich dabei auf die Grundhaltung der Spielpartner/innen: Vertrauen haben und Vertrauen nicht enttäuschen.

- Eine andere Form der Selbsterfahrung ist die „Spiegelübung". Die Schüler/innen stehen sich paarweise gegenüber. Eine(r) bildet den „Spiegel" des/der andern, d.h. er oder sie führt alle Bewegungen in Mimik und Gestik spiegelverkehrt aus. Die Rollen werden dabei getauscht, so dass jede(r) beide Erfahrungen - Spiegelbild und Person davor - machen kann. Diese Übung schult die gegenseitige Wahrnehmung und das Aufeinandereingehen. Sie kann auch als Erfahrungsgrundlage für ein Gespräch über gegenseitige Abhängigkeit und Führen und Geführtwerden in Freundschaften dienen.

- Das Verfassen von Annoncen nach dem Muster „Freund/Freundin gesucht..." bietet für die Klasse die Basis, ihre Vorstellungen von Werten und Normen einer Freundschaft zu formulieren und zu diskutieren. Die Auswertung kann über eine kritische Auseinandersetzung entlang der Leitfrage geschehen: Auf eine solche Annonce würde ich mich melden, nicht melden... Eine andere Möglichkeit wäre, einen kurzen Antwortbrief für eine ausgewählte Annonce zu verfassen.

- Ähnliche Ziele verfolgen auch die kleinen Problemskizzen im Buch S. 105: „Was heißt hier Freundschaft?" Die Stärke und der Wert einer Freundschaft zeigt sich ja vor allem in Konfliktsituationen, wo unterschiedliche Normvorstellungen und Werte zur Disposition stehen. Selten treffen dabei klare Ja-Nein-Antworten zu. Die angebotenen Beispiele können wie bei der „Briefkasten"-Aufgabe, aber auch im Rundgespräch oder in kleinen weiterführenden Spielszenen eingesetzt werden.

- Die angebotenen Bilder im Buch S. 107 können als Ausgangspunkt für die Reflexion der Bedeutung von Freundschaft dienen:
  - im freien assoziativen Gespräch
  - mit zuordnenden kleinen Texten: Mein Freund/meine Freundin; Warum ich meine Freunde/meine Freundinnen brauche
  - mit einer gemalten Bilderfolge: Ein Tag mit meinem Freund/meiner Freundin
  - mit gemalten Symbolen: Was mir meine Freunde/meine Freundinnen bedeuten...

- Um die Gefährdungen von Freundschaft zu thematisieren, kann das den Jugendlichen sehr geläufige typische Muster aus Jugendzeitschriften („Bravo-Girl antwortet") verwendet werden. In einen mitgebrachten „Briefkasten" werfen die Schüler/innen selbstgeschriebene Briefe ein mit der Thematik: „Ich habe Krach mit meiner besten Freundin!" oder „Ich bin enttäuscht von meinen Freunden!" Jede und jeder in der Klasse zieht sich einen dieser Briefe und versucht ihn zu beantworten. Die Frage- und Antwortbriefe können z.B. als Spiralbuch gebunden (oder in einem Ordner gesammelt) der Klasse zur Lektüre angeboten werden. Ein paar ausgewählte Briefdialoge können als Grundlage eines Gesprächs in der Klasse dienen. Sollte diese Form auf Grund mangelnden Vertrauens in der Klasse Schwierigkeiten machen, kann die angezielte Auseinandersetzung auch in einem Schreibdialog unter ausgewählten Partnern erfolgen. Jugendliche dieses Alters haben erfahrungsgemäß durchaus eine Beratungskompetenz für ihre Gleichaltrigen zu bieten. Allerdings neigen sie manchmal zu harmonisierenden Lösungen, die kritisch hinterfragt werden sollten, z.B. im Klassengespräch. Da die anonymisierte Form freie Äußerungen zulässt, bietet sich dadurch evtl. die Chance unter der Decke schwelende Konflikte in Freundeskreisen der Klasse zu bearbeiten.

- Das Beispiel im Buch S.107 dient als Grundlage um das Verhalten in der Gruppe kritisch zu thematisieren. Die Schüler/innen erhalten dieselben Bilder kopiert und versehen sie mit einer „Geschichte" in Form von Denk- und Sprechblasen (evtl. getrennte Bilder für Mädchen und Jungen). Dabei werden sie Rollenzuordnungen vornehmen, die sie aus ihrer Erfahrung kennen. Zur Vertiefung können sie die Rollen der einzelnen Personen in einer Identifikationsübung einnehmen oder ihre jeweilige Version im Rollenspiel nachspielen. Dafür kann die Zuordnung von Sprech-/Denkblasen auch in Gruppen (evtl. auf Folie) vorgenommen werden. In einer kritischen Auseinandersetzung mit den Szenen werden Rollen und Geschichte daraufhin bedacht, welche Idee von Freundschaft hier dargestellt wird; ob diese den bereits gesammelten Werthaltungen entspricht und was sie halten oder nicht halten kann.

c) Literatur und Materialhinweise

In der Kinder- und Jugendliteratur gibt es zahlreiche Geschichten über Freundschaft. Wir begnügen uns - neben den bereits genannten - mit einigen Literaturhinweisen, (sowie einem im Lehrermaterial abgedruckten Beispiel): Geschichten, die im Lebensraum der Schule angesiedelt sind, finden sich in zwei Sammelbänden: H. Westhoff (Hrsg.), Die schönsten Schulgeschichten, Ravensburger RTB Lesespaß, Nr. 1924, Ravensburg 95.

Besonders hingewiesen sei auf die Geschichte von Renate Ahrens-Kramer, Ich heiße aber nicht Emily, S. 64-71, die vom Zusammenhalt einer Klasse gegenüber einem ungerechten Lehrer erzählt, sowie auf eine Geschichte von Willi Fährmann, Spaghettifresser, S. 143-146, die die Aussenseiterproblematik, deren Überwindung und das Entstehen einer Freundschaft zum Inhalt hat. Ähnliche oder z.T. dieselben Geschichten sind gesammelt in: Carola Schäfer (Hrsg.), Schulgeschichten, Arena Verlag, Reihe: Geschichtenspaß, Würzburg 1995. Sie sind allerdings eher für jüngere Schüler/innen geeignet. Für die siebte Klasse passen sicher noch: Rolf Krenzer, Die Sache mit der Schultasche, S. 15-20 (Inhalt: Vom Umgang Großer mit Kleinen und wie ein Fehler wieder gutgemacht wird) und Klaus Kordon, Klassenkeile, S. 40-48 (Inhalt: Außenseiterproblematik und Stigmatisierung). Von den Kindern selbst erzählte Geschichten finden sich in dem Sammelband aus dem Gulliver Erzählwettbewerb für Kinder: Silvia Bartholl, Juliane Spatz und Reinhold Ziegler, Das Geheimnis der vierten Schublade, Gulliver Taschenbuch 222, Beltz Verlag, Weinheim und Basel 1995. Insbesondere das erste Kapitel „Am Montag fängt die Schule an - Schulgeschichten" und das achte Kapitel: „Hauptsache, jemand hat dich lieb - Geschichten von Liebe und Freundschaft" bieten reichhaltiges Material. Die Geschichten haben den Vorzug, dass sie alle sehr kurz und aus der Perspektive der Kinder und Jugendlichen selbst geschrieben sind. Allerdings gehen die meisten Autor/innen aufs Gymnasium.

Freundschaft hat auch den Aspekt, mit Kindern und Jugendlichen Kontakte zu pflegen, die anders sind, behindert, krank oder die aus anderen Kulturkreisen kommen. Die bereits genannten Sammlungen enthalten auch dazu Beispiele. Besonders verweisen wir diesbezüglich auf folgende Geschichten: In Achim Bröger, Schön, dass es dich gibt, findet sich eine kurze Erzählung mit dem Titel: „Ihr dürft mir nichts tun", S. 115-118. Es ist die Geschichte eines kranken Jungen, der neu in eine Klasse kommt. Den Mitschüler/innen wird ihm gegenüber besondere Rücksichtnahme abverlangt, wobei die Ursachen dafür und die Krankheit selber im Dunkeln belassen werden. An diesem „unnormalen" Umgang scheitert die Beziehung.

Ein gelungenes Gegenbeispiel findet sich in dem Buch von Barbara Lüdecke, Eine Brücke zu dir. Behinderte Jugendliche erzählen, Schneider Verlag 1981. in diesem zum „Jahr der Behinderten" entstandenen Buch erzählen behinderte Jugendliche selbst von ihrer Lebenssituation und ihren Erfahrungen. Die Geschichte von Andrea Hochheimer, 15 Jahre (M57) ist zwar im (älteren) Gymnasialmilieu angesiedelt, bringt aber sehr gut zum Ausdruck, wie sich behinderte Jugendliche Freundschaft vorstellen, wünschen und selber pflegen. Die Erzählung gibt auch gut eine (alltägliche) jugendliche Lebensperspektive wieder. Ein letzter Hinweis gilt dem insgesamt sehr lesenswerten Buch von Gudrun Pausewang, „Ich habe einen Freund in Leningrad." Grenzen überwinden - 16 Geschichten, Otto Maier Verlag, Ravensburg 1986. Die gleichnamige Geschichte S. 4-13 spielt in der Zeit des Kalten Krieges und erzählt, wie sich eine Brieffreundschaft zwischen einem deutschen und einem russischen Jungen über alle Schwierigkeiten und Grenzen weg entwickelt, eine auch heute noch aktuelle Thematik! G. Pausewang nimmt sich in ihren Geschichten vor allem der Unterpriviligierten an und eignet sich auch sprachlich gut für die Hauptschule.

M57   Ein ganz normaler Tag
Bericht von Andrea Hochheimer, Alter: 15 Jahre
Krankheit: eine seltene, noch unbekannte Muskelkrankheit. In dem Bericht handelt es sich um wirkliche Geschehnisse. Alle Personen gibt es wirklich, nur wurden die Namen geändert.

Es ist Montag morgen. Um 6.15 Uhr muß ich aufstehen. Meine Schule - das Leibniz-Gymnasium - liegt in Frankfurt-Höchst. Dort bin ich die einzige behinderte Schülerin unter 1500 Schüler(innen). Verschlafen wälze ich mich also aus dem Bett und denke: „Das wird bestimmt ein ganz mieser Tag! Mein Vater fährt mich zum Bahnhof. Dort fängt es auch schon an. Es gibt eine gewisse junge Frau, die mich nicht leiden kann und ich sie nicht. Heute hat sie auch noch ihre Freundin dabei. Sie reden wieder mal über mich, und dann immer das herablassende Lächeln. „Ganz ruhig bleiben, Andrea", sage ich zu mir. In Frankfurt muß ich umsteigen. Herrgott, müssen die Leute einen immer so blöd anstarren? Am liebsten würde ich sie alle umrennen, alle! Ich ziehe ja nur den rechten Fuß beim Gehen etwas hoch, sonst nichts. Die jüngeren Leute schauen mich so komisch, fast abweisend an; die Mienen der alten drücken Mitleid aus. In den Zug nach Höchst steigt unterwegs mein Klassenkamerad Stefan ein. „Hallo, wie geht's denn so?", begrüßen wir uns. Dann unterhalten wir uns über die nächsten Stunden. Kommt es mir nur so vor, oder ist Stefan in letzter Zeit immer leicht verlegen, wenn er mit mir redet?, fällt mir plötzlich ein.

Bald steigen wir aus. Unten am Bahnsteig wartet schon Bianca auf mich. „Na, wie war das Wochenende?", fragt sie und erzählt von einem netten Jungen, den sie auf dem Sportplatz kennenlernte. Es ist nicht weit bis zur Schule. Kaum haben wir unsere Taschen im Hof abgestellt, kommt auch schon Jerry heran. „Du, Drea, kann ich mal die Deutsch-Hausaufgabe haben?" „Von mir aus. Warst wohl wieder mal in der Disco, was?" „Na klar. Aber nur bis ein Uhr. Meine Mutter hat ganz schön Terror gemacht." Jerry ist schon ein ulkiger Typ. Jetzt kommt auch mein Schwarm, Hendrik. Leider habe ich keine Ahnung, ob er weiß, dass ich ... Ach ja, es blinkt im Erdgeschoß des Hauptgebäudes. Wir sind acht Mädchen und 20 Jungen. Jetzt ist auch Jeannette da. Wir beide sind total pferdenärrisch. Letztes Jahr, als noch einige Störenfriede in der Klasse waren, gab es oft Streit, da einige über mich herzogen und meine Behinderung als einen „Scheiß" (wörtlich!) abtaten. In dieser Zeit wanderte ich von einem seelischen Tief ins andere, bis klärende Gespräche Ruhe schafften. Einige waren damals der Meinung gewesen, dass ich bevorzugt würde (was nicht der Fall war). Außerdem kann ich beim Sport nicht viel mitmachen, und wer sportlich nichts leistet, der kann sich sowieso wegwerfen. Jeannette und Bianca halten aber immer zu mir. All diese Gedanken kommen mir wieder in den Kopf. Dann ist Lateinstunde, mein Lieblingsfach. Mathe geht auch vorbei. In der Pause habe ich ein „sehr nettes" Erlebnis. Meine Freundinnen und ich bummeln über den Schulhof, als zwei kleine Jungen vorbeigehen, laut lachen, auf mich zeigen und meinen: „Ha, wie die geht!" Jeannette und Bianca wollen sich auf sie stürzen und rufen: „Den frechen Bengeln hauen wir eine runter." „Ach kommt, lasst sie doch", erwidere ich, „solche ignoriert man einfach." Aber das ist nur das Äußere von mir. Ich muss mich wirklich beherrschen, diesen Typen nicht die Köpfe zusammenzuhauen, damit sie von ihrem hohen Roß herunterkommen.

In der nächsten Stunde sehe ich andauernd zu Hendrik hinüber und überlege, wie schön es letztes Jahr war, als er und Sven in der Nähe von Jeannette und mir saßen. Es war so schön! So träume ich vor mich hin, bis der Deutschlehrer sagt: „Andrea, bitte mehr Aufmerksamkeit." Dann haben wir Geschichte. Die Referendarin ist nicht imstande, Unterricht zu halten.

Sie unterrichtet uns nun schon das zweite Jahr, und es herrscht wie immer Chaos. Hier hält die ganze Klasse zusammen, und man fühlt sich richtig wohl. Auch mir gefällt es zur Zeit in unserem Kreis sehr gut; mit allen komme ich gut aus und werde ebenfalls kumpelhaft behandelt. Die vorletzte Stunde ist Englisch. Die Lehrerin mag die Jungen lieber als die Mädchen. Wir mögen sie auch nicht, aber ich habe immer das Gefühl, dass sie besonders mich nicht leiden kann. Sie ruft alle mit Namen auf. „Andrea" kann sie sich anscheinend nicht merken.

Stefan kommt mir verändert vor. Auf einmal fällt bei mir der Groschen. Er hat bald Geburtstag. Jeannette und Bianca wurden von ihm eingeladen, ich nicht. Nach Schulschluss gehe ich ein paar Schritte voraus. Jeannette geht zu

Stefan und sagt: „Wenn die Andrea nicht zur Party kommt, komme ich auch nicht." Da meint er zu mir: „Na ja, du kannst ja kommen, wenn du willst. Aber ich weiß nicht, ob das so gut ist." „Erlaube mal", fange ich an, da aber seine Freunde uns erreichen, setzen wir das Gespräch auf dem Bahnsteig fort. Stefan beginnt. „Du wirst dir vielleicht etwas hilflos vorkommen", sagt er. Mir geht es nicht um die Party, sondern um das Recht und um die Ehre. Ich antworte: „Ich glaube kaum, dass ich mir einsam oder hilflos vorkäme. Schließlich kann ich noch genauso gut tanzen wie die anderen auch, wenn das dein Problem ist." „Aber nein, du verstehst das falsch. Wir haben einen in der Familie, der ist querschnittgelähmt. Als er zu einer Party eingeladen wurde, war er auch das fünfte Rad am Wagen." „Das ist ja wohl ein Unterschied. Und außerdem, Stefan, wenn *ich* eine Party feiern würde, käme sich keiner verloren vor!" „Ich dachte doch nur, weil du von einigen Leuten links liegengelassen wirst."
„Das ist ja ganz was Neues. Der Bernd. Den meinst du wohl?" „Ja, aber..." „Ich will dir mal was sagen. Der langweilt mich. Er ist ein dummer Junge!" Im Zug ist es glücklicherweise so voll, dass wir nicht weiter darüber reden. Nur etwas muss ich ihm noch sagen. „Stefan, du verbringst doch einen Tag deiner Freizeit im Segelflugzeug. Pass nur auf, dass du nicht mal abstürzt und dann behinderter als ich bist." (Tatsächlich bin ich nicht zur Party gegangen.) Unterwegs fängt es an zu regnen. Ich bin so durcheinander, dass ich in Neu-Isenburg beim Aussteigen auf dem nassen Trittbrett des Busses ausrutsche und etwas hinfalle. Nur ein bisschen mit dem Knie auf den Boden. Ein Junge hilft mir wieder aufzustehen. „Geht's?", fragt er ganz nett. „Ja, vielen Dank." Er lächelt mir noch einmal zu. Muß man den Glauben an liebe Menschen noch nicht aufgeben? Zu Hause heule ich erst einmal los. Verständlich, oder? Gerade von Stefan hätte ich so was nicht gedacht. Am liebsten würde ich jetzt mit Hendrik reden, ich glaube, er versteht mich. Er hat letztes Jahr nie mit den anderen gelacht und täte es auch nicht.

Nachmittags gehe ich reiten. Es ist ein therapeutischer Reitkurs. Leider nur einmal in der Woche. Im Stall und auf der Reitbahn fühle ich mich wohl. Die nichtbehinderten Jugendlichen akzeptieren mich voll. Der Umgang mit den Pferden hat einen wohltuenden Einfluss. Unsere Gruppe durfte sogar am „Tag der offenen Tür" vorreiten. Jetzt sitze ich auf der Rappscheckstute „Fanny". Zuerst machen wir Gymnastikübungen, später bekommen wir Zügel. Fanny und ich sind gut in Form. Sie lässt sich willig treiben. Bald haben wir einen Vorsprung gegenüber den anderen herausgearbeitet. Jedem sein Erfolgserlebnis!

Der Abend verläuft harmonisch. Meine Eltern und ich sehen fern. Zwischen 21.00 und 21.30 Uhr geht's ins Bett.

Ich habe wieder mal einen ganz normalen Tag hinter mich gebracht.

Vielen Dank fürs Leben!

Andrea Hochheimer

3. Alle reden von Liebe

a) Notizen zu Thema und Intention

Die Thematik „Geschlechtlichkeit des Menschen - Liebe - Partnerschaft" stellt den Lehrer/die Lehrerin in einer siebten Klasse vor nicht unerhebliche Probleme: Durch die unterschiedlichen Entwicklungensverläufe von Jungen und Mädchen, deren körperliche (und seelische) Reifung durchschnittlich zwei Jahre früher einsetzt, sind auch Interesse, Sensibilität und Problembewusstsein für diese Fragen höchst unterschiedlich entwickelt. So kann ein Junge, der das Kindesalter eindeutig noch nicht hinter sich gelassen hat, neben einem Mädchen sitzen, das sich voll in der Pubertät befindet. Den existentiellen Fragen dieses Mädchens begegnet dieser Junge möglicherweise mit Unverständnis. Nichtsdestotrotz ist dieser Themenkreis schwerpunktmäßig in mehreren Fächern im Lehrplan vorgesehen und als fächerverbindendes Thema vorgeschlagen. Für den RU empfiehlt sich daher vor allem die Kooperation mit dem Biologieunterricht, der das biologische Grundwissen bereitstellt.

Aus der Sicht der Religionspädagogik sind folgende Aspekte der Thematik miteinander verzahnt: In der Pubertät fixiert sich mit der körperlichen Reifung das Selbstbild der Jugendlichen als Mann und als Frau, d.h. die damit verbundenen Rollenerfahrungen und -vorstellungen verfestigen sich zunehmend. Familiale und gesellschaftliche Stereotypen und Erwartungshaltungen beeinflussen und steuern diesen Prozess. Die Jungen und Mädchen erleben das sowohl als Hilfe und Sicherheit, jedoch auch in hohem Maße als Druck, der Versagensängste erzeugt. Vor allem einschlägige Jugendzeitschriften, die Werbung, sowie die Gruppe der Gleichaltrigen wirken meinungsbildend. Eine Aufgabe des RU ist es u.a. diese Einflüsse kritisch zu hinterfragen und ihnen den Wert und die Einmaligkeit der Person, deren Recht auf eine eigenständige Entwicklung und ihre bedingungslose Akzeptanz durch Gott entgegenzusetzen. Gleichzeitig erleben überwiegend die Mädchen, aber auch manche Jungen, wie überwältigend Zuwendung und erste Liebe sein können. Obwohl die ersten Annäherungsversuche und Beziehungen oft nur kurzlebig und von Unsicherheit und Experimentieren mit den Gefühlen geprägt sind, darf ihre existentielle Bedeutung keinesfalls unterschätzt werden. Jugendliche verknüpfen damit auch schon in dieser Altersstufe hohe moralische Forderungen von Treue, Ehrlichkeit, Ausschließlichkeit. Vor allem bei Mädchen findet man ein großes emotionales Engagement für eine erste Liebesbeziehung, während Jungen dies in der Regel - zumindest nach außen hin - „cooler" nehmen. Hier wirken sich die tiefverwurzelten Geschlechtsstereotypen von der gefühlsbetonten Frau und vom eher rationalen Mann deutlich aus; ebenso wie die der Frau zugeschriebene fürsorgliche Kompetenz und das Bild vom erobernden und besitzenden Mann. Erfahrungen mit Hauptschulklassen zeigen, dass vor allem auch ihre Spracharmut und eine fehlende Gesprächskultur in ihrem Umfeld solchen Zuschreibungen Vorschub leisten bzw. verhindern, dass diese artikuliert und bearbeitet werden. Die sexualisierte Sprache - vor allem vieler Hauptschuljungen - sind ein deutliches Signal für solche Einstellungen! Der RU hat daher neben der inhaltlichen Arbeit insbesondere im Rahmen der Geschlechtserziehung auch für eine sensible, die Personwürde achtende Sprachkultur Sorge zu tragen. (Vgl. G. Häußler, Jetzt verstehe ich die Mädchen besser - danke! In: Katechetische Blätter 2/1994 Themenheft: Mädchen und Jungen S. 101 ff)

Um den unterschiedlichen Entwicklungsprozessen, Erfahrungen und Perspektiven von Jungen und Mädchen Rechnung zu tragen, wird im Schülerbuch eine Mädchen- und eine Jungenseite getrennt dargestellt. Beide thematisieren erste Liebe und die damit verbundenen Wünsche und Ängste - aus der jeweils weiblichen oder männlichen Perspektive, sowie die gegenseitigen (von Schüler/innen geäußerten und aufgeschriebenen) Erwartungen. Neben der Absicht, damit jeweils für Jungen und Mädchen authentischer zu sein und ihnen ein adäquates Identifikationsangebot machen zu können, sollen die geschlechtsspezifischen Seiten vor allem zu einer ebensolchen Arbeit in der Klasse anregen. Geschlechtshomogene Gruppen nehmen u. E. eher die Scheu über eigene Erfahrungen zu reden, schaffen einen vor allem für die Mädchen nötigen Schutzraum für einen offenen Austausch, verringern bei den Jungen zum Teil den Druck, sich vor den Mädchen als erfahren und cool zeigen zu müssen und helfen das gemeinsame Gespräch zu fundieren. (Diesbezügliche Erfahrungen werden im o. g. Artikel in Katechetische Blätter 2/94 mitgeteilt.) Sollte es vom schulischen Umfeld her möglich sein, so empfiehlt es sich vor allem bei fächerverbindender, projektorientierter Arbeit, dass auch seitens der Lehrkräfte Männer und Frauen mitarbeiten. Evtl. ist eine Kooperation mit der Schulsozialarbeit, mit Schulseelsorger/innen, (Fach-)Leuten aus der Jugend- bzw. Gemeindearbeit möglich.

b) Methodische Hinweise

- S. 108 im Buch soll den Schüler/innen einen lockeren Einstieg in die Thematik ermöglichen, ohne dass sie gleich von sich und ihren Erfahrungen reden müssen - jedoch können. Gleichzeitig eröffnen die Kurztexte eine Chance zu erfahren, wie die Schüler/innen selber über Liebe, Sexualität u.ä. reden. Wahrscheinlich empfinden sie die Aussagen des Buches eher als „harmlos". In einem ersten Zugang können die Schüler/innen eine Heftseite gestalten mit der Überschrift „Verliebt!". Einen durchaus gängigen Ausdruck findet diese Gefühlslage ja in Kritzeleien und Zeichnungen, die sie selbst verfertigen. Darüber hinaus soll auf die Farbwahl geachtet werden. Wenn die Thematik in der Klasse offensichtlich „dran" ist und der Einstieg bereits persönlicher gestaltet werden kann, kann die Sammlung von Aussagen „Wenn ich verliebt bin ..." auf Seite 108 als Ausgangspunkt für eine solche Gestaltungsübung genommen werden. Jedenfalls sollte der Einstieg in dieses Teilthema so offen gestaltet werden, dass die Schüler/innen zunächst ihre je eigene Sichtweise - verfremdet oder direkt - darstellen können. Ein erster Austausch über Sprachregelungen ist an dieser Stelle möglich - Lehrer/innen sollten aber nicht gleich ihren Sprachduktus der Klasse aufzwingen.

- Für Klassen, die eher verschlossen und spröde auf dieses Angebot reagieren, kann als Hilfe die kleine Geschichte des elfjährigen Benedikt, „Freitag, der 13", bereitgestellt werden. Sie beschreibt eine Form der Kontaktaufnahme, wie sie wohl eher bei jüngeren Schüler/innen stattfindet und thematisiert die damit verbundenen Gefühlslagen. Da der Inhalt der Geschichte problemlos zu erfassen ist, braucht er nicht weiter erarbeitet zu werden. Die Geschichte kann als Ausgangsbasis für Szenen genommen werden, die erzählt, gemalt, im Rollenspiel dargestellt, als Fotostory mit Zeitschriftenbildern geklebt werden können, z.B.:
  - Benedikt trifft zum ersten Mal Alexandra allein
  - Alexandra telefoniert mit ihrer Freundin
  - Benedikt und Alexandra treffen sich in der Disco des Jugendhauses
  - Benedikt träumt von Alexandra
  - Benedikt erzählt Michael von den ersten Tagen mit Alexandra

Vor allem in Einzel- oder Partnerarbeit erstellte Szenen dürften sehr aufschlussreich sein, was die Sicht der Schüler/innen anbelangt. Der Lehrer/die Lehrerin kann es je nach gewählter Darstellungsweise dabei belassen oder aber der Klasse, wenn genügend Vertrauensbasis vorhanden ist, zum Gespräch zur Verfügung stellen, etwa mit folgenden Akzenten:
- die Erlebnis- und Gefühlswelt von Benedikt und Alexandra und eventuelle Unterschiede
- Bedeutung des Ereignisses für die beiden
- Wünsche und Realität
- Ängste, z.B. in Bezug auf die Umgebung

Freitag, der 13.

Es ist bekannt, dass Freitag, der 13., ein Pechtag ist, und an diesem Tag schrieb ich und meine Klasse eine Arbeit.
Der Tag begann nicht sehr gut. Unter der Dusche war nur kaltes Wasser, auf dem Weg zur Bushaltestelle fiel ich hin, und dann verpasste ich den Bus. Zum Glück fuhr noch ein anderer Bus zur Schule. Kaum in der Schule angekommen, sprang mir Michael auf den Rücken. Ich habe mich erschrocken. Er erzählte mir, dass Alexandra mich sehr, sehr gern hat. Zugegeben, ich mochte sie auch, aber ich hätte mich nicht getraut, es ihr zu sagen.
Aber was ist, wenn es nicht stimmt, was Michael sagte, und ich sag ihr, dass ich sie auch gern mag? Dann stehe ich dumm da.
Ich wollte es wissen, deshalb ging ich zu ihr hin und fragte sie: „Ist es wahr, was man sich erzählt?" - „Na ja, es ist wahr. Ich mag dich sehr." - „Ich mag dich auch."
Plötzlich, in der fünften Stunde, flog mir ein Zettel an den Kopf. Ich las ihn: „Benedikt, ich finde dich süß. Viel Glück in der Arbeit." Ich war froh.
Es gongte. Fünf Minuten später war kein Lehrer da. Der Klassensprecher kam herein. Er sagte: „Wir haben frei." Ich, Alexandra und noch zwei Jungen spielten was auf dem Hof. Da fragte mich Alexandra: „Willst du mein Freund sein?" - „Ja, ich will."
Freitag, der 13., wird jetzt immer ein Glückstag sein.

Benedikt Weber (11)

■ Die Arbeit mit der Mädchen- und der Jungenseite (Buch, S. 110-111) kann unterschiedlich gestaltet werden: Entweder arbeiten die Mädchen und Jungen mit ihrer je eigenen oder quer. Beides kann auch gekoppelt werden, jedoch jeweils in geschlechtshomogenen Gruppen. Die „Wunschlisten" werden auf ein Plakat übernommen und gegebenenfalls aus eigener Erfahrung ergänzt. Danach kann jede Gruppe ihre Liste in eine „Hitliste" verwandeln: Die einzelnen Wunschvorstellungen werden nach ihrer Bedeutung für die Betroffenen geordnet. Zunächst ist es sinnvoll, dass die von Jungen verfasste Liste (Mädchenseite) von den Mädchen kommentiert, die von Mädchen verfasste (Jungenseite) von den Jungen. In einem zweiten Schritt werden die Hitlisten zwischen den Gruppen ausgetauscht, neu bewertet z.B. mit einer anderen Farbe und diskutiert. Im Klassenverband werden die Plakate schließlich verglichen: Die Schüler/innen begründen ihre Wahl (evtl. begrenzt auf die ersten fünf - je nach Zeit), fragen nach, tauschen ihre Meinungen aus. Dabei muss auf eine Gesprächsatmosphäre geachtet werden, die Einzelne nicht verletzt - es kann hitzig werden!

- Eine ausführlichere Arbeitsweise an diesen Erwartungshaltungen kombiniert die Aussagen mit bildlicher Darstellung. Die Vorgehensweise ist ähnlich: Sowohl Mädchen wie Jungen erhalten einen lebensgroßen Körperumriss eines Mädchens bzw. eines Jungen. Es empfiehlt sich diese Vorlagen *nicht* mit einer/einem Anwesenden zu erstellen sondern selber mitzubringen, um die Anonymität zu wahren und die eigene Körperwahrnehmung nicht zu verletzen. Jugendliche dieses Alters sind in dieser Hinsicht sehr sensibel! Die Gruppen erhalten nun die Aufgabe, ihren Traumjungen (Mädchengruppen), ihr Traummädchen (Jungengruppen) auszugestalten und ihnen wichtige Eigenschaften zuzuordnen. Danach erhält zuerst die jeweils andersgeschlechtliche Gruppe „ihr" Bild, das von den andern erstellt wurde, um sich im Schutz dieser Gruppe damit auseinanderzusetzen evtl. mit der Leitfrage: Finde ich mich darin wieder? Sehe ich mich auch so? Die Gruppe kann Anfragen, Kritik, Änderungsvorschläge auch schriftlich festhalten. In der Gesamtrunde des Klassengesprächs werden diese Eindrücke, Fragen usw. ausgetauscht. Dies erfordert eine sensible Gesprächsleitung, die Verletzungen verhindert, korrigiert, auffängt! (vgl. Erfahrungsbericht in Katechetische Blätter 2/94) Für diese Arbeit braucht man mindestens zwei Schulstunden! Bei nicht zusammenhängenden Stunden sollte man darauf achten, dass die Plakate in der ersten Stunde fertig werden und bis zur nächsten *nicht* im Klassenzimmer für alle einsehbar zurückbleiben, denn sie sollen nicht ohne Anleitung allen vorgestellt werden.

- Auch für die beiden Erzähltexte (Buch S. 110f.) eignen sich beide Arbeitsformen: Mädchen und Jungen beschäftigen sich mit jeweils „ihrem" Text oder mit dem gegengeschlechtlichen. Beide Texte zielen in ihrer Intention auf folgende Lerninhalte:
  - Formen der Kontaktaufnahme
  - die Gefühlslagen von Jungen und Mädchen bei der Erfahrung ersten Verliebtseins und dessen Bedeutung für Jugendliche
  - ausgesprochene und unausgesprochene Erwartungshaltungen: Was sind (notwendige) Voraussetzungen für eine partnerschaftliche Beziehung?
  - Bedeutung und Missbrauch körperlicher Anziehung, Nähe und Begegnung (Fehlformen werden mit Wolfgangs Verhalten angedeutet). Für diesen Aspekt können die beiden Geschichten als Ausgangspunkt für weitere Gespräche dienen, auch mit Hilfe des Textes: „Alles nur ein Spiel"

Beide Personen Timmy und Julia sollen den durchschnittlichen - eher schüchternen Jungen und das durchschnittliche Mädchen darstellen, sodass die Jugendlichen sich in den beiden wiederfinden können.

Mögliche Arbeitsformen in Einzel-, Partner- oder Gruppenarbeit:
- Julia äußert sich schriftlich, im Comic, im Rollenspiel über Timmy und Timmy über Julia (vgl. Vorschläge zum Text „Freitag, der 13", S. 240-241):
- Mädchen schreiben einen Brief an Julia, Jungen an Timmy mit Vorschlägen, wie sie/er sich verhalten soll.
- Julia führt ein Gespräch mit Steffi; Timmy redet mit seiner großen Schwester über seine Wünsche und Ängste.
- Die Schüler/innen legen für Julia und Timmy eine Liste an, welche Erwartungen sie jeweils an den andern haben und was sie hindert, in direkten Kontakt zu treten

Alle diese Arbeitsaufgaben eignen sich dazu, sie in gegenseitige „Beratungsgespräche" einmünden zu lassen: Was kann Julia/Timmy tun, um näher miteinander bekannt zu werden? Was verhindert dies eher?

Einen Schwerpunkt in der Auswertung kann das deutlich sexualisierte Verhalten Wolfgangs und seiner Clique bilden, das kritisch thematisiert und beurteilt werden muss. Für Schüler/innen ist der Wunsch nach einer solchen Beziehung zentral - aber damit sind auch Ängste verbunden, Schüchternheit und Probleme!

■ Schließlich können die Schüler/innen aus den beiden Selbstgesprächen eine Beziehungsgeschichte als Fortsetzung gestalten, sozusagen eine „Freundschaftsseite". Diese Seiten können gesammelt und für alle kopiert werden (Spiralbindung o.ä.).
Die beiden Bilder der Mädchen- und Jungenseite können die bereits thematisierten Erwartungshaltungen vertiefen, indem sie nach den Wurzeln solcher (unrealistischen) Vorstellungen fragen lassen. Die Mädchen und Jungen können sicher zahlreiches weiteres Material aus diversen Jugendzeitschriften bereitstellen. Da vor allem bei Mädchen oft schon ein erstes kritisches Hinterfragen solcher Stereotypen vorhanden ist, kann in einem Unterrichtsgespräch dem „Strickmuster" solcher Bilder und ihrer Wirkungen nachgegangen werden. Ein Vergleich mit den Geschichten von Julia und Timmy bietet möglicherweise Anregungen dazu, ebenso die von der Klasse erstellten Hitlisten und Wunschbilder.

■ Eine intensivere Auseinandersetzung ermöglicht die Überdeck- bzw. Übermalmethode: Die Bilder werden vergrößert als Kopien bereitgestellt. Die Schüler/innen erhalten die Aufgabe, an ihrem Bild nun durch Zukleben, Übermalen, Streichen, Hinzufügen aus dem idealen Jungen oder Mädchen einen/eines „wie du und ich" zu machen. Übrig bleibt vom Originalbild nur, was die Schüler/innen für sich akzeptieren. Diese Aufgabe fällt Jugendlichen mit ihrem überkritischen Blick auf sich selber sicher nicht leicht. Sie kann aber mit entsprechender Unterstützung und Ermunterung befreiend wirken. In einem anschließenden Gespräch werden die Erfahrungen mit einer solchen Übung reflektiert.

■ Der Text „Alles nur ein Spiel" (M58) lenkt die Aufmerksamkeit vor allem auf die körperliche Seite des ersten Verliebtseins, aber auch auf die Bedeutung der Person. Er dürfte bei den Schüler/innen Erfahrungen ansprechen und Fragen wecken, die sie selten offen äußern aber mit denen sie sich intensiv beschäftigen. Ein Briefkasten kann diesem Verhalten Rechnung tragen. Die von ihnen eingeworfenen Fragen werden anonym geklärt - sowohl durch den/die Lehrer/in als auch die Schüler/innen selbst. Evtl. kann die Einrichtung eines Briefkastens, falls er nicht bereits vorhanden ist, über die gesamte Zeit bestehen bleiben, so lange an der Lehrplaneinheit gearbeitet wird.
Als Hilfe für den Lehrer/die Lehrerin kann die am Ende dieses Kapitels genannte Literatur zur Geschlechtserziehung dienen.

■ M59 Der Erzähltext einer Dreizehnjährigen, „Welcome Jan", schildert die Entwicklung einer Freundschaft zwischen einem Mädchen und Jungen. Obwohl die Erzählerin ältere Hauptpersonen wählt, dürfte es den Siebtklässler/innen keine Schwierigkeiten machen, den Inhalt nachzuvollziehen. Die Geschichte entwickelt in ruhiger und sensibler Sprache den Annäherungsprozess der beiden, die sich kennen, achten und mögen lernen. Damit ist er ein positives Beispiel für die Entwicklung einer Beziehung, die die Persönlichkeiten der Jugendlichen, ihre Bedürfnisse und die Achtung voreinander in den Mittelpunkt stellt. Nach der Darbietung des Textes durch den Lehrer/die Lehrerin sollen die Schüler/innen

an einer Textkopie die Entwicklungsschritte entdecken, am Rand kennzeichnen und die jeweiligen Schlüsselsätze unterstreichen. Danach werden sie gemeinsam festgehalten, etwa folgendermaßen:
Hanna freut sich auf Jan ...
Sie ist enttäuscht von seinem Aussehen ...
Sie lernen sich besser kennen und verstehen.
Hanna und Jan verlieben sich.
Hanna träumt davon, von ihm geküsst zu werden.
Sie müssen Abschied voneinander nehmen.
Der erste Kuss
Nachdem diese Schritte erarbeitet wurden, kann man sich im Klassengespräch darüber austauschen, warum trotz anfänglicher Enttäuschung diese Freundschaft wachsen konnte und was sie über den Abschied hinaus für Hanna und Jan bedeuten könnte. Damit wird an einem Beispiel vertieft, welche Voraussetzungen eine gelungene Beziehung braucht.

c) Literatur und Materialhinweise

Viele Jugendbücher thematisieren den Problemkreis „Freundschaft - erste Liebe". Auch die bereits im 2. Teil genannten Texte, vor allem der Band von Bröger, bieten Beispiele dafür. Schwieriger ist die Arbeit mit Ganzschriften (evtl. ist eine Kooperation mit dem Deutschunterricht möglich). Viele sind allerdings eher auf ältere Schüler/innen zugeschnitten wie das Buch von M. Pressler, Bitter-Schokolade, Weinheim und Basel 1980/1986 (mit Lehrerbegleitmaterial; oft als Ganzschrift in Schulen vorhanden). Auch für Siebtklässler/innen gut geeignet: Christine Nöstlinger, Luki live, Hamburg, Oetinger Verlag 1978. Nöstlinger trifft mit Sprache, Witz und ihren Milieuschilderungen am ehesten die Wellenlänge von Hauptschüler/innen. Ziemlich kurios wirkt dagegen das Buch von Elisabeth Zöller, Schwesternschreck und Liebeskummer, Thienemann Verlag Stuttgart, Wien, Bern 1996. Ein Blick in das Buch lohnt sich trotzdem, da es den eher seltenen Versuch macht, Jungen im Alter von etwa neun bis elf und deren Perspektive in den Mittelpunkt zu stellen und eine typisch „männliche" Sicht zu entwickeln bzw. das Problem „Verliebtsein" in rationaler Manier anzugehen (z.B. mit einem Fragebogentest zum Ankreuzen, S. 23-25 samt Auflösung). Manches wirkt konstruiert. Doch das Buch enthält auch viele witzige, gut einsetzbare Passagen. Wer die Rollenproblematik typisch Junge - typisch Mädchen intensiver erarbeiten will, findet in dem Geschichtenband von Renate Boldt und Gisela Krahl (Hrsg), Mädchen dürfen stark sein, Jungen dürfen schwach sein, rororo Rotfuchs N 396 Reinbek bei Hamburg 1985, geeignete Erzählungen.
Da immer wieder Neues in dieser Hinsicht entsteht, lohnt es sich den Kinder- und Jugendbuchmarkt im Auge zu behalten.

Auch das Film- und Videoangebot ist eher auf ältere (oder jüngere) Klassenstufen zugeschnitten. Vielleicht ist es schwer die Lebens- und Gefühlslagen der 7./8. Klassenstufe adäquat umzusetzen? Es gibt einige ältere Filme, z.B. „Annes erster Kuss", die für heutige Schüler/innen jedoch oft schon antiquiert wirken - Sichtung vor dem Einsatz erforderlich! Bei guter Vorbereitung können für Ältere gedachte Filme evtl. auch in der siebten Klassenstufe schon eingesetzt werden, z.B. aus der Serie „Der Liebe auf der Spur".

Zur Rollenproblematik bietet sich an, mit dem Film „Typisch Weiber" zu arbeiten, der zwar sehr scherenschnitthaft, dafür aber deutlich die typisch weiblich-männlichen Rollenzuschreibungen zeigt. Der Film arbeitet im ersten Teil mit der Umkehrung der Rollen bei zwei Kindergruppen (Jungen / Mädchen) im Spiel und bei einem Elternpaar zweier beteiligter Kinder in Bezug auf die Hausarbeit. Im letzten kürzeren Teil wird die Realität gezeigt, wie sie häufig ist. Trotz oder gerade weil der Film durch Überzeichnungen provoziert, löst er nach unserer Erfahrung starke emotionale Reaktionen vor allem bei den Mädchen aus, die ihr Unbehagen zum Teil im Film thematisiert finden. Es bietet sich an, mit der Abbruchmethode zu arbeiten und diesen Emotionen nach der Vorführung des 1. Teils Raum zu lassen. Die Schüler/innen können vor der Darbietung des letzten Teils eigene realistische Gegenbilder zum ersten Teil entwerfen.

M58 Alles nur ein Spiel

Als ich 13 Jahre alt war, hatte ich meinen ersten Freund. Meine Freundin und ich fuhren mit der Musikschule zu einer Arbeitswoche und wir beide unternahmen eine ganze Menge mit den Jungs. Wir waren drei Jungen und drei Mädchen. Nach drei Tagen kam einer der Jungen zu mir und fragte mich, ob ich mit ihm gehen wollte. Ich fand das was ganz Tolles. Natürlich habe ich sofort zugestimmt.
Der Junge war ganz nett, aber wenn ich mir das heute überlege, war das alles nur ein Spiel.
Am Abend erzählte ich meiner Freundin, was passiert war. Sie sage, dass auch sie von einem Jungen gefragt wurde und natürlich stimmte sie auch zu. Und bald waren aus unserer Clique drei Pärchen geworden.
Als ich nach Hause kam, war ich richtig stolz, dass ich nun meinen ersten Freund hatte. Wir haben uns dann öfter getroffen - aber nie allein. Meistens waren meine Freundin und ihr Freund auch dabei. Wir saßen dann samstagsnachmittag im Keller und hörten Musik und küssten uns ... natürlich im Dunkeln. In einer „Pause" fragte meine Freundin mich leise, ob er mit mir auch schon mal Zungenkuss gemacht hätte. Ich fand das ekelig und fühlte mich zu jung. So ging das ungefähr fünf Wochen. Jeden Samstag das gleiche. Ich dachte, dass das doch nicht alles sein könne und war ziemlich enttäuscht von meiner ersten Liebe.
Eines Tages habe ich dem Jungen versucht zu erklären, was ich denke und dass ich keine Lust mehr auf einen Freund hätte.
Ich hatte die Nase einfach gestrichen voll. Irgendwie war das zu wenig, sich abküssen und Platten hören.
Nachher erzählt mir dieser Typ, dass wir drei Mädchen ausgelost worden waren: So hatten sich die Jungen ausgemacht, wer wen abbekam.

Diana (16)

M59 Welcome Jan

Hanna ist sechzehn Jahre alt. Sie lebt mit ihren Eltern auf einer Farm in Australien. Ihr Vater ist Pferdezüchter, und so hat auch Hanna ihr eigenes Pferd, den Hengst Talio, den sie über alles liebt. Als Hanna eines Tages von einem Ausritt mit Talio zur Farm zurückkam, rief sie ihr Vater zu sich: „In den Ferien kommt ein alter Schulfreund von mir zu Besuch, der in England lebt. Er bringt auch seinen Sohn Jan mit, der genauso alt ist wie du."

Hanna freute sich sehr auf den Besuch und natürlich besonders auf Jan. In der Schule machten sich Hanna und ihre Freundinnen schon so allerlei Gedanken, was man mit Jan denn so alles unternehmen könnte, und so stieg die Spannung beinahe ins Unermessliche.

Dann war es endlich soweit, Hanna sah das Auto mit den Gästen schon von weitem kommen. Als der Junge ausstieg, hätte sie beinahe laut lachen müssen. So einen habe ich ja noch nie gesehen, stocksteif, blaß und blond, und dann noch Stoffhosen. Und reiten kann so einer doch im Leben nicht, dachte sie, während sie sich das Lachen verkniff. Dann begrüßte sie die Gäste aus England: „Hallo, ich bin Hanna, herzlich willkommen in Australien."
- „Und ich bin Jan", sagte der blasse Engländer. „Das weiß ich schon", erwiderte Hanna. Ihr Vater klopfte ihr auf die Schulter und fragte sie, ob sie Jan nicht die Farm zeigen wolle. „Ja, sehr gerne, aber zuerst zeige ich ihm mal sein Zimmer."

Hanna brachte Jan in das Zimmer, in dem er die beiden nächsten Wochen schlafen würde. „Und, wie findest du es?", fragte sie ihn. „Sehr schön, ich packe am besten erst mal meine Koffer aus." - „Ist gut, ich warte hier so lange." Als Hanna sah, wie er seine grauen Stoffhosen fein säuberlich auf Kleiderbügel in den Schrank hing, dachte sie insgeheim: Und ich dachte, mit ihm könnte ich vor der ganzen Klasse angeben und alle Mädchen wären neidisch auf mich. Aber wie es jetzt aussieht, werde ich ihn wohl verstecken müssen.

Als Jan fertig war, fragte er Hanna, ob sie ihm nun die Farm zeige. „Das ist nichts für dich", grinste sie, „da werden nur deine Lackschühchen schmutzig." „Ich habe extra Gummistiefel mitgebracht", entgegnete Jan. Also gingen sie los, und Hanna versuchte, ein Gespräch mit Jan anzufangen. Aber das war gar nicht so einfach, worüber sollte man mit so einem schon reden? Als sie ihm die ganze Farm und natürlich ihren Talio gezeigt hatte, führte sie ihn zu einer Lichtung in dem kleinen Wäldchen neben der Farm.

„Du scheinst mich ja nicht gerade zu mögen", sagte Jan plötzlich in die Stille hinein. Hanna blieb vor Schreck fast das Herz stehen, und sie wusste nicht, was sie darauf sagen sollte. Zum Glück fing Jan nun an, Einiges von sich zu erzählen. Er erzählte von dem Internat, in dem er lebt, von all den anderen Jungen, die alle die gleiche Schuluniform tragen. Er erzählte, dass sie nichts vom Leben außerhalb der Schule mitbekommen, kein Kino, kein Fußball, keine Feten. Er erzählte von der Flasche Whisky, die sie sich einmal gekauft hatten. Sie wurden erwischt und mussten vier Wochen lang jeden Tag zweihundertmal schreiben: „Ich darf keinen Alkohol trinken."

Hanna sah Jan ganz mitleidig an. Irgendwie, dachte sie, sieht er ja doch gar nicht so übel aus.

Während der ersten Woche machten sie viele gemeinsame Ausritte, und sie verstanden sich von Tag zu Tag besser. Jan konnte sehr gut reiten, fast besser als ihr Vater, den sie immer für den besten Reiter hielt. Die Ausritte endeten immer auf der kleinen Lichtung, wo sie sich ins Gras setzten und so viel zu erzählen hatten. Eines Tages sagte Jan zu Hanna, dass sie wunderschöne Augen hätte und dass er in England noch nie ein so tolles Mädchen treffen durfte. Hannas Herz begann wie wild zu pochen, und sie errötete.

Seit diesem Tag konnte Hanna kaum noch schlafen. Ihre Gedanken drehten sich nur noch um Jan. und in den schönsten Farben malte sie sich aus, wie schön es doch wäre, von Jan geküsst zu werden. Aber davon erzählte sie Jan natürlich nichts. Sie freute sich nur, wenn Jan sie mit großen Augen ansah und wenn sich ihre Hände im Gras wie zufällig kurz berührten.

Die Tage in der zweiten Woche vergingen wie im Flug, und je näher der Abschied rückte, um so stiller und trauriger wurden die beiden. Am Abend vor der Abreise ritten sie ein letztes Mal zu ihrer Lichtung, aber dieses Mal sagte keiner der beiden ein Wort. Endlich drehte sich Jan zu Hanna, hielt seinen Kopf genau über ihren und versprach, ihr jeden Tag einen Brief zu schreiben. „Nun wird meine Zeit im Internat nicht mehr so langweilig sein, denn in Gedanken werde ich immer bei dir sein", sagte er und fragte dann, ob er im nächsten Jahr wiederkommen dürfe. „Selbstverständlich darfst du wiederkommen, ich werde auch alle deine Briefe beantworten und immer an dich denken!" Während Hanna das sagte, kullerten ihr ein paar Tränen übers Gesicht. „Ich habe dich sehr lieb", flüsterte Jan ihr ins Ohr.

„Ich glaube, ich liebe dich auch." Es waren ganz neue Gefühle für sie, dieses Herzklopfen, die Träume, aber auch der Schmerz wegen der langen Trennung. Ob es Liebe ist?

Als Jan sie dann ganz fest in seine Arme nahm und ihr den ersten Kuss gab, da erst wusste sie genau, dass sie ihn liebte. Obwohl sie sehr traurig war, dass sie Jan nun ein ganzes langes Jahr nicht sehen würde, freute sie sich doch schon auf seinen nächsten Besuch und auf das, was dann wohl alles geschehen würde.

Anna Zimmermann (13)

LEBENSWEGE - GLAUBENSWEGE
LPE 8-1

Zur Struktur der Einheit

SYMBOLDIDAKTISCH | **GLAUBENS-BIOGRAPHISCH** | **LEBENS-GESCHICHTLICH**

- Wegerfahrungen: Labyrinth bauen, abschreiten, malen
- Sprachspiele: Nebenwege, Abwege, Umwege, Holzwege, Glaubenswege
- Stationen meiner Geschichte

- Durch die Gegend fahren
- Religion in meinem Lebenslauf (Menschen, Orte, Rituale, Feste)
- Kritische Ereignisse

- Wegzeichen (Wegkreuze, Straßenschilder, Wegweiser...)
- Wie habe ich mir Gott früher vorgestellt?
- Texte der Rockmusik

- "Meine Sache" mit Gott heute (Erfahrungen mit Beten, Gottesbild)
- Weggefährten

Die Einheit will Schülerinnen und Schüler anregen, den Wandel ihres Glaubensbewusstseins von der Kindheit ins Jugendalter wahrzunehmen. Dafür scheinen drei Wege gangbar: (1) eine eher symbolische Aufbereitung, (2) eine lebensgeschichtliche Skizze, in die (3) die Glaubensbiographie einzutragen wäre.

Der symboldidaktisch ventilierte Anweg arbeitet einmal mit dem Labyrinth als Wegsymbol, dann aber auch mit scheinbar banalen Äußerungen des Unterwegsseins und Auf-dem-Weg-seins, wie es unter Jugendlichen beobachtbar ist: Durch die Gegend fahren; Tagträume als innere Reisen. Glaubensgeschichte ist für Schüler/innen vielfach identisch mit Kirchenerfahrungen und sakramentalen Ersterlebnissen (Beichte, Erstkommunion). Die Verbindung dieser Geschichte mit der Lebensgeschichte dürfte Schüler/innen einer achten Klasse anschaulich werden, wenn zunächst die Lebensgeschichte skizziert ist und dann in diese Skizze erinnernd und probeweise eingetragen wird, wo in dieser Geschichte Religion und Gott vorkommt.

Literatur

P. Biehl, Weg - Symbol des Lebens, in: RL. Zeitschrift für Religionsunterricht und Lebenskunde 4/89, S. 5-9. Dieses Heft 4/89 bietet neben diesen grundlegenden didaktischen Überlegungen viele praktische Anregungen, Methoden, Medien, Literaturhinweise zum Thema.

1. Wegerfahrungen

a) Notizen zu Thema und Intention

Da die Lehrplaneinheit mit dem symbolträchtigen Begriff Weg arbeitet, liegt es nahe den Einstieg mit konkreten Wegerfahrungen zu machen. Auf welchen Wegen, die oft signifikante Bezüge zu ihrem Lebensmuster haben, bewegen sich die Schüler/innen?
Mit Abbildungen, gestalterischen Mitteln und Fantasiearbeit „er-innern" sich die Schüler/innen an ihre Wege. Besonders die Freizeit-Wege (vgl. Baustein Freizeit - Wege - Freiheit) können nahe an die Art, mit der man unterwegs ist, heranführen. Je sinnenhafter die Wegerfahrungen aufgenommen werden, um so eher gelingt die symbolische Vertiefung in den folgenden Teilthemen der Einheit. Mit seinen Wegerfahrungen verbindet der Schüler/die Schülerin Weggeschichten. Es kommt dabei zum Vorschein, dass eine wichtige Seite unseres Lebens (und Glaubens) mit der Erfahrung des Unterwegs-Sein zu tun hat. Die Art, wie wir unterwegs sind, bestimmt unser Leben, unser Lebensgefühl wie auch Gelingen und Misslingen.

b) Methodische Hinweise

- **Freizeit - Wege - Freiheit**
  Die Bedeutung der Freizeit und die Plätze und Wege, wo Jugendliche diese verbringen, greift eine unmittelbare Erfahrung auf. Die Eröffnung der Fragestellung kann mit dem Bild Freizeitgruppe (Buch S. 113) stattfinden.
  Welche Wege und Stationen suchen Jugendliche auf, wenn sie frei haben? An welchen Ecken und Plätzen treffen sie sich? Manche fahren einfach nur so durch die Gegend, z.B. mit dem Fahrrad oder Mofa. Daraus kann folgende Aufgabenstellung erwachsen: Von den Lieblingsecken und Wegen Fotos und Tonbandaufnahmen (Verkehrslärm, Geräusche verschiedener Art) mitbringen; beschreiben, was sie dorthin zieht, was sie dort tun.

- **Schulweg**
  Auf dem Stadtplan oder der Landkarte (Messtischblatt) zeigen lassen. Markante Punkte. Frage an die Schüler/innen: Woran orientiert ihr euch? Welche Gefühle begleiten euch auf diesem Weg?
  Anleitung („Imagination"): den Schulweg in Gedanken nachgehen. Austausch: Was hat sich dir eingeprägt? Welche Szenen kannst du beschreiben? Was ist das Typische an deinem Schulweg?

- **Bilddoppelseite Buch S. 112/113 (oder Bilder mitbringen)**
  Wegbilder nach Gruppen ordnen. Gespräch: Welches Bild zieht mich besonders an?

- **Viele Wege - Sammlung von Begriffen zum Thema Weg**
  Brainstorming und/oder nachschlagen im Lexikon
  Die Vorschläge können in ein Arbeitsblatt (vgl. M60) oder in eine entsprechende Skizze an der Tafel eingetragen werden.
  Nachstehend von Schüler/innen gefundene Lösungsvorschläge (auf den Weg eintragen):

Weg zur Sonne - Weg zum Licht - Weg zur Wärme - weiter Weg - schmaler Weg - der Weg zum Ziel - Weg zum Paradies - Weg zu Gott - Weg zum Tod - freundlicher Weg - spannender Weg - unser Weg

(Links und rechts vom Weg eintragen):
Irrweg - Urlaubsweg - Reiseweg - Wüstenweg - Waldweg - Feldweg - Gebirgsweg
Schulweg: jeden Tag den gleichen Weg gehen - zum Bus laufen
Heimweg: von der Schule - von der Arbeit - nach Hause
Wege in der Natur: schöne Gegend - Wanderwege - Waldwege - man begegnet Menschen - man begegnet Tieren
Wege in der Stadt: Hektik - Stau - keiner beachtet den anderen - jeder geht seiner Wege
Der Lebensweg: Wenn man sein Leben vor sich sieht - gemeinsamer Weg - Der Weg ist lang und man weiß nicht wohin er führt - Man kommt Schritt für Schritt dem Ziel näher - Wenn man das Ziel nicht erreicht, muss man einen neuen Weg gehen

- Wege darstellen: Collage aus Zeitungsausschnitten und anderem Bildmaterial; Wege zeichnen und malen. Material: Plakate, Scheren, Klebstoff, Stifte, Zeitungen. Die Schüler sollen Zeitschriften und Zeitungen mitbringen.
  Einzel-, Paar- oder Kleingruppenarbeit
  Anweisung: In Tageszeitungen und Zeitschriften kann man die unterschiedlichsten Wege finden. Ausgangspunkt ist eine Lebenssituation, die mit einem Bild oder einem Text angedeutet wird. Die Schüler/innen rekonstruieren einen dazu passenden Lebensweg.
  Eine Variante für schwache Klassen: Der/die Lehrer/in wählt drei Situationen (evtl. zusammen mit der Klasse) aus. Diese Situationen werden auf entsprechende Gruppen verteilt, die dann den passenden Lebensweg dazu gestalten. Die Darstellung des Lebenswegs kann in einem Leporello (Faltbild) dargestellt werden: Auf den einzelnen Seitenabschnitten befinden sich die jeweiligen Abschnitte aus dem Leben. Das ergibt verschiedene Möglichkeiten, den Lebensweg zu reflektieren.
  Beispiele: ein Kind/Jugendlicher in der Schule; am Arbeitsplatz; in der Familie; eine Todesanzeige.
  Zum Schluss werden die einzelnen Leporelli miteinander verglichen.

- Hindernisparcour
  Mit unterschiedlichen Materialien wird ein Weg ausgelegt (Parcour im Flur, auf dem Schulhof, in der Turnhalle oder auch in einem großen Klassenzimmer): Steine, Kies, Sand, Stoff/Watte, Hindernis (Stuhl/Tisch), Seil, Handtuch, Wasser, Schwamm, Moos, Laub, Papier, ein Anstieg oder eine Brücke (z.B. das Sprungbrett aus der Turnhalle, ein Brett)
  Dieser Weg wird barfuß abgegangen, mit den Füßen ertastet, erfühlt. Dazu kann meditative Musik laufen. Anweisung: Barfuß und ganz still wollen wir uns auf einen abwechslungsreichen Weg konzentrieren. Wenn alle den Weg hinter sich haben, werden die Erfahrungen ausgetauscht.
  Nachbesprechung:
  - Was fühle ich dabei?
  - Was ist angenehm - was möchte ich lieber schnell überwinden?
  - Welche Erfahrungen mache ich dabei?
  - Woran erinnert mich dieser Weg?

Schüleräußerungen:
- Manche Stellen will man schnell überwinden, weil sie unangenehm sind.
- Es ist sehr ungewohnt, barfuß zu gehen.
- Die spitzen Steine tun weh.
- Das Wasser zu durchschreiten kostet Überwindung. Man weiß nicht, ist es warm oder kalt.
- Es ist wie im Leben, manches Mal fühlt man sich gut, manchmal schlecht.
- Man muss ganz vorsichtig gehen.
- Ich wusste zuerst nicht, ob ich den Weg überhaupt gehen soll.
- Im Leben geht es auch manchmal auf und ab.
- Mein Weg geht auch nicht immer ganz gerade und nur schön.

■ Fantasiereise
Sich in der Fantasie auf den Weg machen kann ebenfalls Wegerfahrungen vermitteln. Eine Reise zu „Wiese, Feld und Strand" wird beschrieben in den Arbeitshilfen zum Lehrplan für das Fach Katholische Religionlehre in Baden-Württemberg, Grundschule, Hrsg.: Bischöfliches Schulamt der Diözese Rottenburg-Stuttgart; Institut für Religionspädagogik der Erzdiözese Freiburg, 1994, S. 107-111. Dieser Text von G. Thum bietet außer der Anleitung für die Fantasiereise auch didaktische Anmerkungen zu dieser Methode.

■ Jedem Schüler sein Wanderstab
Unter dieser Überschrift stellt Alfred Höfler in RL 4/89, S. 16-18, eine Unterrichtsidee für das 4. - 8. Schuljahr vor. Wegerfahrungen schlagen sich im Schnitzen und Schmücken eines Wanderstabes nieder. Der Wanderstab selber drückt Aspekte des Unterwegs-Sein aus. Ein Tüchlein z.B., das man an den Stab bindet, will sagen: Man kann damit den Schweiß abwischen, in traurigen Augenblicken Tränen trocknen oder Wunden verbinden. Weitere Stichworte zum Wanderstab: Symbol des Unterwegsseins; selbst angefertigt, fördern sie das Selbstbewusstsein; Erinnerung an gegangene Wege; Halt bei Müdigkeit (Höfler, S. 18)
Diese Idee lässt sich gut im Rahmen eines Wandertages realisieren und mit dem Thema der LPE in Verbindung bringen.

c) Literatur und Materialhinweise

M. Schwarz u.a., Religiöse Phänomene und Symbole - Weg, in: Unterrichtshilfen. 16 Themen für den Religionsunterricht an der Oberstufe, Katechetisches Institut Zürich 1989

M60 Kopiervorlage: Viele Wege...

2. Mehr als ein Weg - Wegbilder

a) Notizen zu Thema und Intention

Mit diesem Teilthema wird die Ebene des Weges als empirische Größe überschritten. Wege sind ein Symbol für das menschliche Existential des Unterwegssein, das mit den Erfahrungen von Aufbruch, Ankunft und Ziel, Suche und sich verirren, Anstrengung und ausruhen, Fremde und Heimat verbunden ist. Der Hintergründigkeit von Wegerfahrungen und Wegbildern soll nachgespürt werden.

Als das Wegsymbol schlechthin kann das Labyrinth gelten. Zunächst zur Klärung des Sprachgebrauchs: Häufig werden die Vorstellungen von Labyrinth und Irrgarten vermengt bzw. synonym gebraucht. H. Halbfas weist darauf hin, dass ein Labyrinth eben kein „Irrgarten" ist, auf dessen verästelten Wegen man sich verläuft. Der Irrgarten ist ein verschlungenes Wegenetz, bei dem man immer wieder vor neuen Abzweigungen und Sackgassen steht. Der Irrweg zwingt zur Umkehr an den Ausgangspunkt der Abzweigung, um einen neuen Versuch zu machen, der vielleicht weiterführt. Selbst die klassische Sage vom Minotaurus verwendet das Wort Labyrinth in diesem Sinne - allerdings ist uns keine Zeichnung von einem Irrgarten-Labyrinth überliefert. „Die Labyrinth-Darstellungen des Altertums kennen ausschließlich das klassische Modell des kreuzungsfreien, einlinigen Weges, der keine Verirrungsmöglichkeit einräumt ... Das Labyrinth im eigentlichen Sinn ... bietet in seiner Wegführung niemals Wahlmöglichkeiten. Man betritt es durch eine kleine Öffnung in der äußeren Wandung, und man muss dann nach zahlreichen Umwegen, die zum Abschreiten des gesamten Innenraumes zwingen, dem Weg zwischen Peripherie und Zentrum folgen, bis dieser zwangsläufig zur Mitte führt, wo er endet. Das klassische Labyrinth ... hat also stets eine Mitte, die zugleich Ende des Weges ist." (H. Halbfas, S. 497, s. Lit.).

Die großen Kirchenlabyrinthe luden mit ihrem Durchmesser von 10 oder 12 m den Kirchenbesucher ein, den ganzen Weg abzuschreiten (in Chartres sind das 294 m!).

„Vom Labyrinth von Chartres weiß man, dass die Pilger das Labyrinth von Westen, dem Tor der untergehenden Sonne, des Todes also, her betraten, danach die Windungen der Nordseite, der Schattenseite zu durchschreiten hatten, um dann auf der Südseite, der Lichtseite, sich dem Zentrum zu nähern, in das, wie man vermutet, früher eine Platte eingelassen war, auf der Theseus, der den (todbringenden) Stier tötet, abgebildet war. Zu dieser den Tod besiegenden Auferstehungsmythologie gibt es in der Kathedrale von Chartres eine direkte Entsprechung zum christlichen Auferstehungsglauben. Klappt man die Linie, die vom Westportal, dem Hauptportal der Kathedrale, bis zum Zentrum des Labyrinths reicht, an die Westwand nach oben zurück, dann liegt die Mitte des Labyrinths genau auf der Mitte der in der Westwand eingebauten Rosette, welche den auferstandenen Christus zeigt. Die komplexe Symbolik dieses und anderer Labyrinthe im christlichen Zusammenhang wird nicht in jeder Schulklasse zu vermitteln sein. Aber die Wegerfahrung, die Windungen und Kehren (Umkehr), die zu machen sind, um schließlich ans Ziel zu kommen, und das Gefühl, dass das sehr unserem menschlichen Lebensweg ähnelt, diese Erfahrung kann man Schülerinnen und Schülern vermitteln, sobald man ein solches Labyrinth anlegt und abschreitet." (L. Kuld, in: Rendle u.a., Ganzheitliche Methoden im Religionsunterricht, München 1966, S. 204)

Beim Gehen im Labyrinth macht man die Erfahrung, dass man nach einer vermeintlichen Nähe zum Ziel auf immer neuen Umwegen um das Ziel herumgeführt wird. Das geht nicht ohne Anstrengung und Ausdauer. Immer wieder erscheint das Ziel greifbar nahe, aber die weiteren Schritte führen dann wieder weit davon weg. Dennoch führt der Weg - wenn man durchhält - schließlich in die Mitte. Wir gehen im Labyrinth auf chaotisch erscheinenden Wegen, die sich doch als geordnet erweisen und zum Ziel führen. „Jedes Labyrinth ist ein Wegsymbol. Es gibt wohl kein anderes, das in dieser Intensität und Tiefe den Weg des Menschen durch die Welt, zu sich selbst und zugleich zu Gott zum Ausdruck brächte... Wer hier unterwegs bleibt, also Schritt für Schritt weitergeht, kann sein Ziel nicht verfehlen, er kommt mit Sicherheit an." (H. Halbfas, S. 509).

Die Erfahrungen des Labyrinth sind geeignet den Weg der Jugendlichen bei der Suche nach ihrer Identität zu deuten. „Außerdem können sie durch die Arbeit am Symbol Labyrinth für Wesentliches auf ihrem Lebensweg sensibilisiert werden und auch dazu ermutigt werden, trotz der manchmal langweiligen und langwierigen Wegstrecken ihren Weg geduldig weiterzugehen - im Glauben daran, dass er sie sicher zur Mitte, zum Ziel, dorthin, wo sie im Einklang mit sich selber, mit den Mitmenschen, der Welt und mit Gott leben können, führt: dorthin, wo ihr Zuhause ist." (B. Beeli, S. 23, s. Lit.)

Für das Thema Lebensweg kann auch der Irrgarten, das alte Symbol für die Angst vor der Ausweglosigkeit des Lebens, herangezogen werden. Treffend wird seine Eigenart beschrieben von B. Beeli, der damit gleichzeitig einen Impuls für das auswertende Gespräch gibt: „Der Irrgarten ist ein Gebilde mit einem oder mehreren Eingängen. Es hat viele Kreuzungen. Viele Wege entpuppen sich als Sackgassen. Darin gibt es kein Weiterkommen. Immer ist man der Gefahr ausgesetzt, falsche Wege einzuschlagen. Der Weg durch den Irrgarten ist ein ständiger Kampf um Orientierung. Der Irrgarten ist ein Irrwegesystem." (S. 23, Lit.) Auch in diesen Vorstellungen spiegeln sich Lebenserfahrungen wieder. Welches menschliche Leben kennt keine Sackgassen? Allerdings birgt der Irrgarten nicht die Idee vom letztlich zuverlässig zu erreichenden Ziel. Ob man ankommt, bleibt ungewiss. Ein solches nihilistisches System (Halbfas) ist somit fragwürdig für die Deutung des Lebens aus gläubiger Sicht. Das heißt aber nicht, dass sich ein Schüler oder eine Schülerin mit seinem Lebensverständnis nicht eher in diesem Bild wiederfindet als im Labyrinth mit seiner Verheißung eines hintergründigen Sinns.

b) Methodische Hinweise

- Spurenbilder
Vgl. E. Großkreutz/C. Kohlhaas, Österlich leben ausgedrückt in Metaphern - Assoziationen - und Bildern, in: Notizblock 4/1989, S. 18-21
Die Schüler/innen vermerken Situationen aus ihrem Leben auf einem Blatt. Jede Situation wird durch ein Zeichen dargestellt. In einem nächsten Schritt wird besprochen, *wie* man mit bestimmten Situationen umgehen kann:
  - schöne Situationen genießen
  - bei Situationen verweilen
  - sich zurückerinnern
  - Probleme links liegen lassen
  - einen zweiten Anlauf machen
  - ein Problem umgehen
  - resignieren
  - das Problem hinterfragen und anpacken

Nach dieser Erläuterung sollen die Schüler/innen mit einem oder mehreren Farbstiften einen Weg zeichnen, der das ganze Blatt füllt.

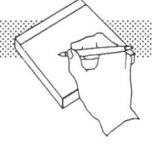

Die Spuren können vertikal, horizontal oder kreisförmig von außen nach innen laufen. Dabei sollen sich die Schüler/innen in jede Situation hineindenken und überlegen, wie sie damit umgegangen sind und es zeichnerisch ausdrücken.

Stuhlkreis: Jeder legt sein Bild vor sich auf den Boden. Wer gerne möchte, darf sein Bild erläutern. Dies muss allerdings mit besonderer Sorgfalt geschehen, da sich die Schüler/innen ein Stück weit preisgeben. Es gilt die Regel: Keiner gibt einen (kritischen) Kommentar zum Bild des anderen ab.

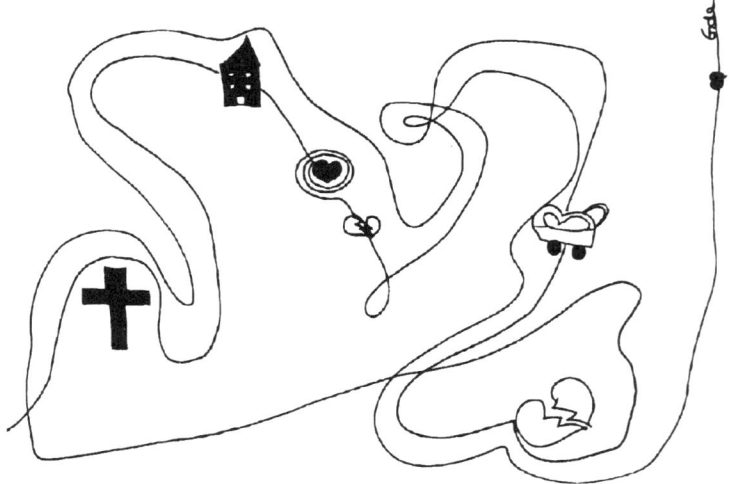

- **Ich gehe meinen Weg - einen symbolischen Weg gehen**
  nach RPP 1990/2, S. 18f.(Lit.)
  Die folgende Übung zum symbolischen Weg kann nur gelingen, wenn die Klasse zuerst zur Ruhe gekommen ist. Folgende Übungen bieten sich dazu an:
  - Eine Holzkugel in einem Gymnastikreifen kreisen lassen und mit den *Augen* verfolgen. Augen schließen, wenn die Holzkugel still steht.
  - den Weg der Holzkugel mit den *Händen* verfolgen und nachvollziehen
  - den Weg der Holzkugel mit den *Füßen* verfolgen und nachvollziehen
  Die folgenden Übungen werden von einigen Schüler/innen, die sich freiwillig zur Verfügung stellen, durchgeführt. Sie wählen selber ihre Partner. Diese Schüler/innen berichten den anderen von ihren Erfahrungen.
  - um den Reifen gehen mit offenen Augen (allein)
  - um den Reifen gehen mit offenen Augen (mit einem Partner/einer Partnerin)
  - um den Reifen gehen mit geschlossenen Augen (Partner/in führt)
  - um den Reifen gehen mit geschlossenen Augen (Partner/in begleitet, führt)
  - um den Reifen gehen mit geschlossenen Augen (Partner/in schickt los und erwartet)
  Das Verinnerlichen eines real gemachten Weges beansprucht Zeit. Die Schüler müssen ihre spontanen Gedanken in Ruhe anschauen können um sich eventuell auf einen bestimmten Teil ihres Lebensweges konzentrieren zu können. Der/die Lehrer/in lässt die Augen offen und achtet darauf, welche Schüler/innen noch Zeit brauchen. Man kann das meistens erkennen, wenn die Schüler/innen ihrerseits die Augen öffnen. Die Schüler/innen erzählen von ihren Erfahrungen. (Beispiele vgl. RPP 1990/2 S. 25).
  Den Schüler/innen soll dabei bewusst zu werden,
  - dass das Gehen des Weges mit ihrem Lebensweg zu tun hat.
  - dass sie in ihrem Leben verschiedene Begleiter haben/hatten.
  Zum Hintergrund dieser Übung ein Zitat von E. Kaufmann/M. Blechschmidt: „Diese Übungen ... sprechen viele Lebenserfahrungen der Kinder an. Die Kinder gehen den Weg innerhalb einer vertrauten Gemeinschaft. Sie dürfen ihn gehen in dem ihnen bekannten Kreis. Sie dürfen sich darin geborgen wissen. Es ist gut, neue Wege in solcher Vertrautheit gehen zu dürfen... An der Hand der Eltern, gehalten, gestützt, geführt, aufgerichtet, zurückgehalten und weitergeführt - so machen die Kinder die ersten Schritte...Doch es kommt einmal die Zeit, da will das Kind 'allein' gehen...". Es ist möglich, dass für die meisten Hauptschüler/innen der Klasse 8 dieser Erfahrungshintergrund nicht mehr gilt (oder vielleicht noch nie gegolten hat). Vielleicht haben sie vergleichbare Erfahrungen gemacht oder aber verspüren eine Sehnsucht danach. Zumindest der Schritt, die begleitende Hand loszulassen und sich auf eigene Füße zu machen kommt dem Gefühl von Pubertierenden nahe.

- **Ausgehend von den vorausgegangenen Erfahrungen wird der Weg „verinnert":**
  „Jeder besinnt sich noch einmal auf sich selbst. Vielleicht hilft es dir, wenn du dabei die Augen schließt. Ich suche Wege oder Wegstrecken, auf denen ich geführt wurde. Wer hat mich geführt? Wie hat mich der- oder diejenige geführt?"

- Einen Weg zur Mitte gestalten und verinnern
  nach RPP 1990/2, S. 23-29 (Lit.)
  Material: Reifen, Tücher verschiedener Farbe, braune und helle Stäbchen, helle und dunkle Glastropfen, Kugeln, Bauklötze, Seile, Scheiben verschiedener Farbe, Ringe, Naturmaterialien, z. B. Steine, Dornen, Äste, Nüsse, getrocknete Blüten, Federn, also alles, was als Legematerial verwendet werden kann. Da nicht jeder soviel Material zu Hause hat, gibt es die Möglichkeit, das sogenannte Kett-Material bei den Diözesanhäusern auszuleihen. Wenn man Tücher selber näht, sollte man anschließend die Tücher stärken. Die Originaltücher haben nämlich die Eigenschaft, aufgrund ihrer Konsistenz so stehen zu bleiben, wie man sie hinstellt. Man kann damit also auch Berge o. ä. gestalten.
  Hinweise: Es empfiehlt sich eine Ankommensübung an den Anfang zu stellen.
  „Ich öffne meine Augen und schaue auf unseren Reifen in der Mitte. Gemeinsam wollen wir jetzt einen Weg dorthin gestalten. Der Weg könnte ganz kurz sein und direkt in die Mitte gehen, er könnte aber auch wie eine Spirale verlaufen. Nacheinander wählt jede/r ein Tuch und Material und baut damit den Weg weiter, bis wir in der Mitte sind."
  Meditative Musik
  „Ich schaue mir still den Weg an. Was kann er mir erzählen? Viele haben daran gebaut. Kann er zu meinem Weg werden? Ich verfolge den Weg mit meinen Augen, von außen nach innen - und zurück. Kann ich vielleicht Stationen meines Lebens erkennen? Ich schließe wieder meine Augen. Was sehe ich noch von diesem Weg? Wohin führt mein Weg? Sehe ich die Mitte, das Ziel? Ist das Ziel noch offen?

- Psalm 23 Der Herr ist mein Hirte
  „Ich öffne meine Augen. So geht jeder von uns seinen Weg - mit Freude oder mühsam, schleppend oder leicht, zuversichtlich oder mit Zweifel. Wer geht meinen Weg mit? Wer trägt meinen Weg und wohin soll er führen?"
  Die Kerze wird angezündet.
  „Wir dürfen unsern Weg im Lichte eines alten Gebetes sehen."
  Die Kerze wird auf den Weg getragen (nicht in die Mitte gestellt).

Kehrvers:

1. Der Herr ist mein Hirte, *
nichts wird mir fehlen.
2. Er läßt mich lagern auf grünen Auen *
und führt mich zum Ruheplatz am Wasser.
3. Er stillt mein Verlangen; *
er leitet mich auf rechten Pfaden, treu seinem Namen.
4. Muß ich auch wandern in finsterer Schlucht, *
ich fürchte kein Unheil;
5. denn du bist bei mir, *
dein Stock und dein Stab geben mir Zuversicht.
6. Du deckst mir den Tisch *
vor den Augen meiner Feinde.
7. Du salbst mein Haupt mit Öl, *
du füllst mir reichlich den Becher.
8. Lauter Güte und Huld werden mir folgen mein Leben lang, *
und im Haus des Herrn darf ich wohnen für lange Zeit.

Kehrvers: (Der Kehrvers kann auch nach jedem Vers gesungen werden.)

Alternative: Geh mit uns auf unserm Weg
Text: Norbert Weidinger, Musik: Ludger Edelkötter
aus: MC/Notenheft „Geh mit uns". Impulse Musikverlag Drensteinfurt 1983; nachgedruckt in: Troubadour für Gott, Hrsg. Kolping-Bildungswerk Würzburg, Nr. 489
Weitere methodische Hinweise zu diesem Lied (G5) vgl. Liedkartei „Wellenbrecher". Neue geistliche Lieder aufbereitet für Jugendarbeit, Jugendliturgie und Religionsunterricht, Deutscher Katecheten-Verein e.V. München
Der Refrain dieses Liedes kann auch als Kehrvers zum Psalm (im 6. Ton) gesungen werden. Vgl. Gotteslob Nr. 718

- Wechselnde Pfade; Kanon (Buch S. 115)
  Zum Kanon eignet sich sehr gut der Pilgertanz:
  Die Hände sind entweder durchgefasst oder die rechte Hand liegt auf der Schulter des Vorgängers, so dass die linke Hand frei ist, um eine Kerze zu halten (Lichtertanz).
  Schrittfolge: rechts - links - Wiegeschritt
  Eine genaue Beschreibung des Tanzes findet man in: Hilda Maria Lander, Maria-Regina Zohner, Meditatives Tanzen, Kreuz Verlag Stuttgart 1987, S. 171f. Ebenso (evtl. einfacher) ist der Schritt beschrieben in: Gabriele Faust-Siehl, Eva-Maria Bauer u.a., Mit Kindern Stille entdecken. Bausteine zur Veränderung der Schule, S. 71, Reihe: Unterrichtspraxis: Grundschule; Hrsg. H. Kasper und E. H. Müller, Verlag Moritz Diesterweg, Frankfurt am Main 1990

- Tanzlied: Ich geh' meinen Weg durch das Leben
  in: RPP 1990/2, S. 22

- Labyrinth abschreiten
  Das Labyrinth ist in verschiedenster Weise einsetzbar: Im Klassenzimmer kann man mit Tesakrepp ein Labyrinth aufkleben; bei gutem Wetter lässt sich das Labyrinth mit Kreide auf den Schulhof malen.
  Labyrinth legen mit Seilen, Tüchern, Steinen, Naturmaterialien und abschreiten lassen.
  Weitere methodische Anregungen für die Arbeit mit Labyrinthen findet man bei B. Beeli und P. Moll in der Zeitschrift RL (vgl. unten Literatur und Materialhinweise).

- Tonen eines Labyrinths
  (nach L. Kuld in L. Rendle u.a., Ganzheitliche Methoden, S. 204f.)
  Material: Tonplatten; fester Karton oder Brett als Arbeitsunterlage, Spachtel (evtl. aus einem Holzspan zugeschnitten) oder Messer
  Anweisung: Zunächst werden verschiedene Labyrinthformen vorgestellt (vgl. dazu M61, M62). Eventuell ein eigenes einfaches Labyrinth entwerfen. Für das Tonen sollte auf jeden Fall eine einfache Form, z.B. kretischen Typs oder M62 (Labyrinth aus Pompeji), gewählt werden. Die Tonscheibe/Tonplatte ist zunächst zu glätten. Dann werden mit den Händen, ggf. unterstützt durch Spachtel, in die Platte Labyrinthgänge fingerbreit eingeritzt bzw. eingedrückt. Oben wird in die Platte ein Loch gestochen. Nach dem Trocknen oder Brennen können die Schüler/innen ihr Labyrinth mitnehmen und z.B. am Hauseingang oder an ihrem Arbeitsplatz aufhängen. Sie können dann immer wieder mit dem Finger das Labyrinth abfahren und abtasten, von außen nach innen, von draußen zur Mitte.

- Vorgegebenes Labyrinth, M61, (Kopie)
  - mit dem Finger von außen nach innen nachfahren lassen
  - mit dem Stift nachmalen
  - mit einem Wassertropfen nachfahren:

  Das Labyrinth muss in eine möglichst glatte Prospekthülle geschoben werden, damit der Wassertropfen gut fließen kann. Hilfreich ist es, das Wasser mit einigen Topfen Tinte einzufärben. Mit Hilfe einer Pipette wird der Tropfen an den Eingang des Labyrinth gesetzt. Durch vorsichtiges Neigen und Kippen des Blattes wird der Tropfen in die gewünschte Richtung bewegt.

  Das Labyrinth von Chartres ist ein sehr anspruchsvolles Labyrinth und erfordert auf Grund seiner Länge eine sehr hohe Konzentration von den Schüler/innen. Das kann nicht jeder leisten. Deshalb ist es angebracht, unterschiedlich schwierige Vorlagen zur Auswahl bereitzustellen (von der einfachen Spirale bis hin zum Labyrinth von Chartres).

- Irrgarten
  Wie beim Labyrinth legt sich auch bei diesem Symbol der handelnde Umgang nahe. Vgl. Abb. M63. Auf welchem Weg findet die Figur in der Mitte den Weg nach außen?
  Dabei kann auch die alte griechische Sage vom Minotaurus bzw. vom Faden der Ariadne herangezogen werden. Eine Kurzfassung bietet B. Beeli, S. 23 (Lit.)

c) Literatur und Materialhinweise

B. Beeli, Auf der Suche nach einem Zuhause bei sich selbst, in RL. Zeitschrift für Religionsunterricht und Lebenskunde, 1994/2, S. 23-25

H. Halbfas, Religionsunterricht in der Grundschule. Lehrerhandbuch 4, Patmos, Düsseldorf 1986, S. 496-523

H. Kern, Labyrinthe. Erscheinungsformen und Deutungen. 5000 Jahre Gegenwart eines Urbildes, München 1982

P. Moll, Irrgarten - Labyrinth - Spirale. Drei Möglichkeiten, seinen Lebensweg zu verstehen und zu deuten, in: RL Zeitschrift für Religionsunterricht und Lebenskunde 1986/3, S. 17-25

Religionspädagogische Praxis (RPP) 1990/2, Franz Kett, Sr. Esther Kaufmann, P. Meinulf Blechschmidt, Verlag religionspädagogische Arbeitshilfen GmbH, Gaußstraße 8, 84030 Landshut

H. U. Schäfer, Wege nach Innen. Meditation im Unterricht - Labyrinth von Chartres und „Der große Weg" von Friedensreich Hundertwasser, in: RL 1986/3, S. 26-30

M. Schwarz u.a., Leben suchen - Gott suchen, in: Unterrichtshilfen. 16 Themen für den Religionsunterricht an der Oberstufe, Katechetisches Institut Zürich 1989

M. Schwarz u.a., Religiöse Phänomene und Symbole - Weg, in: Unterrichtshilfen. 16 Themen für den Religionsunterricht an der Oberstufe, Katechetisches Institut Zürich 1989

M61 Das Labyrinth von Chartres

M62 Labyrinth
nach einer Zeichnung
an einem Haus in Pompeji

M63 Irrgarten

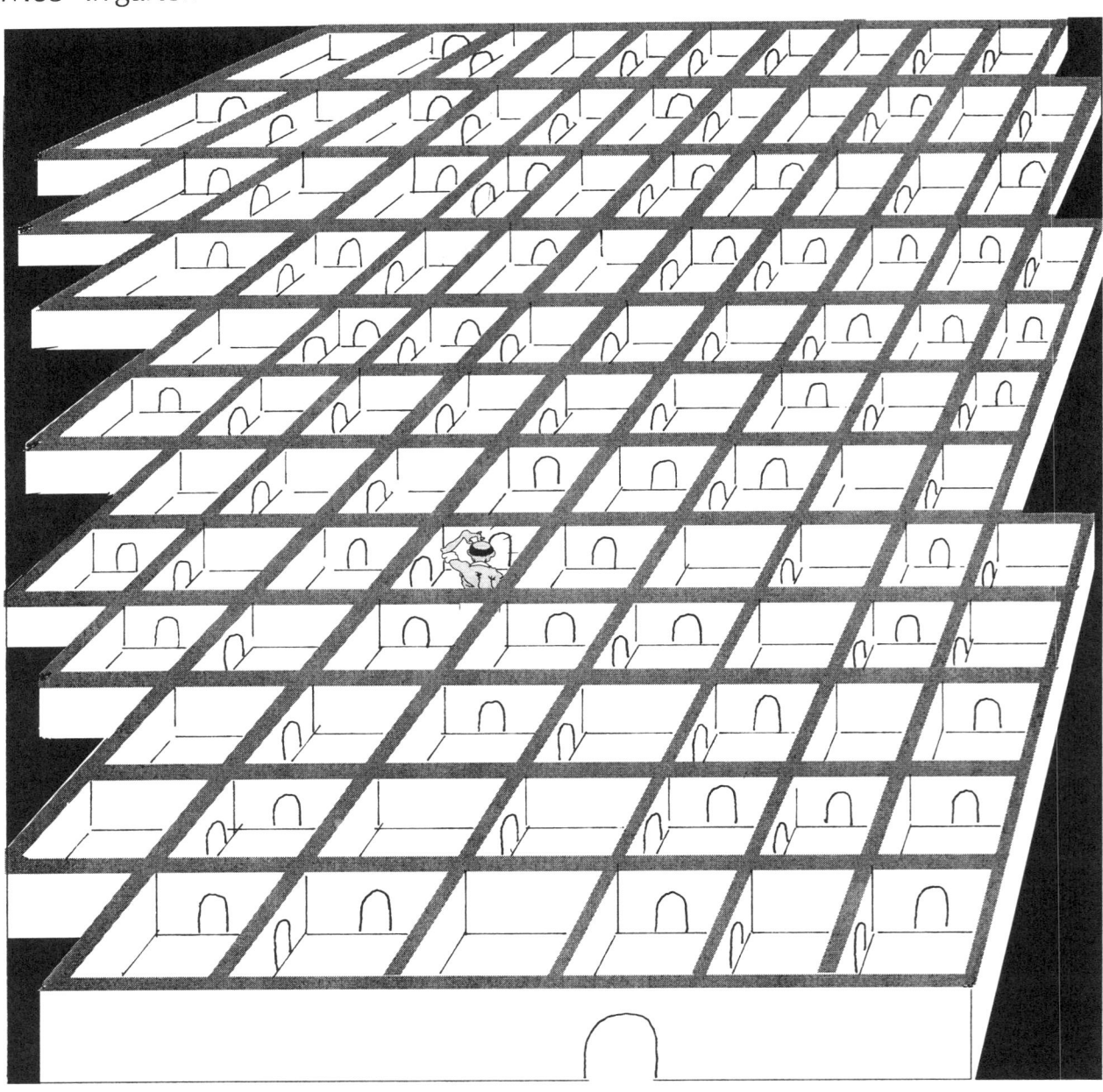

3. Lebensweg - Glaubensweg

a) Notizen zu Thema und Intention

In diesem Kapitel beschäftigen sich die Schüler/innen mit ihrem persönlichen, individuellen Lebens- und Glaubensweg. Das setzt ein gehöriges Maß an Vertrauen der Schüler/innen untereinander wie auch zur Lehrperson voraus. Bei gestörten Beziehungen in der Klasse kommen einige der folgenden Übungen nicht in Betracht.

Die authentischen Berichte von Jugendlichen über ihre Lebenssituation bzw. ihr Verhalten im Alltag (M64, M65) kann Gesprächsanlass sein, sich über den eigenen Lebensweg klar zu werden. Sie sollen zum Vergleich mit den eigenen Lebens-Erfahrungen anregen. Bei diesen Texten, deutlicher noch beim Text „Die große Wegkreuzung" (M66) klingt an, dass Leben nicht nur ein Moment-Geschehen ist, sondern den Gedanken der Zukunft, des Ziels und der verantwortlichen Gestaltung enthält. Diesen Aspekt drückt eindringlich der Text von Petrus Ceelen aus: „Dein Weg ist Dein Weg" (Schülerbuch S. 119).

Der Glaubensweg ist kein Weg neben dem Lebensweg. Er markiert seinerseits bestimmte Stationen und vor allem die Art unterwegs zu sein. Deshalb wird auch in den folgenden Methodenvorschlägen unmittelbar im Zusammenhang mit dem Lebenslauf abgebildet. (Wollfadenbilder, Nagelbretter, Kurven). Die religiöse Spur verläuft nicht immer ungebrochen und versöhnt. Die Schüler/innen in diesem Alter sind sich dessen nur allzu häufig bewusst. Es muss eine Auseinandersetzung mit dem erreichten religiösen Standpunkt bzw. der derzeitigen Einstellung zum Glauben stattfinden. Das geschieht durch die Beschäftigung mit den Umständen, wie es dazu gekommen ist. Das Schülerbuch bietet zwei Geschichten eines Glaubensweges, wobei die Erfahrungen von Christine O. für viele Schüler/innen dieser Altersstufe im einen oder anderen Punkt ebenfalls zutreffen mögen.

b) Methodische Hinweise

■ Lebenslauf - Wollfadenbild
1. Schritt: Mit Hilfe eines farbigen Wollfadens gestalten die Schüler/innen auf einem DIN A3-Blatt (einer Heft-Doppelseite) ihren Lebenslauf.
2. Schritt: Dieser Darstellung ordnen sie ihren Glaubensweg mit einem andersfarbigen Wollfaden zu. Die Wollfäden ermöglichen dabei vielfältige Darstellungsmöglichkeiten: Hoch- und Tiefpunkte des Lebens durch die gelegten Schlingen, Knoten für Problemsituationen, abgerissene Enden oder auseinandergerissene Fäden für markante Einschnitte u.ä. Als Hilfe zur Übersicht und Einordnung können die Lebensjahre wie auf einem Zeitstrahl zugeordnet werden. Der zweite Faden zeigt Ähnliches für den Glaubensweg an. Dazu notieren die Schüler und Schülerinnen jeweils, welche Personen in welchem Lebensabschnitt für sie wichtige Glaubensbegleiter/innen waren.
Beide Übungen erfolgen *nacheinander*, d.h. der Glaubensweg wird dem bereits gelegten und (mit Klebestreifen oder Uhu) fixierten Lebensweg zugeordnet. Zeitbedarf ca. 2 Unterrichtsstunden.
Bei dieser Übung sind einige Bedingungen zu beachten: Die Klasse muss vorher zur Ruhe kommen (Stillübung o.ä.). Ferner muss deutlich darauf hingewiesen werden, daß man während dieser sehr persönlichen Übung möglichst nicht gegenseitig aufs Blatt schaut, nachfragt, redet. Es ist eine Übung, deren Ergebnis *nur* den/die Einzelne/n betrifft.

Ein Vertrauensverhältnis untereinander ist dabei sehr hilfreich; es geht jedoch auch mit schwierigeren Klassen. Allerdings müssen die genannten Regeln vorher klar vereinbart sein. Dasselbe gilt auch für die Lehrkraft: Sie sollte diese sehr persönlichen Aussagen der Schüler/innen respektieren und sie für sich alleine arbeiten lassen. Ein allgemeiner Austausch über alle Bilder erfolgt nicht. Eine Kommunikation über einzelne Bilder sollte von den betreffenden Schüler/innen ausgehen - nicht von der Lehrkraft.

Sinn und Ziel dieser Übung ist die (spontan) entstehenden Bilder als Grundlage einer Reflexion des eigenen Lebensweges zu nehmen. Die Schüler/innen suchen sich einen Platz im Klassenzimmer, wo sie sich ungestört fühlen und betrachten ihr Bild (evtl. leise Musik).

Folgende Impulse können hilfreich sein: „Mein Lebenslauf. Ich betrachte ihn in Ruhe. Wie verläuft er? Wahrscheinlich hat er Höhen und Tiefen. Ich erinnere mich wieder: Wie war das damals, als es mir besonders gut ging? Und damals, als ich mich ganz schlecht fühlte? Welche Menschen spielten dabei eine wichtige Rolle? Gibt es Typisches, Wiederkehrendes? Vielleicht willst du den anderen etwas davon erzählen."

Sollte der Lehrer/die Lehrerin verschiedene Bilder gesehen haben und das Vertrauensverhältnis für einen Austausch vorhanden sein, so kann er/sie auch Typisches und Auffallendes von sich aus ins Gespräch bringen. So zeigte sich bei vielen Versuchen, dass der Übergang von der Grund- in die Hauptschule von vielen Schüler/innen als Tiefpunkt erfahren und dargestellt wird. Am Glaubensfaden lässt sich neben den bereits genannten Aspekten thematisieren: Welche Menschen waren für meinen Glaubensweg bedeutsam und wodurch? Wie verläuft der Glaubensfaden zum Lebensfaden? Gehen sie eher auseinander oder verlaufen sie parallel?

- Lebenslauf - Nagelbretter
Die Grundübung ist dieselbe - allerdings mit anderem Material, das besonders für Klassen geeignet ist, die lieber kräftig mit den Händen arbeiten, z.B. wenn viele Jungen in der Klasse sind. Anstelle des Blattes oder Heftes werden Bretter angeboten, am besten mit unterschiedlicher Struktur (alte, neue, glatte, rauhe usw.), sowie für jede und jeden einen Hammer und Nägel unterschiedlicher Stärke und Länge (nicht zu kurz!) Die Übung sollte am besten im Werkraum durchgeführt werden (Absprache mit dem/der Werklehrer/in!). Die weitere Durchführung entspricht in etwa der Wollfadenübung. Folgende Anleitung kann den Schüler/innen schriftlich an die Hand gegeben werden:

Mein Lebensweg

Jeder Mensch hat seinen eigenen, ganz besonderen Lebensweg. Er kann geradlinig und glatt verlaufen. Das ist aber eher selten. Meistens hat er Höhen - wenn es besonders gut geht - und Tiefpunkte. Manchmal weiß man kaum, wie es weitergehen soll. Dann scheint der Weg wie abgebrochen in einer „Sackgasse". Manche Jahre kommen einem auch wie ein Umweg vor.

Denke über deinen bisherigen Lebensweg nach:
Kennst du solche Höhen und Tiefen?
Kennst du Sackgassen (oder „Knoten") und Umwege?

1. Suche Dir ein Brett aus, das etwas über Dein Leben zeigen kann. Es kann glatt und glänzend sein - aber auch rauh und beschädigt.

2. Trage mit Bleistift, Filzstift oder einer Kerbe am unteren Rand die Lebensjahre ein. Du kannst auch Schildchen aufkleben.

3. Nun schlage für wichtige Erlebnisse und Erinnerungen Nägel ein. Sie können tief unten oder oben sitzen. Das hängt davon ab, ob sie für

schlechte, schwierige oder für schöne und gute Erfahrungen gedacht sind. Für viele Probleme kannst du auch mehrere Nägel an der gleichen Stelle einschlagen - oder dicke und dünne.
4. Zum Schluss verbindest du die Nägel mit einer Schnur, einem Faden oder Draht zu deinem Lebensweg
Der Glaubensweg wird bei dieser Darstellungsart mit Hilfe von Klebepunkten zugeordnet, die von den Schüler/innen mit Symbolen nach eigener Wahl bezeichnet werden. Die Klebepunkte haben zwei verschiedene Farben, eine für positive, eine für negative Erfahrungen. Jede/r Schüler/in bestimmt selbst für sich, welche Farbe wofür steht.
Anleitungsvorschlag:
Wie mit eurem Lebensweg, so macht ihr auch mit eurem Glauben unterschiedliche Erfahrungen.
1. An welche Ereignisse erinnerst du dich noch? Notiere ein Stichwort auf dem Klebepunkt. Beobachte dabei, ob es für dich eine gute oder schlechte Erfahrung war. Setze den Punkt auf dem Brett entsprechend nach oben oder unten.
2. Wie ist es heute? Male eine Zeichen dafür, z.B. Plus, Minus, Fragezeichen für Zweifel; Ausrufezeichen, wenn der Glaube dir wichtig ist.
3. Welche Personen waren und sind wichtig für diese deine Erfahrungen? Wer hat z.B. mit dir gebetet oder zuerst von Gott erzählt? Schreibe die Personen auf einen Klebepunkt und setze ihn an die entsprechende Stelle deines Lebenslaufs.

- Lebenslauf - Graphische Darstellung als Kurve mit Markierung einzelner markanter Stationen. Dieses Verfahren entspricht den beiden voranstehenden Vorschlägen und kann auch mit den entsprechend modifizierten Anweisungen eingeführt werden. Für entsprechende Phasen oder Stationen kann eine bestimmte Farbe oder ein Zeichen gewählt werden. Ferner kann zum Verlauf des Lebenswegs auch (mit anderer Farbe) ein Glaubensweg dem Verlauf des Lebenswegs entsprechend dargestellt werden.

- Lebensläufe Jugendlicher: Ein Punk (M64)
Aufgabe: Schreibe auf die linke Seite eines A4-Blattes untereinander die Stunden eines Tages. Notiere daneben (ungefähre Uhrzeit) die jeweiligen Tätigkeiten und Erlebnisse des Punks.
Gesprächsimpulse: Was bedeutet dem Punk dieser Tagesablauf? Was bedeutet dir ein solcher Tagesablauf? Kannst du herausspüren, was der junge Mann sucht?
Vergleiche dazu den Text im Schulbuch, S. 119 „Wieder ist ein Tag vorbei". Schildere einen Tag (Tagebuchseite, evtl. mit einer Zeichnung), der für dich mit ähnlichen Gefühlen und Gedanken endete.

- Lebensläufe Jugendlicher: Eine junge Türkin (M65)
Aufgabenstellung ähnlich wie oben.

- M66 Die große Wegkreuzung
Der Text erzählt die Lebensgeschichte einer Frau, die in den Bergen zufrieden aufwächst. Doch spürt sie seit ihrer Jugend die Sehnsucht nach dem Meer. So packt sie eines Tages ihre sieben Sachen und wandert los, dem Weg entlang, der ins Tal führt. Eines Tages kommt die Frau an eine Wegkreuzung. Ihr Weg gabelt sich vor einem großen Gebirge in vier Pfade. Da die Frau den richtigen Weg nicht kennt, setzt sie sich nieder. An dieser Wegkreuzung treffen verschiedene Fremde auf sie, mit denen sie teilweise mitgeht, immer wieder aber zur Wegkreuzung zurückkehrt.

Die Jahre gehen vorüber, die Frau wird alt, ohne dass ihre Sehnsucht gestillt wird. Eines Tages beschließt sie, den Berg hinaufzusteigen. Endlich auf dem Gipfel angekommen, sieht sie die vier Wege, welche alle weiterführen bis ans Meer, ganz in der Ferne. Wie sie da steht, weiß sie, dass sie ihr Ziel nie erreichen wird, weil ihre Kräfte nicht mehr ausreichen. Die Geschichte ist sehr lang. Wenn man sie vorliest, muß man 15 Minuten dafür einplanen. Man kann aber auch vorher abbrechen (S. 16, 1. Abschnitt; Zeit: 10 Minuten) und die Geschichte von den Schülern zu Ende schreiben lassen. Nacheinander lesen sie ihr Ende der Geschichte vor. Dabei kommt es nicht auf die Länge an. Es soll zum Ausdruck kommen, ob und wie die Frau ihr Lebensziel erreicht hat.
Beim Vorlesen hören alle kommentarlos zu. In einem weiteren Schritt dürfen die Schüler/innen ihre Gedanken erklären und begründen, warum sie ihre Geschichte so beendeten. Schüler und Schülerinnen identifizieren sich leicht mit der Frau und so entsteht ein Gespräch über Vorstellungen des Lebens. Danach wird die Originalgeschichte fertig gelesen.

- Lied: Es geht immer weiter, Text und Musik: Sebastian Krumbiegel, aus: Album "Die Prinzen, Alles mit'm Mund", P1996 Hansa. Made in the EC., 74321 39862 2
  Die Botschaft des Refrain „Es geht immer weiter - es ist nie zu spät... Du musst nur alles ausprobieren..." oder die Textpassage „Und wenn irgendwo nichts passiert, dann muss ich gehen" bringen eine Form jugendlichen Lebensgefühls zur Sprache. Das Gespräch soll zum Vorschein bringen, ob sich die Schüler und Schülerinnen darin wiederfinden oder ob für sie Leben anderes und mehr beinhaltet.

- Lebenserfahrung anhand von Symbolen
  nach: Barbara Blau/Gabriele Bußmann, Kreative Unterbrechung (s. Lit.), S. 103-105
  Dieser Baustein leitet dazu an, sich mit der eigenen Lebenssituation zu beschäftigen sowie Zukunftsvorstellungen wachzurufen und ins Gespräch zu bringen.
  Zu Beginn empfiehlt sich eine Entspannungsübung, um zur Ruhe und Sammlung für das Thema zu führen - z.B. mit dem Bild des Heißluftballons, der die Gedanken des Tages mit sich fortträgt, nachdem diese von den Schülern eingepackt und in den Korb gelegt wurden.
  Zuvor ist in der Mitte des Sitzkreises folgendes Arrangement vorbereitet:
  1. Auf einem blauen Tuch steht eine Schale mit klarem Wasser (Symbol für Quelle) sowie blaues A4-Blatt mit Text M67a. Daneben für jeden Schüler/jede Schülerin ein blauer Zettel A5 mit Text M....
  2. Ein gelbes oder ockerfarbenes Tuch mit hellem Sand (eine kleine Wüstenlandschaft) mit einem gelben A4-Blatt: Text M... Für jeden Schüler/jede Schülerin ein kleines Blatt (A5) mit Fragen (M...)
  3. Auf einem grünen Tuch liegt ein A4-Blatt mit einem großen Fragezeichen und dem Text M... Auf einem kleineren Zettel wieder Fragen für die einzelnen Schüler/innen M...
  Die Schüler/innen machen sich mit den Gegenständen und Texten in der Mitte vertraut. Dann nimmt sich jede/jeder seine Fragezettel und beantwortet für sich die Fragen. Hinweis: Schreibe deine Gedanken auf ein Blatt. Du kannst später entscheiden, ob und was du davon den anderen mitteilen willst.
  Wenn die Schüler/innen über diese Fragen sprechen möchten, kann das entweder in Kleingruppen oder im Kreis erfolgen. In jedem Fall ist als

Abschluss eine Blitzlichtrunde möglich: Jede/jeder sagt reihum, wie es ihm bei der Beschäftigung mit diesen Gedanken ging - ohne inhaltlich darauf einzugehen.

- „Weil unsere Eltern mitgegangen sind"
  Erfahrungen anlässlich der Firmvorbereitung - mitgeteilt von Bruno Möhler und Bernhard Ascher, in: Informationen Nr. 212, Sept. 1987, hrsg. vom Priesterrat und Diözesanrat Rottenburg-Stuttgart, S. 23.
  Vorgeschichte: Das Angebot zu einem Elterntreff um über Glaubensfragen ins Gespräch zu kommen, wurde von den Eltern als unnötig abgelehnt.
  „Es begann also die Arbeit mit den Firmgruppen. Die erste Einheit: 'Unser Leben ist wie ein Weg' - die Firmgruppen legten einen Weg innerhalb der Gemeinde zurück (schweigend!), um Wegerfahrungen zu sammeln. Eine Firmgruppenleiterin lud ... dazu kurzfristig auch die Eltern ihrer Gruppe mit ein. Ihr Weg sah folgendermaßen aus: Rathaus (Standesamt: Beginn des bürgerlichen Lebens) - Brunnen vor dem Rathaus (Wasser - Symbol der Taufe: Beginn des christlichen Lebens) - Weg durch die Stadt (unser Leben mit anderen Menschen) - Brunnen (Stärkung - Lebenskraft) - Friedhof (Ende des bürgerlichen Lebens - Beginn der Vollendung in christlicher Sicht). Nach diesem Weg saßen Eltern und Firmbewerber zusammen, um mit der Gruppenleiterin ihre Erfahrungen reflektieren.
  Dieser Weg hatte nun die Jugendlichen und ihre Eltern dermaßen berührt und betroffen gemacht, dass die Eltern selbst das gleiche Firm-"programm" wie ihre Kinder durchmachen wollten... Alle Eltern empfanden diese Treffen als einen großen Gewinn für ihren Glauben und für ihr Familienleben. Auch die jugendlichen Firmlinge (8. Klasse) waren von der Firmvorbereitung beeindruckt, 'weil unsere Eltern mitgegangen sind'."
  Es soll den Lehrer/innen überlassen bleiben, ob sie in diesem Erfahrunsbericht Anregungen für die schulische Umsetzung finden. Eines wird dabei gewiss deutlich: Sich ganz konkret auf den Weg machen kann etwas unerwartet in Bewegung bringen.

c) Literatur und Materialhinweise

B. Blau/G. Bußmann, Kreative Unterbrechung. Zur Gestaltung von „Tagen religiöser Orientierung" mit Schülerinnen und Schülern, Hrsg.: Hauptabteilung Schule und Erziehung im Bischöflichen Generalvikariat Münster, Butzon & Bercker, Kevelaer 1995, (bes. III, 6 Das Leben - ein Weg mit Ziel?! Die Frage nach Sinn, Zukunft, Orientierung, Werten)

L. Rendle u.a., Ganzheitliche Methoden im Religionsunterricht. Ein Praxisbuch, Kösel, 1996: 3. Religion in Lebensgeschichten, S. 65-68

M. Schwarz u.a., Leben suchen - Gott suchen, in: Unterrichtshilfen. 16 Themen für den Religionsunterricht an der Oberstufe, Katechetisches Institut Zürich 1989

E. Teuwsen, Auf der Suche nach dem eigenen Weg, in: RL. Zeitschrift für Religionsunterricht und Lebenskunde 4/89, S. 19-24. Mit schülernahen Methoden und Medien wird der Inhalt der LPE in einer Unterrichtssequenz über ca. 6 Stunden für die Klassen 7 - 9 ausgeführt.

M64 Ein (Chaos-)Tag im Leben eines Punks

Rumhängen, pöbeln, quatschen und Bier saufen - Ein Schüler berichtet über einen denkwürdigen Ausflug nach Hannover.

Reutlingen (zms). Ich bin seit drei Jahren Punk. Ich will über die Chaostage 1995 in Hannover erzählen. Also: Es war richtig geiles Sommerwetter. Ich war daheim und schnorrte gerade die Kohle für den Zug, doch meine Eltern waren zu geizig, um ein paar Mark zu geben. Da habe ich meinen Schlafsack einfach zusammengerollt und bin losgelaufen zur Autobahn. Nun trampte ich alleine nach Hannover zu den Chaostagen 1995. Und es ging ziemlich schnell, neun Stunden dauerte das Trampen. Ich hatte richtig Spaß am Trampen und schnorrte unterwegs ein bißchen Kohle zusammen. Am Abend war ich endlich da und bin zuerst zum Hauptbahnhof und hab mir erst mal ein paar Büchsen Bier gekauft und saß da und hab ein Bier getrunken, und nach einer halben Stunde kam der erste Streß mit Polizisten: meine Personalien wurden festgestellt. Danach kamen circa 50 andere Punks, dann sind wir ans Sprengelgelände (Punkerzentrale) marschiert, und überall waren Polizisten-Sixpaks, doch wir sind provozierend weitermarschiert ins Sprengelgelände.

Dort waren schon 200 Punks, hatten die erste Straßenschlacht hinter sich und machten ein bißchen Party und verbrachten dort die Nacht. Und ich war am nächsten Tag ziemlich erschöpft und suchte einen Pennplatz, und später habe ich einen Pennplatz auf dem Gelände gefunden. Nach drei Stunden Schlaf bin ich mit anderen Frühstück einkaufen gegangen. Danach haben wir mit 50 Punks die Stadt erkundet (mein erster Aufenthalt in Hannover). Wir hingen den ganzen Tag in Hannover rum, haben geschnorrt und Bier getrunken und Polizisten provoziert.

Das geht so: zuerst mit Worten provozieren, wenn der Polizist sich darauf einläßt, verhandeln, wenn der Polizist keine Ruhe gibt, auch mal schubsen und wegrennen. Wenn er einen Punk erwischt, Pech gehabt. Ich habe den ganzen Tag keine Festnahme gehabt (also Glück!), aber etliche Platzverweise (namentlich festgehalten).

Am Abend haben sich alle Punks am Sprengelgelände getroffen und Barrikaden errichtet. Wir haben auf die Polizisten gewartet, langsam rückten sie vor. Zuerst gab es nur Provokationen durch Steinewerfen, dann ging die Schlacht richtig los. Die Polizisten kamen mit Räumfahrzeugen und Wasserwerfern und BGS- und GSG 9-Einsatzfahrzeugen. Wir Punks warfen alles, was wir in die Finger bekamen. In dieser Nacht auf Samstag gab die Polizei nach, nur Festnahmen, aber keine Auflösung des Treffens.

Und Samstag morgen wieder rumhängen, pöbeln, abwarten, quatschen und Bier saufen. Am Mittag gab es wieder schwere Zusammenstöße und Auseinandersetzungen mit Polizisten und viele Festnahmen. Die Bullen haben geknüppelt, getreten und geschlagen. Nachmittags herrschte dann wieder Ruhe vor dem Sturm bei einem Konzert. Mittlerweile waren wir circa 3000 Punks in der Stadt, die nächsten Unruhen waren vorprogrammiert. Nach dem Konzert gab es eine große Straßenschlacht mit 3500 Polizisten und rund 3000 Punks. Ich verpisste mich, um nicht zuviel Stress durch die Schlacht zu bekommen und fuhr mit zwei anderen Punks ziellos im Auto durch Hannover. Samstag, spätabends, waren wir hungrig und pleite und hingen die ganze Nacht so rum, bis ein paar Punks Sonntag früh auf irgendeine Art und Weise Frühstück besorgten. Wir hatten wieder zu essen und unser Bier und veranstalteten damit eine tolle Party, die den ganzen Sonntag vormittag dauerte. Sonntag mittag habe ich wieder meine Kollegen getroffen, und wir sind zu fünft zum Bahnhof gelaufen, dort ein paar Stunden rumgehangen, um dann letztendlich müde und erschöpft, aber zufrieden mit einem Kollegen im Auto heimzufahren.

aus: Reutlinger Generalanzeiger vom 10.12.96 Der Name des jugendlichen Autors ist der Redaktion bekannt.

M65 Hübsch, intelligent - und Analphabetin

Mühsam lernt eine junge Türkin derzeit Lesen und Schreiben - Die Geschichte eines Kindes, das nur selten die Schule besuchen konnte.

Reutlingen (zms) Meine Eltern haben 1974 in der Türkei geheiratet. Dann ist mein Bruder auf die Welt gekommen mit Kaiserschnitt, meine Mutter sollte danach drei Jahre keine Kinder mehr kriegen. Als ich drei Monate war, ist mein Vater gestorben durch einen Autounfall. Danach hat meine Mutter drei Jahre lang nicht geheiratet, dann hat ihr Vater ihr gesagt, daß sie heiraten soll. Meine Mutter hat dann wieder geheiratet und ist mit ihrem türkischen Mann nach Deutschland gekommen, ich war drei oder vier Jahre alt. Der Stiefvater hat mich und meine anderen Geschwister immer geschlagen. Wenn meine Mutter das gesehen hat, ist sie auch ausgeflippt und ist auf meinen Stiefvater losgegangen. Der hat sie dann auch geschlagen. Aber zwei Tage später haben sie sich wieder versöhnt. Meine Mutter hat meinem Stiefvater gesagt, daß sie drei Jahre lang keine Kinder kriegen soll. Aber der hat gesagt, daß er ein Kind will. Wenn er in einem Jahr kein Kind hat, dann tun die türkischen Leute lästern und davor hat er Angst. Dann hat er gesagt, daß er ein Kind will, meine Mutter konnte nichts sagen, dann ist sie schwanger geworden und das Kind ist auch mit Kaiserschnitt zur Welt gekommen. Dann haben sie meiner Mutter die Gebärmutter herausgenommen, sie konnte keine Kinder mehr kriegen und konnte schon mit 25 keine Periode mehr bekommen. Der Stiefvater hat meine Mutter geschlagen, da hat meine Mutter kein Gefühl mehr gehabt und ist mit den Kindern in die Türkei zu ihrer Mutter abgehauen. Dann ist sie drei oder vier Monate bei meiner Oma geblieben. Aber dann haben die beiden sich wieder versöhnt, damit sie wieder nach Deutschland kommt mit ihren Kindern. Und wie war's mit meiner Schule? Sie hat angefangen, als ich sieben Jahre alt war. Aber die erste Klasse habe ich nicht von Anfang an, sondern in der Mitte angefangen. Mein Stiefvater hat seinem Sohn ein Fahrrad gekauft. Ich wollte auch ein Fahrrad haben. Und immer wenn die Schule aus war, habe ich mir ein Fahrrad genommen und bin nach Hause gefahren. Als ich zu Hause angekommen bin, habe ich mir gedacht, was ich mit dem Fahrrad machen soll. Da bin ich wieder zur Schule gefahren und habe das Fahrrad wieder hingestellt. Dann bin ich zu Fuß nach Hause gegangen. Als ich einmal nach Hause kam, haben meine Eltern, schon alles mitgekriegt, dann hat mein Stiefvater mich geschlagen, aber dann ist die Polizei zu uns gekommen. Dann konnte er mich nicht mehr schlagen. Meine Eltern haben sich mit der Polizei unterhalten. Dann hat der Stiefvater gemeint, daß ich ins Kinderheim gehen soll und meine Mutter hat gemeint, daß ich lieber in die Türkei gehen soll. Sie hat mir eine Flugkarte gekauft und hat mit den türkischen Verwandten einen Termin festgelegt. Dann ist der Tag gekommen, daß ich gehen mußte. Da wollte meine Mutter mich irgendwie nicht lassen und hat meinen Stiefvater gefragt, ob ich nicht diesen, sondern nächsten Freitag fliegen kann. Aber der Stiefvater hat nein gesagt, diesen Freitag werde ich fliegen. Da hat er sich wieder aufgeregt und hat meine Mutter geschlagen. Meine Mutter hat sich eine Wohnung gemietet. In diesem Haus haben wir noch eine Woche zusammen gewohnt, dann hat meine Mutter mich in die Türkei geschickt. Ich war sieben Jahre alt, und als ich in der Türkei ankam, waren meine Großeltern nicht da. Ich hatte meine Adresse auf der Hand stehen und bin zur Polizei gegangen. Und diejenigen haben dann den Namen meiner Großeltern ausgerufen, aber es war keiner da, weil die auf dem Flughafen Izmir auf mich warteten, und ich war in Istanbul auf dem Flughafen. Danach bin ich vom Istanbuler Flughafen mit dem Taxi nach Izmir gefahren und mußte dem Taxifahrer die ganzen 2 000 Mark und Goldschmuck geben, die meine Mutter mir mitgegeben hatte. Dann bin ich in Izmir angekommen und bin dort zwei bis drei Jahre geblieben. Ich habe dort keine Schule besucht, weil die Klasse voll war, und ich konnte nicht richtig Türkisch, deswegen mußte ich ein Jahr warten und ein Jahr später wieder warten, und bis die Monate vorbeigingen, mußte ich meinem Opa helfen, habe ich mit Kindern gespielt und die Wohnung geputzt. 1989 bin ich wieder nach Deutschland gekommen. Da gab es wieder Streit, und deswegen bin ich noch mehrere Male in die Türkei und nach Deutschland hin und her gefahren, mit dem Lastwagen, mit dem Bus und mit dem Flugzeug, immer hin und her, deswegen konnte ich nie die Schule regelmäßig besuchen. Meine Mutter hat viel und hart gearbeitet, damit sie immer die ganzen Fahrten bezahlen konnte. Sie hat zwischen fünf und sieben Uhr morgens drei Gaststätten geputzt, dann ist sie mit einer Firma in der Uni-Klinik putzen gegangen bis mittags, dann hat sie für den Stiefvater und uns gekocht und geputzt, danach hat sie bis nachts in einem Lokal in der Küche gearbeitet. Das meiste Geld mußte sie abgeben, aber etwas hat sie immer für sich behalten. November 1991 ist mein Stiefvater gestorben, seitdem fahre ich nicht mehr hin und her. Ab 1991 bin ich wieder in der Hauptschule in der Innenstadt von Tübingen gewesen, aber ich konnte überhaupt nicht Deutsch lesen und schreiben. Deshalb haben sie mich auf die Förderschule geschickt. Dort habe ich Mathe gelernt und nichts Besonderes in Deutsch, deshalb bin ich oft nicht in die Schule gegangen. Und ich war auch jedes Jahr circa drei Monate in der Türkei bei meinen Großeltern. Außerdem war ich immer in der Schule sehr „aufgeregt" und habe bei jeder Kleinigkeit geschlägert und bin abgehauen. Türkisch lesen und schreiben habe ich mir in der Zeit selbst beigebracht. Nach der Förderschule konnte ich immer noch nicht Deutsch lesen und schreiben. Danach bin ich ins Berufsvorbereitungsjahr BVJ gekommen, da habe ich mehr gelernt. Ich hoffe, daß ich jetzt im Förderlehrgang richtig lesen und schreiben lerne.

aus: Reutlinger Generalanzeiger vom 12.12.1996. Die Autorin ist 17 Jahre alt, ihr Name ist der Redaktion bekannt.

M66 Die große Wegkreuzung

Seit unendlichen Zeiten zieht die Erde ihre Bahn um die Sonne, empfängt Wärme und Licht. Und der Mond umkreist die Erde, spendet seine silbernen Strahlen, hebt und senkt die Meere. Hoch oben in den Bergen wuchs ein Kind auf. Spielte sich in klarer Luft und auf sattgrünen Wiesen zur jungen Frau. Packte eines Tages ihr kleines Bündel und sagte zu Vater und Mutter, dass sie gehen wolle, um das Meer zu sehen. Denn während ihrer ganzen Jugend hatte sie sich nichts sehnlicher gewünscht, als einmal im Leben ihren Körper in das schäumende Meerwasser legen und auf den Lippen den salzig frischen Atem des Meeres spüren zu können.

Die junge Frau ging den vertrauten Weg hinab ins Tal. Aber sie hielt nicht in jenem kleinen Dorf, in dem sie immer ihre Milch verkauft hatte. Sie hielt auch nicht bei der kleinen Sennerhütte, wo sie als Kind jedesmal einige Süßigkeiten und eine kalte, schaumig-gerührte Buttermilch bekommen hatte. Sie ging weiter. Weiter, als sie je gegangen war an der Hand ihres Vaters. Sie ging, weil sie ein Ziel hatte. Sie wollte ihren Körper im schäumenden Meer baden und den salzig frischen Atem dieser endlosen Weite auf den Lippen spüren. Und so begleitete sie die kleinen Bergbäche, die aufgeregt über die Steine sprangen, suchte sich ihren Weg vorbei an wiederkäuenden Kühen hinunter ins Tal. Viele Menschen traf sie auf ihrem langen Weg. Oft wurde sie eingeladen, doch ein wenig auszuruhen, und manchmal wurde ihr auch abgeraten, weiter zu gehen. Der Weg zum Meer sei weit und beschwerlich, wurde ihr gesagt. Aber sie ließ sich nicht beirren. Sie nahm die Gastlichkeit dankbar an und ging weiter den Weg, den sie für sich gewählt hatte, weiter auf dem Weg, der sie zum Meer führen sollte.

Eines Tages, sie war schon sehr müde, kam sie an eine große Wegkreuzung. Der Weg, dem sie bisher gefolgt war, gabelte sich vor einem großen Gebirge in vier Pfade, von denen zwei links und zwei rechts um die Berge herumzuführen schienen. Die junge Frau wusste nicht weiter und setzte sich mitten auf die Kreuzung, um zu rasten, Brot zu essen und Wein zu trinken. So saß sie lange Zeit auf der Erde und konnte sich für keinen der vier Wege entscheiden. Jeder schien ihr ungewiss.

Eines Tages kamen Fremde an die Kreuzung und fragten die junge Frau, was sie denn hier mache. „Ich bin unterwegs ans Meer", gab sie Auskunft, „aber mein Weg endet hier. Nun weiß ich nicht, welche Richtung ich wählen soll."

„Dann komm doch mit uns", sagten die Fremden, „wir sind unterwegs in eine Stadt, die nur einige Stunden von hier entfernt ist."

Aber die junge Frau wollte ans Meer, im warmen Sand sitzen, sich von der wilden Kraft der Wellen umschäumen lassen und den salzig frischen Atem des Meeres auf den Lippen spüren. Sie bedankte sich bei den Fremden für das Angebot und blieb weiter auf ihrer Wegkreuzung sitzen. Wieder saß sie lange Zeit allein und konnte sich für keinen der Wege entscheiden.

Viele Tage später kam ein einsamer Wanderer und setzte sich zu ihr. Lange Zeit saß er bei ihr und erzählte, was er alles erlebt hatte auf seiner Wanderschaft, wo er schon überall gewesen war und was er alles erfahren hatte. Er aß mit der jungen Frau Brot und trank mit ihr Wein. Oft saßen sie noch zusammen, um die Sonne hinter den hohen Bergen versinken zu sehen. Und irgendwann fragte er sie, ob sie nicht mit ihm kommen wolle. Er sei unterwegs zu einem Wald ganz in der Nähe, um dort zu jagen. Aber die Frau auf der Wegkreuzung sagte auch ihm, dass sie nicht in einen Wald, sondern ans Meer wolle.

Die Wochen vergingen, und mit ihnen wechselten die Jahreszeiten. Die Frau saß auf dem Platz zwischen den Wegen und sah den Wolken nach, die sich übers Gebirge jagten und bunte Blüten der Phantasie an den Himmel malten.

Eines Morgens wurde sie von Fremden geweckt, die unterwegs zu Bauern waren. Sie fragten, ob sie nicht mitkommen wolle, um bei der Ernte zu helfen. Und weil die Frau schon so lange untätig dort gesessen hatte, entschied sie sich, dieses Mal mit den Fremden zu gehen. Sie kamen in ein kleines Dorf, und den ganzen Herbst half sie, die Ernte einzufahren. Es gefiel ihr gut bei den Bauern. Nur eine Sehnsucht blieb in ihr und wuchs und wuchs, während der Winter die Landschaft in stille weiße Träume verpackte.

Sie wollte ans Meer Und deshalb packte sie an einem klaren Frühlingsmorgen ihr Bündel und sagte den freundlichen Bauern, dass sie wieder gehen wolle, denn sie sei unterwegs ans Meer.

Danach ging sie ihren Weg zurück, bis sie wieder an die große Kreuzung kam. Ratlos setzte sie sich. Wenn sie nur wüsste, welchen dieser Wege sie wählen soll, um endlich an das Ziel ihrer Sehnsucht zu kommen. Sehr lange saß sie an der Wegkreuzung, bis nach Wochen eine Frau kam, die unterwegs war in ein kleines Dorf. Sie wolle dort ihre Ware verkaufen, erzählte sie, und fragte die Frau, ob sie nicht Lust hätte, sie zu begleiten. Und weil diese wusste, dass sie allein zu keinem Entschluss kommen würde, ging sie mit der fremden Frau in das kleine Dorf. Es gefiel ihr gut dort. Sie half Hemden und Hosen nähen und später auf dem Markt verkaufen. Aber immer blieb in ihr die Sehnsucht nach dem Meer. Eines Tages hielt sie es nicht mehr aus. Wieder packte sie ihre Habseligkeiten zusammen, verabschiedete sich von der Frau und wanderte zurück an jene große Kreuzung. Hier war ihr inzwischen alles schon so vertraut. Sie suchte sich wieder ihren alten Platz und machte es sich gemütlich. Dann saß sie dort, fast unbeweglich, eine lange Zeit. Ihr Haar war inzwischen dünn und grau geworden. Ihr Rücken beugte sich immer mehr unter der Last der sich ständig wiederholenden Jahreszeiten. Noch immer wusste sie nicht weiter, konnte sich einfach nicht entscheiden, welchen dieser Wege sie denn nun wählen solle. Manchmal glaubte sie in stillen, schlaflosen, mondhellen Nächten ein leises, fernes Rauschen zu hören, als ob das Meer sie rufen würde. Und wenn der Nachtwind mit lauem Hauch von den Bergen strich, vermeinte sie sogar auf ihren Lippen einen zarten salzigen Geschmack spüren zu können.

Es war eine solche Nacht, als sie sich entschloss, einfach die Berge hinaufzusteigen. Die Wanderung war sehr beschwerlich. Durch beängstigend verwirrende Felsengärten, dichtes Unterholz und über steil abfallende Grate führte ihr Weg nach oben. Höher und höher stieg sie bei ihrer einsamen Wanderung. Nachts war es längst nicht mehr so warm wie unten an der großen Wegkreuzung. Sie fror und kauerte sich oft hilflos an den nackten, kalten Fels. Manchmal glaubte sie auch, ihre Kraft würde nicht ausreichen. Immer schwieriger schien es, sich die steilen Hänge emporzuquälen, um wieder feststellen zu müssen, dass hinter dem eben erklommenen Gipfel der nächste auf sie wartete. Und dann endlich - sie hatte schon fast nicht mehr daran geglaubt - stand sie ganz oben. Der Wind packte ihr langes, graues Haar, zerwühlte es mit klammen Fingern und riss an ihrer Kleidung. Sie öffnete den Mund, um diese Gewalt in sich hineinzusaugen. Erschöpft und keuchend atmete sie gegen den Wind. Und endlich öffnete sie ihre Augen und blickte sich um. Der Ausblick überwältigte sie. Tief unten entdeckte sie, ganz klein jetzt, die Wegkreuzung, auf der sie so lange gesessen hatte. Sie sah die vier Pfade, die sich dort unten verzweigten. Der eine führte in eine große Stadt, direkt auf den Marktplatz und darüber hinaus. Der andere schlängelte sich durch einen dichten Wald, nahe an ein kleines Häuschen. Aber auch er endete dort nicht. Der dritte war ihr bekannt: Er wand sich in das Tal zu den Bauern, denen sie bei der Ernte geholfen hatte, kletterte dann über einige kleine Hügel und führte weiter in eine fruchtbare Ebene. Und der vierte traf auf jenes kleine Dorf, in dem sie Hemden und Hosen geschneidert hatte. Doch auch dieser zog durch das Dorf hindurch und weiter.

Die alte Frau stand auf dem Gipfel des Berges und zitterte. Die vier Wege trennten sich vor dem Gebirge, umringten es und näherten sich einander in einer weiten Ebene, vereinigten sich und setzten ihre Reise fort bis zum Meer, in dem sich weit entfernt ein Horizont zu spiegeln schien. Die alte Frau saß hoch oben auf den Felsen, die vor ihr steil abbrachen, und dort hinten, jenseits der Ebene, verlor sich ihr suchender Blick in die Unendlichkeit des Meeres. Je länger sie schaute, um so deutlicher glaubte sie das schäumende Wasser zu sehen. Sie meinte fast die tosende Kraft der Wellen zu spüren, die weit vor ihr in die zerfurchten Klippen schlugen und zersprangen. Aber sie konnte nichts hören, so weit weg stand sie, hoch oben auf dem Gipfel und wusste, sie hatte nicht mehr die Kraft, zurückzugehen an jene große Wegkreuzung, wo sie so lange gesessen hatte. Zurück, um irgendeinen Weg zu wählen, der sie ans Meer bringen würde. Sie hatte keinen dieser Wege gewählt, war keinen bis zum Ende gegangen. Erst hier, hoch oben auf den Felsen, erkannte sie, dass jeder dieser Wege ans Meer geführt hätte. Und plötzlich wusste sie: Niemals in ihrem Leben würde der salzig frische Atem grenzenloser Weite ihre Lippen netzen. Und niemals in ihrem Leben würde sie das wildschäumende Wasser des Meeres auf ihrem Körper spüren.

Roland Kübler

entnommen aus dem Buch: „Die Farben der Wirklichkeit", erschienen im lucy körner verlag, 70701 Fellbach. Der Abdruck erfolgt mit freundlicher Genehmigung des Verlages.

M67a

Eine Quelle/Wasser ist für uns alle lebenswichtig. Wir können alle eine Zeitlang ohne feste Nahrung leben, aber ohne flüssige Nahrung gehen wir sehr schnell zugrunde.
Wasser schenkt uns Kraft und erhält uns am Leben.

Die Quelle kann ein Symbol für unser Leben sein:
Wenn ich meinen Lebensweg gehen will, dann brauche ich Orte, Menschen und Erfahrungen, wo ich, - wie an meiner Quelle - Rast machen kann, eine Quelle, an der ich mich ausruhen kann, mich erfrische und stärke.
Orte, Menschen, Erfahrungen, die uns Kraft für unser Leben schenken.

M67b

Die Wüste ist eine karge, trockene Landschaft, in der Menschen nur sehr schwer leben können. -

Dieses Symbol können wir auf unser Leben übertragen:
Manchmal gibt es auch auf meinem Lebensweg Situationen, in denen mir vieles schwerfällt, in denen ich mich traurig fühle oder enttäuscht bin. In solchen Momenten kommt mir mein Leben dann vor wie eine karge, trockene Landschaft - wie eine Wüste.

M67c

?

Die Zukunft erscheint uns oft wie ein großes Fragezeichen. Der Gedanke an das, was auf mich zukommt, löst Hoffnungen und Wünsche, Vorstellungen und Träume, manchmal Befürchtungen aus.

M67d...
Was ist für mein Leben wie eine Quelle, aus der ich Mut und Kraft schöpfe?

Kenne ich Menschen, die für mich „Quelle" sind?

Wo bin ich „Quelle" für andere?

M67f..
Welcher Ort, welcher Mensch oder welche Erfahrung ist oder war für mich wie eine Wüste?

Gab es Situationen, in denen ich mich allein fühlte oder von anderen Menschen enttäuscht?

M67e..
Welches sind meine Wünsche, Hoffnungen und Vorstellungen für mein weiteres Leben?
Welche Träume habe ich?

Wer oder was könnte mir helfen, den richtigen Weg zu finden?

Welche Unsicherheiten habe ich?
Welche Befürchtungen habe ich?

4. Wegweiser und Wegbegleiter

a) Notizen zu Thema und Intention

Mit „Wegweiser" und „Wegbegleiter/innen" wird eine Fragestellung umschrieben, die sich zwangsläufig aus dem Duktus der Einheit ergibt. Lebensweg und Glaubensweg als Aufgabe und Auftrag verstanden implizieren den Gedanken einer entsprechenden Hilfestellung.
Auf der einen Seite wird jeder Lehrer und jede Lehrerin die Notwendigkeit oder gar Dringlichkeit von Hilfe für viele seiner Hauptschüler/innen sofort erkennen - auf der anderen Seite steht möglicherweise deren Widerstand und Ablehnung gegenüber einer vermeintlichen Einmischung. Wenn in der konkreten Situation einzelner Schüler/innen Hilfe und Beratung angezeigt ist, dann sollte das keineswegs im unterrichtlichen Rahmen - auch nicht bei diesem Teilthema - verhandelt werden, wenn der/die betreffende Schüler/in es nicht von sich aus betreibt.
Es geht bei diesem Thema einerseits um die Einsicht, dass es notwendig und vernünftig ist, in den Fragen des Lebens Hilfe und Orientierung anzunehmen bzw. zu suchen; andererseits sollen auch konkrete Informationen gegeben werden, wo man sich bei bestimmten Problemen hinwenden kann. Es kann sinnvoll sein, wenn Schüler/innen die Anschrift der einen oder anderen konkreten Anlaufstation ihres Heimatortes im Schulheft mit sich herumtragen!

b) Methodische Hinweise

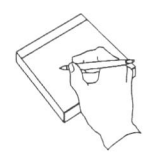

- Impulse vgl. Buch S. 121
    - „Ich brauche die Flasche, sonst halte ich den Stress nicht aus." (Tim 15)
    - „Die Droge hält mich fest." (Jennifer 14)
    - „Einmal im Gefängnis, immer im Gefängnis." (Ralph 25)
    - „Alles aus - ich habe Leukämie." (Anne 16)
    - „Was soll ich zu Hause? Mich vermisst eh keiner." (Natalia 12)
    - „Schule - nein danke!" (Roberto 13)

    1. Lies die Aussagen durch. Kannst du dir solche Situationen vorstellen? Erzähle davon.
    2. Wie gerät man in eine solche Lage? Wie kann es weitergehen?
    3. Wo kann man in solchen Situationen Hilfe finden, um sein Leben wieder in den Griff zu bekommen?
    4. Informiere dich in der Tageszeitung, im Telefonbuch, in kirchlichen Mitteilungen über Hilfseinrichtungen und trage einige in das Arbeitsblatt (Wegweiser) ein.

- An welche Stellen kann man sich wenden, wenn man Hilfe braucht? Nachschlagen: Samstagsausgabe der Tageszeitung, Kirchliches Mitteilungsblatt, Telefonbuch.
  Schreibe auf, welche Stellen, Personen, Einrichtungen du als Wegbegleiter oder Ratgeber für hilfreich hältst.

- Es ist sinnvoll, zu diesen Problemen Vertreter/innen von Beratungsstellen einzuladen.

- **Alternative zu Nr. 4: Puzzle, M68**
  Suche nach zehn Möglichkeiten, wie man diesen Menschen helfen kann. Schreibe jede Idee auf ein Puzzleteil. Setze die Teile zusammen. Was dir das entstandene Symbol sagen will, kannst du in Mt. 25, 36-40 nachlesen.
  Klebe das fertige Puzzle in dein Heft und schreibe den Vers 40 darunter.
  Idee aus Baupläne Religion 8, Calwer Verlag Stuttgart, S.166/2

- **Ein Rowdy geht nach Indien, Buch S. 120**
  Zunächst lesen die Schüler still jeder für sich den Text. Ein erster Schritt der Erarbeitung kann an einer Kopie geschehen: Die Schüler/innen kolorieren bzw. unterstreichen mit drei Farben: Farbe 1 für die Passagen, die das problematische Verhalten, die „Faxen" in Patricks Leben beschreiben; Farbe 2 für die Stellen, die ein geändertes, neues Verhalten beinhalten; Farbe 3 für Situationen, Erfahrungen, Personen, die diese Verhaltensänderung ausgelöst haben. Die Farben sollten von den Schüler/innen als emotional bedeutsam, als Symbolfarben gewählt werden.
  Alternative oder Fortführung: Din A4-Blatt quer, 3 Spalten:

vorher	Einflüsse	nachher

  Ein weiterer Schritt fasst das Handeln der Begleiter (Heimleiter; Schwestern) und die Erfahrungen ins Auge, die Patricks Verhaltensänderung auslösen. Die entsprechenden Stellen werden im Text aufgesucht, z.B.: „Es hat mich total aufgebaut, meinen Teil dazu beizutragen"... oder: „Sie nehmen ihn einfach so, wie er ist."
  Im Gespräch sollten die Schüler/innen ihre Meinung zum Verhalten von Patrick - vorher und nachher - offen artikulieren. Dabei sollte nicht übersehen werden, dass Patrick nicht in seine Zukunft „hineingerutscht" ist sondern eine Entscheidung treffen und Einsatz bringen musste. Er bekam eine Chance und hat sie genutzt.
  Um die eigene Situation zu bedenken, können die Schüler/innen einen Brief an den Heimerzieher Patrick schreiben. Nur wer will, bringt seinen Brief den Mitschüler/innen und der Lehrerin/dem Lehrer zur Kenntnis.

- Als Geschichte einer Wegbegleitung kann auch der Bericht „Meine Großmutter" von Sr. Paulin Link (Schülerbuch S. 117) gelesen werden.

M68 Puzzle

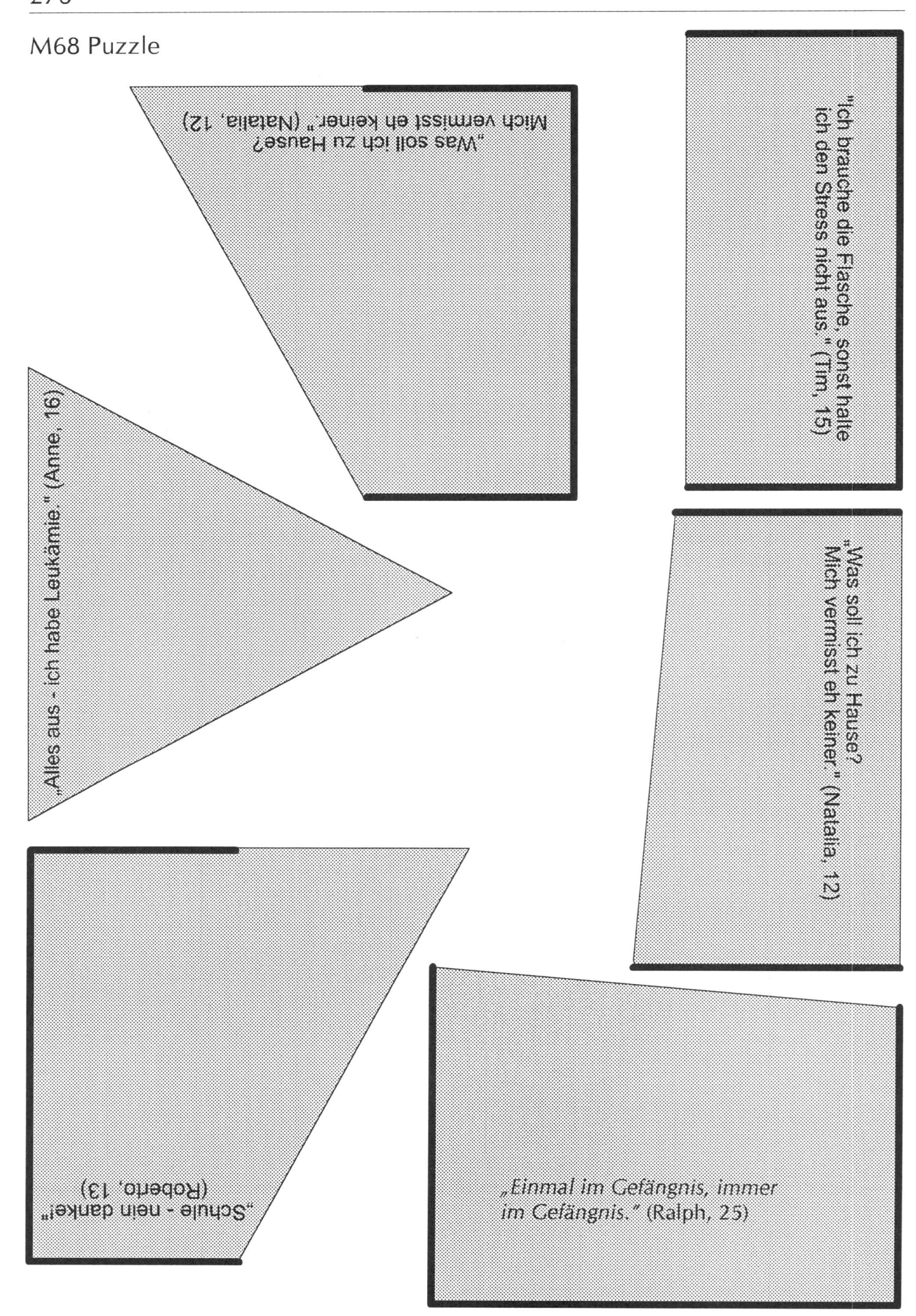

"Was soll ich zu Hause? Mich vermisst eh keiner." (Natalia, 12)

"Ich brauche die Flasche, sonst halte ich den Stress nicht aus." (Tim, 15)

"Alles aus – ich habe Leukämie." (Anne, 16)

"Was soll ich zu Hause? Mich vermisst eh keiner." (Natalia, 12)

"Schule – nein danke!" (Roberto, 13)

„Einmal im Gefängnis, immer im Gefängnis." (Ralph, 25)

DER MENSCH IN GOTTES SCHÖPFUNG
LPE 8-2

Zur Struktur der Einheit

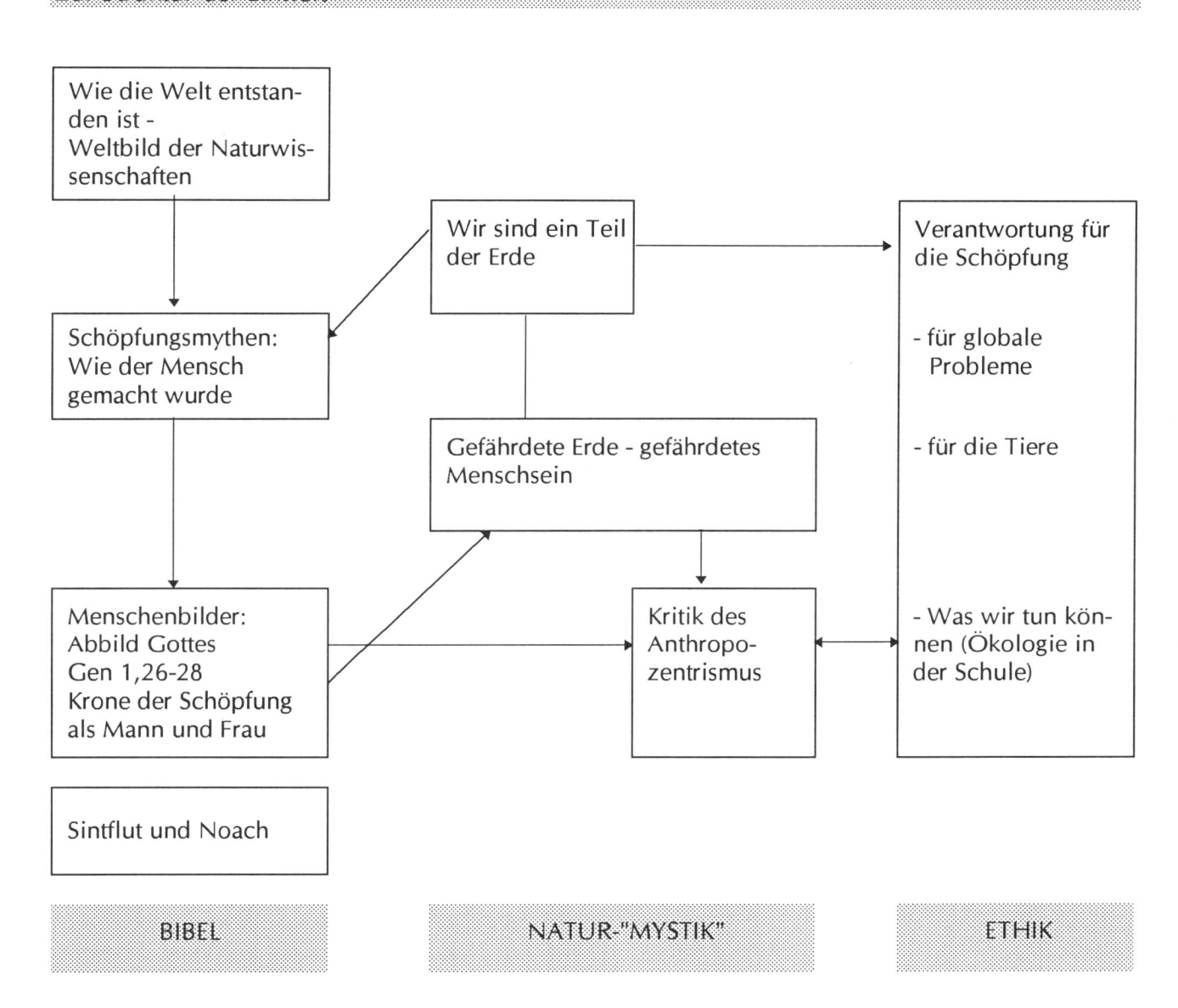

```
┌─────────────────┐
│ Wie die Welt    │
│ entstanden ist -│
│ Weltbild der    │
│ Naturwissen-    │
│ schaften        │
└────────┬────────┘
         │              ┌──────────────┐          ┌──────────────────┐
         │              │ Wir sind ein │          │ Verantwortung für│
         │         ┌───▶│ Teil der Erde├─────────▶│ die Schöpfung    │
         ▼         │    └──────┬───────┘          │                  │
┌─────────────────┐│           │                  │ - für globale    │
│ Schöpfungsmythen:│           │                  │   Probleme       │
│ Wie der Mensch  ├┘           ▼                  │                  │
│ gemacht wurde   │    ┌──────────────────┐       │ - für die Tiere  │
└────────┬────────┘    │ Gefährdete Erde -│       │                  │
         │             │ gefährdetes      │       │                  │
         │             │ Menschsein       │       │                  │
         ▼             └──────────────────┘       │                  │
┌─────────────────┐            ▲                  │ - Was wir tun    │
│ Menschenbilder: │            │                  │   können (Öko-   │
│ Abbild Gottes   │    ┌──────────────┐           │   logie in der   │
│ Gen 1,26-28     ├───▶│ Kritik des   │◀──────────│   Schule)        │
│ Krone der Schöp-│    │ Anthropo-    │           │                  │
│ fung als Mann   │    │ zentrismus   │           │                  │
│ und Frau        │    └──────────────┘           └──────────────────┘
└─────────────────┘

┌─────────────────┐
│ Sintflut und    │
│ Noach           │
└─────────────────┘

     BIBEL              NATUR-"MYSTIK"                ETHIK
```

Die Thematik hat im Religionsunterricht eine biblische, eine ethische und eine spirituelle Dimension. Der Unterricht kann (1) bei dem Naturverhältnis der Naturreligionen (indianische und afrikanische Religionen), für die Jugendliche in der Regel Interesse haben, und ihren Schöpfungsmythen ansetzen und von hier aus biblische Parallelen aufzeigen. Er kann (2) ökologische Fragen aufgreifen und von hier aus zu schöpfungstheologischen Überlegungen kommen. Er sollte (3) die Stellung des Menschen in den Schöpfungserzählungen der Bibel aufgreifen und die Stellung des Menschen in der Schöpfung und hier auch den herrschenden Anthropozentrismus kritisch befragen.

1. Wir sind ein Teil der Erde

a) Notizen zu Thema und Intention

Die Lehrplaneinheit „Der Mensch in Gottes Schöpfung" beschäftigt sich nicht mit einem außerhalb unseres Selbst liegenden Stoff. Es geht um die unmittelbare Lebensgrundlage des Menschen und die lebensbestimmenden Faktoren. Wie bei keinem anderen Thema liegt es daher nahe, beim unmittelbaren Erfahrungsbezug der Schüler/innen anzusetzen.
Wir sind ein Teil der Erde - dieses grundlegende Faktum soll möglichst konkret und leibhaftig mit allen Sinnen erlebt werden. Dafür werden entsprechende Übungen bereitgestellt. Während zu früheren Zeiten oder in anderen Kulturen die unmittelbare Erfahrung der uns umgebenden Natur einfach vorausgesetzt werden konnte, muss bei vielen Zeitgenossen eine Entfremdung überwunden und eine neue Sensibilisierung angebahnt werden. Wir wollen zur philosophischen Ausgangserfahrung hinführen, dem staunenden Wahrnehmen. Erst dann haben weitere Fragen ihren Platz, die Fragen nach dem Woher, dem Wozu und dem Wohin. Das Woher tangiert sowohl die naturwissenschaftlichen Aussagen wie auch die biblischen über die Entstehung bzw. den Ursprung der Welt. Wozu und wohin bringen die Dimension der Verantwortung für diese Schöpfung ins Spiel.
Durch Wahrnehmen soll eine Beziehung zur Welt, zu den Dingen, Tieren und Menschen hergestellt werden, die Voraussetzung, dass so etwas wie Dankbarkeit und Verantwortungsgefühl entstehen kann. Mit diesem Teil werden Motivationsgrundlagen für die folgenden Teilthemen bereitgestellt. Eine solche Kontaktanbahnung zwischen ich und Umwelt ist eine fächerverbindende Aufgabe wie auch viele der weiteren Inhalte dieser Einheit.

b) Methodische Hinweise

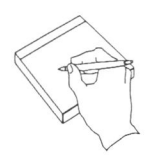

- Auf den Regen hören - Eine Hörübung
  Material: Kleine Steinchen, für jeden/jede zwei Stück; Zeitbedarf: 15-20 Minuten
  Wir stellen uns im Kreis auf. Alle schließen die Augen. Wenn der Lehrer/die Lehrerin jemandem auf die Schulter tippt, fängt er/sie in einem der Stimmung entsprechenden Rhythmus an, die Steine gegeneinander zu klopfen. Werden immer mehr angetippt, schwillt das Klopfgeräusch an, das sich wie ein beginnender Regen anhört. Für eine Weile klopfen alle im Kreis - im je eigenen Rhythmus. Danach geht der Lehrer/die Lehrerin wieder im Kreis. Wer angetippt wird, hört auf zu klopfen. Der Regen schwillt ab, bis zuletzt wenige und dann nur noch einer klopft. Alle öffnen wieder die Augen und wir sprechen darüber, an welche Situationen die Geräusche erinnert haben.

- Bild Buch S. 122: Ein Astronaut im Weltraum
  Auch bei seinen kühnsten Unternehmungen, bei denen er scheinbar die Erde und ihre Anziehungskraft hinter sich lässt, bleibt der Mensch ein Teil der Erde. Er ist in körperlicher und seelischer Hinsicht an die Grundbedingungen unseres Planeten gebunden. Erde und Menschen gehören zusammen (vgl. die wörtliche Übersetzungen von „Adam" = Erdling, zur Erde gehörig).
  Diese Verbindung wird durch die Versorgungsleitung zwischen Astronaut und Erde ausgedrückt.

Mögliche Aspekte des Gesprächs:
- Wir wirkt dieses Bild auf dich? Stell dir vor, du befindest dich in der Realität in einer solchen Umgebung!
- Auf was ist der Mensch angewiesen um am Leben zu bleiben?
- Wie lange und unter welchen Umständen kann der Mensch sich von den Lebensbedingungen der Erde frei machen?
- Was soll durch die Versorgungsleitung ausgedrückt werden?

■ Natur erleben, z.B. ein Stück Erde/Rasen mitbringen, beobachten, riechen, fühlen (mit verbundenen Augen)
„Wer eine Wiese ergründen will, sollte erst einmal niederknien und schließlich auf allen Vieren kriechend oder auf dem Bauch liegend die Bodenschicht untersuchen. In allen Wiesenetagen herrscht reges Treiben. Tausendfüßler, Laufkäfer und Asseln leben ganz unten, Netzspinnen fangen in der Krautschicht ihre Beute, Insektlarven fressen Blätter, Raupen kriechen an Stengeln empor. Oben reisen Wildbienen von einer Blüte zur anderen. Vielen Tierarten bietet die Wiese ein Zuhause: Grashüpfern und Grillen, Schnecken und Erdkröten, Maulwürfen und Mäusen, Wiesenpiepern und Feldlerchen."
(aus einem Naturkundeheft)

Wo diese Naturnähe nicht möglich ist, kann auf das Bild von A. Dürer, Das große Rasenstück, Buch S. 123 zurückgegriffen werden. Vgl. die nachstehende Meditation.

■ Buch S. 123, Das Große Rasenstück (1503), Albrecht Dürer (1471 - 1528), der bedeutendste deutsche Maler am Ende des Mittelalters. Aquarell und Deckfarben auf Papier, auf Karton aufgezogen. Pinsel, Feder, mit Deckweiß überhöht, datiert 1503, 40 x 31 cm; Wien, Graphische Sammlung Albertina.
Was mag den berühmten Künstler bewogen haben, etwas zu malen, auf dem wir sonst mit den Füßen herum laufen? Das Bild könnte dazu motivieren, selber einmal ein Stück Natur bewusst und genau aus der Nähe anzusehen.
Gegenüber der S. 122, der grandiosen Weltraumszenerie wird hier der Blick auf das Kleine, scheinbar Unbedeutende gelenkt. Beides ist Schöpfung und unser Lebensraum.

Bildmeditation

Das war neu: Ein Maler wie Albrecht Dürer setzt sich auf eine Wiese und malt daraus einen kleinen Ausschnitt. Keine schönen Blumen, wie es die Maler vor ihm taten. Keine symbolträchtigen großen Pflanzen - einfach das Dickicht grüner Wiesenpflanzen.
Grashalm für Grashalm,
Wildkraut für Wildkraut,
bescheiden und aufmerksam, wie kein Maler vor ihm.
Dem geringen Leben zugewandt.
Aber was heißt hier gering:
Eine Vielzahl von Gräsern und Pflanzen, wie sie sich im Monat Mai zeigen:
Gänseblümchen (oder Maßliebchen), Bibernelle, Schafgrabe, Breitwegerich, Löwenzahn,
Ehrenpreis, Wiesenhafer, Knäuelgras.
Jedes hat seinen Platz.

Noch viele so gering geschätzte Pflanzen hätte Albrecht Dürer malen
können: Pflanzen auf trockenen und feuchten Plätzen,
auf nährstoffreichen und mageren,
Erstbesiedler von Schuttplätzen oder auf jahrhundertealtem Kulturboden.
Solche Wildpflanzen, oft nur despektierlich „Unkräuter" genannt, machen eine Wiese für den Bauern und seine Tiere erst wertvoll und füllig,
machen eine Wiese blühend und zum Genuß für unsere Augen,
machen eine Wiese zur Sammlung von Heil- und Salatkräutern, zu Blumensträußen,
zum Lebensraum millionenfacher Tiere, selten sichtbar, immer lebendig.

„Die Erde bedarf, um gastlich zu sein der Hilfe des winzigen Grases"
(Rabindranath Tagore, indischer Dichter 1861 - 1941).

Sehen wir uns die Gräser auf diesem Bild noch einmal an: Wie Türme
überragen sie alle anderen Kräuter, bestaunenswerte alltägliche Wunder.
Jeder Halm wie ein großes Bauwerk, ja wie die größten Bauwerke der
Welt: Im Verhältnis zu seinem Grundriß ist der Halm viel höher als der
Kölner Dom oder das Empire State Building. Wie hoch werden Gräser
mit der Ähre oder Rispe oben drauf!
Der Halm schwankt im Wind und bricht nicht ab. Wenn menschliche
Bauwerke so schwanken würden, stünden sie längst nicht mehr.
Und oben an jedem Halm eine Sammlung von Früchten. Wenn sie herunterfallen,
auf gute Erde geraten, kein Vogel sie aufpickt und kein Mensch sie zusammenkehrt,
wachsen wieder solche Riesentürme.

Damals war es neu, dass ein berühmter Maler solch einfache Gräser malte.
Auch heute wäre es neu für unser großspuriges Zeitalter. Es wäre neu,
wenn wir Ehrfurcht zeigten vor dem geringen Leben, das uns scheinbar
nichts nützt,
das sich nicht zu wehren vermag gegen einen gewalttätigen Zugriff von
Düngerstreuern, von Baggern und Planierraupen, von Straßenplanern
und -bauern, von Flughafen- und Industrieinteressen.
Wir haben es schon geschafft, dass allein in Baden-Württemberg 35 %
der Ackerwildkräuter verschwunden sind; dass allein hier täglich 11
Hektar Naturboden zu Siedlungsfläche wird:
Mit Beton und Asphalt bedeckt, mit Häusern und Fabriken, mit Rasen
oder Spielfläche in Einheitsgrün. Ein solcher Blick auf die Vielfalt der
Pflanzen auf unseren Böden wäre ungewohnt, vielfach sogar neu für uns.
Das wäre der Anfang des christlichen Glaubens und der Erinnerung an
den Schöpfer des Himmels und der Erde: Seine Schöpfung zu sehen,
wirklich zu sehen, wahrzunehmen, zu riechen, zu schmecken, zu fühlen. Und dann seine Schöpfung zu loben, diese geheimnisvolle und unbeschreibliche Vielfalt zu bewundern, wie es der Dichter eines Psalms
schon vor fast 3000 Jahren tat:
Du läßt Gras wachsen für das Vieh,
auch Pflanzen für den Menschen,
die er anbaut, damit er Brot gewinnt von der Erde.
Und Wein, der das Herz des Menschen erfreut;
damit sein Gesicht von Öl erglänzt und das Brot das Menschenherz
stärkt.
Herr, wie zahlreich sind deine Werke! Mit Weisheit hast du sie alle gemacht, die Erde ist voll von deinen Geschöpfen.
Sendest du deinen Geist aus, so werden sie alle erschaffen, und du erneuerst das Antlitz der Erde.

Lobe den Herrn, meine Seele. (Ps 104,14-15. 24. 30. 35b)
Dies ist die Bekräftigung des Wissens, dass der Mensch einen verantwortungsvollen Auftrag hat, den Garten Erde zu bebauen und zu bewahren (Gen 2,15).
Bebauen und zugleich Bewahren - eine Aufgabe am Geschenk Gottes.

(Erwin Wespel)

- **Natur erleben - Auf Socken durch die Wiese**
Material: Baumwolle- oder Wollstrümpfe, Lupen/Becherlupen, kleine Tüten; Zeitbedarf: mind. 30 Min.
Im Juni/Juli oder September/Oktober laufen wir auf Strümpfen durch magere Wiesen, Wegränder, Wildkrautflächen u.ä. Schon nach kurzer Zeit können wir verschiedenste Samen entdecken, die sich an die Socken angeheftet haben. Wir ziehen dann die Socken aus und betrachten die Samen und schütteln sie vorsichtig in die mitgebrachten Tüten.

- **Natur erleben - Wer landet wo? - die Landewiese**
Material: 2-3 weiße Baumwolltücher (Bettbezug oder Leintuch), Becherlupen, Bestimmungsbücher
Auf eine Wiese oder einen Wegrand, wo wir möglichst viele verschiedene Blumen sehen, legen wir das helle Tuch aus und warten ab, welche Tiere kommen. Die Ankömmlinge können wir dann mit Lupen beobachten und mit den Büchern bestimmen.
Danach machen wir dasselbe auf einem Rasen, der wenige Tage zuvor geschoren wurde. Welche Tiere finden sich nun ein?
Wir können das Tuch auch unter einen Baum legen und vorsichtig klopfen.
Alle Tiere werden vorsichtig behandelt und am Fangplatz wieder freigelassen.

- **Natur erleben - um die Schule herum**
Material: Karten mit Aufgaben, Notizblock
Verschiedene Gruppen beantworten die folgenden Aufgaben, indem sie um das Schulgebäude herum die entsprechenden Orte aufsuchen:
- Wie viele große Bäume zählt ihr? Welche kennt ihr (Bäume mit Nadeln und Blättern extra)?
Welche tragen Früchte für Tiere und/oder Menschen? Bringt von jedem Baum ein Blatt bzw. einige Nadeln mit.
- Welche Büsche/Sträucher habt ihr gefunden? Kennt ihr von manchen die Namen? Welche tragen Früchte? Bringt von jedem Busch ein Blatt mit.
- Habt ihr von folgenden Pflanzen Beispiele gefunden: Fassadenpflanzen, Wasserpflanzen, Pflasterritzenpflanzen, giftige Pflanzen?

- **Natur erleben - nichts als hören**
Material: Bleistift, Kartonpapier oder Papier mit Karton
Jede Schülerin/jeder Schüler setzt sich an einen ausgewählten Ort in der Nähe eines Baumes oder einer Hecke. Dort hört er/sie eine Zeit lang ohne Bewegung und notiert nach einiger Zeit auf dem Karton, aus welcher Richtung was zu hören war. Dabei können Symbole das Geräusch kennzeichnen (z.B. Auto für Autogeräusch, Wellenlinien für einen Bach, Musiknote für Musik). So entsteht eine kleine „Hörkarte" wie eine Landkarte. Diese Hörkarten werden anschließend im Gespräch miteinander verglichen.

- Natur erleben - Hecken entdecken
Verschiedene Gruppen sammeln von Hecken (Sträuchern, Kleinbäumen) Blätter und die zugehörigen Früchte. Diese werden dann gemeinsam bestimmt. Soweit möglich überlegen wir, wer die jeweiligen Früchte genießt. Früchte und Blätter werden dann vermischt. Nach einer festgelegten Reihenfolge darf jeder/jede ein „Pärchen" aussuchen und erhält einen Punkt. Wer keines findet oder ein falsches, muss weitergeben. Zum Schluss werden die Punkte zusammengezählt.

- Auch die in Teil 3 aufgeführten Aktionen können inhaltlich dem ersten Teil zugeordnet werden.

- Phantasiereisen zu den einzelnen Symbolen
in: IRP Unterrichtsmodelle + Informationen 1995/3, C. Braun-Müller, Sr. N. Richter, H.-W. Nörtersheuser: Der Mensch in Gottes Schöpfung. Lehrerkommentar - Unterrichtsanregungen, Information & Material, IRP Freiburg, 1995/96, Heft 3, S. 90 - Feuer, S. 94 - Wasser, S. 97 - Erde, S. 98 - Luft/Wind

- Der Mensch inmitten seiner Welt, als ein Teil der Erde, steht im Mittelpunkt des bekannten Textes, der dem Indianerhäuptling Seattle zugeschrieben wird. Die Rede des Häuptlings Seattle an den Präsidenten der Vereinigten Staaten von Amerika im Jahre 1855, aus: Wir sind ein Teil der Erde, Walter-Verlag AG, Olten 1989. Nachgedruckt in: Unterrichtsmodelle+Informationen 1995/3, vgl. auch den entsprechenden Film "Söhne der Erde", USA, 1973, 22 min. fm Katalog Nr 5531 (Video) und Nr. 1285 (16mm)

- Film: Sinfonie der Schöpfung

c) Literatur und Materialhinweise

C. Braun-Müller, N. Richter, H.-W. Nörtersheuser., Der Mensch in Gottes Schöpfung. Lehrerkommentar - Unterrichtsanregungen, Information & Material, IRP Freiburg, 1995/96, Heft 3, S. 66-106 und Schülerheft, IRP Unterrichtshilfen für den RU an Hauptschulen, Freiburg 1996

2. Schöpfungsgeschichten

a) Notizen zu Thema und Intention

Am Anfang war alles gut - Zur Theologie der Schöpfung und der Schöpfungsgeschichten

Wie wir Menschen mit dem „Lebenshaus Erde", mit der Natur und ihren Elementen umgehen und welchen Beitrag wir für eine „Bewahrung der Schöpfung" leisten, ist zu einem wichtigen Thema der Zukunft geworden. Wir müssen uns fragen, wie zukunftsfähig und auch auf die ganze Menschheit übertragbar unser Lebensstil und unsere Art des Wirtschaftens ist. Dies ist Grund genug zur Besinnung, was Christen aus den Quellen ihres Glaubens heraus zu einem besseren Umgang mit der Schöpfung beitragen können.
Wesentliche Aussagen sind in den beiden Schöpfungsberichten am Anfang der Bibel im Buch Genesis enthalten. Sie lassen sich, wenngleich auch einige Fragen dadurch ausgeblendet werden, in folgende Perspektiven fassen, die es wieder zu entdecken gilt:

1. Gott hat die Welt als ein Lebenshaus geschaffen
Die Bibel beginnt mit den machtvollen Worten: „Im Anfang schuf Gott Himmel und Erde." Nichts ist vorausgesetzt, Gott hat alles geschaffen. Und alles, was er geschaffen hat, bezeichnet die Bibel als „gut": „Und Gott sah, dass es gut war", heißt es mehrmals. Und die Bibel beschreibt weiter, wie Gott ein kunstvolles Lebenshaus schafft: er stattet die Erde so mit einer ihr eigenen Lebenskraft aus, dass sie Pflanzen und Tiere jeder Art hervorbringen kann. Und er bevölkert dieses Lebenshaus mit allerlei Lebewesen: den Fischen, den Vögeln, den Landtieren und schließlich den Menschen. Wie diese andere Geschöpfe ist auch der Mensch geschaffen.

2. Die Würde alles Geschaffenen
Es macht die Würde eines jeden Geschöpfes aus, von Gott zu stammen und von ihm geliebt zu sein. Das später entstandene Buch der Weisheit (1. Jh. vor Chr.) hebt deshalb hervor: „Du liebst alles, was ist, und verabscheust nichts von allem, was du geschaffen hast; denn hättest du etwas gehasst, du hättest es nicht geschaffen... Du schonst alles, weil es dein Eigentum ist, Herr, du Freund des Lebens." (Weish 11,24. 26). Alle Geschöpfe haben dadurch einen eigenen Selbstwert, eine eigene Würde.

3. Der Mensch in der Solidarität mit allem Geschaffenem
In dieses wundervolle Lebenshaus Erde hinein wird der Mensch geschaffen. Die Bibel schildert, wie der Mensch abhängig ist von der übrigen Schöpfung, wie er angewiesen ist auf die Nahrung der Pflanzen. Sie schildert aber auch, wie der Mensch mit allem Geschaffenen solidarisch ist. So soll er das Land im siebten Jahr schonen und brach liegen lassen (Ex 23,11). Den Menschen wird verboten, im Krieg die Bäume um eine belagerte Stadt abzuhauen (Dtn 20,19f). Die Tiere werden den Menschen als Gefährten und Hilfen zugeordnet (Gen 2,18ff) und sie stehen wie der Mensch unter dem besonderen Segen Gottes (Gen 1,22. 28). Als Richtschnur des Verhaltens gilt: „Der Gerechte weiß, was sein Vieh braucht..." (Spr 12,10).
So zeichnet das erste Buch der Bibel ein Bild von einem Zusammenleben aller Lebewesen miteinander, aufeinander angewiesen und solidarisch, ohne Gewalt und Blutvergießen. Dass dies eher eine Utopie oder ein Leitbild

als die rauhe Wirklichkeit ist, weiß auch die Bibel und schreibt in späteren Schuldgeschichten (Gen 3-11), wie der Mensch Angst und Schrecken unter den Tieren verbreitet.

4. Der Mensch: hervorgehoben inmitten der Schöpfung und seine Verantwortung

Der Mensch ist also eingefügt in das Ganze der Schöpfung, aber zugleich ist er nach dem Zeugnis der Bibel auch hervorgehoben. Beides gehört zusammen.

Diese besondere Stellung des Menschen beschreibt die Bibel in verschiedenen Bildern, die diese Verantwortung anschaulich machen sollen:

Zum einen heißt es: Gott schuf den Menschen nach Gottes Bild, „als Gottes Abbild" schuf Gott ihn (Gen 1,27). Dies bedeutet einmal, dass in jedem Menschen, weil er Mensch ist, Gottes Antlitz aufleuchtet. Es bedeutet aber auch, dass wir Menschen durch unser Handeln abbilden, durchsichtig machen sollen, wie Gott zu dieser Welt steht und wie er sie liebt. Auf uns Menschen muss man also schauen können, wenn man wissen will, wie Gott seine Schöpfung liebt. Jeder Mensch ist also der Beauftragte und Sachwalter der Liebe Gottes zu seiner Schöpfung. Der Mensch ist nicht Besitzer, sondern Beauftragter und Hauswalter Gottes in der Schöpfung, die Gottes Eigentum bleibt (Ps 24,1). Dem Menschen ist die Erde nur anvertraut und er muss Gott als den Eigentümer Rechenschaft ablegen über sein Tun. Recht schnell wird bewusst, wie wir hinter dieser Forderung zurück bleiben!

Das erste Buch der Bibel (Gen 2,15) spricht auch davon, dass der Mensch eine doppelte Aufgabe hat: „Und Gott setzte den Menschen in den Garten von Eden, dass er ihn bebaue und hüte." Also beides soll der Mensch tun: Er soll die Erde bebauen, er soll Nahrung anbauen und für seinen Lebensunterhalt sorgen. Der Mensch soll dies aber so tun, dass er die Erde zugleich behütet. Bebauen und behüten zugleich.

Und noch eine dritte Aussage unterstreicht die Verantwortung des Menschen: „Macht euch die Erde untertan!" (Gen 1,28). Dieser Satz hat schon vielfach zu dem Vorwurf geführt, das Christentum sei schuldig, dass der Mensch die Erde ausbeute. Diese verheerend klingenden Worte seien dafür die Ursache. Sprachwissenschaftler machen jedoch darauf aufmerksam: Das hebräische Wort „kabás" (Gen 1,28, übersetzt als „untertan machen") meint eher: „den Fuß auf jemanden setzen", und dies sorgsam und schützend tun, wie es eine Abbildung des Nachbarvolkes der Assyrer zeigt. Der Mensch soll also das ihm anvertraute Lebenshaus Erde sorgsam betreten. Das andere Wort „radáh" (Gen 1,26. 28, übersetzt mit „herrschen") meint ebenso die fürsorgliche Herrschaft eines Hirten, das verantwortliche Handeln eines Hirten für seine Herde (vgl. die Abbildung des Hirten, der Wasser und Futter sucht). Beide Worte meinen also den Menschen als sorgsamen Gärtner der Erde und fürsorglichen Hirten der anvertrauten Tiere. Zugleich ergeht dieser Auftrag an den Menschen in der Form eines Segens (Gen 1,28): Menschliches Handeln soll der Erde und den Tieren zum Segen dienen.

Auch wenn diese Aussagen wie eine Utopie erscheinen, so stellen sie wie ein Leitbild unseren heutigen Umgang mit der Natur und der ganzen Erde in Frage. Dieses Leitbild fordert uns heraus, sich ihm immer mehr anzunähern.

Erwin Wespel

b) Methodische Hinweise

- Zum altorientalischen und babylonischen Weltbild, Buch S. 126
  Aufgabe: Übertrage dieses Weltmodell der Babylonier auf einen großen Papierbogen und beschrifte die einzelnen Teile oder: Zeichne das Weltbild in dein Arbeitsheft und beschrifte es.
  Lies dazu Psalm 104, Verse 1-3, 5-9, 13, 19-23

- Zu Gen 1,1-2,4a (M69)
  Die Schüler/innen tragen mit Hilfe des Bibeltextes die einzelnen Schöpfungswerke in das Schema (M70) ein. In einem zweiten Schritt wird das gleiche Schema bildlich ausgestaltet. Die Schöpfungswerke werden entweder durch entsprechende Farbgebung oder durch konkrete Darstellungen (z.B. Sonne, Mond, Sterne) wiedergegeben. (Der siebte Tag kann zwar nicht mit einem Schöpfungswerk verbunden werden, aber er soll als Tag der Ruhe Gottes und der Schöpfung als Hintergrund und Rahmen eingezeichnet werden. Die Schüler/innen wählen selber eine feierliche, festliche Farbe wie z.B. gelb oder auch rot). Es entsteht ein buntes Bild der Schöpfung.
  Von hier aus kann man zum Bild "Schöpfung" von Th. Zacharias (Buch S. 128) weitergehen.

1 Licht / Finsternis	4 Sonne / Mond und Sterne
2 Wasser oben (Himmel) / Wasser unten	5 Vögel und Fische
3 Meer / Land / Pflanzen	6 Landtiere / Mensch

- Die sprachliche Eigenart des Textes
  Die Schüler/innen unterstreichen farbig alle Wiederholungen und festen Ausdrücke (Und Gott sprach - Es ward Abend und es ward Morgen - Und Gott sah, dass es gut war....). Sie legen anhand dieser Merkmale Strophen oder Abschnitte fest. Als Fortsetzung bietet sich sowohl das zuvor beschriebene Element (Schöpfungswerke/Schema) wie auch die folgende Methode an. Vor allem aber sollte nach dieser einfachen sprachlichen Beobachtung gefragt werden, auf welche Art von Text diese Merkmale - Wiederholungen, Strophen - hinweisen: Lied, Gedicht.

- Kreatives Lesen und Verklanglichung: Nachdem die Schüler/innen die Eigenart des Textes als Lied oder Gedicht erkannt haben, bietet sich eine entsprechende sprachliche und klangliche Umsetzung an. Sie legen Sprecherrollen fest. Z.B.: ein Sprecher, die Stimme Gottes, Sprechen des "Refrains" im Chor (Gott sah, dass es gut war). Dabei kann eine spontane Unterstreichung durch lautes und leises Sprechen erfolgen. Der Text muss nicht bis ins Detail geprobt und festgelegt werden. Es soll Raum für die spontane Ausgestaltung bleiben (soweit eine Klasse mit einer solchen Freiheit umgehen kann).
  Dieser Text bietet sich auch an für eine Verklanglichung mit Orff-Instrumenten. Die Schüler/innen experimentieren mit Klängen, um die richtige "Vertonung" für die entsprechenden Schöpfungswerke und andere Aussagen herauszufinden. Hinweis: Zunächst neigen die Schüler/innen eher zu einer Geräusch-Orgie. Sie sollten nach und nach (mit Hilfe des Lehrers/der Lehrerin) zu einem sparsamen Gebrauch der Klänge finden.
  Zur "Aufführung" kann der Hinweis als Hintergrundinformation gegeben werden, dass dieser Text in Israel vermutlich an Festtagen feierlich im Gottesdienst vorgetragen wurde (was bei uns heute noch in der Osternacht geschieht).

- Darstellung der Schöpfungsgeschichte als Piktogramm: Notizblock Nr.13, 1993, S.48ff

- M71 Zur Entstehungsgeschichte des Textes Gen 1
  Das Arbeitsblatt kann in Einzel-, Paar- und Gruppenarbeit und im Klassenunterricht bearbeitet werden. Dabei kann Aufgabe 2 auch weggelassen oder für interessierte Schüler als Zusatzaufgabe vorgesehen werden.

c) Literatur und Materialhinweise

E. Zenger, Gottes Bogen in den Wolken. Untersuchungen zu Komposition und Theologie der priesterschriftlichen Urgeschichte, Stuttgarter Bibelstudien 112, Stuttgart (Verlag Katholisches Bibelwerk 1983)

M. Lienhard, Babylonisches Exil. Zu Gen 1 (Geschichten zu literarischen Ursprungssituationen, in: W. Neithard, H. Eggenberger, Erzählbuch zur Bibel. Theorie und Beispiele, Benziger/Kaufmann/TVZ, Zürich/Lahr 1975, S. 201-205

D. Haas, Der Bibel anders begegnen. Spiel- und Handlungsideen für Schule und Gemeinde, Kaufmann, Lahr 1994, S. 8-9: Schöpfungserzählungen

M69 Gen 1,1-2,4a

1,1 Im Anfang schuf Gott Himmel und Erde; 2 die Erde aber war wüst und wirr, Finsternis lag über der Urflut, und Gottes Geist schwebte über dem Wasser.

3 Gott sprach: Es werde Licht. Und es wurde Licht. 4 Gott sah, dass das Licht gut war. Gott schied das Licht von der Finsternis, 5 und Gott nannte das Licht Tag, und die Finsternis nannte er Nacht. Es wurde Abend, und es wurde Morgen: erster Tag.

6 Dann sprach Gott: Ein Gewölbe entstehe mitten im Wasser und scheide Wasser von Wasser. 7 Gott machte also das Gewölbe und schied das Wasser unterhalb des Gewölbes vom Wasser oberhalb des Gewölbes. So geschah es, 8 und Gott nannte das Gewölbe Himmel. Es wurde Abend, und es wurde Morgen: zweiter Tag.

9 Dann sprach Gott: Das Wasser unterhalb des Himmels sammle sich an einem Ort, damit das Trockene sichtbar werde. So geschah es. 10 Das Trockene nannte Gott Land, und das angesammelte Wasser nannte er Meer. Gott sah, dass es gut war. 11 Dann sprach Gott: Das Land lasse junges Grün wachsen, alle Arten von Pflanzen, die Samen tragen, und von Bäumen, die auf der Erde Früchte bringen mit ihrem Samen darin. So geschah es. 12 Das Land brachte junges Grün hervor, alle Arten von Pflanzen, die Samen tragen, alle Arten von Bäumen, die Früchte bringen mit ihrem Samen darin. Gott sah, dass es gut war. 13 Es wurde Abend, und es wurde Morgen: dritter Tag.

14 Dann sprach Gott: Lichter sollen am Himmelsgewölbe sein, um Tag und Nacht zu scheiden. Sie sollen Zeichen sein und zur Bestimmung von Festzeiten, von Tagen und Jahren dienen; 15 sie sollen Lichter am Himmelsgewölbe sein, die über die Erde hin leuchten. So geschah es. 16 Gott machte die beiden großen Lichter, das größere, das über den Tag herrscht, das kleinere, das über die Nacht herrscht, auch die Sterne. 17 Gott setzte die Lichter an das Himmelsgewölbe, damit sie über die Erde hin leuchten, 18 über Tag und Nacht herrschen und das Licht von der Finsternis scheiden. Gott sah, dass es gut war. 19 Es wurde Abend, und es wurde Morgen: vierter Tag.

20 Dann sprach Gott: Das Wasser wimmle von lebendigen Wesen, und Vögel sollen über dem Land am Himmelsgewölbe dahinfliegen. 21 Gott schuf alle Arten von großen Seetieren und anderen Lebewesen, von denen das Wasser wimmelt, und alle Arten von gefiederten Vögeln. Gott sah, dass es gut war. 22 Gott segnete sie und sprach: Seid fruchtbar, und vermehrt euch, und bevölkert das Wasser im Meer, und die Vögel sollen sich auf dem Land vermehren. 23 Es wurde Abend, und es wurde Morgen: fünfter Tag.

24 Dann sprach Gott: Das Land bringe alle Arten von lebendigen Wesen hervor, von Vieh, von Kriechtieren und von Tieren des Feldes. So geschah es. 25 Gott machte alle Arten von Tieren des Feldes, alle Arten von Vieh und alle Arten von Kriechtieren auf dem Erdboden. Gott sah, dass es gut war. 26 Dann sprach Gott: Lasst uns Menschen machen als unser Abbild, uns ähnlich. Sie sollen herrschen über die Fische des Meeres, über die Vögel des Himmels, über das Vieh, über die ganze Erde und über alle Kriechtiere auf dem Land. 27 Gott schuf also den Menschen als sein Abbild; als Abbild Gottes schuf er ihn. Als Mann und Frau schuf er sie. 28 Gott segnete sie, und Gott sprach zu ihnen: Seid fruchtbar, und vermehrt euch, bevölkert die Erde, unterwerft sie euch, und herrscht über die Fische des Meeres, über die Vögel des Himmels und über alle Tiere, die sich auf dem Land regen. 29 Dann sprach Gott: Hiermit übergebe ich euch alle Pflanzen auf der ganzen Erde, die Samen tragen, und alle Bäume mit samenhaltigen Früchten. Euch sollen sie zur Nahrung dienen. 30 Allen Tieren des Feldes, allen Vögeln des Himmels und allem, was sich auf der Erde regt, was Lebensatem in sich hat, gebe ich alle grünen Pflanzen zur Nahrung. So geschah es. 31 Gott sah alles an, was er gemacht hatte: Es war sehr gut. Es wurde Abend, und es wurde Morgen: der sechste Tag.

2,1 So wurden Himmel und Erde vollendet und ihr ganzes Gefüge. 2 Am siebten Tag vollendete Gott das Werk, das er geschaffen hatte, und er ruhte am siebten Tag, nachdem er sein ganzes Werk vollbracht hatte. 3 Und Gott segnete den siebten Tag und erklärte ihn für heilig; denn an ihm ruhte Gott, nachdem er das ganze Werk der Schöpfung vollendet hatte.

4a Das ist die Entstehungsgeschichte von Himmel und Erde, als sie erschaffen wurden.

M70 Die Schöpfungswerke

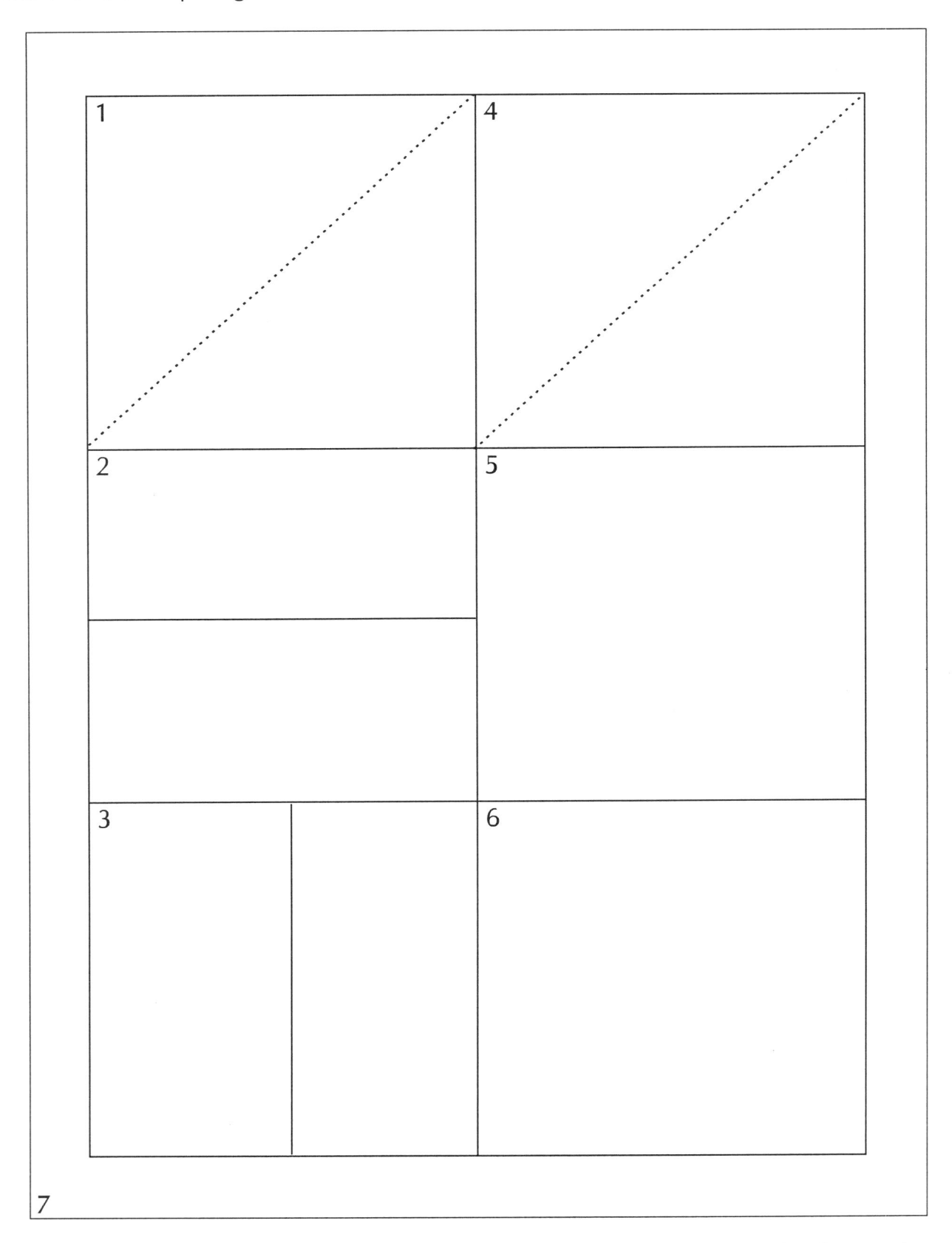

1	4
2	5
3	6

7

Aufgabe: a) Schreibe mit Hilfe des Bibeltextes zu jedem Tag die entsprechenden Schöpfungswerke.
b) Gestalte jedes Feld entweder durch eine passende Farbe oder durch konkrete Darstellungen (z.B. Sonne, Mond, Sterne). Das Feld 7 steht für den siebten Tag, den Sabbat. Welche Farbe erscheint dir passend?

M71 Zur Entstehungsgeschichte des Textes Gen 1

Im 6. Jahrhundert v. Chr. geriet das Volk Israel in eine verzweifelte Lage. Das Land wurde von den Babyloniern erobert. Sie zerstörten Jerusalem und den Tempel und verschleppten einen großen Teil des Volkes in die Gefangenschaft nach Babylon - weit weg von ihrer Heimat. Sie mussten inmitten dieses fremden heidnischen Volkes leben, deren Religion und Götzendienst sie verwirrte.
Viele begannen an ihrem Gott zu zweifeln. Gab es ihn überhaupt, wenn er sie so in die Hand der Feinde fallen ließ? Waren die Götter der Sieger nicht stärker? Die prachtvollen Götterfeiern der Babylonier übten auf viele einen großen Reiz aus. Hatten die Sieger nicht doch die bessere Religion? Sie selber hatten nicht einmal einen Tempel. Der Glaube an Gott war in Gefahr. Die jüdischen Priester wollten ihren Glaubensgenossen in ihrer Bedrängnis helfen.
Und sie dichteten ein feierliches Lied, in dem sie auf die Fragen eine Antwort geben wollten.

Aufgabe 1:
Lies die Texte im Buch S. 127 „Das biblische Schöpfungslied" und S. 126 „Ein babylonisches Schopfungslied."
Beantworte dann die Fragen der zweiten Spalte.

Das waren die Fragen und Zweifel	Was sagen die Priester in Gen 1 dazu?
Die Babylonier verehren Sonne, Mond und Sterne als Gottheiten.	
Die Babylonier verehren Marduk, ihren höchsten Gott, als Schöpfer und Herrn der Welt.	
In einem Schöpfungslied der Babylonier heißt es: Die Menschen sind aus dem Blut eines bösen Gottes gemacht und taugen nur als Sklaven.	

Die Priester benutzten bei ihrer Dichtung auch Vorstellungen und Lieder der Babylonier und formten sie zu einer neuen Aussage um.

Aufgabe 2:
Welche Zusammenhänge und Gemeinsamkeiten gibt es zwischen dem babylonischen Schöpfungslied (Enuma elisch) und dem biblischen Schöpfungslied?

Enuma Elisch	Genesis 1

3. Geschaffen als Mann und Frau

a) Notizen zu Thema und Intention

Das vorliegende Kapitel thematisiert die biblischen Grundlagen vergangener und heutiger Bilder bzw. Rollenvorstellungen von Mann und Frau. Wie kaum eine andere Bibelstelle haben die Genesistexte Gen 1,26-28, sowie vor allem Gen 2 und Gen 3 bis in die populäre und vulgäre Literatur hinein das Bild und die Rede von Mann und Frau geprägt. Diese Wirkungsgeschichte verdeckt(e) und verfälscht(e) vielfach ein angemessenes Verständnis der Texte und führte für Frauen über viele Jahrhunderte hinweg oft genug zu tragischen Auswirkungen. Auch Hauptschüler/innen sind nicht frei von solchen verfremdeten Auslegungen. Selbst bei minimalen Bibelkenntnissen ist ihnen Genesis 2 - die Erschaffung der Frau aus der Rippe Adams - geläufig. Die Auseinandersetzung mit diesen biblischen Erzählungen und vor allem ihren Auswirkungen sollte daher nicht einfach nur umgegangen oder totgeschwiegen werden.

Hier ist nicht der Raum für ausführliche exegetische Darlegungen. Wer sich intensiver einarbeiten möchte, vor allem vom feministischen Standpunkt aus gesehen, dem sei die unten genannte Literatur empfohlen. Einige wenige Anmerkungen sollen jedoch unser exegetisches Verständnis von Gen 1 und Gen 2 kurz umreißen. Alle genannten Autor/innen machen auf einige gängige, aber folgenreiche Missverständnisse aufmerksam:

1. Häufig werden die beiden Textstellen fälschlicherweise in eine Reihenfolge bzw. Abhängigkeit gebracht: Gen 2 als auf Gen 1 aufbauend. Abgesehen davon, dass beide Texte unterschiedlichen Verfassern zuzuordnen und in unterschiedlichen Jahrhunderten entstanden sind, ist Gen 2 der ältere Text. Dies schließt aus, dass letzterer als eine Interpretation des ersteren verstanden werden kann. Vielmehr bekräftigt Gen 1 die Erschaffung des Menschen als Mann und Frau und die Ebenbildlichkeit beider!

2. Genesis 2 ist dagegen einzureihen in einen größeren Erzählbogen von Gen 2 bis Gen 11, der sich als Urgeschichte ätiologisch mit dem Ursprung des Bösen beschäftigt und der Entfremdung zwischen den Menschen und Gott, den Menschen untereinander und zwischen Mensch und Natur. Auf diesem Hintergrund ist die „Strafrede" in Gen 3 nach dem Sündenfall zu verstehen, die als Rollenumschreibung für die Frau missbraucht wurde (unter Schmerzen sollst du gebären ...). Die Schöpfungserzählung Gen 2 enthält folgende wichtige Aussagerichtungen: In der mit der Verwandtschaftsformel (Vers 23) ausgedrückten Freude Adams wird die Gleichartigkeit von Mann und Frau bekräftigt. Dabei ist mitzudenken, dass auch die Erschaffung der Frau dem Schöpferhandeln Jahwe-Elohims entspringt und nicht einer Geburt aus dem Leib des Mannes gleichkommt ... „Gott formt und erschafft die Frau aus der selá, so wie er adam aus der Ackererde gebildet hat. Adam ist an diesem Schöpfungsakt unbeteiligt - er liegt ja auch in einem Tiefschlaf - schöpferisch tätig ist allein Jahwe. Dass das Material ein anderes ist als bei adam liegt an der ätiologischen Zielrichtung. Der Verfasser will das Aneinanderhängen der Geschlechter, das immer wieder Zueinanderstreben anschaulich begründen." (H. Schüngel-Straumann, S. 43). Die zentrale Aussage versucht also die lebensnotwendige Beziehung von Menschen, von Mann und Frau, zu umschreiben. Dies wird auch mit der zweiten Aussage angezielt, die häufig bereits sprachlich missverstanden wurde. Die in Gen 2,18 genannte „Hilfe" wurde als Signal dafür gesehen, dass die Frau dem Manne untergeordnet und zu seinen Diensten geschaffen

sei. Die adäquate Übersetzung des hebräischen Urwortes 'eser kenegdo' lautet jedoch „eine Hilfe wie ihm gegenüber" (Übersetzung von E. Stein, zitiert in E. Gutting, S. 100). Gemeint ist also nicht die Unterordnung der Frau unter den Mann, sondern ihre Gleich- oder Gegenüberstellung, ihre Gefährtenschaft. „Das im Hebräischen verwandte Wort (ezár) wird zudem vornehmlich für die umfassende Hilfe Gottes verwendet (vgl. z.B. Ex 18,4; Dtn 33,7.26.29 sowie die Psalmen): Wie Gott dem Menschen Hilfe ist, so ist es auch die Frau." (A. Wuckelt S. 857-858).

3. Ein weiteres verbreitetes Missverständnis bezieht sich auf die Übersetzung der Bezeichnung für Mensch, Mann und Frau. Die Schüler und Schülerinnen verstehen wahrscheinlich durchgängig die Worte Adam und Eva als Eigennamen der ersten Menschen. Dies ist im allgemeinen Sprachgebrauch geläufig, entspricht jedoch in keiner Weise der ursprünglichen Bedeutung. Eine wesentliche Nuancierung ergibt sich, wenn man bedenkt, dass adàm generell für 'Mensch' steht und von adàma = Erde abgeleitet ist. Dies bekräftigt die Zuordnung des Menschen zur Schöpfung insgesamt, sowie seine Vergänglichkeit, wie dies im Grabspruch des Priesters immer wieder zum Ausdruck kommt. Diese Bezeichnung sperrt sich aber auch gegen vorschnelle Zu- und Einordnungen etwa: Gott benennt den Mann (Mann = Mensch), der Mann benennt die Frau (Der Name „Eva" wird erst in Gen 3,20 der Frau gegeben). Vielmehr sind Mann und Frau beide adàm-Mensch. Die Ableitung issa (Frau) von ìs (Mann) wird von Exeget/innen als späterer Einschub in die zweite Schöpfungserzählung betrachtet, die erst in der weiteren Wirkungsgeschichte zur 'Eva' als Eigenname in Kombination mit Adam verwandelt wurde. Dass diese neue Bezeichnung für Frau, vom Mann abgeleitet, als eine hierarchische Zuordnung verstanden werden kann, liegt auf der Hand. Sowohl H. Schüngel-Straumann als auch A. Wuckelt verstehen sie dagegen als Ausdruck dafür, dass hier der Mensch sich erstmals als Mann und Frau erkennt. Diese Bezeichnungen bringen damit auch die Spannung zwischen Gleich- und Verschiedenartigkeit zum Ausdruck, die die Beziehung zwischen den Geschlechtern zeitlos kennzeichnet. Als Fazit kann festgehalten werden, dass mit den biblischen Erzählungen die vielfach vorhandene Unterordnung der Frau unter den Mann in keiner Weise fundiert und begründet werden kann. Vielmehr begann ihre frauenfeindliche Verformung bereits mit ihrer Auslegung im AT (Sir 25,24) selbst. Sie zieht sich zeitgeschichtlich und formgeschichtlich bedingt durch jüngere alttestamentliche und viele neutestamentliche Interpretationen bis hinein in politische Festsetzungen. Daher muss auch im RU der Hauptschule die angemessenere Auslegung der Ursprungstexte Eingang finden.

b) Methodische Hinweise

- Um herauszufinden, welche Vor-Einstellungen und Bilder von der Schöpfungsgeschichte des Menschen die Schüler/innen mitbringen, kann zunächst ein Brainstorming, Schreibgespräch oder ähnliches erfolgen. Der Lehrer/die Lehrerin versammelt die Klasse im Sitzkreis um ein großes leeres Plakat und einige Stifte. Das Plakat kann als Impuls folgende Schlagworte anbieten:
Als Gott Mann und Frau erschuf ...
Zuletzt erschuf Gott den Menschen ...
Die Schüler/innen notieren nun alles, was ihnen spontan dazu einfällt. Wenn die Schüler/innen nicht gerne voreinander schreiben, kann die Sammelphase zunächst auf Papierstreifen erfolgen, die sie in den

Sitzkreis mitbringen und dann inhaltlich einander zuordnen. Das Plakat wird schließlich für alle sichtbar aufgehängt.

- In einem weiteren Schritt werden die gesammelten Aussagen mit Hilfe der Bibeltexte überprüft. Was lässt sich darin wiederfinden, was nicht? Woher kommen solche Zusätze und Interpretationen? Der Lehrer/die Lehrerin sollte einige Hinweise auf die Wirkungsgeschichte geben.
  Die beiden Schöpfungserzählungen im Buch werden verglichen. Dabei ist der Hinweis wichtig, dass Gen 1 erst nach Gen 2 entstanden ist, also darauf bezogen werden kann. Wenn die Schüler/innen die beiden Texte kopiert erhalten, können sie sich entsprechende Stellen farblich markieren. Sie werden dann gegenübergestellt:

Gen 2	Gen 1
Gott erschuf den Menschen	Gott erschuf Mann und Frau
Gott erkennt, dass der Mensch einsam ist, er erschafft ihm eine Hilfe, die ihm entspricht: die Frau	als sein Abbild
Der Mensch erkennt und freut sich: sie ist so wie ich!	

  Die beiden zentralen Stellen werden genauer betrachtet evtl. mit Hilfe der Leitfrage: Welche Motive Gottes können für die Erschaffung jeweils benannt werden. So kann der Zusammenhang zwischen dem Abbild-Gedanken und der Spannung zwischen Verbundenheit und Unterscheidung bei Mann und Frau deutlich werden.

- Mit Hilfe der Legende vom Kugelmenschen kann dieser Aspekt noch vertieft werden. Ein Schwerpunkt sollte dabei auf die Thematisierung des Verhaltens der Götter gelegt werden:
  - ihre anthropomorphen Züge
  - die Bedeutung der Ganzheit: nur Gott kann „rund" und vollständig sein!
  - das Gottesbild des AT zum Vergleich: Gott erschafft Menschen als sein Abbild
  - das Menschenbild des AT: Mann und Frau lassen Gott auf unterschiedliche Weise erahnen.

- Das Bild von M. Chagall betont diese Spannung. Während der untere Teil die Verbundenheit, das Einssein zum Ausdruck bringt, zeigt die obere Bildhälfte stärker das Gegenüber von Mann und Frau, das zwischen ihnen einen Raum der Spannung und Energie aufbaut, in den Formen jedoch die Entsprechung deutlich erkennen lässt. Durch Abdekken jeweils des oberen und unteren Bildteils kann der Blick der Schüler/innen auf das jeweilige Detail konzentriert werden.

- Mit dem Arbeitsblatt M72 kann überprüft werden, ob die Schüler/innen die Aussagen und Interpretation der beiden Genesis-Texte verstanden haben. Es kann weiter als Zusammenfassung des Erarbeiteten dienen und evtl. festsitzende Missverständnisse nochmals deutlich machen.

c) Literatur und Materialhinweise

E. Gutting: Offensive gegen den Patriachalismus. Für eine menschlichere Welt. Reihe: Frauenforum. Freiburg 87, s. besonders 3. Kapitel S. 91ff

H. Schüngel-Straumann: „Von einer Frau nahm die Sünde ihren Anfang"? Die alttestamentlichen Erzählungen von „Paradies" und „Sündenfall" und ihre Wirkungsgeschichte.
In: Elisabeth Moltmann-Wendel (Hrsg): Weiblichkeit in der Theologie. Verdrängung und Wiederkehr, Gütersloh 1988, S. 31-55

A. Wuckelt: Hinter dem Leben zurückbleiben? Gen 2 und 3 als Impuls einer feministischen Religionspädagogik. In: Deutscher Katechetenverein e.V. und Arbeitsstelle für Jugendseelsorge der Deutschen Bischofskonferenz (Hrsg.): Katechetische Blätter Zeitschrift für Religionsunterricht, Gemeindekatechese, kirchliche Jugendarbeit, 113. Jg., Heft 12/88, S. 854-863

RU. Ökumenische Zeitschrift für den RU 4/96: Themenheft: Ave Eva

M72 Mann und Frau

Welche der folgenden Aussagen kann man mit Aussagen in Genesis 1 und Genesis 2 begründen oder stimmen damit überein und welche nicht? Kreuze entsprechend an!

stimmt überein	Aussage	stimmt nicht überein
☐	Der Mensch ist am wichtigsten, denn er wird von Gott zuletzt geschaffen und soll über alles herrschen.	☐
☐	Menschen gibt es als Männer und Frauen. Sie ergänzen sich.	☐
☐	Die Frau muss dem Mann folgen und dienen.	☐
☐	Mann und Frau sind beide Abbild Gottes.	☐
☐	Gott gibt Mann und Frau Verantwortung über die ganze Schöpfung.	☐
☐	Mann und Frau werden sich immer suchen, weil sie sich brauchen.	☐
☐	Zuerst gab es nur den Mann, erst später wurde die Frau erschaffen.	☐
☐	Eva ist nicht so wichtig, weil sie ja aus der Rippe Adams stammt.	☐
☐	Die Bibel erzählt, dass Gott die Frau aus einer Rippe Adams erschafft. Das soll betonen, dass beide ein Teil der Natur sind und zusammengehören.	☐

4. Die Verantwortung des Menschen für die Schöpfung

a) Notizen zu Thema und Intention

Zur theologischen Begründung vgl. E. Wespel in der Einleitung zu Kapitel 2, insbesondere Abschnitt 4: Der Mensch: hervorgehoben inmitten der Schöpfung und seine Verantwortung (oben S. 284).

Zur Verdeutlichung des exegetischen Befunds legen wir Übersetzung und Kommentar von E. Zenger vor. (E. Zenger, Der Gott der Bibel. Sachbuch zu den Anfängen des alttestamentlichen Glaubens, Katholisches Bibelwerk, Stuttgart 1979, S. 147ff.)

„*Gott schuf den Menschen als sein Bild: als Bild Gottes schuf er ihn, als Mann und Frau schuf er sie. Gott segnete sie und Gott sprach zu ihnen: Seid fruchtbar und werdet zahlreich, füllt die Erde an, nehmt sie in Besitz und schützt sie als Lebensraum; sorgt wie ein guter König über die Fische des Meeres und über die Vögel des Himmels und über jedes Tier, das sich auf der Erde regt.*
Siehe, ich gebe euch alles Samen spendende Kraut, das auf der Oberfläche der ganzen Erde ist, und alle Bäume, an denen Samen spendende Baumfrüchte sind; euch soll dies zur Nahrung dienen. Und allem Wildgetier der Erde und allen Vögeln des Himmels und allem, was auf der Erde kriecht, was Lebendigkeit in sich hat, gebe ich alles Blattwerk des Krautes zur Nahrung."

„Von dieser Grund-Erfahrung her, dass das Land letztlich Jahwes Land war und blieb, wie es z. B. Lev 25,23 formulierte: "...mein ist das Land, und ihr seid Fremdlinge und Beisassen bei mir", folgten für das alttestamentliche Israel auch jene grundsätzlichen Aussagen über die Aufgaben, die dem Menschen überhaupt beim Umgang mit dieser Erde, auf der er lebt, von Jahwe übertragen sind. Nicht nur Israel ist sein Land als kostbares und verpflichtendes Geschenk übergeben, sondern der Menschheit insgesamt ist die Erde geschenkt, um sie im Sinne des Gebers und in Verantwortung ihm gegenüber zu schützen und zu gestalten. Der sogenannte Schöpfungsauftrag des ersten Kapitels der Bibel wurzelt tief in der Erfahrung des Gottes, der Geber guten Landes für alle sein will.
Der angesichts von Umweltkrise und zunehmender Zerstörung der Erde in jüngster Zeit gern erhobene Vorwurf, an der rücksichtslosen Ausbeutung des Planeten Erde sei die Bibel wesentlich schuld, weil sie den Menschen als von Gott bestellten selbstherrlichen und schrankenlosen Despoten über die Erde verkünde, kann sich zumindest auf die *hebräische* Bibel nicht berufen. Wir haben durch unsere Übersetzung oben schon anzudeuten versucht, was der ursprüngliche Wortlaut, der ganz in der Landnahmetheologie des Alten Testaments wurzelt, meint. Es sind vor allem drei Aspekte, die dieser sogenannte Schöpfungsauftrag durch seine Bildersprache andeuten will:
(1) Der Wendung, die gewöhnlich mit "Macht euch die Erde untertan!" übersetzt wird, liegt ein Bild zugrunde, wonach jemand seinen Fuß auf einen Gegenstand oder auf ein Lebewesen setzt. Diese Geste muss keineswegs immer Unterdrückung bedeuten. Im Gegenteil: Altorientalische Bilder zeigen, dass dies ein Symbol des Schutzes und der Fürsorge sein kann. "Seinen Fuß setzen auf..." kann also durchaus meinen, jemanden oder etwas schützen. Es ist ähnlich, wenn wir im Deutschen sagen "über jemand

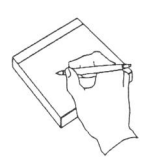

seine Hand halten, auf jemand seine Hand legen"; auch dies muss nicht negativ sein, sondern kann durchaus die besondere Obhut meinen, mit der wir jemand begleiten und schützen. Eine diesem Aspekt des Schöpfungsauftrags vergleichbare Vorstellung liegt übrigens auch in Ps 8,7 vor, wenn es dort heißt: "Alles hast du (Gott) ihm (dem Menschen) unter die Füße gelegt" - nicht um es niederzutrampeln, sondern um es zu schützen. Letztlich meint in Ps 8,7 die Wendung das, was wir so formulieren würden: "Alles hast du ihm ans Herz gelegt!". Der Auftrag "Setzt euren Fuß auf die Erde" heißt, wie auch das Vorkommen dieser Wendung in Jos 18,1 unterstreicht, demnach: "Nehmt diese Erde in Besitz und schützt sie als Lebensraum!"

(2) Den zweiten Aspekt übersetzen wir gewöhnlich mit "herrsch über die Fische... die Vögel... jedes Tier!" Auch hier gab es immer wieder die Versuchung, dieses Herrschen nach dem Modell rücksichtsloser Diktatoren und brutaler Schlächter zu verstehen. Achtet man auf das Bild, das mit dem hebräischen Wort gemeint ist, legt sich ein anderes Verständnis nahe. Das hier für "herrschen" gebrauchte Wort bezeichnet eigentlich das Umherziehen des Hirten mit seiner Herde, der seine Herde auf gute Weide führt, der die Tiere gegen alle Gefahren schützt, sie vor Raubtieren verteidigt und die schwachen Tiere seiner Herde gegen die starken schützt und dafür sorgt, dass auch sie genügend Wasser und Nahrung finden. Dass ein solcher Hirte seit alters ein Bild gerade für die Amtsführung eines guten und gerechten Königs war, der sich ganz für sein Volk einsetzt, vor allem die Rechte der Schwachen schützt und so glückliches Leben für *alle* garantiert, wird nicht verwundern. Und genau *dieses Bild* des guten Hirten und guten Königs beschreibt in Gen 1,28 den Auftrag des Menschen, dafür Sorge zu tragen, dass diese Erde Lebensraum für alle Lebewesen bleiben soll.

(3) Vor diesem Hintergrund erhält dann schließlich das dritte Bild, das die Nahrungszuweisung an Mensch und Tier regeln will, seine volle Leuchtkraft. Hier geht es nicht einfach darum, dass der Mensch Vegetarier sein soll, sondern dass Menschen und Tiere von Gott her nur von Pflanzen, aber nicht von Tieren oder gar von Menschen leben sollen, ist eine Utopie umfassenden Friedens, in dem kein Blut fließt und in dem kein Lebewesen auf Kosten anderer Lebewesen lebt (dass die Pflanzen hier nicht als Lebewesen betrachtet werden, ist die Sicht des altorientalischen Menschen, die uns nicht zu stören braucht, wenn wir das gemeinte *Bild* verstehen!).

So zu leben, d. h. die Erde als Lebensraum für alle zu schützen und nicht auf Kosten anderer zu leben, ist die entscheidende Verpflichtung, die das alttestamentliche Israel aus dem Geschenkcharakter seines Landes ableitete: die Erde ist ein Geschenk Gottes an die Menschen, das verpflichtet."

b) Methodische Hinweise

- Abbildung Buch S. 131, S. Köder, Als Mann und Frau schuf er sie (aus der Tübinger Bibel)
  Das Bild erschließt sich nicht auf den ersten Blick. Am ehesten wird die Hand erkannt - die Gestalten von Mann und Frau in der Hand entdeckt man erst nach genauerem Betrachten. Mann und Frau sind gleich ursprünglich in die Hand Gottes eingeschrieben - nicht zuerst der Mann und sekundär die Frau (vgl. die Einleitung ins Thema des Kapitels 3).
  Das Bild spricht aber nicht nur über die Gleichursprünglichkeit von Mann und Frau. Es ist eine Aussage über das fortwährende Schöpferhandeln Gottes. Die Handschrift Gottes in der Welt trägt menschliche Züge oder anders: Gottes will sein Werk durch menschliches Handeln weiterführen.

Damit fungiert diese Darstellung einerseits als Verbindung zwischen beiden Kapiteln, andererseits führt sie in den zentralen Gedanken des 4. Kapitels ein, die einmalige Position, die dem Menschen eingeräumt wird.
Impulse
- Eine Überschrift suchen
- Die Menschen sind als Bestandteile der Hand Gottes dargestellt! - oder: Wenn Mann und Frau handeln, wessen Hand ist dann auch im Spiel?
- Gottes Schöpfung geht weiter - sein Handeln trägt menschliche Züge.
- Wir kommen aus Gottes Hand...
- wir sind in Gottes Hand eingeschrieben (Schüler schreiben manchmal bei Klassenarbeiten eine Formel oder eine Vokabel in die Handfläche!)

■ Die Doppelseite S. 132/133
Die Übersetzung von Gen 1,27f. von Erich Zenger und die assyrische Abbildung sollen auf den verantwortungsvollen Umgang vor allem mit den Tieren hinweisen: in Besitz nehmen (Fuß darauf setzen und schützen und für sie sorgen). Vgl. dazu oben Übersetzung und Kommentar von Zenger (Notizen zu Thema und Intention). Unterstrichen wird diese positive Sicht der Kreatur durch den Weisheitstext 11,24.26, Gott als der Freund des Lebens und das Bekenntnis aus dem Dokument der Europäischen Versammlung "Frieden in Gerechtigkeit" (Basel Mai 1989, Nr. 33). In Kontrast dazu steht der Text „Das Gericht der Tiere". Dieser Text (wie auch der Text von Reiner Kunze, S. 134) können als Impuls für eine bildliche Gestaltung dienen. Beim Gespräch zum Text „Das Gericht der Tiere" sollte ein besonderes Augenmerk dem letzten Teil gelten. Mit dem Wort „Bestie" (von lateinisch bestia = Tier) in der Frage des Engels klingt an, dass in unserem Sprachgebrauch schlimme Dinge eher den Tieren zugeschrieben werden - offensichtlich zu Unrecht, wie die Antwort der Tiere zeigt. Die letzten Sätze sprechen das gleichgültige Verhalten vieler Zeitgenossen gegenüber den Fragen von Tierquälerei und Ausbeutung an. Luise Rinser schreibt in ihrem Geleitwort zu E. Drewermann, Über die Unsterblichkeit der Tiere (Lit.): „Wenn wir die Schreie der vom Menschen gequälten Tiere mit unseren Ohren hören müssten, wir ertrügen sie nicht. Wir verstopfen unsere Ohren." Das Bild des sich zusammenbrauenden Unwetters kann als Metapher gedeutet werden. Der letzte Satz (aus dem Fernseher) setzt einen Impuls: Es wird viel geredet, aber leider in der Sache zu inkonsequent gehandelt - auch von uns, den Konsumenten.
Es bleibt der Lehrkraft überlassen, ob er an dieser Stelle das Schöpfungsthema in Richtung Tierquälerei, Tier- und Artenschutz ausweitet. Grundsätzlich gebührt u. E. diesem Thema ein breiterer Rahmen als es der Lehrplan Hauptschule vorsieht! Zum Stichwort verantwortungsvoller Umgang mit der Schöpfung gehört auch die kritische Frage nach Profitgier, Bequemlichkeit, Gedankenlosigkeit auf Kosten der Tiere. Stichworte zum gesellschaftlichen Kontext: BSE und Massentötungen von Rindern, „Herodes-Prämie", Tiertransporte (bis in den vorderen Orient), unseriöse Massentierhaltung u.a., politische Halbherzigkeit in der Gesetzgebung, Aussetzen von Tieren in der Urlaubszeit (vgl. M73), überflüssige Tierversuche...

■ Da Tiere sich nicht selber zur Wehr setzen können durch ein Tribunal (vgl. den Text „Das Gericht der Tiere") hat der Umweltschützer Franz Weber 1979 einen internationalen Gerichtshof für Tierrechte ins Leben gerufen, zusammen mit dem bekannten Schweizer Philosophen Denis de Rougemont und dem Botschafter Saddrudin Aga Khan.

Das Gericht hat schon mehrmals unter Beteiligung namhafter Tierschützer getagt: 1979/82 gegen das Robbenmassaker in Kanada; 1981 gegen die Pferdetransporte durch Deutschland; 1982 gegen die Grausamkeit der Stierkämpfe; 1984 gegen Elefantenmassaker in Afrika; 1985 gegen den Vogelmord in Italien; 1993 gegen die grauenvollen Schlachtviehtransporte durch Europa. Wenn diese Verhandlungen auch keine direkten Sanktionen erwirken können, so tragen sie doch zur Bewusstmachung der Zustände bei. (vgl. ferment 4/1994, Lit.)

In Anlehnung daran führen die Schüler/innen ein Gerichtsverfahren durch.

Rollen: ein Richter-Gremium von 1 bis 3 Richtern; ein Staatsanwalt (Vertreter der Anklage); ein Verteidiger; verschiedene Tiere und Menschen als Zeugen. Die Schüler/innen, die ein Tier oder eine Tierart vertreten, beschreiben ihre Situation und die Schuld des Menschen daran. Sie können ihre Aussage durch Bilder, Texte und Zahlen belegen. In der Phase der Beweisaufnahme versucht der Staatsanwalt durch seine Befragung den Sachverhalt und den Schuldanteil der angeklagten Menschheit heraus zu finden. Weitere Bestandteile der Verhandlung sind Plädoyers von Anklage und Verteidigung und Urteil. Das Urteil sollte vor allem Wege aufzeigen, wie die Situation verbessert werden bzw. wie Abhilfe geschaffen werden kann.

Als Ergänzung können folgende Hinweise aus dem ägyptischen Totenkult herangezogen werden. „Im Jenseitsgericht, wo die Götter das Herz des Toten gegen die Wahrheit...wiegen, wird des Menschen Verhalten nicht nur gegen seinen Mitmenschen, sondern auch gegen die Natur auf die Waagschale gelegt. Der Tote...spricht den Spruch: 'Ich habe weder Futter noch Kraut aus dem Maule des Viehs weggenommen... Ich habe kein Tier misshandelt'". Den Tieren wird das Recht eingeräumt, den Menschen zu verklagen. In einem Pyramidenspruch wird ein verstorbener König damit gerechtfertigt, dass keine Anklage eines Lebenden, keine Anklage einer Gans, keine Anklage eines Rindes vorliege. (E. Brunner-Traut, Die alten Ägypter. Verborgenes Leben unter Pharaonen, Stuttgart, Berlin, Köln, Mainz, 2. Aufl. 1956, zit. bei E. Drewermann, S. 45, s. Lit.). Angesichts einer solchen hohen Tierethik wirft der Umgang unserer zivilisierten Gesellschaft mit dem Tier Fragen auf.

- Biblische Beispiele für einen sensiblen Umgang mit Pflanzen und Tieren, für ein ehrfürchtiges Umgehen mit der Schöpfung Gottes: Psalm 104; Weish 11,24-26; Ex 20,10;23,12; Dtn 5,14; Dtn 25,4; Spr 12,10; Dtn 20,19; Jona 4,10.11f
Anweisung: Schlagt die Stellen in der Bibel nach und versucht den Inhalt mit einem oder zwei Sätzen wiederzugeben. Formuliert daraus Sätze für heute.

- M74 Was kann ich für die Bewahrung der Schöpfung tun?
Diesen Text, das abgedruckte Faltblatt (M75) und den nachstehenden Kommentar zu einer verantwortlichen Umweltarbeit hat uns der Umweltbeauftragte der Diözese Rottenburg-Stuttgart, Erwin Wespel, dankenswerter Weise zur Verfügung gestellt. Es wäre schön, wenn auf diesem Wege viele Jugendliche und Erwachsene von diesen Anregungen Kenntnis nähmen.
Beobachten müssen viele Schüler und Erwachsene wieder lernen. Still beobachten lernen in einer Welt voller hektischer und lauter Bilder. Sich einfach ins Gras setzen und schauen, vor einem Ameisenhaufen warten und nicht nur vorbeilaufend zur Kenntnis nehmen oder herum-

stochern, ein Fangnetz einer Spinne mal länger betrachten. Sehen lernen und etwas zu sehen beginnen. So wie Hilde Domin schon vor Jahren sagte:
Nicht müde werden
sondern dem Wunder
nur leise
wie einem Vogel
die Hand hinhalten.

Erst in Gesichtshöhe mit dem Gras und dem Grashüpfer begebe ich mich auf eine Ebene des Sehens, das sich öffnet zum Begreifen. *Begreifen* umfasst zuerst einmal alle Sinne: Ich greife nach einer Blume oder einem biederen Wildkraut, ich rieche die Wiese und das Moos eines Waldes, ich beginne mehr zu hören als beim alltäglichen Gerenne und fange an zu begreifen, was zusammengehört. Sinnenhaft vermitteltes Begreifen, das den Verstand nicht einsam und isoliert arbeiten lässt, wie es oft in Schulzimmern geschieht. Durchaus mit Verstehenshilfen kann beginnen, was so banal klingt wie es auch häufig unterbleibt: Was wir nicht kennen, nehmen wir nicht wahr. Und was wir nicht wahrnehmen, existiert nicht.
Langsam können auch Kinder und Jugendliche begreifen, dass Zusammenhänge bestehen, Zusammenhänge beispielsweise zwischen alten morschen Bäumen und den Wildbienen, zwischen den Wildbienen und den Wildblumen. Naturschutz hat durchaus mit Begreifen, Verstehen und Wissen zu tun.
Aufmerksame Erwachsene haben schon oft beobachtet: Kinder bleiben fasziniert vor einem Tier oder einer Pflanze hocken, bewundern die große Last, die die Ameise schleppt, oder die aufgeblasenen Backen eines quakenden Frosches. Für mich deutet sich das Dritte einer gelingenden Umweltarbeit mit Kindern an:
Bestaunen
Das Gespür für eine Ästhetik der Natur und ihrer lebendigen Elemente, das offene Auge für ein Leben, das eine eigene Größe für sich besitzt, eine *Sympathie* für ein Wesen, das sein Leben gestaltet. So seltsam es klingen mag: Solches Bestaunen sucht seinen Weg bisweilen über die emotionale Abwehr, den vielleicht vorhandenen Ekel über die Spinne oder den Hundertfüßler. Wieviel Staunenswertes kann sich zeigen, das eine Ehrfurcht wachruft, die unser Wissen und Verstehen übersteigt. Aber es bleibt auch die Erfahrung: Staunen hat zu tun mit Wissen, ja sogar: Es wird durch Wissen noch vertieft.
Ein vierter Schritt ist allerdings oft der schwierigste: *Bewahren*.
Also handelnd die Umwelt, die Schöpfung schützen und bewahren helfen. Oft genug habe ich bei Gruppen und bei mir selbst erfahren: Es ist unendlich weit vom Kopf, der etwas begriffen hat, bis zu den Füßen, die etwas tun sollen. Nanogramms motivieren nicht, apokalyptische Reden schaffen wenig Bewegung. Aber ich bin überzeugt davon: Eine Umwelterziehung, die mit einer gewissen Leichtigkeit den ganzen Menschen mit seinen Gefühlen und seinem Verstand anspricht, hat eine Chance, Menschen zur Mitarbeit am Schutz dieses Lebenshauses Erde zu bewegen, ohne dass sie mit einem dauernden und schweren "Du sollst" oder "Du musst" arbeitet.
Viel mehr geht den kleinen und großen Menschen im Beobachten und Bewundern auf: Diese Tiere und Pflanzen haben eine Schönheit und einen Wert in sich. Sie sind mehr, als dass wir sie nur danach ansehen können, ob sie uns nützlich sind.

Auch der Mensch selbst ist mehr als das, wozu er dienlich ist. Ja die ganze Schöpfung ist mehr als nur Rohstoff, Material oder Energiequelle für den Menschen.
So habe ich die Hoffnung, dass eine Umweltpädagogik, mit einem langen Atem für die Zukunft arbeitet, wenn sie die genannten Schritte weiterhin ermöglichen kann:
Beobachten - begreifen - bewundern - bewahren.
(Erwin Wespel)

■ Film: Macht euch die Erde untertan von Wolfgang Wünsch, BRD 1984, 20 Min., ab 14 J.
Entlang einer freien Übertragung des Schöpfungsberichts zeigt der Film in einem ersten Teil ideal funktionierende Lebensräume, in denen eine große Artenvielfalt von Pflanzen und Tieren besteht. Im Kontrast dazu zeigt der Film im zweiten Teil, wie der Mensch den ihm anvertrauten Schöpfungsauftrag wahrnimmt, wie sein Eingreifen Veränderungen bewirken kann, die für viele Lebewesen tödlich sein können. Dabei werden keine großen Umweltskandale gezeigt, sondern das alltägliche, „normale" Verhalten des Menschen.
Der formal eindrucksvoll gestaltete Film macht betroffen; seine plakativen Aussagen wirken provozierend. Geeignet als Anspielfilm, wobei die gezeigten Themenkreise unbedingt in einer ausführlichen Nachbereitung vertieft und aufgearbeitet werden müssen. Möglich ist auch der Einsatz des Films in zwei Teilen. (aus: medienkatalog 96, fachstelle für medienarbeit diözese rottenburg-stuttgart)

c) Literatur und Materialhinweise

Notizblock 9/1991 - Hrsg. Bischöfliches Schulamt der Diözese Rottenburg-Stuttgart, darin besonders: F.-J. Ortkemper, "Du liebst alles, was ist..." (Weish 11,24). Biblisches Plädoyer für einen erneuerten Umgang mit der Schöpfung, S. 3-7; ferner in dieser Ausgabe des Notizblock:
E. Wespel, Thesen für eine Umwelterziehung, S. 10-15;
E. Wespel, Die Schöpfung bewahren - praktische Tips, S. 16-18;
H. Heusch, Die "Spürhunde" - Grundschule ohne Müll, S. 20-21;
R. Andritsch, Die Schöpfung bewahren, S. 22-23; Wer kann leben ohne den Trost der Bäume? Wissenswertes - Fotos - Aktionen - Spiele - Meditation - Texte, Verse, Gedichte, Erzählungen (zusammengestellt von E. Wespel), S. 24-38;
H. Bialk, Lernen selbst in die Hand nehmen. Das Klassenzimmer als lebendige Werkstatt, S. 39-46;

E. Drewermann, Über die Unsterblichkeit der Tiere. Hoffnung für die leidende Kreatur, Walter-Verlag, Solothurn/Düsseldorf, 5. Aufl., 1993
ferment 4/1994 Thema: Die Arche Noah von einst ist aktueller denn je, Pallotiner-Verl. CH 9202 Gossau SG. Das Heft behandelt in Text und Bild den neu zu überdenkenden Umgang mit Tieren.
H. Große-Jäger, Der Sonnengesang des Franziskus von Assisi mit Instrumenten und Bewegung für die Grundschule gestaltet, S. 47-50, ebd.
weitere Literaturhinweise

D. Haas, Der Bibel anders begegnen. Spiel- und Handlungsideen für Schule und Gemeinde, Kaufmann, Lahr 1994, S. 9-11: Unsere Welt als Schöpfung: Der Riss durch die Schöpfung - Umweltverschmutzung - Globus im Gleichgewicht - Wald- oder Gewässerputzete - Ausstellung zum Thema Schöpfung und Umwelt

Handreichung zur Umwelterziehung in der Grund- und Hauptschule. Bd. II: Ergebnisse und Erfahrungen aus dem Modellversuch „Umwelterziehung an Grund- und Hauptschulen des ländlichen Raums",München 1993; Herausgeber und Vertrieb: Staatsinstitut für Schulpädagogik und Bildungsforschung. Abt. Grund- und Hauptschule, Arabellastr. 1, 8000 München 81

Umweltfibel: Schöpfungsverantwortung in der Gemeinde. Arbeitsmaterialien der Umweltbeauftragten der bayerischen Diözesen, Pfeiffer, München 1990

M73 Tiere ausgesetzt

URLAUBSZEIT / Tiere ausgesetzt

Herzlosigkeit nimmt weiter zu

Hunde am Straßenrand angebunden

Ferienzeit, Reisezeit - und für viele Haustiere Leidenszeit. Wenn die Besitzer in Urlaub fahren, werden zahlreiche Tiere einfach ausgesetzt.

STUTTGART Hund, Katze, Kaninchen oder Meerschweinchen werden ihren Besitzern plötzlich lästig. Es geht in Urlaub, und wieder stellt sich für viele die Frage: Wohin mit dem Haustier?
Wenn ein Tier Glück hat, geben Herrchen oder Frauchen ihren ansonsten besten Freund im Heim ab; doch mancher Schmusekater landet direkt auf der Straße.

Wie jedes Jahr berichten auch in diesem Sommer Tierheime in einer Umfrage von überfüllten Käfigen. Über eine „zunehmende Herzlosigkeit" im Umgang mit Tieren klagte gar der Geschäftsführer des Hamburger Tierschutzvereins, Wolfgang Poggendorf.
Im Tierheim der Hansestadt wird es eng: Derzeit werden jeden Tag rund 50 Katzen, Hunde und Kleintiere von der weißen Maus bis zum Papagei abgegeben. Ein neues Zuhause finden dagegen nur etwa 30 Tiere. Wie kaltherzig mancher Tierbesitzer vorgeht, schildert Stefan Regenberg vom Tierheim in Frankfurt am Main: „Die Tiere werden nicht kurz vor Reiseantritt ausgesetzt, sondern viele planen das schon Tage vorher." Die im Frankfurter Heim gestrandeten Hunde seien am Straßenrand angebunden gewesen, die Katzen habe man im Karton abgestellt und die Meerschweinchen lagen in ihrem Käfig vor der Tür.

Piranha im Baggersee

Oftmals werden auch exotische Tiere wie Schlangen, Leguane und Vogelspinnen ausgesetzt, deren Haltung immer mehr zur Mode werde, beklagt Sabine Seufert vom baden-württembergischen Landesverband des Tierschutzbundes. „Vom Piranha bis zur bissigen Schildkröte findet sich vor allem in Baggerseen alles, was dort nicht hingehört." Diese Tiere könnten nachhaltig Biotope und Lebensräume anderer kleinerer Lebewesen zerstören, weil sie „Faunenverfälscher" und zum Teil aggressive Räuber seien. Möglichkeiten, gegen die Menschen vorzugehen, die Tiere aussetzen, gebe es kaum. Die Tierschützerin kritisierte, dass Tierquälerei und das Aussetzen nach wie vor als Ordnungswidrigkeit behandelt und viel zu selten bestraft werde. Die Beweispflicht stelle hier das größte Problem dar. Schuld seien auch die Zoohandlungen, die teilweise "hundsmiserabel" beraten.
dpa

INFO

Laut Deutschem Tierschutzbund werden in Deutschland jährlich rund 200 000 Tiere ausgesetzt. Darunter sind etwa 100 000 Hunde und 80 000 Katzen.

Aus: Schwäbisches Tagblatt vom 11. Juli 1998

M74 Was kann ich für die Bewahrung der Schöpfung tun?

I. *Ich will nicht nur klagen, dass Gottes Schöpfung und unsere Mitwelt zerstört werden.*
II. *Ich will nicht nur warten, bis andere handeln.*
III. *Ich will vielmehr selbst handeln und mir mögliche Schritte für die Bewahrung der Schöpfung tun.*
IV. *Ich will andere einladen, dies ebenfalls zu versuchen.*

V. **Ich will die Luft rein halten helfen.**
VI. Ich werde auf unnötige Autofahrten verzichten und regelmäßig die öffentlichen Verkehrsmittel oder das Fahrrad benutzen oder zu Fuß gehen. Zum Schutz der Ozonschicht verwende ich keine Spraydosen mit Treibgas.
VII.
VIII. **Ich will das Wasser schützen helfen.**
Ich werde weniger Wasser verbrauchen (besonders in Bad und WC). Lebensmittelreste und andere feste Abfälle werfe ich nicht in den Abfluß.

IX. **Ich will Landschaft und Boden erhalten helfen.**
Auch in meiner Freizeit werde ich Rücksicht auf die Natur nehmen. Mit dem Mountainbike fahre ich nur auf Wegen. Ich werfe keinen Abfall in die Landschaft.

X. **Ich will meinen Energieverbrauch einschränken und weniger Rohstoffe verbrauchen.**
Ich werde nur noch Strom sparende Geräte anschaffen und auf jeden unnötigen Einsatz von Elektrogeräten verzichten. In meinem Zimmer wie in der Schule achte ich auf eine angemessene, nicht zu hohe Raumtemperatur. Ich achte auf die „heimlichen Stromfresser". Ich koche nicht unnötig kleine Mengen.

XI. **Ich will Tier schützen helfen.**
Haustiere halte ich artgerecht. In einem naturnahen Garten ermögliche ich Lebensräume für Tiere (durch heimische Gehölze, Trockenmauern, Feuchtbiotope ...) und schaffe Brutplätze für Vögel, Insekten und Fledermäuse. Ich pflücke keine geschützten Pflanzen.

XII. **Ich will Abfall vermeiden.**
Ich werde auf unnötige Verpackungen (Dosen, Getränkekartons ...) verzichten. Ich kaufe Getränke in Pfandflaschen. Zum Einkaufen nehme ich eine Stofftasche mit. Ich bevorzuge langlebige, reparierfähige Produkte.

XIII. **Ich will unnötigen Lärm vermeiden.**
Ich verzichte auf Dauerberieselung durch Radio, Fernsehen oder Plattenspieler. Ich nehme auf das Ruhebedürfnis meiner Mitmenschen Rücksicht.

XIV. **Ich will mithelfen, dass mehr Gerechtigkeit zwischen** allen Menschen möglich wird.
Ich achte darauf, für bestimmte Produkte (Kaffee, Tee, Bananen, Kleidung u.a.) etwas mehr zu bezahlen, wenn die Hersteller dadurch einen gerechteren Lohn erhalten und Kinderarbeit vermieden wird. Ich informiere mich über die Arbeit von Hilfswerken, die eine dauerhaft umweltgerechte Entwicklung in armen Ländern voran bringen helfen.

XV. **Ich bemühe mich, ein umweltbewusster Verbraucher zu sein.**
Ich kaufe nur Produkte, die Natur und Mitwelt möglichst wenig belasten. Ich rege die Hersteller durch mein Kaufverhalten an, umweltverträgliche Waren anzubieten. Ich informiere mich über die Fragen der Belastung der Umwelt und Auswirkungen ungerechter Handelsformen. Ich versuche, Beispiel zu geben und andere Menschen anzuregen, schöpfungsfreundlich zu handeln.

M75 Faltblatt:

Die Schöpfung bewahren

1

Den Schulranzen packen

Praktische Tips

für Schüler, Eltern und Schulen

Pausenernährung
Einwegverpackungen aus Kartons oder Kunststoffen ergeben viel Müll. Getränke in Mehrwegflaschen kaufen oder daheim in Flaschen abgefüllt mitbringen.
Pausenbrote und Obst in einer wiederverwendbaren Box einpacken. Alufolie vermeiden, da die Herstellung und auch das Recycling von Aluminium viel Energie verbraucht.

Verkehr
Zu Fuß oder mit dem Fahrrad zur Schule kommen – das schont die Umwelt und fördert die Gesundheit. Bei größeren Strecken oder sehr schlechtem Wetter möglichst öffentliche Verkehrsmittel benützen oder wenigstens Fahrgemeinschaften bilden.

Literatur:
Umweltministerium Baden-Württemberg:
Umwelt ABC, Umwelttips für Schulanfänger. Broschüre, 60 Seiten (kostenlos beim Umweltministerium Baden-Württemberg, Kernerplatz 9, 70182 Stuttgart)

Wolfgang Huber:
Umwelttips, Umweltfreundliche Schulwaren. Broschüre, 36 Seiten (2,50 DM + Porto beim Naturschutzbund Deutschland, Landesverband Baden-Württemberg, Tübinger Straße 15, 70178 Stuttgart)

Herausgeber:
Erwin Wespel, Umweltbeauftragter der Diözese Rottenburg-Stuttgart, Seelsorgereferat, Postfach 9, 72101 Rottenburg am Neckar (dort sind weitere Exemplare dieses Faltblatts gegen Portoersatz in Briefmarken erhältlich)

Text: *Erwin Wespel und Marcel Görres* (Juni 1996)

Ähnliches läßt sich für Schultaschen beobachten. Läßt sich bei jüngeren Schülern/Schülerinnen das Argument des Gewichtes für Leichtranzen aus Kunststoff anbringen, so ist für ältere Schüler Leder in jeder Hinsicht das geeignetere Material für eine Schultasche.
Zusatztip:
Der Ranzen sollte der DIN-Norm 58124 entsprechen (20 % der Fläche Warnfarben, 10 % reflektierendes Material).

Batterien
Batterien enthalten in unterschiedlicher Zusammensetzung hochgiftige Schwermetalle wie Quecksilber, Cadmium und Blei. Nach Gebrauch gehören sie unbedingt in den Sondermüll. Alternativen sind: Geräte ohne Batterien oder mit Akkus, die aufgeladen werden (Solartaschenrechner, solarbetriebene oder aufziehbare Uhren).

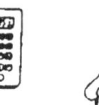

Radiergummi, Spitzer, Lineal
Radierer aus Kunststoff bestehen oft aus dem gefährlichen PVC, das gesundheitsschädliche Weichmacher enthält. Besser sind Radierer aus Naturkautschuk. Lineale aus Plastik brechen sehr leicht, die Maßeinheiten sind oft nach kurzer Zeit nicht mehr ablesbar. Zu empfehlen sind hier Lineale aus unbehandeltem Holz. Spitzer für Holzstifte, die ebenfalls aus Holz oder Metall bestehen, halten länger und spitzen besser als kurzlebige Spitzer aus Kunststoff.
Zusatztips:
Kombinierte Spitzer für dicke und dünne Holzstifte kaufen.

Wenn viele kleine Leute an vielen kleinen Orten viele kleine Schritte tun – dann verwandelt sich das Antlitz der Erde.
(Afrikanisches Sprichwort)

Viele Schulartikel enthalten Inhaltsstoffe, bei deren Herstellung und Beseitigung bedenkliche und vermeidbare Umwelt- und Gesundheitsgefahren auftreten. Umweltfreundliche Artikel sind zwar manchmal etwas teurer, sie tragen jedoch dazu bei, daß unser „Lebenshaus Erde" auch für künftige Generationen noch bewohnbar bleibt. Die folgenden Tips sollen zu solch einem umweltbewußten Umgang mit der Schöpfung einladen. Sie erheben keinen Anspruch auf Vollständigkeit, für weitere Anregungen sind wir dankbar. Im allgemeinen gilt, daß vorhandene Materialien natürlich aufgebraucht werden sollen.

Hefte aus Umweltschutzpapier

Umweltschutzpapier wird aus Altpapier hergestellt. Bei seiner Herstellung spart man gegenüber dem üblichen weißen Papier (aus Neufasern) bis zu 80% Wasser, 50% Energie und eine Menge Holz. Außerdem wird das Abwasser viel weniger belastet, da dieses Papier weder entfärbt noch gebleicht noch eingefärbt wird. Aus Umweltschutzpapier gibt es Hefte, Blöcke, Notizzettel, Packpapier, Ordner, Umschläge, Geschenkpapier und vieles andere mehr.

Zusatztips:
- Alle Seiten eines Heftes immer vollschreiben
- Rückseite von bedrucktem Papier für Notizen
- einseitig bedrucktes Papier zu Notizblöcken verarbeiten
- Altpapier/alte Hefte zum Altpapiercontainer
- Einbindpapier (Packpapier) ist besser als Plastik- oder Folienumschläge (PVC ist ein Umweltgift)
- Briefumschläge ebenfalls aus Umweltschutzpapier

Stifte und Buntstifte

Bleistifte sind die umweltfreundlichsten Schreibmittel. Sie bestehen aus Holzkohle (Graphit), Ton, Wachs und Fetten (also ohne Lösungsmittel). Die bunte Lackierung von Bleistiften und Buntstiften kann allerdings Schwermetalle enthalten, die beim „Knabbern" am Stift in den Körper aufgenommen werden. Stifte ohne Farbüberzug sind besser und schreiben ebenso gut.

Übrigens: Bleistifte enthalten schon lange kein Blei mehr. Sogenannte Duftstifte enthalten oft das schädliche Formaldehyd.

Zusatztip:
Mit einer Verlängerung aus Holz/Metall läßt sich ein kurzgewordener Stift länger verwenden.

Wachsmalstifte

Gute Wachsmalstifte enthalten keine giftigen Substanzen. Stifte mit Papierhüllen sind umweltfreundlicher als Stifte mit Kunststoffhülsen.

Füllhalter

Bei Füllern sind Plastikpatronen als Nachfüllsystem bequem. Besser sind Füller mit Tintentank oder mit auftankbarem Tintenkonverter. Patronen weden dann nur für den Notfall verwendet. Die Tinte im Tintenglas sollte außer Wasser keine zusätzlichen Lösungsmittel enthalten.

Zusatztip:
Keine Einweg-Kugelschreiber verwenden.

Büroklammern aus Metall sind haltbarer als Kunststoffklammern.

Tintenkiller

Zum Löschen von Fehlern oder Flecken sind Tintenkiller praktisch. Sie enthalten jedoch unterschiedliche Chemikalien, die bleichen oder entfärben, aber bisweilen nicht ungefährlich sind (z. B. Formaldehyd). Auch wenn die verdampfenden Lösungsmittelmengen gering sind, sollte auf Tintenkiller verzichten werden, zumal die leere Hülle wieder Plastikmüll erzeugt.

Zusatztips:
- Normalerweise genügt „Durchstreichen".
- Bei noch vorhandenem Tintenkiller die Verschlußkappe sofort nach Gebrauch aufsetzen und niemals in den Mund nehmen.

Filzstifte

Filzstifte (Faserschreiber) mit organischen Lösungsmitteln (oft verbunden mit einem starken Geruch!) sind gesundheitsgefährdend. Es gibt neuerdings zwar Filzstifte mit problemlosen Lösungsmitteln (z. B. Essig). Sie sind jedoch besser überhaupt zu vermeiden, da sie viel Plastikmüll ergeben. Mit den länger haltbaren Buntstiften oder Wachsmalstiften lassen sich auch sehr schöne Bilder malen. Textmarker mit Einweg-Kunststoffhülle können durch Holzstifte mit Leuchtfarben ersetzt werden.

Kleber

Leime, Kleister und einige Papierkleber sind in der Regel Naturprodukte und relativ umweltfreundlich. Inzwischen werden auch wieder Naturholzleime auf der Basis natürlicher Harze angeboten.

Alleskleber enthalten oft giftige Lösungsmittel (z.B. Benzin), deshalb ist von ihrem Gebrauch abzuraten. Demgegenüber sind Klebe-stifte normalerweise lösemittelfrei, ungiftig und in ihrer Anwendung für Schulkinder unproblematischer.

Mäppchen und Schultasche

Hier werden leider vorwiegend Mäppchen aus kurzlebigem Plastik angeboten. Mäppchen aus Leder sind zwar teurer, dafür aber auch haltbarer und sie können repariert werden.

5. Gefährdete Erde - gefährdetes Menschsein

a) Notizen zu Thema und Intention

Beim Thema Schöpfung und Verantwortung des Menschen kommt eine erstaunliche Parallelität biblischer Erzählkunst und gegenwärtiger Erfahrung zum Vorschein. Die Bibel kommt nach der Darstellung der Schöpfung und des Auftrags des Menschen in den folgenden Kapiteln Gen 3-11 auf Versagen und Schuld und das daraus resultierende Verhängnis für die Menschheit zu sprechen. Angesichts heutiger Umweltprobleme (Umgang mit Schöpfung) liegen Szenarien der Bedrohung der Menschheit auf der Hand. Angesichts dieses Zusammenhangs bekommen die Genesis-Texte eine neue Aktualität. Die Aussage, dass Menschen durch ihre Schuld ihren eigenen Untergang heraufbeschwören findet eine brisante Auslegung durch die heutige Wirklichkeit.

Das Wissen um die Bedrohung der Zukunft ist nun aber keine neue Erkenntnis auf Grund der Auslegung der Bibel. Ein neuer, hoffnungsvoller Akzent kommt seitens der Bibel ins Spiel, wenn vom Bundeswillen Gottes und dem Ja zum Leben die Rede ist. Die Bibel will aber hier keineswegs als Trostpflaster für Ängstliche und als Besänftigung verstanden werden: Es wird schon nicht so schlimm kommen, Gott ist ja da. Die Botschaft heißt: Wenn der Mensch will - und das Seinige dazu tut, dann hat er Gott auf seiner Seite. In diesem Sinn kommt die Bibel mit profetischem Anspruch zu Wort. In den Kapiteln Gen 3 ff. wird kein geschmeidiges Gottesbild eines „lieben" Bilderbuch-Gottes gezeichnet. Dieser Gott nimmt den Menschen ernst und er meint es ernst mit seiner Zukunft - wie ernst meinen es die Menschen mit ihrer Zukunft?

Das Kapitel 5 geht nicht im Detail allen Gefährdungen der Erde und des Menschen nach. Vieles wurde konkret angesprochen im Verlauf der Einheit. Im biblischen Bild von Flut und Regenbogen soll der aktuelle Stand der Schöpfung, die Situation des Menschen wie in einem Brennglas angeschaut werden. Entscheidungen treffen kann nur jeder für sich selber.

b) Methodische Hinweise

- Gedicht "Bestimmung" von D. Wolthaus, Buch S. 134
  Dieses Gedicht, das in einfacherer Form als der Text von Jörg Zink, Die letzten sieben Tage der Schöpfung (vgl. Lit.) ein Untergangsszenario zeichnet, kann mit folgenden Aufgaben bearbeitet werden:
  a) Die Schüler/innen sammeln Bilder und Zeitungsausschnitte zu den einzelnen Strophen;
  b) Die Schüler/innen schreiben den Text ab Strophe 2 in dem Sinn weiter, dass der Mensch sich nicht mit der fortschreitenden Zerstörung seiner Welt abfindet sondern umdenkt und anders handelt.
  c) Wie könnte die Überschrift jetzt lauten?

- M76 Karikatur von Moser aus: Nebelspalter, Rorschach
  - Eine passende Überschrift suchen oder
  - die Hand durch eine Sprechblase ergänzen mit einer Stimme aus der Wolke: Was sagt diese Stimme?
  (Weitere Hinweise zur Arbeit mit dieser Karikatur in: H.K. Berg, Karikaturen für das 7-10 Schuljahr, Reihe: Lieder-Bilder-Szenen, Calwer/Kösel 1978, S. 6)

- Todesflut - Lebenshaus (Misereor-Hungertuch von Sieger Köder, "Hoffnung den Ausgegrenzten", 1. Motiv Arche, vgl. Literaturhinweise) Bildbeschreibung von Theo Schmidkonz

Der Blick fällt auf die Mitte des Bildes, auf die Arche, gebaut wie eine Slumhütte. Aus der Arche heraus schauen Menschen der Dritten Welt; ein Schwarzer, der seine verbundene Hand ausstreckt, eine Chinesin und ein Araber. Noach dagegen bleibt mehr im Hintergrund. Natürlich geht es in dieser Erzählung auch um ihn, sowie - um jeden von uns. In den Vordergrund aber rückt der Maler "die anderen", die wir gerne ausgrenzen, weil sie uns fremd sind.

Alle sind bedroht von der Großen Flut, "Sintflut" genannt (Gen 6-9). Sie hatte immer schon viele Gesichter. Heute heißt sie Müllflut, der wir kaum noch gewachsen sind; oder Giftflut, die schon längst Luft, Boden, Nahrung und auch den Menschen gefährdet; oder wie hier im Bild die Ölflut, entstanden durch einen sinkenden Öltanker, der das kostbare Wasser zur Pest werden lässt. Ein ölverschmierter Vogel stößt inmitten der Flut von Totenköpfen, Büchsen, Panzerfäusten, Minen den Todesschrei der Kreatur aus, dem Schrei des Gekreuzigten in der Mitte des Hungertuches sehr ähnlich.

Doch es besteht Hoffnung - für alle; vorausgesetzt, dass auch unsere Arche, unser Weltenhaus "zur Ruhe kommt" - auf dem Felsen, der im Alten Testament ein beliebtes Bild für Gott ist. Eine der Grundbedingungen fürs Überleben: Noach rechnete mit Gott, gehorchte seinem Gott, baute auf Gott - wie auf einen Fels. Auch wir müssen Gott, den festen Grund unseres Lebens, wieder ernst nehmen; dann werden wir uns Dinge zutrauen, die wir jetzt noch für unmöglich halten.

Es besteht Hoffnung, weil Gott ein Signal des Friedens über unsere Welt setzte: "Meinen Bogen gebe ich in die Wolken. Er soll Zeichen des Bundes sein zwischen mir und der Erde. Ich will künftig nicht mehr vernichten." Der Mensch kann zwar immer noch vernichten - sich selbst und die Erde; aber Gott wird es nicht tun. Zeichen seiner unkündbaren Liebe und Treue ist der Regenbogen. Er durchdringt alles: die Welt, die Arche, den verwundeten Menschen, das fast schon tote Meer - und seinen Boten, in Gestalt der Taube mit dem frischen Olivenzweig. Sie verkündet die Hoffnung Es ist Land in Sicht. Ihr kommt wieder auf einen grünen Zweig, aber nur dann, wenn ihr die Botschaft des Friedens annehmt und verwirklicht für alle!

Auf diese Diagonale im Bild kommt es an: vom sterbenden Vogel zum Friedensvogel, der im Gesamtbild vom Gekreuzigten herkommt. Eine verwundete Hand greift nach dem "Schalom". Noch ist es nicht zu spät. Gott hat sich in seinem Bund für das Leben entschieden. Dass doch auch wir uns für das Leben entscheiden und es dankbar bewahren.

Vgl. auch die exegetischen Überlegungen von K. Gouders zu den Bildern des Hungertuches, 1.2 Die Fluterzählung, in: Bilder erzählen von Hoffnung (Materialien für die Schule 20), S. 5 - 9 (Lit.)

S. Köder gestaltet das Motiv Arche nicht als Illustration zum Bibeltext: Er legt es aus mit Attributen und Situation der Gegenwart (vgl. die Bildbeschreibung). Damit wird die biblische Darstellung als zeitloses Geschehen, ja als Aussage für die Gegenwart vorgestellt. Welchen methodischen Weg man immer wählt, grundlegend für den Zugang ist das Verstehen der Bildelemente bzw. -zitate: Öldampfer, der Abfall im Wasser, der verendende Vogel und die Taube, der Regenbogen, die Menschen in der Arche, der verwundete Afrikaner. Wählt man den Weg der Erschließung des Bildes über das Unterrichtsgespräch, kann man sich von den Gedanken von Theo Schmidkonz (s.o.) leiten lassen.

Um das Gespräch nicht gleich in die „Schublade" Sintflutgeschichte rutschen zu lassen, empfiehlt sich der Einsatz einer Folie (vgl. Lit.) mit Abdeckverfahren. Mit Hilfe der Umrisszeichnung M77a werden drei Teile (steifes Papier) geschnitten: unten (Wasser, Müll, Vogel); Mitte (Haus, Arche); oben (Himmel, Regenbogen, Taube).
Deckt man zuerst den unteren Teil auf, liegt die Fortführung der bisherigen Thematik auf der Hand: Der Umgang des Menschen mit der Schöpfung - gefährdete Erde! Die Schüler/innen beschreiben die noch abgedeckten Teile des Bildes. Gibt es einen Ausweg? Gibt es Hoffnung? Mit diesem Impuls wird zunächst zum oberen Bildteil übergeleitet. In der biblischen Geschichte (vgl. Buch S. 134, Gen 9,12-15) hat Gott dem Noach Zukunft angesagt. Was muss geschehen bzw. was müssen die Menschen tun, damit das Friedenszeichen des Regenbogens wirklich wird? Ein Blatt mit den Umrissen des Hauses (vgl. M...) wird von den Schüler/innen mit den Lösungsvorschlägen beschriftet. Diese Vorschläge können auch gemeinsam erarbeitet und an die Tafel geschrieben werden. Erst dann wird das "Lebenshaus" aufgedeckt und gedeutet - z.B. mit Hilfe der zuvor erarbeiteten Lösungen.

- Arbeitsblatt M77a Todesflut - Lebenshaus
  Wie im voranstehenden Baustein wird das Bild beschrieben. Das kann anhand des Bildes im Buch S. 135 erfolgen. Die detaillierte Erarbeitung des Bildes geschieht dann als Puzzle am Arbeitsblatt M77a (Umrisszeichnung, evtl. auf A3 vergrößern) und mit dem Ausschneidebogen M77b. Die Wasserteile werden mit den Begriffen für umweltschädliches Verhalten, Umweltkatastrophen beschriftet und evtl. in entsprechender Farbe coloriert und in die Umrisszeichnung eingeklebt. Dann werden die Bretter und Planken des Hauses/der Arche und die Steine, auf der die Arche steht, ebenfalls beschriftet. Arbeitsaufgabe:
  a) Wo setzen sich Menschen in unserer Stadt/in unserem Dorf ein für mehr Gerechtigkeit, Frieden, Bewahrung der Schöpfung?
  b) Suche in Zeitungen und im Fernsehen nach Hinweisen auf solche Aktionen.
  c) Schlage im Schülerbuch die Seiten 131-133 und LPE 8.4. „Auf dem Weg zur Einen Welt" auf. Dabei könnten als mögliche Stichworte für die Beschriftung in den Blick kommen:
  Gerechtigkeit: Dritte- Welt-Laden; Arbeitslosen-Initiative; Tauschmarkt; Misereor; Brot für die Welt
  Frieden: Pax Christi; Friedensdienste; Friedensdekade
  Bewahrung der Schöpfung: Green Peace, BUND; Naturschutz; Tierschutz; Klimaschutz; Energiesparen; Gewässerschutz; Wasser sparen; Mobil ohne Auto; öffentliche Verkehrsmittel
  Zum Schluss wird der Regenbogen gemalt.

- M78 Was die Vögel sich zu sagen haben
  Der Künstler bringt mit der Diagonale von links unten (verendender Vogel) nach rechts oben (Taube) eine wichtige Dimension ins Bild: Anklage, Anfrage, Hoffnung. Dieser Richtung korrespondiert die Linie von rechts oben nach links unten: Die Taube kommt aus dem Bereich des Regenbogens (und in der Ausweitung auf das Gesamtbild des Hungertuches von der Bildmitte, dem Gekreuzigten).
  Beide Vögel blicken sich an. In Sprechblasen schreiben die Schüler/innen, was sie zur Situation sagen könnten. (Z.B. der verendende Vogel: "Hilfe, ich sterbe! Was machen die Menschen mit uns? Ich bin auch ein Geschöpf Gottes. Sie treten uns mit Füßen. Gehört ihnen die Erde? Wann werden die Menschen vernünftig?")

Nach dem Vorstellen der Sprechblasen beider Vögel werden die Schüler/innen aufgefordert, den todgeweihten Vogel in den Farben des Regenbogens anzumalen. Was könnte das bedeuten? Wie kann die leidende Kreatur in das Lebenshaus gelangen?

- Regenbogen als Symbol der Hoffnung, dazu Text Gen 9,12-13
Schüleraufgabe: Regenbogen ausgestalten z.B. mit Krepppapierstreifen oder mit Tonpapierstreifen und anschließend mit hoffnungsfrohen Bildern bekleben oder mit Worten in Regenbogenfarben beschreiben die Hoffnung ausdrücken;
Mandala in Regenbogenfarben ausmalen

- Filme/ Tonbild
  - Die letzten sieben Tage , EMZ
  - Macht euch die Erde untertan (fm 1051)
  - Zu ihrem Vergnügen, fm 1829, 16mm, Derek Philips, Großbritannien 1970, 4 Min., Real-/Trickfilm, ab 14 J.
  - Das Pflaster fm 1781, 16mm, Polen 1971, 8 Min., Zeichentrick, ab 14 J.
  - PSS

- Michael Jackson, Earth-Song
Nähere Hinweise vgl.: Gerd Buschmann, Der Sturm Gottes zur Neuschöpfung. Biblische Symboldidaktik in Michael Jackson's Mega-Video-Hit „Earth Song", in: Kat. Blätter 3/96, S. 187-196; Norbert Weidinger, Wolfgang Dirscherl, Ein Earth-Song, der den Himmel bestürmt, ebd. S. 197-199
CD: 1995 MJJ Productions Inc./Epic-CD 01-662569-14 (Trademark of Sony Music Entertainment Inc.); Video-Clip: Earth Song - History, Past, Present & Future. Regie: Nicholas Brandt

c) Literatur und Materialhinweise

Ausführliche Materialien zum Misereor-Hungertuch von Sieger Köder
"Hoffnung den Ausgegrenzten", hrsg. von Bischöfliches Hilfswerk Misereor e.V., Mozartstr. 9, 52064 Aachen; (c)1996 Misereor Medienproduktion und Vertriebsgesellschaft mbH, Aachen:
- Overheadfolien mit Meditationstext, hrsg. Misereor (s.o.) und Deutscher Katechetenverein e.V., Preysingstr. 83c, 81667 München
- Misereor Materialien für die Schule Nr. 20 "Bilder erzählen von Hoffnung", 1 Aufl. 1996
- Meditationen zum Misereor-Hungertuch (von Theo Schmidkonz)
A. Pokrandt, Wenn der Strom ausfällt, in: R. Krenzer u.a. (Hrsg.), Kurze Geschichten zum Vorlesen und Nacherzählen im Religionsunterricht, Band 1, Kaufmann Kösel, Lahr/München, 2. Aufl. 1976, S. 216-217
Jörg Zink, "Die letzten sieben Tage der Schöpfung", nachgedruckt in: IRP Unterrichtshilfen für den RU an Hauptschulen1995/3, C. Braun-Müller, Sr. N. Richter, H.-W. Nörtersheuser: Der Mensch in Gottes Schöpfung. (Schülerheft) IRP Freiburg1996, S. 10-11; Film: Die letzten 7 Tage, EMZ

M76 Karikatur von Moser

LPE 8-2　　　　DER MENSCH IN GOTTES SCHÖPFUNG　　　　311

M77a Umrisszeichnung Todesflut - Lebenshaus

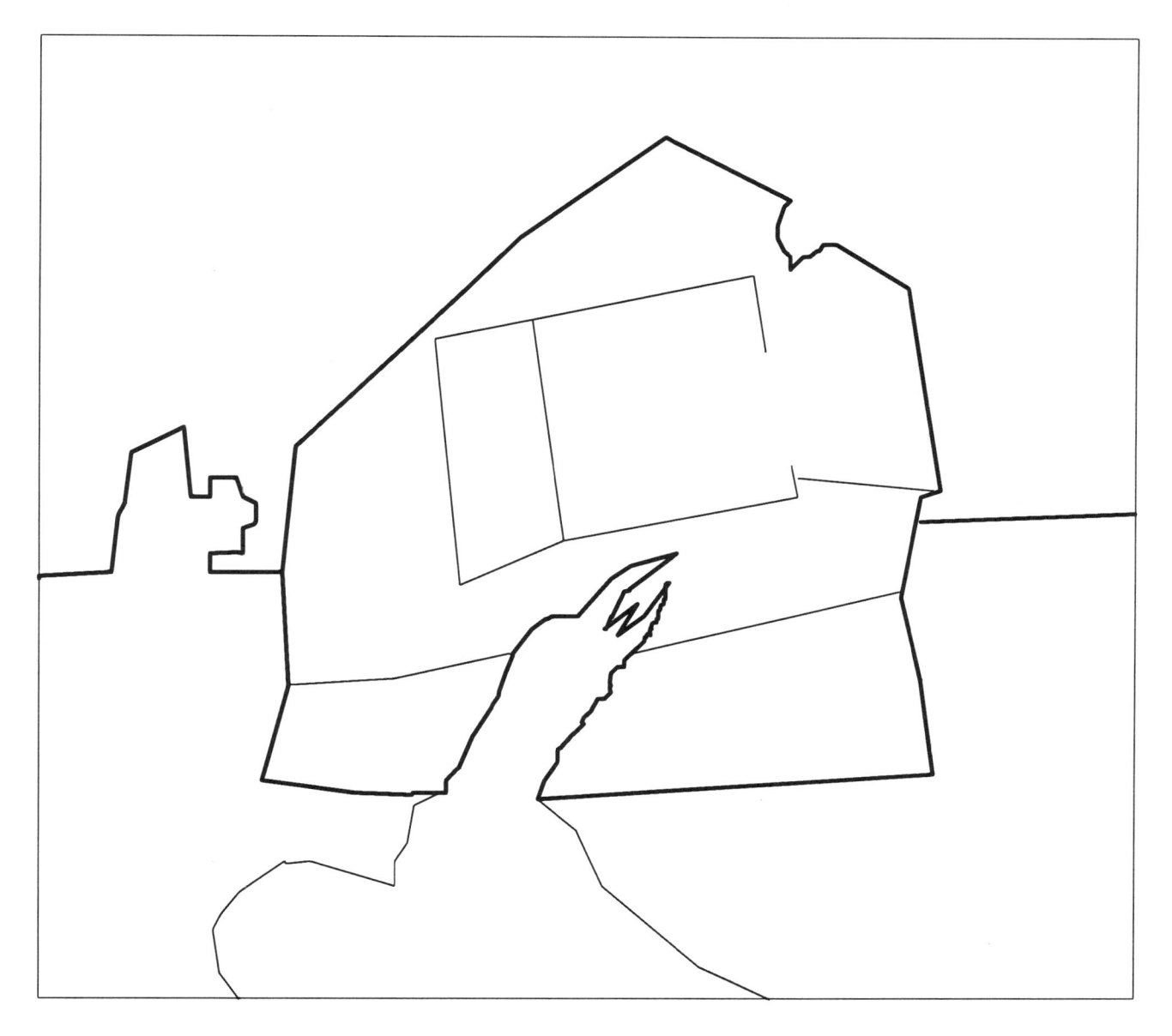

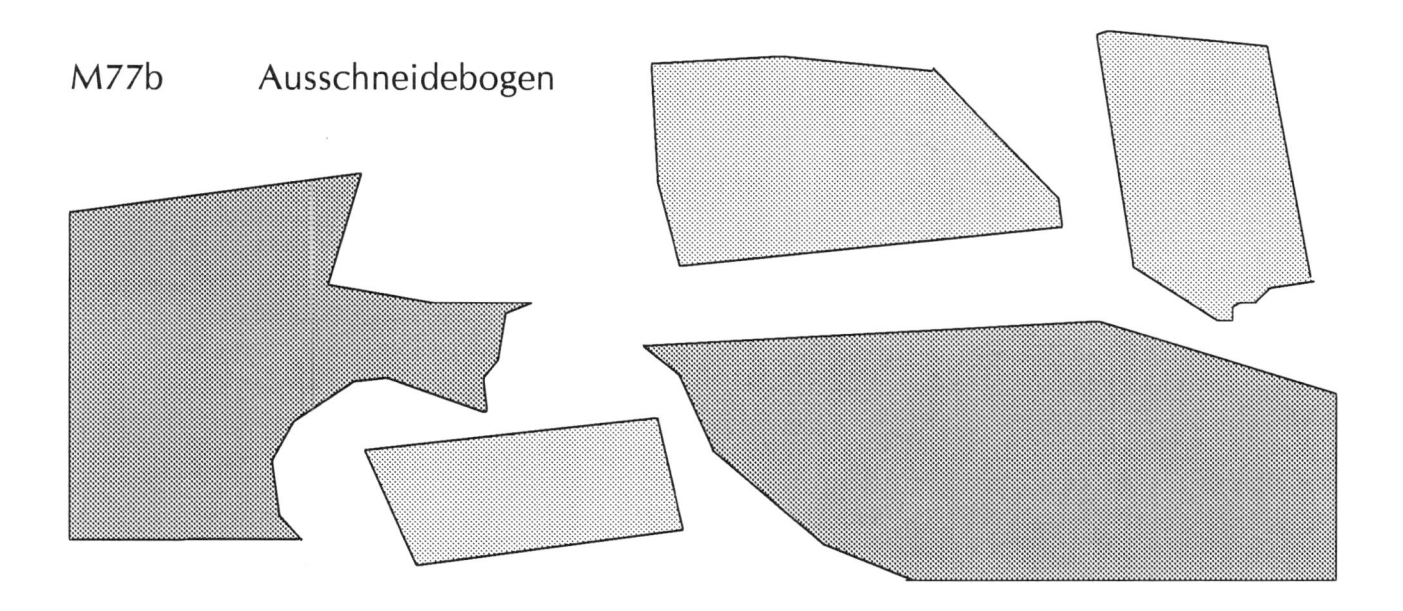

M77b   Ausschneidebogen

M77b Ausschneidebogen

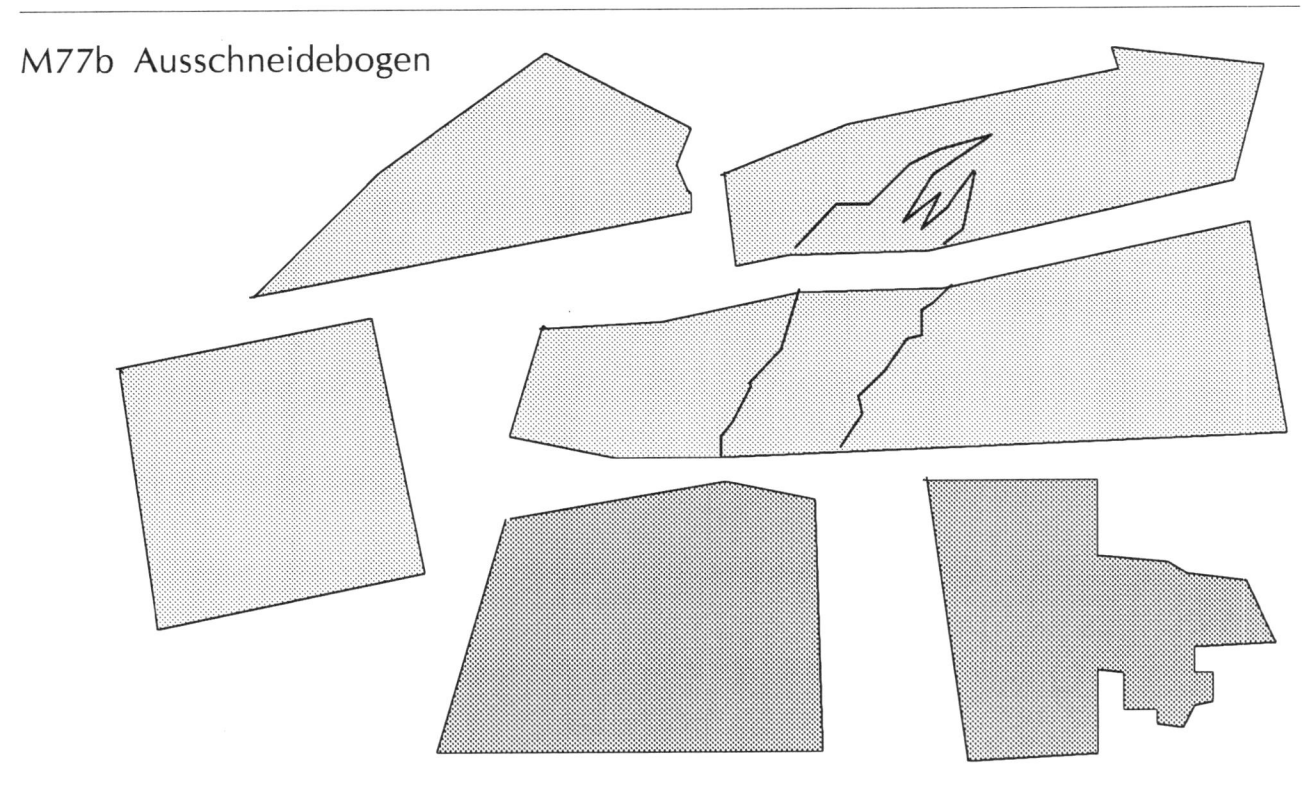

M78 Was die zwei Vögel sich zu sagen haben

NEU ANFANGEN

LPE 8-3 Neu anfangen Gewissen, Schuld und Vergebung

Zur Struktur der Einheit

| ERFAHRUNGEN / PHÄNOMEN | | ANALYSEN ERKÄRUNGS- MODELLE | HANDLUNGS- PERSPEKTIVEN |

| Das Gewissen meldet sich (Dissenserfahrung) ⑤ | Dilemma- Geschichten ① | ② Entwicklungs- stufen des mora- lischen Urteils (anhand von möglichen Ant- worten) | |

| | ③ Woran orientiere ich mich? Motive, die mein Handeln leiten. Wertorientierungen | ④ An andern? An Folgen (Angst vor Strafe)? Bedürfnisse? Gewissen | |

| Was das Leben beschä- digt: wenn Basiswerte verletzt werden > schuldig werden, das Leben verletzen | | Schuld und Sünde | Wege aus der Schuld (Formen der Versöhnung in der Kirche); Selbsttäuschun- gen; sich etwas vormachen |

Eine Gefahr dieser Einheit liegt darin, dass das Gewissensphänomen rein mit Blick auf Negativerfahrungen (Schuld, Angst, Sünde) betrachtet wird. Zunächst sollte das Gewissen als Ort oder Instanz gesehen werden, die mir sagt, wer ich bin, und unausweichlich sagt, was ich nicht bin und was ich tun und nicht tun soll; eine Instanz, die mich schließlich in meiner Einsam- keit und Verantwortung trifft und ihren Anspruch auf Gehör an mich, nicht einen andern stellt. Es geht um Klärung des Gewissensphänomens, nicht um den Aufbau von autoritären Gewissensängsten. Eine Pädagogik des Gewissens hat ferner die jugendlichen Verständnisweisen von Moral und Gewissen zu beachten. Jugendliche kennen Regeln, Verträge und Normer- wartungen. Sie sind sich ihrer Verantwortung der Gruppe gegenüber bewußt. Die Zuneigung und Ablehnung der andern ist wichtig und bestimmt das moralische (Gewissens-)Urteil. Vor diesem Hintergrund sind die Erfahrungen mit dem Gewissen und die Art und Weise, wie Schüler/innen einer achten Klasse darüber sprechen, zu sehen. Diese Erfahrungen bilden den Grund, auf den sich das Unterrichtsgespräch bezieht. Die didaktische Skizze ist demnach von links nach rechts zu lesen: Zuerst kommen die eigenen Erfahrungen, dann Erklärungsmodelle, und aus Erfahrungen und Klärungen ergeben sich Handlungsperspektiven.

Literatur

B. Grom, Hans-Wolfgang Schillinger, Gewissen Verantwortung Selbstbestimmung. Unterrichtseinheit für Religions- und Ethikunterricht ab 9. Jahrgangsstufe, Patmos, Düsseldorf 1987

J. Hoffmann, Gewissen aus theologischer Sicht, in: M. Müller (Hrsg.), Senfkorn. Handbuch für den Katholischen Religionsunterricht Klassen 5-10, Bd. III/1, Katholisches Bibelwerk, Stuttgart 1987, S. 105-130

D. Mieth, Gewissen, in: Wils/Mieth (Hrsg.), Grundbegriffe der christlichen Ethik, Paderborn 1992, S. 225ff (UTB 1648)

E. Schockenhoff, Das umstrittene Gewissen. Eine theologische Grundlegung, Matthias-Grünewald, Mainz 1990

H. Schuh, Zum Leben führen. Buße und Bußerziehung als Weg und Wegweisung zu einer reifenden Lebensgestalt, in: E. Paul, A. Stock, Glauben ermöglichen. Zum gegenwärtigen Stand der Religionspädagogik, Festschrift für Günter Stachel, Mainz 1987, S. 286-301

W. Weischedel, Skeptische Ethik, suhrkamp taschenbuch, 7. Kap. Die Problematik des Gewissens, S. 157-176, Frankfurt 1976

1. Gut und Böse

a) Notizen zu Thema und Intention

Die Erfahrung von Gut und Böse machen die Schüler/innen vorab jeder Reflexion und moralischer Begründung. Nur wo diese Sensibilität vorausgesetzt werden kann, macht es einen Sinn, von Gewissen und Entscheidungsfreiheit zu sprechen.

Die Schüler/innen begegnen dem Phänomen Gut und Böse sowohl im individuellen, persönlichen Handeln wie auch im gesellschaftlichen oder globalen Kontext.

Gut und Böse sind Kategorien, die jede unserer Handlungen qualifizieren. Im Zusammenhang von Gut und Böse kommen bedrängende oder gar lebensbedrohende Aspekte wie auch glückliche Erlebnisse ins Spiel. Vor allem stellen die Schüler/innen fest, dass an der Auseinandersetzung mit Gut und Böse kein Weg vorbeiführt. Damit sind so fundamentale Lebenserfahrungen verbunden, dass die Fragen nach dem Woher und Wieso oder wie man damit umgeht, unweigerlich in den Blick treten. Mit diesem Teilthema wird der Ausgangspunkt für die Fragen der weiteren Abschnitte grundgelegt.

b) Methodische Hinweise

■ M79 Faltblatt (Faltblatt und Anleitung: Hansjakob Schibler, in: RL 3/96 S. 20-22, vgl. Lit., © Theologischer Verlag Zürich)

1. Die Schülerinnen und Schüler erhalten das Lebensbild. In der Klasse werden zwei Gruppen gebildet. Die eine Gruppe erhält den Auftrag, alles Böse und Schlechte auf dem Bild zu bezeichnen (Beispiele: weinender Knabe, Explosion im Dach, kaputter Stuhl), die andere Gruppe macht dasselbe mit dem Guten und Schönen (Beispiele: Liebespaar, Sonnenblume, Wäsche im Wind). Nach einer etwa fünfminütigen Vorbereitungszeit gibt es einen Wettbewerb. Eine Gruppe fängt an und nennt ihr erstes Beispiel. Der Schiedsrichter macht auf seinem Blatt bei dem entsprechenden Detail ein Kreuzlein. Die andere Gruppe nennt ihr Beispiel. Das Spiel geht nun so lange hin und her, bis eine Gruppe

▼ Faltmöglichkeit 1   ▼ Faltmöglichkeit 2

nichts mehr aufzuzählen hat. (Lehrkräfte werden überrascht sein, wie viele Details die Schüler wahrnehmen und benennen können.)
2. Es findet ein Klassengespräch darüber statt, was es mit der Zustellung auf der Zeichnung für eine Bewandtnis hat. Es können auch Eindrücke des Bildes und Gedankenassoziationen ausgetauscht werden. (Woran erinnert euch das?) Die Schülerinnen und Schüler werden sich dahingehend äußern, dass Gutes und Böses sehr nahe beieinander sein können. Dies soll mit dem nächsten Schritt noch verdeutlicht werden.
3. Den Schüler/innen wird die Faltmöglichkeit 2 (Segmente 1,4,7; Falzkante A auf Kante B und C auf D legen) gezeigt. Sie führen sie durch und malen das entstandene Bild bunt aus.
4. Das Blatt wird nun zurückgefaltet respektive geglättet. Noch einmal wird das nun bunte und schwarzweiße Werk begutachtet. Auch die Faltmöglichkeit 1 (Segmente 2-6) wird ausprobiert und das Resultat besprochen. Die Schüler werden dahin geführt, dass eben das Gute oft erst auf dem Hintergrund des Bösen als gut erscheint und umgekehrt. Sie finden dafür auf der Zeichnung, aber vielleicht auch in ihrem eigenen Leben Beispiele.

- Eine Auflistung in zwei Spalten anlegen: Was findest du in deiner Umgebung gut oder schlecht? oder: Benenne Gutes und Böses auf der Welt. Diese Aufstellung kann als Klassenunterricht an der Tafel erfolgen oder als Partnerarbeit/Gruppenarbeit auf einem Blatt oder einem Plakat.

- Der Lehrer/die Lehrerin legt ein Plakat mit den Umrissen einer Person in die Mitte. Durch Falten wird die Figur in zwei Hälften geteilt (eine „gute" und eine „schlechte" Seite). Die Schüler/innen äußern ihre Vermutungen zu folgenden Aspekten, die in die jeweilige Seite der Skizze in Stichpunkten eingetragen werden.
  In jedem Menschen gibt es eine gute und eine schlechte Seite.
  Wie zeigt sich die gute Seite?
  Wie zeigt sich die schlechte Seite?
  Weitere Stichworte für das Gespräch: Vom Menschen geht Gutes und Böses aus.

- Einzelarbeit als meditative Übung: Meine eigenen Sonnen- und Schattenseiten (vgl. LPE 7/9 Ich-Puzzle). Jede/r Schüler/in erhält (oder zeichnet) ein eigenes Umrissbild und beschriftet es

- Demonstration des Lehrers: Er schneidet das große Plakat bzw. die Umrissfigur in der Mitte (Knick) auseinander. Impuls: Menschen wissen um ihre guten und schlechten Seiten, also läßt sich das Gute und Schlechte doch auch einfach trennen oder!?
  Gespräch über diese Demonstration und den Lehrerimpuls.

- Die Schüler erhalten ein Blatt (M80) mit verschiedenen Behauptungen. (vgl. RL 3/96, S. 20). In einer Einzelarbeit werden diejenigen Meinungen angekreuzt, die Zustimmung erhalten. Wer will, darf auch dazuschreiben, warum diese Meinung bevorzugt wird.
  Kurze Auswertung.

c) Literatur und Materialhinweise

H. Schibler, Gut und Böse, in: RL. Zeitschrift für Religionsunterricht und Lebenskunde 3/96, S. 19-24

M79 Faltblatt

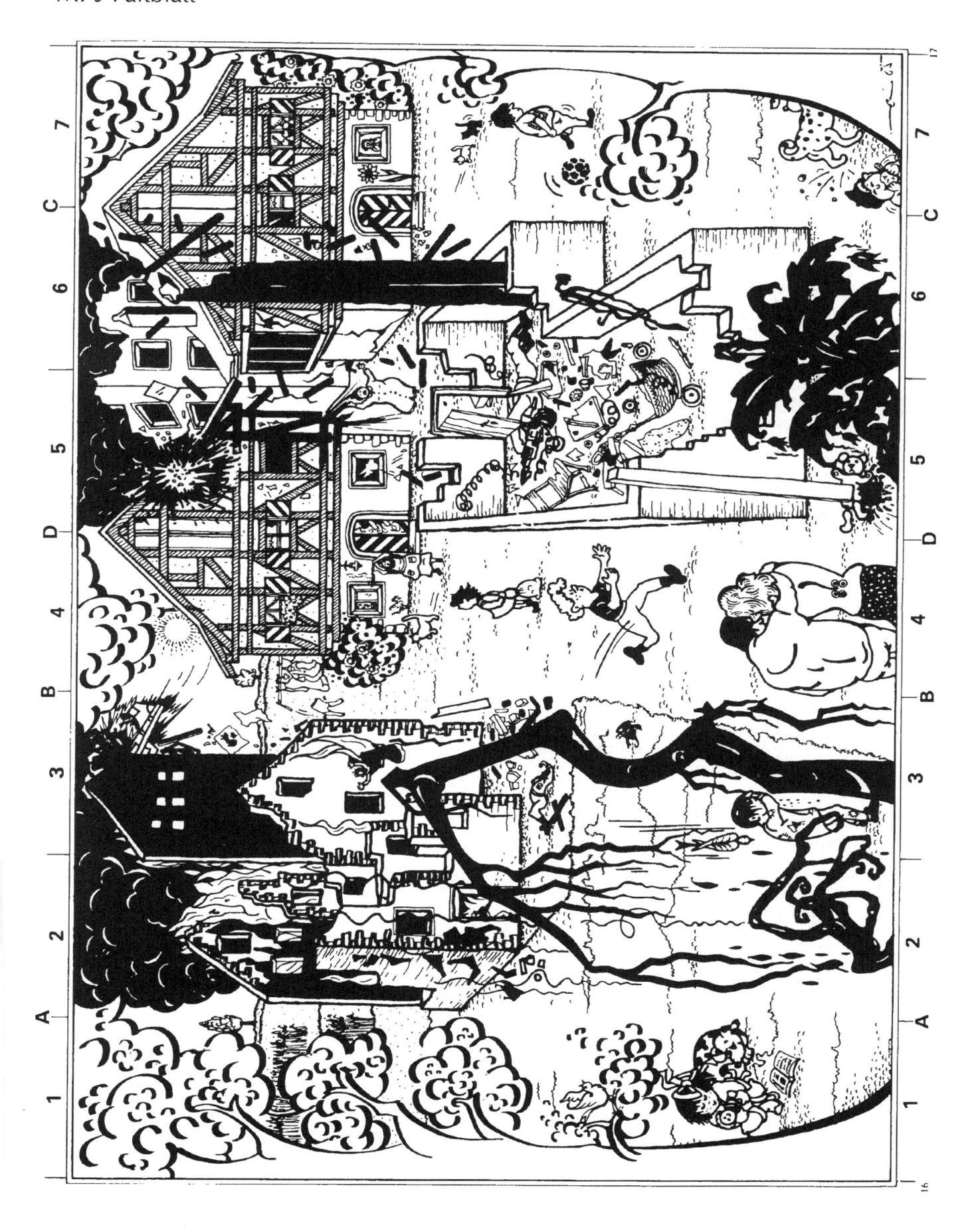

M80

☐	Alle Menschen sind gut.	
☐	Alle Menschen sind böse.	
☐	Gut und Böse hält sich die Waage.	
☐	Fast alle Menschen haben gute und böse Seiten.	
☐	Es kann sein, dass für jemand etwas gut ist und gleichzeitig für jemand anderen böse.	
☐	Gewisse Dinge kann man drehen und wenden, wie man will, sie bleiben immer böse.	
☐	Die Grenze zwischen Gut und Böse verläuft in jedem Menschen etwas anders, aber es gibt sie immer.	
☐	Böse Menschen sollte man ausrotten, dann bleiben nur noch die Guten übrig.	
☐	Wenn der Gute den Bösen bekämpft, wird er selber böse.	
☐	Das Böse nimmt zu, bis die ganze Welt zugrunde geht.	
☐	Der Mensch kommt gut auf die Welt, böse wird er durch den Einfluss der andern.	
☐	Auch der beste Mensch hat seine Schattenseiten.	
☐	Wenn jemand allzu gut sein will, kann er damit auch andern schaden.	
☐		
☐		
☐		

2. Ich muss mich entscheiden

a) Notizen zu Thema und Intention

Im ersten Abschnitt haben die Schüler/innen gemerkt, dass die Begegnung mit Gut und Böse unweigerlich in eine Entscheidungssituation stellt. Mit Hilfe lebensnaher Situationen soll der eigene Erfahrungshintergrund der Schüler/innen ins Spiel gebracht werden. So wird vermieden, dass das Thema als lebensfern und theoretisch abgetan wird. Die Situationen führen die Schüler/innen in eine aktuelle Entscheidungssituation und werfen dabei die Frage auf, nach welchen Gesichtspunkten und Maßstäben entschieden wird. Besonders der unten ausgeführte Methodenvorschlag eines Entscheidungsspiels entfaltet diesen Aspekt. Daran schließt sich dann unmittelbar die Frage an, welche sozialen Faktoren bzw. Personen oder Personengruppen als Einflussgrößen mitwirken.

Vor allem aber soll den Schüler/innen der Anspruch bewusst werden, dass verantwortetes Menschsein eine Verweigerung der Entscheidung nicht zulässt. Erst nach dieser Bearbeitung konkreter Erfahrungen - auch eigener Erfahrungen - wird in einem folgenden Abschnitt das Gewissen ausdrücklich begrifflich und in seiner Struktur und Entwicklung vorgestellt.

b) Methodische Hinweise

- **Fallgeschichten:** Kai muss sich entscheiden, Buch S. 137; Reden kann goldrichtig sein, Buch. S. 137; Die Mutprobe (M81)
  Der/die Lehrer/in liest die Geschichte vor oder die Schüler/innen lesen die Geschichte selber laut oder leise.
  Gemeinsam werden alternative Verhaltensweisen (Entscheidungsmöglichkeiten) erarbeitet. Dann werden in Partner- oder Gruppenarbeit Argumente für und Argumente gegen die jeweilige Entscheidung gesucht. Die Argumente sollten schriftlich formuliert werden. Die Schüler/innen bringen ihre Argumente vor.
  Welche Argumente überwiegen? Welche Argumente haben „mehr Gewicht"?
  Die Frage kann anschaulich beantwortet werden, wenn Schüler/innen Klötzchen (gleiche Größe, gleiches Gewicht) beschriften (mit Zetteln bekleben) und einen Turm bauen Die Türmchen können abgewogen werden.

- **Das Entscheidungsspiel**
  Ein Schüler/eine Schülerin übernimmt die Rolle eine Entscheidung zu treffen (z. B die Rolle von Klaus, Irene usw.). Er sitzt auf einem Stuhl vor der Klasse. Die Mitschüler treten nacheinander hinter ihn und flüstern ihm als seine innere Stimme zu. Die Äußerung kann mit folgender Formel beginnen: „Ich würde...., denn....". Die innere Stimme kann sowohl sachlogische Überlegungen der Konsequenzen beinhalten wie auch den Reflex, was andere (Eltern, Freunde) davon halten. Schließlich erklärt der/die sitzende Schüler/in, wenn er/sie bereit ist, seine/ihre Entscheidung zu treffen und teilt diese mit. Er/sie erläutert, welche Argumente für ihn/sie ausschlaggebend waren.
  Gespräch: Gibt es in realen Entscheidungssituationen solche Stimmen, die die Entscheidung beeinflussen? Vgl. dazu auch Arbeitsblatt M82 und Buch S. 140.

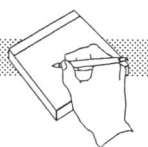

Fallbeispiele:
Klaus spart schon lange auf ein Mofa, da findet er eine Brieftasche mit Geld. Auch die Adresse findet er in der Brieftasche.

Irene beobachtet eine Gruppe Schulkameraden, die auf dem Parkplatz das Auto eines unbeliebten Lehrers zerkratzen. Die Schüler werden vom Rektor gebeten mögliche Beobachtungen zu melden.

Ein Schulkamerad wird bei der Schuldisco zusammengeschlagen und muss ins Krankenhaus. Die Polizei wird eingeschaltet. Du bist als Zeuge aufgeführt und musst bei der Polizei eine Aussage machen. Du hast aber vor den Jugendlichen Angst.

Ich lasse meine beste Freundin bei der Klassenarbeit abschreiben. Der Lehrer bemerkt beim Korrigieren den Schwindel. Er fragt: „Wer hat bei wem abgeschrieben? Wenn sich der Abschreiber nicht meldet, bekommen beide eine Sechs".

Miriam kauft für Mutter im Supermarkt ein. Heute ist viel los, eine lange Schlange hat sich vor der Kasse gebildet. Die Verkäuferin ist schon nervös. Sie gibt Miriam 20 DM zuviel heraus. Miriam stutzt, als sie das Geld entgegennimmt.

- Arbeitsanweisung zu M82 Von wem lasse ich mich beeinflussen?
  Schüler/innen überlegen: (evtl. Abbildung im Schulbuch S. 140 heranziehen) Von wem lasse ich mich beeinflussen? Von wem lasse ich mir etwas sagen? Nach wem richte ich mich?
  Z.B. Film, Fernsehen, Freunde, Mode, Musik, Schule/Lehrer, Jugendgruppen, Kirche/Gebote, Zeitschriften, Sport, Bücher, Eltern usw.
  Diese Überlegungen werden dann von den Schülern in die Tafeln am Wegrand geschrieben.
  Weitere Überlegung: Welche Werte sind mir wichtig? Diese Werte werden dann in die Wegweiser geschrieben. (Der Lehrer sollte „Werte" erklären und an der Tafel sammeln). Werte wie: Ehrlichkeit, Zuverlässigkeit, Treue, Tapferkeit, Mitmenschlichkeit, Freundlichkeit, Liebe usw.

- Buttons anfertigen mit Wertaussagen, z.B. „Ich halte zu meinem Freund", „Ich haue niemand in die Pfanne"

- Die Schüler/innen bringen einen Meterstab mit. Auf Aufkleber (selbstklebende Etiketten) werden Wertaussagen geschrieben, die im vorangegangenen Unterricht erarbeitet wurden. Für alle sollten die gleichen Wertaussagen vorliegen. Die persönliche Einordnung bzw. Bewertung nimmt jede/jeder vor, indem er/sie die Aufkleber auf die entsprechende Höhe des Maßstabs klebt. Diese Methode kann vereinfacht bzw. beschleunigt werden, wenn der Lehrer/die Lehrerin für jede/n Schüler/in eine Kopie mit den gesammelten Aussagen mitbringt. Die Schüler/innen schneiden diese auseinander und kleben die Zettel mit Klebestreifen oder einem leichtlöslichen Kleber auf den Maßstab.

- Diskussionsspiel zum Thema „Gehorchen"
  Mit einer einfachen Spielform - wie sie im Materialbrief 2/92 RU unter der Überschrift: „Wie denkst du darüber?" S. 9-10 beschrieben wurde, lässt sich die Problematik des Gehorsams gut thematisieren. Dabei zielt diese Methode sowohl auf die Auseinandersetzung mit Gehorsamsfor

derungen, denen Schüler/innen ohne eigenes Nachdenken entsprechen, als auch um grundloses Verweigern, sowie mit den dahinterstehenden Werthaltungen. Das Plus dieser Methode ist, dass die Schüler/innen untereinander - mit entsprechender Anleitung - Maßstäbe für Gehorsam diskutieren und entwickeln können. Gleichzeitig bietet es dem Lehrer/der Lehrerin die Chance, diese Haltungen seitens der Klasse kennen - und einschätzen zu lernen. Die Spielvorbereitung und -durchführung ist einfach: Zunächst werden entweder gemeinsam oder von Schüler/innenpaaren oder -gruppen Beispiele für Gehorsam gesammelt. Dabei sollte sprachlich ein Muster vorgegeben werden, da die Form anschließend eindeutige Wertungen zulassen muss. Also etwa: Ich gehorche, wenn mein Vater verlangt, dass ich um zehn Uhr zu Hause sein muss. Die Beispiele werden *einzeln* auf Karteikarten o.ä. notiert. Der Lehrer/die Lehrerin sollte darauf achten, dass die für den RU wichtigen Themen, bzw. Lebensbereiche der Schüler/innen präsent sind. Evtl. kann er/sie einige eigene Karten dazumischen, die von der Klasse nicht thematisierte Bereiche (etwa zum Stichwort Zivil-Courage!) beinhalten. Mit den fertiggestellten Karten läuft nun das Entscheidungsspiel folgendermaßen ab: An der Tafel (oder auf der Tischmitte) liegt ein Plakat mit der Vorgabe von Wertungsziffern oder -farben, die eine Bandbreite von: „Ich gehorche unbedingt" bis „überhaupt nicht" vorgeben. Es empfiehlt sich nach unserer Erfahrung mit fünf Wertungsstreifen zu arbeiten: „Ich gehorche unbedingt" - „selten" - „weiß nicht" - „wahrscheinlich nicht" - „überhaupt nicht". Die Schüler/innen werden je nach Größe der Klasse als Paare oder in Gruppen eingeteilt und erhalten Kärtchen mit denselben Ziffern oder Farbstreifen, die den Vorgaben auf dem Plakat entsprechen. Mit oder ohne Würfeln wird nun die erste Karte gezogen und vorgelesen. Die Mitspieler/innen zeigen mit ihren Karten, die sie ohne Kommentar hochhalten, wie sie in diesem Fall entscheiden würden. Ihrer Wertung sollte dabei ein kurzes Gespräch zwischen den Partnern bzw. in den Gruppen vorausgehen, um Konsens herbeizuführen. Sollte keine Einigung möglich sein, kann ausnahmsweise auch die Differenz untereinander den andern präsentiert werden. Der Lehrer/die Lehrerin fordert nun dazu auf, die eigene Wertung zu erläutern und zu begründen. Dabei können z.B. zunächst „Außenseiterpositionen" zu Wort kommen oder auch diejenigen mit der häufigsten Wertung. Er/sie muss dies aus dem Spiel- und Gesprächsverlauf heraus entscheiden, ebenso, wann die nächste Karte ausgewürfelt bzw. gezogen wird. Nach unserer Erfahrung regt diese Spielform das (kontroverse) Gespräch stark an und lässt auch weniger redegewandte Jugendliche zu Wort kommen. Wichtig ist es allerdings, die diskutierten Beispielkarten und ihre Bedeutung zu markieren, um nach dem Spiel mit der Klasse systematisch die Wertungsschwerpunkte und damit Gründe und die Strukturen für jugendlichen Gehorsam zu entdecken und zu erarbeiten, z.B. elterliche Autorität, Gewaltmechanismen u.ä.. Dies gelingt, wenn der Lehrer/die Lehrerin während des Spiels die Beispiele mit laufenden Nummern versieht und die Wertungen dazu notiert oder einen Schüler/eine Schülerin damit beauftragt. Die Ergebnisse können dann auf einem Plakat geordnet präsentiert werden. Diese Spielform eignet sich auch in anderen Varianten für weitere Themen der ethischen Erziehung, in denen es um Entscheidungssituationen geht.
(vgl. Materialbrief RU 2/92, Deutscher Katechetenverein e.V., München S. 9-10 nach zwei Spielideen aus J. Griesbeck, Den Stein ins Rollen bringen. Anstöße und Aktionen für junge Leute, München 1979)

- **Filme**
Neben einigen anderen Medien (s. Kataloge der Medienstellen) kann mit folgendem Video gearbeitet werden, das bei den Kreisbildstellen auszuleihen ist: Wenn der Hahn kräht. Kurzspielfilm zu Wert und Gewissensfragen (VHS 4201341). Eine Gruppe von 10- bis 14jährigen Jungen und Mädchen versucht gemeinsam, sich Wünsche zu erfüllen und Pläne zu verwirklichen. Um zum nötigen Geld für ein Zelt zu kommen und mithalten zu können, stiehlt einer der Jungen ein Ferkel, merkt aber bald, dass dies nicht richtig war. Die Freundschaft der Gleichaltrigen hilft ihm, aus der verfahrenen Situation herauszufinden. Der Schwerpunkt der Handlung liegt auf der Frage nach für die Kinder gangbaren Wegen aus der Schuld. Es bietet sich an, die Spielhandlung mit der Abbruchmethode zu erarbeiten. Das Video wird zunächst an der Stelle gestoppt, als klar ist, dass die Hauptperson Manfred das Ferkel geklaut hat und Lydia, ein Mädchen aus der Gruppe, dies beobachtet hat. In der letzten Sequenz vor dem Abschalten überlegt Lydia, wie sie darauf reagieren kann und fragt verschlüsselt eine junge Frau um Rat, bei der sie babysittet. Die Schüler/innen schlüpfen nun in ihre Rolle und entwickeln erzählend oder gestalterisch (Comics o.ä.) die Geschichte weiter, wobei sie einen Lösungsweg vorschlagen sollen. Diese Wege werden verglichen und unter der Perspektive, welche Konsequenzen sie für die Beteiligten nach sich ziehen, diskutiert. Schließlich wird das Ende des Video gezeigt und mit den in der Klasse entwickelten Lösungswegen verglichen: Die Kinder im Film legen ihr Taschengeld zusammen und erstatten den Wert des Ferkels. Vertiefend kann nach den Werthaltungen gefragt werden, die in den erarbeiteten Lösungswegen sichtbar werden, etwa in Form von Leitsätzen, z.B. Manfred muss die Sache wiedergutmachen, aber wir helfen ihm dabei. ... Das Video eignet sich aufgrund der einfachen und überschaubaren Handlung besonders gut für schwächere Klassen. Für ältere und bereits differenziert urteilende Jugendliche (etwa am Ende des achten Schuljahres) ist es weniger reizvoll und herausfordernd. Für sie finden sich im Angebot der Medienstellen (fachstelle medien Stuttgart) besser geeignete Filme, z.B. aus der Serie „Alles Alltag" Nr. 8: Wolfsblut - Straßenverkehr oder Nr. 11 Klau und Co.

c) Literatur und Materialhinweise

C. Braun-Müller, C. Fuhrmann-Husson, C. Oehler, N. Richter, H.-W. Nörtersheuser, Neu anfangen - Gewissen, Schuld und Vergebung. Lehrerkommentar - Unterrichtsanregungen, in: Information & Material 1996/97 - Heft 1, S. 22 - 53 und Schülerheft, IRP Unterrichtshilfen für den RU an Hauptschulen 1996

M81 Die Mutprobe

Mit Peter konnte sich so schnell keiner messen, nicht einmal Heinz, der, wenn Peter wie heute abwesend war, das Wort führte. Heinz hielt zu Beginn des Nachmittags einen kurzen Vortrag: „Ein Adler ist stolz. Ein Adler ist mutig. Ein Adler ist verschwiegen. Ein Adler lässt seine Freunde niemals im Stich."
Daniel sieht an den Wänden entlang. „Ein Kellergewölbe", denkt er, „wahrscheinlich in einer Ruine, weit draußen am Rande der Stadt." Feuchtigkeit dringt durch die Fugen der rohen Steine; nur das Licht einer Kerze erhellt die Gesichter vor ihm. Er kennt sie alle - „die Adler" nennen sie sich. Und er möchte zu ihnen gehören. „Wer zu uns gehören will, muss seinen Mut erst beweisen", fährt Heinz fort, „du kennst die Spielregeln, Daniel." „Ich kenne sie." - „Und du bist bereit?" - „Ich bin bereit."
Zettel werden verteilt. Jeder der Anwesenden außer ihm wird eine Aufgabe stellen, und er wird dann mit verbundenen Augen eine der Aufgaben wählen.
„Greif vor dich in die Kiste."
„Das muss die Stimme von Heinz gewesen sein", denkt Daniel, „oder die Stimme von Stefan, der in der Schule hinter mir sitzt. Oder Rolf oder Rudi hat gesprochen - sie alle haben vor mir dasselbe getan: ihre Aufgaben gewählt und die Probe bestanden. Doch keiner, der nicht zu ihnen gehört, wird jemals etwas davon erfahren. Und heute wird sich entscheiden, ob ich..."
„Hast du gewählt?"
Heinz nimmt ihm das Blatt aus der Hand und das Band von den Augen. „Du hast Glück", sagt er, indem er rasch das Papier überfliegt, „die Aufgabe ist nicht allzu schwer...die Kasse der alten Frau am Kiosk neben dem Bahnhof...."
Daniel trägt wieder das schwarze Band und folgt den anderen blind bis zur Mitte der Stadt. Am Ziel ihres Weges, in einem verlassenen Hof eines Neubaus, zwischen einem abgestellten Lastwagen und einer Zementmischmaschine, treffen sie unerwartet auf Peter.
„Wer ist heute dran?"
„Der!" sagt Heinz und deutet auf Daniel.
„Und was hat er zu tun?"
„Die Kasse der alten Frau am Kiosk neben dem Bahnhof. Die soll er ausrauben."
„Was das mit Mut zu tun haben soll", sagt Peter; „die Alte schläft, wenn sie nicht gerade isst oder strickt oder eine Zeitung verkauft. Wer geht mit ihm mit?" „Ich", sagt Heinz. „Wir treffen uns Punkt drei wieder hier."

Heinz und Daniel halten sich in der Anlage neben dem Bahnhof verborgen, so dass sie den Kiosk ständig beobachten können.
„Wo willst du hin? Was willst du tun?", flüstert Heinz, als Daniel sich vom Boden erhebt.
„Die Lage erkunden", sagt Daniel und geht dann geradewegs auf den Kiosk zu. Die Frau sitzt hinter ihrem Fenster und strickt. Das Klappern der Nadeln übertönt Daniels Schritte; die Frau sieht erst hoch, als er vor ihr steht.
„Haben sie das neue Bravo?"
„Das Bravo...", sagt die Frau und wühlt in den Heften vor sich, „das neuste Bravo ist schon weg".
„Ich brauch' was zu lesen", sagt Daniel. Er entdeckt die Kasse drin in der Bude rechts in der Ecke neben dem elektrischen Kocher und dem Kaffeegeschirr. „Darf ich mir hier mal was ansehen?", fragt er und blättert in einer Zeitschrift. „Klar", sagt die Frau.
„Kalt ist es hier", sagt Daniel noch und nimmt ein Heft in die Hand, das die Frau vor ihn hingelegt hat. „Probenummer" steht über den Titel gedruckt und darunter: „Eine Zeitschrift für Jugendliche".
„Du kannst sie haben, wenn du willst", sagt die Frau; und: „Warum wartest du nicht drin in der Halle?" „Werd' ich schon tun", sagt Daniel, „doch erst brauch' ich was, um mir die Zeit zu vertreiben."
„Meine Schwester arbeitet drin im Bahnhofbuffet. Sag ihr; du kommst von mir; dann kannst du dort warten, auch wenn du nichts isst", meint die Frau.
„Ist gut", sagt Daniel, „was macht es?"
„80 Pfennig kostet das Heft." Und Daniel beginnt in seinen Taschen zu suchen. „Zu dumm", lügt er nach einer Weile, „ich kann mein Portemonnaie nicht finden. Drüben, in der Anlage, auf der Bank", sagt er leise zu sich, aber so, dass die Frau es ebenfalls hört, „habe ich's noch gehabt. Ich kam eben

von dort, weit kann es nicht sein, vielleicht liegt es noch dort, ich seh' gleich mal nach. Die Zeitung lasse ich solange da", sagt er laut zu der Frau.

„Hoffentlich findest du's", ruft diese ihm nach, und Daniel läuft über die Straße und ein Stück in die Anlage hinein. Von dort begibt er sich unauffällig zu Heinz zurück, der gut versteckt im Gebüsch auf ihn wartet. „Was ist?" empfängt Heinz ihn, „wo hast du die Kasse?"

„So schnell geht das nicht", sagt Daniel, „hör zu: Ich habe mir alles genau überlegt; die Frau hat eine Schwester drin an der Theke. Du gehst jetzt von der anderen Seite zum Bahnhof, gehst hinein und zum Haupteingang vorne wieder heraus auf den Kiosk zu. Sie soll mal rasch zu ihrer Schwester kommen, sagst du zu der Frau, warum, wüsstest du nicht; oder lass dir etwas einfallen; sag einfach, ihr sei nicht gut. Im gleichen Augenblick komme ich dazu, um meine Zeitung zu bezahlen, die ich zurückliegen ließ. Wir kennen uns nicht. Entweder sie schließt den Kiosk ab, bevor sie geht, oder sie bittet einen von uns, auf ihre Sachen zu achten - aber wie dem auch sei: Das Schiebefenster vorne ist leicht zu durchschlagen."

„Ist klar", sagt Heinz.

Es verläuft alles genau nach Daniels Plan: Nachdem Heinz einige Worte mit der Frau gewechselt hat, tritt Daniel hinzu. Er hört gerade noch, wie Heinz sagt: „Es muss ganz plötzlich gekommen sein."

„Ich hab's gefunden", sagt Daniel und meint sein Portemonnaie und legt 80 Pfennig in die Glasschale auf dem Brett vor dem Fenster. „Darf ich die Probenummer mitnehmen?" fragt er, und die Frau sieht ihn an, antwortet nicht gleich, sieht erst nochmals zu Heinz, als wollte sie abwägen, was im Augenblick dringlicher sei: Daniel zu antworten oder zu ihrer Schwester zu eilen.

„Du könntest mir einen Gefallen tun", sagt sie dann rasch, entschlossen, keine weitere Zeit zu verlieren. „Geh einen Augenblick hier herein, ich bin gleich wieder da - ich muss nur mal rasch zu meiner Schwester." „Mach ich", sagt Daniel. „Hier, die Schlüssel", sagt sie und zögert etwas, sie Daniel zu geben. „Ich brauche sie nicht", sagt Daniel. „Sie kommen doch sicher gleich wieder zurück." Heinz ist inzwischen gegangen. „Wenn jemand kommt", sagt Daniel, „und was will, leg' ich das Geld in die Schale, Sie können sich auf mich verlassen."

«Schon gut», sagt die Frau und geht.

Daniel steht unter der Tür; dem Bahnhof genau gegenüber; und sieht ihr nach. Jetzt erst sieht er ihr graues Haar; erkennt ihr müdes Gesicht, obwohl es ihm abgewandt ist, sieht ihren müden, schleppenden Schritt. Einen Augenblick denkt er: „Wie meine Mutter", und dann hört er noch einmal: „Sie können sich auf mich verlassen", die Worte, die er zu ihr sagte. Es dauert sehr lange, bis die Frau die wenigen Treppen vor dem Haupteingang überwindet. Er sieht ihr noch lange nach, auch dann noch, als sie längst nicht mehr zu sehen ist.

Heinz steht wieder vor ihm: „Na, was ist? Los! Worauf wartest du? Besser konnte es gar nicht klappen!"

„Du wirst dich wundern!", sagt Daniel, jedes Wort einzeln betonend und so, als wundere er sich selbst darüber am meisten: *„Ich tue es nicht!"*

„Bist du verrückt geworden?" fährt Heinz ihn an. „Jetzt, wo alles ganz einfach ist? Jetzt willst du kneifen? Warum?"

„Weil ich nicht will."

„Du sagtest, es wäre alles ganz einfach gewesen?" fragt Peter. Es ist drei Uhr. Heinz und Peter stehen sich gegenüber. Die anderen kommen aus ihrem Versteck, bilden stumm einen Kreis um Heinz und Peter.

„Es wäre alles so einfach gewesen", sagt Heinz und wiederholt noch einmal seinen Bericht. „Ich glaube, er muss plötzlich Angst bekommen haben", setzt er am Ende hinzu.

„Wo ist er jetzt?" fragt Peter.

„Auf dem Weg nach Hause. Doch weit kann er noch nicht sein."

Peter denkt nach. „Ich glaube nicht", sagt er zögernd, „dass es Angst war", und dann noch einmal, fest überzeugt: „Nein, Angst war es nicht! Du sagst, er kann noch nicht weit sein?"

„Nein", sagt Heinz, „weit kann er noch nicht sein." Peter kehrt den anderen den Rücken, geht festen Schrittes über den Hof, durch das leere Gebäude zur Straße hinauf.

Ingeborg Karasek (bearbeitet)

M82 Von wem lasse ich mich beeinflussen?

3. Das Gewissen

a) Notizen zu Thema und Intention

Moralentwicklung und Gewissen

Das Gewissen ist im AT und NT das Gesetz, das Gott ins Innere des Menschen gelegt hat (Jer. 31,33; Ez 36, 26). Die Patristik interpretiert das Gewissen als Ort der ethisch-praktischen Gotteserfahrung. Thomas von Aquin unterscheidet zwischen dem Gewissen als einer allgemeinen Moralfähigkeit des Menschen (synteresis) und dem Gewissen als elementare Mitwisserschaft des Menschen um sich selbst (conscientia). In der Linie dieser Interpretation kommt es zu einer Verinnerlichung des Gewissensphänomens: Gott führt den Menschen im Gewissen gleichsam von innen. Das Gewissen gilt jetzt als die „Stimme Gottes". Diese religiöse Deutung des Gewissensphänomens wird im 19. und 20. Jahrhundert problematisiert. Das Gewissen erscheint nun als Produkt von Sozialisationseinflüssen und steht in der Spannung von Innen- und Außenlenkung. (D. Mieth, Gewissen, 225 ff, s. Lit.)

Religionspädagogisch sinnvoll ist zunächst von einer einfachen Phänomenologie des Gewissens auszugehen. Das Gewissen zeigt sich auf verschiedene Weise: als Gesinnung, als Wertorientierung, als Erfahrung von Schuld, als Ort der Entscheidung, als Instanz, die einem Menschen ein bestimmtes Verhalten zwingend abverlangt. Das Gewissen ist mithin die Fähigkeit zu moralischem Verhalten. Es bildet sich im Raum sozialer Erfahrungen und entwickelt sich.
Lawrence Kohlberg konnte zeigen, daß dabei jeder Mensch – bei selbstverständlich vielerlei individuellen Unterschieden - die gleiche Folge von Entwicklungsstufen durchläuft. Betrachtet man die Gründe, die jemand für sein moralisches Urteil gibt, dann geht die Entwicklung von einer anfangs fremdbestimmten zu einer selbstbestimmten, autonomen Moralität. Kohlberg hat drei große Entwicklungsniveaus unterschieden: Eine sog. präkonventionelle Ebene, auf der die konkreten Folgen meines Handelns, Lohn oder Strafe, den Ausschlag geben; eine konventionelle Ebene, auf der die Konvention, also Regeln, Gesetz und Rollenerwartungen das Urteil und dann wohl auch Handeln leiten; eine postkonventionelle Ebene. Menschen dieser Ebene orientieren ihre Moral an Prinzipien wie Gerechtigkeit.
Das Gewissen dürfte auf diesen Ebenen jeweils verschieden erfahren werden: auf der konventionellen Ebene als Regel- und Kontrollgewissen, danach als autonomes Gewissen. Wir gehen davon aus, dass Schüler/innen der Sekundarstufe auf der Ebene konventioneller Moral argumentieren. Das bedeutet: ihr moralisches Urteil beruht auf einem mehr oder weniger rigiden Regelverständnis und orientiert sich an entwicklungsbedingt „richtigen" Rollenerwartungen. „Gerecht" und in diesem Sinne moralisch richtig ist, was „man" z.B. von einem Freund, einer Freundin erwartet. Deshalb haben in einem unsrer Unterrichtsversuche Schülerinnen auf die Frage, ob man den Namen einer Freundin, die beim Kaufhausdiebstahl ertappt worden ist, verraten darf oder nicht, durchweg geantwortet, daß „man" Freunde nicht verpetzt. (L. Kuld/B. Schmid, „Freunde verpetzt man nicht" – Ein Forschungsprojekt zur Entwicklung moralischer Urteilsfähigkeit im Religionsunterricht der Sekundarstufe I., in: ru. Ökumenische Zeischrift für den Religionsunterricht, 2/97, S. 54-56)
Hier zeigt sich eine Grenze und zugleich Chance moralpädagogischer Arbeit im Religionsunterricht. Die Grenze ist die Ebene der Argumentation,

präkonventionell oder konventionell oder postkonventionell. Die postkonventionelle Ebene wird, wie Arbeiten im Anschluß an Kohlberg gezeigt haben, erst im frühen Erwachsenenalter erreicht, und dort auch nicht von allen Erwachsenen. Lehrer/innen und Schüler/innen argumentieren auf verschiedenen Ebenen. Die Chance des Unterrichts mit Dilemmageschichten liegt darin, dass die Schüler/innen durch die Konfrontation mit anderen Argumentationsniveaus – in Nuancen schon innerhalb der Lerngruppe - ihr moralisches Urteil prüfen und erweitern, also lernen.

Die Erfahrungen, die mit Gewissensentscheidungen verbunden sind, wurden bereits im vorangegangenen Teilkapitel bedacht. Die Tatsache, dass in bestimmten Situationen Entscheidungen anstehen, die entsprechende emotionale Bewegungen auslösen, verweist auf einen Baustein oder eine Struktur der menschlichen Seele, die wir Gewissen nennen. Der Schwerpunkt dieses Abschnitts liegt bei der begrifflichen Annäherung an das Phänomen Gewissen. Es werden Formen von Gewissenszuständen und -entscheidungen unterschieden und benannt. Vor allem aber sollen die Schüler/innen verstehen, dass das Gewissen einem Werdegang unterliegt, der einer verantwortlichen Gestaltung bedarf. Die Schüler/innen befinden sich in dem Alter, dem die Entwicklungspsychologen im Allgemeinen den Schritt vom heteronomen zum autonomen Gewissen (Piaget) zuordnen. Deshalb ist jetzt auch erstmals die Reflexion solcher Verhaltensweisen möglich aber auch angebracht.

Zur Bezeichnung der Entwicklung eignet sich der Begriff „Phase" besser als „Stufe", der eher auf ein aufeinander aufbauendes und bei jedem Schritt abgeschlossenes System hinweist. Der Verlauf der Gewissensentfaltung kann von Fall zu Fall verschieden sein und die Gewissensentscheidungen können auch späterhin immer mal wieder auf das Niveau einer früheren Phase zurückfallen.

Für die verschiedenen Phasen sind verschiedene Nomenklaturen im Umlauf. Am verständlichsten dürfte für Schüler sein: fremdbestimmtes Gewissen und selbstbestimmtes Gewissen - oder nach Piaget: heteronom und autonom. Welche Bezeichnung man auch wählt, es sollte nicht der Eindruck eines sauber getrennten Nacheinanders suggeriert werden.

Einen weiteren Aspekt bildet die Frage: Welche Einflüsse durch Personen und Situationen spielen dabei eine Rolle?

Eine schwierige Frage bildet der Zusammenhang von Gewissen und Norm. Mündiges Gewissen heißt nicht „absolut" und unabhängig von Normen und Geboten. Es hat sie sich als gültigen Wertmaßstab „angeeignet" und ist somit von der Fremdbestimmung zur Selbstbestimmung übergegangen. (Selbstbestimmt meint also nicht, dass jeder sich seine Normen selber macht!). Und dennoch gibt es den Konflikt von Gewissensentscheidung und Norm und Gesetz. Hier richtet sich das Gewissen nach einer Hierarchie der Werte: Eine Entscheidung kann ein Verstoß gegen geltendes Recht darstellen und dennoch moralisch hochstehend sein, weil sie einem höheren Wert dient.

b) Methodische Hinweise

- Tafelskizze oder Wortkarten
Die bisher vorgestellten Situationen der Entscheidung, z. B. die Szenen zum Entscheidungsspiel (S. 320) und neue Situationen (mit den Schüler/innen erarbeiten) werden als Stichwort auf der Tafelmitte oder auf einem Plakat festgehalten. Dabei kann jede Situation als vollendete Tat oder als nicht ausgeführte Tat aufgeführt werden - entsprechend fällt die Antwort unter der Kategorie „nachher" anders aus. Das Gewissen meldet sich in unterschiedlicher Weise - vorher und nachher.

vorher	Situation oder Tat	nachher:
findet Tat gut und rät zu		lobt
findet Tat schlecht warnt		tadelt

- Wo sitzt das Gewissen?
Wo macht es sich in meinem Körper bemerkbar? (Kannst du dein Gewissen auch manchmal spüren? Wie?) Die Schüler/innen versuchen das Gewissen auf einer Körperskizze zu lokalisieren.

- Das Gewissen was ist das? Schüler/innen versuchen eigene Beschreibungen zu formulieren, anschließend Gespräch.

- Arbeitsblatt M83 - Das Gewissen ist wie...
Einige Aussagen werden vorgegeben.
Anweisung:
a) Unterstreiche farbig die Aussagen, die deinen Erfahrungen mit dem Gewissen am nächsten kommen.
b) Nimm eine der bearbeiteten Geschichten und prüfe, wie sich dort das Gewissen zeigt. Trifft eine der aufgelisteten Aussagen über das Gewissen auf die Geschichte - bzw. wie sich das Gewissen dort zeigt - zu?

- Meditative Übung
(Mitte mit Tüchern gestalten, evtl. Kerze darzustellen; Anleitung zum Stillwerden; evtl. Musik)
Lehrer: Erinnert euch an ein Ereignis, bei dem ihr auf euer Gewissen hören musstet. (Stille)
Lehrer: Menschen überlegen, was ist überhaupt mein Gewissen? Menschen vergleichen das Gewissen. Sie sagen: Das Gewissen ist wie ....
(vgl. die Aussagen von Arbeitsblatt M6)
Der Lehrer liest nun langsam einige auf Kärtchen vorbereitete Aussagen über das Gewissen vor.
Lehrer legt die Kärtchen dann auf die Tücher in der Mitte.
Die Schüler/innen bekommen Zeit, die Kärtchen noch einmal durchzulesen.
Sie stehen auf, entscheiden sich für ein Kärtchen und setzen sich.
Gespräch: Warum habe ich mich für diese Aussage entschieden? Was kann mir diese Aussage über das Gewissen deutlich machen?

- Ich bin kein Kind mehr. Siehe IRP Unterrichtshilfen: Neu anfangen, S. 10
Dieses Material (Schülerheft und Lehrerkommentar, s. Lit) bietet eine Auseinandersetzung mit verschiedenen Phasen der eigenen Entwicklung (Fantasieübung, Gestaltung mit Farben, Gespräch). Die Anleitung geschieht über einen ausführlichen Text. Die Arbeitsintention drückt sich z.B. in folgenden Fragen aus:
  - Was hat sich für dich verändert in diesen verschiedenen Phasen deines Lebens?
  - Wie hast du dich in diesen verschiedenen Phasen gefühlt?
  - Was ist in diesen Phasen gleichgeblieben?

- Das Gewissen in den verschiedenen Entwicklungsphasen
Baby und Kleinkind, Kindergarten und Schulkind, Jugendlicher und Erwachsener
1. Die Schüler/innen schneiden die Bilder von M84a aus und kleben sie in der richtigen Reihenfolge ins Heft. Über den Bildern bleibt Platz für die Pfeile M84b und darunter für die Texte M84b. Sie sehen: Die Gewissensbildung verläuft in verschiedenen Entwicklungsphasen.
2. Sie lesen die Sachtexte, schneiden sie aus und ordnen sie den Bildern richtig zu.

- Wer oder was meine Gewissensbildung prägt. Ausschneidebogen M84b und Impuls: Wer oder was beeinflusst meine Gewissensbildung in den jeweiligen Entwicklungsstufen? Die Schüler/innen schreiben die Stichworte in die Pfeile auf Arbeitsblatt M84b und kleben sie zu den Bildern. Z.B.: Eltern, Lehrer, Erzieher, Großeltern, Idole, Werbung, Freunde, Zeitschriften, Film und Fernsehen, Schule, Jugendgruppe, Sport, Kirche, Gesetze, Gebote usw.. Werte wie: Ehrlichkeit, Ehrfurcht, Treue, Liebe, Mitmenschlichkeit, Selbständigkeit.

- M85 Alles Gewissen oder was?
Die Schüler/innen ordnen in Einzel- oder Gruppenarbeit der jeweiligen Gewissensbezeichnung die richtige Bedeutung zu. Nachdem die Aufgabe gelöst ist, kann der Abschnitt mit den Lösungen zur Kontrolle und Korrektur ausgeteilt werden.

- Zum Text (Buch S. 142) „Gefangenenbefreiung"
Dieser Text macht darauf aufmerksam, dass Gewissensentscheidungen häufig zu Normkonflikten führen. Der Polizist verstößt gegen ein Gesetz um einem höheren Gesetz zu gehorchen. So wird es sprachlich treffend ausgedrückt in der Kurzgeschichte (nicht abgedruckt) von Heinz Liepmann, Eine Gerichtsverhandlung in New York: Ein junger Arzt, aus Deutschland nach Amerika eingewandert, behandelt in einem Notfall ein todkrankes Kind, obwohl er noch nicht die Approbation besitzt. Damit riskiert er aber seine Zulassung als Arzt und damit seine zukünftige Existenz. Er rettet das Kind, wird aber von einem missgünstigen Arzt angezeigt. Er wird angeklagt und vor Gericht gestellt. Der Richter spricht in seiner Urteilsverkündigung: „Sie haben gegen das Gesetz verstoßen ... um einem höheren Gesetz zu gehorchen. Ich spreche Sie frei..."
(H. Liepmann, Eine Gerichtsverhandlung in New York, aus: Telegraph Nr. 17/3 vom 21. Januar 1948, abgedruckt in: Geschichten zum Nachdenken. Ein Lesebuch für Schule, Gruppe und Familie, Hrsg. L. Graf u.a., Kaiser - Grünewald, München/Mainz 1977, S. 56-58, ferner in: W.G. Esser (Hrsg.), Zum Religionsunterricht morgen II, J. Pfeiffer, München 1971, S. 58-60)

Diese reife Form des Gewissens macht deutlich, dass es hier nicht mehr um den vordergründigen Gehorsam geht gegenüber Personen und Gesetzen sondern um Werteinsicht und letztlich um lebensbejahendes Verhalten.

- **Zum Text: Im Warenhaus (M86)**
Auch dieser Text behandelt einen Normkonflikt. Es wäre die Berufspflicht der Kaufhausdetektivin, die Diebin der Polizei zu melden. In der konkreten Situation entscheidet sie sich, die Täterin nicht zu kriminalisieren und ihr eine neue Chance zu ermöglichen. Sie gibt dem Leben und der Zukunft (der Täterin) den Vorrang - zumal niemand dadurch einen Nachteil hat.
Der Text wird zunächst gelesen bis „...während der Schupo die Handtasche öffnete". Die Schüler/innen erfinden eine mögliche Fortsetzung. Nachdem die Geschichte fertig gelesen wurde, sollen die Schüler beurteilen: Hat die Detektivin richtig gehandelt? Was waren ihre Gründe? Welches Gebot oder Norm hat sie hintenan gestellt und von welchem Ziel oder Wert hat sie sich leiten lassen?
Die Antwort des Textes: „Warum haben Sie das für mich getan?" fragt Betty. Und auf die Gegenfrage, ob sie das jemals wieder tut, antwortet sie: „Ach ja, nie...nie wieder!" Darauf die Detektivin: „...darum habe ichs getan...".

c) Literatur und Materialhinweise

C. Braun-Müller, C. Fuhrmann-Husson, C. Oehler, N. Richter, H.-W. Nörtersheuser, Neu anfangen - Gewissen, Schuld und Vergebung. Lehrerkommentar - Unterrichtsanregungen, in: Information & Material 1996/97 - Heft 1, S. 22 - 53 und Schülerheft, IRP Unterrichtshilfen für den RU an Hauptschulen 1996

B. Grom, Gewissensentwicklung und Gewissensbildung oder Bußerziehung im weiteren Sinn, in: J. Müller (Hrsg.), Das ungeliebte Sakrament, Paulusverlag, Freiburg/Schweiz 1995, S. 148-155

J. Hoffmann, Gewissen aus theologischer Sicht, in: Max Müller (Hrsg.), Senfkorn. Handbuch für den Katholischen Religionsunterricht Klassen 5-10, Bd. III/1, Katholisches Bibelwerk, Stuttgart 1987, S. 105-130

Th. Lickona, Wie man gute Kinder erzieht! Die moralische Entwicklung des Kindes von der Geburt bis zum Jugendalter und was Sie dazu beitragen können, Kindt-Verl., München 1989

D. Mieth, Gewissen, in: Grundbegriffe der christlichen Ethik, hrsgg. v. J.-P. Wils/D. Mieth, Paderborn 1992, S. 225-242

F. Oser/W. Althof, Moralische Selbstbestimmung. Modelle der Entwicklung und Erziehung im Wertebereich, Stuttgart, 2/1997

E. Schockenhoff, Das umstrittene Gewissen. Eine theologische Grundlegung, Mainz 1990

M83 Das Gewissen ist wie...

- EIN KOMPASS DER SEELE
- EIN INNERER WEGWEISER, DER NUR DIE RICHTIGE RICHTUNG ZEIGT
- EINE INNERE STIMME, DIE MIR SAGT, WAS ICH TUN SOLL
- EINE SEELISCHE ALARMANLAGE
- EINE INNERE ANTENNE
- EINE WAAGE
- EIN INNERER RICHTER
- EIN INSTINKT FÜR DAS GUTE
- EINE BREMSE, DIE ZU SCHNELLE FAHRT VERHINDERT
- EINE NETZ, DURCH DAS NUR KLEINE FISCHE SCHLÜPFEN
- EINE ZWANGSJACKE, IN DIE MAN GESTECKT WIRD
- EINE FESSEL UM DIE FÜSSE
- EIN ERHOBENER ZEIGEFINGER
- EIN ZEICHENBLATT, AUF DEM EINIGE STRICHE VORGEGEBEN SIND, AUS DENEN MAN EIN GEMÄLDE FERTIGEN SOLL
- EINE STIMME GOTTES, DIE UNS MAHNT IN FRIEDEN MITEINANDER ZU LEBEN
- EIN SAMENKORN. ES MUSS SICH ENTFALTEN, SONST VERKÜMMERT ES.
- EINE INNERE VERANLAGUNG DES MENSCHEN, DIE DRÄNGT DAS GUTE ZU TUN UND DAS BÖSE ZU LASSEN.
- EIN GUTES GEWISSEN IST EIN SANFTES RUHEKISSEN.
- EIN MENSCH OHNE GEWISSEN IST WIE EIN LKW-ANHÄNGER: IMMER ABHÄNGIG VON DEM, DER IHN ZIEHT. ROLLT ER MAL ALLEINE, GEHT ER BEI DER NÄCHSTEN KURVE SCHON IN DEN GRABEN.

M84a Altersstufen der Gewissensentwicklung

M84b Ausschneidebogen:
Das Gewissen in den verschiedenen Entwicklungsphasen
Arbeitsblatt 2

Der Mensch richtet sich nach Meinungen, Verhalten und Wertvorstellungen von Eltern und anderen Personen, die er als Autorität anerkennt. Er übernimmt deren Standpunkt, ohne nachzufragen, warum dieses Verhalten richtig oder falsch ist.	Das Gewissen lässt sich nicht mehr durch fremde Autoritäten bestimmen. Es richtet sich nach allgemeinen Grundwerten (z.B. Ehrlichkeit, Treue, Hilfsbereitschaft), auch wenn die meisten anders denken und handeln und einem sogar Schwierigkeiten entstehen.
Der Mensch merkt, dass er bei bestimmten Handlungen geliebt wird und Zuwendung erfährt. Bei anderen Handlungen erfährt er Ablehnung. Er gewöhnt sich daran so zu handeln, dass er geliebt und angenommen wird.	Der Mensch merkt, dass auch Menschen, die ihm Vorbild sind, Fehler begehen. Er überprüft kritisch seine Entscheidungen - unabhängig von Meinung und Verhalten anderer. Er entscheidet mehr und mehr danach, was er für richtig hält.

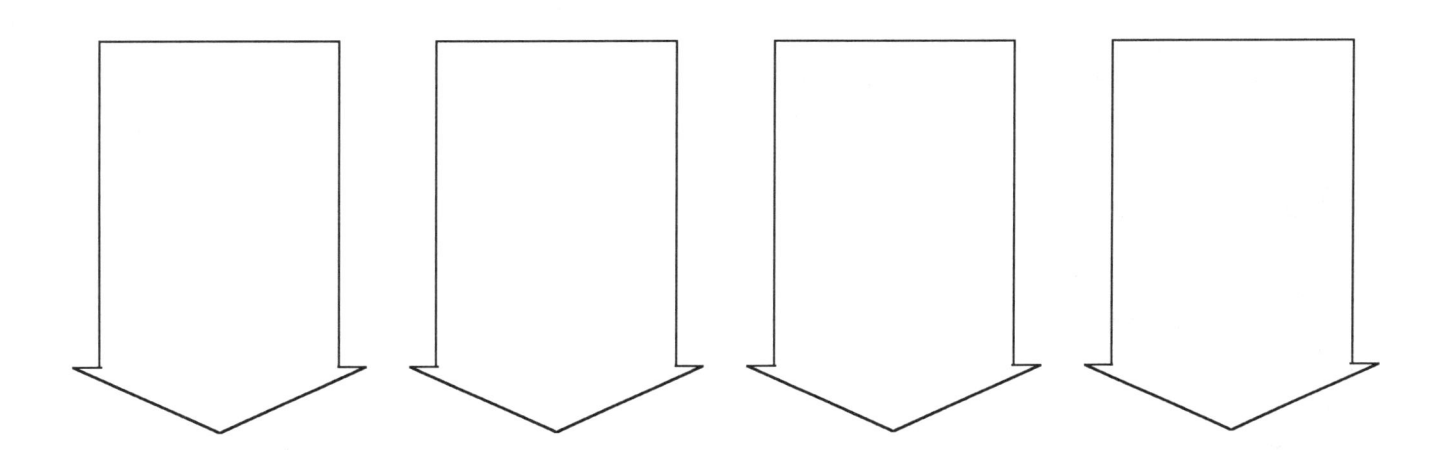

Wer meine Gewissensbildung beeinflusst:

Beispiele:

Eltern, Lehrer, Erzieher, Großeltern, Idole, Werbung, Freunde, Zeitschriften, Film und Fernsehen, Schule, Jugendgruppe, Sport, Kirche, Gesetze, Gebote usw.. Werte wie: Ehrlichkeit, Ehrfurcht, Treue, Liebe, Mitmenschlichkeit, Selbständigkeit

M85 Alles Gewissen oder was?

Ein gutes oder reines Gewissen	die Stimme in uns, die uns nach einer Tat anklagt, wenn unser Handeln falsch war (Gewissensbisse).
Ein schlechtes Gewissen	wenn wir im konkreten Fall sorgfältig untersuchen, was geboten, verboten oder erlaubt ist.
Ein warnendes Gewissen	wenn der Mensch so handelt, als hätte er kein Gewissen. Er benimmt sich so, als würde für ihn Liebe, Ehrlichkeit und Mitmenschlichkeit nicht gelten.
Ein zartes Gewissen	die Stimme in uns, die uns nach einer Tat sagt, dass wir richtig gehandelt haben.
Ein skrupelloses Gewissen	die Stimme in uns, die uns vor einer bösen Tat warnt und zum guten Handeln mahnt.
Ein laxes Gewissen	hat man, wenn man in der Lage ist, seine Urteile zu korrigieren.
Ein starres Gewissen	ist gegeben, wenn wir geneigt sind, schon auf schwache oder Scheingründe hin eine Handlung für erlaubt halten.
Ein offenes Gewissen	ist gegeben, wenn sich das Gewissen nicht weiterentwickelt.

✂-----

Lösung:

Ein gutes oder reines Gewissen	die Stimme in uns, die uns nach einer Tat sagt, dass wir richtig gehandelt haben.
Ein schlechtes Gewissen	die Stimme in uns, die uns nach einer Tat anklagt, wenn unser Handeln falsch war (Gewissensbisse).
Ein warnendes Gewissen	die Stimme in uns, die uns vor einer bösen Tat warnt und zum guten Handeln mahnt.
Ein zartes Gewissen	wenn wir im konkreten Fall sorgfältig untersuchen, was geboten, verboten oder erlaubt ist.
Ein skrupelloses Gewissen	wenn der Mensch so handelt, als hätte er kein Gewissen. Er benimmt sich so, als würde für ihn Liebe, Ehrlichkeit und Mitmenschlichkeit nicht gelten.
Ein laxes Gewissen	wenn wir geneigt sind, schon auf schwache oder Scheingründe hin eine Handlung für erlaubt halten.
Ein starres Gewissen	wenn sich das Gewissen nicht weiterentwickelt.
Ein offenes Gewissen	hat man, wenn man in der Lage ist, seine Urteile zu korrigieren.

M86 Im Warenhaus

Betty Warner war eine gute Seele, aber sie hatte Hunger, und die Brieftasche, die aus der Hosentasche des Mannes hervorlugte, der im großen Warenhaus vor ihr herging, reizte ihre Begierde. Ihr war auch sehr kalt, ihre Kleider waren nur dünn, einen Mantel besaß sie nicht mehr. Zudem war sie eben an vielen Stellen gewesen, wo sie sich vergeblich um Arbeit bemüht hatte.

Sie war nicht ins Warenhaus gekommen, um Einkäufe zu machen, sondern nur, um sich zu wärmen, sie fror bis ins Innerste. Sie bemühte sich, nicht auf die Brieftasche zu schauen, aber die blickte so verführerisch zwischen den Rockschößen des Mannes hervor, und sie sah es dem Herrn an, dass er schon einmal eine Brieftasche verlieren konnte. Denn das, was allein sein Anzug kostete, hätte ihr monatelang zum Lebensunterhalt genügt.

Sie ging dicht hinter der Brieftasche und schaute die Leute ringsum an: eine freundlich aussehende, kleine, alte Frau in schwarz, zwei junge Mädels, die lebhaft miteinander plauderten. Wenn nicht ein Augenblick gekommen wäre, in dem die kleine alte Frau nach einem Taschentuch herumsuchte und die Mädels verschwunden wären, so hätte Betty die Brieftasche nicht genommen. In diesem Augenblick fiel jede Scheu und Hemmung von ihr ab. Sie nahm die Brieftasche mit einer hastigen Bewegung und ließ sie in ihrer Handtasche verschwinden.

Dieser fürchterliche Augenblick war nun vorüber, und sie war wieder das nette, rosige junge Mädchen, das in ihrem ganzen Leben kaum etwas wirklich Schlechtes begangen hatte. Sie blieb stehen und tat so, als ob sie sich seidene Strümpfe anschaue. Am selben Ladentisch stand die kleine, alte Frau. War sie Betty absichtlich gefolgt?

„Sie sehen müde aus", sprach die kleine, alte Frau, „warum gehen Sie nicht in den Damenwarteraum und ruhen sich aus?"

„Ich ich kann nicht, ich ... muss gehen", stammelte das Mädchen. In der warmen Luft wurde ihr, die schon lange nichts mehr gegessen hatte, schwindelig, sie taumelte und ließ ihr Handtäschchen fallen.

Die kleine, alte Frau hob es auf und reichte es ihr. „Trotzdem sollten Sie erst ein wenig ausruhen."

Aber Betty hörte sie nicht. Sie hielt sich am Ladentisch, sie zitterte vor Angst. Über den Köpfen der Menge hin, die durch die Gänge des Warenhauses wogten, hatte sie das besorgte Gesicht des Besitzers der Brieftasche wahrgenommen, und neben ihm schimmerte eine Schutzmannsuniform. Die Leute im Warenhaus erschienen Betty alle wie sehr entfernte, kleine schwarze Punkte, so aufgeregt war sie. „Gehn Sie nicht weg von mir", bat Betty, „gehen Sie nicht fort!" Die kleine, alte Frau gab keine Antwort. Sie sah den Schupo an. Denn er berührte eben Betty an der Schulter. „Dieser Herr", sagte er grob, „hat seine Brieftasche verloren."

Das Mädchen stammelte ein paar Worte, die ihr selbst fremd klangen. Dem Besitzer der Brieftasche schien sie leid zu tun. Er begann: „Ich sage ja nicht, dass Sie die Brieftasche genommen haben, aber Sie waren ganz dicht hinter mir, als es geschah. Sie ging zuerst vor mir", sagte er zum Schutzmann, „dann blieb sie zurück, und eine Sekunde später war die Tasche fort."

Betty glaubte in den Erdboden zu versinken. Sie starrte besinnungslos vor sich hin, während der Schupo die Handtasche öffnete. Sie starrte noch immer, als er sie auf den Ladentisch warf und zu dem Herrn sagte: „Das junge Mädchen hat sie nicht!"

Sie sah die beiden Männer fortgehen, aber ihre vor Angst stumpfen Sinne fassten es nicht.

„Ich habe natürlich die Brieftasche herausgenommen", sagte die kleine, alte Frau, indem sie das Mädchen zum Ausgang führte. „Der Schutzmann wird die Adresse des Herrn haben, und ich will dafür sorgen, dass er die Tasche zurückerhält. Sind Sie hungrig?"

„Ja, sehr."

„Sie mussten Ihren Mantel verkaufen aus Not, nicht wahr? Sie scheinen stellenlos zu sein und ohne Geld?"

„Ja."

„Hm das hab ich mir doch gedacht."

„Warum haben Sie das für mich getan?"

„Weil ich solche Fälle kenne. Es war das erstemal, dass Sie so etwas machten?"

"Ja."

„Versprechen Sie mir, es niemals wieder zu tun?"

„Ach ja, nie...nie wieder!"

„Sehen Sie" sagte die alte Frau, „darum habe ich's getan. Und jetzt, Kind, wollen wir etwas essen gehen."

„Wer ... wer sind Sie?" fragte das Mädchen.

Die kleine, alte Frau lächelte: „Ich bin nur die Warenhausdetektivin", sagte sie.

Anna Drawe

4. Ich denke über mich nach

a) Notizen zu Thema und Intention

Über das Thema Gewissen und Schuld soll nicht nur reflektiert und geredet werden. Die Lehrplaneinheit „Neu anfangen..." beinhaltet auch das Anbahnen und Anstoßen eines entsprechenden Verhaltens. Die Schüler/innen sollen zum Nachdenken über ihre Situation und Einstellungen angeregt werden. Das wird im Allgemeinen mit „Gewissenserforschung" bezeichnet. Sie soll aber auch angeleitet werden, wie man einen solchen Blick auf sein Leben, sein Tun und Lassen richtet. Darüber hinaus sollen sie Hinweise bekommen (Teilthema 5), wie dieser Weg mit den Füßen des Glaubens gegangen werden kann - ohne Glaubensvollzüge zu verordnen!

Hier stößt ein schulischer Unterricht an Grenzen - die er unbedingt respektieren muss. Es gehört zu den intimsten persönlichen und zwischenmenschlichen Erfahrungen, sich mit seinem Versagen und seinen Schwächen auseinander zu setzen. Der Lehrer/die Lehrerin muss sorgfältig prüfen, ob und in welcher Form die Schüler/innen sich über ihre eigenen Erfahrungen (vor der Klasse) äußern sollen. Über persönliche Schwächen - oder auch vermeintliche Schwächen bzw. Komplexe - kann ein Jugendlicher in der Pubertät kaum sprechen. Selbst über seine Stärken zu reden, fällt da nicht leicht (vgl. die Übung „Meinen Rucksack auspacken"). Wenn es allerdings die Konstellation der Gruppe zulässt, kann eine solche Kommunikation eine große Bereicherung und Hilfe sein.

Kein Problem dürfte es sein, wenn die Schüler/innen vorgegebene Situation, Äußerungen, Bilder beurteilen und ihre eigene Einstellung und Gefühlslage dazu mitteilen.

Die Schüler/innen lernen, dass die bedrängenden und unangenehmen Gefühle in bestimmten Situationen nicht verdrängt sondern beachtet werden wollen. Sie signalisieren, dass hier etwas nicht richtig läuft und etwas korrigiert werden muss. Mit solchen Erfahrungen richtig umgehen bedeutet, sein Leben „in Ordnung bringen". Diese Fragen stehen in unmittelbarem Zusammenhang zum folgenden Teilthema: ... Wege aus der Schuld.

b) Methodische Hinweise

- Szenen sortieren nach gelungen bzw. gutes Gefühl und misslungen bzw. ungutes Gefühl. Warum hast du so zugeordnet?

- Zum Buch S. 143, Ich habe etwas falsch gemacht.
Text und Bild können als Einstieg oder Vertiefung zum Bewußtmachen persönlicher Schuld und dem dadurch verursachten Gefühl verwendet werden. Wichtig ist, dass die Schüler/innen eine ruhige, entspannte Haltung einnehmen und der Text langsam vorgelesen wird. Der Text kann auch still von den Schülern gelesen werden. Sinnvoll ist es, dabei Zeile für Zeile langsam aufzudecken. Das Bild kann vor dem Lesen des Textes betrachtet oder auch nach dem Lesen als Anstoß zur Äußerung von eigenen Gedanken und Gefühlen der Schüler genommen werden.

- **Meinen Rucksack auspacken!**
  Die Schüler/innen setzen sich bequem auf ihren Stuhl oder liegen auf dem Boden. Sie werden zu Bodenkontakt und zur Ruhe geführt und sie schließen die Augen.
  Stell dir vor, du verlässt dein Klassenzimmer und machst eine Wanderung in der Natur. Du trägst auf deinem Rücken einen Rucksack. Es ist ein herrlicher Tag. Die Sonne scheint und es ist angenehm warm. Du gehst auf einem weichen Weg, umsäumt von Blumenwiesen. Schmetterlinge fliegen um dich herum ... . Nun gehst du an einem Bach entlang. Das Wasser ist klar, du hörst es plätschern. Fische schwimmen darin. Mit deinen Händen erspürst du die wohltuende Frische ... . Du gehst weiter über die Wiesen und kommst zu einem Laubwald. Ein steiler Pfad führt dich den Berg hoch zu einem ganz besonderen Aussichtsfelsen. Dort setzt du dich nieder und machst Rast .... Du stellst deinen Rucksack neben dich. Es ist ein besonderer Rucksack. Du hast nichts zu essen oder zu trinken eingepackt. Es sind Schachteln darin, große und kleine, schwere und leichte. In jeder Schachtel ist ein Teil von dir, von deinem bisherigen Leben ... . Bestimmte Erfahrungen in deinem Leben ... angenehme, aber auch unangenehme ... . Du findest in den Schachteln Sachen, die du an dir magst, aber auch andere, die du gerne ändern würdest .... Etwas, auf das du stolz bist, aber auch Dinge, für die du dich schämst ... Blicke nun eine Weile für dich in die einzelnen Schachteln hinein ... . Wenn du willst, kannst du auch etwas genauer betrachten .... (Zeit lassen) Du packst nun wieder ein, aber nur das, was du einpacken und mitnehmen möchtest. Den Schachtelinhalt, den du nicht mitnehmen möchtest, darfst du hier über dem Felsen ausschütten .... (Zeit lassen). Du machst deinen Rucksack zu und setzt ihn auf. Spürst du, ob er leichter geworden ist? Du gehst den Pfad wieder hinunter ins Tal und kommst zurück ins Klassenzimmer. Du darfst dich dehnen und strecken.
  Bei den folgenden Impulsen soll es den Schüler/innen überlassen werden, ob oder wie detailliert sie sich dazu äußern möchten!
  - Was hast du in deinen Schachteln gesehen?
  - Hast du alles wieder eingepackt oder hast du etwas weggelassen?
  (I. Schäffer, nach „Mein Rucksack" aus: E. Manteufel und N. Seeger, Selbsterfahrung mit Kindern und Jugendlichen. Ein Praxisbuch, Kösel, München 1992, S. 109-110)

- **Wenn ich nachts im Bett liege, spüre ich manchmal mein Gewissen...**
  vgl. M87 und Buch S. 142/143

- **Abbildung Buch S. 144 - „In Ordnung" mit mir und meiner Umwelt**
  Diese Darstellung eines Schemas für die „Gewissenserforschung" geht nicht von formulierten Geboten und Beichtspiegeln aus sondern von der Schöpfungsaussage: Der Mensch ist von Gott hineingestellt in seine Welt, zusammen mit anderen Menschen, mit Tieren und Pflanzen. Ihm ist ein Platz zugewiesen, den er verantwortlich ausfüllen soll.
  Der junge Mensch (und nicht nur er!) muss sich also fragen: Bin ich „in Ordnung" mit mir und meiner Umwelt, mit den Dingen, Pflanzen, Tieren, Personen meiner Umgebung? Er ist mit diesen verbunden, „vernetzt" - dargestellt durch netzartig angeordnete Fäden. Manche Fäden sind gerissen, manche kurz, manche lang, manche besonders stark, manche zerfranst, manche angeknüpft und geflickt. Damit soll die unterschiedliche Intensität der Verbindung bzw. Beziehung, ihre Störungen und Gefährdung angedeutet werden. Man kann Verbindung vernachlässigen, zerstören, wieder aufnehmen. Man kann Verbindungen übertreiben, so dass die weiteren Verknüpfungen darunter leiden. Schuld

kommt als ein *Beziehungsgeschehen* ins Bild. „Versagen" und „Vergehen" werden als lebensbeeinträchtigendes Verhalten deutlich, das nach Veränderung (Umkehr) ruft.

Gewissensbildung und -schulung heißt danach, Augen und Herz zu öffnen für meine Umgebung, für die personale und die naturale, sich ansprechen lassen davon und darauf richtig zu antworten mit „ver-antwortlichem" Handeln. Je nach Alter, Lebenswelt und Lebensumständen fällt dieses Bild der Beziehungen und Verantwortung anders aus. Das heißt aber auch, dass ein gewissenhafter Umgang mit sich und meiner Umwelt immer wieder neu gelernt und definiert werden muss. Diese Vorstellung vermeidet - anders als herkömmliche Beicht- oder Gewissensspiegel - feste Sündenregister, die für verschiedene Altersphasen, verschiedene Menschen in verschiedenen Lebensumständen gleichermaßen gelten können.

- Statt der Abbildung im Buch kann auch gemeinsam ein Bodenbild erstellt werden. Die Klasse bildet einen Sitzkreis. In die Mitte wird ein „Jugendlicher" gestellt (Zeichnung, Figur, Puppe). Die Figur bekommt einen Namen. Gemeinsam wird für ihn die typische Welt eines Achtklässlers zusammengestellt: Eltern, Geschwister, Freund/in, die Schule, Lehrer, ein Haustier, Fahrrad/Mofa, Natur/Wald/Wasser/Luft = Umwelt u.ä. Mit Fäden wird die Beziehung markiert: gute, wacklige, strapazierte, vergessene Linien. Die jeweilige Beziehung (der Faden, die Verbindungslinie) kann mit dem Begriff „Gabe" beschriftet werden: Gabe = ein Geschenk des Schöpfers. Aus einem Geschenk lässt sich als Antwort ableiten: eine „Auf-gabe". Mit diesem Begriff und Wortspiel wird die ethische Dimension angedeutet, die sich aus einem Leben in Beziehungen ergibt.
Das Gespräch greift die gleichen Aspekte auf wie der voranstehende Baustein zur Abbildung Buch S. 144.

- Skizze - „In Ordnung" mit mir und meiner Umwelt
Die Zeichnung im Buch S. 144 bzw. das gemeinsame Bodenbild kann nur Gesprächsanlass sein, die grundsätzlichen Lebens- und Beziehungsfäden aufzusuchen, in denen sich jeder befindet.
Eine Überprüfung am je einzelnen Leben der Schüler/innen bedarf einer individuellen Aufstellung. Eine einfache Möglichkeit ist eine Skizze. In Anlehnung an die Zeichnung im Buch ordnen die Schüler/innen die Personen, Dinge, Natur ihrer je persönlichen Umwelt auf einem Blatt (A3) an. Impuls: „Male oder schreibe alles auf, was in deinem Leben eine (gute oder schlechte) Rolle spielt." In die Mitte wird eine Figur oder das Wort „Ich" plaziert. Je nach Nähe und Distanz, Bedeutung, Gelingen und Misslingen werden die Verbindungslinien zwischen „Ich" und diesen personalen, sozialen oder naturalen Umweltgrößen ausgeführt. Es können auch Symbole oder Begriffe verwendet werden, z.B. „Schule/Lernen"; „mein Freund"; „Opa".
Es bleibt nun den Einzelnen überlassen, die einzelnen Verbindungen zu überprüfen:
Ist die Beziehung „in Ordnung"? Stimmt das Verhältnis?
Haben Personen und Dinge in meinem Leben den richtigen Stellenwert? Wer oder was wird vernachlässigt? Was möchte ich mehr pflegen? Was möchte ich ändern?
Diese Impulse können auf einem Arbeitsblatt vorgegeben oder mündlich angesagt werden. Um zu unterstreichen, dass es hier um eine „Einzelarbeit" geht, läuft eine ruhige Musik.

c) Literatur und Materialhinweise

C. Braun-Müller, C. Fuhrmann-Husson, C. Oehler, Sr. N. Richter, H.-W. Nörtersheuser, Neu anfangen - Gewissen, Schuld und Vergebung. Lehrerkommentar - Unterrichtsanregungen, in: Information & Material 1996/97 - Heft 1, S. 22 - 53 und Schülerheft, IRP Unterrichtshilfen für den RU an Hauptschulen 1996

H.-W. Nörtersheuser, Wonach soll ich mich richten? (Klasse 7/LPE 2), IRP Unterrichtshilfen für den RU an Hauptschulen, Freiburg 1996; siehe auch: Lehrerkommenar und Unterrichtsanregungen, in: I&M, Heft 2, 1995/96

H. Schuh, Zum Leben führen. Buße und Bußerziehung als Weg und Wegweisung zu einer reifenden Lebensgestalt, in: E. Paul, A. Stock, Glauben ermöglichen. Zum gegenwärtigen Stand der Religionspädagogik, Festschrift F. Günter Stachel, Mainz 1987, S. 286-301

M87 Filmstreifen: Ein Tag zieht an mir vorbei

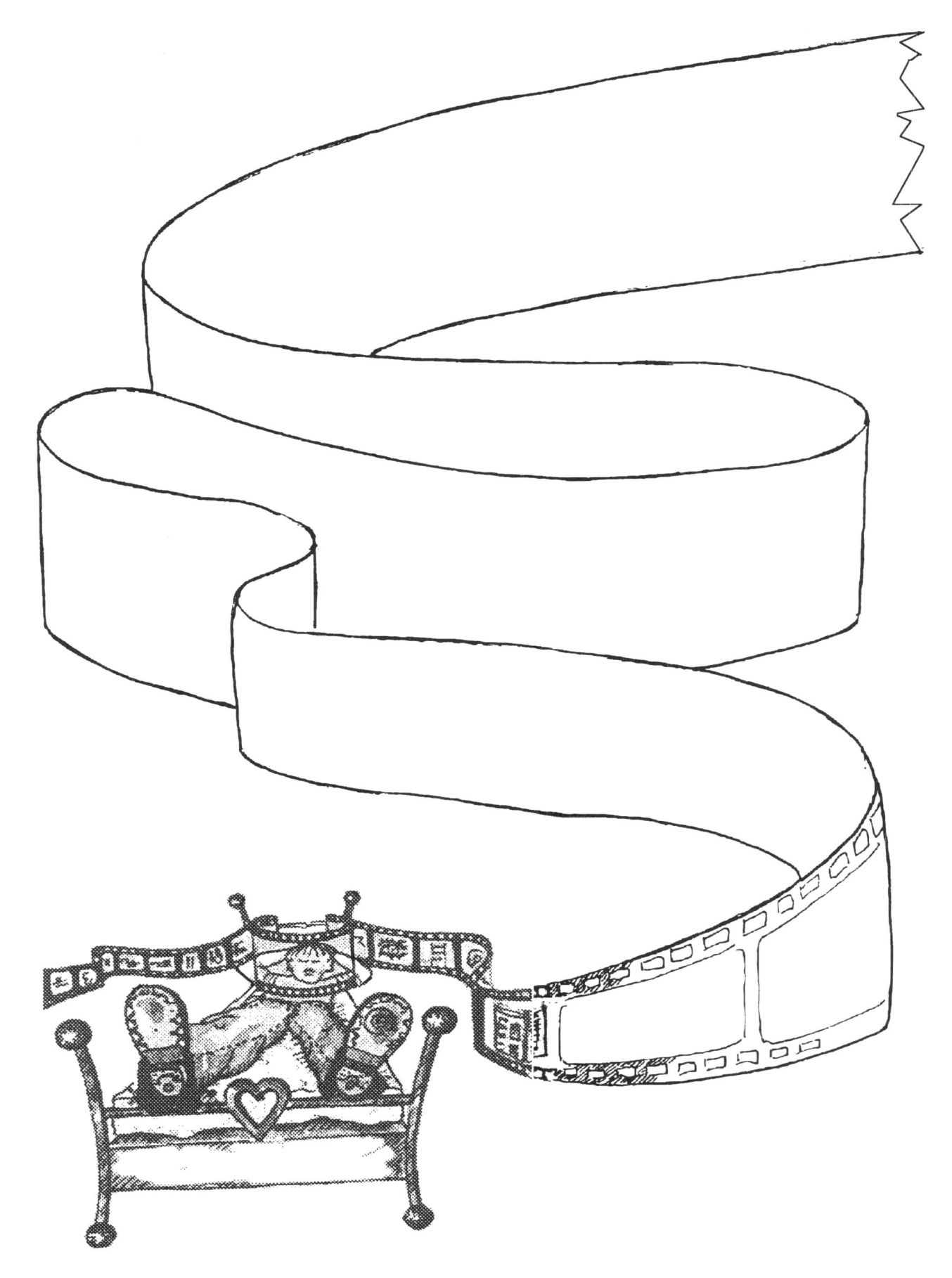

5. Schuld und Sünde - Wege aus der Schuld

a) Notizen zu Thema und Intention

In der Regel haben Schüler/innen leicht einen Zugang zum Gedanken des Schuldigwerdens und der Wiedergutmachung - vor allem wenn andere materiell betroffen sind und diese namhaft gemacht werden können. (Den Freund um Verzeihung bitten, wenn man ihn „hingehängt" hat). Wie steht es aber damit, die Schuld wieder los zu werden? Was hat Gott damit zu tun? Wer kann Schuld wegnehmen?
Die Geschichte „Die vereiste Scharte" beschreibt eine Schuldverstrickung, aus der man nicht so einfach herauskommt. Dass auch für solche „tödlichen" Fehler nicht nur Verzweiflung bleibt, macht die Bibel am Beispiel des Petrus deutlich. Jesus macht mit dem „Versager" Petrus weiter - er bekommt eine neue Chance.
Wenn auch bei den Schüler/innen nicht mit einer eingeübten Praxis zu rechnen ist, sollen doch die Wege der Schuldvergebung angesprochen werden und zumindest ein Beichtgespräch (vgl. Buch S. 148f.) als hilfreiche Möglichkeit vorgestellt werden.

b) Methodische Hinweise

- Die vereiste Scharte, Buch S. 145-146
  Der Text wird den Schüler/innen vorgelesen oder als Kopie vorgelegt. In beiden Fällen sollte der Abschnitt ab „Die drei Überlebenden machten sich zunächst bittere Vorwürfe..." (Schuldfrage) zunächst weggelassen werden. (Bei einer Kopie wird das Blatt vor dem besagten Absatz nach hinten gefaltet.) Die Schüler/innen sollen sich selber in die Hauptpersonen hineinversetzen und mögliche Schuldzuweisungen durchspielen und den Schuldanteil der einzelnen ausloten.
  Nach dem Lesen des Textes sollte zunächst Zeit gegeben werden für spontane Äußerungen - oder zum Schweigen! Dann sollte sichergestellt werden, dass der Ablauf der Ereignisse und der Handlungsanteil der einzelnen Personen und Ausgang klar sind. Zur näheren Charakterisierung der Personen markieren die Schüler/innen in Partnerarbeit farbig die Aussagen, die jeweils über eine Person gemacht werden. Dann schreiben sie eine Kurzfassung dieser Aussagen in die Umrisszeichnung der Person, die auf ein Plakat gezeichnet wurde. Bei den Toten wird statt der Umrisse einer Person die Kreuzform gewählt. Die Plakate werden nebeneinander aufgehängt oder in der Mitte eines Sitzkreises ausgelegt. Die Aussagen werden miteinander verglichen und ggf. korrigiert.
  Dann wird der Fortgang der Geschichte vorgestellt: Die drei Überlebenden treffen sich nach der Beerdigung und sprechen über die Schuldfrage. In Einzelarbeit schreiben die Schüler/innen auf einen Zettel, wer schuld ist und warum. Dabei sollte der Text zum Nachlesen vorliegen.
  Da vermutlich die Schüler/innen die Schuld nicht einer einzigen Person zuweisen können, müssen weitere Zettel bereit gehalten werden.
  Wer fertig ist, klebt seinen Zettel an einen bereitliegenden Backstein. Wenn alle fertig sind, legt jeder/jede seinen/ihren Stein vor die jeweilige Person (Plakat) und liest dazu seinen Schuldspruch vor. (Bsp.: Jörg als bester Fahrer hätte die Gefahr für die anderen erkennen müssen).
  Die Schuldzuweisungen werden verglichen. Auf jede der beteiligten Personen entfällt ein Schuldanteil. Wer nachträglich seine Meinung ändert, darf seinen Stein vor eine andere Person legen. Schließlich wird die

Frage gestellt, vor wem die drei ihre Schuld verantworten müssen. (Vor den Eltern, den Bekannten der Toten, vor sich selber). Wenn die Schüler/innen nicht selber auf die Schuld vor Gott kommen, liegt der Lehrer/die Lehrerin ein Blatt mit dem Text „Schuld vor Gott" auf die Steine. (Nach einem Stundenentwurf von Claudia Hartling, Mössingen)

■ Bildbetrachtung und Bibeltext Mk 14,66-72. (Buch S. 147)
Petrus verleugnet Jesus. Er hat Schuld auf sich geladen. Sein schlechtes Gewissen meldet sich.
Die Schüler/innen versetzen sich in die Lage des Petrus. Wie fühlt sich Petrus jetzt wohl? Wir drücken seinen Zustand mit Farben aus. (evtl. eine Kopie des Bildes anmalen)
Biblische Geschichte Mk 16,1-6, Petrus weiß, dass Jesus lebt - besser wäre Joh 21,15-17
„Petrus freut sich - Jesus hat ihm vergeben" mit Farben darstellen (evtl. als Bildrahmen um das Petrusbild

■ Max Beckmann, Christus und die Sünderin (1917)
Der Lehrplan schlägt zum Thema „Jesu Hinwendung zu den Sündern" die Perikope Lk 15,1-7 (Gleichnis vom verlorenen Schaf) vor. Wir wählen eine für Schüler weniger „abgenutzte" Perikope. Die Johannesstelle 8,2-11 erzählt von der gleichen Grundhaltung Jesu: Annahme, Auffangen und Zuwendung für Verlorene, Gefallene, Schwache. Bei der Bildauswahl (und damit dem Bezug auf Joh) geht es nicht primär um das Thema Sexualität. Gleichwohl kommt bei diesem Inhalt eine Brisanz bzw. eine Diskrepanz ins Spiel: Der bedingungslose und selbstverständliche Umgang Jesu mit dieser Frau und ihrer sexuellen Verfehlung einerseits - und wie schwer tun sich jahrhundertelang die Kirche bzw. die Frommen in den Kirchen mit Menschen dieser „Sündenkategorie". Als Hauptakzent für Perikope und Bild sollte herausgestellt werden: Jesus stellt sich vor die Schwachen und Ausgegrenzten.

Zum Bild:
Das Bild wird beherrscht von der hohen Gestalt Jesu in der Bildachse. Sie füllt das Bild aus vom unteren bis zum oberen Bildrand. Es ist nicht die typische Christusdarstellung: kein Bart, kein langes Haar, mit einem herben Gesichtsausdruck. Erst auf den zweiten Blick fällt die kniende Frau zu seinen Füßen auf. Sie hat die Augen geschlossen. Sie blendet die aggressive Szene um sie herum aus. Nur mit der linken Hand hat sie Kontakt nach außen - sie sucht Halt am Gewand Jesu. Das rote Haar und der entblößte Busen sind Hinweis auf ihr Gewerbe. Die Jesusgestalt ist aktiv nach zwei Seiten: schützend und haltend gegenüber der Sünderin - ausgedrückt durch die recht Hand auf der Höhe des Kopfes der Frau und durch die kraftvolle Abschirmung durch seinen Körper - mit der abwehrenden Geste der linken Hand in Richtung des lautesten und aggressivsten Schreiers auf der linken Seite, der die Faust drohend gegen Jesus gerichtet hat, das Gesicht wutverzerrt (oder ist es eine Frau?). Diese machtvolle Geste mag erinnern an die Stillung der tobenden Elemente auf dem See, Mk 4,39. „Da stand er auf, drohte dem Wind und sagte zu dem See: Schweig still!". Ein Knecht scheint mit einem Tor oder einem Zaun sich diesem Ansturm entgegen zu stemmen. Weitere Insignien der Aggression: drohende Lanzenspitzen. In der rechten Bildhälfte steht ein Mann mit einer Schlachterschürze (oder ein Henker?), das Gesicht höhnisch und süffisant zur Seite gerichtet. Er zeigt mit spitzem Finger auf Jesus und die Frau. Ein weiterer erhobener Zeigefinger gehört einer halb

verdeckten Gestalt hinter Jesus. Jesus und die Frau sind eingekreist von Hass, Heuchelei und Brutalität.
Jesus zeigt sich unbeeindruckt. Gestik und Blick vermitteln den Eindruck, dass er die Dinge „im Griff" hat - ohne aggressiv oder gewalttätig zu wirken. Die Angriffe prallen an seiner integren Gestalt ab. H. Halbfas (Religionsunterricht in Sekundarschulen, Lehrerhandbuch 9, S. 497, Düsseldorf 1996) fasst das Bild, hinter dem die Erzählung von Joh 8,2-11 steht, so zusammen: „Ohne den biblischen Hintergrund der geschilderten Szene lässt das Bild bereits aus der Gebärden und Körpersprache seiner Figuren erkennen, dass sich hier eine kleine, ausgelieferte Frau in die Obhut eines in sich stehenden Menschen begibt, der sie vor einer aufgebrachten und drohenden Menge beschützt." (Zur Bildanalyse vgl. auch M. Leisch-Kiesl, in: Kat. Bl. 1991, S. 624-628).

Schritte zur Erschließung des Bildes:
- Die Schüler/innen schauen das Bild an und beschreiben es unter Verwendung folgender Wortbrücke: „Ich sehe eine/einen...., die...." Dabei sollte vor allem auf die Beschreibung der Körper- und Gebärdensprache geachtet werden. Denn Gesten, Gebärden und Blicke sind das dominierende Ausdrucksmittel des Bildes.
- Um die Einzelszenen konzentrierter ins Auge zu fassen, kann man bestimmte Personen oder Personengruppen abdecken (Dazu ist es von Vorteil, wenn man das Bild als Folie zur Verfügung hat.). Wird die Gestalt Jesu ausgeblendet durch Abdecken, kommt der Kontrast zwischen der aggressiven Gewalt dieser Männer und der Frau deutlicher zum Vorschein. Man kann auch die Szene um Jesus und die Frau herum abdekken und so nur ihn und die Sünderin in den Blick rücken.
- Man kann den Schüler/innen eine Kopie geben und mit Hilfe von Sprechblasen den Personen Worte in den Mund legen. Es ist auch möglich, nur die Gedanken der Frau aufzuschreiben.

■ M88 Viele Formen der Sündenvergebung - Gott verzeiht
Arbeitsanweisung:
1. Welche Formen der Sündenvergebung fallen dir spontan ein? (schreibe sie in die Kästchen).
2. Lies den Text im Buch S. 148 „Gott schenkt Versöhnung" durch und ergänze dann auf deinem Arbeitsblatt.
3. Welche Form der Sündenvergebung ist dir unklar? Wo möchtest du mehr erfahren? Tausche dich mit deinem Lehrer und deinen Mitschüler/innen aus!

■ Buch S. 148 - Gott schenkt Versöhnung
Das Buch bietet einen kurzen Text über die verschiedenen Formen mit Schuld vor Gott umzugehen. (vgl. auch M89) Die Beichte ist eine besondere Form der Buße, ein Sakrament. Bei einer Einzelbeichte nimmt der Priester im Namen der Kirche und im Namen Jesu das Bekenntnis der Sünden entgegen und spricht im Namen Gottes von den Sünden los. Reue, guter Vorsatz und Bereitschaft zur Wiedergutmachung werden auf Seiten des Sünders vorausgesetzt.
Zur Beichte gehören fünf Schritte: Reue, Gewissenserforschung, Bekenntnis, Buße, guter Vorsatz. Diese Schritte werden gemeinsam erarbeitet und auf Blätter geschrieben, die in Form von Fußabdrücken geschnitten sind bzw. gezeichnet sind. Die Schüler/innen sollen diese Schritte in die richtige Reihenfolge legen.
Diese Elemente werden geklärt evtl. mit Hilfe von Gotteslob S. 114-117.

Da nicht vorausgesetzt werden kann, dass alle Schüler/innen ein ungebrochenes Verhältnis zum Beichten haben, muss Raum gegeben werden zur freien Meinungsäußerung? Auch die Meinung von Eltern und Großeltern kann erfragt und ins Spiel gebracht werden!
Diskussionsanreiz und Klärungshilfe können die folgenden Erfahrungsberichte von Jugendlichen mit Beichte und Beichtgespräch bieten (vgl. Buch S. 148 und die folgenden Beispiele) sowie das Interview mit einem Beichtvater (Buch S. 148f.). Neben oder statt der abgedruckten Berichte von Jugendlichen können die Schüler/innen auch selber (anonym) ihre Erfahrungen mit Beichte und Beichtgespräch aufschreiben.

c) Literatur und Materialhinweise

C. Braun-Müller, C. Fuhrmann-Husson, C. Oehler, Sr. N. Richter, H.-W. Nörtersheuser, Neu anfangen - Gewissen, Schuld und Vergebung. Lehrerkommentar - Unterrichtsanregungen, in: Information & Material 1996/97 - Heft 1, S. 22 - 53 und Schülerheft, IRP Unterrichtshilfen für den RU an Hauptschulen 1996

B. Grom, Gewissensbesinnung und Beichte - oder Bußerziehung im engeren Sinn, in: J. Müller (Hrsg.), Das ungeliebte Sakrament, Paulusverlag, Freiburg/Schweiz 1995, S. 171-186

J. Müller (Hrsg.), Das ungeliebte Sakrament. Grundriß einer neuen Bußpraxis, Paulusverlag, Freiburg/Schweiz 1995

H. Schuh, Zum Leben führen, a.a.O.

M88 Viele Formen der Sündenvergebung

Die verschiedenen Formen der Sündenvergebung als Brücken zu Gott, Mitmensch und Umwelt darstellen, eintragen (vgl. Schülerbuch S. 148)

M89 Beichtgespräche

Ulrike (15 Jahre alt):
Ich wollte ursprünglich nicht zum angebotenen Beichtgespräch vor der Firmung. Denn die Beichte vor der Erstkommunion im Beichtstuhl hinterließ bei mir ein ungutes Gefühl. Ich fand sie erzwungen und unangenehm. (Ich musste einzelne „Sünden" aufsagen.) Ich bin dann doch zum Beichtgespräch vor der Firmung gegangen, weil es dazugehört und meine Freundinnen gegangen sind. Ich hatte ein mulmiges Gefühl. Das Gespräch war dann ganz locker. Der Pfarrer fragte mich, welchen Berufswunsch ich habe und er wünschte mir viel Glück dafür. Wir sprachen, was ich gerne mache und ob ich Probleme habe. Ich musste keine „Sünden" aufzählen wie damals bei einem anderen Pfarrer im Beichtstuhl. Nach dem Gespräch war ich erleichtert. Ein Beichtgespräch in dieser Form würde ich gerne wieder machen.

Karin (17 Jahre alt):
Ich hatte vor der Firmung ein Beichtgespräch in einem extra Raum. Der Pfarrer fragte mich, wie es mir geht, wie es daheim so läuft und ob ich Probleme hätte zu Hause. Er fragte mich, welchen Beruf ich wählen möchte und ermutigte mich dazu. Nach dem Gespräch ist mir ein Riesen-Stein vom Herzen gefallen. Da ich vor der Erstkommunion bei einem anderen Pfarrer meine einzelnen Sünden aufzählen musste, war ich über diese Form des Gesprächs überrascht. Das war mir damals sehr unangenehm. Mein Fehlverhalten musste ich dieses Mal gar nicht erwähnen. Ich möchte auch meine „Fehler" lieber mit mir selber ausmachen und zu Hause darüber nachdenken, wenn ich etwas Ungutes getan habe. Der tiefere Sinn diese lockeren Beichtgespächs ist mir nicht klar. Am liebsten gehe ich in einen Bußgottesdienst.

Ulrike (13 Jahre alt):
Ich bin zur Beichte im Beichtstuhl, weil es für alle Erstkommunionkinder üblich war. Wir mussten die Anfangssätze auswendig lernen und unsere Sünden einzeln aufzählen. Meine Freundinnen und meine Mutter halfen mir beim Sündensammeln. Ich dachte, ich hätte zu wenig und würde zu wenig sagen. Nach der Beichte war ich froh, dass alles rum ist. Ich bitte Gott daheim im Gebet um Verzeihung. Im Moment möchte ich nicht mehr in einen Beichtstuhl.

LEBEN IN DER EINEN WELT
LPE 8-4

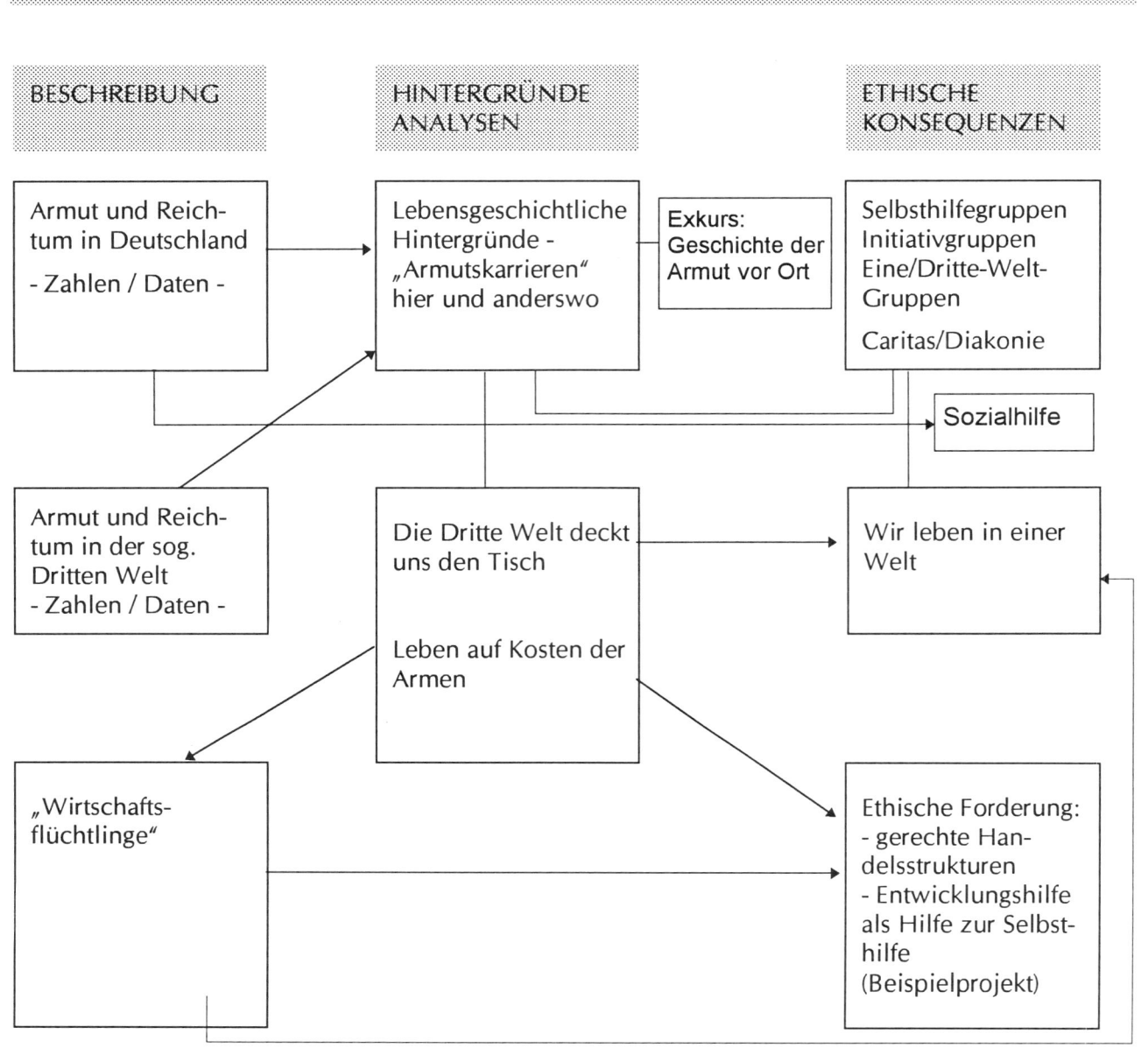

Zur Struktur der Einheit

BESCHREIBUNG | **HINTERGRÜNDE ANALYSEN** | **ETHISCHE KONSEQUENZEN**

- Armut und Reichtum in Deutschland
  - Zahlen / Daten -

- Lebensgeschichtliche Hintergründe - „Armutskarrieren" hier und anderswo

- Exkurs: Geschichte der Armut vor Ort

- Selbsthilfegruppen
- Initiativgruppen
- Eine/Dritte-Welt-Gruppen
- Caritas/Diakonie

- Sozialhilfe

- Armut und Reichtum in der sog. Dritten Welt
  - Zahlen / Daten -

- Die Dritte Welt deckt uns den Tisch
- Leben auf Kosten der Armen

- Wir leben in einer Welt

- „Wirtschaftsflüchtlinge"

- Ethische Forderung:
  - gerechte Handelsstrukturen
  - Entwicklungshilfe als Hilfe zur Selbsthilfe (Beispielprojekt)

2 Sam 11 + 12,14

Die didaktische Struktur hat den Dreischritt: (1) Information über die Sache, (2) Analyse und Erklärung von Zusammenhängen, (3) Folgen für das eigene Handeln. Eine Gefahr ethischen Lernens im Unterricht ist gerade bei dieser Thematik ein folgenloses Zurkenntnisnehmen oder bloßes Theoretisieren. Vorschläge handlungs- und erlebnisorientierter Arbeit mit Eine-Welt-Themen und didaktische Hinweise zur Lernform („Praktisches Lernen") gibt z.B. das Buch von L. Rendle u.a., „Ganzheitliche Methoden im Religionsunterricht", München, 2. Aufl. 1997, S. 250 ff. – Das Thema eignet sich gut für fächerverbindenden Unterricht.

Die Lehrplaneinheit 4 hat einen Umfang angenommen, der bei der ersten Planung so nicht im Blick war. Was der Lehrplan in einem knappen inhaltlichen Umriss darstellt, erweist sich in der Ausführung der jeweiligen Inhalte als sehr komplex - verbunden mit einer Fülle von notwendigen Hintergrundinformationen. Mit dem Thema sind viele Inhalte verbunden, die nicht spezifisch im Religionsunterricht anzusiedeln sind. Deshalb legt sich eine gründliche fächerübergreifende Arbeit oder ein Projekt nahe. Um dieses zu ermöglichen, haben wir uns entschlossen, dieser Einheit einen größeren Platz einzuräumen als den anderen Einheiten. Zudem ist dieses Material problemlos auch in höheren Klassen einsetzbar. Dennoch stellt das vorgestellte Material nur eine kleine Auswahl dar. Auf weitere Materialsammlungen wird deshalb ausführlich verwiesen.

Es erweist sich als ein Problem der Struktur der Einheit, dass konkrete Handlungsmöglichkeiten („ethische Konsequenzen") in einem eigenen Kapitel „angehängt" sind. Aus Gründen der Übersichtlichkeit wurde dafür eine Zusammenfassung in einem vierten Kapitel gewählt. Angesichts der komplexen Thematik, die der Lehrplan vorgibt, erwies sich diese Konstruktion als am ehesten geeignet. Das bedeutet aber nicht, dass praktische Handlungsmöglichkeiten zu den jeweiligen Themen nicht nach vorne gezogen werden könnten. Es empfiehlt sich deshalb bei der Arbeit an den Kapiteln 1 bis 3 immer auch die „Konkretisierungen" in Kapitel 4 im Auge zu haben. Dies ist gerade in der Arbeit mit Hauptschüler/innen wichtig, da sonst die Zusammenhänge verloren gehen könnten.

Das Gesamtthema wurde in folgende 4 Teilkapitel aufgegliedert:
1. Armut und Reichtum in Deutschland
2. Armut (und Reichtum) in der "Dritten Welt"
3. Die Dritte Welt deckt uns den Tisch - Leben auf Kosten der Armen

Im 4. Kapitel „Auf dem Weg zur Einen Welt" werden die Inhalte der ersten drei Kapitel unter dem Gesichtspunkt der Handlungsmöglichkeiten folgendermaßen wieder aufgegriffen und gegliedert:

4.1 Dienst an armen Menschen in Deutschland
4.2 Menschen stellen sich in den Dienst von armen Menschen in der Dritten Welt
4.3 Kirchliche Hilfswerke: Partnerschaft statt Patenschaft
4.4 Nicht länger auf Kosten der Ärmsten: Gerechterer Handel

1. Armut und Reichtum in Deutschland

a) Notizen zu Thema und Intention

In diesem ersten Teil der Einheit soll das Phänomen der „Armut in Deutschland" exemplarisch erarbeitet werden, wobei ein Schwerpunkt auf die Wohnungslosigkeit gelegt wird als einer besonders schweren Form der Armut im reichen Deutschland.

Mit dem Begriff „Neue Armut" wird seit einigen Jahren ein Phänomen unserer Gesellschaft bezeichnet, das gerade in Zeiten wachsender Arbeitslosigkeit immer mehr Menschen, vor allem auch Familien, betrifft. Eine Armut, die die physische Existenz eines Menschen bedroht, besteht in der Bundesrepublik kaum (absolute Armut), so dass von der relativen Armut ausgegangen wird (vgl. zum Folgenden: Armut in der Bundesrepublik Deutschland, in: Armut im Blick - Bildkartei, S. 5-8, Lit.). Als Existenzminimum in Deutschland wird der sogenannte Regelsatz der Sozialhilfe herangezogen - wer noch weniger Geld zur Verfügung hat als ihm Sozialhilfe zustünde, der gilt als „relativ arm". Dabei wird allzu leicht übersehen, dass auch Sozialhilfeempfänger/innen sich häufig subjektiv als „arm" empfinden. Die neuere Forschung arbeitet zunehmend weniger allein auf ökonomischer Basis (Einkommensarmut), sondern nach dem sogenannten Lebenslagenansatz, bei dem sich die Armutsdefinition an der jeweiligen Lebenslage orientiert. Wichtige Lebensbereiche sind Wohnen, gesundheitliche Versorgung, soziale Eingebundenheit, gesellschaftliche Anerkennung sowie Teilhabe am kulturellen Leben. Auf der Basis dieses Ansatzes können eben auch viele Sozialhilfeempfänger/innen als „arm" bezeichnet werden.

Neben der Erstattung der Miet-, Heizungs- und Krankenversicherungskosten ist in der Sozialhilfe auch ein monatlicher Regelsatz zum Lebensunterhalt enthalten. Von 1965 bis 1990 wurden diese Regelsätze nach dem „Warenkorb" errechnet. Dieser enthielt den offiziell festgelegten monatlichen Mindestbedarf für eine Person. Seit 1990 wird der Berechnung das „Statistikmodell" zugrunde gelegt. Es wird von einer Vergleichsgruppe ausgegangen, deren Einkommen geringfügig oberhalb der Sozialhilfe liegt und nach deren Verbraucherverhalten der Regelsatz berechnet.

Von 1963 bis 1992 hat sich das Risiko, auf Sozialhilfe angewiesen zu sein, verdreifacht. 1963 waren vor allem alte Menschen betroffen, heute dagegen sind zunehmend mehr Kinder und Jugendliche auf Sozialhilfe angewiesen. Auch Alleinerziehende bilden eine große Gruppe unter den Sozialhilfeempfänger/innen.

Wohnungslosigkeit
Einige von denen, die keine Sozialhilfe beantragen - sei es aus Unkenntnis, aus Angst vor Stigmatisierung oder aus der Angst, dass Familienangehörige zu Zahlungen herangezogen werden - rutschen in die Wohnungslosigkeit ab, da sie die Miete nicht mehr bezahlen können. Wohnungslosigkeit ist eine besonders dramatische Form der Armut und wird auch in unserer Gesellschaft zunehmend sichtbar. Jugendliche kennen das Bild bettelnder Menschen in den Straßen, hatten meist schon Begegnungen mit Wohnungslosen, die bereits durch ihr Äußeres im Stadtbild auffallen. Daher bildet die Wohnungslosigkeit innerhalb des Themenkomplexes „Armut in Deutschland" einen Schwerpunkt. Schon im Sprachgebrauch wird deutlich, welch niedrigen Stellenwert diese Personengruppe in unserer Gesellschaft hat. Einige wichtige Begriffe seien daher genannt und kurz erläutert.

Nichtsesshafte: Die Personen, die volljährig und alleinstehend, ohne eigene Unterkunft im Zustand materieller Hilfsbedürftigkeit leben. Es sind die

eingeschlossen, die in Einrichtungen der Nichtsesshaftenhilfe leben. Entstanden ist der Begriff zur Zeit des Dritten Reiches. Er wurde benutzt, um Wohnungslosigkeit in den Rang eines Charakterzuges zu heben und Wohnungslose als arbeitsscheu und entartet zu diffamieren. Dennoch wurde der Begriff nach Kriegsende kritiklos in die deutsche Amtssprache übernommen.
Obdachlose: Dieser Begriff wird meist nur für Familien in Notunterkünften verwendet. Ansonsten versteht man darunter den Teil der alleinstehenden Wohnungslosen, der sich dauernd in einer Übernachtungsunterkunft aufhält.
Wohnungslose: In der Fachsprache hat sich in den letzten Jahren der Begriff „Wohnungslose" durchgesetzt. Er beschreibt das Hauptmerkmal der Personengruppe ohne sie an die Zuweisung bestimmter Eigenschaften zu koppeln.
Penner, Stadtstreicher, Tippelbrüder, Wermutbrüder, Berber etc.: Dies sind umgangssprachliche Begriffe, die alle die negative Einstellung gegenüber dieser Personengruppe zum Ausdruck bringen.

b) Methodische Hinweise

- Als Einstieg in die Gesamtthematik eignet sich die Bildkartei „Armut im Blick", von der aus die verschiedenen Aspekte von Armut in Deutschland (und der Dritten Welt) thematisiert werden können, die im folgenden weiter vertieft werden. In der Bildkartei finden sich 40 Schwarz-Weiß-Bilder. Ausschnitthaft weisen die Fotos auf Probleme und Zusammenhänge hin, die Menschen in der Bundesrepublik Deutschland wie auch in den Ländern der Dritten Welt bei der Entfaltung ihres Lebens behindern. Verschiedene Aspekte werden beleuchtet und vielfältige Bezüge dargestellt. Das Begleitheft (20 Seiten) enthält Hintergrundinformationen, Reportagen und Literaturhinweise zu den wichtigsten Themenbereichen sowie konkrete didaktische Vorschläge für eine weitergehende Beschäftigung mit der Bildkartei. Schließlich finden sich auch Kurzbiographien über verarmte Menschen in Deutschland.
  Vorstellbar ist auch, diese Bilder als Bindeglied zwischen den Teilen „Armut in Deutschland" und „Armut in der Dritten Welt" zu verwenden, da durch die Bilder deutlich wird, dass Armut ein internationales Phänomen ist.
  (Bezugsadresse s. Lit.)

- Schüler/innen und Lehrkräfte sollten während der Bearbeitung des Themas Zeitungsartikel sammeln und jeweils im Unterricht kurz vorstellen. Da die Schüler/innen zu unterschiedlichen Zeitungen Zugang haben, können so zugleich auch Unterschiede in Darstellung und Bewertung von Armut erarbeitet werden.

- Buch S. 150: Das Eingangsbild im Buch von Sebastian Blei kann als Folie kopiert werden (vgl. M90). Eine Maske wird zugeschnitten, mit der zunächst der vordere Teil des Bildes (die Wohnungslosen, die im Müll wühlen) abgedeckt wird. In einem ersten Schritt wird dann der hintere Bildteil betrachtet und im Detail beschrieben. Die Schüler/innen können versuchen, einen Satz über die Situation zu formulieren. Anschließend wird dieser hintere Teil abgedeckt und nur der vordere Bildteil freigegeben. Methodisch kann ähnlich verfahren werden. Erst dann wird das Bild im Ganzen betrachtet und so die Kontrasterfahrung zwischen den „Reichen" und den „Armen" deutlich.
  Es kann dann auch versucht werden, eine Überschrift für das Bild zu finden.

Mit Teilen des Bildes (kopieren und zerschneiden) kann weiter gearbeitet werden: Beide Gruppen können weiter gezeichnet oder in eine Collage eingefügt werden; möglich ist auch, jeweils passende Zeitungsüberschriften um die Bildausschnitte herum aufzukleben.

- Alternativ dazu kann nach einer gemeinsamen Betrachtungsphase in Gruppen ein Standbild zur Erarbeitung der Situation gebaut werden, in Anlehnung an das vorgegebene Bild oder in freier Gestaltung der Gegenüberstellung von arm und reich.
  Ein „Bildhauer" sucht sich Personen aus der Gruppe aus, mit denen er ein Standbild bauen möchte. Er formt dann mit seinen Händen die Haltung der Spieler so lange, bis sie die Position eingenommen haben, die er sich vorgestellt hat. Der Gesichtsausdruck kann vom Bildhauer vorgemacht werden und muss dann von den Spielern nachgemacht werden. Die Mitspieler verhalten sich passiv, während der „Bauphase" wird nicht gesprochen. Wenn das Standbild steht, erstarren alle Spieler für eine gewisse Zeit, um sich einzufühlen und den Beobachtern die Gelegenheit zu geben, das Bild wirken zu lassen. Anschließend wird das Standbild von den Beobachtern und Spielern beschrieben und interpretiert. Zum Schluss wird der Bildhauer über seine Absichten befragt.
  (Vgl. zur Methode: H. Meyer: Unterrichtsmethoden, Band II, Frankfurt 1987, S. 352 - 356)

- Bildleiste Buch S. 151. Die Schüler/innen bekommen den Auftrag, eine mögliche Geschichte über je eine der abgebildeten Personen aufzuschreiben. Sie sollen mit „Ich bin ..." beginnen.

- Ebenfalls in Kombination mit der Bildseite im Buch können die Kopiervorlagen M91 (Gesichter der Armut) eingesetzt werden. Man beachte dabei, ob Schüler/innen sich selber in ähnlicher Lage befinden.
  In Gruppenarbeit können verschiedene Aspekte der Armut erarbeitet werden. Hierzu werden die Kopiervorlagen als Arbeitsblätter zur Verfügung gestellt, denen die Schüler/innen wichtige Informationen entnehmen können. Anhand einiger Leitfragen sollen sie dann zur Vorstellung in der Gesamtklasse Plakate herstellen. Vielleicht können diese Plakate auch so gestaltet werden, dass sie nicht nur wichtige Informationen für die Schüler/innen dieser Klasse enthalten, sondern an verschiedenen Orten, die von der Klasse zu bestimmen wären, aufgehängt werden könnten. Je nach „Zielgruppe" tragen sie einen unterschiedlichen Charakter: So hätten die Plakate, wenn sie in der Kirche oder im Gemeindezentrum aufgehängt werden, wohl eher appellativen Charakter, während sie, aufbereitet für eine Ausstellung in der Schule, eher informativen Charakter haben müssten.

- Buch S. 151-153 - Neulich in der Fußgängerzone
  Die Schüler/innen erhalten folgende Arbeitsanweisung: Lest das Gespräch zwischen den Wohnungslosen, die je aus verschiedenen Gründen obdachlos geworden sind. Erarbeitet in Partner- oder Gruppenarbeit ein Schaubild, auf dem ihr die verschiedenen Ursachen von Armut in Deutschland zusammenstellt. Fallen euch noch andere Ursachen für Armut und Wohnungslosigkeit ein?
  Alternativ könnten die Schüler/innen auch versuchen, die vier Lebenswege in eine graphische Darstellung zu bringen mit Höhen und Tiefpunkten, mit Kreuzungen, Sackgassen etc.

- Buch S. 153: In der Zeichnung sind einige Begriffe zusammengetragen, mit denen Obdachlose häufig belegt werden; einige dieser Begriffe wurden bereits im Teil „Notizen zum Thema und Intention" erläutert. Es bietet sich an, von den Schüler/innen weitere Begriffe sammeln zu lassen und immer auch darüber zu reflektieren, welche Vorurteile in den Begriffen zum Ausdruck kommen.

- Vorurteile gegen Wohnungslose: Die Schüler/innen werden aufgefordert, ein DinA4-Blatt in der Mitte zu falten und auf die linke Seite je ein eigenes oder gehörtes Urteil über Wohnungslose aufzuschreiben. Auf jedem Blatt werden etwa drei solcher Äußerungen gesammelt, indem das Blatt immer an den/die nächste/n Schüler/in weitergegeben wird. Anschließend werden die Blätter an den/die weitergegeben, der/die aus der Sicht eines Obdachlosen eine Entgegnung auf diese Äußerung schreibt. Auch bei dieser Aufgabenstellung wird das Blatt weitergereicht, bis auf jedes „Vorurteil" eine „Entgegnung" formuliert ist.
  Vielleicht müssen am Beginn Vorschläge gemacht werden. Bsp.: „Die meisten von denen könnten arbeiten, wenn sie nur wollten. Aber die saufen ja nur! Und wir, die wir jeden Tag zur Arbeit gehen, müssen für dieses Pack auch noch Steuern zahlen."
  Alternativ dazu könnte auch ein Schreibgespräch auf einem großen Plakat zu diesem Thema durchgeführt werden.

- M92 Wocheneinkauf bei Familie B. - ein sorgloses Leben?
  Mit dem Material wird erarbeitet, mit welch geringen finanziellen Mitteln eine vierköpfige Familie auskommen muss, wenn sie von der Sozialhilfe lebt.

  1. Didaktische Vorüberlegung
  Schüler/innen können sich oft nicht vorstellen, was die einzelnen Waren des täglichen Bedarfs kosten und wie diese das Familienbudget belasten. Gerade bei spontanen Konsumwünschen von Kindern und Jugendlichen kann man sehen, wie schwer solche Überlegungen angesichts der zahlreichen Angebote der Konsumwelt fallen.

  2. Zum unterrichtlichen Vorgehen
  Unser Beispiel geht aus von der Familie B. Das Einkommen des Vaters als Arbeiter in einer Autofabrik beträgt etwa 3200,- DM monatlich, also 800,- DM netto pro Woche. Zusammen mit der Teilzeitarbeit der Mutter auf 620,- DM-Basis ergibt das den Betrag von 955,- DM, der der Familie wöchentlich zur Verfügung steht.

  3. Materialien:
  Vorbereiten sollte der/die Unterrichtende eine Tapete o.ä. und Werbeprospekte von Lebensmittelläden. Hier sollten die Produktbilder ausgeschnitten sein und mit einem doppelseitigen Klebeband an der Rückseite versehen, so dass man sie gut auf die Tapete aufkleben kann. (Filzstift zum Notieren der Preise).
  Die Schüler/innen wählen aus dem „Warenkorb" die einzelnen Einkaufsgegenstände aus und überlegen, was diese jeweils kosten (vgl. Liste M92!). Der/die Unterrichtende korrigiert und ergänzt. Dazu kommen dann noch die fixen Kosten der Haushaltsführung. Am Ende addieren die Schüler/innen und vergleichen den Betrag mit dem zur Verfügung stehenden Einkommen.

Nimmt man an, der Vater hätte seinen Beruf verloren und bekäme weder Arbeitslosengeld noch Arbeitslosenhilfe. Müsste die Familie jetzt von Sozialhilfe leben, dann sähe ihr Wochenbudget so aus:

Der Hauptverdiener erhält	527,- DM
die Frau erhält	422,- DM
außerdem arbeitet sie noch Teilzeit	620,- DM
pro Kind erhalten sie	343,- DM
	343,- DM
Kleiderpauschale pro Person DM 50,-	200,- DM
Der Höchstsatz für Wohnungsbezuschussung	600,- DM
pro Monat	**3 055,- DM**
Davon werden abgezogen	
Kindergeld	400,- DM
vom Verdienst der Frau	480,- DM
pro Monat	**2 165,- DM**
pro Woche	**541,25 DM**

Die Schüler/innen können jetzt ihren eigenen oder den Einkaufszettel M92 nach Sparvorschlägen durchsuchen, um das Budget wieder auszugleichen.

■ Wenn es die Klassensituation zulässt und in Verbindung mit anderen Fächern gearbeitet wird, ist zu überlegen, einen erfahrungsbezogenen Zugang zum Thema „Neue Armut" zu schaffen.
Albert Gerling (Wohnungslos, S. 27-31- Lit.) beschreibt ein Unterrichtsprojekt, das ein Weg sein kann, den Schüler/innen deutlich zu machen, wie erniedrigend und unwürdig das Dasein von Wohnungslosen oft ist. Die Schüler/innen (berufsbildende Schulen!) setzen sich selbst in die Fußgängerzone um zu betteln. Da Schüler/innen der 8. Klasse dieses Experiment u.E. nicht zugemutet werden kann, schlagen wir eine Alternative vor: mit der Bahnpolizei, der Bahnhofsmission, mit Mitarbeiter/innen von Obdachlosenprojekten und Streetworkern Interviews führen oder sie bei der Arbeit begleiten. Auch Passanten könnten befragt oder in ihren Reaktionen auf Bettler beobachtet werden. Evtl. können auch Hilfseinrichtungen ein Gespräch mit Betroffenen vermitteln.
Für das Interview mit Obdachlosen ist auf jeden Fall zu beachten, die eigene Situation zu erklären (Schule, Unterrichtsprojekt) und die Ernsthaftigkeit deutlich machen. Auf keinen Fall dürfen die Interviewpartner geduzt werden!

c) Literatur und Materialhinweise

A. Gerling,/ Th. Klie, Wohnungslos - Aspekte der Neuen Armut. Arbeitshilfen BBS 15. Texte, Materialien, Kopiervorlagen für den Evangelischen Religionsunterricht an Berufsbildenden Schulen, Rehburg-Loccum 1992. Bezugsadresse: Religionspädagogisches Institut Loccum, Postfach 2164, 3056 Rehburg-Loccum

W. Hanesch u.a., Armut in Deutschland. Herausgegeben vom Deutschen Gewerkschaftsbund und dem Paritätischen Wohlfahrtsverband in Zusammenarbeit mit der Hans-Böckler-Stiftung, Reinbek bei Hamburg 1994

R. Hauser, W. Hübinger, Arme unter uns. Teil 1: Ergebnisse und Konsequenzen der Caritas-Armutsuntersuchung, hrsg. Vom Deutschen Caritasverband, Freiburg 1993, hier besonders: S. 17-46, Arme unter uns. Der Deutsche Caritasverband bezieht Position.

F. Hengsbach 7, M. Möhring-Hesse (Hg.), Eure Armut kotzt uns an! Fischer Verlag, Frankfurt 1995

Armut im Blick. Eine Bildkartei über nationale und internationale Armut. Bezug zu 24 DM: Dritte Welt Haus Bielefeld, August-Bebel-Str. 62, 33602 Bielefeld oder: Deutscher Caritasverband e.V., Caritas international, Postfach 420, 79004 Freiburg

Bundesministerium für Gesundheit: Das Sozialhilferecht, Juni 1997. Bezug: Bundesministerium für Gesundheit, Referat Presse / Öffentlichkeitsarbeit, 53108 Bonn (kostenlos)

Obdachlosen-Zeitschrift TROTT-WAR. Die Straßenzeitung im Südwesten, Redaktion: Trott-war e.V., Tübinger Str. 17a, 70178 Stuttgart

M90

Zeichnungen: Sebastian Blei

M91a Gesichter der Armut - Arbeitslosigkeit

In Deutschland nimmt die Arbeitslosigkeit immer weiter zu. Ein Ende ist nicht in Sicht. Dabei nimmt vor allem die Zahl derer zu, die auf Dauer - also länger als ein Jahr - arbeitslos sind.
Mit wachsender Zahl von Arbeitslosen steigt auch die Zahl derer, die wohnungslos sind. Umgekehrt haben die, die ihre Wohnung schon verloren haben, kaum noch die Chance eine neue Arbeit zu finden. Wer einen Arbeitsvertrag unterschreiben will, muss einen „festen Wohnsitz" nachweisen.

Arbeit ist für die Menschen lebens-notwendig.
Arbeit ist nicht nur die Voraussetzung dafür, sich den Lebensunterhalt zu verdienen. Arbeit schafft auch wichtige Kontakte zu anderen Menschen. Menschen ohne Arbeit fallen aus dem „sozialen System" heraus.

Die verzweifelte Lage von Arbeitslosen
Ein Betroffener schildert: „Ich steh morgens um 5 Uhr auf, versuche eine Arbeit zu finden, fahr mit der Straßenbahn runter und geh aufs Arbeitsamt und guck, dass ich Arbeit kriege. Wenn ich keine kriege, dann geh ich vom Arbeitsamt zurück, das ist mein Tagesablauf, und manchmal geh ich auf die Wiese, wenn schönes Wetter ist."
Für viele Arbeitslose ist schlimm, dass der Tag keine Gliederung hat und einfach so vergeht. Sie vermissen schmerzlich eine Aufgabe und haben oft das Gefühl, nicht (mehr) gebraucht zu werden.
Dazu kommt, dass sie sich viele Dinge, die den Alltag schöner machen könnten, nicht leisten können: Mal ein Kinobesuch, abends sich mit Bekannten in der Kneipe treffen, schöne Kleidung kaufen oder mal ein paar Tage in Urlaub fahren.
Viele Arbeitslose geben nach vielen erfolglosen Versuchen auf. Sie verlieren den Mut, zum Arbeitsamt zu gehen und sich jeden Tag wieder zeigen zu lassen: „Du wirst nicht gebraucht."

1. *Versucht, den Zusammenhang zwischen Arbeitslosigkeit und Wohnungslosigkeit in einem einfache Schaubild darzustellen!*
2. *Stellt euch vor: Ihr seid nicht mehr in die Schule und habt noch keine Lehrstelle gefunden. Was würdet ihr am meisten vermissen? Übertragt das auf die Situation von Erwachsenen, die keine Arbeit haben. Was vermissen sie wohl am meisten?*
3. *Schreibt auf, auf welche Freizeitaktivitäten, Einkäufe etc. ihr auf keinen Fall verzichten wollt. Schreibt daneben, worauf Arbeitslose wahrscheinlich verzichten müssen!*

M91b Gesichter der Armut - niedriges oder gar kein Einkommen

Nur wer über ein ausreichendes Einkommen verfügt, ist „Teil unserer Gesellschaft".
Nur wer Geld hat, kann sich eine Wohnung mieten sowie Nahrungsmittel und Kleidung kaufen. Nur wer Geld hat, kann an Veranstaltungen teilnehmen, in Gaststätten gehen oder kulturelle Veranstaltungen besuchen.

Wer gilt in Deutschland als arm?
Man hat errechnet, wieviel die Menschen im Durchschnitt in Deutschland verdienen.
Wenn nun jemand nur 40% dieses Durchschnittseinkommens verdient, dann gilt er als „sehr arm".
In Deutschland waren das 1992 etwa 3,6% der Bevölkerung.
Wenn jemand 50% dieses Durchschnittseinkommens verdient, gilt er als „arm". 1992 galten in Deutschland etwa 7,8 Prozent als arm.
Nun müsst ihr noch berücksichtigen, dass in vielen Haushalten nur eine Person verdient. Das Einkommen dieser Person wird dann geteilt durch die Anzahl der Familienmitglieder.

Wer seine Arbeit verliert, bekommt meistens Arbeitslosenunterstützung. Wenn aber jemand noch nie gearbeitet hat oder schon sehr lange arbeitslos ist, bekommt er diese Unterstützung nicht mehr. Er ist dann auf Sozialhilfe angewiesen. Sozialhilfe wird auch dann gewährt, wenn das Einkommen sehr niedrig ist. Hinzu kommt häufig auch noch das Wohngeld, damit die Miete bezahlt werden kann. Außerdem können sogenannte „einmalige Leistungen" beantragt werden. Sie werden gewährt für Kleidung, Schuhe, Möbel, Kinderwagen, Babysachen etc.
In Baden-Württemberg bekommt ein Erwachsener 532 DM Sozialhilfe (Stand 1997). Lebt noch eine weitere Person über 19 Jahren im Haushalt (z.B. die Ehefrau oder der Ehemann) bekommt diese 426 DM. Ein Kinder unter 7 Jahren bekommt 266 DM, zwischen 8 und 14 Jahren 346 DM und von 15 bis 18 479 DM.

Welche Menschen sind von Armut besonders betroffen?
- Alleinerziehende: Frauen oder Männer, die allein mit einem oder mehreren Kindern im Haushalt leben, sind besonders stark von Armut betroffen. Etwa 15 Prozent der Alleinerziehenden in den westlichen Bundesländern gelten als arm. Im Osten sind sogar 33% der Alleinerziehenden arm.
- Kinderreiche Familien: Von den Paaren mit drei und mehr Kindern gelten in den neuen Bundesländern 45% als arm, im Westen sind es immer noch über 16%.
- Personen ohne Schulabschluss: Auch von ihnen sind überdurchschnittlich viele Menschen arm.

1. Zählt die Prozentzahlen der „sehr armen" und der „armen" Menschen in Deutschland zusammen. Wie viele Prozent der Bevölkerung in Deutschland leben unterhalb der Armutsgrenze?
2. Stellt eine Liste von Waren, Lebensmitteln und sonstigen Anschaffungen zusammen, die ein Alleinstehender monatlich zum Leben braucht. Zählt die geschätzten Preise zusammen. Vergleicht die Summe der Preis mit dem Regelsatz der Sozialhilfe von 532 DM. Streicht die Dinge heraus, die sich die Person nicht leisten kann.
3. Familie Müller ist von der Sozialhilfe abhängig. Die Familie besteht aus fünf Personen: Der Mutter, dem Vater, der 12jährigen Tochter, dem 8-jährigen Sohn und dem einjährigen Sohn. Außerdem bekommt die Familie 940 DM für die Wohnung und die Heizkosten. Wieviel Geld steht den Müllers insgesamt zur Verfügung?
4. Stellt zusammen, welche Menschen von Armut besonders betroffen sind und überlegt euch Gründe, warum gerade diese Personen besonders gefährdet sind, arm zu sein.

M91c Gesichter der Armut - Vereinsamung und Diskriminierung

Allein und einsam
Arme Menschen haben oft wenig Kontakt zu anderen Menschen. Sie können ja nicht mal abends mit anderen ausgehen, zu einem Fußballspiel oder mit Bekannten in die Disco gehen. All das sind Dinge, auf die sie verzichten müssen.
Besonders schlimm ist die Vereinsamung für die Wohnungslosen. Etwa ein Drittel von ihnen sind in Heimen aufgewachsen, haben also nie eine Familie erlebt. 65% hatten nie eine dauerhafte Partnerschaft, weil sie schon früh Arbeit und Wohnung verloren haben. Viele aber haben früher einmal „ganz normal" gelebt.

Verachtet
Penner, Asoziale, Arbeitsscheue. So werden die Wohnungslosen oft abgestempelt.
Wer so genannt wird, wird zum Außenseiter in der Gesellschaft. Niemand von den „normalen" Bürgern will etwas mit ihnen zu tun haben.
Auch rechtlich werden die Wohnungslosen abgestempelt. In den Personalausweis wird eingetragen „ohne festen Wohnsitz". Auch die Anschriften von Obdachlosenasylen und Heimen sind den meisten Arbeitgebern bekannt. Wer diese Adresse bei der Arbeitssuche angibt, hat kaum eine Chance einen Job zu bekommen.
Ein Betroffener erzählt: „Wenn man immer wieder hören muss, dass man ein Penner ist, dann glaubt man es irgendwann selbst. Da hilft es auch nicht, wenn ich an die früheren Zeiten denke, wo ich gelebt habe wie die Leute, die mich heute verachten. Ich habe meine Würde verloren."

1. Nimm noch einmal das Bild zur Hand, das der wohnungslose Graphiker Sebastian Blei gezeichnet hat. (Buch S. 150 und M90). Wie zeichnet der Künstler die Wohnungslosen? Wie fühlen sie sich? Wie sieht der Künstler die Vorübergehenden?
2. Man sagt, dass arme Menschen den „sozialen Tod" sterben. Versucht zu erklären, was damit gemeint sein könnte!

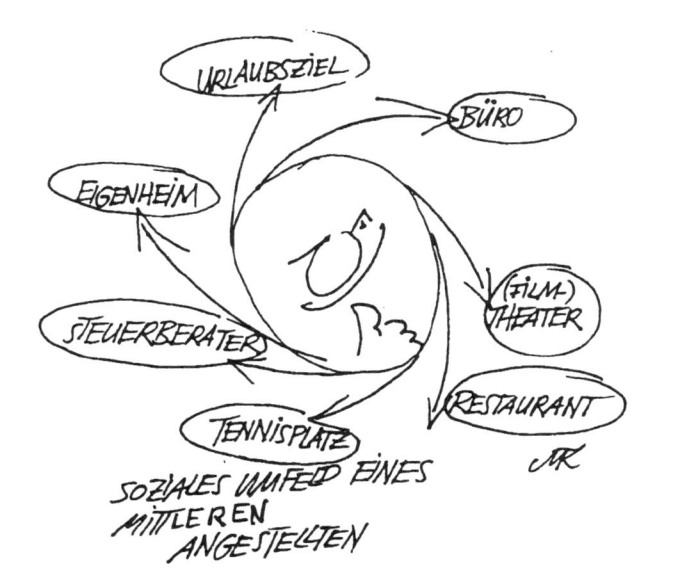

Zeichnung: Michael Kranzusch

3. Betrachtet die beiden Bilder. Das linke Bild zeigt, was sich ein mittlerer Angestellter in der Verwaltung eines Betriebes leisten kann. Sicher fallen euch noch weitere Punkte ein. Schreibt zum zweiten Bild dazu, worauf ein Wohnungsloser verzichten muss.

M91d Gesichter der Armut - Kinder und Jugendliche in Armut

In Ländern der Dritten Welt sind bis heute Kinder die beste Altersversorgung. Eltern brauchen Kinder, die sie im Alter versorgen und ernähren.
Bei uns dagegen ist die Situation ganz anders: Kinder sind in Deutschland ein „Armutsrisiko", das heißt: Eine Familie mit mehreren Kindern ist sehr gefährdet, unter die Armutsgrenze zu fallen. So sind viele der Menschen, die Sozialhilfe beziehen, Familien oder Alleinerziehende mit Kindern.

Warum sind gerade Kinder betroffen?
Um die Kinder zu versorgen, bleibt oft ein Elternteil zu Hause, meistens die Mutter. Wenn nun der Partner ein geringes Einkommen hat oder gar seine Arbeit verliert, ist die Gefahr groß, dass die Familie kaum noch Geld zur Verfügung hat und verarmt.
Kinder kosten eine Menge Geld, doch der Staat zahlt den Familien in Form von Kindergeld nur einen kleinen Teil der Ausgaben. So hat eine Familie mit Kindern viel höhere Ausgaben als eine Familie ohne Kinder.
Immer mehr Kinder leben nur bei ihrem Vater oder ihrer Mutter. Häufig zahlt der Vater keinen Unterhalt und die Mutter kann nicht arbeiten, weil sie ja die Kinder versorgen muss. So stehen gerade Alleinerziehende mit Kindern in der Gefahr, unter die Armutsgrenze zu fallen.

Folgen der Armut für Kinder und Jugendliche
Kinder, deren Eltern nur sehr wenig Geld haben, können vieles nicht tun, was für andere in ihrem Alter selbstverständlich ist. So können sie keine Markenkleidung und keine teuren Freizeitgeräte kaufen (wie Inline-Skates) und können kaum an Veranstaltungen wie einem Fußballspiel teilnehmen. Auch leben diese armen Familien oft in kleinen Wohnungen, so dass die Kinder nur selten eigene Zimmer haben und auch in der Umgebung um die Wohnung oft keine geeigneten Spielmöglichkeiten finden.
Die Eltern müssen oft schon bei den grundlegenden Dingen sparen und können zum Beispiel ihren Kindern nicht genügend Obst zu essen geben. Dadurch wird für die Kinder die Gefahr größer, wegen mangelnder Ernährung krank zu werden.

1. Stellt Gründe zusammen, warum gerade Kinder so stark von Armut betroffen sind.
2. Schreibt eine „Hitliste", von zehn Dingen, auf die ihr auf keinen Fall verzichten könntet!
3. Markus (10) und Jennifer (15) sind Geschwister. Sie leben bei ihrer Mutter. Der Vater ist arbeitslos und kann keinen Unterhalt zahlen. Die Mutter hat nur einen Putz-Job und verdient dort sehr wenig. Schreibt aus der Sicht von Markus und Jennifer, worauf die beiden verzichten müssen! Beginnt die Sätze mit „Ich bin Markus ..." und „Ich bin Jennifer ...".

M92 Wocheneinkauf bei Familie B.

Die Preise für die Lebensmittel sind dem „Kauflandmagazin" entnommen und gerundet. Die Unterpunkte „Fleisch- Wurst", „Körperpflegemittel", „Wasch- und Putzmittel" und „Obst" sind im einzelnen folgendermaßen berechnet:

Supermarkt
Getränke	12,-
Kaffee/Tee	7,-
Milch	8,-
Zucker	1,50
Mehl	1,-
Butter	2,-
Kaba	1,50
Cornflakes	5,50
Marmelade	0,50
Nutella	1,-
Honig	1,-
Wasch- und Putzmittel	9,-
Körperpflegeartikel	25,-
Käse	4,-
Obst	13,-
Gemüse	10,-
Süßigkeiten	10,-
Eis	1,-
Eier	2,50
Katzenfutter	5,-
Joghurt/Quark	7,-
Nudel/Reis/Kartoffeln	3,-

Bäcker
Brot und Brötchen	12,-

Metzger
Fleisch und Wurst	50,-

Banküberweisung
Wohnung	250,-
Strom	15,-
Wasser	20,-
Heizung	25,-
Auto	100,-
Telefon	15,-
Verträge	12,-
Urlaub	80,-
Radio/TV/Zeitung	15,-
Schulausflug	
Landschulheim	5,-
Taschengeld	10,-
Verein	10,-

Kaufhaus
Schulmaterial	3,-
Geschenke	20,-
Kleider	35,-
Zusammen	**810,50**

Fleisch und Wurst pro Woche
Braten	12,-
Hackfleisch	5,-
Würstchen	8,-
Schnitzel	8,-
Aufschnitt	7,-
Fisch	10,-
Zusammen	**50,-**

Körperpflegemittel pro Woche:
Shampoo	4,-
Creme	5,-
Rasieren, Parfum, Make-up	9,-
Duschen, Seife	3,-
Zähneputzen	4,-
Zusammen	**25,-**

Wasch- und Putzmittel pro Monat
Waschmittel	20,-
Weichspüler	2,50
Geschirrspüler	3,-
WC-/Badreinigung	2,50
Taschentücher, Klopapier, Küchentücher	4,-
Sonstige	4,-
Zusammen	**36,-**
ergibt 9.- pro Woche	

Obst pro Woche
2 kg Äpfel	5,-
Bananen	3,-
Birnen u. a.	5,-
Zusammen	**13,-**

Die Schüler/innen können jetzt den Einkaufszettel nach Sparvorschlägen durchsuchen, um das Budget wieder auszugleichen.

2. Armut (und Reichtum) in der „Dritten Welt"

a) Notizen zu Thema und Intention

Dieser Themenbereich ist von solcher Komplexität, dass hier nur einige wenige Akzente aufgegriffen und kurz die Aspekte, die in Schulbuch und methodischen Hinweisen angesprochen werden, dargestellt werden können. Um sich näher in die Thematik einzuarbeiten wird verwiesen auf:
F. Nuscheler: Lern- und Arbeitsbuch Entwicklungspolitik, Bonn 41996
Zugänge zu diesem Kapitel werden über Armutsbiographien geschaffen, um von dort aus zu thematisieren, wie Armut und Reichtum auf der Welt verteilt sind. Schließlich soll exemplarisch nach Ursachen der Verarmung gefragt werden, um abschließend verschiedene Phänomene der Armut kennenzulernen.

In der Literatur werden die Länder der Erde in verschiedene Gruppen unterteilt; dies macht deutlich, dass man nicht mehr einfach von der „Ersten und Dritten Welt" sprechen kann, um die großen Unterschiede der Länder begrifflich fassen zu können. Die Problematik der Begriffe „Erste Welt", „Dritte Welt", „Entwicklungsland" etc. wird im Schülerbuch aufgegriffen.

Zur „Ersten Welt" werden allgemein USA, Kanada, Australien und Neuseeland gerechnet. Die Zuteilung von Europa ist nicht erst seit dem Wendejahr 1989 wenig eindeutig. In der Regel wird heute Westeuropa ohne Portugal und den Balkan zur Ersten Welt gerechnet. Gerade Europa aber zeigt, wie untauglich die alte Unterscheidung „Erste - Dritte Welt" heute geworden ist. Acht der zwölf Länder der ehemaligen Sowjetunion werden heute zu den Entwicklungsländern gerechnet.

Auch Südafrika wird - mit Ausnahme der ehemaligen Townships - teils zur Ersten Welt gerechnet.

Sogenannte *Schwellenländer* sind die, die die typischen Strukturmerkmale eines Entwicklungslandes überwunden haben und sich auf der Schwelle zu einem Industrieland befinden, also Industrieprodukte exportieren. Zu ihnen wurden vom Internationalen Währungsfonds im Jahr 1989 gerechnet: Griechenland, Portugal, Polen, Rumänien, Brasilien, Hongkong, Indien, Israel, Singapur, Südkorea, Taiwan.

Von der UN werden unter den sog. Entwicklungsländern die Less Developed Countries (LDC, wenig entwickelte Länder) und die Least Developed Countries (LLDC, am wenigsten entwickelte Länder) unterschieden.

Da die armen Länder der Erde (LDC, LLDC) etwa zwei Drittel aller Länder der Erde umfassen, wird in entwicklungspolitischen Zusammenhängen häufig auch von der „Zweidrittelwelt" gesprochen.

Weltweit leben ungefähr 1,5 Milliarden Menschen in absoluter Armut, d.h. sie können wesentliche Grundbedürfnisse nicht befriedigen (Nahrung, Wohnung, Kleidung, Gesundheit).

„Armut" wird in neueren Veröffentlichungen (vgl. Bericht über die menschliche Entwicklung 1997, S. 18 - Lit.) zunehmend unter drei Perspektiven gesehen:

- Einkommensperspektive: arm ist, wer unterhalb einer für das jeweilige Land festgelegten Armutsgrenze liegt.
- Perspektive der Grundbedürfnisse: Diese verweist auf das Fehlen der materiellen Voraussetzungen für eine minimale Deckung menschlicher Bedürfnisse wie der Ernährung, der Bildung, des Zugangs zur medizinischen Grundversorgung.
- Perspektive der Befähigungen: Armut bedeutet das Fehlen bestimmter elementarer Fähigkeiten zur Wahrnehmung wichtiger Lebenschancen. Dies reicht von einer ausreichenden Ernährung und genügender Kleidung, was

Voraussetzung ist, einer (geregelten) Arbeit nachzugehen bis hin zur Mitwirkung am Leben der Gemeinschaft.

Ursachen der Verarmung
Eine bedeutende Verantwortung für die Armut in der Dritten Welt tragen die Industrieländer. Hierbei ist die weltwirtschaftliche Benachteiligung der „Dritten Welt" durch die Handelspolitik der Industrieländer zentral. „Die Mauern gegen Agrarimporte aus der Dritten Welt und die gängigen Subventionen für die eigene Landwirtschaft schädigen die Länder im Süden, die Landwirtschaftsprodukte exportieren. Die Zollpolitik der Industrieländer und ihre Handelsbeschränkungen behindern den Aufbau von verarbeitenden Industrien in der Dritten Welt. Die Verschuldungskrise, an der westliche Banken und Regierungen wesentliche Mitverantwortung tragen, stranguliert den Entwicklungsprozess in vielen Ländern. Im Vergleich zu den weltwirtschaftlichen Benachteiligungen ist das Ausmaß der Entwicklungszusammenarbeit von geringer Bedeutung." (Armut im Blick, S. 9 - Lit.). Gerade die hohe Verschuldung der Länder kann als wichtige Ursache gelten, die die Bevölkerung der Länder immer weiter in die Verarmung treibt. Vor allem in den 70er Jahren haben viele Dritte Welt Länder Kreditangebote von westlichen Banken angenommen. Seit den 80er Jahren sind dann die Zinssätze in die Höhe geschnellt, wodurch die Kredite immer teurer wurden. Die hochverschuldeten Länder zahlen einen hohen Schuldendienst, mehr als die Hälfte davon für Zinsen. Die Höhe der Auslandsverschuldung entsprach im Durchschnitt einem Anteil von 40% am Bruttoinlandsprodukt, in Schwarzafrika gar 109 % des Bruttoinlandsprodukts. Trotz enormer Rückzahlungen ist die Gesamtverschuldung unvorstellbar groß geworden. Im Zuge der neoliberalistischen Wirtschaftspolitik investieren so viele Länder enorme Summen in die Rückzahlung der Schulden. Dieses Geld kann dann nicht in die Schaffung von Arbeitsplätzen, von Schulen, Programmen zur ländlichen Entwicklung etc. investiert werden. Viele Familien verarmen zunehmend, weil sie mit hohen Steuern an der Rückzahlung der Schulden beteiligt wurden, mit denen einstmals Projekte finanziert wurden, von denen sie nicht profitiert haben.
Hinzu kommen Ursachen „vor Ort": In vielen Ländern der „Dritten Welt" herrschten lange Jahre Diktatoren und auch heute noch gibt es häufig nur Schein-Demokratien. Gerade in Diktaturen konnte sich eine „Oberschicht" ausbilden, die das eigene Land regelrecht schröpfte und unermesslichen Reichtum anhäufte. Häufig besaß und besitzt diese kleine Gruppe der Bevölkerung einen Großteil des bewirtschafteten Landes. Die Kleinbauern müssen dort als „Leibeigene" leben oder - aufgrund ihrer hohen Verschuldung bei den Großgrundbesitzern vorwiegend dafür arbeiten, ihre Schulden zu bezahlen. „Wo eine entwicklungshemmende Bürokratie die Bauern zwingt, ihre Nahrungsmittel nicht kostendeckend zu verkaufen, hören diese auf, für die Städte Überschüsse zu produzieren. Wo die Ausgabenpolitik eines Landes z.B. bestimmte Industrien, Dienstleistungsbereiche oder den entwickelten Teil der Städte bevorzugt, fehlt das Geld für Infrastrukturprogramme zugunsten der städtischen Randgebiete („Slums") ebenso wie die Entwicklung der ländlichen Räume. Wo ein Land in verfeindete Bürgerkriegsparteien zerfallen ist, können wirtschaftliche Bemühungen nur schwer Früchte tragen. Wo eine auf Geltung bedachte Elite die knappen Ressourcen für Prestigeobjekte oder ein wucherndes Militärwesen einsetzt, stehen oftmals Gesundheitswesen und Bildung hintenan." (Armut im Blick, S. 9 - vgl. Lit.)
Die Unterentwicklung eines Landes - gemessen an Gesundheitsversorgung, Bildungsniveau, Möglichkeiten der Erwerbsarbeit, Zugang zu sauberem Wasser und zu Nahrungsmitteln etc. - ist wesentliche Ursache von Armut.

Diese Zusammenhänge sollen an einigen wenigen Beispielen aufgezeigt werden:
„Absolute Armut manifestiert sich in chronischer Unterernährung. Die ausreichende Versorgung mit Nahrungsmitteln und sauberem Trinkwasser bildet die schiere Voraussetzung für das Überleben, für die Gesundheit, körperliche und geistige Entwicklung sowie für die Erhaltung der Leistungsfähigkeit. Unterernährung im Kindesalter hinterlässt bleibende körperliche und geistige Schäden, mindert die Kreativität und Produktivität" (F. Nuscheler, S. 143 - Lit.).
Ein schlechter Gesundheitszustand lähmt die Produktivität und Entwicklungsfähigkeit. Krankheiten sind oft Folgeerscheinungen von Unterernährung und unzureichender Versorgung mit sauberem Trinkwasser. Weil die Menschen arm sind, können sie wiederum kaum Gesundheitsdienste und Medikamente in Anspruch nehmen.
Als Schlüsselproblem gilt die wachsende Arbeitslosigkeit und Unterbeschäftigung. Mindestens ein Drittel aller Erwachsenen hat so keine Chance, aus eigener Kraft die Armut zu überwinden.

Phänomene der Armut
Nur für Statistiken sind Menschen eine Masse - dahinter stehen stets Einzelschicksale. Gerade für Hauptschüler/innen erscheint es sinnvoll, immer wieder an konkreten Lebensgeschichten zu arbeiten und über die so vorgestellten Personen Themen zu erschließen. Allgemein gelten als die am meisten von Armut betroffenen Bevölkerungsgruppen die Frauen und die Kinder. Frauen deshalb, weil sie zwar einen Großteil der weltweit geleisteten Arbeit vollbringen, aber kaum Anteil haben an Kapital und häufig für ähnliche Arbeiten weniger verdienen als Männer. Kinder deshalb, weil gerade sie in einem verarmten Umfeld ihrer Grundrechte wie dem auf Bildung beraubt werden und dadurch auch langfristig aus einem geregelten Erwerbsleben ausgeschlossen werden. Zudem müssen Millionen von Kindern zum Unterhalt der Familie beitragen oder ihren eigenen Unterhalt erarbeiten. Da Kinder und Jugendliche für die Schüler/innen die unmittelbarsten Identifikationsfiguren sind, wurde daher die Problematik „Kinderarbeit" aufgenommen.

b) Methodische Hinweise

- Verwiesen sei nochmals auf die Bildkartei „Armut im Blick" (Literaturhinweise zu Kapitel 1). Sie bietet auch zahlreiche Bilder, die speziell das Thema „Armut in der Dritten Welt" aufgreifen.

- Ferner eignet sich als Verbindungsglied zwischen diesem und dem vorangegangenen Themenkomplex die Plakatserie „Familienbilder", die von Brot für die Welt herausgegeben wurde (Lit.). Hierbei werden auf verschiedenen Plakaten Lebenssituationen in der „Ersten und der Dritten Welt" einander gegenübergestellt. Auf der Rückseite der Plakate finden sich je entsprechende Texte, von denen viele auch im Unterricht eingesetzt werden können.

- Buch S. 154-155: Am Beginn dieses Abschnitts stehen drei Lebensgeschichten aus drei Kontinenten. Anhand dieser Lebensgeschichten kann erarbeitet werden, welche Teile der Welt von Armut geprägt sind. Methodisch könnte so vorgegangen werden, dass „der Armutsgürtel" der Erde sichtbar wird: Die Schüler/innen sollen in Gruppenarbeit einen Steckbrief über die drei Personen erstellen, die in den Geschichten vorgestellt werden. Auf einer Weltkarte (am besten auf Styropor aufgezogen) werden die entsprechenden Länder gesucht und der Steckbrief mit einem Wollfaden mit dem Land verbunden. So wird sichtbar, in welchen Gebieten der Welt Armut vorherrschend ist. Weltkarten aus Papier können bei Misereor bezogen werden, ansonsten eignet sich auch die normale Weltkarte aus dem Erdkundeunterricht.

- Die im Buch abgedruckte Geschichte „Juliana" ist eine knappe Nacherzählung des gleichnamigen Filmes, der 1984 in Lima/Peru gedreht wurde und für den Einsatz im Unterricht gut geeignet ist. Allerdings geht der Film über die Erzählung im Buch hinaus und führt zu einem gewissen positiven Ende. Ausleihe: Fachstelle für Medienarbeit Katalog Nr. 5784, 98 Min.(!).
  Einige Hintergrundinformationen (nach der EZEF Arbeitshilfe, die dem Film beiliegt):
  „Juliana" hat bei verschiedenen Filmfestivals internationale Auszeichnungen erworben. Der Film wurde allerdings mit einem anderen Ziel gedreht: Er sollte authentische Informationen über das Leben in den Elendsvierteln vermitteln. Der Film hielt sich lange Zeit in den Kinos von Lima und brachte einen neuen Zuschauerrekord. Gerade in einer Zeit der tiefen wirtschaftlichen und sozialen Krise, wo Arbeitslosigkeit, Gewalt und eine unglaubliche Inflation von über 3000 % herrschten, beeindruckt die Hartnäckigkeit und der Mut des Mädchens Juliana. Da ein Mädchen die Hauptrolle spielte wurde implizit auch die Rolle der Frau in einer Gesellschaft thematisiert, die durch Machismo geprägt ist.
  Die Musik im Film wird von den Kindern selbst gespielt. Musik wird zum Auflehnungsakt und damit zur Basis solidarischen Handelns der Kinder gegenüber ihrem Unterdrücker Pedro.

- Als Ergänzung zu den im Schülerbuch abgedruckten Lebensgeschichten: Ursula Wölfel, Die grauen und die grünen Felder, in: Die grauen und die grünen Felder, Mülheim a.d. Ruhr 1970, nachgedruckt in: Arbeitshilfen zum Lehrplan für das Fach Kath. Religionslehre in Baden-Württemberg, hrsgg. von den Diözesen Rottenburg-Stuttgart und Freiburg, S. 156-158. Darin wird die Geschichte von zwei Mädchen in Südamerika einander gegenübergestellt wird. Das eine Mädchen lebt in einem Dorf in den Bergen, die andere im gepflegten Haus ihres Vaters, der Großgrundbesitzer ist.

- Buch S. 157: In dem Text „Was ist das überhaupt – die 'Dritte Welt'" werden wichtige Informationen über Terminologie und Gebrauch der Begriffe zusammengestellt.
  Impulsfragen zum Unterrichtsgespräch:
  - Was gehört für dich alles zu einem „hohen Lebensstandard"? Auf welche dieser Dinge müssen wohl die meisten Menschen in der „Dritten Welt" verzichten?
  - Ob ein Land zur Ersten oder Dritten Welt gehört, hängt vor allem vom durchschnittlichen Einkommen ab. Du weißt, dass es in Deutschland viele Arbeitslose gibt und viele Menschen von der Sozialhilfe leben müssen. Kann man heute noch sagen, dass alle Menschen in Deutschland zur „Ersten Welt" gehören?
  - Was soll mit dem Satz „Es gibt eine Dritte Welt in der Ersten und eine Erste Welt in der Dritten" ausgesagt werden?

- Viele „Dritte-Welt-Gruppen", die sich in Deutschland für die Menschen in den armen Ländern einsetzen, nennen sich heute „Eine-Welt-Gruppen". Was wollen sie damit ausdrücken?

■ Das Welt-Spiel
Dieses Spiel wird in verschiedenen Zeitschriften und Broschüren immer wieder veröffentlicht. Zuerst in: Misereor/BDKJ (Hg.): Jugendaktion 1977, S. 7
Dieses Spiel kann ab einer Gruppengröße von etwa 15 Schüler/innen durchgeführt werden. Die hier angegebenen Zahlen beziehen sich auf 22 Schüler und müssen ggf. auf die tatsächliche Schülerzahl umgerechnet werden.

Spielverlauf: Der Lehrer / die Lehrerin fordert dazu auf, sich die Situation der heutigen Welt vor Augen zu führen und „Welt" zu spielen. Die Stühle werden in der Mitte des Raumes gestapelt, da sie im zweiten Teil des Spieles noch gebraucht werden. Alle Schüler/innen stellen nun die *gesamte Weltbevölkerung* dar, d.h. jeder Einzelne repräsentiert mehrere Millionen Menschen. Für die Kontinente Asien, Afrika, Südamerika, Nordamerika und Europa (Australien fällt der Einfachheit halber weg) werden verschiedene Stellen im Raum festgelegt und möglichst mit einer Stellkarte gekennzeichnet. Anschließend sollen sich die Mitspieler so, wie ihrer Meinung nach die Menschen auf die einzelnen Kontinente verteilt sind, auf die verschiedenen „Kontinente" aufteilen. Anschließend korrigiert die Lehrkraft gemäß der tatsächlichen Verteilung der Weltbevölkerung das Ergebnis:

Weltbevölkerung (Stand 1997)			*bei 22 Schüler/innen*
Europa	729,2	Millionen	12%	2,6 (3)
Länder der ehem. Sowjetunion (werden zu Europa gerechnet)	285,7	Millionen	5%	1
Nordamerika	301,7	Millionen	5%	1
Afrika	758,4	Millionen	12%	2,6 (3)
Asien	3 538,0	Millionen	58%	12,7 (12)
Lateinamerika	491,9	Millionen	8%	1,7 (2)
Summe	6,1000	Milliarden		

Im zweiten Teil des Spieles geht es darum, das *gesamte Welteinkommen* der Erde, also alles, was auf der Welt zur Bestreitung des Lebensunterhaltes verdient wird, zu verteilen. Das Welteinkommen wird dargestellt durch die Stühle. Die Spieler werden aufgefordert, sich die Stühle zu nehmen und sie nach ihrer Einschätzung des Welteinkommens auf die einzelnen Kontinente zu verteilen. Dabei müssen alle Stühle verwendet werden. Als Hinweis kann gegeben werden, dass Europa und Nordamerika Industrieländer sind, die anderen Kontinente aber weitgehend sog. Entwicklungsländer (hier fallen zur Vereinfachung Länder wie Japan unter den Tisch). Wenn die Verteilung der Stühle beendet ist, kann die Lehrkraft wieder das Ergebnis nach den wirklichen Verhältnissen korrigieren:

Welteinkommen	DM		bei 22 Stühlen
Europa (einschließlich ehem. Sowjetunion)	1600	Milliarden 32%	7 Stühle
Nordamerika	2600	Milliarden 52%	11 Stühle
Afrika	200	Milliarden 4%	1 Stuhl
Asien	350	Milliarden 7%	2 Stühle
Lateinamerika	250	Milliarden 5%	1 Stuhl

Zahlen aus: Weltbevölkerungsbericht 1997

Daraus ergibt sich folgendes Ergebnis:

Europa /ehem. SU	4 Schüler sitzen auf	7 Stühlen
Nordamerika	1 Schüler sitzt auf	11 Stühlen
Afrika	3 Schüler sitzen auf	einem Stuhl
Asien	12 Schüler sitzen auf	2 Stühlen
Lateinamerika	2 Schüler sitzen auf	einem Stuhl

Wenn sich 12 „Asiaten" einige Minuten lang auf 2 Stühlen gestapelt haben, während ein „Amerikaner" sich auf 11 Stühlen breitmacht, wird die Weltlage klar werden. Anschließend muss gemeinsam überlegt werden, wofür die Stühle in diesem Spiel stehen. Wer nicht mit Stühlen arbeiten will, kann Stellflächen auf dem Boden aufkleben bzw. aufzeichnen.

- Alternativ oder in Ergänzung zum Weltspiel bekommen Kleingruppen einen kurzen Text und einige Zahlen über die ungleiche Verteilung des Reichtums und des Verbrauchs in der Welt (M97). Sie bekommen die Aufgabe, die Zahlen in einfache Grafiken umzusetzen.
Hinzuweisen ist auf die Jubiläumsausgabe von GEO 10/1996, die eine Übersicht über die Weltentwicklung der letzen 20 Jahre bietet (Bevölkerungszuwachs, Ernährungslage, Infektionen, Wasser, Verkehr, Weltmeere, Arten, Energie, Müll, Klima)

- Schuhputzaktion: Viele Kinder in Ländern der Dritten Welt müssen Wesentliches zum Familienunterhalt beitragen. Vor allem in Südamerika verdienen sich viele Kinder dadurch etwas Geld, dass sie auf der Straße anderen Menschen die Schuhe putzen (ein entsprechendes Bild findet sich in der Bildkartei „Armut im Blick"). Mutige Schüler/innen könnten auf dem Marktplatz ebenfalls einmal anderen Menschen diesen Dienst anbieten. Schuhcreme, Lappen und Bürsten sind sicher von den Eltern zu bekommen. Von den Jugendlichen müsste nur ein „Schuhständer" gebaut werden: Eine schräge Fläche aus Holz, auf dem die Passanten ihre Schuhe abstellen können. Diese Aktion könnte einen zweifachen Effekt haben: Zum einen erfahren die Jugendlichen hautnah, was es bedeutet, durch Schuheputzen Geld verdienen zu müssen, zum anderen kann das verdiente Geld eingesetzt werden für eine Spendenaktion o.ä. (vgl. hierzu den Teil „Auf dem Weg zur Einen Welt").

- Das Essensspiel: Eine recht drastische, aber ausgesprochen eindrückliche Möglichkeit, die ungleiche Verteilung der Nahrungsmittel auf der Erde zu verdeutlichen, stellt dieses Spiel dar. Zu beachten ist, dass diese Übung ein hohes gruppendynamisches Potential in sich trägt und die Lehrkraft gut überlegen muss, ob sie in der jeweiligen Klasse verantwortlich durchgeführt werden kann.

Worum es geht:
Durch dieses Spiel soll die ungerechte Verteilung von Nahrung und Rohstoffen deutlich gemacht und am eigenen Leib erfahren werden. Durch das Spiel ergeben sich Impulse für eine intensive Auseinandersetzung mit der ungerechten Verteilung der Güter unserer Welt.

So kann man es spielen:
Zwei Tische werden mit Essen gedeckt, einer für die „Erste Welt", einer für die „Dritte Welt". Gut ist es, wenn die beiden Tische in verschiedenen, aber nah beieinanderliegenden Räumen stehen.
Der Tisch der „Ersten Welt" wird mit Nahrungsmitteln gedeckt, die wir gewohnt sind zu essen. Das Essen sollte nicht allzu üppig, aber doch sehr reichhaltig sein, etwa wie ein gutes Sonntagsessen. Häufig eignet sich dazu das ganz normale Essen, wenn man in irgendeiner Bildungsstätte ist, oder man kann ein Buffet zusammenstellen. Dabei sollten typische Produkte der „Dritten Welt", die wir alltäglich konsumieren, erkennbar sein (Ananas, Bananen und andere Früchte, Tee, Kaffee, Kakao bzw. Schokolade). Wichtig ist, daß der Tisch der „Ersten Welt" mit so vielen Nahrungsmitteln gedeckt ist, daß sie für alle Mitspieler zusammen gut ausreichen.
Der Tisch der „Dritten Welt" wird mit einigen Schalen Reis gedeckt. Dazu kann noch eine Kanne Tee kommen, allerdings ohne Zucker, oder auch einfach eine Kanne Wasser.
Die Teilnehmer des Spiels werden über diese Spielanlage nicht informiert. Sie werden zu Tisch geladen und dabei vom Spielleiter willkürlich (oder durch Losziehen) in zwei Gruppen aufgeteilt: etwa ein Viertel der Spielteilnehmer wird als Bewohner der „Ersten Welt" gekennzeichnet, die restlichen drei Viertel als Bewohner der „Dritten Welt". Beide Gruppen werden dann zu ihren Tischen geführt.
Worauf zu achten ist:
Wenn die Intention des Spiels zu Beginn zu deutlich wird, besteht die Gefahr, daß sich die Spieler künstlich nach intellektuellen Einsichten verhalten: „Aha, es geht um christliche Nächstenliebe, da muß ich dem anderen ja jetzt freundschaftlich etwas abgeben". Insofern darf das Spiel erst gar nicht als „Dritte-Welt-Spiel" angekündigt werden, sondern es ist sinnvoll, eine recht harmlose Einführung zu wählen, wie: „Fürs Essen haben wir uns was Interessantes ausgedacht. Paßt auf: Ihr teilt Euch jetzt in zwei Gruppen auf, und zwar..." Dann kann sich das Spiel spontan entwickeln. Spätestens wenn die Bewohner der „Dritten Welt" ihren Reis aufgegessen haben, kann es zu „Revolten" kommen.
So ist es bei der Durchführung des Spiels schon einmal geschehen, dass Menschen der „Dritten Welt" ganz massiv versucht haben, in den Raum der „Ersten Welt" einzudringen, der von deren Bewohnern aus einem spontanen Bedrohungsgefühl heraus durch Zuhalten der Tür verteidigt wurde. Endlich wurde sie aufgestoßen, und es setzte ein wahrer Sturm auf das Essen ein. Ergebnis: Etwa ein Drittel der Spieler bekam kaum etwas ab, darunter auch Bewohner der „Ersten Welt", die noch gar nicht weit mit dem Essen gekommen waren. „Gesiegt" hatten diejenigen, die sich kompromißlos nur für ihre eigenen Bedürfnisse eingesetzt und genommen hatten, was sie kriegen.
Quelle: Arbeitsmappe Misereor/BDKJ: „Lernen für die Eine Welt". Entwicklungspolitische Bausteine für die Jugendarbeit, S. 71f (Lit.)

■ Wie entsteht Armut?

Das Zusammenwirken der unterschiedlichen Ursachenfaktoren der Armut (vgl. hierzu „Thema und Intention") wird häufig in sog. Teufelskreisen der Armut dargestellt. Problematisch an diesen Teufelskreisen ist jedoch, dass sie weltwirtschaftliche Zusammenhänge wie die hohe Verschuldung völlig außer acht lassen und damit auch die Industrieländer scheinbar aus der Verantwortung für die Armut in der „Dritten Welt" entlassen. Die Probleme der armen Gesellschaften bekommen eine schicksalshafte Unausweichlichkeit. Die Teufelskreise erklären ferner nicht, wie es etwa Korea oder Taiwan gelungen ist, aus diesem Kreislauf auszubrechen. Daher sind solche Teufelskreise u.E. nur mit Bedacht und Problembewusstsein im Unterricht einzusetzen. Dennoch bieten sie die Möglichkeit, den vielfachen Ursachenkomplexen der Armut ein wenig auf die Spur zu kommen:

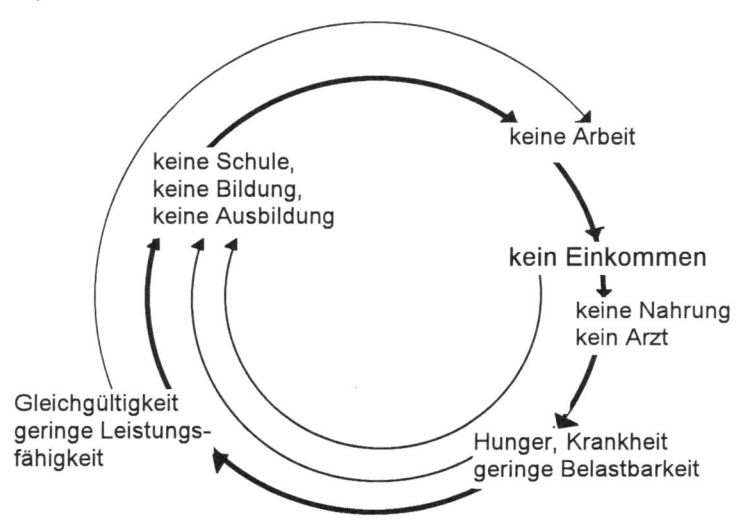

```
                              keine Arbeit
          keine Schule,
          keine Bildung,
          keine Ausbildung
                              kein Einkommen
                                  ↓
                              keine Nahrung
                              kein Arzt
          Gleichgültigkeit
          geringe Leistungs-
          fähigkeit           Hunger, Krankheit
                              geringe Belastbarkeit
```

Im Unterrichtsgespräch könnten verschiedene Symptome der Armut gesammelt werden (fehlende Schulbildung, keine Arbeit, schlechte medizinische Versorgung, ...). Für die Lehrkraft können die Elemente des Teufelskreises Hilfe zu Impulsen sein. Jedes Symptom wird einzeln groß auf eine Karte geschrieben. Sodann wird versucht, die Zusammenhänge zwischen den einzelnen Faktoren zu erarbeiten und die Faktoren in eine „Ursachenkette" zu bringen. Mehrmaliges Umgruppieren ist dabei möglich und sinnvoll, wobei immer wieder ein unterschiedlicher Ausgangspunkt genommen werden kann. Vielleicht kommen die Schüler/innen selbst auf den Gedanken, diese Kette zu einem Kreis zusammenzufügen. Im Unterrichtsgespräch sollte dann auch herausgearbeitet werden, wo Ansatzpunkte zur Veränderung sein könnten.

Beispiel:

| Keine Bildung | ⇒ | Keine Arbeit | ⇒ | Kein Geld |

■ M94 - In der Geschichte „Ich bin Alberto aus Cerrito in Bolivien" werden die verschiedenen Ursachenkomplexe, die zur Verarmung führen können, erzählerisch dargestellt. Mit dieser Geschichte können die verschiedenen Ursachen gut erarbeitet werden.

- Zum Thema „Bevölkerungsexplosion" liegt in M95 ein Arbeitsblatt vor. Die Grafik ist entnommen aus: Atlas der Weltverwicklungen, S. 100 (Lit.). Der anschließende Sachtext bezieht sich auf Angaben a.a.O. Weitere Sachinformationen: GEO 10/1996, S. 222 und 224

- Ein wichtiger Aspekt für die fortschreitende Verarmung in den Ländern der Dritten Welt, ist die hohe Verschuldung der Länder. Dies kann dargestellt werden am Beispiel von Peru und Bolivien:
  Misereor hat 1987 eine Diareihe und ein Arbeitsheft zum Thema „Wege in die Verarmung. Verschuldung - Rohstoffe - Großprojekte" herausgegeben (Fachstelle für Medienarbeit, Nr. 7076). Die Diareihe gibt einen guten Einblick in diese Problematik, kann aber ergänzt werden durch weitere Informationen. Wir schlagen vor, exemplarisch das Thema „Verschuldung" auszuwählen. Dieses Thema ist auch heute noch ein wesentlicher Faktor für die wachsende Armut in beiden Ländern, auch wenn sich die politische Situation verändert hat. In Peru wie in Bolivien sind (formal) Demokratien errichtet, die allerdings einen strikt neoliberalistischen Kurs verfolgen, der immer weitere Teile der Bevölkerung in die Verarmung treibt.
  Aus den Misereor-Materialien haben wir einige Basisinformationen zusammengestellt, mit denen die Thematik vertieft werden kann. Die beiden Texte der Kopiervorlage M96 können von Schüler/innen vorgetragen werden. Die Texte sind in Anlehnung an Texte aus dem Arbeitsheft „Wege in die Verarmung", S. 34-37 entstanden. Weitere Möglichkeit: Dias aus der Diaserie von Misereor zeigen und dazu die Texte vortragen lassen. Zu Beginn kann lateinamerikanische Musik eingespielt werden - nicht um die Berichte schön zu untermalen, sondern weil diese Musik auch etwas über die Menschen in diesem Land aussagt, die trotz ihrer Lage das Singen und Musizieren nicht verlernt haben.

- M97 „Armut ist weiblich" und M98 „Arbeitstag einer Afrikanerin - Arbeitstag einer deutschen Frau". M97 und M98 thematisieren die Situation von Frauen in der Dritten Welt, die neben der der Kinder besonders prekär ist. Andererseits setzen Entwicklungsprogramme und -projekte heute maßgeblich, z.T. sogar ausschließlich auf die Frauen. Sie nehmen in den angezielten Entwicklungsprozessen Schlüsselrollen ein, da verbesserte Lebensmöglichkeiten für sie gleichzeitig eine verbesserte Lebenssituation für ihre Familie, bzw. die Dorfgemeinschaft bedeutet. In vielen Projektbeschreibungen ist dieser Schwerpunkt zu erkennen. M97 und M98 bieten neben einigen grundsätzlichen Informationen im einführenden Sachtext ein exemplarisches Beispiel an: Der Tagesablauf einer Afrikanerin auf dem Dorf zeigt eindrucksvoll, was Frauen leisten, vor allem wenn die Schüler/innen mit Hilfe von M98 einen Vergleich mit einem deutschen Tagesablauf herstellen. Dazu sollen sie vorbereitend ihre Mutter, Oma oder eine andere Verwandte/Bekannte befragen. Damit gewinnt der Vergleich für die Schüler/innen an Alltagsnähe. Dabei sollte von zu scherenschnitthaften Typisierungen abgesehen und dafür individuellere Arbeitsergebnisse in Kauf genommen werden.

- M99 bietet einen längeren Text über Gründe und Konsequenzen der Kinderarbeit in der Teppichindustrie. (nach: Südasien-Info, Nr. 1-2/86, erschienen in: Billige Teppiche - missbrauchte Kinder, s.u.).
  Schüler/innen, die auch längere Texte mühelos erlesen können, kann dieser Text zur Verfügung gestellt werden. Sie bekommen dann die

Aufgabe, Gründe zusammenzustellen, warum Kinder als Teppichknüpfer arbeiten müssen und die Arbeitsbedingungen in einer Teppichknüpferei kurz zu beschreiben.
Dieses Thema „Teppichknüpferei" wurde exemplarisch ausgewählt. Ebenso geeignet wäre etwa die Arbeit in Bergwerken. Auf die Tatsache, dass viele Kinder ihr Geld durch Schuhe putzen verdienen, wurde bereits in der Geschichte von Joel eingegangen, die am Beginn dieses Abschnitts im Schülerbuch abgedruckt ist.

- Wenn das Thema „Kindersklaverei in der Teppichindustrie" bearbeitet werden soll, ist es sinnvoll - in Zusammenarbeit mit der TW-Fachlehrerin - die Jugendlichen zunächst selbst Hand anlegen zu lassen. In einer vorher festgelegten Zeit (z.B. 20 min.) sollen die Jugendlichen möglichst viele Knoten eines Teppichs knüpfen. Dieses Ergebnis ist dann zu vergleichen mit Knotenangaben in Teppich-Werbeprospekten, wo eine Knotendichte von bis zu 140 000 Knoten pro m^2 versprochen wird und es wäre zu errechnen, wie lange alle Schüler/innen der Religionsgruppe an 1 m^2 Teppich arbeiten müssten.
Als Medium ebenfalls gut geeignet ist ein Comic, der zeichnerisch u. E. nicht so gelungen ist, aber den Alltag von jugendlichen Teppichknüpfern verdeutlicht und zugleich aufzeigt, dass es vor Ort Initiativen gibt, Kindern den Weg aus der Sklaverei zu ermöglichen: Billige Teppiche - missbrauchte Kinder, epd Dritte Welt Information 5-7/90. Bezug: GEPA-Vertrieb, Postfach 50 05 50; 60394 Frankfurt (DM 2,20, Staffelpreise). Sollte es nicht im Klassensatz angeschafft werden können, empfiehlt es sich, einige Bilder zu kopieren und in die Arbeit zu integrieren.
Hinzuweisen ist auch auf Materialien, die von Terre des hommes zum Thema „Kinderarbeit" herausgegeben werden, z.B.: Kinderarbeit. Die Ausbeutung der Wehrlosen.

- Die Themen „Kinderarbeit" und „Weibliche Armut" können auch in themendifferenzierter Gruppenarbeit erarbeitet werden, wobei hierzu jeweils die Kopiervorlagen als Arbeitsgrundlage dienen können. Zu achten ist dann darauf, dass die Gruppen ihre Ergebnisse anhand von Leitfragen den anderen Schüler/innen vorstellen, evtl. unterstützt durch Plakate, die in den Gruppen entstehen könnten. Kopien der Texte oder des o. g. Comics können zur Gestaltung der Plakate herangezogen werden.

c) Literatur und Materialhinweise

Dritte Welt Haus Bielefeld (Hg.), Atlas der Weltverwicklungen. Ein Schaubilderbuch über weltweite Armut, globale Ökologie und lokales Engagement, Wuppertal 1992

F. Nuscheler, Lern- und Arbeitsbuch Entwicklungspolitik, Bonn, 4. Auflage 1996

BDKJ / Misereor (Hg.): Lernen für die Eine Welt. Entwicklungspolitische Bausteine für die Jugendarbeit, Aachen 1989

entwurf. Religionspädagogische Mitteilungen. Hrsg.: Fachgemeinschaft evangelischer Religionslehrerinnen und Religionslehrer in Württemberg e.V. und vom Fachverband evangelischer Religionslehrerinnen und Religionslehrer in Baden e.V., Stuttgart, Heft 2/96: Themenheft: Dritte/Eine Welt im Unterricht

Plakatserie „Familienbilder", hrsg. von Brot für die Welt. Bezug: Postfach 101142, 70010 Stuttgart

R. Schmitt (Hg.), Eine Welt in der Schule Klasse 1 - 10, Frankfurt am Main 1997

Weltbevölkerungsbericht (erscheint jährlich neu), Bonn 1997. Bezugsadresse: UNO-Verlag, Dag-Hammerskjöld-Haus, Poppelsdorfer Allee 55, 53115 Bonn

Bericht über die menschliche Entwicklung (erscheint jährlich neu), Deutsche Ausgabe des Human Development Report, Bonn 1997. Bezugsadresse: UNO-Verlag, Dag-Hammerskjöld-Haus, Poppelsdorfer Allee 55, 53115 Bonn

G. Gugel, Vertretungsstunden mit Pfiff. Anregungen für einen handlungsorientierten Unterricht zum Themenbereich Eine Welt in den Sekundarstufen, hrsg. vom Verein für Friedenspädagogik Tübingen, Tübingen 1996

Zum Thema Kinderarbeit:
Das Papiertütenspiel (vgl. Literatur und Materialhinweise)
U. Pollmann, Rosana bricht ihr Schweigen, Berlin ^{2}1994. Jugendbuch über Straßenkinder in Brasilien und über den Mut eines Mädchens, dem Kreislauf der Gewalt zu entkommen.
GEO 3/94, S. 100-116 - Kinderarbeit: Die Qual der frühen Jahre
R. Jung, Stimmen aus dem Berg. Reportage zum Thema Kinderarbeit und Arbeiterkinder, Hrsg. Terre des hommes, 1979. Bezugsadresse s.u.

Spiele:
Poko. Ein Würfelspiel mit drei unterschiedlichen Spielversionen, hrsg. von Misereor. Bezug: Misereor Medienproduktion und Vertrieb, Postfach 1450, 52015 Aachen. Themenschwerpunkt: Ernährung und Gesundheit
Weg und Umweg. Bezug: Brot für die Welt, Stafflenbergstr. 76, 70184 Stuttgart. Thema: Großgrundbesitz, ungerechte Landverteilung.
Das Papiertütenspiel, hrsg. von Terre des hommes. Bezugadresse: Terre de hommes. Hilfe für Kinder in Not, Postfach 4126, 49031 Osnabrück. Thema: Kinderarbeit; wirtschaftliche Möglichkeiten in der Dritten Welt, Papiertütenkleben als Möglichkeit, den Lebensunterhalt zu verdienen.
Panchos Würfel fallen, hrsg. von Brot für die Welt. Thema: Alltag der Campesinos (Kleinbauern) in Peru.

Vor allem Misereor und Brot für Welt entwickeln immer wieder auch neue Spiele. Bei den o. g. Adressen können die kostenlos Gesamtkataloge bestellt werden.

Hinzuweisen ist auch auf die Bildkartei „Frauen im Blickpunkt", die von Misereor herausgegeben ist und bei der Fachstelle für Medienarbeit unter der Nummer 7107 ausgeliehen werden kann. Enthalten sind schwarz-weiß-Fotos von Frauen in verschiedenen Kontinenten. Beiliegend ein Begleitheft, in dem Methoden im Umgang mit der Bildkartei vorgeschlagen werden, z.B. Kontrastbilder und Rollenspiele.

M93 Armut und Reichtum in der Welt

Zu den zentralen Kennzeichen unserer Welt gehört die ungleiche Verteilung des Reichtums. Zugleich verbrauchen die Menschen in den Industrieländern sehr viel mehr Energie und Nahrungsmittel als die armen Menschen in der „Dritten Welt".

Aufgabe:
Betrachtet die Zahlen für die 20% reichsten Menschen auf der Welt.
Errechnet, welchen Anteil am Reichtum, am Welthandel, am Energieverbrauch und an den Nahrungsmitteln die anderen 80% der Bevölkerung haben. Tragt eure Ergebnisse mit zwei verschiedenen Farben in die Zeichnung ein!

Die **20%** reichsten Menschen auf der Welt

Die anderen **80%** der Menschen

besitzen 83% des Reichtums

besitzen _____ des Reichtums

kontrollieren 81% des Welthandels

kontrollieren _____ des Welthandels

verbrauchen 70% der Energie

verbrauchen _____ der Energie

verbrauchen 60% der Nahrungsmittel

verbrauchen _____ der Nahrungsmittel

M94 Ich bin Alberto aus Cerrito in Bolivien

Ich heiße Alberto und bin 11 Jahre alt. Das Dorf, in dem ich lebe, ist sehr klein: Nur 14 Familien wohnen hier, alles Indianer. Auch ich bin ein Indio. Der Name unseres Dorfes ist Cerrito. Unser Land heißt Bolivien. Es liegt in Südamerika. Zuerst möchte ich meine Familie vorstellen.

Mein Vater ist 33 Jahre alt. Bis vor zwei Jahren war er Bauer. Die Ernte war damals aber so schlecht, dass Vater zu wenig Geld für die Erdnüsse bekam, um uns ernähren zu können. Damit wir überhaupt Geld für unser Essen bekommen konnten, musste Vater unser bisschen Land an den reichen Grundbesitzer verkaufen. Nun ist Vater kein Bauer mehr. Er arbeitet manchmal auf der Weide des großen Grundbesitzers und Viehhändlers. Vater ist oft so traurig, dass er Schnaps trinkt. Der viele Schnaps und das wenige Essen haben Vater sehr geschwächt. Früher war er viel lebenslustiger. Meine Mutter ist 29 Jahre alt. Sie versorgt unsere Familie so gut sie kann. Sie ist schwach und sehr oft krank. Maria, meine älteste Schwester, pflegt sie in dieser Zeit und hält unsere kleine Hütte in Ordnung. Maria ist 15 Jahre alt.

Der stärkste von unserer Familie ist Pedro. Er ist 14 Jahre alt und der einzige, der nie richtig krank war. Er arbeitet in der benachbarten Stadt. Das dritte Kind ist mein Bruder Pepe. Er ist jetzt 12 Jahre alt und seit acht Jahren blind.

Dann komme ich, Alberto. Ab und zu arbeite ich auf dem Feld draußen vor dem Dorf. So verdiene ich ein bisschen Geld für unsere Familie. Oft bin ich krank. Meine Zähne fallen mir teilweise aus. Bei vielen Kindern im Dorf ist das so. Meine kleine Schwester heißt Juanita. Sie ist 7 Jahre alt. Meist schläft sie oder ist müde. Manchmal nehme ich sie mit auf das Feld, damit sie mir beim Arbeiten helfen kann. Meist ist sie aber zu schwach dazu, vor allem, wenn sie Durchfall hat.

Filippo ist mein kleinster Bruder. Er ist jetzt 3 Jahre alt. Meist liegt er im Bett und schläft. Manchmal krabbelt er in unserer Hütte herum. Laufen und sprechen kann er noch nicht.

Eigentlich wären wir nicht 6, sondern 8 Kinder. Vor zwei Jahren jedoch sind zwei meiner jüngeren Geschwister an Keuchhusten gestorben. Im Dorf sind damals noch 16 andere Kinder an Keuchhusten gestorben. Im vorigen Jahr war ein Arzt bei uns im Dorf. Er sagte, dass wir alle zu mager sind, weil wir zu wenig essen. Das stimmt! Der Arzt meinte auch, dass wir so oft krank sind, weil wir zu wenig Obst, Gemüse oder Fleisch essen. Die Vitamine würden fehlen. Das stimmt auch! Sicher hätten meine zwei Geschwister und die anderen Kinder aus unserem Dorf nicht sterben müssen, wenn sie nicht schon vor dem Keuchhusten so unterernährt gewesen wären. So hatten sie keine Kraft, um der Krankheit zu widerstehen. Außerdem war auch kein Arzt da, der die kranken Kinder hätte behandeln können. Pepe, mein Bruder, ist genauso mager wie wir alle. Der Arzt sagte uns, daß Pepe deshalb erblindet sei, weil er so wenig Obst und Gemüse gegessen hätte. Am gesündesten sind meine ältesten Geschwister Maria und Pedro. Als sie ganz klein waren, hatten sie noch genug zu essen. Als wir dann aber so viele Kinder wurden, reichte das Essen oft nicht mehr aus. Deshalb sind wir jüngeren Geschwister oft krank und wachsen auch nicht so schnell und so groß. Besonders an meinem kleinsten Bruder Filippo merke ich, daß er nicht richtig wächst, weil er zu wenig Nahrung bekommt, denn ich konnte schon mit einem Jahr laufen und ein bisschen sprechen.

Aber was sollen wir machen? Als Vater noch Bauer war, hatten wir noch mehr zu essen. Aber jetzt, wo Vater nur noch ab und zu beim Viehtreiben und Aufladen hilft, verdient er nur selten Geld. Auch wenn wir Kinder auf den Feldern arbeiten und bei der Erdnussernte helfen, bringt das nur wenig Geld. So können wir uns teures Fleisch oder Milch nicht leisten. Meist essen wir nur Brot, das aus Maismehl gebacken wird, oder Reis. Ganz selten können wir uns Bananen oder Eier kaufen. Es kommt auch oft vor, dass wir wochenlang nur Reis essen und Wasser dazu trinken, weil alles andere zu teuer ist. Fleisch, Bananen und Erdnüsse werden meist in die großen Städte geschickt, weil sie dort teuer verkauft werden können und der reiche Großgrundbesitzer so mehr Geld dafür bekommt. So bleibt für uns oft nichts übrig.

Am schlimmsten sind Hunger und Durst im Winter, weil es dann oft monatelang nicht regnet. Die Trockenheit dauert manchmal fast ein halbes Jahr, von April/Mai bis einschließlich September. In dieser Zeit trocknet der kleine Fluss, von dem wir sonst unser Wasser holen, ganz aus. Wir müssen dann das Vieh des großen Grundbesitzers oft viele Kilometer bis zur nächsten Wasserstelle oder zum nächsten Tümpel treiben. Von dort nehmen wir dann auch Wasser für uns mit nach Hause. Das Wasser ist aber schmutzig und riecht alt. Wenn wir es getrunken haben, bekommen wir oft Durchfall und Fieber.

Im Winter frieren wir oft mit unseren dünnen, löchrigen Kleidern. Es schneit zwar nicht, aber es geht oft ein kalter Wind. Unsere kleine Hütte hat nur einen Raum. Das Dach ist mit Palmenblättern oder Hanfgras gedeckt. Die Wände sind aus Bambusgeflecht und mit Erde verschmiert. In der Mitte ist die Feuerstelle. Auf dem Boden um das Feuer herum schlafen wir. Manchmal ist es in unserer Hütte trotzdem so kalt, dass wir uns erkälten. - Nach dem trockenen Winter kommt bei uns die schönste Zeit im ganzen Jahr, der „kleine Sommer". Er dauert nur von Oktober bis November. In dieser Zeit wird es schon wärmer, und es regnet ab und zu. Dann werden die braunen Pflanzen schnell grün, und es gibt genug zu essen und frisches Wasser an der Wasserstelle.

Von Dezember bis April dauert bei uns die Regenzeit. Der Himmel schickt in dieser Zeit so viel Regen herab, dass wir froh sein können, dass unser Dorf auf einem Hügel steht. Alle Wege sind dann so aufgeweicht, daß kein Auto und kein Wagen mehr fahren kann. Die Felder zwischen den Hügeln stehen dann unter Wasser, die Pflanzen verfaulen oder werden weggeschwemmt. In dieser Zeit leiden wir zwar keinen Durst, aber essen können wir nur von unseren Vorräten in der Hütte. Manchmal fangen die Vorräte aber schon nach einigen Wochen an zu schimmeln oder zu verderben, weil sie feucht werden. Dann haben wir genausowenig zu essen wie in der Trockenzeit. Der ein einzige Vorteil ist, dass es in der Regenzeit warm ist, so dass wir nicht frieren müssen.

Gestern, nachdem wir früh aufgestanden sind, bin ich zu meinem Freund José gegangen. Er wohnt in der Hütte neben uns. Wir haben dann gemeinsam einen Spaziergang zur Schule gemacht. Aber der Lehrer war immer noch nicht da. Die Regierung wollte uns schon vor zwei Monaten einen neuen Lehrer schicken. José und ich sind dann zum Fluss gelaufen, um Wasser zu holen.

Auf dem Weg haben wir wieder die riesigen Papageienschwärrne gesehen, die in der Erntezeit manchmal die Maisfelder bei unserem Dorf überfallen. Auf dem Rückweg mussten wir die schweren Wasserbehälter schleppen. Es ging immer bergauf ... Nachdem ich das Wasser in die Hütte gestellt hatte, knetete Mutter den Teig für das Maisbrot. Mittags waren bis auf Pepe alle daheim. Jeder bekam ein Stück vom frisch gebackenen Brot, Dazu tranken wir Wasser ... Als die Sonne untergegangen war, legten wir uns alle in unserer Hütte auf die Decken. Gegessen haben wir alle heute nur einmal, das war am Mittag.

M95   Die Bevölkerungsexplosion - Ursache oder Folge von Armut?

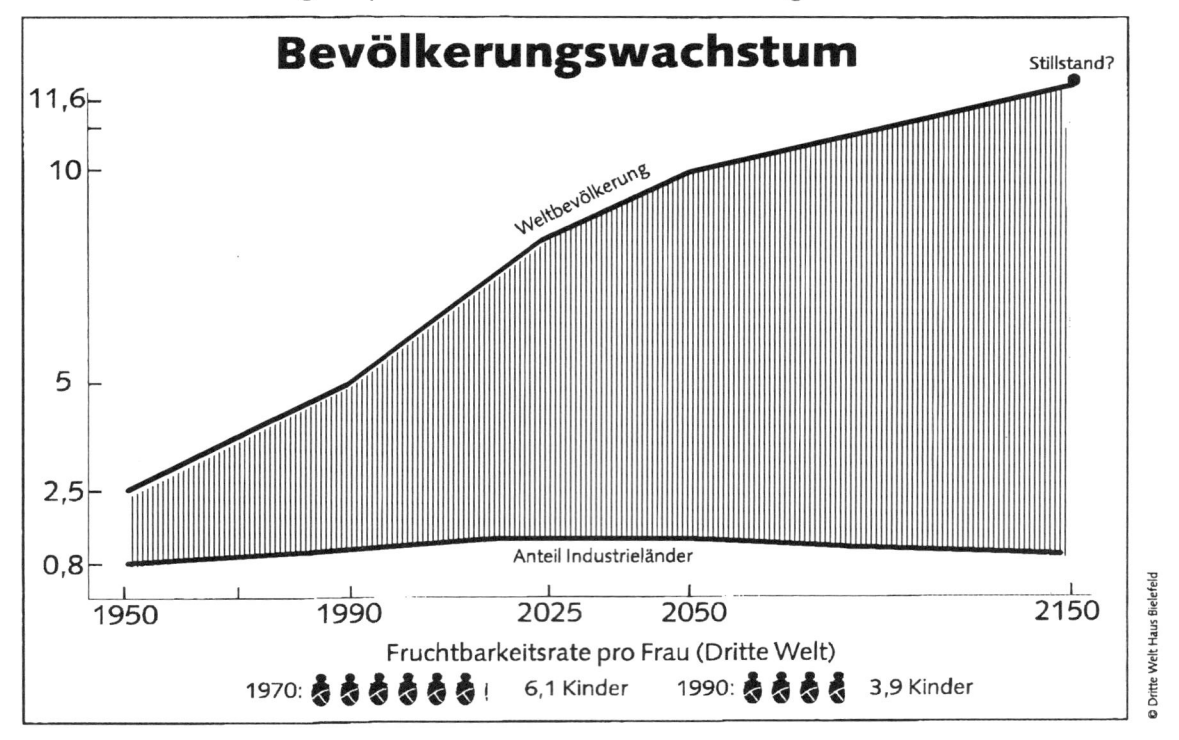

Bevölkerungswachstum

(Schaubild: Weltbevölkerung von 2,5 Milliarden im Jahr 1950 auf ca. 11,6 Milliarden im Jahr 2150 – Stillstand?; Anteil Industrieländer bleibt bei ca. 0,8–1 Milliarde; Fruchtbarkeitsrate pro Frau (Dritte Welt): 1970: 6,1 Kinder; 1990: 3,9 Kinder)

Aus: Atlas der Weltverwicklungen, S. 100

Woher kommen Hunger und Elend in der Dritten Welt? Wenn diese Frage gestellt wird, wird oft gesagt, dass die „Bevölkerungsexplosion" eine wichtige Ursache ist. Denn: Wo viele Menschen leben, müssen auch viele Menschen mit Nahrungsmitteln versorgt werden.
Tatsächlich vermehrt sich die Menschheit in raschem Tempo. Das erkennst du an dem Schaubild. Während heute schon etwa 6 Milliarden Menschen auf der Erde leben, werden es im Jahr 2150 etwa 11,6 Milliarden Menschen sein.
Dabei entfallen 97% des Bevölkerungszuwachses auf die Länder der Dritten Welt. Von den etwa 97 Millionen Kindern, die jedes Jahr geboren werden, kommen nur etwa 3 Millionen in den Industrieländern zur Welt.
Dieses große Bevölkerungswachstum wäre noch höher, wenn nicht die Frauen in der Dritten Welt heute viel weniger Kinder zur Welt bringen würden als noch im Jahr 1970: Damals bekam eine Frau in der Dritten Welt im Durchschnitt etwa 6,1 Kinder, heute sind es nur noch 3,9 Kinder.
Viele Menschen in der „Ersten Welt" meinen, dass nur deswegen so viele Kinder in der Dritten Welt geboren werden, weil die Eltern gedankenlos sind und keine Verhütungsmittel nehmen. Wenn wir aber die Lage in den Ländern genau betrachtet, verstehen wir, warum dort so viele Kinder geboren werden:
- Schon Kinder tragen zum Familieneinkommen bei: sie arbeiten auf dem Feld mit, hüten die Tiere, putzen Schuhe oder verkaufen auf der Straße.
- In der Dritten Welt gibt es keine Rente für ältere Menschen. Daher müssen die eigenen Kinder die Altersversorgung der Eltern sicherstellen.
- Viele Kinder sterben schon sehr früh. Daher bekommen die Eltern möglichst viele Kinder, damit wenigstens einige überleben und für die Eltern sorgen können.
- Eine große Familie bedeutet hohes Ansehen und Achtung.

Aufgabe:
Vergleicht mit der Situation in Deutschland. Stellt einige Gründe zusammen, warum die Familien bei uns oft nur wenige Kinder haben.
Stellt diese Gründe und die Gründe, warum in der Dritten Welt so viele Kinder geboren werden, auf einem Plakat zusammen.

M96 Die Verschuldung von Entwicklungsländern - Ursache für die Armut

Seit vielen Jahren sind arme Länder der Erde auf Kredite angewiesen. Nur mit geliehenem Geld konnten Straßen und Industrieanlagen gebaut werden. Besonders viel Geld haben die Regierungen dafür verwendet, Panzer und Waffen zu kaufen, um gegen die unzufriedene Bevölkerung zu kämpfen.

Die Kreditgeber aus den reichen Länder haben für das geliehene Geld hohe Zinsen verlangt. Heute leiden viele ohnehin arme Länder darunter, diese Kredite und die Zinsen zurückzuzahlen.

Schon seit 1983 hat das dazu geführt, dass viele Entwicklungsländer mehr Geld für die Rückzahlung von Krediten und Zinsen aufbringen müssen, als umgekehrt die Industrienationen an diese Länder zahlen, zum Beispiel als Entwicklungshilfe. So zahlen die armen Länder mehr Geld an die reichen Länder als umgekehrt! Das führt dazu, dass die Länder immer weniger Geld haben und immer mehr Menschen arbeitslos werden. Auch die, die noch Arbeit haben, können oft nicht mehr bezahlt werden. Auch für Schulen und die Gesundheitsversorgung können die Länder immer weniger Geld ausgeben.

Welche Folgen hat das für die Bevölkerung? Zwei Menschen aus Bolivien erzählen:

Maria Flores aus Oruro
Buenos Dias Senoras y Senores! Ich heiße Maria Flores und komme aus Oruro. Ich arbeite in einer Zinnmine. Seit fünf Jahren, als mein Mann mit 38 Jahren plötzlich starb, muss ich alleine meine fünf Kinder ernähren. Seither gehe ich Tag für Tag in die Mine. Von morgens 8 Uhr bis abends 20 Uhr. Im August 1985 hat die Regierung gesagt: „Die Zeit des Zinns ist vorbei". Die Regierung, der die Mine gehört, hat unsere Löhne nicht mehr gezahlt und die Mine verwahrlosen lassen. Heute fehlt es uns an Werkzeug und Ausrüstung. Die Stollen, in denen wir arbeiten, sind nicht mehr gesichert und es ist sehr gefährlich, hier zu arbeiten. In den Schächten, die etwa 460 m tief liegen wird bei 48 Grad gearbeitet. Sehr oft passieren Unfälle, wenn die Stollen einstürzen. Dabei ist auch mein Mann ums Leben gekommen.

Die Lebensmittelläden in Oruro sind fast leer. Aber wir könnten ja eh nichts kaufen, weil alles wahnsinnig teuer geworden ist und wir fast nichts verdienen. Morgens gehen wir mit einem Schluck Wasser und einem Stück Brot zur Arbeit.

Die Regierung hat uns total im Stich gelassen. Aber warum handelt die Regierung so? Früher hat sie viel Geld in die Minen gegeben, damit die Menschen dort Arbeit haben - Subventionen nennt man das. Das kann die Regierung nicht mehr machen, weil sie die hohen Auslandsschulden zurückzahlen muss. Aber die Leidtragenden sind doch wir! Noch nie ging es uns so schlecht wie heute. Wir wissen nicht, wie wir morgen unsere Kinder ernähren sollen.

Rosita aus Santa Cruz
Ich heiße Rosita und lebe seit drei Jahren mit meinem Mann und meinen fünf Kindern in der Nähe von Santa Cruz im Tiefland von Bolivien. Wir stammen aber aus dem Hochland und haben dort ein paar Lamas und Schafe besessen. Den ganzen Tag haben wir auf unseren kleinen Äckern gearbeitet. Wenigstens hatten wir aber meistens genug zu essen.

1983 aber kam eine schreckliche Dürre und unsere Tiere verdursteten und die Ernte vertrocknete. Wir verloren alles und konnten zu Hause nicht mehr weiterleben. Im Tiefland hofften wir auf ein besseres Leben, weil es hier viel wärmer ist und mehr regnet. Außerdem ist der Boden viel fruchtbarer.

Die Regierung hatte uns versprochen, uns zu helfen. Aber heute, nach drei Jahren, hat sich nichts getan! Im Gegenteil: Schon zweimal haben uns Arbeiter eines Großgrundbesitzers vertrieben und wir mussten wieder ein neues Feld abholzen. Schulen für die Kinder gibt es nicht und wir haben kaum Geld. Nur während der Zuckerrohrernte hat mein Mann für einige Zeit eine Arbeit. Aber davon können wir uns fast nichts kaufen, weil die Waren immer teurer geworden sind.

In einer Versammlung der Landarbeiter hat man gesagt, dass es bald noch viel schlimmer für uns werden wird. Die Regierung hat ein neues Gesetz beschlossen, wonach wir noch viel höhere Steuern zahlen müssen. Sie braucht Geld, um die hohen Auslandsschulden zurückzuzahlen. Im Radio haben sie gesagt, dass die Industrieländer die Rückzahlung der Schulden fordern und dass wir alle dazu beitragen müssen.

Aber was haben wir mit diesen Schulden zu tun? Wir haben doch keinen Peso davon gesehen! Um uns hat sich nie einer gekümmert. Nur die Reichen hatten etwas von den Krediten! Sie fahren teure Autos, haben elektrische Geräte und Schmuck. Und jetzt sollen wir durch die Besteuerung unserer Felder, Häuser und Erträge den Reichen helfen? Und wovon sollen wir denn die Steuern bezahlen? Wir haben kaum genug, um den nächsten Tag zu überleben!

M97 „Armut ist weiblich"

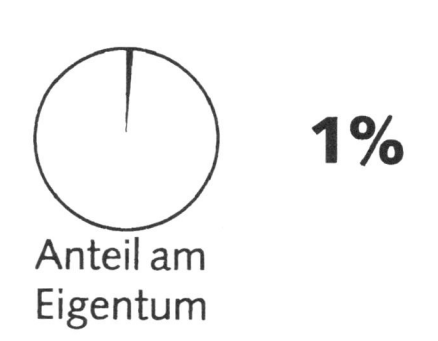

50% Anteil an der Weltbevölkerung

65% Anteil an der geleisteten Arbeit

10% Anteil am Einkommen

1% Anteil am Eigentum

© Dritte Welt Haus Bielefeld

Frauen leisten überall auf der Welt einer sehr großen Beitrag für die Ernährung und das Leben der Familien, verdienen aber weltweit sehr viel weniger als Männer. Denn Frauen leisten meistens die nicht-bezahlten oder schlecht-bezahlten Arbeiten. Viele können nicht lesen und schreiben und haben so keine Möglichkeit, eine Arbeit zu finden.

In den Ländern der „Dritten Welt" sind die Frauen besonders stark von der Armut betroffen. Viele Familien auf dem Land sind sehr arm, da sie nur von ein klein wenig Landwirtschaft leben. So können sie ihre Kinder nicht richtig ernähren. In ihrer Not schicken die Familien oft ihre Töchter, wenn sie etwa 15 Jahre alt sind, in die großen Städte. Sie sollen sich dort eine Arbeit suchen und einen Teil ihres Verdienstes an die Familie schicken. Doch in der Stadt erleben viele von ihnen eine große Enttäuschung. Sie müssen wie Sklavinnen in reichen Familien arbeiten oder werden zur Prostitution gezwungen.

In vielen Ländern haben Frauen vor allem Pflichten, aber wenige Rechte. Auch die Erziehung der Kinder ist hauptsächlich ihre Aufgabe. Oft müssen sie sie auch alleine ernähren, weil die Väter verschwunden oder als Wanderarbeiter nur selten nach Hause kommen.

In der Dritten Welt ist die tägliche Arbeit mühsam und schwer.

So sieht ein typischer Tag im Leben einer Frau im ländlichen Afrika:

4.45 Aufstehen, Waschen, Essen vorbereiten;
5.00 bis 5.30 Wasser holen;
5.30 bis 6.00 Vieh füttern;
6.00 bis 6.30 Auf das Feld laufen;
6.30 bis 15.00 Arbeit auf dem Feld;
15.00 bis 16.00 Brennholz sammeln und nach Hause gehen;
16.00 bis 17.30 Körner zerstoßen und mahlen;
17.30 bis 18.00 Wasser holen;
18.00 bis 20.30 Kochen für die Familie und essen; Viehfüttern;
20.30 bis 21.30 Kinder waschen und Geschirr spülen;
21.30 Schlafen gehen.

Übertragt die Tätigkeiten in die Uhrzeitleiste und markiert alle Arbeitszeiten rot und freie Zeiten grün.

Überlege, wie eine Frau in Deutschland (z.B. deine Mutter, Oma oder Tante)) den Tag verbringt. Tragt auch ihre Tätigkeiten in die Uhrzeitleiste ein. Markiert die Arbeitszeiten rot und die freie Zeit grün.
Vergleicht nun die beiden Arbeitstage miteinander!

M98   Arbeitstag einer Afrikanerin - Arbeitstag einer deutschen Frau

Der Tag einer Afrikanerin auf dem Land

🕐	Farbe	Was tut sie?
01		
02		
03		
04		
05		
06		
07		
08		
09		
10		
11		
12		
13		
14		
15		
16		
17		
18		
19		
20		
21		
22		
23		
24		

Der Tag einer deutschen Frau

🕐	Farbe	Was tut sie?
01		
02		
03		
04		
05		
06		
07		
08		
09		
10		
11		
12		
13		
14		
15		
16		
17		
18		
19		
20		
21		
22		
23		
24		

M99 Kinder - die Hauptleidtragenden der Armut

In ganz besonderer Weise sind die Kinder in der Dritten Welt von Armut betroffen. Kinder, die von unterernährten Müttern geboren wurden und in den ersten Lebensjahren unterernährt blieben, haben kaum Abwehrkräfte gegen Krankheiten. Sie haben auch kaum die Möglichkeit zu einer normalen geistigen und körperlichen Entwicklung. So sterben viele Kinder schon sehr früh an Krankheiten, die oft leicht heilbar wären. Die überlebenden Kinder haben kaum die Möglichkeit, eine Schule zu besuchen, weil sie schon früh mitarbeiten müssen.

Kinderarbeit: Eine moderne Form der Sklaverei
Kinder müssen schon früh zum Lebensunterhalt der Familien beitragen. In der Dritten Welt arbeiten etwa 20 bis 30% der Kinder zwischen 6 und 15 Jahren in Bergwerken, Steinbrüchen, in Teppichwebereien, Fabriken, Küchen, auf Müllhalden und auf Straßen. Oft arbeiten sie 12 bis 16 Stunden am Tag.

Kinder in der indischen Teppichindustrie
Kömilar Bhaian, zehn Jahre: Er arbeitete von frühmorgens bis spätabends, manchmal bis Mitternacht. Er erhielt täglich zwei Mahlzeiten, eine gegen Mittag und eine vor dem Schlafen gehen. Frühstück gab es nicht. Nachts wurden die Kinder wie Gefangene eingeschlossen, damit sie nicht weglaufen konnten; selbst zur Verrichtung ihrer Notdurft auf dem Feld wurden sie bewacht. Kömilar Bhaian hat dreimal versucht wegzulaufen, er wurde jedoch immer wieder gefangen und für die Fluchtversuche mit Prügel bestraft, mehrmals sogar gefoltert.
Jogan, neun Jahre alt: Er arbeitete auch täglich von 5 Uhr morgens bis nachts 22 Uhr. Zu den zwei Mahlzeiten erhielt er zwei „rotis" (dünne Fladenbrote) mit wässerigem „dal" (Linsengemüse) und manchmal als Gemüsebeilage Kartoffeln. Mit den anderen Kinder schlief er auf Reisstroh auf dem Fußboden. Wenn er oder seine Kumpanen am Webstuhl eindösten, wurden sie geschlagen. (nach: Südasien-Info, Nr. 1-2/86)

Warum werden Kinder Teppichknüpfer?
Sie stammen alle aus den ärmsten Familien in Indien. Die Familien schicken die Kinder zu den Webstuhlbesitzern, damit sie dort Geld verdienen können, mit dem sie zum Lebensunterhalt der Familie beitragen können.
Die Webstuhlbesitzer sind die reichsten Menschen in der ganzen Umgebung. Wenn nun eine Familie ein Haus bauen will, verleihen die Webstuhlbesitzer oft auch Geld. Um diese Schulden abzubezahlen, werden die Kinder der Familien an die Webstühle geschickt. Mit ihrer Arbeit tilgen sie die Schulden ihrer Familie. Die Familien „verkaufen" die Kinder an die Besitzer.

Die Arbeitsbedingungen in einer indischen Teppichknüpferei sind unvorstellbar hart:
Die meisten Knüpfstühle sind in dunklen Hütten. Viele Kinder haben daher Augenleiden andere werden krank, da die Hütten kaum gelüftet werden können, Wollstaub in der Luft liegt und die Wolle mit giftigen Chemikalien gefärbt wird. Viele Teppichknüpferkinder leiden an Asthma, Tuberkulose und Allergien.
Die Kinder hocken gebückt vor dem Webstuhl, was zu Haltungsschäden führt. Außerdem werden die Kinder häufig geschlagen.
Ein Junge erzählt über Misshandlungen: „Wir wurden mit rot glühenden Eisen gezeichnet und mussten 20 Stunden am Tag arbeiten. Wenn wir zu langsam arbeiteten oder nach anständigem Essen verlangten, wegen Krankheit nach Hause wollten oder ohne Erlaubnis des Besitzers zur Toilette gingen, dann wurden wir mit zusammengebundenen Beinen kopfüber an einen Baum gehängt und mit einem in ein Tuch eingebundenen Stein geschlagen" (aus: epd Dokumentation 2/93 „Gegen Kindersklaverei in Indiens Teppichindustrie")
Die in Indien geltenden Mindestlöhne werden nicht gezahlt. Die Webstuhlbesitzer verrechnen Kosten für Ausbildung und Mahlzeiten der Kinder und ziehen Lohn ab, wenn die Kinder einen Webfehler machen. Dadurch bleiben viele Kinder praktisch ohne Einkommen.
Die Kinder in den Teppichknüpfereien haben kaum eine Chance, eine Schule zu besuchen. Damit haben sie auch als Erwachsene keine Chance, eine bessere Arbeit zu finden.

Warum werden so viele Kinder in der indischen Teppichindustrie eingesetzt?
Handgeknüpfte Teppiche aus Indien werden in allen Industrieländer gerne gekauft. Vor allem in Deutschland werden besonders viele dieser Teppiche gekauft, da die indischen Teppiche viel billiger sind als die aus Persien.
So billig können sie aber nur angeboten werden, weil sie mit billiger und unbezahlter Kinderarbeit gefertigt werden. Dabei gäbe es in Indien genug erwachsene Teppichknüpfer. Für diese müssten die Webstuhlbesitzer aber die staatlichen Mindestlöhne zahlen. Da ist es billiger, Kinder arbeiten zu lassen!

(inhaltlich nach: F. Nuscheler, S. 123ff, s. Lit.)

3. Die Dritte Welt deckt uns den Tisch - Leben auf Kosten der Armen

a) Notizen zu Thema und Intention

In diesem Abschnitt soll vor allem herausgearbeitet werden, wie viele uns selbstverständlich gewordene Güter und Lebensmittel aus Ländern der Dritten Welt importiert werden. Dabei kann es auch darum gehen, exemplarisch zu erarbeiten, unter welchen Bedingungen diese Güter produziert werden und welche Konsequenzen etwa der Anbau von Kaffee und Kakao für die Menschen vor Ort hat. Enge Bezüge ergeben sich zum nächsten Abschnitt, in dem der „faire Handel" einen Schwerpunkt bildet. Dort ist auf das in diesem Schritt Erarbeitete zurückzugreifen.

Zahllose Produkte werden nach Deutschland importiert aus Ländern, in denen häufig Mangelernährung, Lebensmittelknappheit und Unterdrückung herrschen. So etwa Ananas, Avocados, Bananen, Mango, Weintrauben, Nüsse, Äpfel und Birnen, aber auch Genussmittel wie Kaffee, Tee und Kakao, aber auch Baumwolle.

Viele dieser Produkte werden auf Plantagen angebaut, in denen die Bauern unter dramatisch schlechten Bedingungen arbeiten müssen und von den Großgrundbesitzern ausgebeutet werden. Diese Großgrundbesitzer können die Waren auf dem Weltmarkt weitaus billiger anbieten als Kleinbauern, die die gleichen Produkte anbauen. Doch nicht nur für die Arbeiter ergeben sich viele negative Konsequenzen, auch für die Umwelt ist diese Art des Anbaus schädlich: In Monokulturen werden Böden einseitig ausgelaugt und es müssen enorme Mengen an Kunstdünger und Insektenvernichtungsmitteln eingesetzt werden, um auf den riesigen Plantagen Schädlingsbefall und schlechte Ernten zu vermeiden.

Erschwerend kommt hinzu, das die Weltmarktpreise etwa für Kaffee in den letzten Jahren rapide gesunken sind. Dies hat zur Folge, dass die Bauern und Arbeiter noch weniger verdienen, für uns aber der Kaffee noch billiger geworden ist.

Unter ebenfalls unvorstellbaren Bedingungen wird in den Bergwerken gearbeitet, in denen Silber, Gold, Eisen, Zinn u.a. abgebaut wird. Die Bergleute arbeiten für einen Hungerlohn und sind in den schlecht ausgestatteten Minen ständigen Gefahren etwa durch einstürzende Stollen ausgeliefert. Viele der Bergarbeiter sterben sehr früh an Staublungen.

Gegen die Tatsache, dass die Länder durch Export von Nahrungsmitteln und Rohstoffen Devisen einnehmen, ist nun zunächst nichts einzuwenden. Problematisch wird dies dann, wenn der Anbau der Exportgüter mit dazu beiträgt, dass immer mehr Menschen hungern müssen oder zumindest an Mangelernährung leiden. Tatsächlich nimmt der Anbau von Exportprodukten nur einen recht kleinen Anteil der gesamten Landwirtschaftsfläche der Dritten Welt ein (etwa 5 bis 20 Prozent). Der Konflikt liegt auf qualitativer Ebene: Die Bauern verwenden meist die besseren Böden für den Export und widmen diesen Feldern den größeren Teil ihrer Arbeitszeit. Außerdem fördert der Staat den Anbau von Exportprodukten mit Kreditprogrammen, landwirtschaftlicher Beratung, Bereitstellung von Saatgut und Dünger. Der Anbau von lebenswichtigen Nahrungsmitteln wie Hirse, Reis und Mais, der direkt der heimischen Bevölkerung zugute käme, wird dagegen nicht gefördert, da ja dadurch keine Devisen erwirtschaftet werden können.

b) Methodische Hinweise

- Verschiedene Produkte wie Konservendosen, Kaffee, Tee, Früchte etc. sollten in den Unterricht mitgebracht werden. Die Schüler/innen bekommen die Aufgabe, auf den Packungen herauszufinden, aus welchem Land die jeweiligen Produkte kommen. Zusätzlich können Produkte mitgebracht werden, die in Deutschland aus verschiedenen Rohmaterialien hergestellt werden und daher keinen „Herkunftsort" angeben. Beispiele: Waschmittel, Kleidung aus Baumwolle, Gewürze, Alufolie, Schokolade, Popcorn, ...
  Wenn es der Lehrkraft nicht möglich ist, einen solchen „Warenkorb" mitzubringen kann auch auf das Buch „Lebenslinien 6" zurückgegriffen werden, wo auf S. 70 eine Collage von Waren abgebildet ist. Vgl. auch die Handreichung zum Unterrichtswerk der Klasse 6, Seite 128

- Wenn in Anschluss an die Lebensgeschichten aus Afrika, Südamerika und Südostasien (Buch S. 154/155) auf einer Landkarte der „Armutsgürtel" sichtbar gemacht worden ist, kann daran angeknüpft werden. Es werden nun Packungen oder Zeichnungen / Fotos der jeweiligen Produkte mit ihren Herkunftsländern verbunden. Ergänzend können auch die „Warenströme" aus den Ländern nach Deutschland mit andersfarbigen Fäden verdeutlicht werden.
  Unmittelbar wird so für die Schüler/innen einsichtig, dass die armen Länder der Erde zugleich die sind, aus denen viele Nahrungsmittel nach Deutschland exportiert werden.

- Exemplarisch können, etwa in Gruppenarbeit, Beispiele für Produkte erarbeitet werden, die aus Ländern der Dritten Welt nach Deutschland importiert werden. Hierzu liegt hervorragendes Material vor:
  „Lasst die Blumen sprechen" in: entwurf 2/96, 56-58
  „Colonialwaren" (Lit.) - Das Material enthält je ein ausführliches Heft zu den Themen Bananen, Honig, Kaffee, Tee, Kakao sowie jeweils mehrere Farbfolien und ein Plakat. Thematisch geht es um den Anbau, die Arbeitsbedingungen, die Handelsstrukturen und Konsequenzen für einen gerechten Handel. Unter diesem Aspekt können die Materalien auch beim Themenkomplex „Leben in der Einen Welt" verwendet werden.
  TIP: Die Folien können, in Klarsichthüllen gesteckt, auch als Arbeitsmaterialien den Schüler/innen zur Verfügung gestellt werden.
  Eine-Welt-Läden stellen kostenlos sehr gute Informationsbroschüren über verschiedenen Produkte zur Verfügung.

- Gut geeignet, wenn auch nicht ganz einfach, ist das Rollenspiel „Wen macht die Banane krumm?" Spielanleitung und Kopiervorlagen sind veröffentlicht in: Brot für die Welt: Viele Völker decken unseren Tisch - Auf dem Weg zu gerechtem Handel, S. 13 - 16 (Geeignete Fassung für Sek. I) Erfahrungsgemäß gelingt es gerade Hauptschüler/innen recht gut, sich in ein solches Rollenspiel einzufinden und ganz in der Rolle zu leben. Ungerechtigkeiten, die sich aus dem Spielverlauf ergeben, werden sehr unmittelbar und mit persönlicher Betroffenheit erlebt.

- Zur Information über verschiedene Importprodukte aus Dritte-Welt-Ländern: vgl. Misereor Kinder-Fastenaktion 1997, Blatt „Die Erde deckt den Tisch". Damit können die Schüler/innen ihren Frühstückstisch darstellen (zeichnen, Bilder kleben) und nachfragen, welche Produkte aus der Dritten Welt importiert sind.

- Um die „Warenströme" zwischen der Dritten und der Ersten Welt zu verdeutlichen, kann M100 eingesetzt werden. Es wird so deutlich, dass weniger die Dritte an der Ersten Welt hängt, als vielmehr die Erste Welt am Tropf der Dritten Welt.

- Die Ungerechtigkeiten in der Weltwirtschaft können auch aufgezeigt werden durch die „Geschichte von der großen Weltversammlung" (M101). Mit verteilten Rollen gelesen ist die Geschichte sehr wirkungsvoll und bietet Gesprächsanlass. Diese Geschichte hat eine große Bedeutung insofern, als sie unmittelbar die uns von Gott aufgegebene Verantwortung für gerechte Strukturen thematisiert.

- In der Erzählung im Buch S. 159 schildert Rigoberta Menchú das harte Leben auf einer Finca in Guatemala. Wird dieser Text im Unterricht erarbeitet, kann später darauf Bezug genommen werden, wenn im letzten Teil ebenfalls auf Rigoberta Menchú eingegangen wird.
  Ähnliche Lebensberichte über die schlechten Arbeitsbedingungen auf Plantagen (Fincas) finden sich in der bereits erwähnten Materialsammlung „Colonialwaren".

- Hunger wird gemacht (Buch S. 159)
  Zur Vertiefung des Textes könnten in einem Unterrichtsgespräch etwa folgende Fragen besprochen werden:
  Welche Vor- und Nachteile haben afrikanische Bauern, wenn sie auf einem Teil ihrer Felder Pflanzen für den Export anbauen?
  Es wurde berechnet, dass die Ackerflächen in Afrika genügen würden, um alle Menschen in diesem Kontinent ausreichend mit Nahrung zu versorgen. Begründe, warum das heute nicht mehr gelingen kann!

- An das Erarbeiten des Textes und der Graphik im Buch sollte sich eine unmittelbare Erfahrung anschließen. Eine Möglichkeit besteht darin, etwa aus einem Kilogramm (je nach Gruppengröße mehr oder weniger) Brot oder einfache Brötchen / Fladen zu backen und gemeinsam zu essen. Dies kann dann damit verglichen werden, wieviel Getreide verfüttert werden müsste, damit alle einen ähnlichen Sättigungsgrad erreichen. Als „Maßeinheit" könnte etwa ein Hähnchen genommen werden, das in der Regel etwa 1300 Gramm hat und von dem etwa zwei Menschen satt werden. Gemessen daran, dass für ein Kilo Hühnerfleisch 3 kg Getreide verfüttert werden müssen, wird die Problematik wohl schnell klar.

- Evtl. in Verbindung mit dem HTW-Unterricht könnten ergänzend aus Maismehl (erhältlich z.B. in guten Supermärkten) Maistortillas gebacken werden. Maisfladen eignen sich gerade deshalb besonders gut, da Mais ein wichtiges Futtermittel ist und so die oben dargestellten Zusammenhänge gut verdeutlicht werden können.
  Für ca. 10 Fladen werden benötigt: 1 Tasse Weizenmehl, 1 Tasse Maismehl, 1 Teelöffel Salz, 50 g Fett, 2 Tassen Wasser
  Mehl, Salz und Fett verrühren, lauwarmes Wasser unter ständigem Rühren zugeben. Den Teig auf einem gemehlten Brett kneten, bis er geschmeidig ist. In zehn gleich große Portionen teilen und zu dünnen, großen Fladen ausrollen. Die Fladen in einer heißen, ungefetteten Pfanne von jeder Seite backen.

- Eine andere Möglichkeit, mit einem typischen „Dritte-Welt-Produkt" eine schmackhafte Mahlzeit herzustellen sind Bananenküchlein.
  Die Bananenküchlein eignen sich auch für den Pausenverkauf. Allerdings sollte dann ein Plakat auf die Problematik hinweisen, dass bei uns Bananen billig verkauft werden. Nach Möglichkeit sollten die verwendeten Bananen im Eine-Welt-Laden gekauft werden; auch Rohrzucker aus den Philippinen ist dort erhältlich.
  Für vier Personen werden benötigt:
  6 reife Bananen, 1 Tasse Weizenmehl, 1/4 Tasse Zucker in 1/4 Tasse heißem Wasser aufgelöst, 1 Prise Muskat.
  Bananen pürieren und alle Zutaten kräftig durchrühren oder schlagen. Wenn die Masse fester ist als Kuchenteig, noch etwas Wasser zugeben. Öl in einer Pfanne erhitzen und mit einem Löffel wenig Teig in die Pfanne geben und von beiden Seiten goldgelb backen.

c) Literatur und Materialhinweise

Colonialwaren. Materialien Projektwochen in der Sekundarstufe (I und II) und für die außerschulische Bildungsarbeit, Aachen 1995. Bezugsadresse: Misereor Medienproduktion und Vertrieb, Postfach 1450, 52015 Aachen.

„Nicht nur vom Brot allein". Misereor Materialien für die Schule 23, Aachen 1997

Afrika erfahren. Misereor Materialien für die Schule. Eine Projektwoche zu Afrika/Kamerun, Sekundarstufe I und II, Aachen, 3. Aufl., 1994

Brot für die Welt: Viele Völker decken unseren Tisch - Auf dem Weg zu gerechtem Handel. Bezug: Brot für die Welt, Zentraler Vertrieb, Postfach 10 11 42, 70010 Stuttgart

Spiele
Die krumme Tour mit der Bohne. Bezug: Brot für die Welt, Zentraler Vertrieb, Postfach 10 11 42, 70010 Stuttgart
Das Kaffeespiel. Bezug: Misereor Medienproduktion und Vertrieb, Postfach 1450, 52015 Aachen
Wen macht die Banane krumm? Bezug: Brot für die Welt, Zentraler Vertrieb, Postfach 10 11 42, 70010 Stuttgart
Das Kakao-Spiel. Bezug: Brot für die Welt, Zentraler Vertrieb, Postfach 10 11 42, 70010 Stuttgart

M100 Warenströme

Ananas ☐ Avocados ☐ Bananen ☐ Baumwolle ☐ Blumen ☐ Datteln
Eisenerz ☐ Erdnüsse ☐ Erdöl ☐ Fisch-für-Katzenfutter ☐ Futtermittel
Kaffee ☐ Kakao ☐ Kiwi ☐ Kokosnüsse ☐ Mango ☐ Soja ☐ Teppiche
Textilien ☐ Tropenholz
○ Zinsen-für-geborgtes-Geld ○
(und vieles mehr – ergänze!)

Ein breiter Strom von Waren fließt in unser Land

Die Entwicklungsländer kaufen bei uns:

Fabriken ☐ Rüstungsgüter ☐ Medikamente
Autos ☐ Luxus-für-die-Reichen ☐ Polizeiausrüstung

M101 Die Geschichte von der großen Weltversammlung

Als Gott im Himmel hörte, dass sich immer mehr Völker über ihr jammervolles Leben in Armut und Hunger beklagten, sagte er: „Von jedem Volk auf der Erde sollen Abgeordnete zu mir kommen. Von den kleinen Völkern und von den großen. Die Armen sollen sich auf den Weg machen und auch die Reichen, denn ich will sie alle befragen."

Gottes Boten brachten die Einladung bis in die entferntesten Winkel der Erde. Bald darauf zog eine bunte Schar von Abgeordneten vor Gottes Thron. Als alle da waren, sprach Gott zu ihnen: „Ich habe die Klagen über Not und Hunger auf der Erde gehört. Deshalb habe ich euch eingeladen, um Näheres zu erfahren."

Da meldeten sich die Leute aus den kleinen Ländern von Mittelamerika als erste und sagten: „Lass uns anfangen, Herr! Es geht uns schlecht. Unsere Kinder hungern. Unsere Kleider sind zerrissen. Wir haben bald keine Hoffnung mehr!"

„Uns geht es nicht besser!" riefen die Abgesandten aus Sambia, einem Land in Afrika. „Wir sind bettelarm, und Jahr für Jahr wird es schlimmer." Gleiches berichteten die Gesandten aus Asien.

„Wie soll ich das verstehen?", antwortete Gott. „Als ich die Erde schuf, habe ich euren Ländern genug Reichtümer gegeben, fruchtbare Erde für Nahrungsmittel und für Sambia einen großen Vorrat von kostbarem Kupfer. Was tut ihr mit diesen Gaben?"

„Früher gehörten die guten Böden uns. Genug Nahrung wuchs für alle", sagten die Abgesandten aus Mittelamerika. Heute bestimmen Fremde über unser Land: Sie bauen Bananen an und verkaufen sie billig nach Europa und Nordamerika. Für uns bleibt fast nichts übrig."

„Genauso geht es mit unserm Kupfer!", riefen die Gesandten Sambias. „Die Industrieländer haben unsere Minen in ihre Hand gebracht. Sie beuten sie und uns aus und bringen Kupfer in ihre Länder."

Da fragte Gott die Leute aus den reichen Ländern in Asien, Europa und Nordamerika: „Wozu braucht ihr das Kupfer so billig?" Warum kosten Bananen bei euch weniger als euer eigenes Obst?"

„Wir bauen viele Autos", antworteten sie. „Dafür brauchen wir Eisen und Kupfer. Wir haben auch komplizierte elektronische Spielsachen, damit sich unsere Kinder nicht langweilen. Und Bananen essen wir gerne. Überhaupt haben wir uns an das gute Leben gewöhnt." Als sie das so vor Gottes Angesicht sagten, merkten sie: Etwas stimmte bei ihrer Antwort nicht.

Nachdem noch viele geredet und die einen ihre Not und die anderen ihre Verschwendung geschildert hatten, beendete Gott die Versammlung. Er trug den Abgeordneten auf. „Berichtet zu Hause, was ihr gehört habt."

Als die Abgeordneten aus den reichen Ländern ihren Völkern erzählten, was sie erlebt hatten, sagten einige: „Wir haben uns an das gute Leben gewöhnt. Wir können nicht verzichten, und an Gott glauben wir nicht. Er soll uns in Ruhe lassen." Und sie lebten weiter wie bisher. Aber andere sagten: „Wir haben unrecht gehandelt vor Gott und an den Völkern. Wir haben sie ausgenutzt. Wir geben etwas von dem, was wir zu wenig bezahlt haben, freiwillig zurück." Sie taten sich zusammen und begannen, von ihrem Reichtum abzugeben. Anfangs fiel das schwer, aber mit der Zeit ging es besser.

Ehrhardt Wichmann

4. Auf dem Weg zur Einen Welt

a) Notizen zu Thema und Intention

Dieser Teil bildet den Abschluss der Einheit „Leben in der Einen Welt" und nimmt zugleich Bezug auf alle vorangegangenen Abschnitte, indem er danach fragt, was angesichts der verschiedenen Problemstellungen zu tun sei, wo Handlungsansätze liegen könnten. Gerade in der Arbeit mit Schüler/innen der Hauptschule ist aber zu überlegen, ob die Frage nach Handlungsmöglichkeiten nicht jeweils im Zusammenhang der Problemstellung thematisiert werden sollte, also zum Beispiel Caritas und Diakonie im Kontext des Themas „Armut und Reichtum in Deutschland".
Zur besseren Übersicht ist dieser Teil in vier Abschnitte gegliedert:

4.1 Dienst an armen Menschen in Deutschland
Hier stehen Organisationen und Einrichtungen im Mittelpunkt, die verarmten Menschen in unserem Land zu helfen versuchen, Auswege aus ihrer Situation zu finden oder zumindest in ihrer Lebenssituation eine menschenwürdige Existenz leben zu können. Da es gerade in diesem Bereich zahlreiche Initiativen vor Ort gibt und sehr stark danach zu fragen ist, was auf lokaler Ebene geschieht, können im Rahmen dieses Unterrichtswerkes nur wenige sehr allgemeine Materialien bereitgestellt werden. Überregionale Träger von sozialen Hilfsdiensten, Beratungsstellen und Einrichtungen für die an den Rand Gedrängten ist die Caritas (Vgl. M103 und Buch S. 161) auf katholischer und das Diakonische Werk auf evangelischer Seite. Wesentliches Anliegen dieses Unterrichtsschrittes sollte sein, diese Einrichtungen „lebendig" werden zu lassen. Die Dienststellen der örtlichen Caritas sind die erste Anlaufstelle. Überregionale Stellen siehe Literaturhinweise. Es ist aber auch darauf hinzuweisen, dass die Caritas als Dienst am Mitmenschen nicht zuletzt eine originäre Aufgabe der christlichen Gemeinde ist. Daher sollten auch Felder der Gemeindecaritas in den Blick kommen.

4.2 Menschen stellen sich in den Dienst von armen Menschen in der Dritten Welt
Zahllose Menschen setzen sich in Ländern der Dritten Welt für mehr Gerechtigkeit ein und dafür, dass den Menschen auch hier eine menschenwürdige Existenz möglich ist.
Es ist schwer, für ein Religionsbuch eine Auswahl von Menschen zu treffen, die sich ganz in den Dienst der Armen gestellt haben. Zu viele herausragende Persönlichkeiten gibt es in allen Ländern der Dritten Welt. Vielleicht haben sie als Lehrkraft persönlich oder ihre Gemeinde einen direkten Kontakt zu einer Person / Gruppe, die etwa in Slums oder unter der verarmten Bevölkerung lebt. Ein solcher persönlicher Kontakt ist allemal besser als die Übernahme von Materialien aus dem Schulbuch.
Dennoch möchten wir hier ein - subjektiv ausgewähltes - Beispiel geben. Dabei haben wir uns bewusst auf eine relativ bekannte Person gestützt, da unbekanntere eben häufig durch persönliche Begegnungen nahe gekommen sind und dies nicht in Unterrichtsmaterialien vermittelt werden kann. Weiterhin haben wir darauf geachtet, nicht eine Europäerin/einen Europäer auszuwählen, sondern eine Person, die aus der Mitte des unterdrückten Volkes kommt: Rigoberta Menchú Tum.
1992 wurde ihr der Friedensnobelpreis verliehen. Sie war mit 33 Jahren die jüngste Preisträgerin, sie war die erste Preisträgerin eines indigenen Volkes

und sie war erst die neunte Frau unter 91 Preisträgern. Sie erhielt diesen Preis für ihr Engagement für soziale Gerechtigkeit und ethnische Versöhnung auf der Basis der Rechte der Urbevölkerung des lateinamerikanischen Staates. Schließlich sind die verschiedenen indigenen Völker Mittel- und Südamerikas die „Ärmsten der Armen" in ihren Ländern. Zum einen sind sie sozial benachteiligt, zum anderen sind sie seit der Eroberung Amerikas im Jahr 1492 ihrer kulturellen Wurzeln beraubt worden, die ihnen eine lebensfähige Gemeinschaft und soziale Würde gaben. So greifen Engagement für soziale Gerechtigkeit und der Einsatz für die indigenen Völker Hand in Hand.

4.3 Kirchliche Hilfswerke: Partnerschaft statt Patenschaft

Brot für die Welt auf evangelischer und Misereor auf katholischer Seite sind Hilfswerke in Deutschland, die sich das Ziel gesetzt haben, sich von Deutschland aus für mehr Gerechtigkeit in der Welt einzusetzen. Dabei hat sich das Profil von Misereor seit seiner Gründung 1959 stark gewandelt: Wurden anfangs Lebensmittelspenden als akute Notfallhilfe organisiert, liegt der Schwerpunkt heute darauf, vor Ort zu einer „nachhaltigen Entwicklung (sustainable development)" beizutragen. (In diesem Zusammenhang sei auf die zukunftsweisende Studie „Zukunftsfähiges Deutschland" verwiesen, die von BUND und Misereor herausgegeben wurde.) Organisationen vor Ort werden materiell und personell unterstützt, um so eine Hilfe zur Selbsthilfe zu ermöglichen, die eine nachhaltige Veränderung der strukturellen Ursachen von Ungerechtigkeit und Verarmung zum Ziel hat.
Im Zuge dieser konzeptionellen Veränderung der Arbeit sind auch Patenschaften für Kinder und Jugendliche in der Dritten Welt in den letzten Jahren immer stärkerer Kritik ausgesetzt worden. Es wird nur an Symptomen, nicht aber an Ursachen der Armut gearbeitet wird. Außerdem werden Einzelne ausgewählt und geraten so in ihrem Umfeld in eine privilegierte Stellung. Daher geht der Ansatz etwa von Misereor dahin, Projekte in Ländern der Dritten Welt zu unterstützen, die einer größeren Gruppe, einer Dorfgemeinschaft oder Gemeinde zugute kommt. Dennoch wollen viele Menschen in der „Ersten Welt" wissen, an wen sie Geld spenden, wollen informiert sein über Ziel und Vorgehen des Projektes und nicht einfach nur einer Organisation Geld überweisen, die völlig anonym bleibt.
Daher hat Misereor das „Projekt: Partnerschaft" aufgebaut. Interessierte Gruppen und Einzelpersonen in Deutschland können ein Projekt auswählen, das sie gerne unterstützen würden und werden dann eingehend über das gewählte Projekt informiert. Prospekte können bei Misereor angefordert werden.

4.4 Nicht länger auf Kosten der Ärmsten: Gerechterer Handel

Seit Jahren bieten Organisationen des „alternativen Handels" den Verbraucher/innen Kaffee und andere Güter an, die unter fairen Produktions- und Handelsbedingungen vermarktet wurden. Die Verbraucher in Deutschland zahlen einen deutlich höheren Preis als für herkömmlich gehandelte Waren und ermöglichen damit Kleinbauern und Genossenschaften einen der Arbeit angemessenen Preis. Es geht also nicht um „wohltätige Unterstützung" von Projekten, sondern darum, soviel zu bezahlen, dass die Produzenten für ihre Arbeit gerecht entlohnt werden. Zwischenhändler, die sehr stark mitverdienen, werden bei fair gehandelten Waren ausgeschaltet, indem Organisationen wie die gepa (Gesellschaft zur Förderung der Partnerschaft mit der Dritten Welt) Partnerschaftsverträge mit Genossenschaften abschließen. In diesen Verträgen wird u.a. ein Garantiepreis gewährt: den Handelspartnern werden Preise über dem Weltmarktniveau zugesichert. Weiterhin wird in der Regel ein gewisser Anteil des Verkaufspreises als Projektspende verwendet, z.B. für Bildungsmaßnahmen oder die Umstellung auf ökologischen und damit nachhaltigen Landbau. Die Waren, für die wir einen höheren, aber gerechten Preis bezahlen, sind mit dem TransFair-Siegel gekennzeichnet.

Nachdem bislang eher strukturelle Maßnahmen und solche, die durch große Organisationen oder herausragende Einzelpersonen getragen sind, behandelt wurden, ist ein letzter Schritt nur konsequent. Es geht darum, dass die Schüler/innen reflektieren, wo bei all diesen Problemen ihre eigenen kleinen Handlungsmöglichkeiten liegen könnten. Dabei ist darauf zu achten, nicht in die Resignation des „Ich kann ja doch nichts tun" zu verfallen, sondern Perspektiven aufzuzeigen, wo vor allem durch eine Änderung des Einkaufsverhaltens oder auch durch gemeinsame Aktionen „kleine Schritte" getan werden können.

b) Methodische Hinweise

4.1 Dienst an armen Menschen in Deutschland

- Bei diesem Thema sollte nach Möglichkeit „Lernen vor Ort" stattfinden, indem Einrichtungen aufgesucht werden. Es empfiehlt sich natürlich ein Besuch in einer Caritas-Einrichtung. Hierzu sollte im Unterricht ein Interview mit Mitarbeiter/innen vor Ort vorbereitet werden. Exemplarisch kann dann ein Handlungsfeld der Caritas erschlossen werden.
  Vgl. dazu die Übersicht über die Arbeit der Caritas M103

- Sollte ein solcher Besuch in einer Einrichtung nicht möglich sein, könnte auch auf Medien zurückgegriffen werden. Zu empfehlen ist die Serie „Kirche vor Ort - KIP", in der u.a. Folgen über die Bahnhofsmission, die Aidsseelsorge, Caritaswerkstätten, Tagesstätten für Obdachlose, Drogentherapie u.a.m. erschienen sind. Diese Serie ist bei der Fachstelle für Medienarbeit zu entleihen.

- Ergänzend zu oder statt eines Besuchs in einer Caritas-Einrichtung könnte ein Gespräch mit einem Mitglied einer umliegenden Gemeinde stattfinden. Die Gesprächspartnerin / der Gesprächspartner sollte möglichst in einem diakonischen Feld innerhalb der Gemeinde arbeiten, sei es in der Nachbarschaftshilfe oder der Flüchtlingsarbeit oder einem anderen sozialen Betätigungsfeld der Gemeinde. Mit diesem Akzent wird stärker betont, dass Diakonie eine Aufgabe des Einzelnen und der Gemeinde ist und nicht nur die einer Institution.

4.2 Menschen stellen sich in den Dienst von armen Menschen in der Dritten Welt

- Buch S. 162: Kurzer Lebensbericht R. Menchú, „Das Land ist eine offene Wunde"
  Wer darüber hinaus an diesem Thema weiterarbeiten möchte, dem sei ein von Brot für die Welt herausgegebener Lernzirkel (Lit.) empfohlen, der sich ausführlich mit dem Leben von Rigoberta Menchú beschäftigt und zahlreiche Hintergrundinformationen über das Leben in Guatemala bietet. Die einzelnen Stationen basieren im wesentlichen auf Passagen aus dem Buch von Elisabeth Burgos: R. Menchú - Leben in Guatemala.

In dem Materialsatz sind auch mehrere Farbtafeln sowie ein großes Plakat „Frauen gestalten die Welt" enthalten, das sehr gut als Einstieg in die Thematik geeignet ist.

- In Anschluss an die Beschäftigung mit R. Menchú können die Schüler/innen aufgefordert werden, einen fiktiven Brief an Frau Menchú zu schreiben, in dem sie darstellen, was sie erfahren haben und was sie beeindruckt hat; sie können aber auch darüber schreiben, was ihnen fremd geblieben ist.

- Weiterhin sei verwiesen auf den bewegenden, aber anspruchsvollen Film „Romero", der die Geschichte des Bischofs Oskar Romero aus El Salvador erzählt und schildert, was diesen dazu führte, eine „Option für die Armen" zu treffen. Romero war eine zentrale Figur des salvadorianischen Befreiungskampfes und wurde aus diesem Grund 1980 umgebracht. Allerdings beansprucht der Film mit seinen 106 Minuten Länge mehr als zwei Unterrichtsstunden. Evtl. kann er bei entsprechender Vorbereitung auch im Klassenverband betrachtet werden. Die Lehrkraft sollte sich von dem Film vorher unbedingt ein eigenes Bild machen, ob er für ihre Klasse geeignet ist!

4.3 Kirchliche Hilfswerke: Partnerschaft statt Patenschaft

- Ziel des Textes im Buch ist es, in die Grundanliegen von Misereor einzuführen und damit das Ziel der „Hilfe zur Selbsthilfe" zu verdeutlichen. Da aber jährlich neue Projekte hinzukommen und andere auslaufen, hielten wir es nicht für sinnvoll, Projektbeispiele in das Buch aufzunehmen. Vielmehr empfehlen wir, den jährlich neu erscheinenden und kostenlosen Misereor-Prospekt anzufordern und daraus einzelne Projektbeschreibungen - vielleicht je eines pro Kontinent - auszuwählen und von Gruppen bearbeiten zu lassen. Anhand von Leitfragen hinsichtlich Zielsetzung und Konkretion des jeweiligen Projektes können die Schüler/innen diese Projekte der Lerngruppe vorstellen und ihre Ergebnisse ggf. auf Plakaten dokumentieren.

- Vielleicht entwickeln die Schüler/innen selbst die Idee, eine zeitlich befristete Projektpartnerschaft zu übernehmen. Möglich ist auch, eine solche Partnerschaft z.B. in eine Projektwoche der Schule zu integrieren, die sich mit Asien, Afrika oder Lateinamerika beschäftigt. In diesem Fall empfehlen wir, mit der Abteilung Projektpartnerschaft bei Misereor (Postfach 1450, 52015 Aachen) Kontakt aufzunehmen und sich über Möglichkeiten und Grenzen einer solchen Partnerschaft zu informieren. Wenn sie sich für ein Projekt entscheiden, schickt Misereor detaillierte Informationen zu.

- Gut geeignet, um in Grundanliegen und Ziele sowie immer wieder veränderte Ansätze von Misereor einzuführen, ist der 10minütige Film „Zwischen Erbarmen und Gerechtigkeit" (Fachstelle für Medienarbeit 5260) mit Begleitmaterial.

4.4 Nicht länger auf Kosten der Ärmsten: Gerechterer Handel

- Als Einstieg in die Problematik ungerechter Welthandelsstrukturen erscheint in besonderer Weise das Spiel „Wen macht die Banane krumm" geeignet (vgl. S. 380). Aus diesem Spiel oder aus den anderen Materialien zum Thema „Die Dritte Welt deckt uns den Tisch" sollte deutlich geworden sein, dass Menschen in Ländern der Dritten Welt die Rohmateralien wichtiger Konsumgüter in Europa herstellen und wir von daher auf Kosten der Armen leben. Die Frage, die sich unmittelbar anschließt, ist die, wie diese ungerechten Welthandelsstrukturen durchbrochen werden können.

- Auch hier gilt es wiederum, exemplarisch zu arbeiten. Wer dieses Thema im Überblick behandeln möchte, kann auf M102 zurückgreifen, in dem tabellarisch wichtige Unterschiede zwischen herkömmlich und fair gehandeltem Kaffee zusammengestellt sind. Auf der Basis des Misereor-Materials „Colonialwaren" können auch eigene Materialien erstellt werden. Wenn das Thema „Schokolade" augewählt wird, ist der Einstieg über ein Gespräch möglich. Thema: Welche Süßigkeiten essen die Schüler/innen gerne. Dann vergleichen sie die Preise einiger Tafeln Schokolade: einige aus dem üblichen und einige aus dem fairen Handel. Nach ersten Vermutungen über den Preisunterschied wird folgende Kurzinformationen gegeben:
Kaum ein Kakaobauer, der von den geringen Einnahmen aus dem Verkauf der Kakaobohnen lebt, hat je Schokolade gesehen oder gegessen. Viele wissen nicht einmal, dass Kakao zu Schokolade weiterverarbeitet wird. Sie wissen aber dass sie täglich weniger Erträge für ihren Rohkakao bekommen.

Eine Tafel Schokolade für nur 59 Pfennige?
Immer wieder gibt es in Supermärkten Sonderangebote von Schokolade. Schon seit 25 Jahren ist der Preis für Schokolade kaum gestiegen, während andere Lebensmittel seither fast doppelt so teuer geworden sind. Dies ist besonders erstaunlich, da der Rohkakao ja einen weiten Transportweg hat und die Schokoladenverarbeitung sehr aufwendig ist. Ein so niedriger Preis ist nur möglich, weil die Kakaobauern nur ganz wenig Geld für ihren Rohkakao bekommen.
Stell dir vor: Eine Tafel Schokolade lässt sich meist in 24 Stücke teilen. Der Bauer erhält den Gegenwert von einem Stückcken Schokolade! Vom Gesamtpreis einer Tafel Schokolade verdient ein Kakaobauer etwa 1/24 - der Rest geht an den Handel, die Schokoladenfirma, das Verpackungsmaterial etc.

Die Schüler/innen versuchen nun auszurechnen, wieviel der Bauer jeweils an einer Tafel Schokolade verdient (evtl. an der Tafel darstellen). Dann wird der Infotext auf der Tafel Schokolade aus fairem Handel vorgelesen.

Es bietet sich an, eine Tafel Mascao-Schokolade mitzubringen, den Text auf der Verpackung gemeinsam zu lesen und mit „normaler" Schokolade und deren Preis zu vergleichen.
Man kann auch jedes andere Beispiel auswählen. Als Materialien bieten sich an: diverse Broschüren und Informationsmaterialien, die häufig im Eine-Welt-Laden ausliegen oder bei der GEPA direkt bestellt werden können.

- Auf jeden Fall ist in diesem Themenzusammenhang ein Besuch in einem Eine-Welt-Laden zu empfehlen. Dort können Mitarbeiter/innen die Verwicklungen der Weltwirtschaft gut erklären. Zugleich werden den Schüler/innen die Anliegen und Ziele der Eine-Welt-Läden vor Augen geführt

und finden in den (ehrenamtlichen) Mitarbeiter/innen des Ladens eine Personifizierung.
Wenn Sie die Anschriften von Weltläden und anderen entwicklungsbezogenen (Bildungs)einrichtungen benötigen, so empfehlen wir: „Who is who?! Leitfaden für Informationen zur Zweidrittelwelt in Baden-Württemberg, Stuttgart, 4. Aufl. 1996. Bezug: Landesarbeitskreis Schule für Eine Welt c/o Zentrum für Entwicklungsbezogene Bildung, Kniebisstraße 29, 70188 Stuttgart.

- Buch S. 163 - „Viele kleine Leute...": Als Impuls zu einem zusammenfassenden und abschließenden Unterrichtsschritt kann der kurze Text dienen, der im Buch abgedruckt ist. Anschließend können in einer Rückschau oder durch gemeinsames Anschauen der Materialien zum Thema Überlegungen angestellt werden, welche kleinen Schritte jede/jeder einzelne auf dem Weg zur Einen und gerechteren Welt tun kann. Dabei sollten möglichst alle Aspekte des Gesamtthemas in Erinnerung gerufen werden, um auch zu den verschiedenen Aspekten eigene „kleine Schritte" sammeln zu können. Hierzu können den Schüler/innen aus Karton oder buntem Papier ausgeschnittene Füße ausgeteilt werden, auf die sie je eine Idee/einen Gedanken schreiben sollen. Diese Füße werden im Sitzkreis vorgestellt und zu einem Plakat zusammengestellt. Alternativ könnten die Schüler/innen in Partnerarbeit auch selbst diese Füße zuschneiden, indem sie sich gegenseitig Fußumrisse zeichnen.

- Aktionen, die von einzelnen oder der gesamten Religionsgruppe durchgeführt werden können:
Die Schüler/innen können in der Nachbarschaft Gartenarbeiten o.ä. übernehmen und das dabei verdiente Geld einem vorher bestimmten Zweck (in Deutschland oder in der „Dritten Welt") zuführen.
Auf einem Schul- oder Stadtfest können die Schüler/innen einen „Dritte-Welt-Basar" mit Waren von der GEPA aufbauen und fair gehandelte Produkte verkaufen. Parallel dazu könnte über ein Projekt informiert und Informationsmaterial von der GEPA ausgeteilt werden. Unterstützung für eine solche Aktion findet man in Eine-Welt-Läden sowie direkt bei der GEPA. Die Regionalstelle SÜD ist in 71229 Leonberg, Mollenbachstraße 25, Tel: 07152/97420
Ein einfaches Essen aus der „Dritten Welt" oder kleine selbstgebackene Minibrote bei einem Schulfest oder auf dem Markt verkaufen und den Erlös einem Projekt zukommen lassen.

c) Literatur und Materialhinweise

Caritasverband der Diözese Rottenburg-Stuttgart e.V., Strombergstraße 11, 70188 Stuttgart; Deutscher Caritasverband e.V., Karlstraße 40, 79104 Freiburg, Postfach 420, 79004 Freiburg

Hauptgeschäftsstelle des Diakonischen Werkes der Evangelischen Kirche in Deutschland für die Aktion BROT FÜR DIE WELT (Hg.), Rigoberta Menchú Tum. Materialien für die Freiarbeit und das fächerübergreifende Arbeiten. Bezugsadresse: Brot für die Welt, Stafflenbergstr. 76, 70184 Stuttgart

Misereor / BDKJ (Hg.), Jugendaktion 1994: Ich war fremd, und ihr habt mich aufgenommen, Aachen 1993

RU. Ökumenische Zeitschrift für die Praxis des Religionsunterrichts 1/84. Themenheft: Von der Dritten Welt lernen

RU. Zeitschrift für die Praxis des Religionsunterrichts 4/94. Themenheft: Verarmung - Bereicherung.

Landesarbeitskreis Schule für Eine Welt (Hg.), Sechs Beispiele für Globales Lernen in fächerverbindendem Unterricht (2 Bände), Stuttgart 1997. Bezugsadresse: Zentrum für Entwicklungsbezogene Bildung / Dienste in Übersee, Kniebisstraße 29, 70188 Stuttgart.

Landesarbeitskreis Schule für Eine Welt / Dachverband Entwicklungspolitischer Aktionsgruppen (Hg.), Who is Who?! Leitfaden für Informationen zur Zweidrittelwelt in Baden-Württemberg, Stuttgart 1996. Bezugsadresse: Zentrum für Entwicklungsbezogene Bildung / Dienste in Übersee, Kniebisstraße 29, 70188 Stuttgart.

Pädagogisches Werkstattgespräch entwicklungspolitischer Organisation (Hg.), Eine/Dritte Welt im Unterricht. Materialien, Medien, Adressen, Sekundarstufe I und II, Bielefeld 1995. Bezugsadresse: Dritte Welt Haus Bielefeld, August-Bebel-Str. 62, 33602 Bielefeld

Bund für Umwelt und Naturschutz Deutschland e.V. / Bischöfliches Hilfswerk Misereor e.V. (Hg.), Zukunftsfähiges Deutschland. Ein Beitrag zu einer global nachhaltigen Entwicklung. Eine Studie des Wuppertal Instituts im Auftrag von BUND und MISEREOR. Kurzfassung, Bonn 1995 (erhältlich auch als Monographie unter dem gleichen Titel).

MISEREOR in Zusammenarbeit mit dem BDKJ und der Arbeitsgruppe „Zukunftsfähiges Deutschland", Zukunft der Erde - Erde der Zukunft. Anregungen zur Umsetzung der Studie „Zukunftsfähiges Deutschland" für die Jugendarbeit, Aachen 1997

GEPA (Gesellschaft zur Förderung der Partnerschaft mit der Dritten Welt), Reihe alternativ Handel(n) zu verschiedenen Themen. Bezugsadresse: GEPA, Talstraße 20, 58332 Schwelm. Dort können diverse Materialien sowie der Versandkatalog für Endverbraucher/innen kostenlos bestellt werden.

E. Burgos, Rigoberta Menchú - Leben in Guatemala, Göttingen, 12. Auflage, 1994

Hinweise:

Materialien von Misereor zu den jeweiligen Fastenaktionen sowie kostenloser Bezug des Misereor Lehrerforum bei Misereor Medienproduktion + Vertrieb PF 1450, 52015 Aachen

Beilage „Eine Welt in der Schule", in: Schulmagazin 5 bis 10 und „Pädagogik" (Beltz-Verlag)

Zu aktuellen Initiativen in der Diözese vgl. „Informationen". Thema - Bericht - Impuls - Diskussion, Hrsg. Priesterrat und Diözesanrat der Diözese Rottenburg-Stuttgart. Vgl. im Heft Juli 1995 mehrere Berichte zum

Thema „Neue Armut", in denen auch zahlreiche Initiativen vorgestellt werden.

Bestellung von Material aus den verschiedenen Arbeitsbereichen des Deutschen Caritasverbandes: Deutscher Caritasverband, Karlstr. 40, 79104 Freiburg, Tel. 0761/200-0; http://www.caritas.de

Hinzuweisen ist in diesem Zusammenhang auch auf die Staatlichen Hilfen wie die Sozialhilfe, ohne dass hier näher darauf eingegangen wird. Vgl. die Broschüre „Das Sozialhilferecht", auf die bereits im ersten Abschnitt hingewiesen wurde.

Filme

Kirche vor Ort - KIP: gesichtet; die thematisch bezogenen Filme sind recht gut geeignet.

Gemeinsam besser helfen (fm 5284): Gemeindecaritas

Im Vordergrund - der Mensch: Caritas in Deutschland (fm 1257), 1980, 35 Min., Handlungsfelder der Caritas

Gut, daß sie kommen, Schwester (fm 1380, aber aus dem Jahr 1978!), 29 Min., über die Arbeit der Sozialstationen

M102 Herkömmlicher Handel - fairer Handel

Herkömmlicher Handel	Fairer Handel durch die GEPA
Der meiste Kaffee wird auf großen Plantagen angebaut. Den Bauern aber gehört das Land nicht, sondern sie müssen für Großgrundbesitzer arbeiten, die ihnen nur ganz geringe Löhne bezahlen, um selbst möglichst viel am Kaffee zu verdienen. Die Arbeiter und Arbeiterinnen arbeiten bis zu 12 Stunden und meistens muss die ganze Familie mitarbeiten, damit überhaupt alle genug zu essen bekommen. Dabei haben die Menschen nur während der Erntezeit Arbeit und verdienen die meiste Zeit des Jahres fast gar nichts.	In Mexiko, Guatemala, Tansania, Bolivien und vielen anderen Ländern haben sich Kleinbauern zu Genossenschaften zusammengetan. Diese Bauern arbeiten nicht mehr für Großgrundbesitzer und müssen so auch nicht mehr einen Großteil ihres Gewinns an die Großgrundbesitzer abgeben. So verdienen sie in der Erntezeit viel mehr Geld und können davon das ganze Jahr über leben.
Die Großgrundbesitzer wollen möglichst schnell möglichst viel Kaffee verkaufen, den sie zuvor möglichst billig produziert haben. Um die Ernteerträge zu steigern, wird Kaffee in riesigen Monokulturen gepflanzt, die zur Auslaugung des Bodens führen. Außerdem werden Pestizide und chemischen Düngemittel verwendet, die bei den Bauern oft zu gesundheitlichen Schäden führen.	Die Genossenschaften der Kleinbauern achten auf ökologischen Anbau. Sie legen Terassen an, damit der kostbare Boden nicht mehr weggeschwemmt wird, sie düngen mit Kompost, Mist und Kalk. Chemische Schädlingsbekämpfungsmittel werden nur noch im Notfall eingesetzt. Die Genossenschaften helfen den Bauern, diesen ökologischen Anbau zu lernen und dennoch hohe Gewinne zu machen.
Kaffe wird über die Börse gehandelt. Aber der Handel wird weitgehend kontrolliert durch 10 internationale Firmen, die die Preise kontrollieren und den Ländern, die Kaffee anbauen, immer weniger Geld für den Rohkaffee anbieten. An einem Pfund Kaffee, das bei uns im Laden verkauft wird, verdienen die Bauern nur einen sehr kleinen Anteil, obwohl sie die meiste Arbeit mit dem Kaffee habe. Sie müssen die Pflanzen aussetzen und pflegen, die Kaffeebohnen ernten, schälen, waschen und trocknen sowie sortieren. Nur etwa 5% des Geldes, das wir für ein Pfund Kaffee bezahlen, geht an die Plantagenarbeiter, 8% verdient der Großgrundbesitzer und fast 24% der Laden, der den Kaffee in Deutschland verkauft. Das restliche Geld wird für Zwischenhändler, Transport, Steuern etc. benötigt.	Die Genossenschaften haben Verträge mit alternativen Handelsorganisationen wie der GEPA. Die GEPA kauft den Kaffee direkt bei den Genossenschaften, so dass weder Großgrundbesitzer noch Zwischenhändler am Kaffee verdienen. So bekommen die Bauern fast doppelt so viel Geld für den Rohkaffee wie beim "normalen" Handel. Außerdem bekommen sie nochmal einen Zuschlag für ökologischen Anbau. Außerdem finanziert die GEPA z.B. Kurse in ökologischem Kaffeeanbau, an denen die Bauern, die in der Genossenschaft organisiert sind, teilnehmen können. Damit so die Bauern gerechter für ihre Arbeit bezahlt werden, ist der fair gehandelte Kaffee auch teurer als der "normal" gehandelte Kaffee. Aber dieser Kaffee ist seinen Preis wert, da die Bauern noch mehr ausgebeutet werden. Fair gehandelter Kaffee ist der preis-wertere Kaffee.

Fair gehandelte Produkte bekommst du im Dritte/Eine-Welt-Laden. Dort kannst du dich auch genauer über die TransFair-Produkte informieren. Auch in manchen Supermärkten kannst du Waren mit den TransFair-Siegel finden. Dort gibt es aber kein Informationsmaterial.

M103 Der Deutsche Caritasverband (DCV)

Der Deutsche Caritasverband ist der Wohlfahrtsverband der katholischen Kirche Deutschland. Er stellt die von den deutschen Bischöfen anerkannte institutionelle Zusammenfassung und Vertretung der katholischen Caritas in Deutschland dar.

Caritas lebt aus der Verpflichtung gegenüber dem christlichen Gebot der Nächstenliebe, welches sie durch qualifizierte Dienste und Hilfen und durch ihr Eintreten für die Schwachen in einer Gesellschaft der Starken verwirklicht. Die Kraftquelle der Caritas ist das persönlich gelebte Engagement von Christen und Gemeinden, das einem christlichen Bild des Menschen entspringt.

Durch die Nutzung der vorhandenen Organisationsstrukturen der Kirche gelangen die Mitarbeiter und Helfer der Caritas unmittelbar zu den Menschen, die Hilfe brauchen. In der weltweiten Mitverantwortung der Kirche für alle Menschen leistet die Caritas auch Hilfen im Ausland: bei Not und Katastrophen in aller Welt ebenso wie beim Aufbau sozialer Strukturen in Osteuropa und in den Ländern der Dritten Welt. Dem Deutschen Caritasverband wurde 1967 durch die Deutsche Bischofskonferenz die Federführung für die internationale Not- und Katastrophenhilfe der deutschen Katholiken übertragen.

Der Deutsche Caritasverband wurde am 9. November 1897 in Köln durch Lorenz Werthmann gegründet Der Sitz seiner Zentrale ist Freiburg i. Br. Er ist einer der sechs Spitzenverbände der Freien Wohlfahrtspflege (Arbeiterwohlfahrt, Diakonisches Werk der Evangelischen Kirche in Deutschland, Der Paritätische Wohlfahrtsverband, Deutsches Rotes Kreuz, Zentralwohlfahrtsstelle der Juden in Deutschland) und Mitglied der Bundesarbeitsgemeinschaft der Freien Wohlfahrtspflege.

Der Deutsche Caritasverband ist Gründungsmitglied der CARITAS INTERNATIONALIS in Rom, der 130 nationale Caritasverbände aus allen Erdteilen angehören.

Zahlen Daten Fakten

Einrichtungen
Die Caritas unterhält in der Bundesrepublik Deutschland 24841 Einrichtungen mit 1214485 Plätzen. Zu diesen Einrichtungen gehören u.a.

Mitarbeiter
463131 hauptberufliche Mitarbeiter (darunter 14762 Ordensangehörige und 26000 Zivildienstleistende) sowie etwa eine halbe Million Menschen, die ehrenamtlich tätig sind, leisten die Arbeit im Caritaswerk. Sie helfen täglich in der Pflege, Betreuung, Erziehung und Beratung von weit über einer Million Menschen.

Aus- und Fortbildung
Mehr als 59000 junge Menschen bereiten sich in 712 Ausbildungsstätten auf einen sozialen Beruf vor. Der Information und Fortbildung auf dem sozialen Sektor dient neben den Fortbildungsstätten der Caritas auch die jedermann zugängliche Bibliothek des Deutschen Caritasverbandes mit 193000 Bänden.

Altenhilfe
1644 Heime für alte Menschen mit 113919 Plätzen; 23 Altenerholungsheime mit 1030 Plätzen; 431 Altentagesstätten und 3750 Altenclubs; 78 Ausbildungsstätten für Altenpflege mit 5017 Plätzen.

Hilfen für ausländische Arbeitnehmer
319 Sozialberatungsstellen für Ausländer; 28 Sozialpädagogische Dienste für ausländische Kinder, Jugendliche und Eltern; 93 Kultur- und Freizeitzentren für Ausländer

Hilfen durch Caritas international
Über 1,3 Mrd. DM hat die deutsche Caritas von 1960 bis einschließlich 1995 an Not- und Katastrophenhilfe in aller Welt geleistet, vor allem für die Opfer von Naturkatastrophen und Kriegen. Dies beinhaltet auch die Unterstützung sozialer Projekte wie z B für Straßenkinder, Frauen, alte und behinderte Menschen.

Behindertenhilfe
33 Fachkrankenhäuser mit 6581 Betten und 539 Heime für Behinderte mit 33626 Plätzen; 362 Tagesstätten und Schulen für behinderte Kinder und Jugendliche mit 24979 Plätzen; 175 Werkstätten für Behinderte mit 30469 Plätzen.

Familienhilfe
Die meisten Einrichtungen der Caritas dienen der Familie. Außer den schon genannten Einrichtungsarten gehören dazu auch 43 Müttergenesungshäuser mit 2236 Plätzen, 77 Familienferienstätten mit 8197 Plätzen, 397 Familienpflege- und Dorfhelferinnenstationen, 355 Beratungsstellen für Ehe-, Familien- und Lebensfragen, 246 anerkannte katholische Beratungsstellen für werdende Mütter in Not- und Konfliktsituationen; 9 Ausbildungsstätten für Familienpflegerinnen und Dorfhelferinnen mit 271 Plätzen.

Jugendhilfe
798 Heime der Jugendhilfe mit 44521 Plätzen; 10239 Kinderkrippen, Kindergärten und Kinderhorte mit 691220 Plätzen; 316 Erziehungsberatungsstellen; 310 Stellen des Sozialdienstes katholischer Frauen und des SKM - Katholischer Verband für soziale Dienste in Deutschland; 131 Ausbildungsstätten mit 14794 Plätzen

Gesundheitshilfe
471 Krankenhäuser mit 120704 Betten; 1265 Gemeindekrankenpflege- und Sozialstationen; 347 Ausbildungsstätten mit 21133 Plätzen

Flüchtlings- und Aussiedlerhilfe
16 Förderschulen mit 1197 Plätzen; 533 Sozialdienste für ausländische Flüchtlinge und Aussiedler; 7 Heimatortskarteien

Hilfen bei sozialen Notlagen
70 Fachkrankenhäuser und Therapeutische Wohngemeinschaften für Suchtkranke mit 2035 Betten; 276 Heime für gefährdete Jugendliche und Erwachsene mit 7814 Plätzen; 239 Beratungs- und Behandlungsstellen für Suchtkranke und Drogenabhängige; 1435 Selbsthilfegruppen für Suchtkranke und deren Angehörige (Kreuzbund); 104 ambulante, teilstationäre und stationäre Angebote für Wohnungslose; 146 Projekte und Maßnahmen in sozialen Brennpunkten; 100 Sozialberatungsstellen für Schuldner; 67 soziale Beschäftigungsbetriebe

(Auszug aus „Die katholischen Einrichtungen der Caritas in der Bundesrepublik Deutschland. Stand 1.1.1996")

Gib dem Hungernden
einen Fisch,
und er wird heute satt,

gib dem Hungernden
eine Angel,
und er wird auch noch morgen satt.

Sorge dafür,
dass der Hungernde
angeln kann.

nach einem Chinesischen Sprichwort

Quellennachweis

M4 Masken, Bronzeplastik von Helmut Amman, Foto von Bernward Hoffmann

M5 (S. 20 o) Prophetenbilder, Toni Zenz: Der Hörende, Ausschnitt, Foto Mahns, Köln, Kunstverlag D-56653 Maria Laach, Nr. 1070

M5 (S. 20 u) Holzschnitt von Willi Dirx: Der Rufer, Im Unterwegs zuhaus. Holzschnitte von W. Dirx, Aachen 1987, S. 85, © VG Bild und Kunst, Bonn 1998

M5 (S. 21 o) Gerhard Marcks, Jona zur Buße rufend, Holzschnitt, ©Gerhard Marcks Stiftung, Bremen

M5 (S. 21 u) Illustration von Marcel Häflinger aus: Bühlmann/Schwegler: „Der Prophet Amos". rex verlag luzern 1990

M5 (S. 22 o) Marc Chagall: Der Prophet Jesaja schaut die Zukunft, © VG Bild-Kunst, Bonn 1998

M5 (S. 22 u) Marc Chagall, Der Prophet Jesaja, © VG Bild-Kunst, Bonn 1998

M8 Spiel: Das Land ist mein Land, nach: Helmut Hanisch u.a., Kursbuch 2000 Religion 7/8 - Lehrerband, ©Verlag Moritz Diesterweg, Frankfurt a. Main

M9 Zuordnungsspiel, aus: Spuren O/III.3, S. 27-29, © Bischöfliches Schulamt der Diözese Rottenburg-Stuttgart und Institut für Religionspädagogik der Erzdiözese Freiburg, 1992

M10 Thora-Freudenfest, aus: Bella Chagall, Brennende Lichter, Copyright © 1966 by Rowohlt Verlag GmbH, Reinbek, 1969, S. 91-98

M11 Hast du schon gehört? Winfried Beßlich, Verlag Petra Beßlich, Reutlingen

M12 Die junge Generation, aus: Lothar Zenetti, Die wunderbare Zeitvermehrung. Variationen zum Evangelium. © J. Pfeiffer Verlag, München 1979, 2. Aufl. 1983, S. 138-139

S. 56/57: „Sie verhöhnen dich, Herr", aus: Klaus Bannach, Meditationen zu den Bildern von Roland Peter Litzenburger, Christus der Narr, Radius Verl., Stuttgart 1979, 5. Aufl., Seite 101-102.

M13 Swimmy, © Ivan Steiger, 80796 München 40, Elisabethstr. 5

M14 Ursula Haucke, Wer ist der Nächste? aus: Ursula Haucke, Papa, Charly hat gesagt..., Bd. 4, Copyright © 1980 by Rowohlt Taschenbuch Verl. GmbH, Reinbek

M15 Zeugnistag, Text und Musik Reinhard Mey, (LP: Keine ruhige Minute, Intercord INT 160.121), © Chanson Edition Reinhard Mey Berlin

S. 67-69: Botho Priebe, Szenario-Methode, aus: Praxis Schule 5-10, 5/1995, S. 15-16

M16 Ein Mini-Drehbuch für einen Videofilm, Jochen Korte, in: Praxis Schule 5-10, 5/1995, S. 31-32

S. 79/80: Armin Riedl, Volker Laubert, „Herausforderung Gewalt". Programm polizeiliche Kriminalprävention, Hrsg.: Innenministerium Baden-Württemberg im Auftrag der Innenminister/-senatoren des Bundes und der Länder, S. 67-71

M19, M20 © Günther Braun, Wolfgang Hünicke, aus: Praxis Schule 5-10, 5/1995, S.26-27

S. 82/83: Rolf Hensel: „Konfliktlotse" - wäre das nicht etwas für dich? aus: Praxis Schule 5-10, 5/1995, S. 23

M21 Hans-Martin Grosse-Oetringhaus, Faustrecht, aus: Reiner Engelmann (Hrsg.), Tatort Klassenzimmer. Texte gegen Gewalt in der Schule, Arena TB, Bd. 1784, S. 17-23, © by Arena Verlag GmbH, Würzburg

M23 Synagogen in Baden-Württemberg, Friedrich Unger, Stuttgart

M24 Jüdische Friedhöfe in Baden-Württemberg, Grafik Hans-Eduard Franke, entwurf 2/85, S. 38/39, sowie in: Joachim Hahn, Erinnerungen und Zeugnisse jüdischer Geschichte in Baden-Württemberg, Konrad Theiss Verlag, Stuttgart 1988, S. 108

S. 96: Buchbesprechung: Peter Sichrovsky, Mein Freund David; Hans Peter Richter, Damals war es Friedrich, aus: Spuren O II.5, S. 17-19. © Bischöfliches Schulamt der Diözese Rottenburg-Stuttgart und Institut für Religionspädagogik der Erzdiözese Freiburg, 1994

S. 98: Unterrichtserfahrungen, Anregungen für die Buchlektüre, Spuren O.II.5 Andere Religionen. Teil 1: Das Judentum, S. 18-19 (s.o.)

M25 Lexikon hebräisch-jüdischer Begriffe, aus: Spuren OII.5 Andere Religionen. Teil 1: Das Judentum, S. 63-64, (s.o.)

M29 Kaddisch, Achtzehn Gebet, aus: Albrecht Lohrbächer (Hrsg.), Was Christen vom Judentum lernen können. Modelle und Materialien für den Unterricht, Herder, Freiburg 1993, S. 100-102

M32 Bastelbogen Faltsynagoge ©Rolf Wertz, Ulm-Gögglingen

M33 Der Sedertisch, aus: Spuren OII.5 Andere Religionen. Teil 1: Das Judentum, S. 48, (s.o.)

M34 Dominospiel zum Sederabend, nach: Spuren O II.5 Andere Religionen. Teil 1: Das Judentum, S. 52-53

M35 Die Tora, aus: Spuren, O II.5 Andere Religionen. Teil 1: Das Judentum, S. 39 (s.o.)

M37 Schickanen und Terror gegen Juden, Robert Hess, Die Geschichte der Juden, Otto Maier Verlag, Ravensburg 1989, 2. Aufl., S. 143-144, © by Ravensburger Buchverlag 1993

M38 Die Jüdin: Anna-Laura, 15, in: Glauben. Macht das heute noch Sinn? (Protokolle von Anna Wigger), Brigitte Young Miss Nr. 2/96, S. 49

M39 Tandem-Bogen - Judentum oder Christentum, nach: IRP Unterrichtshilfen: R. Frick, C. Fuhrmann-Husson, C. Oehler, Die Juden - das von Gott erwählte Volk, M24, S. 26, IRP Freiburg 1995

S. 135: Meditationsgegenstand Senfkörner, aus: L. Rendle u.a., Ganzheitliche Methoden im Religionsunterricht, Kösel 1996, S. 90-91

S. 136/137: Alles muss klein beginnen, LP/CD: Gerhard Schöne Live, Du hast es nur noch nicht probiert, Buschfunk 1995

M43 Andreas Reinert (nach Jean Giono), aus: SpurenLesen. Religionsbuch für die 5/6 Klasse, Calwer, Klett, Stuttgart 1996, S. 135-136, Original: J. Giono, Der Mann mit den Bäumen, Theologischer Verlag

Zürich 1981, 12. Aufl. 1996
S. 144: Kind überlebt tiefen Sturz, aus: Reutlinger General Anzeiger vom 26.5.96 (dpa)
S. 150: Ein Beispiel für „mit dem Herzen sehen" - Hilfsbereitschaft, aus: Ermstal-Bote vom 4.2.94
M47 Das weiße Band am Apfelbaum, nach John Kort Lagemann, aus: H. Garritzmann u.a., Durch das Jahr - durch das Leben. Hausbuch der christlichen Familie, Kösel Verlag, München 1982, S. 109
S. 170: Informationsblatt 1 - 2, Wotan, Donar, aus: Eingreifprogramm Christentum in der Geschichte, Sek. I (Schüler), Anfänge des Christentums bei den Germanen, Bernward Verlag Hildesheim, 1981, S. 15 und 16, Rechte bei den Autoren Walter Pilz, Manfred Kaczorowski u.a.
S. 171/172: Informationsblatt 3, Wie Donar seinen Hammer zurückholte, aus: Klaus Bemman (Hrsg.), Der Glaube der Ahnen. Die Religion der Deutschen, bevor sie Christen wurden, Phaidon Akademische Verlagsgesellschaft Athenaion, Essen 1990, S. 191-194
S. 172: Informationsblatt 4, Freya, aus: Eingreifprogramm Christentum in der Geschichte, s.o., S. 18, Rechte bei den Autoren Walter Pilz, Manfred Kaczorowski u.a.
S. 174: Abb. Wotan, Klaus Bemman (Hrsg.), Der Glaube der Ahnen. Die Religion der Deutschen, bevor sie Christen wurden, Phaidon Akademische Verlagsgesellschaft Athenaion, Essen 1990, Abb. Nr. 2
S. 177: Informationsblatt 1, Helmo, aus: Hans Ebeling, Geschichten aus der Geschichte, Westermann-Verlag, © Elisabeth Ebeling
Informationsblatt 2, Chlodwig - Ein Frankenkönig lässt sich taufen, nach Otto Zierer (bearbeitet), in: Dietrich Steinwede (Hrsg.), Erzählbuch zur Kirchengeschichte, Bd. 1, Lahr/Köln/Göttingen 1982, S. 171-174 (Otto Zierer, Gröbenzell, Originaltitel: König Chlodwig läßt sich taufen, aus: „Sternstunden der Weltgeschichte" Bd. I und II, Wiener Verlag, Wien)
Arbeitsblatt 1, Alemannische Kirchen, aus: R. Reinhardt, A. Polonyi (Hrsg.), Die Kirche in der Diözese Rottenburg-Stuttgart, Bd. 1, Echo Buchverlag, Neuried 1989, S. 14-15
Informationsblatt 1, Christliche Symbole der Alemannen (Goldblattkreuze), Landesdenkmalamt Baden-Württemberg, Goldblattkreuz: Gingen a.d. Brenz, Kreis Heidenheim, WLM Inv. F71/146; Abb. Goldblattkreuz: Lauchheim Grab 38, LDA Stuttgart
Informationsblatt 1, Die iroschottischen Glaubensboten, aus: Eingreifprogramm Christentum in der Geschichte, s.o. S. 9, Rechte bei den Autoren Walter Pilz, Manfred Kaczorowski u.a.
Arbeitsblatt 1, Irische Wandermönche im Boot, aus: Jahresringe 7 (1991), S. 138 - Universitätsbibliothek Heidelberg
Arbeitsblatt 2, Fremdartige Gestalten, aus: Eingreifprogramm Christentum in der Geschichte, s.o., S. 7, Rechte bei den Autoren Walter Pilz, Manfred Kaczorowski u.a.
Informationsblatt 1, Bonifatius fällt die Donareiche, aus: Bonifatius. Leseszenen und Lesespiele, Heft 12, Dt. Laienspielverlag, © Deutscher Theaterverlag Weinheim

Informationsblatt 2, Brief des Bonifatius nach Rom, E. Henke u.a., suchen und glauben. Religionsunterricht im 6. Schuljahr, Bernward, Butzon&Bercker, Morus, 1984, S. 156
Informationsblatt 3, Brief an den Erzbischof von Canterbury, aus: R. Buchner, Briefe des Bonifatius - Willibalds Leben des Bonifatius, in: Ausgewählte Quellen zur deutschen Geschichte des Mittelalters, Freiherr vom Stein-Gedächtnisausgabe. Bd. IVb, Darmstadt 1968, aus den Seiten 241-251
Informationsblatt 4, Angelsächsinnen unterstützen die Mission in Hessen, aus: „Chronik der Frauen", © Chronik Verlag im Bertelsmann Lexikon Verlag, Gütersloh/München 1992
Informationsblatt 1, Eine Klosteranlage, aus: Wolfgang Hug (Hrsg.), Unsere Geschichte, Bd. 1, © Verlag Moritz Diesterweg, Frankfurt/Main 1984, S. 187
Informationsblatt 2, Das Leben im Kloster, aus: Lebenslinien 7, Verlag Katholisches Bibelwerk, Stuttgart 1995, S. 133
Informationsblatt 3, Aus der Regel des Heiligen Benedikt, aus: Die Regel des Hl. Benedikt, 4. Aufl. 1988 (Neufassung 1990), Beuroner Kunstverlag
Informationsblatt 4, Mit dem Ohr des Herzens horchen, aus: Benni. Das bunte Kindermagazin, Nr. 7/1989, S. 8-9, Weltbild Verlag, Augsburg
M49 Kirchentrennungen, aus: Lieder Bilder Szenen im Religionsunterricht, Bd. 8,. Karikaturen für das 7. - 10. Schuljahr, Horst Klaus Berg (Hrsg.), Calwer/Kösel, Stuttgart/München 1978, S. 74
M51 aus: Vorlesebuch Ökumene, herausgg. von S. Beck, U. Becker u.a., Verlag Ernst Kaufmann, Lahr 1991, S. 529
S. 225: „Ich bin ich" aus: Ceelen, So wie ich bin. Gespräche mit Gott, Patmos Verl. Düsseldorf 1982, S.21
M53 Heidrun Petrides, „Fritz sagt" (Bildgeschichte), aus: Hans Joachim Gelberg (Hrsg.), Geh und spiel mit dem Riesen. Erstes Jahrbuch der Kinderliteratur, 1971 Beltz Verlag (Programm Beltz & Gelberg, Weinheim, 3. u. 4. Aufl. 1973, S. 26-27
M56 Gina Ruck-Pauquèt, Kai-To, der Elefant, der sang; aus: Eine Badewanne voll Geschichten, © 1993 Verlag Carl Ueberreuter, Wien
M57 Ein ganz normaler Tag, Bericht von Andrea Hochheimer, Alter: 15 Jahre, aus: Barbara Lüdecke, Eine Brücke zu dir. Behinderte Jugendliche erzählen, Schneider Verlag, München 1981, S. 200-205
S. 241: Freitag, der 13., aus: Silvia Bartholl u.a. (Hrsg.), Das Geheimnis der vierten Schublade ..., Gulliver Taschenbuch, 1995 Beltz Verlag, Weinheim und Basel, S. 139, Programm Beltz & Gelberg, Weinheim
M58 Alles nur ein Spiel, Diana (16), Forum. Zeitschrift für Mitarbeiter in der Jugendarbeit, Nr. 6/83, S. 18, KJG Verlag Düsseldorf
M59 Welcome Jan, Anna Zimmermann (13), aus: Silvia Bartholl u.a. (Hrsg.), Das Geheimnis der vierten Schublade ..., Gulliver Taschenbuch, 1995 Beltz Verlag, Weinheim und Basel, S. 140-142, Programm Beltz & Gelberg, Weinheim
M63 Irrgarten, Hans Schuh
S. 272f.: Barbara Blau/Gabriele Bußmann, Kreative

Unterbrechung. Zur Gestaltung von „Tagen religiöser Orientierung" mit Schülerinnen und Schülern, hrsg. v. Bischöfl. Generalvikariat, Münster, Verlag Butzon & Bercker, Kevelaer 2. Aufl. 1997, S. 103-104

M64 Ein (Chaos-)Tag im Leben eines Punks, aus: Reutlinger General-Anzeiger vom.... (zms)

M65 Hübsch, intelligent - und Analphabetin, aus: Reutlinger General-Anzeiger vom 12.12.96, (zms)

M66 Roland Kübler, Die große Wegkreuzung, aus: Die Farben der Wirklichkeit, lucy körner verlag, Fellbach 1986. Der Abdruck erfolgt mit freundlicher Genehmigung des Verlages.

M73 Tiere ausgesetzt, aus: Schwäbisches Tagblatt vom 11. Juli 1998 (dpa)

M74 Was kann ich für die Bewahrung der Schöpfung tun? Erwin Wespel, Umweltbeauftragter der Diözese Rottenburg-Stuttgart, Seelsorgereferat, Postfach 9, 72101 Rottenburg

M75 Die Schöpfung bewahren 1: Den Schulranzen packen, Erwin Wespel, Marcel Görres, © E. Wespel, Umweltbeauftragter der Diözese Rottenburg-Stuttgart, Seelsorgereferat, Postfach 9, 72101 Rottenburg

M76 Karikatur von Moser, aus: Nebelspalter, Rorschach

M77a Todesflut - Lebenshaus, Misereor Hungertuch „Hoffnung den Ausgegrenzten" - 1. Motiv Arche, © Misereor Vertriebsgesellschaft m.b.H Aachen

M79 Faltblatt und Anleitung, Hansjakob Schibler, aus: RL. Zeitschrift für Religionsunterricht und Lebenskunde 3/96, S. 21-22 ©Theologischer Verlag Zürich

M80 aus: Hansjakob Schibler, Gut und Böse, RL. Zeitschrift für Religionsunterricht und Lebenskunde 3/96, S. 23, ©Theologischer Verlag Zürich

M81 Ingeborg Karasek (bearbeitet), Die Mutprobe (nach: H. Nitschke, Kurs Leben, Gütersloh 1966), in: Unterrichtshilfen. 16 Themen für den Religionsunterricht an der Oberstufe, Katechetisches Institut Zürich 1989

M84a Altersstufen der Gewissensentwicklung, Winfried Beßlich, Verlag Petra Beßlich, Reutlingen

M86 Anna Drawe, Im Warenhaus, aus: Hans Dittmer (Hrsg.), Vom Ewigen im Heute, Vandenhoeck&Ruprecht Verlag, Göttingen 1953

M87 Filmstreifen: Ein Tag zieht an mir vorbei, erstellt unter Verwendung der Zeichnung von Winfried Beßlich aus dem Schülerbuch S. 142/143

M90 Sebastian Blei, aus: Albert Gerling, Thomas Klie, Wohnungslos - Aspekte der Neuen Armut. Arbeitshilfen BBS 15, S. 36 und 47, Religionspädagogisches Institut Loccum

S. 357, Zeichnung Michael Kranzusch, aus: Albert Gerling, Thomas Klie, Wohnungslos - Aspekte der Neuen Armut. Arbeitshilfen BBS 15, S. 52, Religionspädagogisches Institut Loccum

M92 Wocheneinkauf bei Familie B. - ein sorgloses Leben? Gerhard Büttner, Yvonne Geier, Sorglos - arbeitslos - obdachlos - Armut in einem reichen Land, aus: entwurf. Religionspädagogische Mitteilungen, 2/1996, S. 84-85

S. 364f.: Das Welt-Spiel. Bearbeitet nach: Misereor/BDKJ Arbeitsmappe zur Jugendaktion '77, „Anders leben, damit andere überleben", S. 7. © Misereor Medienproduktion, Aachen 1977 und Weltbevölkerungsbericht 1997

S. 365f.: Essensspiel. Quelle: Arbeitsmappe Misereor/BDKJ, Lernen für die Eine Welt. Entwicklungspolitische Bausteine für die Jugendarbeit, S. 71f - stark gekürzt, © Misereor Medienproduktion, Aachen und BDKJ, Düsseldorf,1989 (vgl. hierzu auch die am Text angegebenen Quellenangaben, S. 71)

M94 Ich bin Alberto aus Cerrito in Bolivien, IRP Freiburg: Menschen, die unsere Hilfe brauchen, Lehrplan Klasse 6/E (Rainer Dickmann)

M95 Die Bevölkerungsexplosion - Ursache oder Folge von Armut? Graphik aus: Atlas der Weltverwicklungen. Ein Schaubilderbuch über weltweite Armut, globale Ökologie und lokales Engagement, S. 100. Hrsg.: Dritte Welt Haus Bielefeld, Peter Hammer Verlag, Wuppertal, 2.Aufl. 1994

M96 Die Verschuldung von Entwicklungsländern - Ursache für die Armut. Bearbeitet nach Misereor-Arbeitsheft „Bolivien und Peru. Wege in die Verarmung", S. 34-37, © Misereor Medienproduktion, Aachen 1987

M97a „Armut ist weiblich". Grafik aus Atlas der Weltverwicklungen, Ein Schaubilderbuch über weltweite Armut, globale Ökologie und lokales Engagement, S. 100. Hrsg.: Dritte Welt Haus Bielefeld, Peter Hammer Verlag, Wuppertal 1994, 2.Aufl., S. 106

M100 Warenströme, Arbeitskreis Grundschule/Dritte Welt, Minden, „Ein breiter Strom von Waren.....", in: Hauptgeschäftsstelle des Diakonischen Werkes der EKD für die Aktion „Brot für die Welt" (Hrsg.), Viele Völker decken unseren Tisch - Auf dem Weg zu gerechtem Handel, Stuttgart 1997, S. 9

M101 Die Geschichte von der großen Weltversammlung, aus: Viele Völker decken unseren Tisch - Auf dem Weg zu gerechtem Handel, a.a.O., S. 11

M103 aus dem Faltblatt: „100 Jahre Deutscher Caritasverband: Aufgaben und Aufbau, Zahlen Daten Fakten. Auszug aus „Die katholischen Einrichtungen der Caritas in der Bundesrepublik Deutschland. Stand 1.1.1996"

Wörtliche Bibelzitate sind der Einheitsübersetzung der Heiligen Schrift entnommen; ©Katholische Bibelanstalt, Stuttgart 1980

Sollte es uns trotz gewissenhafter Bemühungen in einzelnen Fällen nicht gelungen sein die Rechtsinhaber zu finden, bitten wir diese, sich gegebenenfalls mit dem Verlag Katholisches Bibelwerk in Verbindung zu setzen.